EXAMPRESS®
試験学習書

Human

2024年版

通関士 過去問題集

通関士教科書®

ヒューマンアカデミー 著
笠原純一 監修

SHOEISHA

本書内容に関するお問い合わせについて

このたびは翔泳社の書籍をお買い上げいただき、誠にありがとうございます。弊社では、読者の皆様からのお問い合わせに適切に対応させていただくため、以下のガイドラインへのご協力をお願い致しております。下記項目をお読みいただき、手順に従ってお問い合わせください。

●ご質問される前に

弊社Webサイトの「正誤表」をご参照ください。これまでに判明した正誤や追加情報を掲載しています。

正誤表　https://www.shoeisha.co.jp/book/errata/

●ご質問方法

弊社Webサイトの「書籍に関するお問い合わせ」をご利用ください。

書籍に関するお問い合わせ　https://www.shoeisha.co.jp/book/qa/

インターネットをご利用でない場合は、FAXまたは郵便にて、下記“翔泳社 愛読者サービスセンター”までお問い合わせください。
電話でのご質問は、お受けしておりません。

●回答について

回答は、ご質問いただいた手段によってご返事申し上げます。ご質問の内容によっては、回答に数日ないしはそれ以上の期間を要する場合があります。

●ご質問に際してのご注意

本書の対象を超えるもの、記述個所を特定されないもの、また読者固有の環境に起因するご質問等にはお答えできませんので、予めご了承ください。

●郵便物送付先およびFAX番号

送付先住所　〒160-0006　東京都新宿区舟町５
FAX番号　03-5362-3818
宛先　（株）翔泳社 愛読者サービスセンター

はじめに

本問題集は、通関士国家試験において、昭和42年（第1回）～令和4年（第56回）試験で出題された全問題の中から重要な論点を、テーマ別に『通関士教科書 通関士 過去問題集』として編集したものです。

そのため、類似問題はできるだけ統合し、掲載する問題数を絞り込むとともに、受験生にとって分かりにくい論点の解説に力を注ぎました。

なお、出題時以降に法令等の改正があったものについては、令和5年12月1日現在明らかにされている法令に合致するよう問題又は解答を修正しました。

出題形式につきましても、全過去問題を精査のうえ、平成18年度から実施された新試験制度に合わせた変更をしております。

また、令和5年に行われた第57回試験の問題と解答・解説も掲載しております。

なお、既刊の基本書『通関士教科書 通関士 完全攻略ガイド』と本問題集の内容及び構成が合致しておりますので、両者を併せて活用していただければ学習の効果もより高まるでしょう。これらを上手く活用し、是非とも合格という栄冠を手にしていただきたいと切に願っております。

最後に、本書執筆に協力いただきました石原真理子講師に厚く御礼申し上げます。

ヒューマンアカデミー

合格の声、続々！

本書で最新の試験（2023年10月）に合格した読者の声をお届けします!

※モニターの中で合格の旨をお知らせいただいた方に依頼したアンケートのコメントを以下掲載しています。

●本書の内容で特に役に立った点

- 様々な年度の過去問題が項目別にまとめられており、正誤チェック覧も設けられているので自分の苦手とする項目の見極めが認識し易かったです（うま）
- 過去問の中でも少しひねった問題を優しく解説してくれているので理解に役立ちました（なぎぃ）

●書籍の活用方法を含む、受験体験談

- 基本的には、過去問題集を解いてから分からないところを完全攻略ガイドで読み込むという使い方をさせていただきました。特に課税要件（課税物件確定時期と適用法令）や減免税・戻し税は忘れそうになるたびに何度も読み込みました。理解のポイントとワンポイントアドバイスがとても丁寧で分かりやすいので、独学でも理解しやすかったです。過去問題集は良問が揃っているので、解きごたえがあります。過去問題集と完全攻略ガイドのセットは最強だと思っています（ニック）
- 仕事の関係で通関士に関する若干の予備知識がありましたが、試験に関しては、どのような内容が問われるのか？　どのような出題方法なのか？　といった点に関しては全く知識が無い状況から学習を2023年１月からスタートしました。はじめに完全攻略ガイドを使用して通関士に関する知識と実際の試験での出題方法を学ぶことから開始しました。自身ではある程度認識できていると思っていた通関業務に関する知識についても認識が間違っている部分が多々あり、その間違いの理由が理解しやすいように項目別に「理解のポイント」として詳細な説明の記載がありスムーズに学習を進めることが出来ました。一通り完全攻略ガイドに目を通した後、試験までの約半年間は、過去問題集2023版（モニター用）を使用して徹底的に本番の出題形式になれることに専念しました。問題集の回答ページには解説も記載されており間違いの理由がすぐに理解できました（うま）
- 届いてまずページ数と問題数に圧倒されてしまいました。そこで編毎に「関税法・穴埋め」「関税法・選択」のように記したフィルム付箋を貼った所、見やすく、また解きたい編のページを開きやすくなり、学習後期まで使いやすくなりました。問題は一日20ページ分を目安に繰り返し解きました。ページ下の日付正解チェック欄に日付を書き込み、学習初期はなるべく前回解いた日から２週間を開けないように復習しました。また完全攻略ガイドの該当箇所を確認し、理解を深めました。間違えた問いには印をつけ、学習後期はそれ

らを中心に解きました（なぎぃ）

- 初学者の方にも多少知識がある方にも使いやすいテキストだと思います。私は後者（試験自体は初挑戦）だったのでまずはチェック問題を解き→誤答部分を読み込む形で進めました。過去問にも早くから手を付け、試験問題に慣れることを意識しました。正答率が上がるにつれて勉強が楽しくなってきます。過去問で理解が不足していると感じた部分を見つける→テキストに戻って理解を深める、これを繰り返すことで単に暗記するのではなく、きちんとそれぞれの制度を理解して覚えることが出来たと感じます（もーりー）
- 学習の始めに完全攻略ガイド（ヒュー赤）に一通り目を通して、通関士試験の大まかな内容をつかみました。次に過去問題集（ヒュー青）を周回しました。学習がある程度進むと自分の苦手な分野がわかって来ます。何度も繰り返してもどうしても正解に辿り着けない時期がありました。そんな状態を打開しようと該当する章を何度も繰り返して読み込みました。これが効いてラストスパートをかける事ができました。ヒュー赤と青を行ったり来たりしながら、わからない事は何度も繰り返し読んで理解する。これです（domani）

●受験者に向けた、応援メッセージ

- 出題範囲が広く応用問題なども多いので、日々、コツコツと学習を進めて正確な知識を身に着けていくのが合格への一番の近道だと感じました。実際の試験では、緊張や焦りから簡単な間違いなどで点数を落としてしまう事もあるかもしれません。そうしたプレッシャーに打ち勝つためにも日々の努力は大きな自信になってこれから試験に挑む皆さんの後押しをしてくれることだと思います。陰ながら応援しています！（うま）
- 初めはどの問題も難しく感じると思いますが、繰り返し解き、着実に知識を積み重ねていけば合格への道はグッと近づくと思います。応援しています！（なぎぃ）
- 通関士は先の長い勉強です。自分のように途中で中弛みする事もあると思います。そんな時はうまくストレス発散で気持ちを切り替えて、また勉強に戻って来ましょう。諦めずに粘り強く最後まで頑張ってください！！（domani）

●注意

当特集での掲載内容はあくまで個人の見解や体験談であり、ここに掲載された学習方法が絶対に良いもので、これをやれば必ず合格できるものとして勧めるものではありません。学習方法は個人により向き不向きがありますので、ご自身の判断で最適な学習方法を見つけてください。本特集がその一助になれば幸いです。

Guidance 1

本書の使い方

問題のテーマ
各問題の出題テーマを示しています。

出題年度一覧
各問題の出題年度を明記。また、各編の扉裏には、出題年度の一覧を設けました。索引としてお使いいただけるほか、出題の傾向を知ることも可能です。

出題形式
出題形式については、全過去問題を精査のうえ、平成18年度から実施された新試験制度に合わせた変更をしています。

難易度・出題頻度
各問題の「難易度」と「出題頻度」は、マーク一つ～三つの表示により一目で分かりますので、学習の目安にしてください。
「出題頻度」は、過去問題の出題傾向から重要度に応じてマークを付けています。

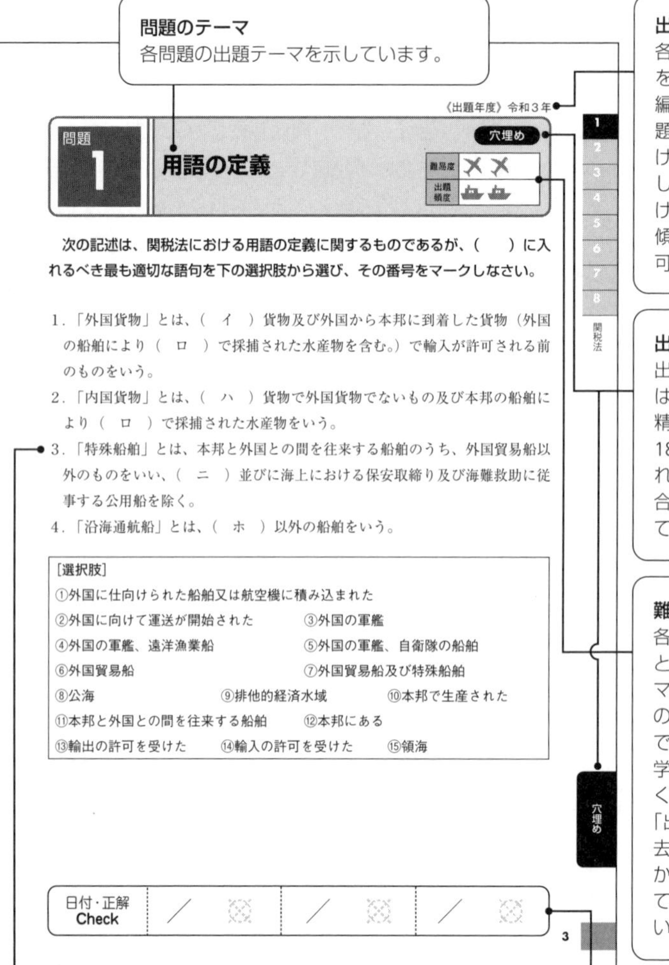

《出題年度》令和３年
問題 1
用語の定義
穴埋め
難易度
出題頻度
次の記述は、関税法における用語の定義に関するものであるが、（　　）に入れるべき最も適切な語句を下の選択肢から選び、その番号をマークしなさい。
1.「外国貨物」とは、（　イ　）貨物及び外国から本邦に到着した貨物（外国の船舶により（　ロ　）で採捕された水産物を含む。）で輸入が許可される前のものをいう。
2.「内国貨物」とは、（　ハ　）貨物で外国貨物でないもの及び本邦の船舶により（　ロ　）で採捕された水産物をいう。
3.「特殊船舶」とは、本邦と外国との間を往来する船舶のうち、外国貿易船以外のものをいい、（　ニ　）並びに海上における保安取締り及び海難救助に従事する公用船を除く。
4.「沿海通航船」とは、（　ホ　）以外の船舶をいう。
[選択肢]
①外国に仕向けられた船舶又は航空機に積み込まれた
②外国に向けて運送が開始された　③外国の軍艦
④外国の軍艦、遠洋漁業船　⑤外国の軍艦、自衛隊の船舶
⑥外国貿易船　⑦外国貿易船及び特殊船舶
⑧公海　⑨排他的経済水域　⑩本邦で生産された
⑪本邦と外国との間を往来する船舶　⑫本邦にある
⑬輸出の許可を受けた　⑭輸入の許可を受けた　⑮領海
日付・正解 Check
1 2 3 4 5 6 7 8
関税法
穴埋め
3

試験問題
通関士試験において、昭和42年（第1回）～令和4年（第56回）試験で出題された問題の中から重要な論点を、テーマ別に編集しました。

日付・正解Check
問題ができたら○、間違えたら×を記入するなどの工夫をして、完全に自分の知識となるまで繰り返し学習してください。

第1問 »» 正解：イ－⑬、ロ－⑧、ハ－⑫、ニ－⑤、ホ－⑪

解説

1 「外国貨物」とは、(**イ：⑬輸出の許可を受けた**) 貨物及び外国から本邦に到着した貨物（外国の船舶により（**ロ：⑧公海**）で採捕された水産物を含む。）で輸入が許可される前のものをいう。
2 「内国貨物」とは、(**ハ：⑫本邦にある**) 貨物で外国貨物でないもの及び本邦の船舶により（**ロ：⑧公海**）で採捕された水産物をいう。
3 「特殊船舶」とは、本邦と外国との間を往来する船舶のうち、外国貿易船以外のものをいい、(**ニ：⑤外国の軍艦、自衛隊の船舶**) 並びに海上における保安取締り及び海難救助に従事する公用船を除く。
4 「沿海通航船」とは、(**ホ：⑪本邦と外国との間を往来する船舶**) 以外の船舶をいう。

イ．**⑬輸出の許可を受けた、ロ．⑧公海：**文脈より（　イ　）には、関税法上の外国貨物（ⅰ輸出の許可を受けた貨物、ⅱ外国から本邦に到着した貨物で輸入が許可される前のもの、ⅲ外国の船舶により公海で採捕された後本邦に到着した水産物で輸入が許可される前のもの）のうちの一つが入ることが分かる。そこで（　イ　）の貨物の後には**外国から本邦に到着した貨物**とあり、括弧内には**外国の船舶により採捕された水産物**とあるので、（　イ　）には、関税法上の三つの外国貨物のうちの残りの一つである**輸出の許可を受けた貨物**を入れることになる。そこで（　イ　）には「⑬輸出の許可を受けた」を選択する。次に（　ロ　）は、先ほど確認した括弧内の外国の船舶により採捕された水産物に関する記述の一部であるが、**水産物を採捕した場所**が入ることになる。そこで場所を表す選択肢は、「⑧公海」、「⑨排他的経済水域」、「⑮領海」のいずれかとなるが、領海を入れた場合には、本邦の領海であっても外国の領海であっても関税法上の外国貨物に該当することはない。残りの公海を入れた場合も排他的経済水域を入れた場合も関税法上の外国貨物に該当はするが、**排他的経済水域は公海の一部であり、公海の方が適切な用語**となる。また、関税法第2条第1項第3号の規定からも（　ロ　）には「⑧公海」を選択する。

ハ．**⑫本邦にある：**文脈より（　ハ　）には、関税法上の内国貨物（ⅰ本邦にある貨物で外国貨物でないもの、ⅱ本邦の船舶により公海で採捕された水産物）のうちの一つが入ることが分かる。そこで本邦の船舶により公海で採捕された水産物以外の内国貨物ということであるから、**本邦にある貨物で外国貨物でない貨物となる語句**を選ぶことになり（　ハ　）には「⑫本邦にある」を選択する。

ニ．**⑤外国の軍艦、自衛隊の船舶：**特殊船舶は、外国貿易船と公用船以外の船を意味するが、（　ニ　）には、その公用船を入れることが分かる。そこで**公用船には海上の取締りや海難救助を目的とした船以外に日本の自衛隊も含めた軍艦なども入る**ので、（　ニ　）は軍艦に該当する船舶を入れることになる。したがって、（　ニ　）には「⑤外国の軍艦、自衛隊の船舶」を選択する。

ホ．**⑪本邦と外国との間を往来する船舶：**沿海通航船には、**本邦と外国との間を往来する船舶以外の全ての船舶が含まれる**ことになる。そこで（　ホ　）には「⑪本邦と外国との

4

解説

類似問題はできるだけ統合し、掲載する問題数を絞り込むとともに、受験生にとって分かりにくい論点の解説に力を注ぎました。また、出題時以降に法令等の改正があったものについては、令和5年12月1日現在明らかにされている法令に合致するよう問題又は解答を修正しました。

Guidance 2

受験案内

令和6年（第58回）の通関士試験の日程は、令和6年7月上旬に官報に詳細が公告されます。

令和5年（第57回）の例

試験日

令和5年10月1日（日）

受験願書の受付期間

受験願書の提出方法	受付期間	受付時間
書面により提出	令和5年7月24日(月) ～令和5年8月7日(月) (土曜日、日曜日を除く)	午前10時～午後5時
NACCSを使用して提出	令和5年7月24日(月) ～令和5年8月7日(月) (土曜日、日曜日を含む)	7月24日午前10時～8月7日午後5時

注1） NACCSにより受験願書の提出をする場合には、必ず上記の受付期間・時間内に受験手数料を電子納付する。受験手数料の納付があるまでは受理が保留されるので注意すること。

注2） その他、NACCSの利用申込み手続及び使用方法等の詳細については、輸出入・港湾関連情報処理センター株式会社（NACCSセンター）のホームページ（https://www.naccs.jp/）を参照。

試験時間

試験科目	時間
《1》通関業法	9:30～10:20
《2》関税法、関税定率法その他関税に関する法律及び外国為替及び外国貿易法（同法第6章に係る部分に限る。）	11:00～12:40
《3》通関書類の作成要領その他通関手続の実務	13:50～15:30

「その他関税に関する法律」とは、具体的には次のものをいう。

① 関税暫定措置法（昭和35年法律第36号）

② 日本国とアメリカ合衆国との間の相互協力及び安全保障条約第六条に基づく施設及び区域並びに日本国における合衆国軍隊の地位に関する協定の実施に伴う関税法等の臨時特例に関する法律（昭和27年法律第112号）

③ コンテナーに関する通関条約及び国際道路運送手帳による担保の下で行なう貨物の国際運送に関する通関条約（TIR条約）の実施に伴う関税法等の特例に関する法律（昭和46年法律第65号）

④ 物品の一時輸入のための通関手帳に関する通関条約（ATA条約）の実施に伴う関税法等の特例に関する法律（昭和48年法律第70号）

⑤ 電子情報処理組織による輸出入等関連業務の処理等に関する法律（昭和52年法律第54号）

これらの科目の出題範囲は、法律のほか、それぞれの法律に基づく関係政令、省令、告示及び通達とし、**令和5年7月1日（土）現在で施行されているものとする。**《1》及び《2》の科目においては、前記の法令、告示及び通達以外の条約等（TIR条約、経済連携協定等）は、出題範囲に含まない。なお、通関業法に規定する通関業者に係る出題については、関税法第79条の2に規定する認定通関業者に係るものを含む。

●試験の方法等

各試験科目とも筆記（マークシート方式）。

●出題形式及び配点

<table>
<tr><th rowspan="2" colspan="2">試験科目</th><th colspan="4">出題形式、配点及び出題数</th></tr>
<tr><th>選択式(注1)</th><th>択一式</th><th>計算式</th><th>選択式・計算式</th></tr>
<tr><td colspan="2">《1》通関業法</td><td>35点
（10問）</td><td>10点
（10問）</td><td rowspan="2"></td><td rowspan="2"></td></tr>
<tr><td colspan="2">《2》関税法､関税定率法その他関税に関する法律及び外国為替及び外国貿易法（同法第6章に係る部分に限る。）</td><td>45点
（15問）</td><td>15点
（15問）</td></tr>
<tr><td colspan="6">《3》通関書類の作成要領その他通関手続の実務</td></tr>
<tr><td rowspan="2"></td><td>通関書類の作成要領(注2)</td><td colspan="3"></td><td>20点
（2問）</td></tr>
<tr><td>その他通関手続の実務</td><td>10点
（5問）</td><td>5点
（5問）</td><td>10点
（5問）</td><td></td></tr>
</table>

注1）「選択式」とは、文章の空欄に当てはまる最も適切な語句を選択肢から選んで解答する形式、又は五肢の中から「正しいもの」若しくは「誤っているもの」を複数選択する形式。

注2）輸出入・港湾関連情報処理システム（NACCS）を使用して行う輸出申告と輸入申告の問題を、前回（第56回）と同様の形式で各1問出題。

●合格基準

試験合格のためには、各試験科目とも合格基準を満たす必要がある。なお、合格基準は事前に公表されず、合格発表時に公表される。

●受験資格

学歴、年齢、経歴、国籍等についての制限はなく、誰でもこの試験を受けることができる。

●試験実施地

北海道、宮城県、東京都、神奈川県、新潟県、静岡県、愛知県、大阪府、兵庫県、広島県、福岡県、熊本県、沖縄県

●受験手数料

受験願書の提出方法	受験手数料
書面により提出	3,000円
NACCSを使用して提出	2,900円

●受験者数等

	第53回（令和元年）	第54回（令和2年）	第55回（令和3年）	第56回（令和4年）	第57回（令和5年）
受験者数	6,388人	6,745人	6,961人	6,336人	6,332人
合格者数	878人	1,140人	1,097人	1,212人	1,534人
合格率	13.7%	16.9%	15.8%	19.1%	24.2%

●受験に関する問い合わせ

函館税関	0138-40-4259	神戸税関	078-333-3026
東京税関	03-3599-6316	門司税関	050-3530-8371
横浜税関	045-212-6051	長崎税関	095-828-8628
名古屋税関	052-654-4005	沖縄地区税関	098-862-8658
大阪税関	06-6576-3251		

注1）各税関の通関業監督官の電話番号である。
注2）受験案内や試験の結果の概要等については、税関ホームページに掲載されている。
注3）試験問題、解答、得点に関する照会には応じていない。

Guidance 3 読者特典

法改正追補（令和8年3月末まで公開）

令和6年（第58回）試験の法改正ポイントは、令和6年7月上旬に、次のホームページからダウンロードできます。なお、上記ダウンロード期限は予告なく変更になることがあります。あらかじめご了承ください。

https://www.shoeisha.co.jp/book/download/9784798183978

●注意

CONTENTS 【目次】

CONTENTS

第1編

関税法

関税法　※空欄は出題なし

出題テーマ	H24年	H25年	H26年	H27年	H28年	H29年	H30年	R元年	R2年	R3年	R4年	R5年
総則												
輸入	選択	択一		選択			穴埋め	択一	択一			
輸出		択一	選択									
外国貨物	選択	択一	選択							穴埋め		
内国貨物		択一	選択							穴埋め		
その他の用語の定義		択一	選択	選択			穴埋め			穴埋め		穴埋め
船舶及び航空機												
通関前の諸手続										選択		
通関（輸出通関）												
輸出通関（手続・記載事項・検査・内容変更）	選択・択一	穴埋め・選択	択一	穴埋め・択一	選択・択一	選択	択一	選択	選択	選択・択一	選択・択一	選択・択一
特定輸出申告制度	選択	穴埋め・選択	択一	穴埋め	択一	選択	択一	選択	選択	選択・択一	選択・択一	選択
認定通関業者制度		選択				択一						
証明・確認	選択	選択	択一	択一								択一
輸出してはならない貨物			選択	穴埋め・択一	選択	選択	選択	択一	択一	択一		
通関（輸入通関）												
輸入通関（手続・記載事項・検査・許可）	選択・択一	選択・択一	穴埋め・択一	選択	穴埋め	穴埋め・選択・択一	穴埋め・選択・択一	穴埋め・選択・択一	穴埋め・選択・択一	選択・択一	穴埋め・選択・択一	穴埋め・選択・択一
原産地証明書	選択	選択・択一	選択	択一	選択・択一	択一	選択		選択		択一	穴埋め・択一
証明・確認	択一	選択	択一	択一		選択	選択	択一	択一			
輸入してはならない貨物		択一		択一	選択	選択	選択	選択	選択	選択	選択	選択・択一
原産地の表示	択一	選択	選択・択一	択一	選択・択一	選択・択一	選択	穴埋め	穴埋め	選択	穴埋め	選択・択一
輸入の許可前引取り	選択	選択		選択・択一		選択・択一		選択・択一	択一	穴埋め	択一	択一
特例輸入申告制度	選択・択一	択一	選択・択一	選択・択一	選択・択一	選択・択一	選択・択一		選択	選択・択一	選択・択一	選択・択一
郵便物	選択・択一	選択・択一		選択	択一	択一		択一	択一		選択・択一	択一
保税地域												
保税地域全般	穴埋め・択一	択一	択一		択一	択一	択一	選択	選択	穴埋め	選択	択一
指定保税地域・保税蔵置場	択一	選択・択一	穴埋め・択一	穴埋め・選択	択一	選択・択一	択一	選択	選択	穴埋め	選択	穴埋め・択一
保税工場・保税展示場・総合保税地域					択一	択一						択一
運送												
保税運送		選択			選択		選択	択一	択一	択一	穴埋め・択一	
特定保税運送									択一			
郵便物の保税運送							選択				穴埋め	
収容及び留置	択一	選択・択一			選択							
課税要件（課税物件確定時期と適用法令）												
課税物件確定時期	択一		択一		択一			穴埋め	穴埋め		択一	択一
適用法令		穴埋め		択一		穴埋め	択一			選択		
課税要件（納税義務者）	択一		選択	穴埋め	択一	択一	穴埋め	選択	選択	択一	穴埋め	択一
関税額の確定												
申告納税方式と賦課課税方式		穴埋め	択一	選択	択一	択一				選択	選択	穴埋め
修正申告・更正の請求・更正・決定	択一	穴埋め	穴埋め	選択	択一	択一	穴埋め	択一	択一	選択・択一	選択・択一	選択
関税の納付と納期限												
関税の納付				穴埋め	択一	択一					選択	穴埋め
法定納期限と納期限		選択	択一	穴埋め	穴埋め・択一	穴埋め	択一	穴埋め	穴埋め	選択	穴埋め	選択
附帯税（延滞税）	択一				穴埋め			択一	択一	穴埋め	選択	
附帯税（過少申告加算税）	穴埋め		択一		穴埋め	択一	択一					
附帯税（無申告加算税・重加算税）			択一		穴埋め	択一	択一					
徴収権等の消滅時効		択一	穴埋め	選択				択一	択一	択一	択一	択一
関税の担保					択一	択一				択一		択一
不服申立て・その他雑則												
不服申立て	択一		選択	択一	選択	選択	択一	選択	選択	択一	択一	択一
帳簿・税関事務管理人		選択・択一					穴埋め・択一			選択・択一	選択・択一	択一
罰則	選択			択一			選択	択一	択一	択一	択一	択一

用語の定義

穴埋め

次の記述は、関税法における用語の定義に関するものであるが、（　　）に入れるべき最も適切な語句を下の選択肢から選び、その番号をマークしなさい。

1．「外国貨物」とは、（　イ　）貨物及び外国から本邦に到着した貨物（外国の船舶により（　ロ　）で採捕された水産物を含む。）で輸入が許可される前のものをいう。

2．「内国貨物」とは、（　ハ　）貨物で外国貨物でないもの及び本邦の船舶により（　ロ　）で採捕された水産物をいう。

3．「特殊船舶」とは、本邦と外国との間を往来する船舶のうち、外国貿易船以外のものをいい、（　ニ　）並びに海上における保安取締り及び海難救助に従事する公用船を除く。

4．「沿海通航船」とは、（　ホ　）以外の船舶をいう。

［選択肢］

①外国に仕向けられた船舶又は航空機に積み込まれた

②外国に向けて運送が開始された　③外国の軍艦

④外国の軍艦、遠洋漁業船　⑤外国の軍艦、自衛隊の船舶

⑥外国貿易船　⑦外国貿易船及び特殊船舶

⑧公海　⑨排他的経済水域　⑩本邦で生産された

⑪本邦と外国との間を往来する船舶　⑫本邦にある

⑬輸出の許可を受けた　⑭輸入の許可を受けた　⑮領海

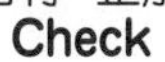

1
2
3
4
5
6
7
8
関税法
穴埋め

第１問 »» 正解：イ－⑬、ロ－⑧、ハ－⑫、ニ－⑤、ホ－⑪

解説

1　「外国貨物」とは、(**イ：⑬輸出の許可を受けた**) 貨物及び外国から本邦に到着した貨物（外国の船舶により（**ロ：⑧公海**）で採捕された水産物を含む。）で輸入が許可される前のものをいう。

2　「内国貨物」とは、(**ハ：⑫本邦にある**) 貨物で外国貨物でないもの及び本邦の船舶により（**ロ：⑧公海**）で採捕された水産物をいう。

3　「特殊船舶」とは、本邦と外国との間を往来する船舶のうち、外国貿易船以外のものをいい、(**ニ：⑤外国の軍艦、自衛隊の船舶**) 並びに海上における保安取締り及び海難救助に従事する公用船を除く。

4　「沿海通航船」とは、(**ホ：⑪本邦と外国との間を往来する船舶**) 以外の船舶をいう。

イ．⑬輸出の許可を受けた、ロ．⑧公海：文脈より（　イ　）には、関税法上の外国貨物（ⅰ輸出の許可を受けた貨物、ⅱ外国から本邦に到着した貨物で輸入が許可される前のもの、ⅲ外国の船舶により公海で採捕された後本邦に到着した水産物で輸入が許可される前のもの）のうちの一つが入ることが分かる。そこで（　イ　）の貨物の後には**外国から本邦に到着した貨物**とあり、括弧内には**外国の船舶により採捕された水産物**とあるので、（　イ　）には、関税法上の三つの外国貨物のうちの残りの一つである**輸出の許可を受けた貨物**を入れることになる。そこで（　イ　）には「⑬輸出の許可を受けた」を選択する。次に（　ロ　）は、先ほど確認した括弧内の外国の船舶により採捕された水産物に関する記述の一部であるが、**水産物を採捕した場所**が入ることになる。そこで場所を表す選択肢は、「⑧公海」、「⑨排他的経済水域」、「⑮領海」のいずれかとなるが、領海を入れた場合には、本邦の領海であっても外国の領海であっても関税法上の外国貨物に該当することはない。残りの公海を入れた場合も排他的経済水域を入れた場合も関税法上の外国貨物に該当はするが、**排他的経済水域は公海の一部であり、公海の方が適切な用語**となる。また、関税法第２条第１項第３号の規定からも（　ロ　）には「⑧公海」を選択する。

ハ．⑫本邦にある：文脈より（　ハ　）には、関税法上の内国貨物（ⅰ本邦にある貨物で外国貨物でないもの、ⅱ本邦の船舶により公海で採捕された水産物）のうちの一つが入ることが分かる。そこで本邦の船舶により公海で採捕された水産物以外の内国貨物ということであるから、**本邦にある貨物で外国貨物でない貨物となる語句**を選ぶことになり（　ハ　）には「⑫本邦にある」を選択する。

ニ．⑤外国の軍艦、自衛隊の船舶：特殊船舶は、外国貿易船と公用船以外の船を意味するが、（　ニ　）には、その公用船を入れることが分かる。そこで**公用船には海上の取締りや海難救助を目的とした船以外に日本の自衛隊も含めた軍艦なども入る**ので、（　ニ　）は軍艦に該当する船舶を入れることになる。したがって、（　ニ　）には「⑤外国の軍艦、自衛隊の船舶」を選択する。

ホ．⑪本邦と外国との間を往来する船舶：沿海通航船には、**本邦と外国との間を往来する船舶以外の全ての船舶が含まれる**ことになる。そこで（　ホ　）には「⑪本邦と外国との間を往来する船舶」を選択する。

問題 **2**

輸出通関（輸出申告の方法）

穴埋め

難易度
出題頻度

次の記述は、輸出通関に関するものであるが、（　　）に入れるべき最も適切な語句を下の選択肢から選び、その番号をマークしなさい。

1．貨物を輸出しようとする者であって当該貨物の輸出に係る通関手続を（　イ　）に委託した者は、いずれかの税関長に対して輸出申告をすることができる。この場合においては、その申告に係る貨物が置かれている場所から当該貨物を外国貿易船等に積み込もうとする開港、税関空港又は不開港までの運送を（　ロ　）に委託しなければならない。

2．税関長は、輸出申告された貨物のうちに（　ハ　）に該当すると認めるのに相当の理由がある貨物があるときは、当該貨物を輸出しようとする者に対し、その旨を通知しなければならない。

3．輸出申告は、次に掲げる事項を記載した輸出申告書を税関長に提出して、しなければならないが、税関長において当該貨物の（　ニ　）を勘案し記載の必要がないと認める事項についてはその記載を省略させることができる。

（1）　貨物の記号、番号、品名、数量及び価格
（2）　貨物の仕向地並びに仕向人の住所又は居所及び氏名又は名称
（3）　貨物を積み込もうとする船舶又は航空機の（　ホ　）
（4）　輸出の許可を受けるために貨物を入れる保税地域等の名称及び所在地
（5）　その他参考となるべき事項

[選択肢]

①価格及び原産国	②児童ポルノ	③種類又は価格
④商標権を侵害する物品	⑤特定委託輸出者	⑥特定保税運送者
⑦特定保税承認者	⑧認定製造者	⑨認定通関業者
⑩品名又は輸送手段	⑪風俗を害すべき書籍	⑫包括運送承認者
⑬名称及び国籍	⑭名称及び純トン数又は自重	⑮名称又は登録記号

日付・正解 Check	／	／	／

第２問 »» 正解：イ－⑨、ロ－⑥、ハ－②、ニ－③、ホ－⑮

解説

1　貨物を輸出しようとする者であって当該貨物の輸出に係る通関手続を（**イ：⑨認定通関業者**）に委託した者は、いずれかの税関長に対して輸出申告をすることができる。この場合においては、その申告に係る貨物が置かれている場所から当該貨物を外国貿易船等に積み込もうとする開港、税関空港又は不開港までの運送を（**ロ：⑥特定保税運送者**）に委託しなければならない。

2　税関長は、輸出申告された貨物のうちに（**ハ：②児童ポルノ**）に該当すると認めるのに相当の理由がある貨物があるときは、当該貨物を輸出しようとする者に対し、その旨を通知しなければならない。

3　輸出申告は、次に掲げる事項を記載した輸出申告書を税関長に提出して、しなければならないが、税関長において当該貨物の（**ニ：③種類又は価格**）を勘案し記載の必要がないと認める事項についてはその記載を省略させることができる。

（1）　貨物の記号、番号、品名、数量及び価格

（2）　貨物の仕向地並びに仕向人の住所又は居所及び氏名又は名称

（3）　貨物を積み込もうとする船舶又は航空機の（**ホ：⑮名称又は登録記号**）

（4）　輸出の許可を受けるために貨物を入れる保税地域等の名称及び所在地

（5）　その他参考となるべき事項

イ．**⑨認定通関業者、ロ．⑥特定保税運送者**：問題文にある「輸出に係る通関手続を…に委託した者」という記述と、「いずれかの税関長に対して輸出申告することができる」という記述から**輸出申告の特例に関する記述**であることが分かる。そして、輸出申告の特例の規定による申告を行うために輸出者が通関手続を委託する者は認定通関業者であるので、（　イ　）には、「⑨認定通関業者」を選択する。次に（　ロ　）に入る語句であるが、文脈より認定通関業者に輸出通関手続を委託した輸出者は、申告に係る貨物の**運送**に関しては（　ロ　）に**委託する必要**があるという意味なので、関税法第67条の３第１項の規定より（　ロ　）には、「⑥特定保税運送者」を選択することになる。

ハ．**②児童ポルノ**：問題文に、「輸出申告された貨物のうちに…貨物があるときは、当該貨物を輸出しようとする者に対し、その旨を通知しなければならない」とあるので、税関長が（　ハ　）に該当する貨物について輸出通関手続の際に輸出者にその**理由を通知**する必要のある貨物を選ぶことになる。そこで（　ハ　）には選択肢のいずれかの貨物名が入ると考えられるので、選択肢を確認すると「②児童ポルノ」、「④商標権を侵害する物品」、「⑪風俗を害すべき書籍」が該当する貨物と

して考えられ、輸出通関手続の際に通知すべき貨物は児童ポルノであることから、（　ハ　）には「②児童ポルノ」を選択することになる。

ニ. **③種類又は価格、ホ. ⑮名称又は登録記号**：文脈より（　ニ　）に入れるべき語句は、税関長が輸出申告書への**記載事項の省略を認める際に必要となる貨物の情報**であることが分かる。そこで関税法施行令第58条より必要な情報は種類又は価格とあるので、（　ニ　）には、「③種類又は価格」を選択する。次に、（　ホ　）に入れるべき語句を検討すると、輸出申告書への記載事項のうち、**船舶又は航空機に関する情報**を（　ホ　）に入れることが分かるので、選択肢にある語句から検討すれば、選択肢の⑬か、⑭又は⑮のいずれかが該当する。そこで、「名称」は共通なので、「国籍」か、「純トン数又は自重」か、「登録記号」のいずれかになるが、関税法施行令第58条の規定により（　ホ　）には、「⑮名称又は登録記号」を選択する。

《出題年度》平成18年改題

問題 3 輸出通関（輸出してはならない貨物）

次の記述は、関税法第69条の2に規定する輸出してはならない貨物に関するものであるが、（　　）に入れるべき最も適切な語句を下の選択肢から選び、その番号をマークしなさい。

1. 関税法第69条の2第1項に規定する輸出してはならない貨物は、麻薬及び覚醒剤、（　イ　）、特許権、実用新案権、意匠権、商標権、著作権、著作隣接権又は（　ロ　）及び不正競争防止法第2条第1項第1号から第3号まで、第10号、第17号又は第18号（定義）に掲げる行為を（　ハ　）物品である。
2. 麻薬及び覚醒剤、特許権、実用新案権、意匠権、商標権、著作権、著作隣接権又は（　ロ　）及び不正競争防止法第2条第1項第1号から第3号まで、第10号、第17号又は第18号（定義）に掲げる行為を（　ハ　）物品については、税関長が没収して廃棄することができる。
3. 税関長は、（　ロ　）に該当するか否かについての認定手続において、必要があると認めるときは、（　ニ　）に対し、意見を求めることができる。
4. 税関長は、認定手続を執る場合には、その旨を（　ホ　）及び輸出しようとする者に通知しなければならない。

［選択肢］

①著作権を侵害する物品	②経済産業大臣	③構成する
④回路配置利用権を侵害する物品	⑤専門委員	⑥特許庁長官
⑦育成者権を侵害する物品	⑧仕向人	⑨風俗を害すべき書籍
⑩偽造紙幣	⑪農林水産大臣	⑫侵害する
⑬児童ポルノ	⑭組成する	⑮権利者

（解答はP10にあります）

日付・正解 Check	／		／		／	

問題 4 輸入通関（輸入申告の方法）

穴埋め

次の記述は、輸入通関に関するものであるが、（　　）に入れるべき最も適切な語句を下の選択肢から選び、その番号をマークしなさい。

1. 貨物を外国貿易船に積み込んだ状態で輸入申告をすることにつき税関長の承認を受けようとする者は、その承認を受けようとする貨物の記号、番号、（　イ　）のほか、外国貿易船の名称及び（　ロ　）並びに外国貿易船における貨物の積付けの状況等を記載した申請書を税関長に提出する必要がある。
2. 輸入申告は、その申告に係る貨物を保税地域等に入れた後に行うものとされているが、特例輸入者が（　ハ　）を使用して輸入申告を行う場合は、貨物を保税地域等に入れることなく行うことができる。
3. 税関長が指定した場所以外の場所で関税法第67条の検査を受けようとする者は、税関長の許可を受けなければならないが、当該許可を受ける者は、当該許可に係る検査に要する（　ニ　）を基準として計算した額の手数料を税関に納付しなければならない。
4. 税関長は、商標権を侵害する物品を輸入しようとする者にその（　ホ　）を命ずることができる。

[選択肢]

①係留場所	②時間	③職員数
④数量及び価格	⑤船籍	⑥積戻し
⑦電子情報処理組織	⑧登録記号	⑨認定通関業者
⑩廃棄	⑪費用の実費	⑫品名及び価格
⑬品名及び数量	⑭マニフェスト	⑮滅却

（解答はP11にあります）

日付・正解 Check	／		／		／	

第３問 »» 正解：イ－⑬、ロ－⑦、ハ－⑭、ニ－⑪、ホ－⑮

解説

1　関税法第69条の２第１項に規定する輸出してはならない貨物は、麻薬及び覚醒剤、（**イ：⑬児童ポルノ**）、特許権、実用新案権、意匠権、商標権、著作権、著作隣接権又は（**ロ：⑦育成者権を侵害する物品**）及び不正競争防止法第２条第１項第１号から第３号まで、第10号、第17号又は第18号（定義）に掲げる行為を（**ハ：⑭組成する**）物品である。

2　麻薬及び覚醒剤、特許権、実用新案権、意匠権、商標権、著作権、著作隣接権又は（**ロ：⑦育成者権を侵害する物品**）及び不正競争防止法第２条第１項第１号から第３号まで、第10号、第17号又は第18号（定義）に掲げる行為を（**ハ:⑭組成する**）物品については、税関長が没収して廃棄することができる。

3　税関長は、（**ロ：⑦育成者権を侵害する物品**）に該当するか否かについての認定手続において、必要があると認めるときは、（**ニ：⑪農林水産大臣**）に対し、意見を求めることができる。

4　税関長は、認定手続を執る場合には、その旨を（**ホ：⑮権利者**）及び輸出しようとする者に通知しなければならない。

イ．⑬児童ポルノ、ロ．⑦育成者権を侵害する物品、ハ．⑭組成する：まず、（　イ　）、（　ロ　）には輸出してはならない貨物を選択することが文脈から分かる。次に問題文記２の文意から（　ロ　）には**税関長が没収して廃棄することができるもの**が入ることが分かるので、**関税法第69条の２第１項及び同法第69条の２第２項**の規定から、「⑦育成者権を侵害する物品」が入る。そうすると、（　イ　）は税関長が没収して廃棄することができないものが入るので、「⑬児童ポルノ」を選択することができる。（　ハ　）については、輸出してはならない貨物の一つである不正競争防止法違反物品に係るものであるが、**関税法第69条の２第１項第４号**の条文に不正競争防止法第２条第１項第１号から第３号まで、第10号、第17号又は第18号**（定義）に掲げる行為を組成する物品**とあるので、（　ハ　）には「⑭組成する」を選択する。

ニ．⑪農林水産大臣：（　ニ　）は、「育成者権を侵害する物品」に該当するか否かの認定をする際、**税関長が誰に対して意見を求めるのか**を考えれば正解が導き出せる。解答の候補は、「②経済産業大臣」、「⑤専門委員」、「⑥特許庁長官」、「⑪農林水産大臣」であるが、**関税法第69条の８第１項**に「育成者権を侵害する物品に該当するか否かの認定手続に当たっては農林水産大臣に意見を求めることができる」と規定されているので、（　ニ　）には「⑪農林水産大臣」を選択する。

ホ．⑮権利者：（　ホ　）は、**税関長が認定手続を執った際に通知しなければならない相手方**であることが文脈から読み取れる。通知すべき相手方の片方が「輸出しようとする者」と記述されているので、**関税法第69条の３第１項**の規定により、（　ホ　）には「⑮権利者」を選択することができる。

第４問 »» 正解：イ－⑬、ロ－①、ハ－⑦、ニ－②、ホ－⑥

解説

1　貨物を外国貿易船に積み込んだ状態で輸入申告をすることにつき税関長の承認を受けようとする者は、その承認を受けようとする貨物の記号、番号、（**イ：⑬品名及び数量**）のほか、外国貿易船の名称及び（**ロ：①係留場所**）並びに外国貿易船における貨物の積付けの状況等を記載した申請書を税関長に提出する必要がある。

2　輸入申告は、その申告に係る貨物を保税地域等に入れた後に行うものとされているが、特例輸入者が（**ハ：⑦電子情報処理組織**）を使用して輸入申告を行う場合は、貨物を保税地域等に入れることなく行うことができる。

3　税関長が指定した場所以外の場所で関税法第67条の検査を受けようとする者は、税関長の許可を受けなければならないが、当該許可を受ける者は、当該許可に係る検査に要する（**ニ：②時間**）を基準として計算した額の手数料を税関に納付しなければならない。

4　税関長は、商標権を侵害する物品を輸入しようとする者にその（**ホ：⑥積戻し**）を命ずることができる。

イ．**⑬品名及び数量、ロ．①係留場所：**設問に「貨物を外国貿易船に積み込んだ状態で輸入申告をすることにつき税関長の承認を受けようとする」とあるので、本船扱いの承認の手続に関する問題であることが分かる。そこで、**本船扱いの承認を受けるための申請書に記載する事項**を検討していく。まず（　イ　）の前には「記号、番号」とあるので、この後に続く申請事項は、品名や数量などが考えられる。そこで選択肢を確認すると、「④数量及び価格」、「⑫品名及び価格」、「⑬品名及び数量」が解答の候補として挙げられるが、④は品名がないので、最重要な申請事項である品名が入らないことは考えられないので、他を検討する。そして、⑫と⑬では、品名以外に価格か、数量かで判断が分かれるところであるが、本船扱いの承認の申請というところから、本船の中で検査などをすることを考えれば価格よりも数量が重要な内容であるので、数量であることが分かる。結果的に**関税法施行令第59条の５第２項第１号**の規定からも（　イ　）には、「⑬品名及び数量」を選択する。次に（　ロ　）に入る語句であるが、「外国貿易船の名称及び（　ロ　）並びに外国貿易船における貨物の積付けの状況」とあるので、**外国貿易船に関係する語句**が入ることが分かる。そこで、「①係留場所」、「⑤船籍」、「⑧登録記号」が解答の候補として考えられるが、本船扱いの承認の申請に係る船舶が港のどこに係留されているかを把握する必要があるので、船舶の係留場所を申請事項に記載する必要がある。したがって、（　ロ　）には、「①係留場所」を選択することになる。

ハ. **⑦電子情報処理組織**：設問は、**特例輸入者が貨物を保税地域に入れることなく輸入申告を行う際の方法**に関する問題であることが分かる。そこで、**関税法施行令第59条の６第３項**に電子情報処理組織を使用して行わなければならないとあるので、（　ハ　）には、「⑦電子情報処理組織」を選択することになる。

ニ. **②時間**：設問は、**指定地外検査をする際の手数料に関する問題**であることが分かる。そこで、**税関関係手数料令第５条**に「指定地外検査の手数料の額は、その検査に要する時間１時間までごとに5,000円とする。ただし、電子情報処理組織を使用してその申請を行う場合にあっては、4,700円とする」とあるので、１時間ごとに手数料が発生することが分かる。そこで、（　ニ　）には、「②時間」を選択することになる。

ホ. **⑥積戻し**：設問は、**商標権を侵害する物品に対して税関長がする命令に関する問題**であることが分かる。そこで、**関税法第69条の11第２項**に「商標権を侵害する物品で輸入されようとするものを没収して廃棄し、又はその貨物を輸入しようとする者にその積戻しを命ずることができる」とあるので、侵害貨物を没収して廃棄する行為は税関長が命ずるのではなく、税関長自身が行うことであるので、解答欄には、積戻しが入ることが分かる。したがって、（　ホ　）には、「⑥積戻し」を選択することになる。

問題 5 輸入通関（輸入の許可前引取り）

次の記述は、輸入の許可前における貨物の引取りに関するものであるが、（　　）に入れるべき最も適切な語句を下の選択肢から選び、その番号をマークしなさい。

1．外国貨物（特例申告貨物を除く。）を（　イ　）の後輸入の許可前に引き取ろうとする者は、（　ロ　）に相当する担保を提供して税関長の承認を受けなければならない。
2．（　ハ　）については、税関長は輸入の許可前における貨物の引取りの承認をしてはならない。
3．税関長は、輸入の許可前における貨物の引取りの承認を受けて引き取られた貨物に係る税額等につき（　ニ　）と認めた場合には、当該申告に係る税額及びその税額を納付すべき旨等を、書面により、当該引取りの承認を受けた者に通知することとされており、（　ホ　）は、その税額に相当する関税を納付しなければならない。

[選択肢]
①課税標準額　②関税額　③関税の率が無税とされている外国貨物
④原産地について直接に偽った表示がされている外国貨物
⑤国内販売価格　⑥その納税申告がされていない
⑦その納税申告に誤りがある　⑧その納税申告に誤りがない
⑨担保の保証人　⑩当該貨物の仕出人
⑪納税義務者　⑫変質又は損傷のおそれがある外国貨物
⑬本邦到着　⑭輸入申告　⑮予備申告

日付・正解 Check	／	／	／

第５問 »» 正解：イー⑭、ロー②、ハー④、ニー⑧、ホー⑪

解説

1　外国貨物（特例申告貨物を除く。）を（**イ：⑭輸入申告**）の後輸入の許可前に引き取ろうとする者は、（**ロ：②関税額**）に相当する担保を提供して税関長の承認を受けなければならない。

2　（**ハ：④原産地について直接に偽った表示がされている外国貨物**）については、税関長は輸入の許可前における貨物の引取りの承認をしてはならない。

3　税関長は、輸入の許可前における貨物の引取りの承認を受けて引き取られた貨物に係る税額等につき（**ニ：⑧その納税申告に誤りがない**）と認めた場合には、当該申告に係る税額及びその税額を納付すべき旨等を、書面により、当該引取りの承認を受けた者に通知することとされており、（**ホ：⑪納税義務者**）は、その税額に相当する関税を納付しなければならない。

イ．**⑭輸入申告、ロ．②関税額**：問題文記１は、輸入許可前引取りの承認を受ける際の担保の提供に関する問題であることが分かる。そして（　イ　）の手続の後、輸入の許可前に貨物を引き取るとあるので、**貨物を引き取る前に行わなければならない手続は「輸入申告」**であり、（　イ　）には「⑭輸入申告」を選択する。次に（　ロ　）には文脈から担保の基になる金額が入ることが分かる。ここで税関長はこの手続により関税の納付前に貨物の引取りを認めることになるので、後日**関税が支払われない場合に備える必要がある**。したがって、担保としては関税額に相当する金額を預けさせればよいことになる。よって（　ロ　）には、「②関税額」を選択する。

ハ．**④原産地について直接に偽った表示がされている外国貨物**：文脈より（　ハ　）には、輸入許可前引取りの承認を受けることができない貨物が入ることが分かる。そこで選択肢の中から**国内に引き取ることができない貨物、言い換えると輸入の許可がされない貨物**を選べばよいので、（　ハ　）には「④原産地について直接に偽った表示がされている外国貨物」を選択する。

ニ．**⑧その納税申告に誤りがない、ホ．⑪納税義務者**：問題文記３は輸入許可前引取りの承認を受けて貨物が引き取られた後の手続に関する問題であることが分かる。そこで「税額等につき（　ニ　）と認めた場合」の後に、「引取りの承認を受けた者に通知する」とあるので、**税関長が税額等について確認した内容が入る**ことが分かる。よって選択肢を確認すると該当する語句は、「⑥その納税申告がされていない」、「⑦その納税申告に誤りがある」、「⑧その納税申告に誤りがない」の三つの語句となるが、納税申告がされていなければ、承認を受けることができないので⑥を選択することはなく、納税申告に誤りがあれば単に税額等の通知をするのではなく、税額等を更正することになるので、⑦を選択することもない。したがって（　ニ　）には「⑧その納税申告に誤りがない」を選択する。次に（　ホ　）には、文脈より関税を納付する者が入ることが分かるので、**関税を納付する者は納税義務者**であり、保証人や仕出人が関税を納付することはないので、（　ホ　）には「⑪納税義務者」を選択する。

問題 6 保税地域

次の記述は、保税地域に関するものであるが、（　　）に入れるべき最も適切な語句を下の選択肢から選び、その番号をマークしなさい。

1．関税法第34条の２の規定により、保税地域（保税工場及び保税展示場を除く。）において貨物を管理する者は、その管理する外国貨物（信書を除く。）又は輸出しようとする貨物（信書を除く。）についての（　イ　）なければならないこととされている。
2．指定保税地域においては、外国貨物又は輸出しようとする貨物につき、（　ロ　）、簡単な加工その他これらに類する行為で（　ハ　）を行うことができる。
3．保税蔵置場に外国貨物を入れる者は、当該貨物をその入れた日から（　ニ　）（やむを得ない理由により必要があると認めるときは、申請により、税関長が指定する期間）を超えて当該保税蔵置場に置こうとする場合には、その超えることとなる日前に税関長に申請し、その承認を受けなければならない。
4．保税蔵置場にある外国貨物（輸出の許可を受けた貨物を除く。）が亡失し、又は滅却されたときは、（　ホ　）から、直ちにその関税を徴収する。

[選択肢]

①１月　②３月　③６月
④改装　⑤税関職員の検査を受け　⑥税関長に届け出たもの
⑦税関長の確認を受けたもの　⑧税関長の許可を受けたもの
⑨帳簿を設け　⑩当該外国貨物の所有者
⑪当該外国貨物を置くことの承認を受けた者
⑫当該保税蔵置場の許可を受けた者　⑬法令遵守規則を定め
⑭保税作業　⑮見本の展示

日付・正解 Check	／	／	／

第６問 »» 正解：イ－⑨、ロ－⑮、ハ－⑧、ニ－②、ホ－⑫

解説

1 関税法第34条の２の規定により、保税地域（保税工場及び保税展示場を除く。）において貨物を管理する者は、その管理する外国貨物（信書を除く。）又は輸出しようとする貨物（信書を除く。）についての（**イ：⑨帳簿を設け**）なければならないこととされている。

2 指定保税地域においては、外国貨物又は輸出しようとする貨物につき、（**ロ：⑮見本の展示**）、簡単な加工その他これらに類する行為で（**ハ：⑧税関長の許可を受けたもの**）を行うことができる。

3 保税蔵置場に外国貨物を入れる者は、当該貨物をその入れた日から（**ニ：②３月**）（やむを得ない理由により必要があると認めるときは、申請により、税関長が指定する期間）を超えて当該保税蔵置場に置こうとする場合には、その超えることとなる日前に税関長に申請し、その承認を受けなければならない。

4 保税蔵置場にある外国貨物（輸出の許可を受けた貨物を除く。）が亡失し、又は滅却されたときは、（**ホ：⑫当該保税蔵置場の許可を受けた者**）から、直ちにその関税を徴収する。

イ. **⑨帳簿を設け：**文脈より（　イ　）には、保税地域の貨物の管理者が管理する貨物について行わなければならない行為に関する語句が入ることが分かる。そこで選択肢を確認すると、（　イ　）に入る語句で貨物の管理者が管理する貨物について行わなければならない行為は帳簿を設けることしかなく、（　イ　）には、「⑨帳簿を設け」を選択する。

ロ. **⑮見本の展示、ハ. ⑧税関長の許可を受けたもの：**文脈より（　ロ　）には、**指定保税地域で行うことができる行為で簡単な加工のように税関長に対する手続が必要な行為**が入ることが分かる。そこで選択肢を確認すると、「④改装」と「⑮見本の展示」が指定保税地域で行うことができる行為であるが、**改装であれば税関長に対する手続は不要**であり、文脈から入れることができない。したがって、（　ロ　）には「⑮見本の展示」を選択する。次に（　ハ　）には、見本の展示や簡単な加工をする場合に必要な手続が入ることが分かる。そして、**見本の展示や簡単な加工をする場合には税関長の許可が必要**となるため、（　ハ　）には「⑧税関長の許可を受けたもの」を選択する。

ニ. **②３月：**文脈より（　ニ　）には、**保税蔵置場において保税蔵置場に置くことの承認（蔵入承認）を受けずに外国貨物を置くことができる期間**が入ることが分かる。そこで蔵入承認を受けずに外国貨物を置いておくことができる期間は３月であり、（　ニ　）には「②３月」を選択する。

ホ. **⑫当該保税蔵置場の許可を受けた者：**文脈より（　ホ　）には、保税蔵置場にある外国貨物が亡失等した場合の納税義務者が入ることが分かる。そこで保税蔵置場にある外国貨物が亡失等した場合の納税義務者は**外国貨物を亡失等した者、つまり、蔵主である保税蔵置場の許可を受けた者**であり、（　ホ　）には「⑫当該保税蔵置場の許可を受けた者」を選択する。

保税地域（保税蔵置場）

次の記述は、関税法第43条に規定する保税蔵置場の許可の要件に関するものであるが、（　　）に入れるべき最も適切な語句を下の選択肢から選び、その番号をマークしなさい。

1. 税関長は、保税蔵置場の許可を受けようとする者が関税法以外の法令の規定に違反して（　イ　）以上の刑に処せられ、その刑の執行を終わり、又は執行を受けることがなくなった日から（　ロ　）を経過していない場合には、その許可をしないことができる。
2. 税関長は、保税蔵置場の許可を受けようとする場所の位置又は（　ハ　）が保税蔵置場として不適当であると認められる場合には、その許可をしないことできる。
3. 税関長は、保税蔵置場の許可を受けようとする場所について保税蔵置場としての利用の見込み又は（　ニ　）が少ないと認められる場合には、その許可をしないことができる。
4. 税関長は、保税蔵置場の許可を受けようとする者の（　ホ　）が薄弱であるため関税法の規定により課される負担に耐えないと認められる場合には、その許可をしないことができる。

[選択肢]

①2年	②3年	③5年
④価値	⑤管理者	⑥禁錮
⑦経営の基礎	⑧構造	⑨拘留
⑩資本金	⑪収益	⑫資力
⑬設備	⑭蔵置を予定している貨物の種類	⑮罰金

日付・正解 Check	/	/	/

第７問 »» 正解：イ－⑥、ロ－①、ハ－⑬、ニ－④、ホ－⑫

解説

1 税関長は、保税蔵置場の許可を受けようとする者が関税法以外の法令の規定に違反して（**イ：⑥禁錮**）以上の刑に処せられ、その刑の執行を終わり、又は執行を受けることがなくなった日から（**ロ：①２年**）を経過していない場合には、その許可をしないことができる。

2 税関長は、保税蔵置場の許可を受けようとする場所の位置又は（**ハ：⑬設備**）が保税蔵置場として不適当であると認められる場合には、その許可をしないことができる。

3 税関長は、保税蔵置場の許可を受けようとする場所について保税蔵置場としての利用の見込み又は（**ニ：④価値**）が少ないと認められる場合には、その許可をしないことができる。

4 税関長は、保税蔵置場の許可を受けようとする者の（**ホ：⑫資力**）が薄弱であるため関税法の規定により課される負担に耐えないと認められる場合には、その許可をしないことができる。

イ．**⑥禁錮、ロ．①２年**：設問は、**保税蔵置場の許可の要件に関する問題**であることが分かる。そこで、保税蔵置場の許可に係る申請をした者が、関税法以外の法令の規定に違反してどのような刑に処せられていると、保税蔵置場の許可がされないかを検討する必要がある。そこで**関税法第43条第３号**に「申請者が関税法以外の法令の規定に違反して禁錮以上の刑に処せられ、その刑の執行を終わり、又は執行を受けることがなくなった日から２年を経過していない場合」には、「保税蔵置場の許可をしないことができる」とあるので、（　イ　）には、「⑥禁錮」を、（　ロ　）には、「①２年」を選択することになる。

ハ．**⑬設備**：設問は、問題文記１と同様に**保税蔵置場の許可の要件に関する問題**であることが分かる。そこで**関税法第43条第９号**に「保税蔵置場の許可を受けようとする場所の位置又は設備が保税蔵置場として不適当であると認められる場合」には、「保税蔵置場の許可をしないことができる」とあるので、（　ハ　）には、「⑬設備」を選択することになる。

ニ．**④価値**：設問は、問題文記１と２と同様に**保税蔵置場の許可の要件に関する問題**であることが分かる。そこで**関税法第43条第10号**に「保税蔵置場の許可を受けようとする場所について保税蔵置場としての利用の見込み又は価値が少ないと認められる場合」には、「保税蔵置場の許可をしないことができる」とあるので、（　ニ　）には、「④価値」を選択することになる。

ホ．**⑫資力**：設問は、問題文記１～３と同様に**保税蔵置場の許可の要件に関する問題**であることが分かる。そこで**関税法第43条第８号**に「申請者の資力が薄弱であるため関税法の規定により課される負担に耐えないと認められる場合その他保税蔵置場の業務を遂行するのに十分な能力がないと認められる場合」には、「保税蔵置場の許可をしないことができる」とあるので、（　ホ　）には、「⑫資力」を選択することになる。

問題 8 課税物件確定の時期

穴埋め

難易度 ✈✈
出題頻度 🚢🚢

次の記述は、関税の課税物件の確定の時期に関するものであるが、（　　）に入れるべき最も適切な語句を下の選択肢から選び、その番号をマークしなさい。

1．保税工場における保税作業による製品である外国貨物に対し、関税を課する場合の基礎となる当該貨物の性質及び数量は、当該貨物の原料である外国貨物につき、保税工場に置くことが承認された時又は（　イ　）における現況による。
2．保税蔵置場にある外国貨物で、亡失したものに対し、関税を課する場合の基礎となる当該貨物の性質及び数量は、（　ロ　）における現況による。
3．１年の範囲内で税関長が指定する期間内に積み込まれる船用品の積込みについて一括して税関長の承認を受けて保税地域から引き取られた船用品で、当該承認の際に税関長が指定した積込みの期間内に船舶に積み込まれないものに対し、関税を課する場合の基礎となる当該貨物の性質及び数量は、（　ハ　）における現況による。
4．税関長に収容された外国貨物で公売に付されるものに対し、関税を課する場合の基礎となる当該貨物の性質及び数量は、（　ニ　）における現況による。
5．保税展示場に入れられた外国貨物で、保税展示場以外の場所において使用する必要があるものにつき、税関長が期間及び場所を指定し、保税展示場以外の場所で当該外国貨物を使用することを許可した場合において、その指定された場所にその指定された期間を経過した後置かれているものに対し、関税を課する場合の基礎となる当該貨物の性質及び数量は、（　ホ　）における現況による。

[選択肢]
①公売の時　②指定された期間が経過した時　③収容の時
④収容の日の翌日から７日を経過した時　⑤積込みの承認がされた時
⑥積込みの承認の申告の時　⑦亡失の時
⑧保税工場において保税作業が終了した時
⑨保税工場において保税作業に使用することが承認された時
⑩保税工場に置くことの承認の申請の時
⑪保税蔵置場に入れられた時
⑫保税蔵置場の許可を受けた者が亡失した旨を税関長に届け出た時
⑬保税地域から引き取られた時
⑭保税展示場以外の場所で使用することが許可された時
⑮保税展示場以外の場所に出された時

日付・正解 Check	／	／	／

第８問 »» 正解：イ－⑨、ロ－⑦、ハ－⑬、ニ－①、ホ－⑭

解説

1 保税工場における保税作業による製品である外国貨物に対し、関税を課する場合の基礎となる当該貨物の性質及び数量は、当該貨物の原料である外国貨物につき、保税工場に置くことが承認された時又は（**イ：⑨保税工場において保税作業に使用することが承認された時**）における現況による。

2 保税蔵置場にある外国貨物で、亡失したものに対し、関税を課する場合の基礎となる当該貨物の性質及び数量は、（**ロ：⑦亡失の時**）における現況による。

3 １年の範囲内で税関長が指定する期間内に積み込まれる船用品の積込みについて一括して税関長の承認を受けて保税地域から引き取られた船用品で、当該承認の際に税関長が指定した積込みの期間内に船舶に積み込まれないものに対し、関税を課する場合の基礎となる当該貨物の性質及び数量は、（**ハ：⑬保税地域から引き取られた時**）における現況による。

4 税関長に収容された外国貨物で公売に付されるものに対し、関税を課する場合の基礎となる当該貨物の性質及び数量は、（**ニ：①公売の時**）における現況による。

5 保税展示場に入れられた外国貨物で、保税展示場以外の場所において使用する必要があるものにつき、税関長が期間及び場所を指定し、保税展示場以外の場所で当該外国貨物を使用することを許可した場合において、その指定された場所にその指定された期間を経過した後置かれているものに対し、関税を課する場合の基礎となる当該貨物の性質及び数量は、（**ホ：⑭保税展示場以外の場所で使用することが許可された時**）における現況による。

イ．**⑨保税工場において保税作業に使用することが承認された時**：文脈より問題文記１の文章は、保税工場で保税作業により製造された外国貨物を輸入する場合に課税物件がいつ確定するのかを問うものであることが分かる。そこで、外国貨物を保税工場に搬入後３月以内に保税作業に使用する場合にはその前に、又は３月を超えて保税作業をする場合には搬入後３月以内に税関長に申請（＝移入承認申請）して貨物の現況を確認するため検査を受ける必要がある。そして、検査の後に税関長が承認すると物件が確定する。したがって、**税関検査が終了し承認（＝移入承認）を受ける時に課税物件が確定**するので、（　イ　）には「⑨保税工場において保税作業に使用することが承認された時」を選択する。

ロ．**⑦亡失の時**：文脈より問題文記２の文章は、保税蔵置場にある外国貨物が亡失し、その貨物に関税を課す場合に課税物件がいつ確定するのかを問うものであることが分かる。保税蔵置場にある外国貨物についてはまだ税関長の検査は行われていないので、**税関長の検査の前に外国貨物が亡失などした場合にはその時点、つまり、亡失したことが判明した時点で課税物件が確定**する。したがって、（　ロ　）には「⑦亡失の時」を選択する。

ハ. **⑬保税地域から引き取られた時：**文脈より問題文記3の文章は、一括して船用品積込承認を受けて外国貨物が保税地域から引き取られた後、指定期間内に積み込まれない外国貨物に関税を課す場合に課税物件がいつ確定するのかを問うものであることが分かる。そこで、**一括で船用品積込承認を受けた場合**には、承認の期間は最大で1年となり、その承認の際には貨物の検査をすることができない。そのため、**船用品が保税地域から引き取られる際に貨物の現況を確認**することになる。つまり、引取りの際に貨物の現況を税関長が確認しているので、引取りの際の現況で関税が課されることになる。したがって、（　ハ　）には「⑬保税地域から引き取られた時」を選択する。

ニ. **①公売の時：**文脈より問題文記4の文章は、収容された外国貨物が公売に付され、その貨物に関税を課す場合に課税物件がいつ確定するのかを問うものであることが分かる。外国貨物を収容した後、公売に付される場合には、公売により**買受人が買い受けた時点で輸入されたことになる、つまり、公売の時に内国貨物になるので内国貨物になる時点の現況で関税が課される**ことになる。したがって、（　ニ　）には「①公売の時」を選択する。

ホ. **⑭保税展示場以外の場所で使用することが許可された時：**文脈より問題文記5の文章は、保税展示場外での使用のため税関長の許可を受けて保税展示場から引き取られた貨物について、関税を課す場合に課税物件がいつ確定するのかを問うものであることが分かる。そこで、展示場外使用のために保税展示場から外国貨物を引き取る場合には税関長に申請（＝場外使用許可申請）して貨物の現況を確認するため検査を受ける必要がある。そして、**検査の後に税関長が許可すると物件が確定**する。したがって、税関検査が終了し許可（＝場外使用の許可）を受ける時に課税物件が確定するので、（　ホ　）には「⑭保税展示場以外の場所で使用することが許可された時」を選択する。

《出題年度》平成13年改題

問題 9 関税額の確定（関税額の確定方式）

次の記述は、関税額の確定方式に関するものであるが、（　　）に入れるべき最も適切な語句を下の選択肢から選び、その番号をマークしなさい。

1．関税の税額の確定方式には、申告納税方式と賦課課税方式の二つがある。

2．申告納税方式は、納付すべき税額又は納付すべき税額がないことが、原則として（　イ　）のする申告によって確定する方式であり、通常、（　イ　）のする申告は関税法第67条の規定に基づく輸入申告書に、輸入しようとする貨物に係る課税標準となるべき数量及び価格、（　ロ　）の適用上の所属区分、税率、税額等の必要な事項を記載して、これを税関長に提出することによって行われる。ただし、申告納税方式が適用される貨物であっても、（　イ　）のする申告がない場合又は（　イ　）のする申告に係る税額に誤りがあり税関長の（　ハ　）したところと異なる場合には、税関長の（　ニ　）により納付すべき税額又は納付すべき税額がないことが確定する。

3．賦課課税方式は、納付すべき税額が、専ら税関長の（　ニ　）により確定する方式であり、賦課課税方式によりその税額が確定する関税には、入国者が（　ホ　）して輸入する貨物に対する関税、郵便物（申告納税方式が適用される郵便物を除く。）に対する関税、過少申告加算税及び無申告加算税などがある。

［選択肢］

①調査	②輸出統計品目表	③輸出者	④隠	⑤処分
⑥権限	⑦納税義務者	⑧価格表	⑨携帯	⑩判断
⑪秘密に	⑫関税率表	⑬決断	⑭独断	⑮通関業者

（解答はP24にあります）

日付・正解 Check	／		／		／	

問題 10 関税額の確定（関税額の確定及び納付）

穴埋め

難易度	✈✈
出題頻度	🚢🚢

次の記述は、関税の確定及び納付に関するものであるが、(　　) に入れるべき最も適切な語句を下の選択肢から選び、その番号をマークしなさい。

1．税関長は、賦課課税方式が適用される貨物に係る関税のうち、関税法の規定により一定の事実が生じた場合に直ちに徴収するものとされている関税を賦課しようとするときは、その調査により、(　イ　) を決定することとされている。

2．輸入の許可前における貨物の引取りの承認を受けて引き取られた貨物に係る関税につき、当該貨物の輸入の許可前にされた更正に係る更正通知書に記載された納付すべき税額については、当該更正通知書が (　ロ　) の翌日から起算して (　ハ　) を経過する日までに納付しなければならない。

3．過少申告加算税に係る (　ニ　) を受けた者は、当該通知書に記載された金額の過少申告加算税を当該通知書が (　ロ　) の翌日から起算して (　ハ　) を経過する日と当該過少申告加算税の納付の起因となった関税に係る貨物の輸入の許可の日との (　ホ　) までに納付しなければならない。

[選択肢]

①1月	②3月	③10日
④いずれか遅い日	⑤いずれかの日	⑥いずれか早い日
⑦加算通知書	⑧課税標準及び税率	⑨課税標準及び納付すべき税額
⑩受領された日	⑪到達した日	⑫納税通知書
⑬納付すべき税額	⑭発せられた日	⑮賦課決定通知書

(解答はP25にあります)

日付・正解 Check	／	／	／

第９問 »» 正解：イ－⑦、ロ－⑫、ハ－①、ニ－⑤、ホ－⑨

解説

1 関税の税額の確定方式には、申告納税方式と賦課課税方式の二つがある。

2 申告納税方式は、納付すべき税額又は納付すべき税額がないことが、原則として（**イ：⑦納税義務者**）のする申告によって確定する方式であり、通常、（**イ：⑦納税義務者**）のする申告は関税法第67条の規定に基づく輸入申告書に、輸入しようとする貨物に係る課税標準となるべき数量及び価格、（**ロ：⑫関税率表**）の適用上の所属区分、税率、税額等の必要な事項を記載して、これを税関長に提出することによって行われる。ただし、申告納税方式が適用される貨物であっても、（**イ：⑦納税義務者**）のする申告がない場合又は（**イ：⑦納税義務者**）のする申告に係る税額に誤りがあり税関長の（**ハ：①調査**）したところと異なる場合には、税関長の（**ニ：⑤処分**）により納付すべき税額又は納付すべき税額がないことが確定する。

3 賦課課税方式は、納付すべき税額が、専ら税関長の（**ニ：⑤処分**）により確定する方式であり、賦課課税方式によりその税額が確定する関税には、入国者が（**ホ：⑨携帯**）して輸入する貨物に対する関税、郵便物（申告納税方式が適用される郵便物を除く。）に対する関税、過少申告加算税及び無申告加算税などがある。

イ．**⑦納税義務者：申告納税方式の原則的な税額の確定方式**について記述された文章であることが読み取れる。（　イ　）に当てはまる語句は、文脈から申告をする者が誰であるかを考えると正解が導き出せる。正解の候補は、「⑦納税義務者」、「⑮通関業者」が考えられるが、通関業者は本人に代わって申告をするに過ぎず、また、**関税法第６条の２第１項第１号**に「（申告納税方式が適用される関税は）、納税義務者のする申告により確定することを原則とし…」と規定されていることから、（　イ　）には「⑦納税義務者」を選択することができる。

ロ．**⑫関税率表：輸入（納税）申告書に記載すべき内容**の記述であることが読み取れる。（　ロ　）の後に「適用上の所属区分、税率、税額等」とあることから、輸入貨物を分類するためのものが（　ロ　）には当てはまる。したがって、（　ロ　）には、「⑫関税率表」を選択する。

ハ．**①調査、ニ．⑤処分：申告納税方式の例外的な税額の確定方式**について記述された文章であることが読み取れる。文脈から（　ハ　）には税関長が税額を確定するために前もって行うことが入り、（　ニ　）には、税関長が税額を確定するための法的な行為が入る。そして、**関税法第６条の２第１項第１号**に「申告に係る税額の計算が関税に関する法律の規定に従っていなかった場合その他当該税額が税関長の調査したところと異なる場合に限り、税関長の処分により確定する」と規定されているので、（　ハ　）には「①調査」を、（　ニ　）には「⑤処分」をそれぞれ選択することができる。

ホ．**⑨携帯：賦課課税方式の意義及び賦課課税方式が適用される関税の例**が記述された文章であることが読み取れる。（　ホ　）には、賦課課税方式が適用される関税の種類が当てはまり、また、「入国者が」というフレーズから「携帯品」か「別送品」についての記述であることが分かる。したがって、選択肢の中には「⑨携帯」しかないので、（　ホ　）には「⑨携帯」を選択する。

第10問 »» 正解：イ－⑨、ロ－⑭、ハ－①、ニ－⑮、ホ－④

解説

1　税関長は、賦課課税方式が適用される貨物に係る関税のうち、関税法の規定により一定の事実が生じた場合に直ちに徴収するものとされている関税を賦課しようとするときは、その調査により、（**イ：⑨課税標準及び納付すべき税額**）を決定することとされている。

2　輸入の許可前における貨物の引取りの承認を受けて引き取られた貨物に係る関税につき、当該貨物の輸入の許可前にされた更正に係る更正通知書に記載された納付すべき税額については、当該更正通知書が（**ロ：⑭発せられた日**）の翌日から起算して（**ハ：①1月**）を経過する日までに納付しなければならない。

3　過少申告加算税に係る（**ニ：⑮賦課決定通知書**）を受けた者は、当該通知書に記載された金額の過少申告加算税を当該通知書が（**ロ：⑭発せられた日**）の翌日から起算して（**ハ：①1月**）を経過する日と当該過少申告加算税の納付の起因となった関税に係る貨物の輸入の許可の日との（**ホ：④いずれか遅い日**）までに納付しなければならない。

イ．**⑨課税標準及び納付すべき税額：**文脈より（　イ　）には、賦課課税方式が適用される貨物について、税関長が関税を賦課するに際して決定すべき事項が入ることが分かる。そこで**賦課課税方式**とは、**税関長が関税額を決める方式**であるので、納付すべき税額は必ず決定することになる。そして、選択肢を確認すると納付すべき税額の語句の入る選択肢は「⑨課税標準及び納付すべき税額」と「⑬納付すべき税額」であるが、税関長が決定する事項は納付すべき税額だけではなく、その税額の根拠となる課税標準も必要となる（**関税法第８条第１項第２号**）ことから（　イ　）には、「⑨課税標準及び納付すべき税額」を選択することになる。

ロ．**⑭発せられた日、**ハ．**①1月：**問題文より更正通知書に記載された関税額をいつまでに税関に納付しなければならないかを検討する必要がある。そこで、税関長が関税額を確定する処分である更正や決定の処分した場合の関税額は、**関税法第９条第２項第５号及び第７号**に「**更正通知書**や決定通知書の**発せられた日の翌日から起算して１月を経過する日**までに納付しなければならない」と規定されているので、（　ロ　）には「⑭発せられた日」を選択し、（　ハ　）には「①1月」を選択することになる。

ニ．**⑮賦課決定通知書、**ホ．**④いずれか遅い日：**文脈より（　ニ　）には、過少申告加算税を課された場合に税関長より受ける書類が入ることが分かる。そこで、**過少申告加算税は賦課課税方式により関税額が確定**するので、賦課課税方式が適用される貨物について税関長より受ける書類は賦課決定通知書である。したがって（　ニ　）には、「⑮賦課決定通知書」を選択する。次に、（　ホ　）に入れるべき語句を検討すると、既に（　ロ　）と（　ハ　）に入る語句は分かっているので、過少申告加算税の通知書が発せられた日の翌日から起算して１月を経過する日と貨物の輸入の許可との（　ホ　）までに過少申告加算税を納付するというように読み取れる。つまり、１月を経過した日と輸入の許可の日を比較してどちらか早いか遅いか、又はどちらかを選べるかの３択になることが分かる。そこで、**関税法第９条第３項にいずれか遅い日とある**ので（　ホ　）には、「④いずれか遅い日」を選択する。

問題 11 関税額の確定（更正、決定等の期間制限）

穴埋め

難易度 ✈✈
出題頻度 🚢🚢

次の記述は、関税法における用語の定義に関するものであるが、（　　）に入れるべき最も適切な語句を下の選択肢から選び、その番号をマークしなさい。

関税法第14条第１項（更正、決定等の期間制限）に規定する「法定納期限等」とは、関税（過少申告加算税、無申告加算税又は（　イ　）にあっては、その納付の起因となった関税）を課される貨物を輸入する日（輸入の許可を受ける貨物については、（　ロ　））とされている。ただし、次の (1) から (3) までに掲げる関税については、それぞれに定める日又は期限とされている。

(1)　特例申告貨物につき納付すべき関税特例申告書の（　ハ　）
(2)　関税法第73条第１項（輸入の許可前における貨物の引取り）の規定により税関長の承認を受けて引き取られた貨物につき納付すべき関税（　ニ　）
(3)　関税法又は関税定率法その他関税に関する法律の規定により一定の事実が生じた場合に直ちに徴収するものとされている関税（　ホ　）

[選択肢]

①延滞税　②重加算税　③受理日
④提出期限　⑤提出日
⑥当該貨物の引取の日　⑦当該貨物の輸入申告の日
⑧当該許可の日　⑨当該許可の日から起算して１月を経過する日
⑩当該許可の日の翌日から起算して１月を経過する日
⑪当該事実が生じた日　⑫当該事実を税関長が知った日
⑬当該事実を税関長に通報した日　⑭当該承認の日　⑮利子税

第11問 »» 正解：イ－②、ロ－⑧、ハ－④、ニ－⑭、ホ－⑪

解説

関税法第14条第１項（更正、決定等の期間制限）に規定する「法定納期限等」とは、関税（過少申告加算税、無申告加算税又は（**イ：②重加算税**）にあっては、その納付の起因となった関税）を課される貨物を輸入する日（輸入の許可を受ける貨物については、（**ロ：⑧当該許可の日**））とされている。ただし、次の（1）から（3）までに掲げる関税については、それぞれに定める日又は期限とされている。

(1)　特例申告貨物につき納付すべき関税特例申告書の（**ハ：④提出期限**）

(2)　関税法第73条第１項（輸入の許可前における貨物の引取り）の規定により税関長の承認を受けて引き取られた貨物につき納付すべき関税（**ニ：⑭当該承認の日**）

(3)　関税法又は関税定率法その他関税に関する法律の規定により一定の事実が生じた場合に直ちに徴収するものとされている関税（**ホ：⑪当該事実が生じた日**）

イ．②重加算税、ロ．⑧当該許可の日：（　イ　）は、過少申告加算税、無申告加算税に続くことから何らかの税の名前が入ることが分かる。そこで、**過少申告加算税、無申告加算税と二つの加算税に続く税**であるから、文脈より残る加算税は重加算税以外ないので、（　イ　）には「②重加算税」を選択する。次に（　ロ　）であるが、そもそもこの文章は更正や決定の期間制限の起算日を問うものであるので、輸入の許可を受けた場合には、（　ロ　）が更正の期間制限の起算日になると読み取れる。そこで、**輸入の許可を受けた場合の更正の期間制限の起算日は輸入の許可の日（関税法第14条第７項）**であるので、（　ロ　）には「⑧当該許可の日」を選択する。

ハ．④提出期限：文脈より（1）の文章は、特例申告に係る更正や決定の期間制限の起算日を問うものであることが分かる。そこで、特例申告については、**特例申告書の提出期限が原則的な法定納期限**であり、**更正や決定の期間制限の起算日も、同じく特例申告書の提出期限（関税法第14条第７項第１号）**であるから、（　ハ　）には「④提出期限」を選択する。

ニ．⑭当該承認の日：文脈より（2）の文章は、輸入の許可前における貨物の引取りの承認を受けて引き取られた貨物について税関長が関税を更正することができる期間制限の起算日を問うものであることが分かる。そこで、輸入の許可前引取りの承認を受けて引き取られた貨物の関税については、その**承認の日が更正の期間制限の起算日（関税法第14条第７項第２号）**とされているので、（　ニ　）には「⑭当該承認の日」を選択する。

ホ．⑪当該事実が生じた日：文脈より（3）の文章は、関税法等の規定により一定の事実が生じた場合に直ちに徴収するものとされている関税について、税関長がその関税を更正することができる期間制限の起算日を問うものであることが分かる。そこで、一定の事実が生じた場合に直ちに徴収するものとされている関税については、**その事実が生じた日が更正の期間制限の起算日（関税法第14条第７項第５号）**とされているので、（　ホ　）には「⑪当該事実が生じた日」を選択する。

問題12 関税等の納付及び納期限（納期限）

穴埋め

難易度 ✈✈
出題頻度 🚢🚢

次の記述は、関税の納期限に関するものであるが、（　　）に入れるべき最も適切な語句を下の選択肢から選び、その番号をマークしなさい。

1．納税申告をした者は、原則としてその申告に係る書面又は更正通知書に記載された納付すべき税額に相当する関税を、当該申告に係る貨物を輸入する日までに国に納付しなければならないとされている。ただし、次の（1）から（3）までに掲げる税額に相当する関税の納税義務者は、その関税をそれぞれに定める日までに国に納付しなければならないとされている。
（1）期限後特例申告書に記載された納付すべき税額（　イ　）
（2）輸入の許可後にした修正申告に係る書面に記載された納付すべき税額（　ロ　）
（3）関税法第7条の16第2項（更正及び決定）の規定による決定がされた後にされた更正に係る更正通知書に記載された納付すべき税額（　ハ　）

2．特例輸入者が、期限内特例申告書を提出した場合において、当該期限内特例申告書に記載された納付すべき税額に相当する関税を納付すべき期限に関し、（　ニ　）までにその延長を受けたい旨の申請書を税関長に提出し、かつ、当該期限内特例申告書に記載した関税額の全部又は一部に相当する額の担保を当該税関長に提供したときは、当該税関長は、当該関税額が当該提供された担保の額を超えない範囲内において、当該納付すべき期限を（　ホ　）に限り延長することができる。

［選択肢］
①1月以内　②2月以内　③3月以内
④当該期限後特例申告書を提出した日
⑤当該期限後特例申告書を提出した日から起算して1月を経過する日
⑥当該期限後特例申告書を提出した日の翌日から起算して1月を経過する日
⑦当該更正通知書が発せられた日　⑧当該更正通知書が発せられた日の翌日
⑨当該更正通知書が発せられた日の翌日から起算して1月を経過する日
⑩当該修正申告をした日　⑪当該修正申告をした日の翌日
⑫当該修正申告をした日の翌日から起算して1月を経過する日
⑬特例申告書に係る貨物の引取りの日
⑭特例申告書に係る貨物の輸入の許可の日　⑮特例申告書の提出期限

日付・正解 Check	／		／		／	

第12問 »» 正解：イ－④、ロ－⑩、ハ－⑨、ニ－⑮、ホ－②

解説

1　納税申告をした者は、原則としてその申告に係る書面又は更正通知書に記載された納付すべき税額に相当する関税を、当該申告に係る貨物を輸入する日までに国に納付しなければならないとされている。ただし、次の (1) から (3) までに掲げる税額に相当する関税の納税義務者は、その関税をそれぞれに定める日までに国に納付しなければならないとされている。

(1)　期限後特例申告書に記載された納付すべき税額（**イ：④当該期限後特例申告書を提出した日**）

(2)　輸入の許可後にした修正申告に係る書面に記載された納付すべき税額（**ロ：⑩当該修正申告をした日**）

(3)　関税法第7条の16第2項（更正及び決定）の規定による決定がされた後にされた更正に係る更正通知書に記載された納付すべき税額（**ハ：⑨当該更正通知書が発せられた日の翌日から起算して1月を経過する日**）

2　特例輸入者が、期限内特例申告書を提出した場合において、当該期限内特例申告書に記載された納付すべき税額に相当する関税を納付すべき期限に関し、（**ニ：⑮特例申告書の提出期限**）までにその延長を受けたい旨の申請書を税関長に提出し、かつ、当該期限内特例申告書に記載した関税額の全部又は一部に相当する額の担保を当該税関長に提供したときは、当該税関長は、当該関税額が当該提供された担保の額を超えない範囲内において、当該納付すべき期限を（**ホ：②2月以内**）に限り延長することができる。

イ．④当該期限後特例申告書を提出した日、ロ．⑩当該修正申告をした日、ハ．⑨当該更正通知書が発せられた日の翌日から起算して1月を経過する日：問題文記1の (1) から (3) までの文章は、すべて各書面に記載された関税をいつまでに納税する必要があるのか、つまり、関税の納期限を問う問題であるから、（　イ　）には、**関税法第9条第2項第2号の規定**より期限後特例申告書を提出した場合の納期限である「④当該期限後特例申告書を提出した日」を選択する。同様に（　ロ　）には修正申告書を提出した場合の納期限を選択する必要があるので、**関税法第9条第2項第4号の規定**より「⑩当該修正申告をした日」を選択する。（　ハ　）には、更正通知書に係る関税の納期限を入れる必要があるので、**関税法第9条第2項第5号の規定**より「⑨当該更正通知書が発せられた日の翌日から起算して1月を経過する日」を選択する。

ニ．⑮特例申告書の提出期限、ホ．②2月以内：文脈より問題文記2の文章は、期限内特例申告書を提出した場合の関税の納期限の延長に関するものであることが分かる。そこで、（　ニ　）には、納期限の延長の申請書を（　ニ　）までに提出すると読み取れるので、**期限内特例申告書及び延長申請書の提出期限（関税法第9条の2第3項）**である「⑮特例申告書の提出期限」を選択する。次に（　ホ　）には、**期限内特例申告書と延長申請書を提出し、関税に係る担保を提供した結果として納期限が延長される期間**を入れればよいことが分かるので、関税法第9条の2第3項の規定より「②2月以内」を選択する。

問題 13 附帯税(延滞税)

次の記述は、関税法第12条に規定する延滞税に関するものであるが、（　　）に入れるべき最も適切な語句を下の選択肢から選び、その番号をマークしなさい。

1．納税義務者が（　イ　）までに関税を完納しない場合には、当該納税義務者は、その未納に係る関税額に対し、（　イ　）の翌日から当該関税額を納付する日までの日数に応じ、各年の延滞税特例基準割合が年7.3%の割合に満たない場合には、その年中においては、当該延滞税特例基準割合に年１%の割合を加算した割合（当該加算した割合が年7.3%の割合を超える場合には、年7.3%の割合）を乗じて計算した金額に相当する延滞税を併せて納付しなければならない。

2．税関長は、国税徴収の例により滞納に係る関税の全額を徴収するために必要な財産につき（　ロ　）をし、又は納付すべき税額に相当する担保の提供を受けた場合には、その（　ロ　）又は担保の提供に係る関税を計算の基礎とする延滞税につき、その（　ロ　）又は担保の提供がされている期間に対応する部分の金額のうち（　ハ　）を超える部分の金額に相当する金額を限度として、免除することができる。

3．震災、風水害、火災その他これらに類する災害により、関税を納付することができない事由が生じた場合には、税関長は、その関税に係る延滞税につき、その事由が（　ニ　）からその事由が（　ホ　）までの期間に対応する部分の金額を限度として、免除することができる。

[選択肢]

①軽減対象税額　②差押え　③生じた日　④生じた日以後７日を経過した日
⑤生じた日以後７日を経過する日　⑥消滅した日
⑦消滅した日以後７日を経過した日　⑧消滅した日以後７日を経過する日
⑨特例延滞税額　⑩特例基準税額　⑪納期限
⑫法定納期限　⑬法定申告期限　⑭没収　⑮領置

日付・正解 Check	／		／		／	

第13問 »» 正解：イ－⑫、ロ－②、ハ－⑨、ニ－③、ホ－⑦

解説

1　納税義務者が（**イ：⑫法定納期限**）までに関税を完納しない場合には、当該納税義務者は、その未納に係る関税額に対し、（**イ：⑫法定納期限**）の翌日から当該関税額を納付する日までの日数に応じ、各年の延滞税特例基準割合が年7.3％の割合に満たない場合には、その年中においては、当該延滞税特例基準割合に年１％の割合を加算した割合（当該加算した割合が年7.3％の割合を超える場合には、年7.3％の割合）を乗じて計算した金額に相当する延滞税を併せて納付しなければならない。

2　税関長は、国税徴収の例により滞納に係る関税の全額を徴収するために必要な財産につき（**ロ：②差押え**）をし、又は納付すべき税額に相当する担保の提供を受けた場合には、その（**ロ:②差押え**）又は担保の提供に係る関税を計算の基礎とする延滞税につき､その（**ロ:②差押え**）又は担保の提供がされている期間に対応する部分の金額のうち（**ハ：⑨特例延滞税額**）を超える部分の金額に相当する金額を限度として、免除することができる。

3　震災、風水害、火災その他これらに類する災害により、関税を納付することができない事由が生じた場合には、税関長は、その関税に係る延滞税につき、その事由が（**ニ：③生じた日**）からその事由が（**ホ：⑦消滅した日以後７日を経過した日**）までの期間に対応する部分の金額を限度として、免除することができる。

イ．⑫法定納期限:問題文にある「納税義務者が（　イ　）までに関税を完納しない場合には、…延滞税を併せて納付しなければならない」という記述から（　イ　）以降に関税を納付すると延滞税が課されるということなので、（　イ　）には**延滞税が生じる基準日**が入ることが分かる。そこで本来的に納税義務者が関税を納めなければならない期限は法定納期限であるので､（　イ　）には､**関税法第12条第１項**の規定より「⑫法定納期限」を選択する。

ロ．②差押え、ハ．⑨特例延滞税額：問題文に、「滞納に係る関税の全額を徴収するために必要な財産につき（　ロ　）をし、…」とあるので、税関長が関税の滞納者に係る財産を（　ロ　）するということなので､文脈より（　ロ　）に該当しそうな語句は「②差押え」､「⑭没収」、「⑮領置」しかないが、**没収は犯罪に係る貨物に対して行われるものであり、領置も犯罪に関係する貨物が任意に提出された場合に行われるものであるから**これらは滞納に対して行われるものではなく､「②差押え」しか該当するものがない。したがって､（　ロ　）には「②差押え」を選択することになる。続いて（　ハ　）であるが､財産が差押えされ、又は担保を提供した場合には、その期間は（　ハ　）を超える部分の延滞税が免除されるということであるので、**関税法第12条第８項第２号**では「二分の一に相当する金額」とあるが、**関税法附則第４項**の規定より「特例延滞税額を超える部分の金額」とするとあるので、（　ハ　）には「⑨特例延滞税額」を選択することになる。

ニ．③生じた日、ホ．⑦消滅した日以後７日を経過した日：文脈より（　ニ　）と（　ホ　）に入れるべき語句は、**震災などが生じた場合**に、（　ニ　）から（　ホ　）までの期間の**延滞税を免除**するということなので、（　ニ　）には免除の起算日、（　ホ　）は最終日が入ることが分かる。そこで免除の起算日となる日は「③生じた日」しか該当するものがなく、**関税法第12条第８項第３号ロ**の規定からも（　ニ　）には､「③生じた日」を選択する。次に、（　ホ　）に入れるべき語句も同号ロの規定より「⑦消滅した日以後７日を経過した日」を選択する。

問題 14 関税の徴収権

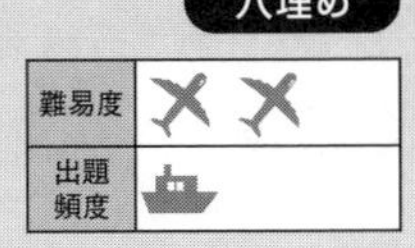

次の記述は、関税の徴収に関するものであるが、(　　)に入れるべき最も適切な語句を下の選択肢から選び、その番号をマークしなさい。

1. 関税の徴収権は、その関税の法定納期限等から(　イ　)行使しないことによって、時効により消滅する。
2. 関税の徴収権の時効については、その(　ロ　)を要せず、また、その利益を放棄することができない。
3. 関税の徴収権で、偽りその他不正の行為によりその全部又は一部の税額を免れた関税に係るものの時効は、原則として、当該関税の法定納期限等から(　ハ　)は、進行しない。
4. 関税の徴収権の時効は、延納又は徴収若しくは滞納処分に関する猶予に係る部分の関税(その部分の関税に併せて納付すべき(　ニ　)を含む。)につき、その延納又は猶予がされている期間内は、進行しない。
5. 関税の徴収権の時効については、関税法第14条の2(徴収権の消滅時効)に別段の定めがあるものを除き、(　ホ　)の規定を準用する。

[選択肢]

①1年間	②2年間	③3年間	④5年間	⑤7年間
⑥10年間	⑦延滞税	⑧援用	⑨過少申告加算税	⑩国税通則法
⑪国税徴収法	⑫通知	⑬適用	⑭民法	⑮無申告加算税

日付・正解 Check　／　／　／

第14問 »» 正解：イ－④、ロ－⑧、ハ－②、ニ－⑦、ホ－⑭

解説

1 関税の徴収権は、その関税の法定納期限等から（**イ：④5年間**）行使しないことによって、時効により消滅する。

2 関税の徴収権の時効については、その（**ロ：⑧援用**）を要せず、また、その利益を放棄することができない。

3 関税の徴収権で、偽りその他不正の行為によりその全部又は一部の税額を免れた関税に係るものの時効は、原則として、当該関税の法定納期限等から（**ハ：②2年間**）は、進行しない。

4 関税の徴収権の時効は、延納又は徴収若しくは滞納処分に関する猶予に係る部分の関税（その部分の関税に併せて納付すべき（**ニ：⑦延滞税**）を含む。）につき、その延納又は猶予がされている期間内は、進行しない。

5 関税の徴収権の時効については、関税法第14条の2（徴収権の消滅時効）に別段の定めがあるものを除き、（**ホ：⑭民法**）の規定を準用する。

イ． **④5年間**：問題文記1は、文脈から税関長が更正などにより賦課した関税を、法定納期限等からいつまでに納付させないとその関税を**徴収する権利が時効により消滅**してしまうのかを問う問題であることが分かる。ここで関税の徴収権の時効は、**関税法第14条の2第1項**に5年間と規定されているので、（　イ　）には「④5年間」を選択することができる。

ロ． **⑧援用**：問題文記2は、「関税の徴収権の時効については、その（　ロ　）を要せず」とあり、「その利益を放棄することができない」とあることから、後半の「利益を放棄することができない」という文言より（　ロ　）を判断していく必要がある。ここで時効の利益を放棄することができないとは、時効の完成、つまり、法定納期限等から原則5年間が経過した後の徴収権の消滅後に関税を納付することができないということである。したがって、（　ロ　）には、この規定と似たような時効についての規定が入ることが分かり、「要せず」という記述から、関税などの国税の徴収権の時効について要しないものは**国税通則法第72条第2項**より時効の援用であるので、（　ロ　）には「⑧援用」を選択することができる。

ハ． **②2年間**：問題文記3は、文脈から偽りその他不正の行為により関税を免れた場合、つまり、**関税ほ脱の場合の時効の規定**に関する問題であることが分かる。ここで「進行しない」とあることから、関税ほ脱の場合に法定納期限等から何年間時効が進行しないのかが問われているので、**国税通則法第73条第3項**の規定の規定より、（　ハ　）には「②2年間」を選択することができる。

ニ． **⑦延滞税**：問題文記4は、文脈から延納などで関税の納付が猶予された場合に、関税に併せて納付する（　ニ　）も延納などで猶予されている期間、徴収権の時効が進行しないということが分かる。したがって、関税と併せて納付する税を考えていけばよいので、関税に併せて納付するものは延滞税であり、**国税通則法第73条第4項**の規定から、（　ニ　）には「⑦延滞税」を選択することができる。

ホ． **⑭民法**：問題文記5は、文脈から関税の徴収権の時効について、関税法以外のいずれの法律の規定を準用する、すなわち、国税の徴収権の時効の規定はいずれの法律に規定されているのかが問われているので、時効の規定は民法に規定されており、**関税法第14条の2第3項**にも民法の規定を準用するとあることから、（　ホ　）には「⑭民法」を選択することができる。

問題1 定義（輸入）

次に掲げる行為のうち、関税法上の輸入に該当しないもの又は輸入とみなされないものはどれか。すべてを選び、その番号をマークしなさい。

1．輸出の許可を受けて保税地域に蔵置されている貨物を本邦に引き取る行為
2．本邦の船舶により外国の排他的経済水域の海域で採捕された水産物を本邦に引き取る行為
3．保税展示場で開催される博覧会において展示される外国貨物である酒類を、当該博覧会の観覧者が試飲する行為
4．外国の船舶により本邦の接続水域の海域又は外国の接続水域の海域で採捕された水産物を本邦に引き取る行為
5．本邦と外国との間を往来する本邦の船舶に積まれている外国貨物である船用品を当該船舶において本来の用途に従って使用する行為

日付・正解 Check	／		／		／	

第１問 »» 正解：2、5

解説

1　**輸入に該当する：輸出の許可を受けた貨物**は、それが本邦内の保税地域にある場合でも関税法上の**外国貨物**となる。したがって、外国の貨物を本邦に引き取る行為であるので**輸入**に該当する（関税法第２条第１項第１号）。

2　**輸入に該当しない：**外国の排他的経済水域は公海である。本邦の船舶が公海で採捕した水産物は内国貨物であり、それを本邦に引き取る行為は輸入に該当しない。

3　**輸入とみなされる：**保税展示場で開催される博覧会において観覧者が展示されている外国貨物である酒類を試飲する行為は、**外国貨物を輸入前に消費**したことになるので、**みなし輸入**に該当し輸入とみなされる。また、設問の行為はみなし輸入の例外には該当しない（関税法第２条第３項）。

4　**輸入に該当する：**設問中の「接続水域の海域」とは、各国の領海の外側で基線と呼ばれる線から24海里までの海域のことであり、「接続水域の海域」は領海には当たらない。したがって、「本邦の接続水域の海域又は外国の接続水域の海域」は関税法上の「公海」に該当し、この海域で**外国の船舶が採補した水産物**を本邦に引き取る行為は**外国貨物**を本邦に引き取る行為に該当し、**輸入**に該当する（関税法第２条第１項第１号、関税法基本通達２－14（1）、領海及び接続水域に関する法律第１条第１項、第４条第２項）。

5　**輸入とみなされない：**本邦と外国との間を往来する船舶に積まれている外国貨物である船用品をその船舶において**本来の用途に従って使用する行為**は、その船舶が本邦の船舶であるか否かを問わず、外国貨物を輸入する前に使用する行為とはみなされず、**みなし輸入の例外**に該当する（関税法第２条第３項、関税法施行令第１条の２第１号）。

問題 **2**

定義（輸出）

次の行為のうち、関税法上の輸出に該当するものはどれか。一つを選び、その番号をマークしなさい。なお、輸出に該当する行為の記述がない場合には、「０」をマークしなさい。

1．仮に陸揚げした貨物を外国に向けて送り出す行為
2．本邦の船舶が外国の領海で採捕した水産物を洋上から直接当該外国に陸揚げして売却する行為
3．外国から本邦に到着した貨物を、輸入の許可を受ける前に外国に送り出す行為
4．外国貿易船に内国貨物である重油を船用品として積み込む行為
5．国際郵便路線により本邦に送付され税関の検査を受けた課税価格が20万円以下の郵便物を、名宛人の居所が不明のため日本郵便株式会社が外国に向けて返送する行為

日付・正解 Check	／		／		／	

第２問 »» 正解：0

解 説

関税法上の輸出とは、「内国貨物を外国に向けて送り出す行為」である。各選択肢をこの定義に照らし、該当するか否かを判断していく。

1 **輸出に該当しない：仮に陸揚げした貨物**は**外国貨物**である。したがって、関税法上の**輸出に該当しない**（関税法第２条第１項第２号、同法第21条）。なお、原則として仮に陸揚げした貨物を外国に向けて送り出す行為は関税法上の「輸出」にも、「積戻し」にも該当しない。

2 **輸出に該当しない：**本邦の船舶が外国の領海で採捕した水産物は外国の貨物である。したがって、**輸出の定義に当てはまらず**、輸出に該当しない（関税法第２条第１項第３号、同法第75条）。

3 **輸出に該当しない：**輸入の許可を受ける前の貨物は外国貨物である。外国貨物を外国に向けて送り出す行為は関税法上の**積戻し**に当たり、輸出に該当しない（関税法第２条第１項第３号、同法第75条）。

4 **輸出に該当しない：**船用品を外国貿易船に積み込む行為は、それが内国貨物であったとしても**輸出に該当しない**（関税法第２条第１項第２号、同法第23条第２項）。

5 **輸出に該当しない：**国際郵便路線により本邦に送付された課税価格が20万円以下の郵便物は、**名宛人に交付されたときに内国貨物**とみなされる。税関の検査を受けた時点ではまだ外国貨物のままである。したがって、外国貨物を返送することとなるので、輸出に該当しない（関税法第２条第１項第２号、同法第74条、同法第75条）。

問題 3 定義（外国貨物）

文章選択式

次に掲げる貨物のうち、関税法上、外国貨物とされるものはどれか。すべてを選び、その番号をマークしなさい。

1. 本邦の船舶により公海で採捕された水産物で、当該船舶により本邦に運送されたもの
2. 国際郵便により本邦に送付され税関の検査を受けた賦課課税方式が適用される郵便物で、配達途上にあるもの
3. 本邦の船舶により外国の領海で採捕された水産物を原料として、当該船舶内で加工又は製造した製品で、当該船舶により本邦に運送されたもの
4. 本邦に到着した貨物で、輸入の許可を受ける前に刑事訴訟法の規定により没収が執行された貨物
5. 輸入の許可を受けた貨物で、保税蔵置場から引き取られる前のもの

日付・正解 Check	／ 	／ 	／ 

第３問 »» 正解：2、3

解説

関税法上の外国貨物とは以下のとおりである。

①輸出の許可を受けた貨物
②外国から本邦に到着した貨物で輸入が許可される前の貨物
③外国の船舶により公海で採捕された後本邦に到着した水産物で輸入が許可される前の貨物

以上の定義に照らしながら、各選択肢が外国貨物とされるか否かを判断していく。

1　**外国貨物とされない：本邦の船舶**（外国の船舶ではない。）により**公海で採捕された水産物**は、関税法上、**内国貨物**とされる。これは、本邦の船舶が採捕したので、経済的にみて本邦で生産された貨物と何ら変わらないという背景から規定されたものである。したがって、本邦の船舶により公海で採捕された水産物で、その船舶により本邦に運送されたものは外国貨物とされない（関税法第２条第１項第４号）。

2　**外国貨物とされる：**国際郵便により本邦に送付された賦課課税方式が適用される郵便物は、**名宛人に交付されたときに内国貨物**とみなされる。したがって、税関の検査を受けた郵便物で、配達途上にあるものは、まだ外国貨物のままである。ゆえに、本選択肢は外国貨物とされる（関税法第74条）。

3　**外国貨物とされる：本邦の船舶**により**外国の領海**で**採捕された水産物**でその船舶により本邦に運送されたものは、たとえそれが本邦の船舶内で加工・製造された製品である水産物であったとしても「外国から本邦に到着した貨物」とされる。したがって、輸入が許可される前（本邦に運送されただけ）であるので**外国貨物**とされる（関税法第２条第１項第３号）。

4　**外国貨物とされない：**外国貨物が法令に基づく**没収**をされた場合には、**みなし内国貨物**（輸入が許可された貨物）に該当することになる。したがって、外国貨物とされない（関税法第74条）。

5　**外国貨物とされない：輸入の許可を受けた貨物**は、たとえその貨物が保税蔵置場から引き取られる前であっても、関税法上、**内国貨物**となる。したがって、外国貨物とされない（関税法第２条第１項）。

問題
4 定義（内国貨物）

次の貨物のうち、関税法上の内国貨物とされるもの又は内国貨物とみなされるものはどれか。すべてを選び、その番号をマークしなさい。

1．輸出申告された貨物で、輸出の許可を受けたもの
2．本邦の船舶により公海で採捕された水産物で、本邦の港に向け運送途上のもの
3．積戻し申告された貨物で、積戻しの許可を受ける前のもの
4．収容された外国貨物で、公売により買受人が買い受けたもの
5．犯則事件の調査において犯則嫌疑者が任意に提出した領置物件で、その返還に先立ち関税が徴収されたもの

日付・正解 Check	／	／	／

第４問 »» 正解：2、4、5

解説

関税法上の内国貨物とは以下のとおりである。

①本邦にある貨物で外国貨物でないもの

②本邦の船舶により公海で採捕された水産物

また、上記以外で輸入の許可がされた貨物とみなされるもの（＝みなし内国貨物）として以下のもの等がある。

①日本郵便株式会社から交付された郵便物

②保税展示場の許可期間満了後、なお保税展示場にある外国貨物に対し、関税が徴収されたもの

③収容等貨物で、公売に付され、若しくは随意契約により売却されて買受人が買い受けたもの又はその返還を受けるべき者から関税が徴収されたもの

④法令に基づく没収、輸入してはならない貨物の処分の規定により没収され、若しくは国庫に帰属したもの

⑤保税工場（又は総合保税地域）における場外作業の許可、又は保税展示場（又は総合保税地域）における場外使用の許可を受け、指定された期間が経過しても、なおその場外作業（又は場外使用）の場所にあって、関税が徴収されたもの

以上の定義に照らしながら、各選択肢が内国貨物とされるか又は内国貨物とみなされるか否かを判断していく。

1 **内国貨物とされない：輸出の許可を受けた時点**で、外国貨物となる。したがって、内国貨物とされない（関税法第２条第１項第３号）。

2 **内国貨物とされる：本邦の船舶により公海で採捕された水産物**は内国貨物である。それが本邦の港に向け運送途上のものであっても何ら変わるものではない（関税法第２条第１項第４号）。

3 **内国貨物とされない：積戻し申告**をされた貨物はもともと外国貨物である。したがって、積戻しの許可を受ける前であっても、許可を受けた後であっても外国貨物であり、内国貨物とされない（関税法第75条）。

4 **内国貨物とみなされる：**収容等貨物で、公売に付され、若しくは随意契約により売却されて**買受人が買い受けたもの**は、内国貨物とみなされる（関税法第74条）。

5 **内国貨物とみなされる：**収容等貨物には、収容貨物のほかに**留置貨物・領置物件・差押物件**が含まれる。領置物件でその返還に先立ち関税が徴収されたものは内国貨物とみなされる。なお、領置とは押収の一種で、裁判所が、被告人その他の者が死後に残したもの、又は所有者や保管者が自ら提出したものを、そのままとっておく処分をいう（関税法第74条、同法第134条第４項）。

問題 5 定義（みなし内国貨物）

択一式

次に掲げる貨物のうち、関税法第74条の規定により輸入を許可された貨物とみなされないものはどれか。一つを選び、その番号をマークしなさい。なお、該当するものがない場合には、「0」をマークしなさい。

1. 関税法第69条の11第２項（輸入してはならない貨物）の規定により没収された外国貨物
2. 刑事訴訟法の規定により売却された外国貨物
3. 銃砲刀剣類所持等取締法の規定により国庫に帰属した外国貨物
4. 関税法第146条第１項（通告処分）の規定により納付された外国貨物
5. 関税法第76条第５項（郵便物の輸出入の簡易手続）の規定により通知された郵便物

日付・正解 Check	／	／	／

第5問 »» 正解：5

解説

1　**輸入を許可された貨物とみなされる**：関税法第69条の11第2項（輸入してはならない貨物）の規定により輸入してはならない貨物として税関長により没収された外国貨物については、**没収された時点**で内国貨物とされ、輸入を許可された貨物とみなすと規定されている（関税法第74条）。

2　**輸入を許可された貨物とみなされる**：刑事訴訟法の規定により売却された外国貨物については、その**売却**により内国貨物とされ、輸入を許可された貨物とみなすと規定されている（関税法第74条）。

3　**輸入を許可された貨物とみなされる**：銃砲刀剣類所持等取締法の規定により国庫に帰属した外国貨物については、**国庫に帰属した時点**で内国貨物とされ、輸入を許可された貨物とみなすと規定されている（関税法第74条）。

4　**輸入を許可された貨物とみなされる**：関税法第146条第1項（通告処分）の規定により納付された外国貨物については、罰金に相当する金額及び没収に該当する物件又は追徴金に相当する金額を**税関に納付した時点**で内国貨物とされ、輸入を許可された貨物とみなすと規定されている（関税法第74条）。

5　**輸入を許可された貨物とみなされない**：関税法第76条第5項（郵便物の輸出入の簡易手続）の規定により通知された郵便物は、日本郵便株式会社から**名宛人に交付された時点**で内国貨物とみなされるが、税関長が日本郵便株式会社から提示された課税価格20万円以下などの輸入郵便物について検査を終了したこと又は検査の必要がないことを日本郵便株式会社に対して**通知**しただけではその輸入郵便物が輸入を許可された貨物とみなされることはない（関税法第74条）。

《出題年度》平成20年、平成25年、令和２年他改題

問題 6 定義（その他の用語）

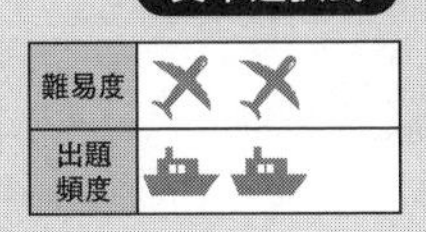

次の記述は、関税法における用語の意義に関するものであるが、その記述の正しいものはどれか。すべてを選び、その番号をマークしなさい。

1. 「附帯税」とは、関税のうち延滞税、利子税、過少申告加算税、無申告加算税及び重加算税をいう。
2. 特定委託輸出申告とは、輸出しようとする貨物の輸出に係る通関手続を認定通関業者に委託した者が保税地域等に入れないで輸出の許可を受けようとする貨物につき行う輸出申告をいう。
3. 燃料、飲食物その他の消耗品で、船舶において使用するものは、「船用品」に該当する。
4. 保税蔵置場に置かれている外国貨物の一部を、認定通関業者が成分分析のために当該保税蔵置場内で消費する行為は、輸入とみなされる。
5. 特殊船舶とは、本邦と外国との間を往来する船舶のうち外国貿易船以外のものをいう。

日付・正解 Check	／	／	／

第6問 »» 正解：2、3、4

解説

1　**誤り**：「附帯税」には、関税のうち**延滞税、過少申告加算税、無申告加算税**及び**重加算税**の四つの税が該当することになるが、利子税は含まれていない。したがって設問の記述は誤りである（関税法第2条第1項第4号の2）。なお、附帯税は、本税である関税に加えて納付する税であり、関税を本来的に納付すべき期限（＝法定納期限）を過ぎて関税を納付したりすると課される罰金的な税である。また、国税通則法では、先の四つの附帯税以外に利子税や不納付加算税などがあるが、関税法で附帯税とされるのは四つに限定されている。

2　**正しい**：特定委託輸出申告とは、輸出しようとする貨物の輸出に係る**通関手続を認定通関業者に委託した者**が保税地域等に入れないで輸出の許可を受けようとする貨物につき行う輸出申告をいうと規定されている。したがって正しい記述である（関税法第67条の3第1項第2号）。なお、関税法第67条の3（輸出申告の特例）には、特定委託輸出申告以外に、特定輸出申告や特定製造貨物輸出申告もあるが、輸出申告を認定通関業者に委託する必要があるものは、特定委託輸出申告のみである。

3　**正しい**：「船用品」とは、**燃料、飲食物その他の消耗品で、船舶において使用するもの**をいうと規定されている。したがって正しい記述である（関税法第2条第1項第9号）。なお、このほかにも、**帆布、綱、じう器その他これらに類する貨物で、船舶において使用する**ものも該当する。

4　**正しい**：保税蔵置場に置かれている外国貨物の一部を、認定通関業者が成分分析のためにその保税蔵置場内で消費する行為は、関税法に規定される外国貨物が輸入される前に本邦において使用され、又は消費される場合に該当し、**輸入とみなされる**。したがって正しい記述である（関税法第2条第3項）。なお、例外規定として権限のある税関職員等の公務員が採取した外国貨物の見本を検査のため使用し、若しくは消費する場合などは、その使用又は消費を輸入とみなさないという規定があるが、認定通関業者はこの公務員に該当しないので例外規定にも該当しない。

5　**誤り**：特殊船舶とは、本邦と外国との間を往来する船舶で外国貿易船以外のもの（公用船、その他の船舶のうち外国の軍艦、海上における保安取締り及び海難救助に従事する公用船並びに自衛隊の船舶を**除く**。）をいうと規定されている。したがって、「本邦と外国との間を往来する船舶のうち外国貿易船以外」の船舶をすべて特殊船舶とするわけではないので設問の記述は誤りである（関税法第15条の3第1項、関税法施行令第13条の3）。

《出題年度》平成27年、平成29年、令和４年他改題

問題 7 輸出通関（輸出申告の要否及び方法）

択一式

難易度	✈✈
出題頻度	🚢🚢🚢

次の記述は、輸出通関に関するものであるが、その記述の正しいものはどれか。一つを選び、その番号をマークしなさい。なお、正しい記述がない場合には、「0」をマークしなさい。

1．本邦から出国する旅客の携帯品については、口頭により輸出申告を税関長がさせることができるとされているが、外国為替令第８条の２第１項第２号（支払手段等の輸出入の届出）に掲げる貴金属（金の地金のうち、当該金の地金の全重量に占める金の含有量が90％以上のものに限る。）であって、その重量が１kgを超えるものを携帯して輸出する場合には、税関長に対して支払手段等の携帯輸出申告書により輸出申告をして許可を受ける必要がある。

2．輸出の許可の後船積み前に事故により貨物の数量が減少した場合には、新たに輸出申告をしなければならない。

3．本邦の船舶が、本邦の排他的経済水域の海域で採捕した水産物を外国に売却するため、洋上から直接外国に向けて送り出す場合には、輸出申告を要しない。

4．外国為替及び外国貿易法上の貨物に該当しない物品を輸出しようとする場合には、輸出申告を要しない。

5．外国貿易船に積み込んだ状態で輸出申告をすることが必要な貨物を輸出しようとする者は、外国貿易船に貨物を積み込む前に、当該外国貿易船の係留場所を所轄する税関長に届け出なければならない。

日付・正解 Check	／		／		／	

第７問 »» 正解：1

解説

1 **正しい：**本邦から出国する旅客の携帯品については、口頭により輸出申告を税関長がさせることができると規定されている。しかし、**旅客の携帯品**であっても、**重量が1kgを超える金の地金**であり、その金の地金の全重量に占める**金の含有量が90%以上のもの**である場合には、税関長に対して支払手段等の**携帯輸出申告書により輸出申告**をして許可を受ける必要がある。したがって正しい記述である（関税法第67条、関税法施行令第58条、外国為替及び外国貿易法第19条第３項、外国為替令第８条第２項、同令第８条の２第１項第２号、同令第25条第１項第２号、外国為替に関する省令第10条第１項第３号）。

2 **誤り：**輸出の許可の後船積み前に事故により貨物の数量が減少した場合には、「**数量等の変更**」の申請を行うことになる。したがって、「新たに輸出申告をしなければならない」とする記述は誤りである（関税法基本通達67－１－13）。

3 **誤り：本邦の船舶**が、**本邦の排他的経済水域の海域**で**採捕した水産物**は内国貨物である。内国貨物を（洋上から直接）外国に向けて送り出す行為は輸出に該当する。したがって、「輸出申告を要しない」とする記述は誤りである（関税法第２条第１項第２号、第４号、同法第67条）。

4 **誤り：**輸出申告を要しないのは、**内容品の合計金額が20万円以下の郵便物**及び**郵便物以外の信書**だけである。したがって、「外国為替及び外国貿易法上の貨物に該当しない物品」が輸出申告を要しないとする記述は誤りである（関税法第67条、同法第76条、同法第78条の３）。なお、外国為替及び外国貿易法上の貨物に該当しない物品とは、外国為替及び外国貿易法第６条第１項第15号において、「貴金属、支払手段（銀行券、硬貨、小切手、為替手形及び信用状など）及び証券その他債権を化体する証書」と規定されている。

5 **誤り：**このような規定はない。外国貿易船に積み込んだ状態で輸出申告をすること（＝本船扱い）が必要な貨物を輸出しようとする者は、本船扱いの承認を受けて、その外国貿易船の**係留場所を所轄する税関長**に対して**輸出申告**をすることができると規定されているが、その外国貿易船に貨物を積み込む前に、その外国貿易船の係留場所を所轄する税関長に届け出るという規定はない。したがって、「外国貿易船に貨物を積み込む前に、当該外国貿易船の係留場所を所轄する税関長に届け出なければならない」という記述は誤りである（関税法第67条の２第２項）。

《出題年度》令和元年、令和３年、令和４年他改題

問題 8 輸出通関（輸出申告書類及び必要書類）

文章選択式

難易度 ✈✈

出題頻度 🚢🚢🚢

次の記述は、輸出申告書の記載事項及び必要書類に関する記述であるが、その記述の誤っているものはどれか。すべてを選び、その番号をマークしなさい。

1．物品の一時輸入のための通関手帳に関する通関条約（ATA条約）の実施に伴う関税法等の特例に関する法律に規定する通関手帳により、我が国から一時輸出され、我が国に再輸入されることが予定されている商品見本を一時輸出しようとする者が、その輸出の際に当該商品見本に係る通関手帳を税関長に提出した場合は、税関長は、当該通関手帳の輸出証書を関税法施行令第58条に規定する輸出申告書として取り扱うこととされている。

2．船舶により輸出される貨物についての輸出申告書に記載すべき当該貨物の価格は、当該貨物の本邦の輸出港における本船甲板渡し価格とすることとされているが、当該貨物が無償で輸出される場合にあっては、当該貨物の本邦内における調達原価に基づく価格とすることとされている。

3．貨物（本邦から出国する者がその出国の際に携帯して輸出する貨物及び郵便物並びに特定輸出貨物を除く。）を業として輸出する者は、輸出申告に際して税関に提出したものを除き、当該貨物に係る製造者又は売渡人の作成した仕出人との間の取引についての書類を、当該貨物の輸出の許可の日の翌日から５年間保存しなければならない。

4．貨物代金の10％相当額を超える代理店手数料が値引額として仕入書に明記されている場合の申告価格は、当該仕入書に表示されている値引き前の価格を基礎として計算する。

5．税関長は、輸出申告があった場合には、契約書、仕入書その他の申告の内容を確認するために必要な書類を提出させなければならない。

日付・正解 Check	／		／		／	

第8問 »» 正解：2、5

解説

1 **正しい：**ATA条約特例法に規定する通関手帳により、商品見本を一時輸出しようとする者が、その輸出の際に商品見本に係る通関手帳を税関長に提出した場合は、税関長は、**通関手帳の輸出証書を輸出申告書として取り扱う**と規定されている。したがって正しい記述である（ATA条約特例法基本通達3－9（2）で準用する同法基本通達3－6（1））。

2 **誤り：**船舶により輸出される貨物の輸出申告書に記載すべき価格は、本邦の輸出港における本船甲板渡し価格（＝FOB価格）とされているが、貨物が無償で輸出される場合には、**貨物が有償で輸出されるものとした場合の価格**とすると規定されている。したがって、「貨物の本邦内における調達原価に基づく価格」という記述は誤りである（関税法第67条、関税法施行令第58条第1号、同令第59条の2第2項）。

3 **正しい：貨物を業として輸出する者**は、輸出申告に際して税関に提出した書類を除いて、製造者や売渡人の作成した仕出人との間の取引書類を、**輸出の許可の日の翌日から5年間保存**しなければならない。したがって正しい記述である。なお、出国者の携帯品と郵便物については書類の保存規定はなく、特定輸出貨物については別に書類の保存に関する規定がある（関税法第94条第2項、関税法施行令第83条第8項）。

4 **正しい：**貨物代金の**10％相当額を超える代理店手数料**が値引額として仕入書に明記されている場合の申告価格は、その仕入書に表示されている**値引き前の価格**を基礎として申告価格を計算すると定められている。したがって正しい記述である（関税法基本通達67－1－4（1）イ（イ））。

なお、設問の手数料以外にも、仕入書に表示されている値引き前の価格から、以下に掲げる額以上の値引額が仕入書に記載されている場合には、値引き前の価格が輸出申告価格となる。

①仲介手数料……その手数料の合計額が貨物代金の10％相当額

②領事査証料、検量料、検査手数料、銀行手数料……その手数料の合計額が貨物代金の5％相当額

③金利……国際的に通常の取引条件と認められる範囲の額

5 **誤り：**税関長は、輸出申告があった場合においてその輸出の許可の判断のために必要があるときは、契約書、仕入書その他の申告の内容を確認するために**必要な書類を提出させることができる**と規定されている。したがって、輸出申告に際して契約書等の書類は必要に応じて提出させるのであり、必ず提出しなければならない書類ではないため、「契約書、仕入書その他の申告の内容を確認するために必要な書類を提出させなければならない」という記述は誤りである（関税法第68条）。

問題 9

輸出通関（特定輸出申告制度）

文章選択式

難易度 ✈✈

出題頻度 🚢🚢🚢

次の記述は、特定輸出申告制度に関するものであるが、その記述の正しいものはどれか。すべてを選び、その番号をマークしなさい。

1．特定輸出者が、関税法第67条の３第３項（輸出申告の特例）に規定する特定輸出申告を行い、税関長の輸出の許可を受けた貨物は、関税法第30条第１項第５号に規定する「特例輸出貨物」に該当する。

2．外国貿易船に積み込んだ状態で輸出申告をすることが必要な貨物について、特定委託輸出申告を行う場合には、本船扱いの手続を要することなく特定委託輸出申告を行うことができる。

3．関税法の規定に違反して刑に処せられた者であっても、その刑の執行を終わった日から２年を経過した場合には、特定輸出者の承認を受けることができる。

4．特定輸出者は、特定輸出申告を行った場合においては、当該特定輸出申告に係る貨物で輸出の許可を受けたものについて、貨物確認書を作成し、当該許可の日の属する月の翌月末日までに当該許可をした税関長に提出しなければならない。

5．特定輸出者は、特定輸出申告を行い税関長の輸出の許可を受けた貨物が輸出されないこととなったことにより当該許可を受けている必要がなくなったときは、その輸出申告を撤回する理由を記載した「輸出申告撤回申出書」を当該許可をした税関長に提出し、当該許可を取り消すべき旨及び当該申告を撤回する旨の申請をすることができる。

日付・正解 Check	／	／	／

第９問 »» 正解：1、2

解説

1　**正しい**：特定輸出者が、輸出申告の特例の規定により特定輸出申告を行い、税関長の輸出の許可を受けた貨物を**特例輸出貨物**というと規定されている。したがって正しい記述である（関税法第30条第１項第５号）。

2　**正しい**：外国貿易船に積み込んだ状態で輸出申告をすること（＝本船扱い）が必要な貨物について、**特定委託輸出申告**（**特定輸出申告**、**特定製造貨物輸出申告**も同様）を行う場合には、本船扱いの手続を要することなく、つまり、事前に税関長より本船扱いの承認を受けることなく、**本船に積み込んだ状態で特定委託輸出申告**を行うことができる。したがって正しい記述である（関税法基本通達67の２－１）。

3　**誤り**：関税法の規定に違反して刑に処せられた者であっても、その刑の執行を終わった日から**３年**を経過した場合には、特定輸出者の承認を受けることができると規定されている。したがって、「２年を経過した場合」とする記述は誤りである（関税法第67条の６第１項第１号イ）。

4　**誤り**：特定輸出者が特定輸出申告を行った場合で、輸出の許可の日の属する月の翌月末日までに税関長に提出しなければならない書類はない。また、**貨物確認書**の作成及び提出が必要となるのは、**特定製造貨物輸出申告の場合**であり、特定輸出申告の場合には提出する必要はない。したがって設問の記述は誤りである（関税法第67条の３第１項第１号）。

5　**誤り**：特定輸出者は、特定輸出申告を行い税関長の輸出の許可を受けた貨物が輸出されないこととなったことにより輸出の許可を受けている必要がなくなったときは、その輸出申告を**取消する理由**を記載した「**特例輸出貨物の輸出許可取消申請書**」を輸出の許可をした税関長に提出し、許可を取り消すべき旨の申請をすることができると規定されている。したがって、「撤回」ではなく、「取消」であり、「輸出申告撤回申出書」を提出するのではなく、「特例輸出貨物の輸出許可取消申請書」を提出して行うことになる。また、許可を取り消すべき旨の申請をするのであり、申告を撤回する旨の申請をするのではない。したがって設問の記述は誤りである（関税法第67条の４第１項、関税法基本通達67の４－１）。

問題 10

輸出通関（特定輸出申告制度）

文章選択式

難易度 ✈✈

出題頻度 🚢🚢🚢

次の記述は、特定輸出申告制度に関するものであるが、その記述の正しいものはどれか。すべてを選び、その番号をマークしなさい。

1．特定委託輸出申告は、原則として電子情報処理組織（電子情報処理組織による輸出入等関連業務の処理等に関する法律第２条第１号（定義）に規定する電子情報処理組織をいう。）を使用して行わなければならない。

2．特定輸出者の承認を取り消す場合には、税関長は、審査委員の意見を聴かなければならない。

3．特定輸出者の承認を受けた者がその特定輸出貨物の輸出の業務を譲り渡した場合において、あらかじめ当該承認をした税関長の承認を受けたときは、当該業務を譲り受けた者は、当該業務を譲り渡した者の当該特定輸出者の承認に基づく地位を承継することができる。

4．特定輸出者が貨物を保税地域に入れて輸出の許可を受けようとする場合には、その輸出申告を電子情報処理組織（NACCS）を使用して行うときであっても、当該輸出申告は当該保税地域の所在地を所轄する税関長に対してしなければならない。

5．特定輸出申告が行われ輸出の許可を受けた貨物について、当該許可を受けている必要がなくなったときは、特定輸出者は、特定輸出申告に係る申告の撤回の申し出を行うことにより、当該貨物の検査を受けることなく当該許可の取消しを受けることができる。

日付・正解 Check	／	／	／

第10問 »» 正解：1、3

解説

1　**正しい**：特定委託輸出申告は、原則として**電子情報処理組織（NACCS）**を使用して行わなければならないと規定されている。したがって正しい記述である（関税法施行令第59条の7第4項）。なお、**電気通信回線の故障その他の事由**により電子情報処理組織(NACCS)を使用して特定委託輸出申告を行うことができない場合には、電子情報処理組織（NACCS）を使用しないで申告を行うことができることに留意すること。

2　**誤り**：特定輸出者の**承認を取り消す場合**には、税関長は、審査委員の意見を聴かなければならないという規定はない。したがって、「審査委員の意見を聴かなければならない」とする記述は誤りである（関税法施行令第59条の14で準用する第4条の14)。

3　**正しい**：特定輸出者が特定輸出貨物の輸出の業務を譲り渡した場合において、**あらかじめ**特定輸出者の承認をした税関長の**地位の承継に係る承認を受けたとき**は、業務を譲り受けた者は、業務を譲り渡した者の特定輸出者の承認に基づく地位を承継することができると規定されている。したがって正しい記述である（関税法第67条の12において準用する同法第48条の2第4項)。

4　**誤り**：特定輸出者が**電子情報処理組織（NACCS）**を使用して特定輸出申告をする場合には、貨物が置かれている保税地域にかかわらず、**いずれかの税関長に対して申告**をすることができる。したがって、「保税地域の所在地を所轄する税関長に対してしなければならない」という記述は誤りである（関税法第67条の3第1項第1号、関税法施行令第59条の7第4項)。

5　**誤り**：特定輸出申告が行われ輸出の許可を受けた貨物について、輸出の許可を受けている必要がなくなったときは、特定輸出者は、輸出の許可をした税関長に対し、許可を**取り消すべき旨の申請**をすることができる。そして、税関長は、許可を取り消す場合において必要があると認めるときは、税関職員に特例輸出貨物の**検査をさせることができる**と規定されている。したがって、「撤回の申し出」ではなく、取り消すべき旨の申請であり、「当該貨物の検査を受けることなく当該許可の取消しを受けることができる」という部分も検査をさせることができるとあることから誤った記述である（関税法第67条の4第1項、第3項)。

《出題年度》令和２年、令和３年、令和４年他改題

輸出通関（特定輸出申告制度）

文章選択式

難易度 ✈✈
出題頻度 🚢🚢🚢

次の記述は、輸出申告の特例に関するものであるが、その記述の正しいものはどれか。すべてを選び、その番号をマークしなさい。

1．特定委託輸出者が特定委託輸出申告を行うときは、その申告に係る貨物が置かれている場所から当該貨物を外国貿易船又は外国貿易機に積み込もうとする開港、税関空港又は不開港までの間において一の特定保税運送者が一貫して当該貨物を運送するよう特定保税運送者に委託しなければならないが、当該貨物について輸出の許可を受けた後は、当該特定保税運送者以外の特定保税運送者が運送を行っても差し支えないこととされている。

2．特定輸出申告を行う場合には、保税地域等に入れないで輸出の許可を受けようとする旨を輸出申告書に記載しなければならない。

3．電子情報処理組織（電子情報処理組織による輸出入等関連業務の処理等に関する法律第２条第１号（定義）に規定する電子情報処理組織をいう。以下同じ。）を使用して輸出申告を行う能力を有している者は、特定委託輸出申告をすることができる。

4．特定輸出者は、特定輸出申告を行い税関長の輸出の許可を受けた特例輸出貨物が保税地域以外の場所にある場合において、当該貨物が亡失したときは、当該許可をした税関長に対し、当該許可を取り消すべき旨の申請をすることができる。

5．イランを仕向地として輸出される貨物であって、外国為替及び外国貿易法第48条第１項（輸出の許可等）に規定する許可又は輸出貿易管理令第２条第１項（輸出の承認）に規定する承認を必要とするものについては、特定輸出申告を行うことはできない。

日付・正解 Check	／	／	／

第11問 »» 正解：1、2、5

解説

1　**正しい**：特定委託輸出申告を行うときは、貨物が置かれている場所から貨物を外国貿易船等に積み込もうとする開港等までの運送を特定保税運送者に委託しなければならないと規定されている。また、**開港等までの間の運送は、一の特定保税運送者が一貫して運送する**ことになるが、**輸出の許可を受けた後は、他の特定保税運送者が運送を行うことができる**。したがって正しい記述である（関税法第67条の3第1項、関税法基本通達67の3－2－2）。

2　**正しい**：**特定輸出申告**を行う場合には、保税地域等に入れないで輸出の許可を受けようとする旨を輸出申告書に記載しなければならないと規定されている。したがって正しい記述である（関税法第67条の3第1項、関税法施行令第59条の7第1項）。

3　**誤り**：電子情報処理組織を使用して輸出申告を行う能力を有している者でも、**特定委託輸出申告**をする場合には、その貨物の輸出に係る通関手続を**認定通関業者**に委託しなければならないと規定されている。特定委託輸出申告を行うには、輸出申告の特例の規定により貨物を輸出しようとする者が認定通関業者に特定委託輸出申告を委託するだけで行うことができ、委託する者の能力については規定がない。したがって、「電子情報処理組織を使用して輸出申告を行う能力を有している者は、特定委託輸出申告をすることができる」という記述は誤りである（関税法第67条の3第1項第2号）。

4　**誤り**：特定輸出者は、保税地域以外の場所にある**特例輸出貨物が亡失**したときは、輸出の許可をした税関長に対し、**直ちにその旨を届け出なければならない**のであり、輸出の許可を取り消すべき旨の申請をするのではない。したがって設問の記述は誤りである（関税法第67条の5において準用する同法第45条第3項）。

5　**正しい**：イランを仕向地として輸出される貨物であって、外国為替及び外国貿易法第48条第1項に規定する**経済産業大臣の許可**又は輸出貿易管理令第2条第1項に規定する**経済産業大臣の承認**を必要とするものについては、特定輸出申告を行うことはできないと規定されている。したがって正しい記述である（関税法施行令第59条の8第2号）。なお、原則としてほとんどの貨物について特定輸出申告を行うことができるが、①**輸出貿易管理令別表第1の1の項**の中欄に掲げる貨物**（武器）**、②**輸出貿易管理令別表第4に掲げる国又は地域（イラン、イラク、北朝鮮）**を仕向地として輸出される貨物であって、外国為替及び外国貿易法第48条第1項（輸出の許可等）に規定する**許可**又は同令第2条第1項（輸出の承認）に規定する**承認**を必要とするもの、③**日本国とアメリカ合衆国との間の相互防衛援助協定**第6条1aに規定する輸出される資材、需品又は装備については特定輸出申告を行うことができないので留意すること。

問題 12 輸出通関（証明と確認）

次の記述は、関税法第70条（証明又は確認）に規定する他法令の証明又は確認に関するものであるが、その記述の誤っているものはどれか。すべてを選び、その番号をマークしなさい。

1. 価格が20万円以下の貨物を郵便により外国に送る場合には、輸出申告を要しないので、当該貨物については、関税法第70条第１項又は第２項（証明又は確認）の規定は適用されない。
2. 関税関係法令以外の法令の規定により、輸出に関して許可又は承認を必要とする貨物については、輸出申告の際、当該許可又は承認を受けている旨を税関に証明しなければならない。
3. 無償の貨物を輸出する場合には、当該貨物について関税法第70条（証明又は確認）の規定は、適用されない。
4. 外国為替及び外国貿易法の規定により輸出に関して許可を必要とする貨物については、輸出申告の際に当該許可を受けている旨を税関に証明しなければならないが、税関長がやむを得ないと認めた場合は当該申告に係る税関の審査の際に証明すればよい。
5. 関税関係法令以外の法令の規定により輸出に関して検査又は条件の具備を必要とする貨物で郵便物以外のものについては、関税法第67条（輸出又は輸入の許可）の検査その他輸出申告に係る税関の審査の際に、当該法令の規定による検査の完了又は条件の具備を税関に証明し、その確認を受けなければ、輸出の許可を受けられない。

日付・正解 Check	／	／	／

第12問 »» 正解：1、3、4

解説

1　**誤り**：価格が20万円以下の貨物を郵便により外国に送る場合であっても、その貨物が**税関職員の検査を受けるもの**であれば、関税法第70条第1項又は第2項（証明又は確認）の規定が適用される。したがって、「関税法第70条第1項又は第2項（証明又は確認）の規定は適用されない」とする記述は誤りである（関税法第76条第4項で準用する第70条）。

2　**正しい**：関税関係法令以外の法令の規定により、輸出に関して**許可又は承認を必要**とする貨物については、**輸出申告の際**、その**許可又は承認**を受けている旨を税関に証明しなければならないと規定されている。このことは、他法令の許可又は承認を受けているということは、他の法令に基づく許可証や承認証を入手しているということになるが、これらの証明書を税関長に提出しなければ輸出申告をすることができないということである。したがって正しい記述である（関税法第70条第1項）。

3　**誤り**：**無償の貨物**であるからといって、関税法第70条の規定が適用されないとする規定はない。したがって誤った記述である（関税法第70条第1項）。

4　**誤り**：輸出に関して他法令の許可が必要な貨物については、いかなる事情があったとしても、必ず**輸出申告の際**に他法令の許可を受けている旨を証明しなければならない。したがって、「税関長がやむを得ないと認めた場合は当該申告に係る税関の審査の際に証明すればよい」とする記述は誤りである（関税法第70条第1項）。

5　**正しい**：関税関係法令以外の法令の規定により輸出に関して検査又は条件の具備を必要とする貨物で郵便物以外のものについては、輸出の許可に係る検査その他輸出申告に係る**税関の審査の際**に、他の法令の規定による検査の完了又は条件の具備を税関に証明し、その確認を受けなければ、輸出の許可を受けられないと規定されている。このことは、他の法令の規定により検査などが必要な貨物を輸出する場合には、その検査などが終了する前に輸出申告をすることはできるが、検査などが終了したことを税関長に証明しない限り輸出の許可はされないということである。したがって正しい記述である（関税法第70条第2項、第3項）。

問題13 輸出通関（証明と確認）

次の記述は、関税法第70条に規定する他法令の証明又は確認に関するものであるが、その記述の誤っているものはどれか。一つを選び、その番号をマークしなさい。なお、誤っている記述がない場合には、「0」をマークしなさい。

1．保税工場において製造された外国貨物を外国に向けて積み戻す場合には、関税法第70条の規定が適用される。
2．受取人の個人的使用に供される貨物を国際郵便により輸出する場合には、関税法第70条の規定が適用される。
3．仮に陸揚げされた貨物を外国に向けて積み戻す場合であっても、当該貨物が外国為替及び外国貿易法第48条第1項（輸出の許可等）の規定により経済産業大臣の輸出の許可を受けなければならないものである場合には、関税法第70条の規定が適用される。
4．特定輸出申告を行う場合には、関税法第70条の規定が適用される。
5．輸出貿易管理令別表第2に掲げる貨物であって、経済産業大臣の承認の権限が税関長に委任されている貨物については、関税法第70条の規定は適用されない。

日付・正解 Check	／	／	／

第13問 »» 正解：5

解説

1　**正しい：**保税工場において製造された**外国貨物を外国に向けて積み戻す場合**には、関税法第70条の規定が適用されると規定されている。関税法第70条の規定が適用されるということは、保税作業により製造された外国貨物を外国に向けて積み戻す場合には、税関長に対して**積戻し申告が必要**となるが、この申告の際に他法令の規定により**許可又は承認を受けていることを証明**しなければならない貨物である場合や、他法令の規定により検査などが必要とされる貨物については、輸出申告の場合と同様に積戻し許可までに検査の終了などを証明しなければならないということである。したがって正しい記述である（関税法第75条で準用する同法第70条）。

2　**正しい：**受取人の個人的使用に供される貨物を**国際郵便により輸出する場合**には、関税法第70条の規定が適用されると規定されている。関税法第70条の規定が適用されるということは、輸出しようとする貨物について他法令の規定により許可又は承認を受けていることを証明しなければならない場合には、輸出申告までにその証明書を提出し、他法令の規定により検査などが必要とされる貨物については、税関長による輸出の許可までに検査などの終了を証明しなければならないということである。このことは輸出される貨物が個人的に使用される貨物であっても、郵便により輸出される貨物であっても同様に適用されることになる。したがって正しい記述である（関税法第76条第4項で準用する同法第70条）。

3　**正しい：**仮に陸揚げされた貨物を外国に向けて積み戻す場合であっても、その貨物が外国為替及び外国貿易法第48条第1項（輸出の許可等）の規定により**経済産業大臣の輸出の許可**を受けなければならないものである場合には、関税法第70条の規定が適用されると規定されている。したがって正しい記述である（関税法第75条かっこ書、同法第75条で準用する第70条）。

4　**正しい：特定輸出申告**を行う場合には、関税法第70条の規定が適用されると規定されている。したがって正しい記述である（関税法第70条）。

5　**誤り：**輸出貿易管理令別表第2に掲げる貨物（＝経済産業大臣の輸出の承認が必要な貨物）の中で、一部の貨物については**経済産業大臣の承認の権限**が**税関長に委任**されているが、その貨物についても輸出する場合には、税関長への輸出申告の際に、その承認を受けていることを証明しなければならないと規定されている。したがって、この証明義務の規定である関税法第70条の規定が適用されることになり、「関税法第70条の規定は適用されない」という記述は誤りである（関税法第70条第1項）。

問題 14 輸出通関（輸出してはならない貨物）

文章選択式

難易度	✈✈
出題頻度	🚢🚢🚢

次の記述は、輸出してはならない貨物に関するものであるが、その記述の正しいものはどれか。すべてを選び、その番号をマークしなさい。

1．輸出差止申立てに係る商標権を侵害する貨物に該当するか否かについての認定手続において、当該認定手続を執る旨の通知を受けた輸出者は、当該物品が侵害物品に該当するか否かについて争う場合には、その旨を記載した書面を一定期間内に税関長に提出しなければならない。

2．税関長は、不正競争防止法第２条第１項第10号（定義）に掲げる行為（同法第19条第１項第１号から第５号まで、第７号又は第９号（適用除外等）に定める行為を除く。）を組成する物品の輸出差止申立てにおいて、必要があると認めるときは、当該物品が不正使用行為により生じたものであると認められるか否かについて、専門委員の意見を求めることができる。

3．関税法第69条の４第１項の規定により輸出差止申立てを行おうとする不正競争差止請求権者は、財務省令で定める事項について、財務大臣の意見を求め、その意見が記載された書面を当該申立てを行おうとする税関長に提出しなければならない。

4．特許権者は、自己の特許権を侵害すると認める貨物に関し、いずれかの税関長に対し、その侵害の事実を疎明するために必要な証拠を提出し、当該貨物が関税法第６章（通関）に定めるところに従い輸出されようとする場合は、当該貨物について当該税関長又は他の税関長が、当該貨物が当該特許権を侵害する貨物に該当するか否かについての認定手続を執るべきことを申し立てることができる。

5．税関長は、輸出差止申立てがあった場合には、当該申立てに関して経済産業大臣の意見又は認定を求めるべき事項を除き、学識経験を有し、かつ、当該申立てに係る事案の当事者と特別の利害関係を有しない専門委員に意見を求めることができる。

日付・正解 Check	／		／		／	

第14問 »» 正解：4、5

解説

1　**誤り**：商標権を侵害する貨物に該当するか否かについての認定手続において、その認定手続を執る旨の通知を受けた輸出者は、その物品が**侵害物品に該当するか否かについて争う場合**には、証拠を提出し、意見を述べることができると規定されているが、その意見を述べることについて、その旨を記載した書面を一定期間内に税関長に提出しなければならないという規定はない。したがって、「その旨を記載した書面を一定期間内に税関長に提出しなければならない」とする記述は誤りである（関税法第69条の3第1項、関税法施行令第62条の2第3項）。

2　**誤り**：**税関長は不正競争防止法第2条第1項第10号（技術的制限手段に対する不正競争行為）に掲げる行為を組成する物品**が不正使用行為により生じたものであると認められるか否かについては、専門委員の意見を求めることができない。したがって、「専門委員の意見を求めることができる」という記述は誤りである（関税法第69条の4第1項、同法第69条の5）。

3　**誤り**：関税法第69条の4第1項の規定により輸出差止申立てを行おうとする不正競争防止法第2条第1項第1号から第3号、第17号、第18号の規定に係る不正競争差止請求権者は、**経済産業省令で定める事項**について、**経済産業大臣の意見**を求め、その意見が記載された書面をその申立てを行おうとする税関長に提出しなければならないと規定されている。また、不正競争防止法第2条第1項第10号の規定に係る不正競争差止請求権者は、**経済産業省令で定める**ところにより、**経済産業大臣に認定**を求め、その認定の内容が記載された書面をその申立てを行おうとする税関長に提出しなければならないと規定されている。したがって、「財務省令で定める事項について、財務大臣の意見を求め」とする記述は誤りである（関税法第69条の4第1項）。

4　**正しい**：**特許権者**は、自己の特許権を侵害すると認める貨物に関し、いずれかの税関長に対し、侵害の事実を疎明するために必要な証拠を提出し、侵害すると認める貨物が関税法第6章（通関）に定めるところに従い輸出されようとする場合は、証拠を提出した税関長又は他の税関長が、特許権を侵害する貨物に該当するか否かについての**認定手続を執るべきことを申し立てる**ことができると規定されている。したがって正しい記述である（関税法第69条の4第1項）。

5　**正しい**：税関長は、輸出差止申立てがあった場合には、その申立てに関して経済産業大臣の意見又は認定を求めるべき事項を除き、学識経験を有し、かつ、その申立てに係る事案の当事者と特別の**利害関係を有しない専門委員**に意見を求めることができると規定されている。したがって正しい記述である（関税法第69条の5）。

問題 15 輸出通関（輸出してはならない貨物）

文章選択式

次の記述は、輸出してはならない貨物に関する記述であるが、その記述の正しいものはどれか。すべてを選び、その番号をマークしなさい。

1．荷繰りの都合等により、我が国の保税地域に一時的に仮陸揚げされた貨物の中に商標権を侵害する物品が含まれている場合には、税関長は当該物品について認定手続を執らなければならない。

2．不正競争防止法第２条第１項第３号に規定する形態模倣品は輸出してはならない貨物に該当するが、その認定手続に際して不正競争差止請求権者が税関長に意見を述べる際には、経済産業大臣の意見書を提出しなければならない。

3．輸出差止申立てが税関長に受理された申立人は、当該差止申立てに係る貨物の認定手続の際に、税関長に対し、当該貨物の見本の検査を申請することができる。

4．税関長は、輸出差止申立てを受理した場合において、当該申立てに係る貨物についての認定手続が終了するまでの間、当該貨物が輸出されないことにより当該貨物を輸出しようとする者が被るおそれがある損害の賠償を担保するため必要があると認めるときは、当該申立てをした者に対し、相当と認める額の金銭を供託すべき旨を命ずることができる。

5．輸出差止申立てをしようとする商標権者は、自己の権利の内容、自己の権利を侵害すると認める貨物の品名、当該貨物が自己の権利を侵害すると認める理由、当該申立てが効力を有する期間として希望する期間、その他参考となるべき事項を記載した申立書に、侵害の事実を疎明するために必要な証拠を添えて、税関長に提出しなければならない。

日付・正解 Check	／	／	／

第15問 »» 正解：4、5

解説

1　**誤り：**我が国の保税地域に**一時的に仮陸揚げされた貨物**の中に商標権を侵害する物品が含まれている場合でも、税関長はその物品について認定手続を執る必要はない。輸出申告（又は積戻し申告）がされて輸出されようとする貨物のうちに関税法第69条の2第1項第3号（特許権等侵害物品）又は第4号（不正競争防止法違反物品）に該当する貨物があると思料するときに税関長が認定手続を執らなければならないのであり、輸出申告等を要しない仮陸揚貨物については認定手続を執る必要はない。したがって、「認定手続を執らなければならない」という記述は誤りである（関税法第69条の3第1項）。

2　**誤り：**このような規定はない。不正競争防止法第2条第1項第3号に規定する形態模倣品に係る認定手続においては、その貨物に係る不正競争差止請求権者に対し、その貨物が輸出してはならない貨物に該当することについて**証拠を提出**することと、**意見を述べる機会**が与えられるが、その意見を述べる際に経済産業大臣の意見書を提出するという規定はない。したがって、「経済産業大臣の意見書を提出しなければならない」という記述は誤りである（関税法施行令第62条の2第1項）。

3　**誤り：**輸出差止申立てが税関長に受理された申立人が、その差止申立てに係る貨物の認定手続の際に、税関長に対し、貨物の**見本の検査を申請**することができるという規定はない。したがって誤った記述である。なお、輸入差止申立ての場合には、受理された申立人が、見本の検査をすることを承認するよう申請することができると規定されているので留意する。

4　**正しい：**税関長は、輸出差止申立てを受理した場合において、その申立てに係る貨物についての認定手続が終了するまでの間、その貨物が輸出されないことにより貨物を輸出しようとする者が被るおそれがある損害の賠償を担保するため必要があると認めるときは、その申立てをした者に対し、相当と認める額の金銭を**供託すべき旨を命ずることができる**と規定されている。したがって正しい記述である（関税法第69条の6第1項）。

5　**正しい：**輸出差止申立てをしようとする商標権者は、自己の**権利の内容**、自己の権利を侵害すると認める**貨物の品名**、自己の権利を**侵害すると認める理由**、差止申立てが**効力を有する期間として希望する期間**、その他参考となるべき事項を記載した申立書に、侵害の事実を疎明するために必要な証拠を添えて、税関長に提出しなければならないと規定されている。したがって正しい記述である（関税法第69条の4第1項、関税法施行令第62条の3）。

《出題年度》平成16年、令和２年、令和３年他改題

問題 16

輸出通関（積戻し）

次の記述は、関税法第75条に規定する積戻しに関するものであるが、その記述の正しいものはどれか。すべてを選び、その番号をマークしなさい。

1．外国貨物である船用品を外国貿易船に積み込む場合には、積戻し申告を要しない。

2．仮に陸揚げされた貨物を本邦から外国に向けて積戻ししようとする者は、当該貨物が外国為替及び外国貿易法第48条第１項の規定による許可を受けなければならないものであるときは、当該貨物についての必要な事項を税関長に申告し、当該貨物につき必要な検査を経て、税関長の許可を受けなければならない。

3．保税作業により製造された貨物を外国に向けて送り出す場合には、積戻し申告をする必要がある。

4．輸入の許可を受けた貨物を、輸入の際の性質及び形状を変えることなく外国へ送り出す場合には、積戻し申告をしなければならない。

5．本邦から外国に向けて行う外国貨物の積戻しには、関税法第69条の３（輸出してはならない貨物に係る認定手続）の規定は、適用されない。

日付・正解 Check	／ 	／ 	／ 

第16問 »» 正解：1、2、3

解説

1　**正しい**：外国貨物である船用品を外国貿易船に積み込む場合、税関長に対して積戻し申告ではなく**外国貨物船用品積込承認申告**を行うことになる。したがって正しい記述である（関税法第23条第1項）。

2　**正しい**：**仮に陸揚げされた貨物**を本邦から外国に向けて積戻ししようとする場合で、その貨物が外国為替及び外国貿易法第48条第1項の規定による**経済産業大臣の輸出の許可を受けなければならないもの**であるときは、必要な事項を税関長に申告（積戻し申告）して、必要な検査を経て、税関長の許可（積戻し許可）を受けなければならないと規定されている。したがって正しい記述である（関税法第75条）。

3　**正しい**：保税作業により製造された貨物は**関税法上外国貨物**となる。外国貨物を外国に向けて送り出すので、当然、**積戻し申告**をする必要がある。したがって正しい記述である（関税法第75条）。

4　**誤り**：輸入の許可を受けたことにより、その貨物は**関税法上内国貨物**となる（たとえ輸入の際の性質や形状を変えなかったとしても、関税法上、内国貨物である。）。内国貨物を外国へ送り出すのであるから**輸出申告**をしなければならない。したがって、「積戻し申告をしなければならない」とする記述は誤りである（関税法第2条第1項第2号、第4号、同法第67条）。

5　**誤り**：外国貨物の積戻しには、関税法第69条の3（輸出してはならない貨物に係る**認定手続**）の規定は適用される。したがって、「適用されない」とする記述は誤りである（関税法第75条で準用する同法第69条の3）。

問題 17 認定通関業者制度

文章選択式

次の記述は、認定通関業者に関するものであるが、その記述の正しいものはどれか。すべてを選び、その番号をマークしなさい。

1. 関税法第79条第１項に規定する認定を受けようとする者は、特例申告貨物に係る輸入申告において、輸入申告書に記載する事項が当該申告に係る貨物の現況と一致することを、当該貨物及び関係書類により的確に確認するための体制が整備されていない者である場合には、当該認定を受けることができない。
2. 税関長は、認定通関業者が関税法の規定に従って輸出に関する業務を行わなかったことにより、関税法の実施を確保するため必要があると認めるときは、輸出に関する業務の遂行の改善に必要な措置を講ずることを求めることができる。
3. 関税法第79条の２（規則等に関する改善措置）の規定による税関長の求めに応じなかったため認定通関業者の認定を取り消された通関業者であっても、法令遵守規則を整備することにより、直ちに認定通関業者の認定を受けることができる。
4. 特定輸出者が貨物を輸出しようとする場合において、当該貨物の輸出に係る通関手続を通関業者に委託するときは、認定通関業者に委託しなければならない。
5. 税関長の管轄地域が異なる地域において通関業を行う営業所を２以上設置する通関業者が認定通関業者の認定を受けようとする場合には、これらの異なる地域を管轄するすべての税関長からその認定を受けなければならない。

日付・正解 Check	／	／	／

第17問 »» 正解：1、2

解説

1　**正しい：認定通関業者に係る認定を受けようとする者**は、特例申告貨物に係る輸入申告において、輸入申告書に記載する事項がその申告に係る貨物の現況と一致することを、その貨物及び関係書類により**的確に確認するための体制が整備**されていない者である場合には、認定通関業者に係る認定を受けることができないと規定されている。したがって正しい記述である（関税法第79条第３項第２号、関税法施行規則第９条の７第１号）。

2　**正しい：**税関長は、認定通関業者が関税法の規定に従って輸出に関する業務を行わなかったことにより、関税法の実施を確保するため必要があると認めるときは、**輸出に関する業務の遂行の改善**に必要な措置を講ずることを求めることができると規定されている。したがって正しい記述である（関税法第79条の２）。

3　**誤り：**認定通関業者の**認定を取り消された**通関業者は、その認定を**取り消された日から３年**を経過するまでの間は、認定通関業者の認定を受けることができない。たとえ「法令遵守規則を整備」したとしても、すぐには認定通関業者の認定を受けることができないので設問の記述は誤りである（関税法第79条第３項第１号イ）。

4　**誤り：特定輸出者**が貨物を輸出しようとする場合において、輸出通関手続を通関業者に委託するときは、認定通関業者ではなく、**認定通関業者ではない通関業者にも委託することができる**。したがって、「認定通関業者に委託しなければならない」という記述は誤りである（関税法第67条の３第１項第１号）。

5　**誤り：**税関長の管轄地域が異なる地域において通関業を行う営業所を２以上設置する通関業者が認定通関業者の認定を受けようとする場合には、これらのうち**いずれかの税関長**の認定を受ければよいと規定されている。したがって、税関長の管轄地域が異なる複数の通関営業所を持つ通関業者でも、認定はこれらのうちの１人の税関長の認定を受ければ済むので、「これらの異なる地域を管轄するすべての税関長からその認定を受けなければならない」という記述は誤りである（関税法第79条第１項、関税法施行令第69条第１項）。

問題18 輸入通関（輸入申告の時期及び方法）

文章選択式

難易度 ✈✈
出題頻度 🚢🚢

次の記述は、輸入申告に関するものであるが、その記述の誤っているものはどれか。すべてを選び、その番号をマークしなさい。

1．外国貿易船に積み込んだ状態で輸入申告をすることが必要な貨物を輸入しようとする者は、税関長の承認を受けて、当該外国貿易船の係留場所を所轄する税関長に対して輸入申告をすることができる。
2．関税法施行令第59条の６第１項第２号の規定により、輸入貨物を保税地域に入れる前に輸入申告をすることができる「搬入前申告」の承認を受けたときは、当該貨物を外国貿易船に積み込んだままの状態で必要な検査及び許可を受けることができる。
3．本邦に入国する者がその入国の際に携帯して輸入する貨物であって、その課税標準となる価格の合計額が20万円以下のものに対する関税の率は、関税定率法第３条の３の規定に基づき少額輸入貨物に対する簡易税率によらなければならない。
4．貨物を保税地域に入れないで輸入申告をすることにつき、税関長の承認を受けた場合であっても、当該貨物を積載した船舶の船長から積荷に関する事項が税関に報告され、又は積荷に関する事項を記載した書面が税関に提出された後でなければ、輸入申告はできない。
5．貨物を輸入しようとする者は、輸入の許可を受けるためにその輸入申告に係る貨物を入れる保税地域等（保税地域又は税関長が保税地域に置くことが困難若しくは著しく不適当であると認め期間及び場所を指定して保税地域以外の場所に置くことを許可した貨物に係る当該場所）に当該貨物を入れる前に輸入申告を行い、当該貨物を当該保税地域等に入れた後に輸入の許可を受けなければならないこととされている。

日付・正解 Check			／		／	

第18問 »» 正解：2、3、5

解説

1 **正しい**：外国貿易船に積み込んだ状態で輸入申告をすることが必要な貨物（**本船扱い貨物**）を輸入しようとする者は、税関長の承認を受けて、外国貿易船の**係留場所を所轄する税関長**に対して輸入申告をすることができる。したがって正しい記述である（関税法第67条の2第2項）。

2 **誤り**：「輸入貨物を外国貿易船に積み込んだままの状態で必要な検査及び許可を受けることができる」という制度は、「搬入前申告（扱い）」ではなく「**本船扱い**」についての説明である。また、「搬入前申告（扱い）」は、保税地域に搬入する前に輸入申告はできるが、輸入の許可は**保税地域**に搬入しなければ受けることができない。したがって誤った記述である（関税法施行令第59条の6第1項第2号）。

3 **誤り**：**入国者の携帯品**は**課税価格の合計額**にかかわらず、少額輸入貨物に対する**簡易税率により関税額を計算**することができない。したがって、「少額輸入貨物に対する簡易税率によらなければならない」という記述は誤りである（関税定率法第3条の2第1項）。

4 **正しい**：貨物を保税地域に入れないで輸入申告をすることにつき、税関長の承認を受けた場合、その貨物を積載した船舶の船長から**積荷に関する事項**が税関に報告され、又は**積荷に関する事項**を記載した書面が税関に提出された後にするものとすると規定されている。したがって正しい記述である（関税法第67条の2第4項）。

5 **誤り**：貨物を輸入しようとする者は、税関長の承認を受けた場合などを除き、輸入の許可を受けるためにその輸入申告に係る**貨物を保税地域等**（保税地域又は税関長が保税地域に置くことが困難若しくは著しく不適当であると認め期間及び場所を指定して保税地域以外の場所に置くことを許可した貨物に係る当該場所）**に入れた後に輸入申告を行わなければならない**。したがって、「貨物を入れる前に輸入申告を行い」という記述は誤りである（関税法第67条の2第3項）。

問題 19 輸入通関（輸入申告の要否及び方法）

文章選択式

難易度 ✈✈

出題頻度 🚢🚢🚢

次の記述は、輸入申告に関するものであるが、その記述の正しいものはどれか。すべてを選び、その番号をマークしなさい。

1. 税関長の承認を受けて外国貿易船に船用品として積み込んだ内国貨物を、当該外国貿易船で使用しないこととなったため本邦に引き取ることとなった場合には、輸入申告を要しない。
2. 保税展示場に入れられた外国貨物であって当該保税展示場内で販売されたものを本邦に引き取ろうとする場合には、その販売につきあらかじめ税関長の承認を受けているときは、輸入申告を要しない。
3. 貨物を輸入しようとする者が輸入申告と併せて納税申告を行った場合において、その輸入の許可までに、これらの申告の撤回を申し出たときは、その理由の内容にかかわらず、これらの申告の撤回が認められる。
4. 輸入しようとする貨物の課税価格を計算する場合において、外国通貨により表示された価格の本邦通貨への換算は、実勢外国為替相場の著しい変動がある場合を除き、当該貨物に係る輸入申告の日の属する週の前々週における実勢外国為替相場の当該週間の平均値に基づき税関長が公示する相場によるものとされている。
5. 本邦に事務所を有しない法人が貨物を輸入しようとする場合には、当該法人により税関長に届出のあった税関事務管理人が輸入者となって輸入申告を行わなければいけない。

日付・正解 Check	／ 	／ 	／ 

第19問 »» 正解：1、4

解説

1 **正しい**：内国貨物である船用品を税関長の承認を受けて外国貿易船に積み込んだ場合でも、その船用品は**内国貨物**のままである。そして、内国貨物を本邦に引き取る行為は輸入に該当しないので、当然、輸入申告をする必要はない。したがって正しい記述である。

2 **誤り**：このような規定はない。保税展示場に入れられた外国貨物を保税展示場より本邦に引き取ろうとする場合には、その貨物を保税展示場より引き取る前に輸入申告をして**輸入の許可**を受けなければならない。また、保税展示場内での外国貨物の販売についてあらかじめ税関長の承認を受けるという規定もない。したがって誤った記述である（関税法第62条の4第2項）。

3 **誤り**：貨物を輸入しようとする者が輸入申告と併せて納税申告を行った場合において、輸入の許可までに、これらの申告の撤回を申し出たときは、その理由の内容にかかわらずではなく、**撤回の理由が輸入申告後に貨物を積戻す必要が生じた場合**や、**保税運送をする必要が生じた場合**などに限られ、これらの理由がある場合に限り申告の撤回が認められる。したがって、「理由の内容にかかわらず」という記述は誤りである（関税法基本通達7－7）。

4 **正しい**：輸入しようとする貨物の課税価格を計算する場合において、外国通貨により表示された価格の本邦通貨への換算は、実勢外国為替相場の著しい変動がある場合を除いて、**輸入申告の日の属する週の前々週**における実勢外国為替相場の週間の平均値に基づき税関長が公示する相場によると規定されている。したがって正しい記述である（関税定率法第4条の7第1項、関税定率法施行規則第1条）。

5 **誤り**：本邦に事務所を有しない法人が貨物を輸入しようとする場合には、その者の本邦における税関関係手続等を処理させるため、本邦に住所又は居所を有する者等でその税関関係手続等の処理につき便宜を有するもののうちから**税関事務管理人**を定めなければならないと規定されている。しかし、**税関事務管理人**が輸入者となって輸入申告を行わなければいけないという規定はない。**税関事務管理人**を定めた本邦に事務所を有しない法人が貨物を輸入しようとする場合でも**輸入者はその法人**であり、**税関事務管理人**になることはない。したがって、「当該法人により税関長に届出のあった税関事務管理人が輸入者となって輸入申告を行わなければいけない」という記述は誤りである（関税法第95条第1項）。

《出題年度》平成28年、令和元年、令和4年他改題

問題 **20**

輸入通関（輸入申告書の添付書類）

文章選択式

難易度	✈✈
出題頻度	🚢🚢🚢

次の記述は、経済連携協定における関税についての特別の規定による便益に係る税率及びWTO協定税率の適用を受けるための手続に関するものであるが、その記述の正しいものはどれか。すべてを選び、その番号をマークしなさい。

1. 経済連携協定における関税についての特別の規定による便益の適用を受けようとする者は、輸入申告の際、締約国原産地証明書に加え締約国原産品申告書を提出しなければならないこととされている。
2. 税関長の承認を受けて保税蔵置場に置こうとする貨物につき、経済連携協定における関税についての特別の規定による便益の適用を受けようとする場合において、当該承認の申請の際に、当該貨物が経済連携協定の規定に基づき当該経済連携協定の締約国の原産品とされるものであることを証明した書類を提出したときは、当該貨物の輸入申告の際には、当該書類の提出を要しない。
3. 税関長は、輸入申告がされた貨物について、経済連携協定の規定に基づき関税の譲許の便益を適用する場合において、当該貨物が締約国原産品であるかどうかの確認をするために必要があるときは、当該経済連携協定の規定に基づき、その職員に、当該貨物の輸出者又は生産者の事務所その他の必要な場所において、その者の同意を得ずとも、実地に書類その他の物件を調査させる方法によりその確認をすることができる。
4. 貨物の輸入（納税）申告を行う場合には、締約国原産地証明書は、その申告の際に提出しなければならないこととされているが、税関長が災害その他やむを得ない理由があると認める場合には、その申告後相当と認められる期間内に提出しなければならないこととされている。
5. 世界貿易機関を設立するマラケシュ協定（WTO協定）の規定による関税についての便益の適用を受けるための原産地については、WTO協定において定められており、関税関係法令には規定されていない。

日付・正解 Check	／ 	／ 	／ 

第20問 »» 正解：2、4

解説

1　**誤り：**経済連携協定における関税についての特別の規定による便益の適用を受けようとする者は、輸入申告の際、原則として「締約国原産地証明書」か「締約国原産品申告書」の**いずれかを提出**することになる。したがって、「締約国原産地証明書に加え締約国原産品申告書を提出しなければならない」という記述は誤りである（関税法施行令第61条第1項第2号イ）。

2　**正しい：**税関長の承認を受けて保税蔵置場に置こうとする貨物（＝蔵入貨物）につき、経済連携協定における関税についての特別の規定による便益の適用を受けようとする場合において、**蔵入承認の申請の際**に、その貨物が経済連携協定の規定に基づき締約国の原産品とされるものであることを**証明した書類（＝締約国原産地証明書等）を提出**したときは、**輸入申告の際には締約国原産地証明書等の提出を要しない**と規定されている。したがって正しい記述である（関税法施行令第36条の3第3項）。

3　**誤り：**税関長は、輸入申告がされた貨物について、経済連携協定の規定に基づき関税の譲許の便益を適用する場合において、その貨物が締約国原産品であるかどうかの確認をするために必要があるときは、経済連携協定の規定に基づき、その職員に、その貨物の輸出者又は生産者の事務所その他の必要な場所において、**その者の同意を得て**、実地に書類その他の物件を調査させる方法によりその確認をすることができると規定されている。したがって、「その者の同意を得ずとも」という部分の記述は誤りである（関税暫定措置法第12条の4第1項第3号）。

4　**正しい：**貨物の輸入（納税）申告を行う場合には、締約国原産地証明書は、その申告の際に提出しなければならないこととされているが、税関長が**災害その他やむを得ない理由**があると認める場合には、その**申告後相当と認められる期間内に提出**しなければならないと規定されている。したがって正しい記述である（関税法施行令第61条第4項）。

5　**誤り：WTO協定**の規定による関税についての便益の適用を受けるための**原産地**については、**関税法施行令**等の関税関係法令において規定されている。したがって、「関税関係法令には規定されていない」という記述は誤りである（関税法施行令第4条の2第4項、関税法基本通達68－3－5）。

《出題年度》平成29年、平成30年、令和4年他改題

問題 **21**

輸入通関（輸入申告書の添付書類）

文章選択式

難易度	✈✈
出題頻度	⛴⛴⛴

次の記述は、原産地証明書に関するものであるが、その記述の正しいものはどれか。すべてを選び、その番号をマークしなさい。

1. 特例申告貨物である物品について、特恵関税の適用を受けようとする場合であって、特例申告書にその旨及び特恵原産地証明書の発給を受けている旨を記載したときは、原則として特恵原産地証明書の提出を要しない。
2. 特恵原産地証明書には、税関長がその証拠に係る貨物に対する関税法第67条（輸出又は輸入の許可）の規定による検査に支障がないと認める事項の記載を要しない。
3. 経済連携協定における関税についての特別の規定による便益の適用を受けようとする特例申告貨物を輸入する特例輸入者は、当該特例申告貨物に係る締約国原産地証明書を保存しなければならない。
4. 経済上の連携に関する日本国とオーストラリアとの間の協定に基づく原産品申告書とは、オーストラリアの発給機関が、オーストラリアに所在する輸出者又は生産者による申請に基づき、発給したものをいう。
5. 経済連携協定以外の関税についての条約の特別の規定による便益を適用する場合において税関長に提出する原産地証明書は、当該便益を受けようとする貨物の記号、番号、品名、数量及び原産地を記載し、かつ、当該貨物の原産地、仕入地、仕出地若しくは積出地にある本邦の領事館若しくはこれに準ずる在外公館又はこれらの地の税関その他の官公署若しくは商業会議所の証明したものでなければならない。

日付・正解 Check	／	／	／

第21問 »» 正解：1、3、5

解説

1　**正しい：**特例申告貨物である物品について、特恵関税の適用を受けようとする場合であって、特例申告書にその旨及び**特恵原産地証明書**の発給を受けている旨を記載したときは、原則として**特恵原産地証明書**の提出を**要しない**と規定されている。したがって正しい記述である（関税暫定措置法施行令第27条第1項第3号、第3項）。なお、特例申告貨物の場合には、輸入申告の際に提出する輸入（引取）申告書の記載事項と、納税申告の際に提出する特例申告書の記載事項に注意を要するが、特恵関税の適用を受けるのは納税に関する事項なので、特例申告書に特恵原産地証明書の発給を受けていることを記載することになる。例えば、関税法第70条の規定による他法令の証明などであれば輸入（引取）申告書に添付することになるので、輸入（引取）申告書なのか特例申告書なのかは設問の確認のポイントとなる。

2　**誤り：**特恵原産地証明書の**記載事項**について、関税法第67条（輸出又は輸入の許可）の規定による検査に支障がないと認める事項の**記載を要しない**とする規定はない。したがって誤った記述である。

3　**正しい：**経済連携協定における関税についての特別の規定による便益の適用を受けようとする特例申告貨物を輸入する特例輸入者は、特例申告の際に**締約国原産地証明書**を税関長に提出していない場合には、**5年間**特例輸入者の本店若しくは主たる事務所若しくは特例申告貨物の輸入取引に係る事務所、事業所その他これらに準ずるものの所在地又は特例輸入者の住所地若しくは居所地に**保存しなければならない**と規定されている。したがって正しい記述である（関税法第7条の9第1項、関税法施行令第4条の12第2項第5号、第4項）。

4　**誤り：**オーストラリア協定に基づく**原産品申告書**とは、貨物の**輸入者、輸出者又は生産者**のいずれかが作成したものであり、オーストラリアの発給機関が発給するものではない。したがって設問の記述は誤りである（関税法施行令第61条第1項第2号イ（2）、関税法基本通達68－5－11の3）。

5　**正しい：経済連携協定以外の関税についての条約**の特別の規定による便益を適用する場合（WTO協定税率を適用する場合）において税関長に提出する**原産地証明書**は、便益を受けようとする貨物の**記号、番号、品名、数量及び原産地**を記載し、かつ、貨物の原産地、仕入地、仕出地若しくは積出地にある**本邦の領事館**若しくはこれに準ずる**在外公館**又はこれらの地の**税関**その他の**官公署**若しくは**商業会議所**の証明したものでなければならないと規定されている。したがって正しい記述である（関税法施行令第61条第2項）。

問題
22 輸入通関（証明又は確認）

文章選択式

難易度	✈
出題頻度	🚢🚢🚢

次の記述は、関税法第70条に規定する他法令の証明又は確認に関するものであるが、その記述の誤っているものはどれか。すべてを選び、その番号をマークしなさい。

1. 貨物を輸入しようとする者は、関税関係法令以外の法令（以下「他の法令」という。）の規定により、輸入に関して許可、承認等を必要とする貨物については、輸入貨物の引取りの際、当該許可、承認等を受けている旨を税関に証明しなければならない。
2. 他の法令の規定により輸入に関して許可又は承認を必要とする貨物について、関税法第７条の２（申告の特例）の規定による特例申告を行う場合には、特例申告の際に当該許可又は承認を受けている旨を証明しなければならない。
3. 他の法令の規定により輸入に関して許可又は承認を必要とする貨物であっても、関税定率法第14条（無条件免税）の規定の適用を受けて輸入する場合には、当該許可又は承認を受けている旨を証明することを要しない。
4. 他の法令の規定により輸入に関して検査又は条件の具備を必要とする貨物については、税関の検査又は審査の際、当該法令の規定による検査の完了又は条件の具備を税関に証明し、その確認を受けなければならない。
5. 輸入される郵便物であっても他法令の規定による確認を要することがある。

日付・正解 Check	／	／	／

第22問 »» 正解：1、2、3

解説

1　**誤り：**貨物を輸入しようとする者は、関税関係法令以外の法令の規定（他法令の規定）により、輸入に関して許可、承認等を必要とする貨物については、**輸入申告の際**、その許可、承認等を受けている旨を税関に証明しなければならないと規定されている。したがって、「輸入貨物の引取りの際」という部分の記述は誤りである（関税法第70条第1項）。

2　**誤り：**他法令の規定により輸入に関して許可又は承認を必要とする貨物について、関税法第7条の2の規定による特例申告を行う場合でも、特例申告の際ではなく、**輸入申告の際**にその許可又は承認を受けている旨を証明しなければならないと規定されている。したがって、「特例申告の際に当該許可又は承認を受けている旨を証明しなければならない」という記述は誤りである（関税法第70条第1項）。

3　**誤り：**関税定率法第14条などの免税の規定の適用を受けて輸入される貨物の場合でも、他法令の規定により輸入に関して許可又は承認を必要とする貨物であれば、例外なくその許可又は承認を受けている旨を**証明しなければならない**。したがって、「当該許可又は承認を受けている旨を証明することを要しない」という記述は誤りである（関税法第70条第1項）。

4　**正しい：**他法令の規定により輸入に関して検査又は条件の具備を必要とする貨物については、税関の**検査又は審査の際**、その法令の規定による検査の完了又は条件の具備を税関に証明し、その確認を受けなければならないと規定されている。したがって正しい記述である（関税法第70条第2項）。

5　**正しい：**輸入される郵便物であっても、輸入に関して検査又は条件の具備を必要とする貨物については、**郵便物の検査の際、他法令の規定による検査の完了又は条件の具備を税関に証明**し、その確認を受けなければならない。したがって、他法令の規定による確認を要することがあるので設問の記述は正しい記述である（関税法第76条で準用する同法第70条）。

問題 23 輸入通関（貨物の検査）

文章選択式

難易度 ✈
出題頻度 🚢🚢

次の記述は、輸入貨物の検査に関するものであるが、その記述の正しいものはどれか。すべてを選び、その番号をマークしなさい。

1．輸入の許可を受けようとする貨物についての検査を税関長が指定した場所以外の場所で受けようとする者は、その貨物の品名及び数量並びに税関長が指定した場所以外の場所で検査を受けようとする期間、場所及び事由を記載した申請書を当該貨物の置かれている場所を所轄する税関長に提出し、その許可を受けなければならない。
2．輸入に関して植物防疫法などの関税関係法令以外の法令の規定に基づく検査が行われ、当該検査に合格している貨物を輸入しようとする場合には、当該貨物に対する税関の検査は免除される。
3．関税法施行令第59条の５第１項第１号（本船扱い）の規定により、輸入貨物を外国貿易船に積み込んだ状態で輸入申告することにつき税関長の承認を受けたときは、当該貨物についての関税法第67条（輸出又は輸入の許可）の検査は省略される。
4．税関職員は、信書を含めすべての郵便物について必要な検査を行う。
5．保税蔵置場に置くことにつき税関長の承認を受ける際に税関の必要な検査を受けたものであっても、当該貨物の輸入申告の際に必要な場合には、税関の検査が行われる。

日付・正解 Check	／		／		／	

第23問 »» 正解：1、5

解説

1　**正しい**：輸入貨物についての検査を、税関長が**指定した場所以外の場所**で受けようとする者は、**品名及び数量**並びに税関長が指定した場所以外の場所で検査を受けようとする**期間、場所及び事由**を記載した申請書を貨物の置かれている場所を所轄する税関長に提出し、許可を受けなければならないと規定されている。したがって正しい記述である（関税法第67条、同法第69条第2項、関税法施行令第62条）。

2　**誤り**：輸入貨物に対する税関の検査が免除されるという規定はない。したがって、植物防疫法などに規定される検査に合格しているからといって、税関の**検査が免除されることはない**ので、設問の記述は誤りである（関税法第67条）。

3　**誤り**：本船扱いの承認を受けているからといって、輸入貨物に対する税関の**検査が省略されることはない**。したがって誤った記述である（関税法第67条、関税法施行令第59条の5第1項第1号）。

4　**誤り**：税関職員の**検査**は、郵便物中にある**信書以外**のものについて行うと規定されている。したがって、「信書を含めすべての郵便物について必要な検査を行う」とする記述は誤りである（関税法第76条第1項ただし書）。

5　**正しい**：保税蔵置場に置くことにつき税関長の承認（＝蔵入承認）を受ける際に税関の必要な検査を受けたものであっても、その貨物の**輸入申告の際**に必要な場合には、税関の**検査が行われる**と規定されている。したがって正しい記述である（関税法第43条の4、同法第67条）。

《出題年度》令和２年、令和３年、令和４年他改題

問題24 輸入通関（輸入してはならない貨物）

次の記述は、輸入してはならない貨物に関するものであるが、その記述の正しいものはどれか。一つを選び、その番号をマークしなさい。なお、該当するものがない場合には、「0」をマークしなさい。

1．貨幣若しくは紙幣、郵便切手又は有価証券の偽造品、変造品及び模造品は、財務大臣の許可を受けて輸入することができる。

2．輸入差止申立てが受理された特許権者が、当該申立てに係る貨物についての認定手続中に当該貨物の見本の検査をすることの承認を申請した場合は、税関長はこれを承認しなければならない。

3．税関長は、特許権を侵害するおそれのある貨物についての認定手続を執ろうとする場合には、あらかじめ当該貨物に係る特許権者及び当該貨物を輸入しようとする者に対し、意見を述べる機会を与えなければならない。

4．輸入差止申立てが受理された特許権者が、当該申立てに係る貨物についての認定手続中に当該貨物の点検を申請した場合は、税関長は点検の機会を与えなければならない。

5．輸入差止申立てに係る供託をすべき申立人は、金銭等の供託に代えて、損害の賠償に充当する金銭の支払が約された契約を締結し、その旨を記載した書面を税関長に提出することができるが、当該契約の相手方は本邦所在の金融機関に限定されない。

日付・正解 Check	／		／		／	

第24問 »» 正解：4

解説

1 **誤り**：関税法第69条の11第1項第6号（輸入してはならない貨物）の規定より、貨幣、紙幣若しくは銀行券、印紙若しくは郵便切手又は有価証券の偽造品、変造品及び模造品並びに不正につくられた代金若しくは料金の支払用又は預貯金の引出用のカードを構成する電磁的記録をその構成部分とするカードは、輸入することはできないが、これらのうち**印紙の模造品**にあっては印紙等模造取締法第1条第2項の規定により**財務大臣**の許可を受けて輸入するもの、さらに**郵便切手の模造品**にあっては郵便切手類模造等取締法第1条第2項の規定により**総務大臣の許可**を受けて輸入するものについては輸入することができると規定されている。したがって、設問にある偽造品等のうち、貨幣等の偽造品などについてはいかなる場合においても輸入することができず、郵便切手の模造品についても総務大臣の許可を受ける必要があることから設問の記述は誤りである（関税法第69条の11第1項第6号）。

2 **誤り**：輸入差止申立てが受理された特許権者が、その申立てに係る貨物についての認定手続中にその貨物の見本の検査をすることの承認を申請した場合には、一定の要件を満たすことを条件に承認されることになるが、その申請に係る貨物が関税法第69条の11第1項第9号（特許権等侵害貨物）に該当するか否かが**明らかである**とき、その他見本の検査をすることを承認する**必要がない**と認めるときは**承認されない**と規定されている。したがって、「当該貨物の見本の検査をすることの承認を申請した場合は、税関長はこれを承認しなければならない」という記述は誤りである（関税法第69条の16第2項）。

3 **誤り**：税関長は、認定手続を執る場合には、あらかじめ特許権者等及びその貨物を輸入しようとする者に認定手続を執る旨並びにその貨物が関税法第69条の11第1項第9号に掲げる貨物に該当するか否かについてこれらの者が証拠を提出し、及び意見を述べることができる旨などを**通知しなければならない**と規定されている。したがって、通知しなければならないとは規定されているが、「意見を述べる機会を与えなければならない」という規定はないので、設問の記述は誤りである（関税法第69条の12第1項）。

4 **正しい**：輸入差止申立てが受理された特許権者が、その申立てに係る貨物についての認定手続中にその貨物の点検を申請した場合は、税関長は点検の機会を**与えなければならない**と規定されている。したがって正しい記述である（関税法第69条の13第4項）。

5 **誤り**：輸入差止申立てに係る供託をすべき申立人は、金銭等の供託に代えて、損害の賠償に充当する金銭の支払が約された契約を締結し、その旨を記載した書面を税関長に提出することができるが、その契約の相手方として税関長が承認する金融機関は、銀行、長期信用銀行、農林中央金庫、商工組合中央金庫、信用金庫及び生命保険会社、損害保険会社、外国生命保険会社等又は外国損害保険会社等とすると規定されている。ここで、外国生命保険会社等及び外国損害保険会社等とは、日本に支店等を設けて内閣総理大臣の免許を受けた場合に限り、その免許に係る保険業をその支店等において行うことができると規定されているので、これらについても**本邦所在の金融機関**ということになる。したがって、「本邦所在の金融機関に限定されない」という記述は誤りである（関税法第69条の15第5項、関税法基本通達69の15－1（2）ロ（イ））。

問題 25 輸入通関（輸入してはならない貨物）

次の文章は、関税法に規定する輸入してはならない貨物に関するものであるが、その記述の正しいものはどれか。一つを選び、その番号をマークしなさい。なお、正しい記述がない場合には、「0」をマークしなさい。

1. 輸入差止申立てが受理された特許権者が、当該申立てに係る貨物についての認定手続が執られている間に、税関長に対し、当該貨物の見本の検査をすることを承認するよう申請した場合は、当該申請を受けた税関長は、その旨を当該貨物を輸入しようとする者に通知しなければならない。
2. 税関長は、特許権者がした輸入差止申立てを受理した場合において、当該申立てに係る貨物を輸入しようとする者が被るおそれがある損害の賠償を担保するため、当該申立てをした者に対して、相当と認める額の金銭をその指定する供託所に供託すべき旨を命じなければならない。
3. 輸入差止申立てに係る貨物を輸入しようとする者が被るおそれがある損害の賠償を担保するための供託を命じられた権利者が当該供託をしない場合には、税関長は当該貨物についての認定手続を取りやめなければならない。
4. 覚醒剤は輸入してはならない貨物に該当するが、あへん吸煙具は輸入してはならない貨物に該当しない。
5. 税関長は、輸入されようとする貨物が公安又は風俗を害すべき書籍に該当する場合には、当該貨物を輸入しようとする者に対して、その積戻しを命じることができる。

日付・正解 Check	／	／	／

第25問 »» 正解：1

解説

1　**正しい：**輸入差止申立てが受理された特許権者が、その申立てに係る貨物についての認定手続が執られている間に、税関長に対し**見本の検査をすることを承認するよう申請した場合**には、税関長はその旨を、貨物を**輸入しようとする者に通知**しなければならないと規定されている。したがって正しい記述である（関税法第69条の16第1項）。

2　**誤り：**税関長は、特許権者がした輸入差止申立てを受理した場合において、その申立てに係る貨物を輸入しようとする者が被るおそれがある損害の賠償を担保するため、その申立てをした者に対して、相当と認める額の金銭をその指定する供託所に供託すべき旨を**命ずることができる**と規定されている。したがって、必ず担保の提供を命じなければならないわけではないので、「命じなければならない」とする記述は誤りである（関税法第69条の15第1項）。

3　**誤り：**輸入差止申立てに係る貨物を輸入しようとする者が被るおそれがある損害の賠償を担保するための供託を命じられた特許権等の権利者がその供託をしない場合には、税関長はその貨物についての認定手続を**取りやめることができる**と規定されている。したがって、必ず認定手続を取りやめなければならないわけではないので、「取りやめなければならない」とする記述は誤りである（関税法第69条の15第10項）。

4　**誤り：覚醒剤**は輸入してはならない貨物に該当するが、**あへん吸煙具**も**輸入してはならない貨物**に該当する。したがって、「あへん吸煙具は輸入してはならない貨物に該当しない」という記述は誤りである（関税法第69条の11第1項第1号）。

5　**誤り：**税関長は、輸入されようとする貨物が公安又は風俗を害すべき書籍に該当する場合には、その貨物を輸入しようとする者に対して、関税法第69条の11第1項第7号（輸入してはならない貨物）に掲げる貨物に該当する旨を**通知しなければならない**が、その積戻しを命じることはできない。したがって、「積戻しを命じることができる」とする記述は誤りである（関税法第69条の11第1項第7号、第3項）。

問題 26 輸入通関（輸入してはならない貨物）

文章選択式

難易度 ✈✈
出題頻度 🚢🚢🚢

次の記述は、輸入してはならない貨物に関するものであるが、その記述の正しいものはどれか。すべてを選び、その番号をマークしなさい。

1. 税関長は、輸入貨物が特許権を侵害する物品に該当するか否かの認定手続において、当該特許権の技術的範囲に関し、専門委員に意見を求めることができる。
2. 税関長は、輸入差止申立てがあった場合には、経済産業大臣の意見又は認定を求めるべき事項を除き、その申立ての際に提出された証拠が当該申立てに係る侵害の事実を疎明するに足りると認められるか否かについて、専門委員に意見を求めることができる。
3. 税関長は、輸入貨物が育成者権を侵害する物品に該当するか否かの認定手続において、必要があると認めるときは、専門委員に意見を求めることができる。
4. 医薬品、医療機器等の品質、有効性及び安全性の確保等に関する法律第２条第15項（定義）に規定する指定薬物は、同法に規定する医療等の用途に供するために輸入するものを除き、輸入してはならない貨物に該当する。
5. 税関長は、化学兵器の禁止及び特定物質の規制等に関する法律第２条第３項（定義等）に規定する特定物質に該当する貨物で輸入されようとするものを没収して廃棄することができない。

日付・正解 Check	／	／	／

第26問 »» 正解：2、4

解説

1 **誤り**：税関長は、必要があると認めるときは、**専門委員**に対して認定のための参考となるべき意見を求めることができると規定されている。ただし、**技術的範囲等**についてはこの限りでない（つまり、意見を求めることができない。）とも定められている。したがって、「特許権の技術的範囲に関し、専門委員に意見を求めることができる」とする記述は誤りである（関税法第69条の19ただし書）。

2 **正しい**：税関長は、輸入差止申立てがあった場合には、**経済産業大臣**の意見又は認定を求めるべき事項を除き、その申立ての際に提出された証拠がその申立てに係る侵害の事実を疎明するに足りると認められるか否かについて、**専門委員**に意見を求めることができると規定されている。したがって正しい記述である（関税法第69条の14）。

3 **誤り**：税関長は、輸入貨物が育成者権を侵害する物品に該当するか否かの認定手続において、必要があると認めるときは、**農林水産大臣**に意見を求めることができると規定されている。したがって、「専門委員に意見を求めることができる」とする記述は誤りである（関税法第69条の18第1項）。

4 **正しい**：医薬品、医療機器等の品質、有効性及び安全性の確保等に関する法律第2条第15項に規定する**指定薬物**（＝中枢神経系の興奮・抑制・幻覚の作用を有する蓋然性が高く、かつ、人の身体に使用された場合に保健衛生上の危害が発生するおそれがある物）は、**医療等の用途に供するために輸入するものを除いて、輸入してはならない貨物に該当する**と規定されている。したがって正しい記述である（関税法第69条の11第1項第1号の2）。

5 **誤り**：税関長は、化学兵器の禁止及び特定物質の規制等に関する法律第2条第3項に規定する**特定物質**（＝毒性物質及び毒性物質の原料となる物質のうち、化学兵器の製造の用に供されるおそれが高いもの）に該当する貨物で輸入されようとするものを**没収して廃棄することができる**と規定されている。したがって、「没収して廃棄することができない」という記述は誤りである（関税法第69条の11第1項第5号、第2項）。

問題27 輸入通関（原産地を偽った表示等がされている貨物の輸入）

択一式

次の記述は、原産地を偽った表示等がされている外国貨物に関するものであるが、その記述の正しいものはどれか。一つを選び、その番号をマークしなさい。なお、正しい記述がない場合には、「0」をマークしなさい。

1．原産地を偽った表示の抹消又は訂正は、税関長が指定した場所で行わなければならない。

2．原産地について誤認を生じさせる表示がされている外国貨物については、関税法第43条の３第１項（外国貨物を置くことの承認）の承認を受けることができない。

3．輸入される郵便物中にある信書以外の物にその原産地について直接に偽った表示がされているときは、税関長は、その旨を当該郵便物の名宛人に通知しなければならない。

4．税関長は、原産地を偽った表示がされている貨物について、輸入申告をした者が指定された期間内にその表示を消し、若しくは訂正し、又は当該貨物を積み戻さないときは、当該貨物を留置する。

5．税関長は、原産地について偽った表示がされている輸入申告がされた外国貨物について、当該表示が消された場合であっても、当該貨物に原産地について真正な表示がされなければ輸入を許可しない。

日付・正解 Check	／		／		／	

第27問 »» 正解：4

解説

1　**誤り**：原産地を偽った表示の抹消又は訂正を行う**場所**については法律で規定されていない。したがって、「税関長が指定した場所で行わなければならない」とする記述は誤りである。

2　**誤り**：原産地について直接若しくは間接に偽った表示又は誤認を生じさせる表示がされている外国貨物については、輸入を**許可しない**という規定はあるが、原産地について誤認を生じさせる表示がされている外国貨物については、関税法第43条の3第1項の**承認(蔵入承認)**を受けることができないという規定はない。したがって、「関税法第43条の3第1項（外国貨物を置くことの承認）の承認を受けることができない」という記述は誤りである。なお、蔵入承認は、保税蔵置場に3月を超えて外国貨物を置くことが他の法令の規定によりできない場合及び保税蔵置場の利用を妨げる場合を除くほか、その承認をしなければならないと規定されている（関税法第43条の3第2項、同法第71条第1項）。

3　**誤り**：輸入される郵便物中にある信書以外の物にその原産地について直接（若しくは間接）に偽った表示がされているときは、税関長は、その旨を**日本郵便株式会社に通知**しなければならないと規定されている。なお、日本郵便株式会社は、税関長から通知を受けたときは、名宛人の選択により、表示を消させ、又は訂正させなければならない。したがって、「その旨を当該郵便物の名宛人に通知しなければならない」という記述は誤りである（関税法第78条第1項）。

4　**正しい**：税関長は、原産地を偽った表示がされている貨物について、輸入申告をした者が指定された期間内にその表示を消し、若しくは訂正し、又はその貨物を積み戻さないときは、その貨物を**留置**すると規定されている。したがって正しい記述である（関税法第87条第1項）。

5　**誤り**：原産地について偽った表示がされている外国貨物について、税関長の指示によりその偽った表示が消された場合には、輸入の**許可がされる**と規定されている。また、輸入の許可の要件には、偽った表示を消した後に真正な表示をしなければならないというものはない。したがって、「当該貨物に原産地について真正な表示がされなければ輸入を許可しない」という記述は誤りである（関税法第71条）。

《出題年度》令和元年、令和２年、令和４年他改題

問題 28

輸入通関（輸入の許可前引取り）

択一式

難易度 ✈✈

出題頻度 🚢🚢🚢

次の記述は、関税法第73条に規定する輸入の許可前における貨物の引取りに関するものであるが、その記述の正しいものはどれか。一つを選び、その番号をマークしなさい。なお、正しい記述がない場合には、「0」をマークしなさい。

1. 特例輸入者が輸入の許可前における貨物の引取りの承認を受けようとする場合には、関税額に相当する担保を提供する必要はない。
2. 輸入の許可前における貨物の引取りの承認申請は、その申請に係る貨物が有税品であるか無税品であるかにかかわらず、行うことができる。
3. 輸入の許可前における貨物の引取りの承認を受けた外国貨物は、輸入を許可された貨物とみなすこととされている。
4. 貨物を輸入しようとする者が、その月において輸入しようとする貨物について、その月の前月末日までに、輸入の許可前における貨物の引取りの承認を一括して受けたい旨の申請書を税関長に提出し、かつ、当該貨物に係る関税額の合計額に相当する担保を当該税関長に提供したときは、その月に輸入される当該貨物について、一括して輸入の許可前における貨物の引取りの承認を受けることができる。
5. 輸入の許可前における貨物の引取りの承認を受けた場合には、その輸入の許可を受けるまでは、その承認を受けた貨物の納税申告に係る課税標準又は納付すべき税額について修正申告をすることはできない。

日付・正解 Check	／	／	／

第28問 »» 正解：2

解説

1　**誤り：**特例輸入者が**特例申告貨物以外**の貨物について輸入の許可前における貨物の引取りの承認を受けようとする場合には、関税額に相当する担保を提供する必要がある。また、特例輸入者が**特例申告貨物**を輸入する場合には、その貨物について輸入の許可前における貨物の引取りの承認を受けることができない。したがって、「関税額に相当する担保を提供する必要はない」という記述は誤りである（関税法第73条第1項）。

2　**正しい：**輸入の許可前における貨物の引取りの承認申請は、その申請に係る貨物が**有税品**であるか**無税品**であるかにかかわらず、行うことができると規定されている。したがって正しい記述である（関税法第73条第1項）。

なお、関税が無税の場合であっても内国消費税が課される貨物については、内国消費税額に相当する担保を提供しなければ、輸入の許可前における貨物の引取りの承認がされないという規定があることから（輸入に対する内国消費税の徴収等に関する法律第9条第1項、第2項）、当然、無税品であっても輸入の許可前における貨物の引取りを行うことができる。

3　**誤り：**輸入の許可前における貨物の引取り承認を受けた外国貨物は、**関税法の一部の規定を除き、内国貨物**とみなされ国内に引き取ることができるが、輸入を許可された貨物とみなされてはいない。したがって設問の記述は誤りである（関税法第73条第3項）。なお、輸入の許可前における貨物の引取り承認を受けた貨物が外国貨物とみなされる規定は、課税物件の確定の時期（第4条）、適用法令（第5条）、関税等の納付と輸入の許可（第72条）、税関職員の権限（第105条）、特別の場合における税関長の権限（第106条）である。

4　**誤り：輸入の許可前における貨物の引取り承認**は、**輸入申告の後に行う**必要がある。したがって、輸入申告の前に、輸入の許可前における貨物の引取り承認を受けることはできず、一括して受けることもできない。したがって設問の記述は誤りである（関税法第73条第1項）。

5　**誤り：**輸入の許可前における貨物の引取りの承認を受けた貨物について、輸入の許可を受けるまでに、承認を受けた貨物の納税申告に係る課税標準又は納付すべき税額について修正申告をしようとする場合には、先の**納税申告に係る書面に記載した税額等を補正**することにより修正申告をすることができる。したがって、「修正申告をすることはできない」という記述は誤りである（関税法第7条の14第1項、第2項）。

問題 **29**

輸入通関（輸入の許可前引取り）

択一式

難易度	✈✈
出題頻度	🚢🚢🚢

次の記述は、関税法第73条に規定する輸入の許可前における貨物の引取りに関するものであるが、その記述の正しいものはどれか。一つを選び、その番号をマークしなさい。なお､正しい記述がない場合には「0」をマークしなさい。

1. 原産地について誤認を生じさせる表示が付されている外国貨物について、関税額に相当する担保を提供したときは、関税法第73条第１項（輸入の許可前における貨物の引取り）の承認を受けることができる。
2. 輸入の許可前引取りの承認を受けた貨物については、税関長から当該貨物に係る税額等の通知があったときは、直ちにその輸入申告をしなければならない。
3. 専ら関税の納期限の延長を目的とする場合であっても、輸入の許可前における貨物の引取りの承認を受けることができる。
4. 輸入者に課税標準の確定に日時を要する事情があり、輸入の許可前における貨物の引取りの承認を受けて貨物が引き取られた場合には、その輸入の許可後に当該貨物の納税申告に係る納付すべき税額を増加させる更正があったときであっても、当該更正により納付すべき税額に過少申告加算税が課されることはない。
5. 関税関係法令以外の法令による許可、承認等の取得に日時を要する場合には、当該許可、承認等を取得後直ちに税関に提出することを条件として、輸入の許可前における貨物の引取りの承認を受けることができる。

日付・正解 Check	／		／		／	

第29問 »» 正解：0

解説

1 **誤り：原産地について誤認を生じさせる表示**が付されている外国貨物については、関税額に相当する額の担保の提供にかかわらず、**輸入の許可前における貨物の引取りの承認を受けることができない**。したがって、「関税法第73条第1項（輸入の許可前における貨物の引取り）の承認を受けることができる」という記述は誤りである（関税法第73条第2項）。

2 **誤り：**輸入申告をした**後**に、輸入の許可前引取りの承認申請を行うと規定されている。つまり、輸入申告は既に行っていることになる。そして、税関長からその貨物に係る税額等の通知があったからといって、再度、輸入申告をしなければならないという規定もない。したがって誤った記述である（関税法第73条第1項）。

3 **誤り：**輸入の許可前における貨物の引取り承認を受ける目的が、専ら関税の**納期限の延長**を目的としている場合には承認を受けることは**できない**と規定されている。したがって、「輸入の許可前における貨物の引取りの承認を受けることができる」という記述は誤りである（関税法基本通達73－3－2）。

4 **誤り：**輸入者に課税標準の確定に日時を要する事情があり、輸入の許可前における貨物の引取りの承認を受けて貨物が引き取られた場合であって、**輸入の許可後**に納付すべき**税額を増加させる更正**があったときには、更正により納付すべき税額には過少申告加算税が課されることになる。したがって、「過少申告加算税が課されることはない」という記述は誤りである（関税法第12条の2第1項）。

5 **誤り：**他法令に基づく**許可、承認等が得られない**場合は、輸入許可前引取りの承認を受けることができないと規定されている。「許可、承認等を取得後直ちに税関に提出することを条件として」という記述から、他法令に基づく許可、承認等がまだ得られていない状況にあるといえる。したがって、輸入許可前引取りの承認を受けることができないため、誤った記述である（関税法第73条第2項）。なお、輸入の許可前における貨物の引取りの承認を受けることができないものは、①**輸入してはならない貨物に該当**する場合、②**他法令に基づく許可、承認等が得られない**場合、③**原産地を偽った表示**等がされている場合、④**関税額に相当する担保の提供がない**場合である。

《出題年度》令和２年、令和３年、令和４年他改題

問題 30 輸入通関（特例輸入申告制度）

択一式

次の記述は、関税法第７条の２に規定する関税の納付に関する申告の特例に関するものであるが、その記述の正しいものはどれか。一つを選び、その番号をマークしなさい。なお、正しい記述がない場合には、「０」をマークしなさい。

1. 税関長は、特例輸入者に対して関税、内国消費税及び地方消費税につき担保の提供を命ずる場合には、１年を超える期間を指定することができない。
2. 特例輸入者の承認を受けようとする者が、関税法その他の国税に関する法律以外の法令の規定に違反して禁錮刑に処せられ、その刑の執行を終わった日から３年を経過していない場合には、税関長は承認をしないことができる。
3. 特例輸入者は、電子情報処理組織（NACCS）を使用することなく輸入申告を行う場合であっても、その申告に係る貨物を入れる保税地域の所在地を所轄する税関長以外のいずれかの税関長に対して、輸入申告をすることができる。
4. 輸入しようとする貨物について関税暫定措置法第８条に規定する加工又は組立てのため輸出された貨物を原材料とした製品の減税の適用を受けようとする場合には、当該貨物を輸入しようとする者が特例輸入者であって、その輸入申告を電子情報処理組織（NACCS）を使用して行うときであっても、当該輸入申告は当該貨物を入れる保税地域の所在地を所轄する税関長に対してしなければならない。
5. 税関長は、特例輸入者が特例申告書をその提出期限までに提出しなかった場合であっても、当該提出期限から１月を経過する日までは、当該特例輸入者の承認を取り消すことはできない。

日付・正解 Check	／	／	／

第30問 »» 正解：0

解説

1　**誤り**：税関長は、特例輸入者に対して関税、内国消費税及び地方消費税につき担保の提供を命じる場合には、その担保の提供期間は原則として**1年**と規定されているが、やむを得ない理由により必要があると認めるときは、**1年**を超えて適当と認める期間と規定されている。したがって、担保の提供期間は1年を超える期間を指定することができるので、「1年を超える期間を指定することができない」とする記述は誤りである（関税法第7条の8第1項、関税法基本通達7の8－1（4）ハ）。

2　**誤り**：特例輸入者の承認を受けようとする者が、関税法その他の国税に関する法律以外の法令の規定に違反して**禁錮刑**に処せられ、その刑の執行を終わった日から**2年**を経過していない場合には、税関長は承認をしないことができると規定されている。したがって、「3年を経過していない場合には、税関長は承認をしないことができる」とする記述は誤りである（関税法第7条の5第1号ロ）。

3　**誤り**：特例輸入者は、**電子情報処理組織（NACCS）を使用**して輸入申告をする場合には、貨物を入れる保税地域の所在地にかかわらず、**いずれかの税関長に対して輸入申告**をすることができるが、電子情報処理組織（NACCS）を使用することなく輸入申告をする場合には、貨物を入れる保税地域等の所在地を所轄する税関長に対して輸入申告をしなければならない。したがって設問の記述は誤りである（関税法第67条の19、関税法施行令第59条の20第2項）。

4　**誤り**：特例輸入者が輸入申告を、**電子情報処理組織（NACCS）を使用**して輸入しようとする貨物について、関税暫定措置法第8条に規定する加工又は組立てのため輸出された貨物を原材料とした製品の減税の適用を受けようとする場合には、貨物を入れる保税地域にかかわらず、**いずれかの税関長に対して輸入申告**をすることができる。したがって、「輸入申告は当該貨物を入れる保税地域の所在地を所轄する税関長に対してしなければならない」という記述は誤りである（関税法第67条の19、関税法施行令第59条の20第2項）。

5　**誤り**：税関長は、特例輸入者が特例申告書をその提出期限（＝輸入許可の日の属する月の翌月末日）までに提出しなかった場合には、特例輸入者の承認を**取り消す**ことができると規定されている。そして、設問のような承認の取消時期についての規定はない。したがって、「当該提出期限から1月を経過する日までは、当該特例輸入者の承認を取り消すことはできない」という記述は誤りである（関税法第7条の12第1項第1号ハ）。

問題 31 輸入通関（特例輸入申告制度）

次の記述は、関税法第７条の２（申告の特例）に規定する特例輸入者及びその者が行う申告に関するものであるが、その記述の正しいものはどれか。すべてを選び、その番号をマークしなさい。

1．特例申告貨物の輸入申告に際しては、納税に関する申告は不要であるが、輸入申告書に当該貨物の数量及び価格は記載しなければならない。
2．特例輸入者が特例申告を行う場合は、特例申告に係る貨物で輸入の許可を受けたものについて、特例申告書を作成し、当該許可の日の属する年の末日までに輸入の許可をした税関長に提出しなければならない。
3．特例申告に係る貨物について、関税定率法その他の関税に関する法令の規定により関税の軽減、免除又は控除を受けようとする場合には、特例申告書に関税の軽減、免除又は控除の適用を受けたい旨及びその適用を受けようとする法令の条項を記載しなければならない。
4．特例輸入者は、特例申告に係る貨物の輸入申告の際に仕入書を提出しなかった場合には、当該仕入書を一定期間保存しなければならない。
5．特例輸入者は、関税法第７条の２第１項（申告の特例）の規定の適用を受ける必要がなくなった場合における同法第７条の10（申告の特例の適用を受ける必要がなくなった旨の届出）の規定による届出を口頭により行うことができる。

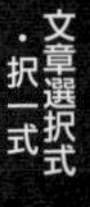

日付・正解 Check	／	／	／

第31問 »» 正解：1、3、4

解説

1　**正しい**：輸入申告書には、特例申告貨物の**輸入に必要な事項**を記載する必要があるので、当然、特例申告貨物の「数量」、「価格」を記載しなければならないと規定されている。したがって正しい記述である（関税法第67条、関税法施行令第59条第1項第1の2号）。

2　**誤り**：特例輸入者が特例申告を行う場合は、特例申告に係る貨物で輸入の許可を受けたものについて、**特例申告書**を作成し、その許可の日の属する月の**翌月末日**までに輸入の許可をした税関長に提出しなければならないと規定されている。したがって、「当該許可の日の属する年の末日まで」という記述は誤りである（関税法第7条の2第2項）。

3　**正しい**：特例申告貨物について、関税定率法その他の関税に関する法令の規定により関税の**軽減、免除又は控除**を受けようとする場合には、特例申告書に適用を**受けたい旨**及び適用を受けようとする**法令の条項**を記載しなければならないと規定されている。したがって正しい記述である（関税法第7条の2第1項、関税法施行令第4条の2第1項第6号）。

4　**正しい**：特例輸入者は、特例申告に係る貨物の輸入申告の際に仕入書を提出しなかった場合には、その仕入書をその輸入の許可の日の属する月の**翌月末日の翌日**から**5年間**保存しなければならないと規定されている。したがって正しい記述である（関税法第7条の9第1項、関税法施行令第4条の12第2項第1号、第4項）。

5　**誤り**：特例輸入者の関税法第7条の2第1項の規定の適用を受ける必要がなくなった場合における同法第7条の10の規定による届出は、**書面の提出**により行うと規定されている。したがって、「届出を口頭により行うことができる」という記述は誤りである（関税法第7条の10、関税法施行令第4条の13）。

問題 32 輸入通関（特例輸入申告制度）

択一式

次の記述は、関税法第７条の２に規定する申告の特例に関するものであるが、その記述の誤っているものはどれか。一つを選び、その番号をマークしなさい。なお、誤っている記述がない場合には、「0」をマークしなさい。

1．税関長は、関税、内国消費税及び地方消費税（関税等）の保全のために必要があると認めるときは、特例輸入者に対し、金額及び期間を指定して、関税等につき担保の提供を命ずることができることとされており、特例輸入者が過去１年間において期限後特例申告を行った場合は、この「保全のために必要があると認めるとき」に当たる。

2．特例輸入者又は特例委託輸入者が電子情報処理組織（電子情報処理組織による輸出入等関連業務の処理等に関する法律第２条第１号（定義）に規定する電子情報処理組織をいう。）を使用して行う輸入申告は、当該申告に係る貨物を保税地域等に入れる前に行うことができる。

3．特例輸入者又は特例委託輸入者であって、その特例申告に係る特例申告書をその提出期限までに提出していない者は、その提出期限後においても、関税法第７条の16第２項（更正及び決定）の規定による決定があるまでは、その期限内特例申告書に記載すべきものとされている事項を記載した特例申告書を、輸入の許可をした税関長に提出することができる。

4．特例輸入者が輸入する貨物であっても、関税暫定措置法第７条の６第１項（豚肉等に係る特別緊急関税）に規定する豚肉等については、特例申告をすることができない。

5．関税法第７条の２第１項の承認が失効した場合において、当該承認を受けていた者又はその相続人は、その失効前に輸入の許可を受けた特例申告貨物に係る特例申告の義務を免れることはできない。

日付・正解 Check	／		／		／	

第32問 »» 正解：0

解説

1　**正しい**：税関長は、関税、内国消費税及び地方消費税（関税等）の保全のために必要があると認めるときは、特例輸入者に対し、金額及び期間を指定して、関税等につき担保の提供を命ずることができると規定されている。なお、「保全のために必要があると認めるとき」とは、①**過去1年間において、過少申告加算税又は無申告加算税の加算税を課された場合**、②過去1年間において、期限後特例申告を行った場合、③直近の決算（四半期決算を含む。）時における流動比率が100%を下回り、かつ、自己資本比率が30%を下回っている場合が該当する。したがって正しい記述である（関税法第7条の8第1項、関税法基本通達7の8－1（1）ロ）。

2　**正しい**：特例輸入者又は特例委託輸入者が**電子情報処理組織（NACCS）**を使用して行う輸入申告は、貨物を**保税地域等に入れる前**に行うことができると規定されている。したがって正しい記述である（関税法第67条の2第3項第3号、関税法施行令第59条の6第3項）。

3　**正しい**：特例輸入者又は特例委託輸入者であって、その特例申告に係る特例申告書をその**提出期限**（＝輸入許可の日の属する月の**翌月末日**）までに提出していない者は、その提出期限後においても、税関長の**決定**があるまでは、その期限内特例申告書に記載すべきものとされている事項を記載した特例申告書を、輸入の許可をした税関長に提出することができると規定されている。したがって正しい記述である。なお、特例申告書の提出期限後に提出された特例申告書を期限後特例申告書という（関税法第7条の4第1項）。

4　**正しい**：特例輸入者が輸入する貨物であっても、関税暫定措置法第7条の6第1項に規定する**豚肉等については、特例申告をすることができない**と規定されている。したがって正しい記述である（関税法第7条の2第4項、関税法施行令第4条の3）。なお、このほかに関税暫定措置法別表第1の6に掲げる同法第7条の3に規定される輸入数量が輸入基準数量を超えた場合の特別緊急関税の対象となるミルクなどや、同法第7条の8第1項に規定される修正対象物品についても特例申告をすることができないので留意する。

5　**正しい**：特例輸入者の承認が失効した場合において、その承認を受けていた者又はその**相続人**は、その失効前に輸入の許可を受けた特例申告貨物に係る特例申告の義務を免れることはできないと規定されている。したがって正しい記述である（関税法第7条の11第2項）。

問題
33 輸入通関（その他複合問題）

次の記述は、輸入通関に関するものであるが、その記述の正しいものはどれか。すべてを選び、その番号をマークしなさい。

1. 輸出の許可を受けた貨物（特例輸出貨物を除く。）の全部について、外国に向けて送り出すことが取止めになり、当該貨物の全部を本邦に引き取る場合は、関税法に基づく輸入の手続を要する。
2. 課税標準となるべき価格が20万円を超える輸入郵便物であっても、当該輸入郵便物が寄贈物品であり、かつ、当該輸入郵便物を輸入しようとする者から当該輸入郵便物につき輸入申告を行う旨の申し出がなかった場合には、輸入申告を要しない。
3. 郵便物を輸入しようとする者から当該郵便物につき関税法第67条の輸入申告を行う旨の申出があった場合においては、日本郵便株式会社は、当該郵便物を税関長に提示することを要しない。
4. 保税地域に蔵置されている外国貨物の輸入申告の前に、通関業者が当該貨物の関税定率法別表の適用上の所属区分を確認するため、当該保税地域において当該貨物を消費した場合には、当該通関業者がその消費の時に当該貨物を輸入するものとはみなされない。
5. 関税を納付すべき外国貨物については、関税を納付できないことに正当な理由がある場合を除き、関税（過少申告加算税及び重加算税を除く。）が納付された後でなければ輸入を許可しない。

日付・正解 Check	／	／	／

第33問 »» 正解：1、2、3

解説

1　**正しい：特例輸出貨物以外の輸出の許可を受けた貨物の全部**について、外国に向けて送り出すことが取止めになり、貨物の全部を本邦に引き取る場合は、輸出の許可を受けた貨物の全部を外国貨物から内国貨物にする必要があるので、関税法に基づく輸入の手続、つまり、**税関長の輸入の許可を受けなければならない**。したがって正しい記述である（関税法第2条第1項第3号、同法第67条）。

2　**正しい：**課税標準となるべき価格が20万円を超える輸入郵便物であっても、その輸入郵便物が**寄贈物品**であり、かつ、その郵便物の輸入者から**輸入申告を行う旨の申し出がなかった場合**には、輸入申告を要しないと規定されている。したがって正しい記述である（関税法第76条第1項）。

3　**正しい：**郵便物を輸入しようとする者からその郵便物につき**輸入申告を行う旨の申出があった**場合とは、**賦課課税方式が適用される郵便物から、申告納税方式が適用される郵便物に変更**する旨の申し出があったことになるので、賦課課税方式が適用される郵便物の場合に必要となる日本郵便株式会社が郵便物を税関長に提示するということは不要である。したがって正しい記述である（関税法第76条第3項）。

4　**誤り：**輸入申告の前に通関業者が外国貨物を消費した場合には、その**理由にかかわらず、その消費の時に貨物を輸入するものとみなされる**。したがって、「輸入するものとはみなされない」という記述は誤りである（関税法第2条第3項）。

5　**誤り：**原則として**関税が納付**された後でなければ輸入は許可されない。しかし、例外として「特例申告貨物を輸入する場合」、「納期限が延長されている場合」に限り、関税が納付されていなくても輸入の許可がされる。したがって、設問の「関税を納付できないことに正当な理由がある場合」はこの例外規定に該当しないので、誤った記述である（関税法第72条）。

《出題年度》平成28年、令和元年、令和4年他改題

問題 34 保税地域（一般的取締事項）

次の記述は、保税地域に関するものであるが、その記述の正しいものはどれか。一つを選び、その番号をマークしなさい。なお、正しい記述がない場合には、「0」をマークしなさい。

1. 単に運航の自由を失った船舶に積まれている外国貨物は「難破貨物」に含まれ、税関長の許可を受けることなく保税地域以外の場所に置くことができる。
2. 保税地域に置くことが困難であると認め、税関長が期間及び場所を指定して許可した外国貨物について、当該外国貨物を管理する者は、当該外国貨物についての帳簿を設けなければならない。
3. 保税蔵置場にある外国貨物が腐敗、変質等により本来の用途に供されなくなったことにより、当該外国貨物をくずとして処分しようとする者は、あらかじめその旨を税関に届け出なければならないこととされている。
4. 保税地域外に置くことにつき税関長の許可を受けた外国貨物については、その置かれた場所において、見本の展示、簡単な加工その他これらに類する行為を行うことができる。
5. 保税蔵置場から輸出の許可を受けた貨物を出した場合における帳簿への記載は、当該許可に係る許可書に所要の事項を追記した上で、これを保管することによって、代えることができる。

日付・正解 Check	／		／		／	

第34問 »» 正解：3

解説

1　**誤り**：「難破貨物」とは、**遭難その他の事故により船舶又は航空機から離脱した貨物**をいい、単に運航の自由を失った船舶又は航空機に積まれている貨物は、「難破貨物」に含まれないと規定されている。そして、「難破貨物」であれば、税関長の許可を受けることなく保税地域以外の場所に置くことができるが、単に運航の自由を失った船舶又は航空機に積まれている貨物については、税関長の許可を受けなければ保税地域以外の場所に置くことができない。したがって設問の記述は誤りである（関税法第30条第1項第1号、関税法基本通達30－1）。

2　**誤り**：保税地域に置くことが困難であると認め、税関長が期間及び場所を指定して許可した外国貨物（＝**他所蔵置許可貨物**）については、**帳簿を設ける必要はない**。したがって、「当該外国貨物についての帳簿を設けなければならない」という記述は誤りである（関税法第30条第1項第2号、同法第34条の2）。

3　**正しい**：保税蔵置場にある外国貨物が腐敗、変質等により本来の用途に供されなくなったことにより、その外国貨物を**くずとして処分**しようとする者は、あらかじめ**廃棄**をすることについて税関に**届け出**なければならないと規定されている。したがって正しい記述である（関税法第34条、関税法基本通達34－1（1））。

4　**誤り**：保税地域外に置くことにつき税関長の許可を受けた外国貨物については、その置かれた場所とは、他所蔵置許可場所を指している。この他所蔵置許可場所においては、見本の展示、簡単な加工その他これらに類する行為を**行うことができない**と規定されている。したがって、「見本の展示、簡単な加工その他これらに類する行為を行うことができる」とする記述は誤りである（関税法第36条第2項）。

5　**誤り**：外国貨物を搬出した場合における記帳について、輸出許可書に追記するという方法は**認められていない**。したがって、「許可書に所要の事項を追記した上で、これを保管することによって、代えることができる」とする記述は誤りである（関税法第34条の2、関税法施行令第29条の2第4項）。

問題
35 保税地域（保税地域の許可）

次の記述は、保税地域の許可に関するものであるが、その記述の誤っているものはどれか。すべてを選び、その番号をマークしなさい。

1. 保税蔵置場の許可を申請する者が、関税法以外の法令の規定に違反して禁錮刑に処せられ、その刑の執行を終わった日から２年を経過していない者である場合には、税関長は、保税蔵置場の許可をしないことができる。
2. 保税蔵置場の許可の期間は、10年を超えることはできないが、10年以内の期間を定めてこれを更新することができる。
3. 保税工場の被許可者について合併があった場合で、合併により設立された法人が当該合併があった日から60日以内に税関長の承認を受けた場合には、当該設立された法人は、合併により消滅した法人が有していた当該保税工場の許可に基づく地位を承継することができる。
4. 保税地域に置くことが困難である外国貨物であるとして、当該外国貨物を保税地域以外の場所に置くことについて税関長が期間及び場所を指定して許可した場合においては、その許可を受けた者はその許可に係る期間の延長を申請することができないこととされている。
5. 税関空港における出国者に対する外国貨物の保税販売を行おうとする場合には、その物品の販売用施設（販売カウンター、ショーウィンドー及び保管棚等が置かれ、出国者に外国貨物を保税販売又は引渡す施設をいう。）又は保管用施設について、保税蔵置場の許可を受けなければならない。

日付・正解 Check	／		／		／	

第35問 »» 正解：3、4

解説

1　**正しい：**保税蔵置場の許可を申請する者が、関税法以外の法令の規定に違反して**禁錮刑**に処せられ、その刑の執行を終わった日から**2年**を経過していない者である場合には、税関長は、保税蔵置場の許可をしないことができると規定されている。したがって正しい記述である（関税法第43条第3号）。

2　**正しい：**保税蔵置場の許可の期間は、**10年**を超えることはできないが、**10年以内**の期間を定めてこれを更新することができると規定されている。したがって正しい記述である（関税法第42条第2項）。

3　**誤り：**保税工場の許可を受けている者について合併があった場合で、「**あらかじめ**税関長に許可の承継についての**承認申請**をし、承認を受けたとき」は、合併により設立された法人は、合併により消滅した法人が有していた保税工場の許可に基づく地位を承継することができると規定されている。したがって、「合併により設立された法人が当該合併があった日から60日以内に税関長の承認を受けた場合」に地位を承継できるとする記述は誤りである（関税法第61条の4で準用する同法第48条の2第4項）。

4　**誤り：**保税地域に置くことが困難である外国貨物であるとして、外国貨物を保税地域以外の場所に置くことについて**税関長が期間及び場所を指定して許可した場合**において、その許可を受けた者は、期間の延長の申請をすることにより、その**期間を延長することができる**と規定されている。したがって、「期間の延長を申請することができない」という記述は誤りである（関税法基本通達30－4）。

5　**正しい：**税関空港における出国者に対する**外国貨物の保税販売**を行おうとする場合には、その物品の販売用施設（販売カウンター、ショーウィンドー及び保管棚等が置かれ、出国者に外国貨物を保税販売又は引渡す施設をいう。）又は保管用施設について、保税蔵置場の許可を受けなければならないと規定されている。したがって正しい記述である（関税法基本通達42－15）。

《出題年度》平成22年、平成26年、令和元年他改題

問題 36 保税地域（指定保税地域）

文章選択式

難易度 ✈✈
出題頻度 🚢🚢

次の記述は、指定保税地域に関するものであるが、その記述の正しいものはどれか。すべてを選び、その番号をマークしなさい。

1. 指定保税地域にある外国貨物を廃棄した場合には、当該外国貨物の記号、番号、品名及び数量並びに当該廃棄の年月日を帳簿に記載しなければならない。
2. 財務大臣は、指定保税地域を利用して行われる外国貿易の減少その他の事由によりその全部又は一部を存置する必要がないと認めるときは、これについて指定保税地域の指定を取り消すことができる。
3. 税関長は、指定保税地域において貨物を管理する者が指定保税地域の業務について関税法の規定に違反したときは、期間を指定して、その者の管理に係る外国貨物又は輸出しようとする貨物を当該指定保税地域に入れることを停止させることができる。
4. 輸出の許可を受けた外国貨物であって指定保税地域にあるものが滅却された場合には、あらかじめ税関長の承認を受けて滅却されたときを除き、当該外国貨物を管理する者から直ちに関税を徴収する。
5. 財務大臣が指定保税地域の取消しに関する公聴会を開こうとするときは、その期日の２週間前までに、指定の取消しをしようとする土地又は建設物その他の施設の名称及び所在地並びに公聴会の日時及び場所を公告しなければならない。

日付・正解 Check	／	／	／

第36問 »» 正解：2、3、5

解説

1 **誤り**：指定保税地域にある外国貨物を**廃棄した場合**には、その外国貨物について記帳義務を負う必要はないと規定されている。したがって、「外国貨物の記号、番号、品名及び数量並びに当該廃棄の年月日を帳簿に記載しなければならない」とする記述は誤りである（関税法第34条の2、関税法施行令第29条の2第1項）。

2 **正しい**：財務大臣は、指定保税地域を利用して行われる**外国貿易の減少**その他の事由によりその**全部又は一部を存置する必要がない**と認めるときは、これについて指定保税地域の指定を取り消すことができると規定されている。したがって正しい記述である（関税法第37条第2項）。

3 **正しい**：税関長は、指定保税地域において貨物を管理する者が指定保税地域の業務について関税法の規定に違反したときは、期間を指定して、その者の管理に係る外国貨物又は輸出しようとする貨物を指定保税地域に入れることを**停止させる**ことができると規定されている。したがって正しい記述である（関税法第41条の2第1項）。

4 **誤り**：輸出の許可を受けた外国貨物以外の外国貨物であって指定保税地域にあるものが滅却された場合には、あらかじめ税関長の承認を受けて滅却されたときを除き、その**外国貨物を管理する者**から直ちに関税を徴収すると規定されている。したがって、輸出の許可を受けた外国貨物が滅却された場合に関税を徴収するという規定はないので設問の記述は誤りである（関税法第41条の3で準用する同法第45条第1項）。

5 **正しい**：財務大臣が指定保税地域の取消しに関する**公聴会**を開こうとするときは、その期日の**2週間前**までに、指定の取消しをしようとする土地又は建設物その他の施設の名称及び所在地並びに公聴会の日時及び場所を**公告**しなければならないと規定されている。したがって正しい記述である（関税法第37条第3項、関税法施行令第31条第1項）。

問題 37 保税地域（保税蔵置場）

文章選択式

難易度	✈✈
出題頻度	🚢🚢

次の記述は、保税蔵置場に関するものであるが、その記述の誤っているものはどれか。すべてを選び、その番号をマークしなさい。

1．保税蔵置場に外国貨物を置くことができる期間は、当該貨物を最初に保税蔵置場に置くことが承認された日から２年であり、税関長は、特別の事由があると認めるときは、申請により、必要な期間を指定してこれを延長することができることとされているが、原油又は石油ガスを備蓄用に蔵置する場合は、この「特別の事由があると認めるとき」に該当しない。

2．税関長は、保税蔵置場の許可を受けた者が倉庫業法の規定に違反して罰金の刑に処せられた場合には、その許可を取り消すことができる。

3．保税蔵置場にある外国貨物を見本として一時持ち出そうとする者は、当該者の名をもって当該保税蔵置場の所在地を所轄する税関長に対して輸入申告をしなければならない。

4．保税蔵置場の許可を受けようとする者は、当該許可を受けようとする保税蔵置場が営業用である場合には、当該許可を受けようとする者の信用状況が確実であることその他の事由により税関長が添付する必要がないと認めた場合を除いて、当該許可に係る申請書に、貨物の保管規則及び保管料率表を添付しなければならない。

5．保税蔵置場の許可を受けた者であって、当該保税蔵置場の業務の休止を届け出た者は、その業務を再開しようとするときは、あらかじめその旨を税関長へ届け出なければならない。

日付・正解 Check	／		／		／	

第37問 »» 正解：1、2、3

解説

1　**誤り**：保税蔵置場に外国貨物を置くことができる期間は、外国貨物を最初に保税蔵置場に置くことが承認された日から2年であり、税関長は、特別の事由があると認めるときは、申請により、必要な期間を指定してこれを延長することができると規定されている。なお、「特別の事由があると認めるとき」とは、①**原油又は石油ガスを備蓄用に蔵置する場合**、②船舶又は航空機の部分品等を外国貿易船等の修繕用に蔵置する場合、③太平洋横断ケーブル用の物品を修繕用に蔵置する場合、④ウィスキーの原酒等を熟成のために長期蔵置する場合などが該当する。したがって設問の記述は誤りである（関税法基本通達43の2－2（1））。

2　**誤り**：保税蔵置場の許可を受けた者が**倉庫業法**の規定に違反して**罰金の刑**に処せられた場合でも、保税蔵置場の許可の取消しの要件には該当せず、その許可が取り消されることはない。したがって、「その許可を取り消すことができる」という記述は誤りである（関税法第48条第1項）。

3　**誤り**：一時見本として持ち出す外国貨物は、税関長の指定する期間内にその持ち出しに係る保税地域に戻し入れるものとして、**見本の一時持出しの許可**を受けて外国貨物のまま引き取るのであり、輸入申告の必要はない。したがって、「当該者の名をもって当該保税蔵置場の所在地を所轄する税関長に対して輸入申告をしなければならない」という記述は誤りである（関税法第32条、関税法基本通達32－1（2））。

4　**正しい**：保税蔵置場の許可を受けようとする者は、許可を受けようとする保税蔵置場が営業用である場合には、許可を受けようとする者の信用状況が確実であることその他の事由により税関長が添付する必要がないと認めた場合を除いて、申請書に貨物の**保管規則及び保管料率表**を添付しなければならないと規定されている。したがって正しい記述である（関税法施行令第35条第2項第4号）。

5　**正しい**：保税蔵置場の許可を受けた者であって、保税蔵置場の業務の休止を届け出た者は、その**業務を再開**しようとするときは、**あらかじめ**その旨を**税関長へ届け出**なければならないと規定されている。したがって正しい記述である（関税法施行令第39条第2項）。

問題 38 保税地域（保税蔵置場）

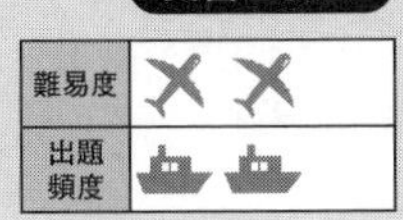

次の記述は、保税蔵置場に関するものであるが、その記述の正しいものはどれか。すべてを選び、その番号をマークしなさい。

1．保税蔵置場に置かれている外国貨物は、当該外国貨物を置くことの承認がされた日から２年を経過する日までに輸入申告又は積戻し申告をし、その許可を受けなければならない。

2．関税法第50条第１項（保税蔵置場の許可の特例）に規定する承認取得者の承認は、８年ごとにその更新を受けなければ、その期間の経過によって、その効力を失う。

3．保税蔵置場にある特定輸出申告が行われ税関長の輸出の許可を受けた貨物が亡失した場合には、当該貨物に係る特定輸出者が、直ちにその旨を税関長に届け出なければならない。

4．保税蔵置場の許可を受けている者であらかじめ税関長の承認を受けた者（承認取得者）が、位置又は設備が財務省令で定める基準に適合する場所において、その場所を所轄する税関長に届け出て、外国貨物の積卸し若しくは運搬をし、又はこれを置こうとする場合には、その届出に係る場所については、当該届出が受理された時において、保税蔵置場の許可を受けたものとみなされる。

5．保税蔵置場にある外国貨物が亡失した場合には、当該外国貨物の亡失が災害その他やむを得ない事情によるときを除き、当該保税蔵置場の許可を受けた者は、直ちにその旨を税関長に届け出なければならない。

日付・正解 Check	／	／	／

第38問 »» 正解：2、4

解説

1 **誤り**：保税蔵置場に外国貨物を置くことができる期間は、その外国貨物を置くことの**承認がされた日から2年**と規定されているので、原則としてその期間を経過する日までに輸入申告又は積戻し申告をし、その許可を受けることになるが、特別の事由があると認めるときは、必要な期間を指定して保税蔵置場に置くことができる期間を延長することができると規定されている。したがって、2年という期間は延長される場合があり、2年以内に輸入許可又は積戻し許可を受けない場合もあるので設問の記述は誤りである（関税法第43条の2）。

2 **正しい**：関税法第50条第1項に規定する承認取得者の承認は、**8年ごと**にその更新を受けなければ、その期間の経過によって、その効力を失うと規定されている。したがって正しい記述である（関税法第50条第4項）。

3 **誤り**：**保税蔵置場にある**特定輸出申告が行われ税関長の輸出の許可を受けた貨物（特例輸出貨物）が**亡失した場合**には、**保税蔵置場の許可を受けた者**が、直ちにその旨を税関長に届け出なければならないと規定されている。したがって、「特定輸出者が、直ちにその旨を税関長に届け出なければならない」という記述は誤りである。なお、特例輸出貨物が保税地域以外の場所で亡失した場合には、特定輸出者が直ちにその旨を税関長に届け出なければならない（関税法第45条第3項）。

4 **正しい**：保税蔵置場の許可を受けている者であらかじめ税関長の承認を受けた者（**承認取得者**）が、位置又は設備が財務省令で定める基準に適合する場所において、その場所を所轄する**税関長に届け出て**、外国貨物の積卸し若しくは運搬をし、又はこれを置こうとする場合には、その場所について保税蔵置場の許可を受ける必要はなく、その届出に係る場所については、税関長により**届出が受理された時**において、**保税蔵置場の許可を受けたものとみなされる**。したがって正しい記述である（関税法第50条第1項、第2項）。

5 **誤り**：保税蔵置場にある外国貨物が**亡失した場合**には、その保税蔵置場の許可を受けた者は、直ちにその旨を税関長に**届け出なければならない**と規定されている。この届出については、災害その他やむを得ない事情による貨物の亡失であっても届出が必要である。したがって、「当該外国貨物の亡失が災害その他やむを得ない事情によるときを除き」という記述は誤りである（関税法第45条第3項）。

問題39 保税地域（保税工場）

文章選択式

難易度	✈✈
出題頻度	🚢🚢

次の記述は、保税工場に関するものであるが、その記述の正しいものはどれか。すべてを選び、その番号をマークしなさい。

1．関税法第61条の２第１項（指定保税工場の簡易手続）の規定に基づき、税関長が指定した保税工場において税関長が特定した製品を製造するための保税作業をしようとする者は、その開始及び終了の際に、その旨を税関に届け出なければならない。

2．保税工場において、外国貨物について加工又はこれを原料とする製造をしようとする者は、その開始の際税関長の許可を受けなければならない。

3．税関長の許可を受けて保税工場にある外国貨物を保税工場以外の場所に搬出した場合には、当該搬出に係る事項について帳簿に記載する必要はない。

4．関税法第59条第２項（外国貨物と内国貨物の混用）の規定に基づき税関長の承認を受けて、保税工場における保税作業に外国貨物とこれと同種の内国貨物を混じて使用したときは、その製品のうち当該外国貨物の数量に対応するものが外国貨物とみなされる。

5．保税工場の許可を受けた者は、当該保税工場において使用する輸入貨物については、当該貨物を保税工場に入れた日から３月までの期間に限り、当該保税工場につき保税蔵置場の許可を併せて受けているものとみなされる。

日付・正解 Check	／	／	／

第39問 »» 正解：4、5

解説

1　**誤り**：税関長が指定した保税工場を**指定保税工場**という。この**指定保税工場**は税関から**遠隔地**にあるため、税関手続を簡素化する目的で、保税作業の**開始**及び**終了**の際の届出を要せず、毎月１回の報告書の提出により届出に代えることができると規定されている。したがって、「その開始及び終了の際に、その旨を税関に届け出なければならない」とする記述は誤りである（関税法第61条の２）。

2　**誤り**：保税工場において**保税作業**をしようとする者は、その開始及び終了の際、その旨を税関に**届け出**なければならないと規定されている。したがって、「その開始の際税関長の許可を受けなければならない」とする記述は誤りである（関税法第58条）。

3　**誤り**：税関長の許可を受けて保税工場にある外国貨物を保税工場**以外の場所に搬出**した場合（＝場外作業を行う場合）には、その搬出に係る事項について**帳簿に記載**しなければならないと規定されている。したがって、「搬出に係る事項について帳簿に記載する必要はない」とする記述は誤りである（関税法第61条の３、関税法施行令第50条第１項第４号）。

4　**正しい**：税関長の承認を受けて、保税工場における保税作業に外国貨物とこれと同種の**内国貨物を混じて使用**したときは、その製品のうちその外国貨物の数量に対応するものが外国貨物とみなされると定められている。したがって正しい記述である（関税法第59条第２項）。

5　**正しい**：保税工場の許可を受けた者は、その保税工場において使用する輸入貨物については、貨物を保税工場に**入れた日から３月**までの期間に限り、保税蔵置場の許可を併せて受けているものとみなされる（＝みなし保税蔵置場）と規定されている。したがって正しい記述である（関税法第56条第２項）。

問題 40 保税地域（保税工場）

次の記述は、保税工場に関するものであるが、その記述の正しいものはどれか。一つを選び、その番号をマークしなさい。なお、正しい記述がない場合には、「0」をマークしなさい。

1. 保税工場においては、外国貨物にこれと同種の内国貨物を混じて使用する場合に限り、内国貨物を保税作業に使用することができる。
2. 指定保税工場にある外国貨物については、当該保税工場以外の場所で保税作業を行うことにつき税関長の許可を受けることを要しない。
3. 保税工場に設置する製造用機械は、すべて外国貨物のままで使用することができる。
4. 保税工場における保税作業において外国貨物を使用しようとする場合には、税関長の承認を受けなければならないが、当該外国貨物を使用できる期間は、当該承認の際に、税関長が保税作業の内容等を勘案して定める期間である。
5. 保税工場に外国貨物を入れる者は、当該貨物をその入れた日から3月を超えて当該保税工場に保税作業のため置こうとする場合には、その超えることとなる日前に、税関長の承認を受けなければならない。

日付・正解 Check	／	／	／

第40問 »» 正解：5

解説

1 **誤り：**内国貨物を保税作業に使用することに関して特に**制限はない**。したがって、「外国貨物にこれと同種の内国貨物を混じて使用する場合に限り、内国貨物を保税作業に使用することができる」とする記述は誤りである（関税法第59条）。
なお、あらかじめ税関長の承認を受けて、外国貨物にこれと同種の内国貨物を混じて使用してできた製品のうち、外国貨物の数量に対応するものを外国貨物とみなすという規定はある。しかし、これはできた製品を関税法上どのように扱うかというテーマであり、内国貨物を保税作業に使用することの制限を意味するものではない。

2 **誤り：**指定保税工場にある外国貨物であっても、**場外作業**をする場合には税関長の許可が必要であると規定されている。したがって、「税関長の許可を受けることを要しない」とする記述は誤りである（関税法第61条第1項）。

3 **誤り：**外国貨物のまま使用できるものは、保税作業に**使用する原料**に限定されている。したがって、「製造用機械は、すべて外国貨物のままで使用することができる」とする記述は誤りである（関税法第56条第1項、関税法基本通達56－2）。

4 **誤り：**保税工場において外国貨物を使用できる期間は、**移入承認の日から2年**と規定されている。したがって、「承認の際に、税関長が保税作業の内容等を勘案して定める期間である」とする記述は誤りである（関税法第57条）。

5 **正しい：**保税工場に外国貨物を入れる者は、貨物を**入れた日から3月**を超えて保税工場に保税作業のため置こうとする場合には、その超えることとなる日前に、税関長の**承認**を受けなければならないと規定されている。したがって正しい記述である（関税法第61条の4で準用する同法第43条の3第1項）。

《出題年度》平成15年、平成17年改題

問題41 保税地域（保税展示場及び総合保税地域）

文章選択式

難易度	✈✈
出題頻度	🚢🚢

次の記述は、保税展示場及び総合保税地域に関するものであるが、その記述の誤っているものはどれか。すべてを選び、その番号をマークしなさい。

1. 保税展示場に入れられた外国貨物の保税展示場内での販売は、その販売により当該貨物が外国に向けて積み戻される場合を除き、輸入とみなされる。
2. 税関長は、あらかじめ、保税展示場に入れられた外国貨物で消費される見込みがあるものにつき、その関税の額に相当する金額の範囲内で担保の提供を求めることができる。
3. 国際博覧会に関する条約の適用を受けて開催される国際博覧会の会場である保税展示場においては、当該保税展示場の施設の建設又は撤去のため、外国貨物である機械、器具及び装置を使用することができる。
4. 保税展示場に入れられた外国貨物で販売される見込みがある貨物について、その蔵置の制限が行われた場合には、その蔵置場所その他制限に係る事項について帳簿に記載しなければならない。
5. 総合保税地域の許可を受けた法人が当該総合保税地域の業務について関税法の規定に違反した場合には、税関長は、当該総合保税地域において外国貨物の内容の点検又は改装、仕分その他の手入れを行うことを停止させることができる。

日付・正解 Check	／	／	／

第41問 »» 正解：2、5

解説

1　**正しい：**保税展示場に入れられた外国貨物の保税展示場内での販売は、その販売によりその貨物が外国に向けて積み戻される場合を除き、**輸入とみなされる**と定められている。したがって正しい記述である（関税法第62条の4第2項、関税法施行令第51条の5第2項）。

2　**誤り：**税関長は、必要があると認めるときは、あらかじめ、「販売される見込み」があるものにつき、その関税の額に相当する金額の範囲内で**担保の提供**を求めることができると規定されている。したがって、「消費される見込み」では担保の提供を求められることはないので誤った記述である（関税法第62条の4第2項）。

3　**正しい：**保税展示場の施設の建設又は撤去のため、**外国貨物**である機械、器具及び装置を使用することができると定められている。したがって正しい記述である(関税法第62条の2第3項、関税法施行令第51条の3第1項)。

4　**正しい：**保税展示場に入れられた外国貨物で販売される見込みがある貨物について、その**蔵置の制限**が行われた場合には、その蔵置場所その他制限に係る事項について**帳簿に記載**しなければならないと規定されている。したがって正しい記述である（関税法第62条の7で準用する同法第61条の3、関税法施行令第51条の7第1項第3号）。

5　**誤り：**総合保税地域の許可を受けた法人がその総合保税地域の業務について関税法の規定に違反した場合には、税関長は、期間を指定して外国貨物若しくは輸出しようとする貨物の搬入、外国貨物の加工、展示等の**停止**又は総合保税地域の**許可の取消し**をすることができると規定されている。したがって、「外国貨物の内容の点検又は改装、仕分その他の手入れを行うことを停止させることができる」とする記述は誤りである（関税法第62条の14第1項）。

問題 42 運送

文章選択式

難易度	✈✈
出題頻度	🚢🚢

次の記述は、貨物の運送に関するものであるが、その記述の誤っているものはどれか。すべてを選び、その番号をマークしなさい。

1. 内国貨物を外国貿易船に積んで本邦内の場所相互間を運送する場合には、税関長に申告してその承認を受けなければならない。
2. 外国貨物である郵便物を外国貨物のまま運送しようとするときは、税関長に申告してその承認を受けなければならない。
3. 特定輸出申告が行われ輸出の許可を受けた貨物については、当該貨物を開港又は税関空港に運送する場合に限り、関税法第63条第１項（保税運送）の規定の基づく税関長の承認を受けることなく、外国貨物のまま運送することができる。
4. 保税運送の期間の延長の申請は、当該運送を承認した税関長のほか、貨物のある場所を所轄する税関長に対しても行うことができる。
5. 本邦に到着した外国貿易船に積まれていた外国貨物を他の外国貿易船に積み替えて他の開港に運送する場合には、税関長に申告してその承認を受けなければならない。

日付・正解 Check	／	／	／

第42問 »» 正解：2、3、5

解説

1　**正しい**：内国貨物を**外国貿易船**に積んで本邦内の場所相互間を運送する場合には、税関長に申告してその**承認**を受けなければならないと規定されている。したがって正しい記述である（関税法第66条第1項）。
なお、この規定は、内国貨物を外国貿易船に積むことにより、無許可輸出のリスクがあるために規制されている。

2　**誤り**：外国貨物である**郵便物**を外国貨物のまま運送しようとするときは、税関長に申告してその承認を受ける必要はない。したがって、「税関長に申告してその承認を受けなければならない」という記述は誤りである。なお、外国貨物である郵便物の運送については、その郵便物が特定郵便物である場合においては税関長の承認を受けることなく運送することができるが、特定郵便物以外の郵便物については、税関長に届け出る必要があるので留意する（関税法第63条第1項、同法第63条の9第1項）。

3　**誤り**：特定輸出申告が行われ輸出の許可を受けた貨物（＝**特例輸出貨物**）については、保税運送の**承認を受けることなく**、外国貨物のまま運送することができると規定されている。この規定について、「特例輸出貨物が開港又は税関空港に運送される場合に限られる」といった制限はない。したがって、「当該貨物を開港又は税関空港に運送する場合に限り」という記述は誤りである（関税法第63条第1項）。

4　**正しい**：保税運送の期間の**延長の申請**は、その運送を**承認した税関長**のほか、**貨物のある場所を所轄する税関長**に対しても行うことができると規定されている。したがって正しい記述である（関税法第63条第4項、関税法施行令第55条）。

5　**誤り**：本邦に到着した外国貿易船に積まれていた**外国貨物**を他の**外国貿易船**に積み替えて他の開港に運送する場合には、保税運送の承認を要しないと規定されている。したがって、「税関長に申告してその承認を受けなければならない」とする記述は誤りである（関税法第63条第1項かっこ書、関税法施行令第52条第1号）。

問題 43 運送

文章選択式

難易度	✈✈
出題頻度	🚢🚢

次の記述は、貨物の運送に関するものであるが、その記述の正しいものはどれか。すべてを選び、その番号をマークしなさい。

1．外国貨物の移動が同一開港又は同一税関空港の中で行われる場合には、保税運送の承認を受けることなく外国貨物のまま運送することができる。

2．輸出の許可を受ける貨物について、保税運送しようとする場合は、当該貨物の輸出申告の際にこれと併せて保税運送の申告をすることができる。

3．１年の範囲内で税関長が指定する期間内に発送される外国貨物の運送について一括して保税運送の承認を受けた者は、当該承認に係る外国貨物の運送に際しては、当該承認に係る期間を当該承認をした税関長が１月ごとに区分して指定した期間ごとに、当該期間内に発送された外国貨物に係る運送目録について一括して税関の確認を受けることができる。

4．輸出しようとする貨物を沿海通航船に積んで開港へ運送しようとするときは、税関長に申告してその承認を受けなければならない。

5．税関長は、保税運送の承認をする場合において必要があると認めるときは、税関職員に当該承認に係る貨物の検査をさせることはできるが、関税額に相当する担保を提供させることはできない。

日付・正解 Check	／	／	／

第43問 »» 正解：1、2、3

解説

1　**正しい**：外国貨物の移動が同一開港又は同一税関空港の中で行われる場合には、保税運送の手続を要しないと規定されている。したがって正しい記述である（関税法基本通達63－3（1）イ）。

2　**正しい**：輸出の許可を受ける貨物について、保税運送しようとする場合は、**輸出申告の際にこれと併せて保税運送の申告をすることができる**と規定されている。したがって正しい記述である（関税法基本通達63－16）。

3　**正しい**：1年の範囲内で税関長が指定する期間内に発送される外国貨物の運送について**一括して保税運送の承認を受けた者**は、一括承認に係る外国貨物の運送に際しては、一括承認に係る期間を税関長が**1月ごとに区分して指定した期間ごと**に、期間内に発送された外国貨物に係る運送目録について**一括して税関の確認を受けることができる**と規定されている。したがって正しい記述である（関税法第63条第3項、関税法施行令第53条の2第2項）。

4　**誤り**：外国貨物を開港へ運送しようとするときには、税関長に申告してその承認を受けなければならないが、**輸出しようとする貨物**は輸出の許可を受ける前であれば**内国貨物**であり、その貨物を沿海通航船に積んで開港へ運送しようとする場合でも、税関長に申告してその承認を受ける必要はない。したがって、「税関長に申告してその承認を受けなければならない」という記述は誤りである（関税法第63条第1項）。

5　**誤り**：税関長は、保税運送の承認をする場合において必要があると認めるときは、税関職員に貨物の検査をさせることができるだけでなく、**関税額に相当する担保を提供させることもできる**。したがって、「関税額に相当する担保を提供させることはできない」という記述は誤りである（関税法第63条第2項）。

問題 44 運送

文章選択式

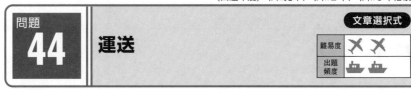

次の記述は、貨物の運送に関するものであるが、その記述の正しいものはどれか。すべてを選び、その番号をマークしなさい。

1. 認定通関業者は、既に定めている法令遵守規則があるので、当該法令遵守規則に関税法第63条の２（保税運送の特例）に規定する特定保税運送に係る事項を記載すれば、税関長の承認を受けることなく特定保税運送者になることができる。
2. 外国貨物である難破貨物は、保税運送の承認を受けることなく、その所在する場所から開港、税関空港、保税地域又は税関官署に外国貨物のまま運送することができることとされており、この「難破貨物」とは、遭難その他の事故により船舶又は航空機から離脱した貨物をいう。
3. 外国貨物である難破貨物をその所在する場所から開港に外国貨物のまま運送する場合においては、その所在する場所に税関が設置されておらず、当該運送をすることについて緊急な必要があるときであっても、当該運送について、その所在する場所を所轄する税関長の承認を受けなければならない。
4. 日本郵便株式会社は、輸入される郵便物で関税法第76条の規定により日本郵便株式会社から税関長に提示され、税関職員による必要な検査が行われ、当該検査が終了したことについて税関長から日本郵便株式会社に通知があったものについて、税関空港相互間を運送しようとする場合には、税関長の承認を受けなければならない。
5. 保税運送の承認を受けて運送された外国貨物（輸出の許可を受けた貨物を除く。）がその運送中に運送する者の重大な過失により亡失した場合であって、その承認の際に税関長が指定した期間内に運送先に到着しないときは、当該承認を受けた者から、直ちにその関税が徴収される。

日付・正解 Check	／		／		／	

第44問 »» 正解：2、5

解説

1　**誤り**：認定通関業者であったとしても、関税法で規定される法令遵守規則を定めて、**税関長の承認**を受けなければ特定保税運送者になることはできない。したがって、「税関長の承認を受けることなく特定保税運送者になることができる」という記述は誤りである（関税法第63条の4）。

2　**正しい**：外国貨物である難破貨物は、関税法第63条第1項に規定する保税運送の承認を受けることなく、その所在する場所から開港等に外国貨物のまま運送することができる。なお、外国貨物のまま運送する場合には、原則として同法第64条第1項に規定する**難破貨物等の運送の承認**を受けなければならない。また、難破貨物とは、**遭難その他の事故により船舶又は航空機から離脱した貨物**をいうと規定されている。したがって正しい記述である（関税法第63条第1項、同法第64条第1項第1号、関税法基本通達64－1（1））。

3　**誤り**：外国貨物である**難破貨物**をその所在する場所から開港に外国貨物のまま運送する場合において、その**所在する場所に税関が設置されておらず**、運送することについて緊急な必要があるときには、**税関長の承認を受けることを要しない**。なお、この場合には、税関職員がいるときには税関職員の承認を受ける必要があり、税関職員がいないときには、警察官にあらかじめその旨を届け出なければならないことになる。したがって、「その所在する場所を所轄する税関長の承認を受けなければならない」という記述は誤りである（関税法第64条第1項第1号）。

4　**誤り**：輸入される郵便物で関税法第76条の規定により日本郵便株式会社から税関長に提示され、税関職員による必要な検査が行われ、検査が終了したことについて**税関長から日本郵便株式会社に通知があったもの**について、税関空港や保税地域などの相互間を運送しようとする場合には、**税関長の承認を受ける必要はない**。したがって設問の記述は誤りである（関税法第63条第1項）。

5　**正しい**：保税運送の承認を受けて**運送された外国貨物**（輸出の許可を受けた貨物を除く。）がその運送中に運送する者の重大な過失により**亡失した場合**であって、承認の際に税関長が指定した期間内に運送先に到着しないときは、**保税運送の承認を受けた者から、直ちに関税が徴収**される。したがって正しい記述である（関税法第65条第1項）。

問題 45 運送(特定保税運送)

次の記述は、特定保税運送に関するものであるが、その記述の正しいものはどれか。すべてを選び、その番号をマークしなさい。

1. 関税法第63条の2(保税運送の特例)に規定する特定保税運送者の承認を受けようとする法人の役員が懲役刑に処せられた場合であっても、その起因となった犯罪行為が当該法人の業務に関係しないものである場合には、特定保税運送者の欠格事由に該当しない。
2. 特定保税運送に係る外国貨物が発送の日の翌日から起算して7日以内に運送先に到着しないときは、当該貨物が災害その他やむを得ない事情により亡失した場合又はあらかじめ税関長の承認を受けて滅却された場合を除き、特定保税運送者から直ちにその関税を徴収する。
3. 特定保税運送者は、特定保税運送に係る外国貨物が運送先に到着したときは、船荷証券を遅滞なく到着地の税関に提示し、その確認を受けた後に当該船荷証券を当該船荷証券の発送の確認をした税関に提出しなければならない。
4. 税関長は、関税法施行令第55条の2第4号ロに該当する者(港湾運送事業法第4条(許可)の規定により一般港湾運送事業の許可を受けている者でその許可の日から3年を経過している者)として関税法第63条の2第1項(保税運送の特例)の承認を受けた者が港湾運送事業法の規定に違反して刑に処せられたときは、その承認を取り消すことができる。
5. 特定保税運送に関する業務を電子情報処理組織(電子情報処理組織による輸出入等関連業務の処理等に関する法律第2条第1号(定義)に規定する電子情報処理組織をいう。)を使用して行わない者であっても、貨物のセキュリティ管理と法令遵守の体制が整備された者であれば、特定保税運送の承認を受けることができる。

日付・正解 Check	/		/		/	

第45問 »» 正解：2、4

解説

1　**誤り**：特定保税運送者の承認を受けようとする法人の**役員が懲役刑**に処せられた場合には、その起因となった犯罪行為がその法人の業務に関係するか否かにかかわらず、特定保税運送者の**欠格事由に該当**する。したがって、「特定保税運送者の欠格事由に該当しない」という記述は誤りである（関税法第63条の4第1号へ）。

2　**正しい**：特定保税運送に係る外国貨物が**発送の日の翌日**から起算して**7日以内**に運送先に到着しないときは、その貨物が災害その他やむを得ない事情により亡失した場合又はあらかじめ税関長の承認を受けて滅却された場合を除き、**特定保税運送者**から直ちにその関税を徴収すると規定されている。したがって正しい記述である（関税法第65条第1項、第2項）。

3　**誤り**：特定保税運送者は、特定保税運送に係る外国貨物が運送先に到着したときは、発送の際に確認を受けた**運送目録**を遅滞なく到着地の税関に**提示**し、その**確認**を受けた後にその運送目録を運送目録の発送の確認をした税関に提出しなければならないと規定されているが、船荷証券を提示及び提出するという規定はない。したがって、「特定保税運送に係る外国貨物が運送先に到着したときは、船荷証券を遅滞なく到着地の税関に提示し、その確認を受けた後に当該船荷証券を当該船荷証券の発送の確認をした税関に提出しなければならない」とする記述は誤りである（関税法第63条の2第3項、第4項）。

4　**正しい**：税関長は、関税法施行令第55条の2第4号ロに該当する者（港湾運送事業法第4条（許可）の規定により一般港湾運送事業の許可を受けている者でその許可の日から3年を経過している者）として関税法第63条の2第1項の承認を受けた者が**港湾運送事業法の規定に違反して刑**に処せられたときは、その承認を**取り消す**ことができると規定されている。したがって正しい記述である（関税法第63条の8第1項第1号イ）。

5　**誤り**：特定保税運送に関する業務を**電子情報処理組織を使用**して行うことは、関税法第63条の2第1項（保税運送の特例）の承認の要件であり、貨物のセキュリティ管理と法令遵守の体制が整備された者であっても、特定保税運送に関する業務を電子情報処理組織を使用して行わない者は、特定保税運送の承認を受けることができない。したがって、「電子情報処理組織を使用して行わない者」であっても、「特定保税運送の承認を受けることができる」とする記述は誤りである（関税法第63条の4第2号）。

問題 **46**

収容

択一式

難易度	✈✈
出題頻度	🚢🚢

次の記述は、貨物の収容に関するものであるが、その記述の正しいものはどれか。一つを選び、その番号をマークしなさい。なお、正しい記述がない場合には、「0」をマークしなさい。

1. 税関長は、保税地域にある外国貨物を収容しようとする場合には、当該貨物の所有者、管理者その他の利害関係者にあらかじめその旨を通知しなければならない。
2. 収容された貨物についてその解除を受けようとする者は、収容に要した費用及び当該貨物に係る関税を納付して、税関長の承認を受けなければならない。
3. 税関長は、保税蔵置場の許可が失効した場合において、その失効の際、当該保税蔵置場に外国貨物があるときは、直ちに当該貨物を収容することができる。
4. 収容された貨物について、その解除を受けようとする者が関税法第83条第１項の規定に基づき税関長に納付しなければならない収容に要した費用とは、収容貨物の保管、運搬及び税関長が行った収容した旨の公告に要した費用並びに通信費をいう。
5. 税関長は、収容された貨物が最初に収容された日から１月を経過してなお収容されているときは、当該貨物を公売に付することができる。

日付・正解 Check	／	／	／

第46問 »» 正解：4

解説

1　**誤り**：税関長は、保税地域にある外国貨物を**収容**しようとする場合には、**直ちにその旨を公告しなければならない**と規定されているが、当該貨物の所有者、管理者その他の利害関係者にあらかじめその旨を通知しなければならないという規定はない。したがって設問の記述は誤りである。なお、収容するまでの期間が短縮される場合には、税関長は、収容された貨物の知れている所有者、管理者その他の利害関係者にその旨を通知しなければならない（関税法第80条第3項）。

2　**誤り**：収容された貨物についてその**解除**を受けようとする者は、**収容に要した費用**及び**収容課金を納付**して、税関長の承認を受けなければならないと規定されている。したがって、収容の解除要件に「関税を納付」はないので誤った記述である（関税法第83条第1項）。

3　**誤り**：保税蔵置場の許可が**失効**した場合、税関長が指定する期間は、許可が**失効**した場所を**保税蔵置場とみなす**と規定されている。したがって、失効の際、その保税蔵置場に外国貨物があっても直ちにその貨物を収容することはできないので、誤った記述である（関税法第47条第3項）。

4　**正しい**：収容に要した費用とは、収容貨物の**保管**、**運搬**及び税関長が行った収容した旨の**公告に要した費用**並びに**通信費**をいうと規定されている。したがって正しい記述である（関税法施行令第70条の3）。

5　**誤り**：収容された貨物を公売に付すことができるのは、最初に収容された日から**4月**を経過した場合と規定されている。したがって、「最初に収容された日から1月を経過してなお収容されているときは、当該貨物を公売に付することができる」とする記述は誤りである（関税法第84条第1項）。

問題 47 収容

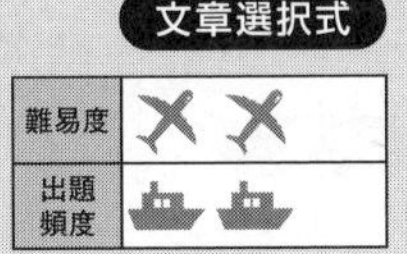

次の記述は、収容及び公売に関するものであるが、その記述の正しいものはどれか。すべてを選び、その番号をマークしなさい。

1. 指定保税地域にある外国貨物で腐敗又は変質のおそれのあるものは、当該指定保税地域に入れた日から１月を経過しない場合であっても、収容されることがある。
2. 収容される貨物の質権者又は留置権者は、関税関係法令以外の法令の規定にかかわらず、その貨物を税関に引き渡さなければならない。
3. 税関長の収容の解除の承認を受けた際、税関が管理する場所に保管されていた貨物であって、その承認の日から１日を経過した日においてもその場所に置かれているものについては、税関長は再度収容することができる。
4. 税関長により収容された外国貨物で、公売に付され、買受人が買い受けたものを本邦に引き取る場合には、当該買受人が輸入申告を行わなければならない。
5. 税関長は、保税蔵置場の許可が失効したときは、当該保税蔵置場にある外国貨物について直ちに収容し、当該許可が失効した旨の公告とともに収容した旨について併せて公告しなければならない。

日付・正解 Check	／	／	／

第47問 »» 正解：1、2

解説

1　**正しい**：腐敗や変質等のおそれのあるものは、一定の蔵置期間が経過する前であっても収容（=**緊急収容**）することができると規定されている。したがって、指定保税地域にある外国貨物で腐敗又は変質のおそれのあるものは、入れた日から1月を経過しない場合であっても収容されることがあるので正しい記述である（関税法第80条第2項）。

2　**正しい**：収容される貨物の**質権者**又は**留置権者**は、関税関係法令以外の法令の規定にかかわらず、その貨物を税関に引き渡さなければならないと規定されている。したがって正しい記述である（関税法第80条の2第2項）。

3　**誤り**：税関長の収容の解除の承認を受けた際、税関が管理する場所に保管されていた貨物であって、その承認の日から**3日**を経過した日においてもその場所に置かれているものについては、税関長は再度収容することができると規定されている。したがって、「1日」という記述は誤りである（関税法第80条第1項第7号）。

4　**誤り**：税関長により収容された外国貨物で、公売に付され、**買受人**が**買い受けた**ものは輸入を許可された貨物とみなされるため、その貨物を本邦に引き取る場合でも、輸入申告を行う必要はない。したがって、「当該買受人が輸入申告を行わなければならない」という記述は誤りである（関税法第74条、同法第84条第1項）。

5　**誤り**：税関長は、保税蔵置場の**許可が失効**したときは、その場所に置かれている貨物については、税関長が指定する期間、その許可が失効した場所を**保税蔵置場とみなす**と規定されている。また、保税蔵置場の許可が失効したときは、税関長は、**直ちにその旨を公告**しなければならないと規定されているが、「当該許可が失効した旨の公告とともに収容した旨について併せて公告しなければならない」という規定はない。したがって、「保税蔵置場にある外国貨物について直ちに収容」されることはなく、公告の内容にも誤りがあることから設問の記述は誤りとなる（関税法第47条第2項、第3項）。

《出題年度》平成18年、平成24年、令和４年他改題

問題 48 課税物件確定の時期

文章選択式

次の記述は、関税の課税物件の確定の時期に関するものであるが、その記述の正しいものはどれか。すべてを選び、その番号をマークしなさい。

1. 保税展示場において展示することにつき税関長の承認を受けて保税展示場に入れられた外国貨物のうち、保税展示場における販売を目的とするものに対し関税を課す場合の基礎となる当該貨物の性質及び数量は、当該承認がされた時における現況による。
2. 税関長に届け出て外国貨物のまま運送された郵便物で、その発送の日の翌日から起算して７日以内に運送先に到着しないもの（関税法第４条第１項第５号の２に掲げるもの）に対し関税を課する場合の基礎となる当該郵便物の性質及び数量は、その届出がされた時における現況による。
3. 一括して保税運送の承認を受けて運送された外国貨物で、その指定された運送の期間内に運送先に到着しなかったものについては、当該貨物が発送された時である。
4. 保税蔵置場に置くことの承認を受けた外国貨物で、その承認後１年以内に輸入されるものについては、当該輸入の時である。
5. 輸入申告された外国貨物であって、輸入の許可を受けることなく引き取られたものについては、その引取りの時である。

日付・正解 Check	／	／	／

第48問 »» 正解：1、3

解説

1　**正しい**：保税展示場において展示することにつき税関長の承認（展示等承認）を受けて保税展示場に入れられた外国貨物のうち、保税展示場における販売を目的とするものに対し関税を課す場合の基礎となるその貨物の性質及び数量は、その**承認がされた時における現況**によると規定されている。したがって正しい記述である(関税法第4条第1項第3号の2)。

2　**誤り**：税関長に届け出て外国貨物のまま運送された郵便物で、その発送の日の翌日から起算して7日以内に運送先に到着しないもの（関税法第4条第1項第5号の2に掲げるもの）に対し関税を課する場合の基礎となるその郵便物の性質及び数量は、その**郵便物が発送された時における現況**によると規定されている。したがって、「届出がされた時における現況による」という記述は誤りである（関税法第4条第1項第5号の2）。

3　**正しい**：一括して保税運送の承認を受けて運送された外国貨物で、その指定された運送の期間内に運送先に到着しなかったものについての課税物件確定の時期は、その**貨物が発送された時の現況**によると規定されている。したがって正しい記述である（関税法第4条第1項第5号）。

4　**誤り**：保税蔵置場に置くことの承認を受けた外国貨物の課税物件確定の時期は、原則として**蔵入承認の時の現況**によると規定されている。その規定は承認後1年以内に輸入されるものであっても同様に適用される。なお、通常保税蔵置場に置かれる期間が長期にわたり、その間に欠減が生ずるものとして政令で定める一定のアルコール飲料などについては、輸入の時の現況によるので留意する。したがって、設問では例外なく「輸入の時である」としているので誤りである（関税法第4条第1項第1号）。

5　**誤り**：輸入申告された貨物であれば、たとえ輸入の許可がなく引き取られたものであっても課税物件確定の時期は**輸入申告の時の現況**による。したがって、「引取りの時である」とする記述は誤りである。なお、輸入申告がなく、そして輸入の許可を受けないで引き取られた貨物については、その引取りの時が課税物件確定の時期となる（関税法第4条第1項本文、第8号）。

問題 49 課税物件確定の時期

文章選択式

難易度	✈✈
出題頻度	🚢🚢

次の記述は、関税の課税物件の確定時期に関するものであるが、その記述の正しいものはどれか。すべてを選び、その番号をマークしなさい。

1. 保税蔵置場に置かれた外国貨物であるブランデーの原酒（アルコール分が60％で、100リットルの容器に入ったもの）については、当該保税蔵置場に置くことが承認された時である。
2. 保税工場外における保税作業を許可された外国貨物で、その指定された期間が経過した後においても、もとの保税工場に戻し入れられないものについては、当該許可がされた時である。
3. 保税展示場において外国貨物を原料として製造して得た製品のうち、使用により価値の減少があったもので税関長の承認を受けたものについては、当該承認がされた時である。
4. 船用品の積込みの承認を受けて保税地域から引き取られた外国貨物である船用品で、その指定された積込みの期間内に船舶に積み込まれないものについては、当該指定された積込みの期間が経過した時である。
5. 輸入される郵便物のうち、日本郵便株式会社から税関長に提示されたものについては、当該提示がされた時である。

日付・正解 Check	/	/	/

第49問 »» 正解：2、5

解説

1　**誤り**：保税蔵置場に置かれた外国貨物（＝**蔵入承認貨物**）であるブランデーの原酒（アルコール分が60％で、100リットルの容器に入ったもの（＝**アルコール分が50％以上で2リットル以上の容器入りのもの**））については、**蔵入承認の時**には課税物件は確定しない。例えば蔵入承認を受けた後に、輸入申告がされたのであれば輸入申告の時に課税物件が確定する。したがって、「保税蔵置場に置くことが承認された時」という記述は誤りである（関税法第4条第1項第1号、関税法施行令第2条第1項）。

2　**正しい**：保税工場外における保税作業を許可された外国貨物で、その指定された期間が経過した後においても、もとの保税工場に戻し入れられないものについての課税物件確定の時期は、**場外作業の許可がされた時の現況**によると規定されている。したがって正しい記述である（関税法第4条第1項第3号）。

3　**誤り**：保税展示場において外国貨物を原料として製造して得た製品の課税物件確定の時期は、保税展示場に入れる申告をし、その**承認がされた時**である。しかし、製造して得た製品が使用により価値の減少があった場合には、輸入申告の時が課税物件の確定時期になると規定されている。したがって、「使用により価値の減少があったもので税関長の承認を受けたものについては、当該承認がされた時である」とする記述は誤りである（関税法第4条第1項第3号の2、関税法施行令第2条第3項）。

4　**誤り**：船用品の積込みの承認を受けて保税地域から引き取られた外国貨物である船用品で、その指定された積込みの期間内に船舶に積み込まれないものについての課税物件確定の時期は、**積込みが承認された時の現況**によると規定されている。したがって、「指定された積込みの期間が経過した時である」とする記述は誤りである（関税法第4条第1項第5号）。

5　**正しい**：輸入される郵便物のうち、**日本郵便株式会社から税関長に提示されたもの**については、**提示がされた時**に課税物件が確定する。したがって正しい記述である（関税法第4条第1項第6号）。

問題 50 適用法令

次の記述は、関税を課する場合の適用法令に関するものであるが、その記述の正しいものはどれか。すべてを選び、その番号をマークしなさい。

1．保税作業のため、許可を受けて保税工場から当該保税工場以外の場所に出された外国貨物で、指定された期間を経過して当該場所に置かれているものについては、当該許可の日において適用される法令による。

2．一括して積込みの承認を受けて保税地域から引き取られた船用品で、その指定された積込みの期間内に船舶に積み込まれないものについては、当該積込みの承認がされた日において適用される法令による。

3．輸入の許可を受けないで輸入された貨物については、当該輸入の行為につき関税法に基づく税関長による告発が行われた日において適用される法令による。

4．特定保税運送に係る外国貨物で、その発送の日の翌日から起算して７日以内に運送先に到着しないものについては、その発送の日の翌日から起算して７日を経過した日において適用される法令による。

5．輸入申告がされた後、輸入の許可前における貨物の引取りの承認を受けて引き取られる蔵入貨物で、当該承認がされる前に当該貨物に適用される法令の改正があったものについては、当該承認の日において適用される法令による。

日付・正解 Check	／	／	／

第50問 »» 正解：1、5

解説

1　**正しい**：許可を受けて保税工場からその保税工場以外の場所に出された外国貨物（＝場外作業の許可を受けた外国貨物）で、指定された期間を経過してもその場所に置かれているものについては、**場外作業の許可の日**において適用される法令によると規定されている。したがって正しい記述である（関税法第5条第1号、同法第4条第1項第3号）。

2　**誤り**：**一括して積込みの承認**を受けて保税地域から引き取られた**船用品**で、その指定された積込みの期間内に船舶に積み込まれないものについては、**外国貨物が保税地域から引き取られた日**において適用される法令によると規定されている。したがって、「積込みの承認がされた日」という記述は誤りである（関税法第5条第1号、同法第4条第1項第5号）。

3　**誤り**：**輸入の許可を受けないで輸入**された貨物については、輸入の日において適用される法令によると規定されている。したがって、「輸入の行為につき関税法に基づく税関長による告発が行われた日」という記述は誤りである（関税法第5条第1号、同法第4条第1項第8号）。

4　**誤り**：特定保税運送に係る外国貨物で、その発送の日の翌日から起算して7日以内に運送先に到着しないものについては、その外国貨物が**発送された時の属する日**において適用される法令によると規定されている。したがって、「その発送の日の翌日から起算して7日を経過した日において適用される法令による」という記述は誤りである（関税法第5条第1号、同法第4条第1項第5号の2）。

5　**正しい**：輸入申告がされた後、輸入の許可前における貨物の引取りの承認を受けて引き取られる蔵入貨物で、その承認がされる前にその貨物に適用される法令の改正があったものについては、**承認の日**において適用される法令によると規定されている。したがって正しい記述である（関税法第5条第2号）。

《出題年度》平成13年、平成30年、令和３年他改題

問題
51 適用法令

文章選択式

難易度	✈✈
出題頻度	🚢🚢

次の記述は、関税を課する場合の適用法令に関するものであるが、その記述の誤っているものはどれか。すべてを選び、その番号をマークしなさい。

1．収容された外国貨物で、公売に付されるものについては、当該収容の時の属する日において適用される法令による。

2．保税運送の承認を受けた外国貨物で、指定された運送期間内に運送先に到着しないものについては、その運送期間が経過した日の法令が適用される。

3．保税蔵置場に置くことが承認された外国貨物で、輸入申告がされた後、輸入の許可がされる前に当該貨物に適用される法令の改正があったものについては、当該許可の日において適用される法令による。

4．保税地域に置くことが困難であると認め、税関長が期間及び場所を指定して保税地域以外の場所に置くことを許可した外国貨物で亡失したものについては、当該亡失の時の属する日の法令による。

5．保税地域に搬入する前に輸入申告が行われた特例申告に係る貨物に関税を課す場合に適用される法令は、当該特例申告の日において適用される法令による。

日付・正解 Check	／		／		／	

第51問 »» 正解：1、2、5

解説

1　**誤り：収容**された外国貨物で、**公売に付されるもの**については、**公売の時の属する日**において適用される法令によると規定されている。したがって、「収容の時の属する日」という記述は誤りである（関税法第5条第1号、同法第4条第1項第7号）。

2　**誤り**：保税運送の承認を受けた外国貨物で、指定された運送期間内に運送先に到着しないものについては、**保税運送の承認がされた日**において適用される法令によると規定されている。したがって、「運送期間が経過した日の法令が適用される」とする記述は誤りである（関税法第5条第1号、同法第4条第1項第5号）。

3　**正しい**：保税蔵置場に置くことが承認された外国貨物で、輸入申告がされた後、輸入の許可がされる前にその貨物に適用される法令の改正があったものについては、**輸入の許可の日**において適用される法令によると規定されている。したがって正しい記述である（関税法第5条第2号）。

4　**正しい**：保税地域に置くことが困難であると認め、税関長が期間及び場所を指定して保税地域以外の場所に置くことを許可した外国貨物（＝**他所蔵置許可貨物**）で**亡失したもの**については、亡失の時の属する日の法令によると規定されている。したがって正しい記述である（関税法第5条第1号、同法第4条第1項第4号）。

5　**誤り**：保税地域に搬入する前に輸入申告が行われた特例申告に係る貨物に関税を課す場合に適用される法令は、**輸入の許可の日**において適用される法令によると規定されている。したがって、「特例申告の日において適用される法令による」とする記述は誤りである（関税法第5条第1号、同法第4条第1項第5号の3）。

問題 52 納税義務者

文章選択式

次の記述は、関税の納税義務に関するものであるが、その記述の正しいものはどれか。すべてを選び、その番号をマークしなさい。

1. 税関長からの検査が終了した旨の通知に係る郵便物が、名宛人に交付される前に亡失し、又は滅却されたときは、当該郵便物が災害その他やむを得ない事情により亡失した場合又はあらかじめ税関長の承認を受けて滅却された場合を除き、日本郵便株式会社がその関税を納める義務を負う。
2. 輸入の許可を受けた貨物について、納付された関税に不足額があった場合において、その輸入許可の際に輸入者とされた者の住所及び居所が明らかでないときは、当該貨物の輸入に際してその通関業務を取り扱った通関業者が、当該貨物の輸入者に代わってその関税を納める義務を負う。
3. 保税蔵置場に置かれている外国貨物が亡失した場合には、当該外国貨物を当該保税蔵置場に置くことの承認を受けた者が、当該外国貨物に係る関税を納める義務を負う。
4. 保税運送の承認を受けて運送された外国貨物が、運送人の不注意により運送中に亡失し、その指定された運送の期間内に運送先に到着しないときは、その運送の承認を受けた者が関税を納める義務を負うほか、当該運送人は、その運送の承認を受けた者と連帯して当該関税を納める義務を負う。
5. 保税工場外における保税作業の許可を受けて、税関長が指定した場所に置かれている貨物が、税関長が指定した期間を経過して、なおその指定した場所に置かれているときは、その保税工場の許可を受けた者が、当該貨物に係る関税を納める義務を負う。

日付・正解 Check	／		／		／	

第52問 »» 正解：1、5

解説

1　**正しい**：賦課課税方式が適用される郵便物で、**名宛人に交付される前に亡失し、又は滅却**されたときは、その郵便物が災害その他やむを得ない事情により亡失した場合又はあらかじめ税関長の承認を受けて滅却された場合を除き、**日本郵便株式会社がその関税を納める義務を負う**と規定されている。したがって正しい記述である（関税法第76条の２第１項）。

2　**誤り**：通関業者の補完的納税義務（＝輸入者と連帯して納税する義務）の要件は、輸入の許可を受けた貨物について、納付された関税に不足額があった場合において、その輸入許可の際に輸入者とされた者の**住所及び居所が明らかでない**とき、又は輸入者とされた者が**輸入者でないと申し立てた**ときで、かつ、その貨物の輸入に際してその通関業務を取り扱った通関業者が、その通関業務の**委託をした者を明らかにすることができなかった**ときである。したがって、設問には、「通関業務を取り扱った通関業者が、その通関業務の委託をした者を明らかにすることができなかったとき」という要件が記述されておらず、通関業者の補完的納税義務は発生しない。また、「通関業者が（単独で）、当該貨物の輸入者に代わってその関税を納める義務を負う」という規定もないので、誤った記述である（関税法第13条の３）。

3　**誤り**：保税蔵置場に置かれている外国貨物が亡失した場合には、その**保税蔵置場の許可を受けた者**が関税を納める義務（蔵主責任）を負うと規定されている。したがって、「当該外国貨物を当該保税蔵置場に置くことの承認を受けた者」とする記述は誤りである（関税法第45条第１項）。

4　**誤り**：保税運送の承認を受けて運送された外国貨物が、運送人の不注意により運送中に亡失し、その指定された運送の期間内に運送先に到着しないときは、その**運送の承認を受けた者**が関税を納める義務を負うと規定されている。しかし、その運送人が、その運送の承認を受けた者と連帯して関税を納める義務を負うという規定はない。したがって、「当該運送人は、その運送の承認を受けた者と連帯して当該関税を納める義務を負う」という記述は誤りである（関税法第65条第１項）。

5　**正しい**：場外作業の許可を受けて、税関長が指定した場所に置かれている貨物が、税関長が指定した期間を経過して、なおその指定した場所に置かれているときは、その**保税工場の許可を受けた者**が、その貨物に係る関税を納める義務を負うと規定されている。したがって正しい記述である（関税法第61条第５項）。

問題 53 納税義務者

文章選択式

次の記述は、関税の納税義務に関するものであるが、その記述の正しいものはどれか。すべてを選び、その番号をマークしなさい

1．国内に引き取られる予定の外国貨物で、開港内に停泊している外国貿易船の船上で消費されたものの関税については、その消費をした者が関税を納付する義務を負う。

2．保税展示場の許可の期間の満了の際に当該保税展示場にある外国貨物で、税関長が定めた期間内に搬出されないものの関税については、当該貨物の出品者が関税を納付する義務を負う。

3．税関長に届け出て税関空港と保税地域との相互間を外国貨物のまま運送された郵便物（輸出されるものを除く。）が発送の日の翌日から起算して７日以内に運送先に到着しないときは、当該郵便物が災害その他やむを得ない事情により亡失した場合又はあらかじめ税関長の承認を受けて滅却された場合を除き、その届出をした者がその関税を納める義務を負う。

4．外国貿易船に船用品として積み込むことが承認された外国貨物で、指定された期間内に積み込まれなかったものの関税については、当該外国貿易船の船長が納税の義務を負う。

5．関税定率法第15条第１項（特定用途免税）の規定の適用を受けて輸入された貨物で、その輸入許可の日から２年以内に当該特定用途以外の用途に供するため譲渡されたものの関税については、当該譲渡をした者が関税を納付する義務を負う。

日付・正解 Check	／	／	／

第53問 »» 正解：1、3、5

解説

1　**正しい：**国内に引き取られる予定の外国貨物で、開港内に停泊している外国貿易船の船上で消費されたものの関税については、その**消費をした者**が関税を納付する義務を負う（＝みなし輸入）と規定されている。したがって正しい記述である（関税法第2条第3項、同法第6条）。

2　**誤り：**保税展示場の許可の期間の満了の際にその保税展示場にある外国貨物で、税関長が定めた期間内に搬出されないものの関税については、**保税展示場の許可を受けた者**が納税義務を負うと規定されている。したがって、「貨物の出品者が関税を納付する義務を負う」とする記述は誤りである（関税法第62条の6第1項）。

3　**正しい：税関長に届け出て**税関空港と保税地域との相互間を外国貨物のまま**運送された郵便物**（輸出されるものを除く。）が発送の日の翌日から起算して**7日以内に運送先に到着しない**ときは、災害その他やむを得ない事情により亡失した場合又はあらかじめ税関長の承認を受けて滅却された場合を除き、その**届出をした者がその関税を納める義務を負う**と規定されている。したがって正しい記述である（関税法第65条の2第1項）。

4　**誤り：**外国貿易船に船用品として積み込むことが承認された外国貨物で、指定された期間内に積み込まれなかったものの関税については、**積込みの承認を受けた者**が納税義務を負うと規定されている。したがって、「当該外国貿易船の船長が納税の義務を負う」とする記述は誤りである（関税法第23条第6項）。

5　**正しい：**関税定率法第15条第1項（特定用途免税）の規定の適用を受けて輸入された貨物で、その輸入許可の日から2年以内に特定用途以外の用途に供するため譲渡されたものの関税については、**譲渡をした者**が関税を納付する義務を負うと規定されている。したがって正しい記述である（関税定率法第15条第2項）。

問題 54 納税義務者

文章選択式

難易度 ✈✈
出題頻度 🚢🚢🚢

次の記述は、関税の納税義務に関するものであるが、その記述の正しいものはどれか。すべてを選び、その番号をマークしなさい。

1．総合保税地域にある外国貨物が亡失したことにより、当該総合保税地域の許可を受けた法人が当該貨物に係る関税を納める義務を負うこととなる場合であっても、当該貨物が亡失した時に当該総合保税地域において当該貨物を管理していた者が当該法人以外の者であるときは、当該管理していた者が当該法人に代わり当該関税を納める義務を負う。
2．指定保税地域において外国貨物を管理する者は、関税法第45条に規定する外国貨物の亡失に係る関税の納付義務を負う。
3．税関長が保税地域に置くことが困難であると認め期間及び場所を指定して保税地域以外の場所に置くことを許可した外国貨物であって、その指定された場所にあるもの（輸出の許可を受けたものを除く。）が、税関長の承認を受けることなく滅却されたときは、その保税地域以外の場所に置くことの許可を受けた者がその関税を納める義務を負う。
4．保税展示場に入れられた外国貨物が、その性質又は形状に変更を加えられたときは、当該保税展示場の許可を受けた者から直ちにその関税を徴収する。
5．日本郵便株式会社は、納税義務者である郵便物の名宛人から当該郵便物に係る関税の額に相当する金銭の交付を受けて納付委託されたときは、遅滞なく、その旨及び交付を受けた年月日を税関長に報告し、その交付を受けた日の翌日から起算して10取引日を経過した最初の取引日までに、日本銀行に納付しなければならない。

日付・正解 Check	／	／	／

第54問 »» 正解：2、3

解説

1　**誤り**：総合保税地域にある外国貨物が亡失したことにより、総合保税地域の許可を受けた法人がその貨物に係る関税を納める義務を負うこととなる場合であって、その貨物が亡失した時に総合保税地域において貨物を管理していた者が許可を受けた法人以外の者であるときは、**総合保税地域の許可を受けた法人と貨物を管理していた者が連帯して共に納税義務を負う**と規定されている。したがって、「当該管理していた者が当該法人に代わり当該関税を納める義務を負う」という記述は誤りである（関税法第62条の13、同法第62条の15で準用する同法第45条第1項）。

2　**正しい**：指定保税地域において**外国貨物を管理する者**は、関税法第45条に規定する外国貨物の亡失に係る関税の納付義務を負うと規定されている。したがって正しい記述である（関税法第41条の3で準用する同法第45条第1項）。

3　**正しい**：税関長が保税地域に置くことが困難であると認め期間及び場所を指定して保税地域以外の場所に置くことを許可した外国貨物（＝**他所蔵置許可貨物**）であって、指定された場所にあるもの（輸出の許可を受けたものを除く。）が、税関長の承認を受けることなく**滅却されたときは**、**保税地域以外の場所に置くことの許可を受けた者**が関税を納める義務を負うことになる。したがって正しい記述である（関税法第36条第1項で準用する同法第45条第1項）。

4　**誤り**：保税展示場に入れられた外国貨物が、その**性質又は形状に変更を加えられた**ときについて、関税を徴収するという規定はない。したがって、「当該保税展示場の許可を受けた者から直ちにその関税を徴収する」とする記述は誤りである（関税法第62条の4第1項）。

5　**誤り**：日本郵便株式会社は、納税義務者である郵便物の名宛人から郵便物に係る関税の額に相当する金銭の交付を受けて**納付を委託されたとき**は、遅滞なく、その旨及び交付を受けた年月日を税関長に報告し、その交付を受けた日の翌日から起算して**11取引日を経過した最初の取引日までに**、**日本銀行に納付**しなければならないと規定されている。したがって、「10取引日」という部分の記述は誤りである（関税法第77条の3第1項、関税法施行令第68条の2）。

問題 55 関税額の確定（修正申告）

文章選択式

難易度 ✈✈
出題頻度 🚢🚢🚢

次の記述は、関税の修正申告に関するものであるが、その記述の正しいものはどれか。すべてを選び、その番号をマークしなさい。

1. 関税の納税申告を行った者は、当該納税申告により納付すべき税額に不足額があるときは修正申告によりその税額を修正することができるが、当該納税申告後に税関長の更正が行われた後は、当該更正により納付すべき税額に不足額がある場合であっても修正申告により税額を修正することはできない。
2. 先にした納税申告に不足額がない場合であっても、当該納税申告の課税標準に誤りがあるときは、修正申告をすることができる。
3. 納税申告が必要とされている貨物についてその輸入の時までに当該申告がないとして、当該貨物に係る課税標準又は納付すべき税額の決定を受けた者は、当該決定により納付すべき税額が過大である場合には、当該決定について更正があるまでは、当該決定に係る課税標準又は納付すべき税額を修正する申告をすることができる。
4. 先にした納税申告に係る税額につき更正があった場合において、その更正後の税額に不足額があるときは、税関長の更正があるまでは、当該更正の税額について修正申告をすることができる。
5. 先の納税申告に係る書面に記載した課税標準及び税額を補正することにより修正申告をしようとする者は、税関長にその旨を申し出て当該納税申告に係る書面の交付を受け、当該書面に記載した課税標準及び税額その他関係事項の補正をし、これを税関長に提出しなければならない。

日付・正解 Check	／		／		／	

第55問 »» 正解：4、5

解説

1 **誤り**：関税の納税申告を行った者は、納税申告により納付すべき税額に不足額があるときは修正申告によりその税額を修正することができる。また、納税申告後に税関長の更正が行われた後に、その**更正後の税額に不足額**がある場合であっても修正申告によりその税額を**修正することができる**。したがって、「更正により納付すべき税額に不足額がある場合であっても修正申告により税額を修正することはできない」という記述は誤りである（関税法第7条の14第1項第1号）。

2 **誤り**：税額が**過少**である（＝不足額がある。）場合のみ、修正申告をすることができると規定されている。したがって、課税標準に誤りがあるだけで関税額に不足額がない場合には修正申告はできないので誤った記述である（関税法第7条の14第1項）。

3 **誤り**：輸入の時までに納税申告がないとして、課税標準又は納付すべき税額の決定を受けた者は、**決定による納付すべき税額に不足額がある場合**には、税関長の更正があるまで課税標準又は納付すべき税額を**修正する申告をすることができる**と規定されている。したがって、「決定により納付すべき税額が過大である場合」という記述は誤りである（関税法第7条の14第1項第1号）。

4 **正しい**：先にした納税申告に係る税額につき更正があった場合において、その更正後の税額に不足額があるときは、**税関長の更正**があるまでは、その更正された税額について修正申告をすることができると規定されている。したがって正しい記述である（関税法第7条の14第1項）。

5 **正しい**：先の納税申告に係る書面に記載した課税標準及び税額を**補正することにより修正申告**をしようとする者は、税関長にその旨を申し出て納税申告に係る**書面の交付を受け**、その書面に記載した課税標準及び税額その他関係事項の補正をし、これを税関長に提出しなければならないと規定されている。したがって正しい記述である（関税法施行令第4条の16第2項）。

問題 56 関税額の確定（更正の請求）

文章選択式

難易度	✈✈
出題頻度	🚢🚢🚢

次の記述は、更正の請求に関するものであるが、その記述の正しいものはどれか。すべてを選び、その番号をマークしなさい。

1．納税申告により納付すべき税額が過大又は過少であった場合においては、当該納税申告をした者は、税関長に対し、当該納税申告に係る税額等につき更正をすべき旨の請求をすることができる。

2．納税申告をした者は、当該申告に係る課税標準又は納付すべき税額の計算に誤りがあったことにより、当該申告により納付すべき税額が過大である場合には、当該申告の日から５年以内に限り、税関長に対し、その申告に係る課税標準又は納付すべき税額につき更正すべき旨の請求をすることができることとされている。

3．税関長に対し納税申告をした者から当該申告に係る貨物を買い受けた者は、納付された税額が過大であることを知ったときは、当該税関長に対し、更正の請求をすることができる。

4．輸入の許可前における引取りの承認を受けて引き取られた貨物に係る更正の請求は、当該承認の日の翌日から起算して５年を経過する日と輸入の許可の日とのいずれか遅い日までの間に行うことができる。

5．保税蔵置場に置くことにつき税関長の承認を受けて保税蔵置場に置かれた外国貨物について輸入申告に併せて納税申告をした場合であって、当該輸入申告がされた後輸入の許可がされる前に法令の改正により当該貨物に適用される関税率の引下げがあったときは、当該納税申告に係る納付すべき税額につき更正をすべき旨の請求をすることができる。

日付・正解 Check	／		／		／	

第56問 »» 正解：4、5

解説

1　**誤り：**納税申告により納付すべき税額が**過大**であった場合においては、その納税申告をした者は、税関長に対し、納税申告に係る税額等につき更正をすべき旨の請求（＝更正の請求）をすることができると規定されている。したがって、「納付すべき税額が…過少であった場合においては、…更正をすべき旨の請求をすることができる」とする記述は誤りである（関税法第7条の15第1項）。

2　**誤り：**納税申告をした者は、申告に係る課税標準又は納付すべき税額の計算に誤りがあったことにより、納付すべき税額が過大である場合には、輸入の許可があるまで又は**輸入の許可の日**（特例申告貨物については、特例申告書の提出期限）**から5年以内**に限り、税関長に対し、課税標準又は納付すべき税額につき更正すべき旨の請求をすることができると規定されている。したがって、「申告の日から5年以内」という記述は誤りである（関税法第7条の15第1項）。

3　**誤り：**更正の請求ができるのは、**納税申告をした者**だけである（通関業者による代理請求は認められる。）。したがって、「税関長に対し納税申告をした者から当該申告に係る貨物を買い受けた者は、…更正の請求をすることができる」という記述は誤りである（関税法第7条の15第1項）。

4　**正しい：**輸入の許可前における引取りの承認を受けて引き取られた貨物に係る更正の請求は、その**承認の日の翌日から起算して5年**を経過する日と**輸入の許可の日**とのいずれか遅い日までの間に行うことができると規定されている。したがって正しい記述である（関税法第7条の15第1項）。

5　**正しい：**蔵入承認を受けて保税蔵置場に置かれた外国貨物について輸入申告に併せて納税申告をした場合であって、その輸入申告がされた後、輸入の許可がされる前に法令の改正があり、その貨物に係る税率が変更されたときの適用される税率は**輸入の許可の日**の税率となる。この税率の変更によりその貨物に適用される関税率の引下げがあったときは、申告をした税額が過大となっているのでその税額につき更正の請求をすることができる。したがって正しい記述である（関税法第5条第2号、同法第7条の15第1項）。

問題 57 関税額の確定（更正）

次の記述は、更正に関するものであるが、その記述の正しいものはどれか。すべてを選び、その番号をマークしなさい。

1．関税法第14条第１項（更正、決定等の期間制限）の規定により関税についての更正をすることができないこととなる日前６月以内にされた更正の請求に係る更正は、当該更正の請求があった日から１年を経過する日まで、することができる。
2．納税申告に係る貨物の輸入の許可後にする更正は、当該納税申告に係る書面に記載した課税標準又は税額を是正することにより行うことができる。
3．更正は、輸入の許可の日から１年を経過した日以後においては、することができない。
4．更正とは、納税申告があった場合において、その申告に係る税額等の計算が関税に関する法律の規定に従っていなかったとき、その他当該税額等が税関長の調査したところと異なっているときに、税関長が、その調査により当該税額等を変更するために行うものである。
5．既に確定した納付すべき税額を減少させる更正は、その更正により減少した税額に係る部分以外の部分の関税についての納税義務に影響を及ぼさない。

日付・正解 Check	 		

第57問 »» 正解：4、5

解説

1　**誤り**：関税法第14条第1項（更正、決定等の期間制限）の規定により関税についての更正をすることができないこととなる日前6月以内にされた更正の請求に係る更正は、当該**更正の請求があった日から6月**を経過する日まで、することができる。したがって、「更正の請求があった日から1年」という部分の記述は誤りである（関税法第14条第2項）。

2　**誤り**：納税申告に係る貨物の輸入の許可後にする更正は、税関長がその更正に係る課税標準、納付すべき税額その他政令で定める事項を記載した**更正通知書**を送達して行うと規定されている。したがって、「当該納税申告に係る書面に記載した課税標準又は税額を是正することにより行うことができる」という記述は誤りである（関税法第7条の16第4項）。
なお、是正することにより行うことができるのは、輸入の許可前で、かつ関税納付前においてする減額更正の場合である。

3　**誤り**：輸入の許可をした貨物の場合、税関長による更正は、法定納期限等から**5年**を経過した日以後においてはすることができないと規定されている。したがって、「輸入の許可の日から1年を経過した日以後においては、することができない」とする記述は誤りである（関税法第14条第1項）。

4　**正しい**：更正とは、納税申告があった場合において、その申告に係る税額等の計算が関税に関する法律の規定に従っていなかったとき、その他その税額等が税関長の調査したところと異なっているときに、税関長が、その調査により**税額等を変更**するために行うものであると定められている。したがって正しい記述である（関税法第7条の16第1項）。

5　**正しい**：既に確定した納付すべき税額を減少させる更正は、その更正により減少した税額に係る部分以外の部分の関税についての納税義務に**影響を及ぼさない**と規定されている。したがって正しい記述である（関税法第7条の16第5項で準用する国税通則法第29条第2項）。

問題 58

関税額の確定（更正、賦課決定）

文章選択式

難易度 ✈✈
出題頻度 🚢🚢

次の記述は、更正、決定及び賦課決定に関するものであるが、その記述の誤っているものはどれか。すべてを選び、その番号をマークしなさい。

1. 税関長は、保税蔵置場に置くことが承認された外国貨物について、輸入申告がされた後、輸入の許可までの間に法令の改正があったため、その納付すべき税額が申告に係る税額と異なることとなった場合には、当該申告に係る税額を更正する。
2. 賦課課税方式が適用される郵便物に係る関税について納付すべき税額が過大である場合には、当該郵便物の名宛人が税関長に対して当該税額につき更正をすべき旨の請求をすることはできないが、税関長は、当該税額が過大であることを知ったときは、その調査により、当該税額を変更する決定をすることとされている。
3. 納税申告に係る貨物の輸入の許可前にする更正については、当該貨物に係る関税の納付前にするもので課税標準又は納付すべき税額を増額するものに限り、更正通知書の送達に代えて、納税申告をした者に当該納税申告に係る書面に記載した課税標準又は納付すべき税額を是正させ、又はこれを是正してその旨を当該納税申告をした者に通知することによってすることができる。
4. 関税定率法第７条第３項（相殺関税）の規定により関税を課する場合における当該関税額の確定については、賦課課税方式が適用される。
5. 保税運送された外国貨物が指定期間内に運送先に到着しないためにその関税を徴収すべき場合には、税関長は、更正通知書を送達して納付すべき税額等を決定する。

日付・正解 Check | ／ | ／ | ／

第58問 »» 正解：3、5

解説

1　**正しい：**税関長は、保税蔵置場に置くことが承認された外国貨物について、輸入申告がされた後、輸入の許可までの間に法令の改正があったため、その納付すべき税額が申告に係る税額と異なることとなった場合には、その申告に係る税額を**更正**すると定められている。したがって正しい記述である（関税法第7条の16第1項）。
なお、蔵入貨物について、輸入申告がされた後、輸入の許可までの間に法令の改正があった場合、適用される法令は輸入許可の日の法令によると規定されている。つまり、当初申告した税額の税率と、納付すべき税額を算出するための税率が異なることになるため、税額も異なってくる可能性がある。

2　**正しい：賦課課税方式が適用される郵便物**に係る関税について納付すべき税額が過大である場合には、郵便物の名宛人が税関長に対して**更正をすべき旨の請求をすることはできない**が、税関長が過大であることを知ったときは、その調査により税額の変更の決定、つまり**再賦課決定をする**ことになる。したがって正しい記述である（関税法第8条第3項）。

3　**誤り：輸入の許可前にする更正**について、**関税の納付前**にするもので課税標準又は納付すべき税額を**減額**するものに限り、更正通知書の送達に代えて、納税申告をした者に納税申告書に記載した課税標準又は納付すべき税額を**是正**させ、又はこれを**是正**してその旨を通知することによってすることができると規定されている。したがって、「増額するものに限り」という部分の記述は誤りである（関税法第7条の16第4項）。

4　**正しい：**関税定率法第7条第3項（**相殺関税**）の規定により関税を課する場合における関税額の確定については、**賦課課税方式**が適用されると規定されている。したがって正しい記述である（関税法第6条の2第1項第2号ハ）。

5　**誤り：**保税運送された外国貨物が指定期間内に運送先に**到着しない**ために**徴収**すべき関税は、**賦課課税方式**が適用される。この場合、税関長は、賦課決定通知書を送達して納付すべき税額等を決定すると規定されている。したがって、「更正通知書を送達して納付すべき税額等を決定する」という記述は誤りである（関税法第6条の2第1項第2号ニ、同法第8条第4項、関税法基本通達6－2－2（2）ロ）。

問題59 関税額の確定（更正、決定、賦課決定）

択一式

難易度	✈✈
出題頻度	🚢🚢

次の記述は、更正、決定及び賦課決定の期間制限に関するものであるが、その記述の誤っているものはどれか。一つを選び、その番号をマークしなさい。なお、誤っている記述がない場合には、「0」をマークしなさい。

1．本邦に入国する者がその入国の際に携帯して輸入する貨物に対する関税で課税標準の申告があったものに係る賦課決定（偽りその他不正の行為により関税を免れ、又は関税を納付すべき貨物について関税を納付しないで輸入した場合を除く。）については、その関税の法定納期限等から３年を経過した日以後においては、することができない。

2．税関長は、納税申告が必要とされている貨物について、その輸入の時までに当該申告がないときは、その調査により、当該貨物に係る税額等を決定するが、この決定は、原則として当該貨物の輸入の日から５年を経過した日以後においては、することができない。

3．関税に係る期限後特例申告書の提出に伴って行われることとなる無申告加算税又は重加算税についてする賦課決定については、当該提出が、その関税の法定納期限等から５年を経過した日の前３月以内にされた場合であって、かつ、当該関税についての調査があったことにより当該関税について決定があるべきことを予知してされたものであるときは、当該提出があった日から３月を経過する日まで、することができる。

4．偽りその他不正の行為により関税を免れ、又は関税を納付すべき貨物について関税を納付しないで輸入した場合の関税についての更正は、法定納期限等から７年を経過する日まで、することができる。

5．輸入の許可前における引取りの承認を受けて引き取られる貨物に係る納税申告について、偽りその他不正の行為により関税を免れ、又は関税を納付しないで輸入した場合以外においてする更正は、当該承認の日から５年を経過した日以後はすることができない。

日付・正解 Check	／	／	／

第59問 »» 正解：3

解説

1　**正しい：**本邦に入国する者がその入国の際に**携帯**して輸入する貨物に対する関税で**課税標準の申告があった**ものに係る賦課決定（偽りその他不正の行為により関税を免れ、又は関税を納付すべき貨物について関税を納付しないで輸入した場合を除く。）については、その関税の法定納期限等から**3年**を経過した日以後においては、することができないと規定されている。したがって正しい記述である（関税法第6条の2第1項第2号イ、第14条第1項）。

2　**正しい：**税関長は、納税申告が必要とされている貨物について、その輸入の時までに納税申告がないときは、その調査により、その貨物に係る税額等を**決定**する。そして、この決定は、**原則**として貨物の輸入の日（＝法定納期限）から**5年**を経過した日以後においては、することができないと規定されている。したがって正しい記述である（関税法第14条第1項）。

3　**誤り：**関税に係る期限後特例申告書の提出に伴って行われることとなる無申告加算税又は重加算税についてする賦課決定については、その提出が、**法定納期限等から5年を経過した日の前3月以内にされた場合**であれば、関税についての調査があったことによりその関税について決定があるべきことを予知してされたものであるか否かにかかわらず、その**提出があった日から3月を経過する日**まで、することができると規定されている。したがって、「当該関税についての調査があったことにより当該関税について決定があるべきことを予知してされたものであるときは」という部分の記述は誤りである（関税法第14条第3項）。

4　**正しい：**偽りその他不正の行為により関税を免れ、又は関税を納付すべき貨物について関税を納付しないで輸入した場合の関税についての更正は、法定納期限等から**7年**を経過する日まで、することができると規定されている。したがって正しい記述である（関税法第14条第4項）。

5　**正しい：**輸入の許可前における引取りの承認を受けて引き取られる貨物に係る納税申告について、偽りその他不正の行為により関税を免れ、又は関税を納付しないで輸入した場合以外においてする更正は、その承認の日（＝法定納期限等）から**5年**を経過した日以後はすることができないと規定されている。したがって正しい記述である（関税法第14条第1項、第7項第2号）。

問題
60 関税額の確定（更正、決定、賦課決定）

文章選択式

難易度 ✈✈
出題頻度 🚢🚢🚢

次の記述は、関税の確定に関するものであるが、その記述の正しいものはどれか。すべてを選び、その番号をマークしなさい。

1. 税関長は、過少申告加算税を賦課しようとするときは、調査により、当該過少申告加算税の計算の基礎となる税額及び納付すべき税額を決定するが、当該決定をした後、その決定をした納付すべき税額が過大又は過少であることを知ったときは、調査により、当該決定に係る納付すべき税額を変更する更正をする。
2. 税関長は、本邦に入国する者がその入国の際に携帯して輸入する貨物について関税を賦課しようとする場合には、当該入国する者が行った輸入申告に係る課税標準が税関長の調査したところと同じであっても、課税標準及び納付すべき税額を決定することとなる。
3. 税関長は、輸入の許可前における貨物の引取りの承認を受けて引き取られた貨物の納税申告に係る課税標準又は納付すべき税額につき、当該申告に誤りがないと認めた場合には、当該申告に係る税額及びその税額を納付すべき旨（関税の納付を要しないときは、その旨）を書面により、当該引取りの承認を受けた者に通知する。
4. 税関長は、更正又は決定をした後、その更正又は決定をした税額が過大又は過少であることを知ったときは、調査により、当該更正又は決定に係る税額を変更する決定をする。
5. 本邦と外国との間を往来する船舶に積まれていた外国貨物である船用品で、当該船舶で船用品として使用しないこととなったものに対し関税を課する場合における当該関税額の確定については、賦課課税方式が適用される。

日付・正解 Check	／ 	／ 	／ 

第60問 »» 正解：3、5

解説

1 **誤り：**税関長は、過少申告加算税を賦課しようとするときは、調査により、その過少申告加算税の計算の基礎となる税額及び納付すべき税額を決定するが、決定をした後、その決定をした納付すべき税額が過大又は過少であることを知ったときは、調査により、その納付すべき税額を**変更する決定**をすると規定されている。したがって、「変更する更正をする」という記述は誤りである（関税法第８条第２項、第３項）。

2 **誤り：**税関長が、本邦に入国する者がその入国の際に携帯して輸入する貨物について関税を賦課しようとする場合において、その入国する者が行った輸入申告に係る課税標準が税関長の調査したところと同じである場合には、**納付すべき税額**のみを決定することとなる。したがって、設問の場合において「課税標準」を決定することはないので誤りである（関税法第８条第１項第１号イ）。

3 **正しい：**税関長は、輸入の許可前における貨物の引取りの承認を受けて引き取られた貨物の課税標準又は納付すべき税額につき、**申告に誤りがない**と認めた場合には、その**税額及びその税額を納付すべき旨**（関税の納付を要しないときは、その旨）を書面により、引取りの承認を受けた者に通知すると規定されている。したがって正しい記述である（関税法第７条の17）。

4 **誤り：**税関長は、更正又は決定をした後、その更正又は決定をした税額が過大又は過少であることを知ったときは、調査により、その更正又は決定に係る**税額を更正**すると規定されている。したがって、「変更する決定をする」という記述は誤りである（関税法第７条の16第３項）。

5 **正しい：**本邦と外国との間を往来する船舶に積まれていた外国貨物である船用品で、その船舶で**船用品として使用しないこととなったもの**に対し関税を課する場合におけるその関税額の確定については、**賦課課税方式**が適用され、税関長がその関税を確定することになる。したがって正しい記述である（関税法第６条の２第１項第２号イ、関税法施行令第３条第２項第３号）。

問題 61 関税等の納付及び納期限（納期限）

文章選択式

難易度 ✈✈

出題頻度 🚢🚢🚢

次の記述は、関税の納期限に関するものであるが、その記述の正しいものはどれか。すべてを選び、その番号をマークしなさい。

1．過少申告加算税に係る賦課決定通知書を受けた者は、当該通知書に記載された金額の過少申告加算税を当該通知書が発せられた日の翌日から起算して1月を経過する日と当該過少申告加算税の納付の起因となった関税に係る貨物の輸入の許可の日とのいずれか遅い日までに納付しなければならない。

2．申告納税方式が適用される貨物を輸入しようとする者が輸入申告に併せて納税申告を行った場合において、当該申告に係る関税を納付すべき期限に関し、その延長を受けたい旨の申請書を当該申告に係る税関長に提出し、かつ、当該関税の額の一部に相当する額の担保を当該税関長に提供したときは、当該税関長は、当該提供された担保の額を超えない範囲内において、その納期限を2月以内に限り延長することができる。

3．特例輸入者は、特例申告書の提出期限後に特例申告を行った場合には、当該特例申告に係る関税に併せて、特例申告書の提出期限の翌日から当該関税を納付する日までの日数に応じた延滞税を納付しなければならない。

4．納税者は、関税を納付すべき外国貨物について、関税法第9条の5第1項の規定により関税の納付を委託する場合においては、同法第9条の6第1項に規定する納付受託者がその委託を受けた後であれば、当該納付受託者が当該関税を納付する前であっても、輸入の許可を受けることができる。

5．関税法第77条第6項（郵便物の関税の納付等）の規定により関税の納付前の受取りの承認を受けた郵便物の関税の納期限は、当該承認の日の翌日から起算して1月を経過する日である。

日付・正解 Check	／		／		／	

第61問 »» 正解：1、3、4

解説

1　**正しい**：過少申告加算税に係る賦課決定通知書を受けた者は、その通知書に記載された金額の過少申告加算税をその**通知書が発せられた日の翌日**から起算して**1月**を経過する日と過少申告加算税の納付の起因となった関税に係る貨物の**輸入の許可の日**とのいずれか遅い日までに納付しなければならないと規定されている。したがって正しい記述である（関税法第9条第3項）。

2　**誤り**：申告納税方式が適用される貨物を輸入しようとする者が輸入申告に併せて納税申告を行った場合において、関税を納付すべき期限に関し、延長を受けたい旨の申請書を税関長に提出し、かつ、関税の額の一部に相当する額の担保を税関長に提供したときは、税関長は、提供された担保の額を超えない範囲内において、**納期限を3月以内に限り延長**することができると規定されている。したがって、「2月」という記述は誤りである（関税法第9条の2第1項）。

3　**正しい**：特例輸入者が期限後特例申告を行った場合には、期限後特例申告に係る関税に併せて、**特例申告書の提出期限の翌日から関税を納付する日までの日数に応じた延滞税を納付しなければならない**と規定されている。したがって正しい記述である（関税法第12条第1項、第9項第1号）。

4　**正しい**：関税を納付すべき外国貨物について、納付受託者（＝クレジットカード会社など）に関税の納付を委託する場合においては、**納付受託者が納付の委託を受けた後であれば、納付受託者が関税を納付する前であっても、輸入の許可を受けることができる**と規定されている。したがって正しい記述である（関税法第72条）。

5　**誤り**：関税の納付前の受取りの承認を受けた郵便物の関税の納期限は、税関長から**納税告知書が発せられた日の翌日**から起算して**1月**を経過する日であると規定されている。したがって、「当該承認の日の翌日から起算して1月を経過する日である」という記述は誤りである（関税法第9条の3第2項、関税法施行令第7条の2第1項第3号）。

問題 62 関税等の納付及び納期限（納期限）

択一式

次の記述は、関税の納期限に関するものであるが、その記述の正しいものはどれか。一つを選び、その番号をマークしなさい。なお、正しい記述がない場合には、「0」をマークしなさい。

1．輸入の許可後にした修正申告に係る書面に記載された納付すべき税額については、当該修正申告をした日の翌日までに納付しなければならない。
2．賦課課税方式が適用される郵便物に係る関税の納期限は、当該郵便物の交付の日である。
3．関税を納付すべき物を内容とする郵便物について、保税運送の承認を受け、その承認に係る書類を日本郵便株式会社に提示して当該郵便物を受け取ろうとする者は、その郵便物を受け取る前に、当該郵便物に係る関税を納付し、又はその関税の納付を日本郵便株式会社に委託しなければならない。
4．輸入の許可前における引取りの承認を受けて引き取られた貨物につき輸入の許可前にされた更正に係る関税の納期限は、当該更正に係る更正通知書の送達を受けた日から起算して１月を経過する日である。
5．特例申告書の提出期限後に行われた特例申告に係る関税の納期限は、当該特例申告の行われた日の属する月の翌月末日である。

日付・正解 Check	／	／	／

第62問 »» 正解：2

解説

1 **誤り：**輸入の許可後にした修正申告に係る書面に記載された納付すべき税額については、その**修正申告をした日**までに納付しなければならないと規定されている。したがって、「修正申告をした日の翌日」という記述は誤りである（関税法第9条第2項第4号）。

2 **正しい：**賦課課税方式が適用される郵便物に係る関税の納期限は、その**郵便物の交付の日**であると規定されている。したがって正しい記述である（関税法第77条第3項）。

3 **誤り：**関税を納付すべき物を内容とする外国貨物である郵便物について、運送後に日本郵便株式会社よりその郵便物を受け取ろうとする者は、郵便物が、賦課課税方式が適用される郵便物である場合には、原則として、その郵便物を受け取る前に賦課決定通知書に記載された税額に相当する関税を納付するか、又はその関税の納付を日本郵便株式会社に委託しなければならないが、その郵便物について**保税運送の承認**を受け、その**承認**に係る書類を日本郵便株式会社に**提示**して郵便物を受け取るときは、関税額の納付又はその納付の委託のいずれもすることなく、外国貨物のままその郵便物を受け取ることができると規定されている。なお、その郵便物が、申告納税方式が適用される郵便物である場合には、関税の納付やその関税の納付の委託のような規定はなく、運送後に受け取る場合には、郵便物以外の外国貨物と同様に、外国貨物のまま受け取ることができる。したがって誤った記述である（関税法第77条第3項）。

4 **誤り：**輸入の許可前における引取りの承認を受けて引き取られた貨物につき輸入の許可前にされた更正に係る関税の納期限は、**更正通知書が発せられた日の翌日**から起算して**1月**を経過する日であると規定されている。したがって、「更正通知書の送達を受けた日から起算して1月を経過する日である」という記述は誤りである（関税法第9条第2項第3号）。

5 **誤り：**特例申告書の提出期限後に行われた特例申告（＝期限後特例申告）に係る関税の納期限は、**期限後特例申告書を提出した日**であると規定されている。したがって、「当該特例申告の行われた日の属する月の翌月末日である」という記述は誤りである（関税法第9条第2項第2号）。

問題 63 関税等の納付及び納期限（納期限）

文章選択式

難易度 ✈✈

出題頻度 🚢🚢🚢

次の記述は、関税の納期限に関するものであるが、その記述の誤っているものはどれか。すべてを選び、その番号をマークしなさい。

1．賦課課税方式が適用される関税を納付すべき物を内容とする郵便物であって、税関長が当該郵便物に係る関税の課税標準及び税額を、書面により、日本郵便株式会社を経て名宛人に通知したものを、受け取ろうとする者は、当該郵便物を受け取る前に、当該書面に記載された税額に相当する関税を納付し、又はその納付を日本郵便株式会社に委託しなければならない。

2．輸入の時までに納税申告がなかった貨物について発せられた決定通知書に記載された関税の納期限は、当該決定通知書が発せられた日の翌日から起算して７日を経過する日である。

3．関税法又は関税定率法その他関税に関する法律の規定により一定の事実が生じた場合に直ちに徴収するものとされている関税の納期限は、当該一定の事実が生じた日である。

4．関税について納期限の延長を受けようとする者は、納期限の延長を受けたい旨の申請書を税関長に提出し、納期限の延長に係る関税の額に相当する額の担保を当該税関長に提出しなければならない。

5．無申告加算税に係る賦課決定通知書を受けた者は、当該通知書に記載された金額の無申告加算税を当該通知書が発せられた日の翌日から起算して１月を経過する日までに納付しなければならない。

日付・正解 Check	／		／		／	

第63問 »» 正解：2、3

解説

1　**正しい：賦課課税方式が適用される郵便物**（20万円以下の郵便物など）の関税は、税関長が関税の課税標準及び税額を書面により日本郵便株式会社を経て名宛人に通知し、郵便物を受け取ろうとする者が、郵便物を受け取る前に、その**関税を納付**するか、関税の**納付を日本郵便株式会社に委託**するかのいずれかをしなければならないと規定されている。したがって正しい記述である（関税法第77条第1項、第3項）。

2　**誤り：**輸入の時までに納税申告がなかった貨物について発せられた決定通知書に記載された関税の納期限は、**決定通知書が発せられた日の翌日**から起算して**1月**を経過する日であると規定されている。したがって、「当該決定通知書が発せられた日の翌日から起算して7日を経過する日である」とする記述は誤りである（関税法第9条第2項第6号）。

3　**誤り：**関税法又は関税定率法その他関税に関する法律の規定により一定の事実が生じた場合に直ちに徴収するものとされている関税の納期限は、**納税告知書の送達に要すると見込まれる期間を経過した日**であると規定されている。したがって、「当該一定の事実が生じた日である」という記述は誤りである（関税法第9条の3第2項、同法第6条の2第1項第2号ニ、関税法施行令第7条の2第1項第2号）。

4　**正しい：**関税について納期限の延長を受けようとする者は、納期限の延長を受けたい旨の申請書を税関長に提出し、納期限の延長に係る**関税の額**に相当する額の**担保**（＝絶対的担保）を提出しなければならないと規定されている。したがって正しい記述である（関税法第9条の2第1項）。

5　**正しい：無申告加算税**に係る賦課決定通知書を受けた者は、通知書に記載された金額の無申告加算税を、通知書に記載された納期限までに、つまり、**通知書が発せられた日の翌日から起算して1月**を経過する日までに納付しなければならない。したがって正しい記述である（関税法第9条第4項）。

問題 64 関税等の納付及び納期限（法定納期限）

次の記述は、関税法第12条第9項（法定納期限）に規定する関税の法定納期限に関するものであるが、その記述の正しいものはどれか。一つを選び、その番号をマークしなさい。なお、正しい記述がない場合には、「0」をマークしなさい。

1. 関税法又は関税定率法その他関税に関する法律の規定により一定の事実が生じた場合に直ちに徴収するものとされている関税の法定納期限は、当該事実が生じた日の翌日から起算して1月を経過する日である。
2. 輸入の許可前における貨物の引取りの承認を受けて引き取られた貨物につき納付すべき関税の法定納期限は、当該貨物の輸入の許可の日である。
3. 輸入の許可後にした修正申告により納付すべき関税の法定納期限は、当該修正申告をした日である。
4. 輸入の許可後にされた更正に係る更正通知書に記載された納付すべき関税の法定納期限は、当該更正通知書が発せられた日の翌日から起算して1月を経過する日である。
5. 輸入の許可を受けないで輸入された貨物についてなされた決定により納付すべき関税の法定納期限は、当該貨物を輸入した日である。

第64問 »» 正解：5

解説

1　**誤り**：関税法又は関税定率法その他関税に関する法律の規定により一定の事実が生じた場合に直ちに徴収するものとされている関税の法定納期限は、**一定の事実が生じた日**であると規定されている。したがって、「当該事実が生じた日の翌日から起算して１月を経過する日である」という記述は誤りである（関税法第12条第９項第６号）。

2　**誤り**：輸入の許可前における貨物の引取りの承認を受けて引き取られた貨物につき納付すべき関税の法定納期限は、関税法第７条の17の**通知書**又は**更正通知書が発せられた日**であると規定されている。したがって、「当該貨物の輸入の許可の日である」という記述は誤りである（関税法第12条第９項第３号）。

3　**誤り**：輸入の許可後にした修正申告により納付すべき関税の法定納期限は、**輸入許可の日**であると規定されている。したがって、「当該修正申告をした日である」という記述は誤りである（関税法第12条第９項）。

4　**誤り**：輸入の許可後にされた更正に係る更正通知書に記載された納付すべき関税の法定納期限は、**輸入許可の日**であると規定されている。したがって、「当該更正通知書が発せられた日の翌日から起算して１月を経過する日である」という記述は誤りである（関税法第12条第９項）。

5　**正しい**：輸入の許可を受けないで輸入された貨物についてなされた決定により納付すべき関税の法定納期限は、その貨物を**輸入した日**であると規定されている。したがって正しい記述である（関税法第12条第９項）。

問題 65 附帯税（延滞税）

文章選択式

難易度	✈✈
出題頻度	🚢🚢

次の記述は、関税の延滞税に関するものであるが、その記述の誤っているものはどれか。すべてを選び、その番号をマークしなさい。

1．延滞税は、特別の手続を要しないで、納付すべき額が確定する。

2．修正申告により納付すべき関税が、当該修正申告の日に納付された場合には、延滞税は課されない。

3．納税義務者が法定納期限までに関税を完納しなかったことにより、その未納に係る関税額に対し、延滞税を納付しなければならない場合において、その納税義務者が納付した税額が当該未納に係る関税額に達していないときであっても、その納付した税額は、まず当該延滞税に充てられたものとすることとされている。

4．納税義務者が法定納期限までに関税を完納しなかったことにより、その未納に係る関税額に対し、延滞税を納付しなければならない場合において、関税法第２条の３（災害による期限の延長）の規定によりその関税を納付すべき期限が延長されたときは、その関税に係る延滞税については、その延長した期間に対応する部分の金額を免除することとされている。

5．納税義務者が法定納期限までに関税を完納しなかったことにより、その未納に係る関税額に対し、延滞税を納付しなければならない場合であって、税関長が国税徴収の例により国税徴収法第151条の２第１項（換価の猶予の要件等）の規定による換価の猶予をしたときにおいて、納税義務者がその事業又は生活の状況によりその延滞税の納付を困難とするやむを得ない理由があると認められるときに該当するときは、税関長は、その猶予をした関税に係る延滞税につき、猶予をした期間に対応する部分の金額でその納付が困難と認められる金額の２分の１に相当する金額を限度として、免除することができる。

日付・正解 Check	／ 	 ／	 ／ 

第65問 »» 正解：2、3、5

解説

1 **正しい：**延滞税は、**特別の手続を要しない**で、納付すべき額が確定すると規定されている。したがって正しい記述である（関税法第６条の２第２項）。

2 **誤り：**修正申告により納付すべき関税の法定納期限は輸入許可の日である。ゆえに、**輸入許可の日**（法定納期限）**の翌日**から**修正申告の日**までを**延滞日数**とした延滞税が課されることになる。したがって、「当該修正申告の日に納付された場合には、延滞税は課されない」とする記述は誤りである（関税法第12条第１項、第９項）。

3 **誤り：**納税義務者が法定納期限までに関税を完納しなかったことにより、未納に係る関税額に対し、延滞税を納付しなければならない場合において、納税義務者が納付した税額が未納に係る関税額に達していないときには、納付した税額は、**まず未納に係る関税額に充てられる**ことになる。したがって、「まず当該延滞税に充てられたものとする」という記述は誤りである（関税法第12条第５項）。

4 **正しい：**納税義務者が法定納期限までに関税を完納しなかったことにより、未納に係る関税額に対し、延滞税を納付しなければならない場合において、関税法第２条の３（災害による期限の延長）の規定により**関税を納付すべき期限が延長されたとき**は、延滞税については、**延長した期間に対応する部分の金額を免除する**と規定されている。したがって正しい記述である（関税法第12条第７項第２号）。

5 **誤り：**納税義務者が法定納期限までに関税を完納しなかったことにより、未納に係る関税額に対し、延滞税を納付しなければならない場合であって、税関長が国税徴収の例により国税徴収法第151条の２第１項（換価の猶予の要件等）の規定による換価の猶予をしたときにおいて、納税義務者の**事業又は生活の状況により延滞税の納付を困難とするやむを得ない理由がある**と認められるときに該当するときは、税関長は、猶予をした関税に係る延滞税につき、**猶予をした期間に対応する部分の金額で納付が困難と認められる金額**に相当する金額を限度として、免除することができると規定されている。したがって、「納付が困難と認められる金額の２分の１に相当する金額」という記述は誤りである（関税法第12条第８項第１号ロ）。

《出題年度》令和元年、令和２年、令和４年他改題

問題 66 附帯税（延滞税、過少申告加算税、無申告加算税）

文章選択式

難易度 ✈✈
出題頻度 🚢🚢

次の記述は、関税に係る附帯税に関するものであるが、その記述の誤っているものはどれか。すべてを選び、その番号をマークしなさい。

1．納付すべき税額の計算の基礎となるべき事実で隠蔽されたものに基づき修正申告が行われ重加算税を課する場合において、当該修正申告があった日の前日から起算して５年前の日までの間に、関税について、無申告加算税を課されたことがあっても、重加算税として課される関税の額の加算は行われない。

2．過少申告加算税が課される場合において、納税義務者が納付すべき税額の計算の基礎となるべき事実の一部を隠蔽し、その隠蔽したところに基づき納税申告をしていたときは、その税額の計算の基礎となるべき事実で隠蔽されていないものに基づくことが明らかであるものがあるときであっても、当該納税義務者に対し、過少申告加算税の額の計算の基礎となるべき税額の全部について、過少申告加算税に代え、重加算税が課される。

3．無申告加算税の額が10,000円未満である場合においては、無申告加算税は徴収されない。

4．延滞税が課される場合において、納税義務者がその未納又は徴収に係る関税額の一部を納付したときは、その納付の日の翌日以後の期間に係る延滞税の額の計算の基礎となる関税額は、その未納又は徴収に係る関税額からその一部納付に係る関税額を控除した額による。

5．やむを得ない理由により税額等に誤りがあったため法定納期限後に未納に係る関税額が確定し、かつ、その事情につき税関長の確認があった場合であって、当該法定納期限後に当該関税に係る修正申告をした場合の延滞税については、その法定納期限の翌日から当該修正申告をした日までの日数に対応する部分の金額を免除する。

日付・正解 Check	／		／		／	

第66問 »» 正解：1、2、3

解説

1　**誤り**：納付すべき税額の計算の基礎となるべき事実で隠蔽されたものに基づき修正申告が行われ重加算税を課する場合において、修正申告があった日の前日から起算して**5年前の日までの間**に、関税について、**無申告加算税を課されたことがある**ときは、重加算税の基礎となるべき税額に**100分の10の割合を乗じて計算した金額の加算**が行われる。したがって、「重加算税として課される関税の額の加算は行われない」という記述は誤りである（関税法第12条の4第3項）。

2　**誤り**：過少申告加算税が課される場合において、納税義務者が納付すべき税額の計算の基礎となるべき**事実の一部を隠蔽**し、その隠蔽したところに基づき納税申告をしていたときには過少申告加算税に代えて、重加算税が課されることになるが、その場合であっても、その一部以外のものについては、隠蔽されていないものに基づくことが明らかであるときには、過少申告加算税の額の計算の基礎となるべき税額の全部について、過少申告加算税に代え、重加算税が課されるのではなく、**隠蔽されていないものに基づく税額として計算した金額を控除した税額に対して重加算税が課される**ことになる。したがって、「税額の全部について、過少申告加算税に代え、重加算税が課される」という記述は誤りである（関税法第12条の4第1項）。

3　**誤り**：無申告加算税の額が**5,000円未満**である場合には徴収されないと規定されている。したがって、「10,000円未満である場合においては、無申告加算税は徴収されない」とする記述は誤りである（関税法第12条の3第7項で準用する同法第12条第4項）。

4　**正しい**：延滞税が課される場合において、納税義務者がその未納又は徴収に係る関税額の一部を納付したときは、その納付の日の翌日以後の期間に係る延滞税の額の計算の基礎となる関税額は、その未納又は徴収に係る関税額からその一部納付に係る関税額を**控除した額**によると規定されている。したがって正しい記述である（関税法第12条第2項）。

5　**正しい**：やむを得ない理由により税額等に誤りがあったため法定納期限後に未納に係る関税額が確定し、かつ、その事情につき税関長の確認があった場合であって、その法定納期限後に修正申告をした場合の延滞税については、その法定納期限の翌日から修正申告をした日までの日数に対応する部分の金額を**免除する**と規定されている。したがって正しい記述である（関税法第12条第6項）。

問題 67 附帯税（過少申告加算税、無申告加算税）

文章選択式

難易度 ✈✈✈
出題頻度 🚢🚢

次の記述は、関税法第１２条の２に規定する過少申告加算税及び同法第１２条の３に規定する無申告加算税に関するものであるが、その記述の正しいものはどれか。すべてを選び、その番号をマークしなさい。

1．修正申告が、その申告に係る関税についての税関による調査があったことにより当該関税について更正があるべきことを予知してされたものであっても、当該修正申告が更正の前にされたときは、過少申告加算税は課されない。

2．関税法第７条第１項（申告）の規定による申告に係る修正申告がされたときは、当該修正申告が、その申告に係る関税についての税関長による調査があったことにより当該関税について更正があるべきことを予知してされたものであっても、納税義務者に対して当該修正申告に基づき納付すべき税額に100分の５の割合を乗じて計算した金額に相当する過少申告加算税が課される。

3．関税法第７条第１項の規定による申告に係る修正申告がされた場合において、その修正申告がその申告に係る関税についての調査があったことにより当該関税について更正があるべきことを予知してされたものでない場合において、その申告に係る関税についての調査に係る通知がある前に当該修正申告が行われたものであるときは、過少申告加算税は課されない。

4．本邦に入国する者がその入国の際に携帯して輸入する貨物を税関に申告することなく国内に持ち込んだときは、当該入国する者に対して、無申告加算税が課される。

5．期限後特例申告書の提出があった場合において、その提出がその申告に係る関税についての調査があったことにより当該関税について更正又は決定があるべきことを予知してされたものでなく、期限内特例申告書を提出する意思があったと認められる場合に該当してされたものであり、かつ、その提出期限から１月を経過する日までに行われたものであるときは、無申告加算税は課されない。

日付・正解 Check	／		／		／	

第67問 »» 正解：3、5

解説

1 **誤り**：修正申告が、その申告に係る関税についての税関による調査があったことにより関税について**更正があるべきことを予知してされた場合**には、税関長による更正の前に修正申告をした場合であっても過少申告加算税が課されることになる。したがって、「更正の前にされたときは、過少申告加算税は課されない」という記述は誤りである（関税法第12条の２第１項）。

2 **誤り**：税関長の調査があったことにより関税について**更正があるべきことを予知**して修正申告がされたときは、納税義務者に対してその修正申告に基づき納付すべき税額に**100分の10の割合**を乗じて計算した金額に相当する過少申告加算税が課されると規定されている。したがって、「100分の５の割合」という記述は誤りである（関税法第12条の２第１項）。

3 **正しい**：修正申告がされた場合において、その修正申告がその申告に係る関税についての調査があったことによりその関税について更正があるべきことを予知してされたものでない場合において、その申告に係る関税についての調査に係る通知がある前に修正申告が行われたものであるときは、過少申告加算税は**課されない**と規定されている。したがって正しい記述である（関税法第12条の２第４項）。

4 **誤り**：無申告加算税が課されるのは、**申告納税方式**が適用される貨物に係る関税について税関長により**決定**がされた場合又は**決定後に更正等**がされた場合である。ここで、設問の「本邦に入国する者がその入国の際に携帯して輸入する貨物」は賦課課税方式が適用される貨物であり、この貨物を税関に申告することなく国内に持ち込んだ場合でも、入国する者に対して、無申告加算税が課されることはない。したがって、「当該入国する者に対して、無申告加算税が課される」とする記述は誤りである（関税法第12条の３第１項）。

5 **正しい**：期限後特例申告書の提出があった場合において、その提出がその申告に係る関税についての調査があったことによりその関税について更正又は決定があるべきことを予知してされたものでなく、期限内特例申告書を提出する意思があったと認められる場合に該当してされたものであり、かつ、その提出期限から**１月**を経過する日までに行われたものであるときは、無申告加算税は課されないと規定されている。したがって正しい記述である（関税法第12条の３第６項）。

《出題年度》令和元年、令和３年、令和４年他改題

問題 68 関税の徴収

次の記述は、関税の徴収及び還付に関するものであるが、その記述の誤っているものはどれか。すべてを選び、その番号をマークしなさい。

1. 特例申告貨物につき納付すべき関税でその確定後においては当該関税の徴収を確保できないと認められるものがある場合における当該関税の徴収については、国税徴収の例による。
2. 関税の徴収権の時効については、その援用を要し、また、その利益を放棄することができる。
3. 関税の徴収権の時効は、納税に関する告知に係る部分の関税については、その告知の効力が生じた時に更新し、その告知に指定された納付に関する期限までの期間を経過した時から更に進行を始める。
4. 関税の徴収権の時効は、督促に係る部分の関税については、その督促の効力が生じた時に更新し、その督促状又は督促のための納付催告書を発した日から起算して20日を経過した日から更に進行を始める。
5. 関税の還付請求権は、請求をすることができる日から５年間行使しないことによって、時効により消滅する。

1 2 3 4 5 6 7 8 関税法

文章選択式・択一式

日付・正解 Check	／		／		／	

第68問 »» 正解：2、4

解説

1　**正しい**：特例申告貨物につき納付すべき関税でその確定後においては関税の徴収を確保できないと認められるものがある場合におけるその関税の徴収については、**国税徴収の例**によると規定されている。したがって正しい記述である(関税法第11条)。

2　**誤り**：関税の徴収権の時効については、その**援用を要せず**、また、その**利益を放棄することができない**と規定されている。したがって、「援用を要し」と「利益を放棄することができる」という記述は誤りである（関税法第14条の2第2項において準用する国税通則法第72条第2項)。

3　**正しい**：関税の徴収権の時効は、納税に関する告知に係る部分の関税については、その**告知の効力が生じた時に更新**し、その告知に指定された納付に関する期限までの期間を経過した時から更に進行を始めると規定されている。したがって正しい記述である（関税法第14条の2第2項において準用する国税通則法第73条第1項)。

4　**誤り**：関税の徴収権の時効は、督促に係る部分の関税については、その**督促の効力が生じた時に更新**し、その督促状又は督促のための**納付催告書を発した日から起算して10日を経過した日から更に進行**を始めると規定されている。したがって、「20日」という記述は誤りである（関税法第14条の2第2項において準用する国税通則法第73条第1項)。

5　**正しい**：関税の還付請求権は、請求をすることができる日から**5年間**行使しないことによって、時効により消滅すると規定されている。したがって正しい記述である(関税法第14条の3第1項)。

問題 **69**

関税の徴収

次の記述は、関税の徴収に関するものであるが、その記述の誤っているものはどれか。すべてを選び、その番号をマークしなさい。

1．関税法第９条の２第１項の規定により、関税の納期限の延長を受けようとする輸入者は、その関税額に相当する額の担保を提供しなければならないが、災害その他やむを得ない理由により、その延長された納期限について同法第２条の３の規定により更に延長を受けようとするためには、同条の規定により追加の担保を提供する必要はない。

2．関税法又は関税定率法その他関税に関する法律の規定により、関税の担保として税関長が確実と認める保証人の保証が提供された場合であっても、当該保証人は、国税徴収法第10章（罰則）の規定の適用について、納税者とはみなされない。

3．担保を提供した者は、税関長に届け出ることにより、担保物又は保証人を変更することができる。

4．税関長は、担保の提供されている関税がその納期限までに完納されない場合において、当該担保に係る保証人に当該関税を納付させるときは、納付通知書により、当該納期限の翌日から起算して１月を経過する日を納付の期限として、当該保証人にその納付を告知することとされている。

5．税関長は、担保の提供されている関税がその納期限までに完納されない場合において、保証人に当該関税を納付させるときは、その者に対し、納付させる金額、納付の期限、納付場所その他必要な事項を記載した納付通知書による告知をしなければならない。

日付・正解 Check	／		／		／	

第69問 »» 正解：2、3、4

解説

1　**正しい**：関税の納期限の延長を受けようとする輸入者は、その関税額に相当する額の担保を提供しなければならないが、**災害その他やむを得ない理由**により、その延長された納期限について**更に延長を受けようとする**ためには、**追加の担保を提供する必要はない**と規定されている。したがって正しい記述である（関税法第２条の３、同法第９条の２第１項）。

2　**誤り**：関税法又は関税定率法その他関税に関する法律の規定により、**関税の担保**として税関長が確実と認める**保証人の保証**が提供された場合において、その**保証人**は、**国税徴収法第10章（罰則）の規定**の適用については、**納税者とみなされる**と規定されている。したがって、「納税者とはみなされない」という記述は誤りである（関税法第９条の11第１項で準用する国税通則法第50条）。

3　**誤り**：担保物又は保証人の変更は、**税関長の承認**が必要であると規定されている。したがって、「税関長に届け出ることにより、担保物又は保証人を変更することができる」という記述は誤りである（関税法施行令第８条の３第３項）。

4　**誤り**：税関長は、担保の提供されている関税がその納期限までに完納されない場合において、その担保に係る**保証人に関税を納付させる**ときは、納付通知書により、**納付通知書を発する日の翌日から起算して１月を経過する日を納付の期限**として、保証人にその納付を告知すると規定されている。したがって、「納期限の翌日」という部分の記述は誤りである（関税法第10条第２項で準用する国税通則法第52条第２項、国税通則法施行令第19条、関税法基本通達10－２（３））。

5　**正しい**：税関長は、担保の提供されている関税がその納期限までに完納されない場合において、保証人にその関税を納付させるときは、その者に対し、納付させる金額、納付の期限、納付場所その他必要な事項を記載した**納付通知書による告知をしなければならない**と規定されている。したがって正しい記述である（関税法第９条の３第２項、関税法基本通達10－２（３））。

問題70 不服申立て

次の記述は、関税法第８章（不服申立て）に規定する不服申立てに関するものであるが、その記述の誤っているものはどれか。すべてを選び、その番号をマークしなさい。

1．税関長は、本邦に輸入されようとする貨物のうちに風俗を害すべき書籍に該当すると認めるのに相当の理由がある貨物があるときは、当該貨物を輸入しようとする者に対し、その旨を通知しなければならないが、当該貨物を輸入しようとする者は、当該通知に不服がある場合であっても、再調査の請求をすることができない。

2．関税法の規定による税関長の処分について審査請求が行われた場合であっても、行政不服審査法第46条第１項（処分についての審査請求の認容）の規定により審査請求に係る処分（法令に基づく申請を却下し、又は棄却する処分及び事実上の行為を除く。）の全部を取り消すとき（当該処分の全部を取り消すことについて反対する旨の意見書が提出されている場合及び口頭意見陳述においてその旨の意見が述べられている場合を除く。）は、財務大臣は、関税等不服審査会に諮問する必要はない。

3．関税法第89条第１項に規定する再調査の請求をすることができる税関長の処分には、同法第11章(犯則事件の調査及び処分)に規定する処分が含まれる。

4．関税法第89条第１項に規定する税関長の処分について再調査の請求をすることができる期間は、正当な理由がある場合を除き、原則として当該処分があったことを知った日の翌日から起算して３月以内とされている。

5．関税法又は他の関税に関する法律の規定による税関長の処分についての審査請求は、当該処分（当該処分について再調査の請求をしたときは、当該再調査の請求についての決定）があった日の翌日から起算して１年又は当該処分があったことを知った日の翌日から起算して３月（当該処分について再調査の請求をしたときは、当該再調査の請求についての決定があったことを知った日の翌日から起算して１月）を経過したときは、正当な理由があるときを除き、することができない。

日付・正解 Check	／	／	／

第70問 »» 正解：1、3

解説

1　**誤り**：税関長は、本邦に輸入されようとする貨物のうちに**風俗を害すべき書籍**に該当すると認めるのに相当の理由がある貨物があるときは、その貨物を輸入しようとする者に対し、その旨を通知しなければならないが、その貨物を輸入しようとする者は、その通知に**不服がある場合**であれば、税関長に対して**再調査の請求をすることができる**と規定されている。したがって、「再調査の請求をすることができない」という記述は誤りである（関税法第89条第1項、関税法基本通達89－1（4））。

2　**正しい**：関税法の規定による税関長の処分について**審査請求が行われた場合**であっても、行政不服審査法第46条第1項の規定により審査請求に係る処分（法令に基づく申請を却下し、又は棄却する処分及び事実上の行為を除く。）の**全部を取り消すとき**（処分の全部を取り消すことについて反対する旨の意見書が提出されている場合及び口頭意見陳述においてその旨の意見が述べられている場合を除く。）は、財務大臣は、**関税等不服審査会に諮問する必要はない**と規定されている。したがって正しい記述である（関税法第91条第3号）。

3　**誤り**：関税法第89条第1項に規定する再調査の請求をすることができる税関長の処分には、行政不服審査法第7条第1項第7号の規定により、**同法第11章（犯則事件の調査及び処分）に規定する処分は含まれない**と規定されている。したがって、「同法第11章（犯則事件の調査及び処分）に規定する処分が含まれる」という記述は誤りである（関税法第89条第1項、関税法基本通達89－1）。

4　**正しい**：税関長の処分について**再調査の請求**をすることができる期間は、正当な理由がある場合を除き、原則としてその処分があったことを**知った日の翌日から起算して3月以内**とされているとされている。したがって正しい記述である（行政不服審査法第18条第1項）。

5　**正しい**：関税法等の規定による税関長の処分についての審査請求は、正当な理由があるときを除き、処分があったことを知った日の翌日から起算して**3月**（処分について再調査の請求をしたときは、再調査の請求についての決定があったことを知った日の翌日から起算して**1月**）を経過したときは、することができないと規定されている。また、税関長の処分（税関長の処分について再調査の請求をしたときは、再調査の請求についての決定）があった日の翌日から起算して**1年**を経過したときも、することができないと規定されている。したがって正しい記述である（行政不服審査法第18条第1項、第2項）。

問題 71 その他の雑則（罰則）

次の記述は、関税法上の罰則に関するものであるが、その記述の正しいものはどれか。一つを選び、その番号をマークしなさい。なお、正しい記述がない場合には、「０」をマークしなさい。

1. 関税法第118条第１項の規定により没収された犯罪貨物等については、その犯罪を犯した者から当該貨物に係る関税を徴収する。
2. 関税法第67条（輸出又は輸入の許可）の申告に際し、偽った書類を提出し貨物を輸入しようとした者は、当該偽った書類の提出が税関職員に発見された場合であっても、その発見が当該貨物の輸入の許可前であれば、関税法に基づき罰せられることはない。
3. 関税法第111条第１項（許可を受けないで輸出入する等の罪）の犯罪に係る貨物について、情を知ってこれを運搬した者は、関税法の規定に基づき罰せられることがある。
4. 通関業者の偽りその他不正の行為により関税を免れた場合における当該行為をした通関業者については関税法に基づき罰せられることがあるが、当該行為により関税を免れようと実行に着手してこれを遂げない場合における当該行為をした通関業者については関税法に基づき罰せられることはない。
5. 関税法第109条（輸入してはならない貨物を輸入する罪）の犯罪に係る貨物については没収されることがあるが、その犯罪行為の用に供した船舶又は航空機については没収されることはない。

日付・正解 Check	／		／		／	

第71問 »» 正解：3

解説

1 **誤り**：関税法第118条第1項の規定により没収された犯罪貨物等については、その貨物に係る関税を**徴収しない**と規定されている。したがって、「その犯罪を犯した者から当該貨物に係る関税を徴収する」という記述は誤りである（関税法第118条第4項）。

2 **誤り**：輸出入の申告に際し、偽った書類を提出し貨物を輸入しようとした者は、その偽った書類の提出が税関職員に発見された場合には、その発見が**輸入の許可前**であっても**関税法に基づき罰せられる**ことがあると規定されている。したがって、「その発見が当該貨物の輸入の許可前であれば、関税法に基づき罰せられることはない」という記述は誤りである（関税法第111条第1項第2号、第3項）。

3 **正しい**：関税法第111条第1項（許可を受けないで輸出入する等の罪）の犯罪に係る貨物について、情を知ってこれを運搬した者は、関税贓物（ぞうぶつ）犯に該当し、**3年以下の懲役若しくは500万円以下の罰金に処し、又はこれを併科する**と規定されている。したがって、関税法の規定に基づき罰せられることがあるので設問の記述は正しい記述である（関税法第112条第3項）。

4 **誤り**：通関業者の偽りその他不正の行為により関税を免れた場合における**不正行為をした通関業者**については、**関税法に基づき罰せられる**ことがある。また、不正行為により関税を免れようと**実行に着手してこれを遂げない場合**における実行に着手した通関業者についても**関税法に基づき罰せられる**ことがある。したがって、「実行に着手してこれを遂げない場合における当該行為をした通関業者については関税法に基づき罰せられることはない」という記述は誤りである（関税法第110条第3項）。

5 **誤り**：関税法第109条（輸入してはならない貨物を輸入する罪）の**犯罪に係る貨物**については**没収されることがある**が、その**犯罪行為の用に供した船舶又は航空機**についても**没収されることがある**。したがって設問の記述は誤りである（関税法第118条第1項）。

《出題年度》令和元年、令和３年、令和４年他改題

問題 72

その他の雑則（罰則）

次の記述は、関税法上の罰則に関するものであるが、その記述の誤っているものはどれか。すべてを選び、その番号をマークしなさい。

1. 外国から本邦に到着した外国貨物である船用品を、税関長の承認を受けて、外国貨物のまま保税地域から本邦と外国との間を往来する船舶に積み込んだ場合であって、その事実を証する書類を税関に提出しなかった者は、１年以下の懲役に処される場合がある。
2. 税関長の許可を受けることなく不正に輸入された貨物であることを知らない善意の第三者がこれを取得した場合、当該貨物は没収されることなく、その犯罪が行われたときの当該貨物に係る価格に相当する金額を犯人から追徴する。
3. 関税法第62条の３第１項（保税展示場に入れる外国貨物に係る手続）の規定による申告をせずに保税展示場に外国貨物を展示した場合は、１年以下の懲役に処される場合がある。
4. 仕入書を改ざんして不正に関税を免れようとする得意先の輸入担当者から依頼を受けた通関業者が、当該仕入書の改ざんに気づきながらも、やむを得ず依頼どおりに税関に申告した場合であっても、当該通関業者は通関業務を代行したことのみをもって関税法違反に問われることはない。
5. 税関長の許可を受けないで金の地金を輸入したとして、関税法第111条第１項第１号（許可を受けないで輸出入する等の罪）に基づき罰せられたときは、関税法第118条第１項の規定により当該金の地金は没収される。

日付・正解 Check	／	／	／

第72問 »» 正解：4、5

解説

1 **正しい**:外国から本邦に到着した外国貨物である船用品を、税関長の承認を受けて、外国貨物のまま保税地域から本邦と外国との間を往来する船舶に積み込んだ場合であって、その事実を証する書類を税関に提出しなかった者は、**1年以下の懲役**又は**50万円以下の罰金**に処すると規定されている。したがって、「1年以下の懲役に処される場合がある」ことになるので正しい記述である（関税法第114条の2第3号）。

2 **正しい**：税関長の許可を受けることなく不正に輸入された貨物であることを知らない善意の第三者がこれを取得した場合などのように、没収すべき犯罪貨物等を没収することができない場合においては、その貨物は没収されることなく、その犯罪が行われたときの貨物に係る価格に相当する金額を**犯人から追徴**すると規定されている。したがって正しい記述である（関税法第118条第2項）。

3 **正しい**：展示等申告をせずに保税展示場に外国貨物を展示した場合は、**1年以下の懲役**又は**30万円以下の罰金**に処すると規定されている。したがって、「1年以下の懲役に処される場合がある」ことになるので正しい記述である（関税法第115条の2第13号）。

4 **誤り**：理由にかかわらず、改ざんした仕入書により申告を行った通関業者は通関業務を代行したことに対して**関税法違反**に問われることになる。したがって、「当該通関業者は通関業務を代行したことのみをもって関税法違反に問われることはない」という記述は誤りである（関税法第110条第2項）。

5 **誤り**：税関長の輸入の許可を受けないで金の地金を輸入した場合であって、関税法第111条第1項第1号に基づき罰せられたときであっても、**金の地金は輸入制限貨物ではない**ため、関税法第118条第1項の規定により没収されることはない。したがって、「関税法第118条第1項の規定により当該金の地金は没収される」という記述は誤りである（関税法第118条第1項）。

問題 73 その他の雑則（罰則）

次の記述は、関税法上の罰則に関するものであるが、その記述の正しいものはどれか。すべてを選び、その番号をマークしなさい。

1．関税法第110条（関税を免れる等の罪）に該当する違反行為をした者が法人の代表者であるときは、行為者である代表者が罰せられるほか当該法人に対して罰金刑が課されることがあるが、当該違反行為をした者が法人でない社団の代表者であるときは、当該社団に対して罰金刑が科されることはない。

2．火薬類を不正に輸出した者は、関税法第108条の４第１項（輸出してはならない貨物を輸出する罪）の規定により10年以下の懲役又は３千万円以下の罰金に処せられることがある。

3．輸入の許可を受けるべき貨物について当該許可を受けないで当該貨物を輸入した者は、５年以下の懲役若しくは1,000万円以下の罰金に処し、又はこれを併科することとされているが、当該犯罪に係る貨物の価格の５倍が1,000万円を超えるときは、罰金は、当該価格の５倍以下とすることとされている。

4．関税法第32条（見本の一時持出）の規定に違反して税関長の許可を受けずに保税地域にある外国貨物を見本として一時持ち出した場合には、当該貨物を保税地域に戻したとしても、１年以下の懲役又は30万円以下の罰金に処せられることがある。

5．重大な過失により関税法第67条（輸出又は輸入の許可）の許可を受けるべき貨物について当該許可を受けないで当該貨物を輸出した場合には、関税法第116条（重過失）の規定により罰金刑が科されることがある。

日付・正解 Check	／	／	／

第73問 »» 正解：3、4

解説

1　**誤り：**関税法第110条に該当する違反行為をした者が法人の代表者であるときは、行為者である代表者が罰せられるほか、その法人に対して罰金刑が課されることがあるが、違反行為をした者が法人でない社団の代表者であるときは、その法人でない社団は、**法人とみなして罰金刑**が科されると規定されている。したがって、「当該違反行為をした者が法人でない社団の代表者であるときは、当該社団に対して罰金刑が科されることはない」とする記述は誤りである（関税法第117条第1項、第3項）。

2　**誤り：**火薬類は関税法第69条の2第1項（輸出してはならない貨物）に該当する貨物ではない。したがって、火薬類を不正に輸出した者が、関税法第108条の4第1項の規定により**罰せられることはない**ので、「関税法第108条の4第1項（輸出してはならない貨物を輸出する罪）の規定により10年以下の懲役又は3千万円以下の罰金に処せられることがある」とする記述は誤りである（関税法第108条の4）。なお、当然に火薬類を不正に輸出した場合には、他の罪により罰せられることはある。

3　**正しい：**輸入の許可を受けるべき貨物について**許可を受けないで貨物を輸入した者**は、関税法第111条第1項第1号の規定に基づき、**5年以下の懲役若しくは1,000万円以下の罰金**に処し、又はこれを併科することとされ、犯罪**貨物の価格の5倍が1,000万円を超えるとき**は、先の罰金は、犯罪**貨物の価格の5倍以下**とすると規定されている。したがって正しい記述である（関税法第111条第1項第1号）。

4　**正しい：**関税法第32条の規定に違反して税関長の許可を受けずに保税地域にある外国貨物を見本として一時持ち出した場合には、その貨物を保税地域に戻したとしても、**1年以下の懲役**又は**30万円以下の罰金**に処すると規定されている。したがって正しい記述である（関税法第115条の2第6号）。

5　**誤り：**関税法第116条（重過失）の規定により罰金刑が課される場合とは、重大な過失により**関税法第111条第1項第2号**の規定に該当する罪を犯した場合などの一定の罪の場合に限定されている。ここで、設問の「関税法第67条（輸出又は輸入の許可）の許可を受けるべき貨物について当該許可を受けないで当該貨物を輸出した場合」には、5年以下の懲役若しくは1,000万円以下の罰金に処し、又はこれを併科すると規定されているが、この規定は**関税法第111条第1項第1号**の規定であり、関税法第116条の規定に該当する罪ではない。なお、関税法第111条第1項第2号の規定に該当する罪とは、関税法第67条の申告又は検査に際し、偽った申告若しくは証明をし、又は偽った書類を提出して貨物を輸出し、又は輸入した場合である。したがって、「関税法第116条（重過失）の規定により罰金刑が科されることがある」とする記述は誤りである（関税法第111条第1項第1号、同法第116条）。

第2編
関税定率法

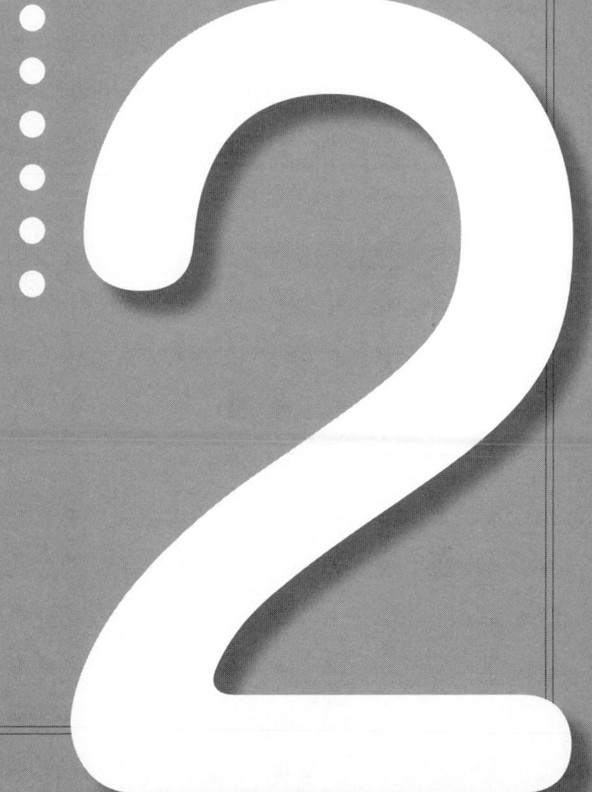

関税定率法

※空欄は出題なし

出題テーマ	H24年	H25年	H26年	H27年	H28年	H29年	H30年	R元年	R2年	R3年	R4年	R5年
総則・税率	択一	択一										穴埋め
課税価格決定の原則	択一	択一	択一	択一	選択・択一	選択	選択・択一	択一	選択	選択・択一	穴埋め・選択	選択・択一
課税価格決定の例外												
特別な事情・輸入取引によらない輸入貨物	選択		選択		択一					択一		
同種又は類似の貨物に係る課税価格の決定	選択					択一		択一	択一			
国内販売価格又は製造原価による方法	選択	穴埋め	穴埋め	選択		択一			択一	択一		
変質損傷・航空運賃特例			択一					選択・択一		択一	選択	択一
特殊関税制度												
便益関税・報復関税・対抗関税												
相殺関税									択一		択一	
不当廉売関税							択一			択一		択一
緊急関税								択一				
減免税・戻し税												
関税定率法第10条～第14条の2	選択・択一	択一	選択・択一	選択・択一	穴埋め・択一	穴埋め・択一	穴埋め・択一	択一		選択・択一	選択・択一	選択・択一
関税定率法第14条の3～第20条の3	穴埋め・選択・択一	穴埋め・択一	選択・択一	穴埋め・選択・択一	択一	穴埋め・択一	選択・択一	択一	穴埋め	選択・択一	選択・択一	選択・択一
関税率表の解釈に関する通則・定率法別表	穴埋め	択一	選択	択一	選択	選択	択一	穴埋め	選択	択一	択一	択一

課税価格決定の原則

穴埋め

難易度	✈✈
出題頻度	🚢🚢

次の記述は、関税定率法第４条に規定する課税価格の決定の原則に関するものであるが、（　　）に入れるべき最も適切な語句を下の選択肢から選び、その番号をマークしなさい。

1．輸入貨物の生産及び輸入取引に関連して、買手により（　イ　）直接に提供された当該輸入貨物の生産のために使用された工具に要する費用は、課税価格に算入されない。
2．輸入貨物に係る輸入取引に関し買手により負担される（　ロ　）は、課税価格に算入されないこととされている。
3．買手による輸入貨物の（　ハ　）につき制限（買手による輸入貨物の販売が認められる地域についての制限等を除く。）があるときは、関税定率法第４条第１項の規定により課税価格を決定することができない。
4．輸入貨物の（　ニ　）が当該輸入貨物の売手と買手との間で取引される当該輸入貨物以外の貨物の取引数量に依存して決定されるべき旨の条件その他当該輸入貨物の課税価格の決定を困難とする条件が当該輸入貨物の輸入取引に付されているときは、関税定率法第４条第１項の規定により課税価格を決定することができない。
5．買手による輸入貨物の（　ハ　）による収益で間接に売手に帰属するものとされているものの額が（　ホ　）ときは、関税定率法第４条第１項の規定により課税価格を決定することができない。

[選択肢]

①明らかでない	②明らかな	③買付手数料
④加工により付加された価額		⑤現実支払価格
⑥国内における販売に係る通常の利潤及び一般経費		
⑦国内販売価格	⑧仕入書価格を上回る	⑨処分又は使用
⑩仲介手数料	⑪取引価格	⑫値引きをして
⑬販売手数料	⑭無償で	⑮有償で

日付・正解 Check	／		／		／	

第１問 »» 正解：イ－⑮、ロ－③、ハ－⑨、ニ－⑪、ホ－①

解説

1　輸入貨物の生産及び輸入取引に関連して、買手により（**イ：⑮有償で**）直接に提供された当該輸入貨物の生産のために使用された工具に要する費用は、課税価格に算入されない。

2　輸入貨物に係る輸入取引に関し買手により負担される（**ロ：③買付手数料**）は、課税価格に算入されないこととされている。

3　買手による輸入貨物の（**ハ：⑨処分又は使用**）につき制限（買手による輸入貨物の販売が認められる地域についての制限等を除く。）があるときは、関税定率法第４条第１項の規定により課税価格を決定することができない。

4　輸入貨物の（**ニ：⑪取引価格**）が当該輸入貨物の売手と買手との間で取引される当該輸入貨物以外の貨物の取引数量に依存して決定されるべき旨の条件その他当該輸入貨物の課税価格の決定を困難とする条件が当該輸入貨物の輸入取引に付されているときは、関税定率法第４条第１項の規定により課税価格を決定することができない。

5　買手による輸入貨物の（**ハ：⑨処分又は使用**）による収益で間接に売手に帰属するものとされているものの額が（**ホ：①明らかでない**）ときは、関税定率法第４条第１項の規定により課税価格を決定することができない。

イ．**⑮有償で：**文脈より（　イ　）には、買手より売手に提供された輸入貨物の生産に使用された工具に要する費用のうち課税価格に算入されない工具に関する語句を入れることが分かる。そこで**課税価格に算入されることになる工具は無償で提供したものと値引きをして提供したもの**であり、**有償で提供した工具は課税価格に算入されない**ことになる。したがって、（　イ　）には「⑮有償で」を選択する。

ロ．**③買付手数料：**文脈より（　ロ　）には、買手により負担される費用のうち課税価格に算入されない費用に関する語句を入れることが分かる。そこで、**一語句で課税価格に算入されないものとなる語句**を語群から検討すると**買付手数料**しか該当する語句がないことになる。したがって、（　ロ　）には「③買付手数料」を選択する。

ハ．**⑨処分又は使用：**文脈より（　ハ　）には、輸入貨物に何らかの制限がある場合に、**課税価格決定の原則で課税価格を決定することができないことになる制限**に関する語句を入れることが分かる。そこで、問題文の「販売が認められる地域についての制限等を除く」という文章より**輸入後の制限**であることが分かり、課税価格決定の原則で課税価格を決定することできないことになる輸入後の制限は処分や使用についての制限であるので、（　ハ　）には「⑨処分又は使用」を選択する。

ニ．**⑪取引価格：**輸入貨物に関して、**売手と買手との間で取引される輸入貨物以外の貨物の取引数量に依存して決定されると課税価格決定の原則で課税価格を決定することができないことになるもの**は、輸入貨物の取引価格である。したがって、（　ニ　）には「⑪取引価格」を選択する。

ホ．**①明らかでない：**輸入貨物の処分又は使用による収益で間接に売手に帰属するものとは、売手帰属収益のことであるが、**売手帰属収益の額が明らかでない場合には課税価格決定の原則で課税価格を決定することができない**ことになるので、（　ホ　）には「①明らかでない」を選択する。

問題 2 減免税・戻し税制度（無条件免税・特定用途免税）

穴埋め

難易度 ✈✈
出題頻度 🚢🚢

次の記述は、関税定率法に規定する減免税制度に関するものであるが、（　　）に入れるべき最も適切な語句を下の選択肢から選び、その番号をマークしなさい。

1．関税定率法第14条第3号の3（博覧会等用のカタログ等の無条件免税）に規定する免税の対象となる貨物は、（　イ　）の適用を受けて開催される国際博覧会及び国際機関、本邦若しくは外国の政府若しくは（　ロ　）又は一般社団法人若しくは一般財団法人が開催する博覧会、（　ハ　）その他これらに類するものへの参加国が発行したこれらの博覧会等のための公式のカタログ、パンフレット、ポスターその他これらに類するものが含まれる。

2．関税定率法第15条第1項第3号（慈善又は救じゅつのための寄贈物品の特定用途免税）に規定する免税の対象となる貨物は、慈善又は救じゅつのために寄贈された（　ニ　）及び救護施設又は養老施設その他の（　ホ　）事業を行う施設に寄贈された物品で（　ニ　）以外のもののうちこれらの施設において直接（　ホ　）の用に供するものと認められるものであって、その輸入の許可の日から2年以内にこれらの用途以外の用途に供されないものとされている。

［選択肢］

①学術研究	②記念品	③給与品
④元首	⑤公用品	⑥国際会議
⑦国際的な運動競技会	⑧国際博覧会に関する条約	
⑨社会福祉	⑩専門機関の特権及び免除に関する条約	
⑪地方公共団体	⑫地方支分部局	
⑬貿易円滑化協定	⑭見本市	⑮友好親善

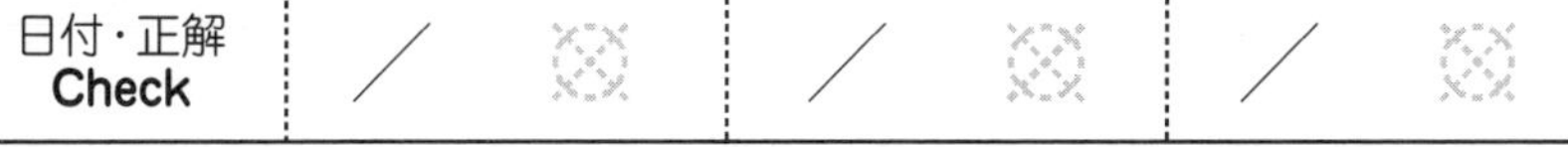

第２問 »» 正解：イ－⑧、ロ－⑪、ハ－⑭、ニ－③、ホ－⑨

解説

1　関税定率法第14条第３号の３（博覧会等用のカタログ等の無条件免税）に規定する免税の対象となる貨物は、（**イ：⑧国際博覧会に関する条約**）の適用を受けて開催される国際博覧会及び国際機関、本邦若しくは外国の政府若しくは（**ロ：⑪地方公共団体**）又は一般社団法人若しくは一般財団法人が開催する博覧会、（**ハ：⑭見本市**）その他これらに類するものへの参加国が発行したこれらの博覧会等のための公式のカタログ、パンフレット、ポスターその他これらに類するものが含まれる。

2　関税定率法第15条第１項第３号（慈善又は救じゅつのための寄贈物品の特定用途免税）に規定する免税の対象となる貨物は、慈善又は救じゅつのために寄贈された（**ニ：③給与品**）及び救護施設又は養老施設その他の（**ホ：⑨社会福祉**）事業を行う施設に寄贈された物品で（**ニ：③給与品**）以外のもののうちこれらの施設において直接（**ホ：⑨社会福祉**）の用に供するものと認められるものであって、その輸入の許可の日から２年以内にこれらの用途以外の用途に供されないものとされている。

イ．**⑧国際博覧会に関する条約、ロ．⑪地方公共団体、ハ．⑭見本市**：（　イ　）には、この語句の後に続く「国際博覧会及び国際機関」という語句より**国際博覧会等の開催に関係する語句**が入ることが分かるが、「適用を受けて」という語句から何らかの法律や国際条約などが入ることが予想できる。そこで語群を確認すると、該当しそうな語句は「国際博覧会に関する条約」しかなく、**関税定率法施行令第13条の２**の規定から（　イ　）には「⑧国際博覧会に関する条約」を選択する。次に（　ロ　）には、「**本邦若しくは外国の政府**」という語句よりこれらに関連するような語句が入ることが予想できる。そこで語群を確認すると「⑪地方公共団体」と「⑫地方支分部局」が該当するが、**同法施行令第13条の２**の規定より（　ロ　）には「⑪地方公共団体」を選択する。続いて（　ハ　）には、文脈より**政府や社団法人等が開催する「博覧会」**に類似する語句が入ることが分かる。そこで語群を確認すると「⑥国際会議」と「⑭見本市」が該当するが、**同法施行令第13条の２**の規定より（　ハ　）には「⑭見本市」を選択する。

ニ．**③給与品、ホ．⑨社会福祉**：次に（　ニ　）であるが、「**慈善又は救じゅつ**のために寄贈された」に続く語句であるから、寄贈される「もの」が入ることが分かる。そこで語群を確認すると、**「もの」に該当する語句**は「②記念品」、「③給与品」、「⑤公用品」が該当するが、記念品と公用品は慈善や救じゅつという語句にふさわしくなく、**関税定率法第15条第１項第３号**の規定からも（　ニ　）には「③給与品」を選択する。続いて（　ホ　）には、文脈より**「救護施設」や「養老施設」**に関係する語句が入ることが分かる。そこで語群を確認すると、該当する語句は「⑨社会福祉」しかなく、**関税定率法第15条第１項第３号**の規定からも（　ホ　）には「⑨社会福祉」を選択する。

《出題年度》平成27年

問題 3 減免税・戻し税制度（違約品等の再輸出又は廃棄の場合の戻し税等）

穴埋め

難易度	✈✈
出題頻度	🚢

次の記述は、関税定率法第20条に規定する違約品等の再輸出又は廃棄の場合の戻し税等に関するものであるが、（　　）に入れるべき最も適切な語句を下の選択肢から選び、その番号をマークしなさい。

1．関税を納付して輸入された貨物のうち、品質又は数量等が契約の内容と相違するため返送することがやむを得ないと認められる貨物で、その輸入の時の（　イ　）に変更を加えないものを返送のため本邦から輸出するときは、当該貨物がその（　ロ　）の日から6月以内に保税地域に入れられたものである場合には、その関税を払い戻すことができる。

2．関税を納付して輸入された貨物のうち、輸入後において（　ハ　）によりその販売若しくは使用又はそれを用いた製品の販売若しくは使用が（　ニ　）されるに至ったため輸出することがやむを得ないと認められる貨物で、その輸入の時の（　イ　）に変更を加えないものを輸出に代えて廃棄することがやむを得ないと認められる場合において、当該貨物をその（　ロ　）の日から6月以内に保税地域に入れ、あらかじめ税関長の（　ホ　）を受けて廃棄したときは、その関税の全部又は一部を払い戻すことができる。

[選択肢]

①確認	②期間制限	③禁止
④検査	⑤限定	⑥債務不履行
⑦事実の認識	⑧承認	⑨性質及び形状
⑩性質及び数量	⑪包装及び梱包	⑫法令
⑬輸出者	⑭輸入申告	⑮輸入の許可

日付・正解 Check	／	／	／

第３問 »» 正解：イ－⑨、ロ－⑮、ハ－⑫、ニ－③、ホ－⑧

解説

1　関税を納付して輸入された貨物のうち、品質又は数量等が契約の内容と相違するため返送することがやむを得ないと認められる貨物で、その輸入の時の（**イ：⑨性質及び形状**）に変更を加えないものを返送のため本邦から輸出するときは、当該貨物がその（**ロ：⑮輸入の許可**）の日から６月以内に保税地域に入れられたものである場合には、その関税を払い戻すことができる。

2　関税を納付して輸入された貨物のうち、輸入後において（**ハ：⑫法令**）によりその販売若しくは使用又はそれを用いた製品の販売若しくは使用が（**ニ：③禁止**）されるに至ったため輸出することがやむを得ないと認められる貨物で、その輸入の時の（**イ：⑨性質及び形状**）に変更を加えないものを輸出に代えて廃棄することがやむを得ないと認められる場合において、当該貨物をその（**ロ：⑮輸入の許可**）の日から６月以内に保税地域に入れ、あらかじめ税関長の（**ホ：⑧承認**）を受けて廃棄したときは、その関税の全部又は一部を払い戻すことができる。

イ．**⑨性質及び形状、ロ．⑮輸入の許可**：（　イ　）及び（　ロ　）には、問題文の文脈より関税の払戻しを受けることのできる貨物の条件が入ることが分かる。そこで**関税定率法第20条の違約品等の再輸出又は廃棄の場合の戻し税等の規定による関税の払戻しを受けるための共通条件**は、（　イ　）に変更を加えないものを輸出（返送）又は廃棄することと、（　ロ　）の日から６月以内に保税地域に搬入されることであるので、同条第１項の規定より（　イ　）には「⑨性質及び形状」を、（　ロ　）には「⑮輸入の許可」を選択することになる。

ハ．**⑫法令、ニ．③禁止、ホ．⑧承認**：（　ハ　）及び（　ニ　）には、問題文の文脈より**関税の払戻しを受けることのできる貨物の具体的な条件**を入れる必要があることが分かる。そこで、「輸入後」という語句と、「販売若しくは使用又はそれを用いた製品の販売若しくは使用が（　ニ　）される」という文章から、輸入後に（　ハ　）により販売や使用が（　ニ　）されるということが読み取れる。つまり、世の中の状況の変化により輸入した貨物を仕方なく海外に積戻さなくてはいけないような事情が発生したということであるから、それは関税定率法第20条第１項に規定される条件のうち、法令により販売や使用が禁止された場合ということである。したがって、（　ハ　）には「⑫法令」を選択し、（　ニ　）には「③禁止」を選択することになる。次に（　ホ　）に入れるべき語句であるが、税関長の（　ホ　）を受けることで、**輸出せずに廃棄した場合であっても関税の払戻しを受けることができる**と読めるので、**税関長の処分**を入れればよいことが分かる。そこで、税関長が認めれば廃棄しても関税の払戻しを受けることができるので、関税定率法第20条第２項の規定により（　ホ　）には「⑧承認」を選択することになる。

問題 4 関税率表の解釈に関する通則

次の記述は、関税率表の解釈に関する通則に関するものであるが、（　　）に入れるべき最も適切な語句を下の選択肢から選び、その番号をマークしなさい。

1．関税定率表別表の適用に当たっては、物品の所属は、同表の（　イ　）及びこれに関係する部、類又は号の注の規定に従う。
2．混合物、（　ロ　）材料から成る物品、（　ロ　）構成要素でつくられた物品及び（　ハ　）にした物品で、最も特殊な限定をして記載をしている項をこれよりも一般的な記載をしている項に優先させて所属を決定することができないものは、これらの物品に（　ニ　）材料又は構成要素から成るものとしてその所属を決定するものとする。
3．等しく考慮に値する項のうち数字上の配列において最後となる項に属するものとしてその所属を決定することができない物品は、（　ホ　）に属する。

[選択肢]

①加工用のセット	②組立用のセット	③項、号の規定
④小売用のセット	⑤異なる	⑥重要な特性を与えている
⑦それぞれ該当すると認められる項のうち価格が最大の項		
⑧それぞれ該当すると認められる項のうち重量が最大の項		
⑨つき最も高い税率が定められている		
⑩つき最も低い税率が定められている		
⑪当該物品に最も類似する物品が属する項		⑫同質の
⑬同種の	⑭品名	⑮部又は類の表題

第４問 »» 正解：イ－③、ロ－⑤、ハ－④、ニ－⑥、ホ－⑪

解説

1　関税定率表別表の適用に当たっては、物品の所属は、同表の（**イ：③項、号の規定**）及びこれに関係する**部**、**類**又は**号の注の規定**に従う。

2　混合物、（**ロ：⑤異なる**）材料から成る物品、（**ロ：⑤異なる**）構成要素でつくられた物品及び（**ハ：④小売用のセット**）にした物品で、**最も特殊な限定をして記載をしている項**をこれよりも一般的な記載をしている項に**優先**させて所属を決定することができないものは、これらの物品に（**ニ：⑥重要な特性を与えている**）材料又は構成要素から成るものとしてその所属を決定するものとする。

3　等しく考慮に値する項のうち**数字上の配列において最後**となる項に属するものとしてその所属を決定することができない物品は、（**ホ：⑪当該物品に最も類似する物品が属する項**）に属する。

※1．の根拠：関税率表の解釈に関する通則１及び６に基づく記述
※2．の根拠：関税率表の解釈に関する通則３（b）に基づく記述
※3．の根拠：関税率表の解釈に関する通則４に基づく記述

課税価格決定の原則

文章選択式

難易度	✈✈
出題頻度	🚢🚢🚢

次の記述は、課税価格に関するものであるが、その記述の正しいものはどれか。すべてを選び、その番号をマークしなさい。

1. 輸入取引に係る契約において輸入貨物の輸入港までの運賃を買手が負担することとされている場合には、当該輸入貨物を輸入港まで運送するために実際に要した運送費用の額を、その負担者を問わず、当該輸入貨物の課税価格に含める。
2. 買手が自己のために実施する輸入貨物についての広告宣伝活動に要する費用は、その効果が当該輸入貨物の売手に帰属すると認められる場合であっても、課税価格に算入されない。
3. 輸入貨物に係る輸入取引に関し買手により負担される手数料のうち、専ら買手の管理の下で買手の計算と危険負担により、買付けに係るクレーム処理に関する交渉を行う業務をする者に対し、当該業務の対価として支払われるものの額は課税価格に含まれない。
4. 輸入貨物に係る特別の技術による生産方式の使用に伴う対価は、当該輸入貨物に係る取引の状況その他の事情からみて当該輸入貨物の輸入取引をするために買手により支払われるものであっても、課税価格に算入されない。
5. 輸入貨物の輸入港における船内荷役に係る費用は、その額が明らかでない場合には、現実支払価格に含まれない。

日付・正解 Check	／	／	／

第1問 »» 正解：1、2、3

解説

1　**正しい**：輸入取引に係る契約において輸入貨物の**輸入港までの運賃を買手が負担することとされている場合**（例えば、FOB条件での契約などの場合）には、輸入貨物を輸入港まで運送するために実際に要した運送費用の額を、その**負担者を問わず**、輸入貨物の課税価格に含めると規定されている。したがって正しい記述である（関税定率法基本通達4－8（6）ロ）。

2　**正しい**：買手が自己のために実施する輸入貨物についての**広告宣伝活動に要する費用**は、その効果が輸入貨物の売手に帰属すると認められる場合であっても、課税価格に算入されないと規定されている。したがって正しい記述である（関税定率法基本通達4－2（4））。

3　**正しい**：輸入取引に関して買手により負担される仲介手数料等の手数料は、原則として課税価格に含まれるが、買付けに関し買手を代理して買付けに係る業務を行う者に支払われる**買付手数料は、課税価格に含まれない**。また買付手数料とは、買手の管理の下で、買手の計算と危険負担により契約の成立までの業務等を行う者に対する手数料のことであるが、その業務には**クレーム処理に関する交渉を行う業務も含まれている**。したがって正しい記述である（関税定率法第4条第1項第2号イ、関税定率法基本通達4－9（3）イ（ニ））。

4　**誤り**：輸入貨物に係る**特別の技術による生産方式の使用に伴う対価**は、輸入貨物に係る取引の状況その他の事情からみて輸入貨物の輸入取引をするために買手により支払われるものは課税価格に算入されると規定されている。したがって、「課税価格に算入されない」とする記述は誤りである（関税定率法第4条第1項第4号、関税定率法施行令第1条の5第5項）。

5　**誤り**：輸入貨物の輸入港における船内荷役に係る費用は、**輸入港到着後の船卸し費用**に該当するため、その費用の**額が明らかな場合**には、**現実支払価格に含まれない**が、その費用の**額が明らかでなく**、その額を含んだものとしてでなければ把握できない場合は、その額は**現実支払価格に含まれる**ことになる。したがって、「その額が明らかでない場合には、現実支払価格に含まれない」という記述は誤りである（関税定率法第4条第1項、関税定率法施行令第1条の4第2号、関税定率法基本通達4－8（7）イ）。

問題 2 課税価格決定の原則

択一式

次の記述は、課税価格に関するものであるが、その記述の誤っているものはどれか。一つを選び、その番号をマークしなさい。なお、誤っている記述がない場合には、「0」をマークしなさい。

1. 輸入貨物の売手が買手に対して負っている債務を相殺して仕入書価格が設定される場合、当該相殺額は課税価格に算入される。
2. 本邦にある者が、外国にある者に間接的に材料を提供しかつ当該材料を加工することを委託した場合、当該委託をした本邦にある者が当該委託を受けた外国にある者から当該加工によってできた製品を取得することを内容とする両者の間の取引に基づき当該製品が本邦に到着することとなるときには、当該委託をした本邦にある者を買手とみなして、関税定率法第4条第1項及び第2項（課税価格の決定の原則）の規定を適用して課税価格の決定が行われる。
3. 輸入貨物の生産に必要な触媒を買手が無償で提供する場合であっても、当該触媒が輸入貨物の生産の過程で消費されるときは、当該触媒に要する費用の額は課税価格に算入される。
4. 輸入取引に関連して買手が負担した特殊な包装に要した費用は、課税価格に算入される。
5. 輸入取引に関し、当該輸入貨物に係る通常とは異なる特別の容器を使用し、当該容器に係る費用を買手が負担した場合であっても、当該費用は、当該輸入貨物の課税価格に算入されない。

日付・正解 Check	／		／		／	

第２問 »» 正解：0

解説

1　**正しい**：輸入貨物の売手が買手に対して負っている**債務を相殺**して仕入書価格が設定される場合、その相殺額は課税価格に**算入される**と規定されている。したがって正しい記述である（関税定率法第４条第１項、関税定率法基本通達４－２（３）ハ）。

2　**正しい**：**本邦にある者**が、外国にある者に間接的に材料を提供しかつその**材料を加工することを委託した場合**、その委託をした本邦にある者が委託を受けた外国にある者から加工によってできた製品を取得することを内容とする両者の間の取引に基づきその製品が本邦に到着することとなるときには、**委託をした本邦にある者を買手**とみなして、関税定率法第４条第１項及び第２項の規定を適用して課税価格の決定が行われると規定されている。したがって正しい記述である（関税定率法第４条第３項）。

3　**正しい**：輸入貨物の生産に必要な**触媒**を買手が**無償**で提供する場合であって、その触媒が輸入貨物の生産の過程で消費されるときは、その触媒に要する費用の額は課税価格に**算入される**と規定されている。したがって正しい記述である（関税定率法第４条第１項第３号ハ）。

4　**正しい**：輸入取引に関連して買手が負担した**特殊な包装に要した費用**は、課税価格に**算入される**と規定されている。したがって正しい記述である（関税定率法第４条第１項第２号ハ）。

5　**正しい**：輸入取引に関し、輸入貨物に係る通常とは異なる**特別の容器**を使用し、その**容器に係る費用**を買手が負担した場合であっても、その費用は、輸入貨物の課税価格に**算入されない**と規定されている。したがって正しい記述である（関税定率法第４条第１項第２号ロ）。

なお、特別の容器は、輸入貨物とは切り離し、容器単独で輸入（納税）申告をすることになる。

問題 3

課税価格決定の原則

次の記述は、課税価格に関するものであるが、その記述の誤っているものはどれか。すべてを選び、その番号をマークしなさい。

1．買手による輸入貨物の使用によって得られる賃貸料で直接に売手に帰属するよう取り決めたものについては、当該賃貸料の額が明らかなときであっても、当該賃貸料の額は当該輸入貨物の課税価格に算入されないこととされている。

2．輸入貨物の生産のために使用された買手により売手に対して無償提供された金型を、買手が自己と特殊関係にある当該金型の生産者から直接に取得した場合には、その取得価格が特殊関係により影響を受けているか否かにかかわらず、当該金型の費用は、その生産に要した費用により課税価格を計算する。

3．輸入貨物の生産及び輸入取引に関連して、買手が、本邦において開発された意匠を購入し、売手に無償で提供した場合には、当該意匠の購入に要した費用は、課税価格に算入される。

4．輸入貨物の課税価格を決定する場合において、当該輸入貨物の取引価格が、当該輸入貨物と同種の貨物の市価よりも低価であることのみによっては、関税定率法第４条第１項（課税価格の決定の原則）の規定の適用を排除することにはならない。

5．前払いを条件としてすべての顧客に対して一律に与えられる値引きの額は、課税価格に算入されない。

日付・正解 Check				

第3問 »» 正解：1、3

解説

1 **誤り**：輸入貨物の使用によって得られる賃貸料で直接に売手に帰属するよう取り決めたもの（＝**売手帰属収益**）については、その賃貸料の額を明らかにして**課税価格に算入する必要がある**。したがって、「課税価格に算入されない」という記述は誤りである（関税定率法第4条第1項第5号、関税定率法基本通達4－14（1））。

2 **正しい**：輸入貨物の生産のために使用された買手により売手に対して**無償**提供された**金型**を、買手が自己と**特殊関係にある金型の生産者**から直接に取得した場合には、その取得価格が特殊関係により影響を受けているか否かにかかわらず、その金型の費用は、その金型の**生産に要した費用**により課税価格を計算すると規定されている。したがって正しい記述である（関税定率法施行令第1条の5第2項第1号）。

3 **誤り**：輸入貨物の生産及び輸入取引に関連して、買手が、**本邦において開発された意匠**を購入し、売手に無償で提供した場合には、意匠の購入に要した費用は、課税価格に**算入されない**と規定されている。したがって、「課税価格に算入される」という記述は誤りである（関税定率法第4条第1項第3号ニ、関税定率法施行令第1条の5第3項）。

なお、本邦以外で開発された意匠を購入し、売手に無償で提供した場合には課税価格に算入される。

4 **正しい**：輸入貨物の課税価格を決定する場合において、その輸入貨物の取引価格が、**輸入貨物と同種の貨物の市価よりも低価**であることのみによっては、関税定率法第4条第1項（課税価格の決定の原則）の規定の**適用を排除することにはならない**と規定されている。したがって正しい記述である（関税定率法基本通達4－15（1））。

5 **正しい**：前払いを条件としてすべての顧客に対して一律に与えられる**値引きの額**は、課税価格に**算入されない**（＝値引き後の価格が現実支払価格となる。）と規定されている。したがって正しい記述である（関税定率法第4条第1項）。

問題 4 課税価格決定の原則

次に掲げる輸入貨物の輸入取引に関連して買手により負担される費用等のうち、当該輸入貨物の課税価格に算入されるものはどれか。一つを選び、その番号をマークしなさい。なお、課税価格に算入されるものがない場合には、「0」をマークしなさい。

1．輸出国において輸出の際に払戻しを受けた関税
2．本邦において課される関税その他の公課
3．買手のために輸出国において行う輸入貨物の検査であって、売手と買手の合意に基づき第三者である検査機関が行った検査に要した費用の一部を買手が負担する場合の当該買手の負担する検査費用
4．売手が権利を所有する意匠が実施されているおもちゃの原型が輸入された場合において、買手が当該売手に対して支払う、当該原型の代金とは別に当該原型を使用して同じおもちゃを本邦において製造する権利の対価
5．輸出国における輸入貨物の製造過程において買手が検査を行う場合であって、買手が当該検査と合わせて加工又は生産のための運搬に従事しているときの当該検査を行う者の賃金

日付・正解 Check	／		／		／	

第４問 »» 正解：5

解説

1　**課税価格に算入されない**：輸出国において**輸出の際に払戻しを受けた関税**については課税価格に**算入されない**と規定されている（関税定率法第４条第１項)。

2　**課税価格に算入されない**：**本邦において課される関税その他の公課**については課税価格に**算入されない**と規定されている(関税定率法施行令第１条の４第３号)。なお、公課とは、財政法上の用語で、国が行政権や司法権に基づいて国民から賦課徴収する金銭のうち租税を除くものをいう。

3　**課税価格に算入されない**：**買手が自己のために**輸出国において行う輸入貨物の**検査**であって、売手と買手の合意に基づき第三者である検査機関が行った検査に要した費用の全部又は一部を買手が負担する場合の買手の負担する検査費用は課税価格に**算入されない**と規定されている（関税定率法基本通達４－２の３（２))。

4　**課税価格に算入されない**：売手が権利を所有する意匠が実施されているおもちゃの原型の代金とは別にその原型を使用して同じおもちゃを本邦において製造する権利とは、**本邦において複製する権利**であり、複製する権利の対価は課税価格に算入されないと規定されている（関税定率法第４条第１項第４号、関税定率法基本通達４－13（５）ニ)。

5　**課税価格に算入される**：輸出国における輸入貨物の製造過程において買手が検査を行う場合であって、その**検査を行う者が検査のみ**を行っている場合には、その検査を行う者の賃金は課税価格に算入されないが、**検査と合わせて加工又は生産のための運搬に従事**しているときには、製造作業に従事していることになるため検査を行う者の賃金を課税価格に算入することになる（関税定率法基本通達４－２の３（３))。

《出題年度》平成30年、令和3年、令和4年他改題

問題 5 課税価格決定の原則

文章選択式

次に掲げる輸入貨物の輸入取引に関連して買手により負担される費用等のうち、当該輸入貨物の課税価格に算入されないものはどれか。すべてを選び、その番号をマークしなさい。

1．買手による輸入貨物に係る仕入書価格の支払後に、当該輸入貨物の輸入取引に付されている価格調整条項の適用により当該輸入貨物に係る価格について調整が行われ、その調整により買手により売手に対して支払われることとなる別払金の額
2．輸入貨物の国内における販売店舗の企画・設計に係る指導の対価として売手に支払うフランチャイズ料
3．輸入貨物が、その輸入取引に係る取引条件に従って売手から買手に引き渡されるまでの間に輸出国で保管される場合、当該保管に要する費用で買手が負担するもの
4．輸入貨物の売手が当該輸入貨物に係る特許権の権利者（特許権者）の下請会社である場合において、当該輸入貨物の買手が当該特許権者に対して支払う当該輸入貨物に係る当該特許権の使用に伴う対価の額
5．輸入取引をするために行った輸入貨物の国内における販売促進活動に係る費用

日付・正解 Check	／	／	／

第5問 »» 正解：2、5

解説

1 **課税価格に算入される**：買手による輸入貨物に係る仕入書価格の**支払後**に、その輸入貨物の輸入取引に付されている**価格調整条項の適用**により輸入貨物の価格について**調整**が行われ、その**調整**により、買手により売手に対して**別払金の支払**が行われる場合の現実支払価格は、仕入書価格にその**別払金を加えた価格**となると規定されている。したがって、価格調整条項の適用により売手に追加で支払われる別払金は課税価格に算入されることになる（関税定率法施行令第1条の4、関税定率法基本通達4－2の2（2））。

2 **課税価格に算入されない**：輸入貨物の国内における販売店舗の企画・設計に係る指導の対価として売手に支払う**フランチャイズ料**は課税価格に**算入されない**と規定されている（関税定率法基本通達4－2（4））。

3 **課税価格に算入される**：輸入貨物が、その輸入取引に係る取引条件に従って売手から買手に**引き渡されるまでの間に輸出国で保管**される場合、その保管に要する費用で**買手が負担**するものは、保管の理由にかかわらず**現実支払価格に含まれる**と規定されている。したがって、設問の費用は課税価格に算入される（関税定率法基本通達4－2（5））。

4 **課税価格に算入される**：輸入貨物の売手が輸入貨物に係る特許権の権利者（特許権者）の下請会社である場合において、輸入貨物の**買手が特許権者に対して支払う輸入貨物に係る特許権の使用に伴う対価の額**は、輸入貨物に係る特許権の使用に伴う対価であり、輸入貨物に係る取引の状況その他の事情からみて**輸入貨物の輸入取引をするために買手により直接又は間接に支払われるもの**であるから課税価格に算入される（関税定率法第4条第1項第4号、関税定率法基本通達4－13（4）ニ）。

5 **課税価格に算入されない**：輸入取引をするために行った輸入貨物の国内における**販売促進活動に係る費用**は、売手に対する間接的な支払に該当せず課税価格に**算入されない**（関税定率法基本通達4－2（4））。

問題 6 課税価格決定の原則

文章選択式

難易度	✈✈
出題頻度	🚢🚢🚢

次の記述は、課税価格の決定に関するものであるが、その記述の正しいものはどれか。すべてを選び、その番号をマークしなさい。

1. 買手により売手に対し又は売手のために輸入貨物につき現実に支払われた又は支払われるべき価格に、当該輸入貨物の輸入後に本邦において行われる当該輸入貨物に係る整備に要する役務の費用が含まれている場合において、当該役務の費用の額が明らかでないときは、関税定率法第４条第１項の規定により課税価格を決定することはできない。
2. 関税定率法第４条から第４条の７までの規定により輸入貨物の課税価格を計算する場合において、当該計算の基礎となる額その他の事項は、合理的な根拠を示す資料により証明されるものでなければならず、かつ、一般に公正妥当と認められる会計の慣行に従って算定されたものでなければならない。
3. 輸入貨物の輸入取引に係る契約において売手が買手に対して当該輸入貨物に係る保証を履行することとなっている場合で、売手が負担する当該保証の費用を考慮して当該輸入貨物の価格が設定されているときは、当該費用は現実支払価格に含まれ、その額を明らかにすることができる場合であっても、現実支払価格から控除しない。
4. 輸入貨物に係る商標権の使用に伴う対価は、買手により売手以外の第三者である商標権者に支払われる場合であっても、当該輸入貨物の本邦における再販売の条件として支払われるときは、課税価格に算入される。
5. 輸入貨物の取引価格が当該輸入貨物の売手と買手との間で取引される当該輸入貨物の取引数量に依存して決定されるべき旨の条件が当該輸入貨物に係る輸入取引に付されている場合には、関税定率法第４条第１項の規定により課税価格を決定することはできない。

日付・正解 Check	／		／		／	

第6問 »» 正解：2、3

解説

1　**誤り**：買手により売手に対し、又は売手のために輸入貨物につき現実に支払われた又は支払われるべき価格に、輸入貨物の**輸入後**に本邦において行われるその輸入貨物に係る**整備に要する役務の費用**が含まれている場合において、その役務の費用の額が明らかであるか否かにかかわらず、関税定率法第４条第１項の規定により課税価格を決定することができる。したがって、「課税価格を決定することはできない」という記述は誤りである。なお、設問の条件の場合で整備に要する役務の費用の額が明らかである場合には、その費用の額を課税価格から控除することができ、その役務の費用の額が明らかでない場合には、その費用の額を含んだ価格が課税価格となる（関税定率法施行令第１条の４第１号）。

2　**正しい**：関税定率法第４条から第４条の７までの規定により輸入貨物の課税価格を計算する場合において、計算の基礎となる額その他の事項は、**合理的な根拠を示す資料により証明**されるものでなければならず、かつ、**一般に公正妥当と認められる会計の慣行に従って算定**されたものでなければならないと規定されている。したがって正しい記述である（関税定率法第４条の８）。

3　**正しい**：輸入貨物の輸入取引に係る契約において売手が買手に対して輸入貨物に係る保証を履行することとなっている場合で、**売手が負担する保証の費用を考慮して輸入貨物の価格が設定**されているときは、その**保証費用は現実支払価格に含まれ**、その額を明らかにすることができる場合であっても、現実支払価格から控除することはできない。したがって正しい記述である（関税定率法基本通達４－２の４（１））。

4　**誤り**：輸入貨物に係る商標権の使用に伴う対価を支払う場合で、買手により売手以外の第三者である商標権者に対し、その輸入貨物の本邦における**再販売の条件**として支払われるときは、輸入貨物の輸入取引に係る取引の状況その他の事情からみて輸入貨物の**輸入取引をするために支払われている場合**に課税価格に**算入される**。したがって設問の記述は、輸入貨物の輸入取引に係る取引の状況その他の事情からみて、輸入貨物の輸入取引をするために支払われているか否かが明記されていないため課税価格に算入されるか否かの判断ができず、誤りとなる（関税定率法基本通達４－13（６））。

5　**誤り**：輸入貨物の取引価格がその輸入貨物の売手と買手との間で取引されるその**輸入貨物以外の取引数量に依存**して決定されるべき旨の条件が輸入貨物に係る輸入取引に付されている場合には、関税定率法第４条第１項の規定により課税価格を**決定することはできないが**、その**輸入貨物の取引数量に依存**して決定されるべき旨の条件がその輸入貨物に係る輸入取引に付されている場合は、関税定率法第４条第１項の規定により課税価格を**決定することができる**。したがって、「関税定率法第４条第１項の規定により課税価格を決定することはできない」という記述は誤りである（関税定率法基本通達４－17（１））。

問題 7 特別な事情等

文章選択式

難易度 ✈✈
出題頻度 🚢🚢🚢

次の記述は、課税価格に関するものであるが、その記述の誤っているものはどれか。すべてを選び、その番号をマークしなさい。

1. 輸入貨物に係る輸入取引に関し、当該輸入貨物の買手が特定の数量の他の貨物をも購入することを条件として、売手が当該輸入貨物の価格を設定する場合には、当該条件に係る額が明らかであるときを除き、関税定率法第４条第１項の規定（課税価格の決定の原則）により当該輸入貨物の課税価格を決定することができない。
2. 輸入貨物に係る輸入取引の買手と売手が関税定率法第４条第２項第４号に規定する特殊関係にある場合には、当該輸入貨物に係る産業での通常の価格設定に関する慣行に適合する方法で当該輸入貨物の価格が設定されていても、関税定率法第４条第１項の規定により当該輸入貨物の課税価格を決定することができない。
3. 買手による輸入貨物の処分による収益で間接に売手に帰属するものとされているものの額が明らかでない場合には、関税定率法第４条第１項の規定（課税価格の決定の原則）により課税価格を算定することはできない。
4. 輸入貨物の輸入の許可の時の属する日以後に行われる当該輸入貨物に係る据付けに要する役務の費用の額が、当該輸入貨物につき買手により売手に対し又は売手のために行われた又は行われるべき支払の総額に含まれている場合において、当該費用の額を明らかにすることができないときは、関税定率法第４条第１項（課税価格の決定の原則）の規定により当該輸入貨物の課税価格を計算することはできない。
5. 本邦において開催されるオークションにおける委託販売のためにその委託販売契約の受託者により輸入される貨物は、輸入取引によらない輸入貨物に該当し、関税定率法第４条第１項に規定する課税価格の決定の原則に基づき当該輸入貨物の課税価格を決定することができない。

日付・正解 Check	／		／		／	

第７問 »» 正解：2、4

解説

1　**正しい**：輸入貨物に係る輸入取引に関し、輸入貨物の買手が**特定の数量の他の貨物をも購入**することを条件として、売手が輸入貨物の価格を設定する場合には、その条件に係る**額が明らかであるときを除き**、課税価格の決定の原則により輸入貨物の課税価格を**決定することができない**と規定されている。したがって正しい記述である（関税定率法第４条第２項第２号、関税定率法基本通達４－17（1）イ、(2))。

2　**誤り**：輸入貨物に係る輸入取引の買手と売手が関税定率法第４条第２項第４号に規定する特殊関係にある場合であっても、輸入貨物に係る産業での**通常の価格設定に関する慣行に適合する方法**で輸入貨物の価格が設定されている場合には、その特殊関係による取引価格への**影響がない**ものとされ、課税価格の決定の原則により輸入貨物の課税価格を決定することができると規定されている。したがって、「関税定率法第４条第１項の規定により当該輸入貨物の課税価格を決定することができない」という記述は誤りである（関税定率法第４条第２項第４号、関税定率法基本通達４－19（1）イ)。

3　**正しい**：買手による輸入貨物の処分による収益で間接に売手に帰属するものとされているものの額（＝**売手帰属収益**）は課税価格に**算入する**と規定されている。したがって、**売手帰属収益**の**額が明らかでない場合**は、**特別な事情**に該当することとなる。したがって、「関税定率法第４条第１項の規定（課税価格の決定の原則）により課税価格を算定することはできない」とする記述は正しい（関税定率法第４条第２項第３号)。

4　**誤り**：輸入貨物の輸入の許可の時の属する日以後に行われる輸入貨物に係る**据付けに要する役務の費用の額**が、輸入貨物につき買手により売手に対し又は売手のために行われた又は行われるべき支払の総額に含まれている場合において、その**費用の額を明らかにすることができないとき**は、「関税定率法第４条第１項の規定により当該輸入貨物の課税価格を計算することができない」のではなく、「**その費用の額を含んだ支払の総額が課税価格**」となる。したがって設問の記述は誤りである（関税定率法第４条第１項、関税定率法施行令第１条の４第１号)。

5　**正しい**：本邦において開催されるオークションにおける**委託販売のため**にその委託販売契約の受託者により輸入される貨物は、**輸入取引によらない輸入貨物に該当**し、課税価格の決定の原則に基づき輸入貨物の課税価格を決定することができないと規定されている。したがって正しい記述である(関税定率法基本通達４－1の2(1)ロ)。

問題 8 課税価格決定方法の例外

択一式

次の記述は、関税定率法第４条の２の規定により課税価格を決定する際に用いられる同種又は類似の貨物に係る取引価格に関するものであるが、その記述の正しいものはどれか。一つを選び、その番号をマークしなさい。なお、正しい記述がない場合には、「0」をマークしなさい。

1．輸入貨物と同種又は類似の貨物に係る取引価格の双方があるときは、類似の貨物に係る取引価格を用いる。

2．輸入貨物と同種の貨物との間に運送距離又は運送形態が異なることにより輸入港までの運賃等に相当の差異がある場合には、その差異により生じた価格差について必要な調整を行っても、当該同種の貨物の取引価格を用いることはできない。

3．輸入貨物の生産者が生産した同種の貨物に係る取引価格と、他の生産者が生産した同種の貨物に係る取引価格との双方があるときは、いずれか低い取引価格を用いる。

4．関税定率法第４条の２の規定により輸入貨物の課税価格を決定する場合における輸入貨物と同種又は類似の貨物に係る取引価格とは、当該同種又は類似の貨物について、同法第４条第１項又は第４条の２の規定により課税価格とされた価格をいう。

5．同種又は類似の貨物は、輸入貨物の本邦への輸出の日又はこれに近接する日に本邦へ輸出されたもので、当該輸入貨物の生産国で生産されたものに限られる。

日付・正解 Check	／	／	／

第8問 »» 正解：5

解説

1　**誤り**：輸入貨物と同種又は類似の貨物に係る取引価格の双方があるときは、常に**同種の貨物に係る取引価格**を類似の貨物に係る取引価格に**優先**して用いると規定されている。したがって、「類似の貨物に係る取引価格を用いる」という記述は誤りである（関税定率法第４条の２第１項かっこ書）。

2　**誤り**：輸入貨物と同種の貨物との間に運送距離又は運送形態が異なることにより輸入港までの運賃等に相当の**差異がある場合**には、その差異により生じた価格差について**必要な調整**を行えば、同種の貨物の取引価格を用いることができると規定されている。したがって、「必要な調整を行っても、当該同種の貨物の取引価格を用いることはできない」とする記述は誤りである（関税定率法第４条の２、関税定率法施行令第１条の10第３項）。

3　**誤り**：輸入貨物の生産者が生産した同種の貨物に係る取引価格と、他の生産者が生産した同種の貨物に係る取引価格との双方があるときは、常に、**輸入貨物の生産者が生産した同種の貨物に係る取引価格**が**優先**すると規定されている。したがって、「いずれか低い取引価格を用いる」という記述は誤りである（関税定率法施行令第１条の10第１項）。

4　**誤り**：関税定率法第４条の２の規定により輸入貨物の課税価格を決定する場合における輸入貨物と同種又は類似の貨物に係る取引価格とは、その同種又は類似の貨物について、**同法第４条第１項の規定（課税価格の決定の原則）により課税価格とされた価格に限られており**、同法第４条の２の規定（同種又は類似の貨物に係る取引価格による課税価格の決定）により課税価格とされた価格を輸入貨物の取引価格とすることはできない。つまり、課税価格の決定の際に参考にする価格は課税価格の決定の原則により決定された価格に限定されるということである。したがって、「第４条の２の規定により課税価格とされた価格をいう」という記述は誤りである（関税定率法第４条の２第１項）。

5　**正しい**：同種又は類似の貨物は、輸入貨物の本邦への輸出の日又はこれに近接する日に本邦へ輸出されたもので、その**輸入貨物の生産国で生産されたものに限られる**と規定されている。したがって正しい記述である（関税定率法第４条の２第１項かっこ書）。

問題 9 課税価格決定方法の例外

文章選択式

難易度	✈✈
出題頻度	🚢🚢🚢

次の記述は、課税価格の決定方法の例外に関するものであるが、その記述の正しいものはどれか。すべてを選び、その番号をマークしなさい。

1. 関税定率法第４条の３第２項（製造原価に基づく課税価格の決定）の規定が適用される場合において、輸入貨物の輸入者と生産者との間に代理人が存在する場合には、当該輸入貨物の製造原価を確認できるときであっても、当該製造原価に基づいて当該輸入貨物の課税価格を決定できない。
2. 関税定率法第４条の３第２項（製造原価に基づく課税価格の決定）の規定が適用される場合において、輸入貨物の課税価格の決定に当たっては、当該輸入貨物の製造原価に当該輸入貨物と同類の貨物の本邦への輸出のための販売に係る通常の利潤及び一般経費を加えるが、ここでいう同類の貨物は、当該輸入貨物の場合と同一の国から輸入される貨物に限られる。
3. 関税定率法第４条の３第２項（製造原価に基づく課税価格の決定）の規定が適用される場合において、輸入貨物の製造原価に関して、生産者により提供された当該輸入貨物の生産に関する資料について確認することにつき、当該輸入貨物の生産者から同意を得られたことのみをもって、当該輸入貨物の生産国において必要な確認を行うことができる。
4. 関税定率法第４条の３第１項第２号（国内販売価格に基づく課税価格の決定）の規定により輸入貨物の課税価格を計算する場合において、当該輸入貨物の国内における加工により付加された価額は当該輸入貨物の国内販売価格から控除される。
5. 関税定率法第４条の３第２項（製造原価に基づく課税価格の決定）の規定により輸入貨物の課税価格を計算する場合において、当該輸入貨物の製造原価には、当該輸入貨物の生産のために買手が無償で提供した鋳型の費用は含まれない。

日付・正解 Check	／	／	／

第9問 »» 正解：1、2、4

解説

1　**正しい**：製造原価に基づく課税価格の決定の規定が適用される場合において、輸入貨物の**輸入者と生産者との間に代理人が存在する場合**には、輸入貨物の製造原価を確認できるときであっても、**製造原価に基づいて輸入貨物の課税価格を決定できない**と規定されている。したがって正しい記述である（関税定率法第4条の3第2項、関税定率法基本通達4の3－2（5））。

2　**正しい**：製造原価に基づく課税価格の決定の規定が適用される場合において、輸入貨物の課税価格の決定に当たっては、輸入貨物の製造原価に輸入貨物と同類の貨物の本邦への輸出のための販売に係る通常の利潤及び一般経費を加えるが、ここでいう同類の貨物は、輸入貨物の場合と**同一の国から輸入される貨物に限られる**と規定されている。したがって正しい記述である（関税定率法第4条の3第2項、関税定率法基本通達4の3－2（3））。

3　**誤り**：製造原価に基づく課税価格の決定の規定が適用される場合において、輸入貨物の製造原価に関して、生産者により提供された輸入貨物の生産に関する資料について確認することにつき、輸入貨物の生産者から同意を得られたことのみをもって、輸入貨物の生産国において必要な確認を行うことはできない。輸入貨物の**生産者が同意を与え**、かつ、輸入貨物の**生産に係る国の政府が反対しない**ときは、その国において必要な確認を行うことができるが、設問では「輸入貨物の生産に係る国の政府が反対しないとき」という条件がないため誤りとなる（関税定率法基本通達4の3－2（1））。

4　**正しい**：**加工後に国内において販売された輸入貨物の国内販売価格に基づく課税価格の決定**の規定により輸入貨物の課税価格を計算する場合において、輸入貨物の国内における**加工により付加された価額**は輸入貨物の国内販売価格から**控除される**と規定されている。したがって正しい記述である（関税定率法第4条の3第1項第2号）。

5　**誤り**：**製造原価に基づく課税価格の決定**の規定により輸入貨物の課税価格を計算する場合において、輸入貨物の製造原価には、輸入貨物の生産のために**買手が無償で提供した鋳型の費用が含まれる**と規定されている。したがって、「買手が無償で提供した鋳型の費用は含まれない」という記述は誤りである（関税定率法第4条の3第2項、関税定率法基本通達4の3－2（2））。

《出題年度》平成24年、令和2年、令和3年他改題

問題 10 課税価格決定方法の例外

択一式

難易度 ✈✈

出題頻度 🚢🚢

次の記述は、課税価格の決定方法に関するものであるが、その記述の正しいものはどれか。一つを選び、その番号をマークしなさい。なお、正しい記述がない場合には、「0」をマークしなさい。

1. 課税物件確定の時における性質及び形状により、当該課税物件確定の時の属する日に国内において販売された輸入貨物に係る国内販売価格がある場合であっても、当該輸入貨物の輸入者が希望する旨を税関長に申し出た時は、課税物件確定の時の属する日後加工の上で国内において販売された当該輸入貨物に係る国内販売価格に基づいて課税価格を計算することができる。
2. 課税物件確定の時における性質及び形状により国内において販売された輸入貨物に係る国内販売の単価が複数ある場合は、当該単価のうち最小のものに基づいて国内販売価格を計算する。
3. 国内販売価格に基づく課税価格の決定を適用する場合において、当該輸入貨物の課税物件の確定の時における性質及び形状により、当該輸入貨物の課税物件の確定の時の属する日に近接する期間内に国内において販売された当該輸入貨物と同種の貨物に係る国内販売価格があるときは、その販売が国内における売手と特殊関係のある買手に対しされたものであっても、当該国内販売価格に基づき課税価格を計算することができる。
4. 輸入貨物の本邦向けの価格が、輸出国における同種の貨物の国内市場向けの価格より低い場合には、当該輸出国国内市場向けの価格を課税価格計算の基礎とする。
5. 輸入貨物の製造原価に基づき課税価格を計算する場合において、輸入者が当該輸入貨物の輸入において負担した当該輸入貨物の容器の費用は、当該輸入貨物の製造原価に含むこととされている。

日付・正解 Check	／		／		／	

第10問 »» 正解：5

解説

1　**誤り**：課税物件確定の時における**性質及び形状により**、その課税物件確定の時の属する日に国内において**販売された輸入貨物に係る国内販売価格がある場合**には、その**国内販売価格に基づいて課税価格を計算する**。たとえ輸入貨物の輸入者が希望する旨を税関長に申し出た場合でも、課税物件確定の時の属する日後加工の上で国内において販売されたその輸入貨物に係る国内販売価格に基づいて課税価格が計算されることはない。この加工後の国内販売価格は、一定の条件を満たした輸入貨物又はこれと同種若しくは類似の貨物の国内販売価格がない場合で、かつ、輸入者が希望する旨を税関長に申し出た場合に限り課税価格とすることができる。したがって、「当該輸入貨物の輸入者が希望する旨を税関長に申し出た時は、課税物件確定の時の属する日後加工の上で国内において販売された当該輸入貨物に係る国内販売価格に基づいて課税価格を計算することができる」とする記述は誤りである（関税定率法第4条の3第1項）。

2　**誤り**：課税物件確定の時における性質及び形状により国内において販売された輸入貨物に係る国内販売の**単価が複数ある場合**は、その単価ごとの販売に係る**数量が最大である販売に係る単価**に基づいて国内販売価格を計算すると規定されている。したがって、「当該単価のうち最小のものに基づいて国内販売価格を計算する」とする記述は誤りである（関税定率法基本通達4の3－1（1））。

3　**誤り**：国内販売価格に基づく課税価格の決定を適用する場合において、輸入貨物の課税物件の確定の時における性質及び形状により、輸入貨物の課税物件の確定の時の属する日に近接する期間内に国内において販売された輸入貨物と同種の貨物に係る国内販売価格があるときであっても、その販売が国内における**売手と特殊関係のない買手に対しされたもの**でなければ、国内販売価格に基づき課税価格を計算することができない。したがって、「売手と特殊関係のある買手に対しされたものであっても」という部分の記述は誤りである（関税定率法第4条の3第1項第1号）。

4　**誤り**：輸入貨物の本邦向けの価格が、輸出国における同種の貨物の国内市場向けの価格より低い場合であっても、**輸入貨物の取引価格が課税価格計算の基礎**となる。したがって、「当該輸出国国内市場向けの価格を課税価格計算の基礎とする」という記述は誤りである（関税定率法第4条第1項）。

5　**正しい**：輸入貨物の製造原価に基づき課税価格を計算する場合において、輸入者が輸入貨物の輸入において負担した**輸入貨物の容器の費用**は、輸入貨物の**製造原価に含む**こととされている。したがって正しい記述である。なお、この「製造原価」には、容器及び包装の費用だけではなく、関税定率法第4条第1項第3号に掲げる物品（売手に無償等で提供した材料・部品等、工具・鋳型等、燃料等）及び役務（売手に無償等で提供した技術・設計等）の費用も含まれ、さらに、本邦で開発された技術・設計・考案・意匠又は工芸に要する費用であっても、生産者がこれを負担した場合には、その負担した額も含まれると規定されている（関税定率法第4条の3第2項、関税定率法基本通達4の3－2（2））。

問題11 課税価格決定方法の例外

文章選択式

難易度 ✈✈
出題頻度 🚢🚢

次の記述は、課税価格の決定に関するものであるが、その記述の正しいものはどれか。すべてを選び、その番号をマークしなさい。

1．輸入貨物に係る取引の状況その他の事情からみて輸入申告の時までに輸入貨物に変質があったと認められる場合の当該輸入貨物の課税価格は、当該変質がなかったものとした場合に計算される課税価格からその変質があったことによる減価に相当する額を控除して得られる価格である。

2．航空機により運送された輸入貨物のうち、本邦に住所を移転するため以外の目的で本邦に入国する者がその入国の際に携帯して輸入する物品（自動車、船舶及び航空機を除く。）のうち、その個人的な使用に供するもの（関税定率法第14条第７号（無条件免税）の規定により関税の免除を受けることができるものを除く。）で、航空機による運賃及び保険料に基づいて算出した課税価格の総額が20万円のものについての輸入港に到着するまでの運送に要する運賃及び保険料は、航空機による運送方法以外の通常の運送方法による運賃及び保険料によるものとされている。

3．輸入貨物が航空機により運送された貨物である場合において、当該貨物が公衆の衛生の保持のため緊急に輸入する必要があると認められるものであるときは、当該貨物についての輸入港に到着するまでの運送に要する運賃及び保険料は、航空機による運送方法以外の通常の運送方法による運賃及び保険料によるものとされている。

4．自己の経営する店舗で商業目的に使用するため小売取引の形態で輸入する貨物の課税価格は、当該貨物の輸入が通常の卸取引の形態でされたとした場合の課税価格による。

5．輸入取引が外貨建てで行われる場合の課税価格の計算において、買手が決済時の為替リスクを回避するため当該外貨の先物予約を行っている場合には、当該先物予約レートにより本邦通貨に換算する。

日付・正解 Check	／		／		／	

第11問 »» 正解：1、2、3

解説

1 **正しい**：輸入貨物に係る取引の状況その他の事情からみて輸入申告の時までに輸入貨物に変質があったと認められる場合の輸入貨物の課税価格は、変質がなかったものとした場合に計算される課税価格からその変質があったことによる**減価に相当する額を控除**して得られる価格であると規定されている。したがって正しい記述である（関税定率法第4条の5）。

2 **正しい**：航空機により運送された輸入貨物のうち、本邦に住所を移転するため以外の目的で本邦に入国する者が入国の際に携帯して輸入する物品（自動車、船舶及び航空機を除く。）のうち、**個人的な使用に供するもの**（関税定率法第14条第7号（無条件免税）の規定により関税の免除を受けることができるものを除く。）で、航空機による運賃及び保険料に基づいて算出した**課税価格の総額が20万円以下**のものについての輸入港に到着するまでの運送に要する運賃及び保険料は、航空機による運送方法以外の**通常の運送方法による運賃及び保険料**によることができる。したがって正しい記述である（関税定率法第4条の6第1項、関税定率法施行令第1条の13第2項第4号）。

3 **正しい**：輸入貨物が航空機により運送された貨物である場合において、その貨物が**公衆の衛生の保持のため緊急に輸入する必要がある**と認められるものであるときは、輸入港に到着するまでの運送に要する運賃及び保険料は、航空機による運送方法以外の**通常の運送方法による運賃及び保険料による**ものとすると規定されている。したがって正しい記述である（関税定率法第4条の6第1項）。

4 **誤り**：自己の経営する店舗で**商業目的**に使用するため**小売取引の形態**で輸入する貨物の課税価格は、小売取引の形態でされた場合の課税価格によると規定されている。通常の卸取引の形態とされるのは、個人的使用に限定されているので誤った記述である（関税定率法第4条の6第2項）。

5 **誤り**：輸入取引が外貨建てで行われる場合の課税価格の計算において、買手が決済時の為替リスクを回避するため**外貨の先物予約**を行っている場合には、その先物予約レートにより本邦通貨に換算するという規定はない。輸入申告の日の属する週の前々週における実勢外国為替相場の週間平均値で税関長が公示したレートを使用して換算すると規定されている。したがって誤った記述である（関税定率法第4条の7第1項）。

問題 12 特殊関税制度（相殺関税）

次の記述は、関税定率法第７条に規定する相殺関税に関するものであるが、その記述の誤っているものはどれか。一つを選び、その番号をマークしなさい。なお、誤っている記述がない場合には、「0」をマークしなさい。

1．政府は、外国において補助金の交付を受けた貨物の輸入の事実及び当該輸入が当該補助金の交付を受けた輸入貨物と同種の貨物を生産している本邦の産業に実質的な損害を与え、若しくは与えるおそれがあり、又は当該本邦の産業の確立を実質的に妨げる事実についての十分な証拠がある場合において、必要があると認めるときは、当該本邦の産業に利害関係を有する者から求めがないときであっても、これらの事実の有無につき調査を行うものとされている。

2．政府が、外国において補助金の交付を受けた貨物の輸入の事実及び当該輸入が当該補助金の交付を受けた輸入貨物と同種の貨物を生産している本邦の産業に実質的な損害を与え、若しくは与えるおそれがあり、又は当該本邦の産業の確立を実質的に妨げる事実の有無につき調査を開始した場合において、当該調査に係る貨物の輸出者から政府に対し、当該貨物に係る補助金の本邦の産業に及ぼす有害な影響が除去されると認められる価格に当該貨物の価格を修正する旨の約束の申出があり、政府がその約束の申出を受諾したときは、政府は当該約束に係る貨物の供給国の当局が当該調査を完了させることを希望する場合を除き、当該調査を取りやめることができる。

3．関税定率法第７条第１項に規定する本邦の産業とは、外国において補助金の交付を受けた輸入貨物と同種の貨物の本邦における総生産高に占める生産高の割合が相当の割合以上である本邦の生産者をいう。

4．相殺関税が課されている貨物について、当該貨物の輸入の本邦の産業に与える実質的な損害等の事実についての事情の変更がある場合に限り、当該相殺関税を変更し、又は廃止することができる。

5．相殺関税を課す場合には、当該相殺関税が課される貨物、当該貨物の輸出者若しくは生産者又は輸出国若しくは原産国、期間、税率その他当該相殺関税の適用に関し必要な事項を政令で定めることとされている。

日付・正解 Check	／	／	／

第12問 »» 正解：4

解説

1　**正しい：**相殺関税に関する調査は、**利害関係者から相殺関税を課す求めがあった場合**だけでなく、その求めがない場合であっても、外国において生産又は輸出について補助金の交付を受けた貨物の輸入の事実がある場合と、その輸入がこれと同種の貨物を生産している本邦の産業に実質的な損害を与え、又は本邦の産業の確立を実質的に妨げる事実についての**十分な証拠がある場合において、必要があると政府が認めるとき**にもこれらの事実の有無につき調査が行われる。したがって正しい記述である（関税定率法第７条第６項）。

2　**正しい：**政府による相殺関税に関する調査が開始された場合において、貨物の輸出者から政府に対し、貨物に係る補助金の本邦の産業に及ぼす**有害な影響が除去されると認められる価格に貨物の価格を修正する旨の約束の申出があり**、政府がこれを受諾したときは、政府は供給国の当局が調査を完了させることを希望する場合を除いて、調査を取りやめることができると規定されている。したがって正しい記述である（関税定率法第７条第８項第２号、第９項）。

3　**正しい：**相殺関税に関する規定について本邦の産業とは、外国において補助金の交付を受けた輸入貨物と同種の貨物の**本邦における総生産高に占める生産高の割合が相当の割合以上である本邦の生産者**をいうと規定されている。したがって正しい記述である（相殺関税に関する政令第２条第１項）。

4　**誤り：**相殺関税が課されている貨物について、その貨物の輸入の本邦の産業に与える**実質的な損害等の事実**についての**事情の変更**がある場合のほか、**補助金**についての**事情の変更**がある場合であっても、相殺関税を変更し、又は廃止することができると規定されている。したがって、「本邦の産業に与える実質的な損害等の事実についての事情の変更がある場合に限り」という記述は誤りである（関税定率法第７条第17項）。

5　**正しい：**相殺関税を課す場合には、相殺関税が課される貨物、貨物の**輸出者**若しくは**生産者**又は**輸出国**若しくは**原産国**、**期間**、**税率**その他相殺関税の適用に関し必要な事項を政令で定めると規定されている。したがって正しい記述である（関税定率法第７条第１項、第33項）。

問題 13 特殊関税制度（不当廉売関税）

次の記述は、関税定率法第８条に規定する不当廉売関税に関するものであるが、その記述の誤っているものはどれか。一つを選び、その番号をマークしなさい。なお、誤っている記述がない場合には、「0」をマークしなさい。

1．不当廉売された貨物の輸入の事実及びその輸入の本邦の産業に与える実質的な損害等の事実の有無についての関税定率法第８条第５項の規定による調査は、同条第４項の規定による本邦の産業に利害関係を有する者からの求めがあった場合又はこれらの事実についての十分な証拠がある場合において、必要があると認めるときに行うこととされている。

2．本邦の産業を保護するため必要があると認められる場合には、指定された供給者又は供給国に係る指定された貨物（以下「指定貨物」という。）の正常価格と不当廉売価格との差額を超える額の不当廉売関税を課することができる。

3．関税定率法第８条第５項の規定に基づく不当廉売関税に関する調査が開始された場合において、当該調査に係る貨物の輸出者は、政府に対し、当該貨物の不当廉売の本邦の産業に及ぼす有害な影響が除去されると認められる価格に当該貨物の価格を修正する旨の約束又は当該貨物の輸出を取りやめる旨の約束の申出をすることができる。

4．関税定率法第８条第１項に規定する本邦の産業とは、不当廉売された貨物と同種の貨物の本邦における総生産高に占める生産高の割合が相当の割合以上である本邦の生産者をいう。

5．不当廉売された貨物の輸入の事実及び当該輸入が本邦の産業に実質的な損害を与える事実の有無について、政府が調査を開始した場合において、当該貨物が小売に供されているときは、当該貨物の主要な消費者の団体は、当該調査に関し、財務大臣に対し、書面により意見を表明することができる。

日付・正解 Check	／		／		／	

第13問 »» 正解：2

解説

1 **正しい**：不当廉売された貨物の輸入の事実及びその輸入の本邦の産業に与える実質的な損害等の事実の有無についての関税定率法第8条第5項の規定による調査は、同条第4項の規定による本邦の産業に**利害関係を有する者からの求めがあった場合**又はこれらの事実についての**十分な証拠がある場合**において、必要があると認めるときに行うこととされている。したがって正しい記述である（関税定率法第8条第5項）。

2 **誤り**：本邦の産業を保護するため必要があると認められる場合には、指定された供給者又は供給国に係る指定貨物の**正常価格と不当廉売価格との差額と同額以下**の関税を課することができると規定されている。したがって、「正常価格と不当廉売価格との差額を超える額の不当廉売関税を課することができる」という記述は誤りである（関税定率法第8条第1項）。

3 **正しい**：関税定率法第8条第5項の規定に基づく不当廉売関税に関する調査が開始された場合において、その調査に係る貨物の**輸出者**は、政府に対し、その貨物の不当廉売の本邦の産業に及ぼす有害な影響が除去されると認められる価格に貨物の価格を**修正する旨の約束**又はその貨物の輸出を**取りやめる旨の約束**の申出をすることができると規定されている。したがって正しい記述である（関税定率法第8条第7項）。

4 **正しい**：関税定率法第8条第1項に規定する本邦の産業とは、不当廉売された貨物と**同種の貨物の本邦における総生産高に占める生産高の割合が相当の割合以上である本邦の生産者**をいうと規定されている。したがって正しい記述である（関税定率法第8条第1項、不当廉売関税に関する政令第4条第1項）。

5 **正しい**：不当廉売された貨物の輸入の事実や、本邦の産業に実質的な損害を与える事実の有無について、政府が**調査を開始**した場合において、調査対象の貨物が小売に供されているときは、調査対象の**貨物の主要な消費者の団体**は、調査に関し、**財務大臣**に対し、書面により**意見を表明**することができると規定されている。したがって正しい記述である（不当廉売関税に関する政令第12条の2第1項）。

問題 14 特殊関税制度（不当廉売関税）

択一式

次の記述は、関税定率法第８条第９項（不当廉売関税）に規定する暫定的な措置（以下「暫定措置」という。）に関するものであるが、その記述の誤っているものはどれか。一つを選び、その番号をマークしなさい。なお、誤っている記述がない場合には、「０」をマークしなさい。

1．政府は、関税定率法第８条第５項の規定による調査が開始された日から60日を経過する日以後において、その調査の完了前においても、十分な証拠により、不当廉売された貨物の輸入の事実及び当該輸入が本邦の産業に実質的な損害を与える事実を推定することができ、当該本邦の産業を保護するため必要があると認められるときは、貨物、当該貨物の供給者又は供給国及び期間を指定し、当該指定された供給者又は供給国に係る当該指定された貨物で当該指定された期間内に輸入されるものにつき、当該貨物を輸入しようとする者に対し、当該貨物の正常価格と推定される価格と不当廉売価格と推定される価格との差額に相当する額と同額以下の暫定的な関税を課することができることとされている。
2．関税定率法第８条第２項に規定する暫定措置がとられていた期間内に輸入された貨物について課することができる不当廉売関税は、当該不当廉売関税を課されることとなる貨物の輸入者が納める義務があるものとされている。
3．政府は、暫定措置がとられた貨物につき、当該貨物の輸出を取りやめる旨の約束を受諾したときは、当該暫定措置を解除するものとする。
4．不当廉売された貨物のうち、暫定措置がとられ、かつ、暫定措置がとられていた期間内に輸入された貨物であってその輸入が本邦の産業に実質的な損害を与えたと認められるものについては、不当廉売関税を課することができる。
5．暫定措置により課された暫定的な関税の額が関税定率法第８条第２項の規定により課される不当廉売関税の額より少ない場合には、税関長は、その差額に相当する額の関税を直ちに徴収することができる。

日付・正解 Check	／	／	／

第14問 »» 正解：5

解説

1 **正しい**：政府は、不当廉売関税に関する**調査が開始された日から60日を経過する日以後**において、その調査の完了前においても、**十分な証拠がある場合**には、不当廉売された貨物の輸入の事実や本邦の産業に実質的な損害を与える事実を推定することができ、本邦の産業を保護するため必要があると認められるときは、貨物や貨物の供給者・供給国、期間を指定し、指定された貨物で指定された期間内に輸入されるものにつき、貨物を輸入しようとする者に対し、貨物の**正常価格と推定される価格と不当廉売価格と推定される価格との差額に相当する額と同額以下の暫定的な関税**を課することができると規定されている。したがって正しい記述である（関税定率法第8条第9項）。

2 **正しい**：暫定措置がとられていた期間内に輸入された貨物について課すことができる**不当廉売関税の納税義務者**は、貨物の**輸入者**である。したがって正しい記述である（関税定率法第8条第5項）。

3 **正しい**：政府は、暫定措置がとられた貨物につき、その貨物の**輸出を取りやめる旨の約束を受諾**したときは、**暫定措置を解除**するものとすると規定されている。したがって正しい記述である（関税定率法第8条第10項）。

4 **正しい**：不当廉売された貨物のうち、**暫定措置**がとられ、かつ、**暫定措置**がとられていた期間内に輸入された貨物であってその輸入が本邦の産業に実質的な損害を与えたと認められるものについては、不当廉売関税を課することができると規定されている。したがって正しい記述である（関税定率法第8条第2項第1号）。

5 **誤り**：暫定措置がとられていた期間内に輸入された貨物について課することができる不当廉売関税の額は、関税定率法第8条第9項第1号の規定により課された暫定的な関税額を限度とすると規定されており、暫定措置により課された暫定的な関税の額が同条第2項の規定により課される不当廉売関税の額より**少ない場合**でも、その差額に相当する額の関税を**追加的に徴収されることはない**。したがって誤った記述である（関税定率法第8条第2項）。

問題 15 特殊関税制度（緊急関税）

次の記述は、関税定率法第9条に規定する緊急関税に関するものであるが、その記述の誤っているものはどれか。一つを選び、その番号をマークしなさい。なお、誤っている記述がない場合には、「0」をマークしなさい。

1. 指定された期間内に輸入される指定された貨物の全部につき、関税定率法別表の税率による関税のほか、当該貨物の課税価格とこれと同種の貨物の本邦における適正と認められる卸売価格との差額から同表の税率による関税の額を控除した額以下の関税を課することは、同法第9条第1項の規定による措置（以下「緊急関税措置」という。）の一つである。
2. 緊急関税措置をとる場合において、関税定率法第9条第1項の規定により指定しようとする期間が1年を超えるものであるときは、当該措置は、当該指定しようとする期間内において一定の期間ごとに段階的に緩和されたものでなければならない。
3. 外国における価格の低落その他予想されなかった事情の変化による特定の種類の貨物の輸入の増加の事実、及びこれによる当該貨物の輸入がこれと同種の貨物その他用途が直接競合する貨物の生産に関する本邦の産業に重大な損害を与え、又は与えるおそれがある事実の有無につき、政府が行う調査は、当該調査を開始した日から1年以内に終了するものとされており、特別の理由により必要があると認められる期間に限り、その期間を延長することができる。
4. 関税定率法第9条第8項の規定により同条第6項の調査の完了前に関税を課する措置（以下「暫定的な緊急関税措置」という。）がとられた場合において当該措置により課された関税は、その後緊急関税措置がとられた場合には還付されることはない。
5. 内閣は、緊急関税措置をとったときは、当該緊急関税措置に係る暫定的な緊急関税措置をとらなかった場合であっても、遅滞なく、その内容を国会に報告しなければならない。

日付・正解 Check	／	／	／

第15問 »» 正解：4

解説

1 **正しい**：指定された期間内に輸入される指定された貨物の全部につき、関税定率法別表の税率による関税のほか、その貨物の**課税価格**とこれと同種又は類似の貨物の本邦における**適正と認められる卸売価格**との**差額**から同表の税率による**関税の額を控除した額以下**の関税を課することは、同法第9条第1項の規定による措置の一つである。したがって正しい記述である（関税定率法第9条第1項第1号）。

2 **正しい**：緊急関税措置をとる場合において、関税定率法第9条第1項の規定により指定しようとする期間が**1年を超えるもの**であるときは、その措置は、指定しようとする期間内において一定の期間ごとに**段階的に緩和**されたものでなければならないと規定されている。したがって正しい記述である（関税定率法第9条第2項）。

3 **正しい**：外国における価格の低落その他予想されなかった事情の変化による特定の種類の貨物の輸入の増加の事実、及びこれによる貨物の輸入がこれと同種の貨物その他用途が直接競合する貨物の生産に関する本邦の産業に重大な損害を与え、又は与えるおそれがある事実の有無につき、政府が行う**調査は、調査を開始した日から1年以内に終了**するものとされているが、**特別の理由により必要があると認められる期間に限り**、調査の**期間を延長**することができると規定されている。したがって正しい記述である（関税定率法第9条第7項）。

4 **誤り**：暫定的な緊急関税措置がとられた場合においてその措置により課された関税は、その後緊急関税措置がとられた場合で、暫定的な緊急関税措置がとられていた期間内に輸入される指定された貨物に係る関税の額が、その後の**緊急関税措置により課される関税の額を超える場合**には、その超える部分の関税については**還付される**と規定されている。したがって、「当該措置により課された関税は、その後緊急関税措置がとられた場合には還付されることはない」とする記述は誤りである（関税定率法第9条第9項）。

5 **正しい**：内閣は、緊急関税措置をとったときは、その緊急関税措置に係る暫定的な緊急関税措置をとらなかった場合であっても、遅滞なく、その内容を**国会に報告**しなければならないと規定されている。したがって正しい記述である（関税定率法第9条第14項）。

問題16 減免税・戻し税制度（変質、損傷等の場合の減税又は戻し税）

文章選択式

難易度 ✈✈
出題頻度 🚢🚢

次の記述は、関税定率法第10条に規定する変質、損傷貨物等に対する関税の軽減又は払戻しに関するものであるが、その記述の誤っているものはどれか。すべてを選び、その番号をマークしなさい。

1．従量税品については、輸入申告の前に損傷した場合であっても、関税の軽減を受けることができる。

2．軽減される関税の額は、輸入貨物の変質等の後における価値の減少に基づく価格の低下分に対応する関税の額、又は輸入貨物の関税の額からその変質又は損傷後における性質又は数量により課税した場合における関税の額を控除した額のいずれか多い額である。

3．申告納税方式が適用される貨物が、輸入申告の後輸入の許可前に変質し、又は損傷した場合の関税の軽減の手続は、更正の請求をすることにより行うことができる。

4．保税蔵置場に置くことの承認を受けて当該保税蔵置場に置かれている輸入貨物が輸入申告の時までに変質し、又は損傷した場合には、関税定率法第10条第１項（変質、損傷等の場合減税又は戻し税等）の規定により、当該貨物の変質又は損傷による価値の減少に基づく価格の低下率を基準として、その関税の軽減を受けることができる。

5．輸入の許可を受けて保税地域から引き取られた貨物が災害により損傷した場合には、当該貨物を保税地域に戻すことを条件として、関税定率法第10条第２項（変質、損傷等の場合の減税又は戻し税等）の規定の適用を受けることができる。

日付・正解 Check	／	／	／

第16問 »» 正解：4、5

解説

1　**正しい**：従量税品については、**輸入申告の前**に損傷した場合であっても、**関税の軽減**を受けることができると規定されている。したがって正しい記述である（関税定率法第10条第1項）。

2　**正しい**：軽減される関税の額は、輸入貨物の変質等の後における価値の減少に基づく価格の低下分に対応する関税の額、又は輸入貨物の関税の額からその変質又は損傷後における性質又は数量により課税した場合における関税の額を控除した額の**いずれか多い額**であると規定されている。したがって正しい記述である（関税定率法施行令第2条第1項）。

3　**正しい**：申告納税方式が適用される貨物が、**輸入申告の後輸入の許可前**に変質し、又は損傷した場合の関税の軽減の手続は、**更正の請求**をすることにより行うことができると規定されている。したがって正しい記述である（関税定率法施行令第3条第3項）。

4　**誤り**：保税蔵置場に置くことの承認（＝蔵入承認）を受けて保税蔵置場に置かれている輸入貨物が輸入申告の時までに変質し、又は損傷した場合であって、**課税価格の低下及び適用税率の変更の両方が生じた場合**には、関税定率法第10条第1項の規定により、貨物の変質又は損傷による価値の減少に基づく価格の低下率を基準として、**関税の軽減**を受けることができる。しかし、**適用税率に変更がなく、課税価格の低下のみが生じた場合**には、**関税定率法第4条の5**（変質又は損傷に係る輸入貨物の課税価格の決定）の規定により、課税価格を計算することになる。つまり、この場合には関税定率法第10条第1項の規定により関税の軽減を受けることができない。したがって設問の記述は、蔵入貨物について輸入申告の時までに変質し、又は損傷した場合のすべてについて、関税定率法第10条第1項の規定により関税の軽減を受けることができるとなっているため誤った記述となる（関税定率法第4条の5、関税定率法基本通達10－1）。

5　**誤り**：輸入の許可を受けて、**引き続き保税地域に置かれている貨物**が災害により損傷した場合には、関税定率法第10条第2項（変質、損傷等の場合の減税又は戻し税等）の規定の適用を受けることができると規定されている。したがって、「保税地域から引き取られた」貨物には適用されないので、「当該貨物を保税地域に戻すことを条件として、関税定率法第10条第2項（変質、損傷等の場合の減税又は戻し税等）の規定の適用を受けることができる」という記述は誤りである（関税定率法第10条第2項）。

問題 17 減免税・戻し税制度（加工又は修繕のため輸出された貨物の減税）

文章選択式

難易度 ２／出題頻度 ３

次の記述は、関税定率法第１１条に規定する加工、修繕のための輸出貨物の減税に関するものであるが、その記述の正しいものはどれか。すべてを選び、その番号をマークしなさい。

1. 修繕のため本邦から輸出された貨物で、その輸入の際に関税定率法第11条（加工又は修繕のため輸出された貨物の減税）の規定により関税を軽減することができるのは、本邦においてその修繕をすることが困難であると認められるものに限られる。
2. 修繕のため本邦から輸出され、その輸出の許可の日から１年以内に輸入される貨物については、関税定率法第11条の規定により、その関税が軽減される。
3. 加工のためのものについては、本邦において加工をすることが困難であると認められる場合に限り関税が軽減される。
4. 修繕のため本邦から輸出され、その輸出の許可の日から１年以内に輸入される貨物について、関税定率法第11条（加工又は修繕のため輸出された貨物の減税）の規定により関税の軽減を受けようとする場合には、当該貨物の輸入申告は、当該貨物の輸出者の名をもってしなければならない。
5. その貨物の輸入者と使用者とが異なる場合には、その使用者の名をもって輸入申告しなければならない。

日付・正解 Check	／	／	／

第17問 »» 正解：2、3

解説

1 **誤り**：修繕のため輸出された貨物は、**本邦において修繕することが困難であるかどうかにかかわらず**、関税の軽減を受けることができると規定されている。したがって、「関税を軽減することができるのは、本邦においてその修繕をすることが困難であると認められるものに限られる」という記述は誤りである（関税定率法第11条）。なお、加工のため輸出された貨物の場合には、本邦において加工することが困難である場合に限り、関税の軽減を受けることができると定められている。

2 **正しい**：修繕のため本邦から輸出され、その**輸出の許可の日から1年以内**に輸入される貨物については、関税定率法第11条の規定により、その関税が軽減されると規定されている。したがって正しい記述である（関税定率法第11条）。

3 **正しい**：加工のためのものについては、**本邦において加工をすることが困難であると認められる場合に限り**関税が軽減されると規定されている。したがって正しい記述である（関税定率法第11条）。

4 **誤り**：修繕のため本邦から輸出され、その輸出の許可の日から1年以内に輸入される貨物について、関税定率法第11条の規定により関税の軽減を受けようとする場合の**輸入申告を行う者は限定されておらず**、輸出者の名をもってしなければならないという規定はない。したがって、「輸出者の名をもってしなければならない」という記述は誤りである（関税定率法第11条、関税定率法施行令第5条の2）。

5 **誤り**：その貨物の**輸入者と使用者とが異なる場合**には、その使用者の名をもって輸入申告しなければならないという規定はない。したがって誤った記述である。

問題18 減免税・戻し税制度（製造用原料品の減免税）

択一式

次の記述は、関税定率法第13条に規定する製造用原料品の減免税に関するものであるが、その記述の誤っているものはどれか。一つを選び、その番号をマークしなさい。なお、誤っている記述がない場合には、「0」をマークしなさい。

1. 製造工場の承認申請は、原料の輸入申告をした税関長に行わなければならない。
2. 製造用原料品の輸入申告は、製造工場についての承認を受けた製造者の名をもってしなければならない。
3. 単体飼料の製造のため輸入されるとうもろこしで、輸入許可の日から１年以内に税関長の承認を受けた製造工場で当該製造が終了するものについては、その関税が免除される。
4. 製造は、税関長の承認を受けた工場で行わなければならない。
5. 飼料以外の用途に適さないもので財務省令で定める規格を備える配合飼料の製造に使用するため輸入されるとうもろこしで、その輸入の許可の日から１年以内に、税関長の承認を受けた製造工場でその製造が終了するものについては、その関税が免除される。

日付・正解 Check	／	／	／

第18問 »» 正解：1

解説

1　**誤り：**製造工場の承認申請は、**製造工場の所在地**を所轄する税関長に行わなければならないと規定されている。したがって、「原料の輸入申告をした税関長に行わなければならない」という記述は誤りである（関税定率法施行令第6条の3）。

2　**正しい：**製造用原料品の輸入申告は、**製造工場についての承認を受けた製造者の名**をもってしなければならないと規定されている。したがって正しい記述である（関税定率法施行令第7条第2項）。

3　**正しい：**単体飼料の製造のため輸入されるとうもろこしで、**輸入許可の日から1年以内**に税関長の**承認を受けた製造工場で製造が終了**するものについては、その関税が免除されると規定されている。したがって正しい記述である（関税定率法第13条第1項）。

4　**正しい：**製造は、税関長の**承認を受けた工場**（＝承認工場）で行わなければならないと規定されている。したがって正しい記述である（関税定率法第13条第1項）。

5　**正しい：飼料以外の用途に適さない**もので財務省令で定める規格を備える**配合飼料の製造に使用するため輸入されるとうもろこし**で、その輸入の許可の日から1年以内に、税関長の承認を受けた製造工場でその製造が終了するものについては、その関税が免除されると規定されている。したがって正しい記述である（関税定率法第13条第1項第1号、関税定率法施行令第6条）。

問題19 減免税・戻し税制度（無条件免税）

文章選択式

難易度 ✈✈
出題頻度 🚢🚢🚢

次の記述は、関税定率法第14条に規定する無条件免税に関するものであるが、その記述の正しいものはどれか。すべてを選び、その番号をマークしなさい。

1. 本邦に住所を移転するため以外の目的で本邦に入国する者が、その入国の際に別送して輸入する職業上必要な器具については、関税定率法第14条第7号（携帯品の無条件免税）の規定の適用を受けることができる。
2. 注文の取集めのための見本は、見本用のみに適すると認められるものであり、かつ、課税価格の総額が5,000円を超えないものに限り、関税定率法第14条第6号（注文の取集めのための見本の無条件免税）の規定により、関税が免除される。
3. 本邦に住所を移転するため本邦に入国する者がその入国の際に別送して輸入する自動車については、関税定率法第14条第8号（引越荷物の無条件免税）の規定の適用を受けることができる。
4. 撮影済のニュース映画用フィルム又は録画済のニュース用テープで内容を同じくするものについては、そのうち2本以内に限り、無条件免税の適用がある。
5. 関税定率法別表第10.06項に属する米について同法第14条第18号（無条件免税）の規定により関税の免除を受けようとする者は、その輸入申告の際に、当該米が免税対象物品であることを明らかにする書類を税関長に提出しなければならない。

日付・正解 Check	／	／	／

第19問 »» 正解：1、4、5

解説

1　**正しい**：本邦に住所を移転するため以外の目的で**本邦に入国する者**が、その入国の際に別送して輸入する**職業上必要な器具**については、関税定率法第14条第7号（携帯品の無条件免税）の規定の適用を受けることができると規定されている。したがって正しい記述である（関税定率法第14条第7号）。

2　**誤り**：関税定率法第14条第6号に規定される注文の取集めのための見本は、**見本用にのみ適すると認められるもの**又は**著しく価額の低いもの**として政令で定めるものと規定されており、これらのいずれかの要件を満たせば関税が免除される。つまり、見本用にのみ適すると認められるものであれば金額に制限はなく、著しく価額の低いものとして政令で定めるものであれば金額に制限がある。したがって、「見本用のみに適すると認められるものであり、かつ、課税価格の総額が5,000円を超えないものに限り」という設問の記述は誤りである。なお、著しく価額の低いものとして政令で定めるものとは具体的に、①課税価格の総額が5,000円以下の見本のマークを附した物品その他見本の用に供するための処置を施した物品、②課税価格の総額が5,000円以下の見本に供する範囲内の量に包装した物品又は1個の課税価額が1,000円以下の物品（種類及び性質を同じくするものについては、そのうちの1個に限る。）である。ただし、①及び②ともに酒類は除かれる（関税定率法第14条第6号）。

3　**誤り**：本邦に住所を移転するため本邦に入国する者がその入国の際に**別送して輸入する自動車**については、無条件免税の対象貨物とはなっていない。したがって、「関税定率法第14条第8号（引越荷物の無条件免税）の規定の適用を受けることができる」という記述は誤りである。なお、引越荷物である自動車は特定用途免税の対象貨物になっている。

4　**正しい**：撮影済のニュース映画用フィルム又は録画済のニュース用テープで内容を同じくするものについては、そのうち**2本以内**に限り、無条件免税の適用があると規定されている。したがって正しい記述である（関税定率法第14条第17号）。

5　**正しい**：関税定率法別表第10.06項に属する米について無条件免税の規定により関税の免除を受けようとする者は、その輸入申告の際に、その**米が免税対象物品であることを明らかにする書類**を税関長に提出しなければならないと規定されている。したがって正しい記述である（関税定率法施行令第16条の4）。

《出題年度》令和元年、令和３年、令和４年他改題

問題 20 減免税・戻し税制度（無条件免税）

文章選択式

難易度 / 出題頻度

次の記述は、関税定率法第１４条に規定する無条件免税に関するものであるが、その記述の誤っているものはどれか。すべてを選び、その番号をマークしなさい。

1．本邦に住所を移転するため本邦に入国する者が別送して輸入する家具について、関税定率法第14条（無条件免税）の規定により関税の免除を受けて輸入した場合において、輸入の許可の日から２年以内に売却されたときは、その免除を受けた関税が直ちに徴収される。

2．本邦に来遊する外国の元首に属する物品については、関税定率法第14条第２号（無条件免税）の規定の適用を受けることができるが、その者の随員に属する物品についても、同号の規定の適用を受けることができる。

3．関税定率法第14条第10号（再輸入貨物の無条件免税）の規定の適用を受けるためには、その貨物が、本邦からの輸出の際に、輸出を条件とする関税の軽減、免除又は払戻しを受けていないことが要件となっている。

4．課税価格の合計額が１万円以下の物品については、当該物品が関税定率法の別表第61.09項に掲げるＴシャツである場合には、当該Ｔシャツがその輸入者の個人的な使用に供されると認められるものを除き、同法第14条第18号（無条件免税）の規定による関税の免除を受けることができる。

5．本邦から輸出される貨物の品質が仕向国にある機関の定める条件に適合することを表示するために、当該貨物の製造者が当該貨物に張り付けるラベルで輸入されるものについては、その表示する目的の内容にかかわらず、関税定率法第14条第６号の２（無条件免税）の規定の適用を受けることができる。

日付・正解 Check	／		／ 		／ 	

第20問 »» 正解：1、4、5

解説

1　**誤り**：本邦に住所を移転するため本邦に入国する者が別送して輸入する家具について、**無条件免税の規定による関税の免除を受けて輸入した場合**において、輸入の許可後に売却された場合であっても、**免除を受けた関税が徴収されることはない**。したがって、「免除を受けた関税が直ちに徴収される」という記述は誤りである（関税定率法第14条第8号）。

2　**正しい**：本邦に来遊する**外国の元首**若しくは**その家族に属する物品**だけではなく、その者の**随員に属する物品**についても、関税定率法第14条第2号（無条件免税）の規定の適用を受けることができると規定されている。したがって正しい記述である（関税定率法第14条第2号）。

3　**正しい**：関税定率法第14条第10号（再輸入貨物の無条件免税）の規定の適用を受けるためには、その貨物が、本邦からの輸出の際に、**輸出を条件とする関税の軽減、免除又は払戻しを受けていないこと**が要件として定められている。したがって正しい記述である（関税定率法第14条第10号ただし書）。

4　**誤り**：課税価格の合計額が1万円以下の物品であっても、その物品が**関税定率法の別表第61.09項に掲げるTシャツ**である場合には、そのTシャツが輸入者の個人的な使用に供されると認められるか否かにかかわらず、**無条件免税の規定による関税の免除を受けることができない**。したがって、「同法第14条第18号（無条件免税）の規定による関税の免除を受けることができる」という記述は誤りである（関税定率法第14条第18号、関税定率法施行令第16条の3第8号）。

5　**誤り**：本邦から輸出される貨物の品質が仕向国にある機関の定める条件に適合することを表示するために、輸出貨物の製造者がその貨物に張り付けるラベルで輸入されるものについては、そのラベルが本邦から輸出される電線、電気機器その他これらに類する貨物について、これらの貨物がその仕向国において火災予防その他公衆の安全上必要とされている品質を備えたものであることを表示する目的で仕向国において**品質を保証する機関が発給するラベルに限り**、無条件免税の規定の適用を受けることができると規定されている。したがって、無条件免税の適用を受けることのできる設問のラベルに表示される内容は一定の内容に限られるので、「その表示する目的の内容にかかわらず、関税定率法第14条第6号の2（無条件免税）の規定の適用を受けることができる」という記述は誤りである（関税定率法第14条第6号の2、関税定率法施行令第13条の5）。

問題21 減免税・戻し税制度（再輸入減税、外国で採捕された水産物等の減免税）

択一式

難易度 ✈✈

出題頻度 🚢🚢

次の記述は、関税定率法第１４条の２（再輸入減税）及び関税定率法第１４条の３（外国で採捕された水産物等の減税又は免税）の規定に関するものであるが、その記述の正しいものはどれか。一つを選び、その番号をマークしなさい。なお、正しい記述がない場合には、「０」をマークしなさい。

1．本邦から積み戻された保税作業による製品で、その積戻しの許可の際の性質、形状により再輸入されるものについては、その関税が免除される。

2．関税定率法第14条の３第１項（外国で採捕された水産物等の減税又は免税）の規定により、関税の免除を受けることができる貨物は、本邦から出漁した船舶によって外国で採捕された水産物を原料として当該船舶内で製造された製品に限られる。

3．本邦から出漁した本邦の船舶により外国で採捕した特例申告貨物以外の水産物について、その関税の免除を受けようとする場合には、輸入申告の際、その採捕の事実を証する書類を提出しなければならない。

4．我が国の出漁船舶によって外国で採捕された水産物が、他の外国籍の船舶に積み替えられて我が国に到着し、輸入される場合には、その水産物は、外国で採捕された水産物の免税の規定の適用を受けられない。

5．本邦から出漁した本邦の船舶内で、外国の船舶によって採捕された水産物を加工して得た製品については、外国で採捕された水産物の免税の規定の適用を受けることができる。

日付・正解 Check	／ 	／ 	／ 

第21問 »» 正解：3

解説

1 **誤り**：本邦から積み戻された保税作業による製品で、その積戻しの許可の際の性質、形状により再輸入されるものについては、保税作業により課されなかった外国貨物に対する関税額を**超える関税額が軽減**されると規定されている。したがって、「関税が免除される」という規定は誤りである（関税定率法第14条の2第1号）。

2 **誤り**：関税定率法第14条の3第1項（外国で採捕された水産物等の減税又は免税）の規定により、関税の免除を受けることができる貨物は、本邦から出漁した船舶によって外国で採捕された水産物を原料としてその船舶内で製造された製品のほかに、**本邦から出漁した船舶に採捕された水産物**（加工などをしないもの）**も対象**となっている。したがって、「本邦から出漁した船舶によって外国で採捕された水産物を原料として当該船舶内で製造された製品に限られる」という記述は誤りである（関税定率法第14条の3第1項）。

3 **正しい**：本邦から出漁した本邦の船舶により外国で採捕した特例申告貨物以外の水産物について、その関税の免除を受けようとする場合には、輸入申告の際、その**採捕の事実を証する書類**を提出しなければならないと規定されている。したがって正しい記述である（関税定率法施行令第16条の6）。

4 **誤り**：**我が国の出漁船舶によって外国で採捕された水産物**が、他の外国籍の船舶に積み替えられて我が国に到着し、輸入される場合であっても、外国で採捕された水産物の免税の規定の適用を受けることができる（＝到着船の船籍に何ら制限はない。）。したがって、「外国で採捕された水産物の免税の規定の適用を受けられない」とする記述は誤りである（関税定率法第14条の3第1項、関税定率法基本通達14の3－1（4））。

5 **誤り**：本邦から出漁した本邦の船舶内で、**外国の船舶によって採捕された水産物を加工**して得た製品については、免税の対象ではなく、**減税の対象**となっている。したがって、「外国で採捕された水産物の免税の規定の適用を受けることができる」という記述は誤りである（関税定率法第14条の3第2項）。

問題 22 減免税・戻し税制度（特定用途免税）

文章選択式

難易度 ✈✈
出題頻度 🚢🚢

次の記述は、関税定率法第１５条（特定用途免税）の規定に関するものであるが、その記述の誤っているものはどれか。すべてを選び、その番号をマークしなさい。

1．礼拝の用に直接供するため宗教団体に寄贈された祭壇用具について、関税定率法第15条第１項第４号（特定用途免税）の規定の適用を受けようとする場合には、当該祭壇用具を寄贈した者の名をもって輸入申告しなければならない。

2．国立大学に寄贈された学術研究用品については、新規の発明に係るもの又は本邦において製作することが困難なもの以外であっても、関税定率法第15条第１項第２号（特定用途免税）の規定の適用を受けることができる。

3．我が国に住所を移転するため入国する者が、引越荷物として輸入するモーターボートで、その者により入国前１年以上使用され、かつ、その輸入の許可の日から２年以内にその者又はその家族の個人的使用以外の用途に供されないものについては、関税定率法第15条（特定用途免税）の規定により関税が免除される。

4．関税定率法第15条第１項（特定用途免税）の規定により関税の免除を受けて輸入された貨物で、同法第20条の３（関税の軽減、免除等を受けた物品の転用）の規定による確認を受けることなく、その輸入の許可の日から２年以内に特定の用途以外の用途に供するため譲渡されたものの関税については、譲渡をした者が納税の義務を負う。

5．関税の免除を受けた貨物について、その輸入の許可を受けた日から２年以内にその使用場所を変更しようとする者は、当該貨物の輸入を許可した税関長にその旨を届け出なければならない。

日付・正解 Check	／		／		／	

第22問 »» 正解：1、5

解説

1　**誤り**：礼拝の用に直接供するため宗教団体に寄贈された祭壇用具について、特定用途免税の規定の適用を受けようとする場合には、祭壇用具の**寄贈を受けた者の名**をもって輸入申告しなければならないと規定されている。したがって、「寄贈した者の名」という記述は誤りである（関税定率法施行令第20条第3項）。

2　**正しい**：**国立大学に寄贈された学術研究用品**については、新規の発明に係るもの又は本邦において製作することが困難なもの以外であっても、関税定率法第15条第1項第2号（特定用途免税）の規定の適用を受けることができると規定されている。したがって正しい記述である（関税定率法第15条第1項第2号）。
なお、寄贈以外の学術研究用品については、新規の発明に係るもの又は本邦において製作することが困難なものに限り特定用途免税の規定が適用される。

3　**正しい**：我が国に住所を移転するため入国する者が、**引越荷物**として輸入する**モーターボート**で、その者により**入国前1年以上使用**され、かつ、その**輸入の許可の日から2年以内にその者又はその家族の個人的使用以外の用途に供されないもの**については、関税定率法第15条（特定用途免税）の規定により関税が免除されると規定されている。したがって正しい記述である（関税定率法第15条第1項第9号）。

4　**正しい**：関税定率法第15条第1項の規定により関税の免除を受けて輸入された貨物で、同法第20条の3の物品の転用の規定による確認を受けることなく、その輸入の許可の日から**2年以内**に特定の用途以外の用途に供するため譲渡されたものの関税については、譲渡をした者が納税の義務を負うと規定されている。したがって正しい記述である（関税定率法第15条第2項）。

5　**誤り**：関税の免除を受けた貨物について、その輸入の許可を受けた日から2年以内にその使用場所を変更しようとする者は、その貨物が**置かれている場所を所轄する税関長**にその旨を届け出なければならないと規定されている。したがって、「当該貨物の輸入を許可した税関長にその旨を届け出なければならない」とする記述は誤りである（関税定率法施行令第26条第3項）。

問題 23 減免税・戻し税制度（外交官用貨物等の免税）

文章選択式

難易度 ✈✈
出題頻度 🚢🚢

次の記述は、関税定率法第16条（外交官用貨物等の免税）の規定に関するものであるが、その記述の誤っているものはどれか。すべてを選び、その番号をマークしなさい。

1．我が国にある外国の領事館が専ら公用に供するために輸入する自動車については、相互条件により外交官用貨物等として関税の免除を受けることができる。

2．関税定率法第16条第１項第２号（外交官用貨物等の免税）の規定により関税の免除を受けて輸入された本邦に派遣された外国の大使の自用品である原動機付自転車が、その輸入の許可の日から２年以内に売却された場合には、その免除を受けた関税が直ちに徴収される。

3．本邦に派遣された外交官が輸入する自動車で、その輸入の許可の日から２年以内に当該外交官の自用以外の用途に供されないものについては、関税定率法第16条第１項（外交官用貨物等の免税）の規定の適用を受けることができる。

4．本邦に派遣された外交官が外交官用貨物等の免税の適用を受けて輸入した自用の自動車については、その者がその輸入の許可の日から２年以内に本邦においてその職を離れたときは、引き続き自用に供する場合であっても、免除された関税が徴収される。

5．本邦に派遣された外交官が、関税定率法第16条第１項（外交官用貨物等の免税）の規定により関税の免税を受けて輸入した旅行バッグを、その輸入の許可の日から２年以内に売却しても、当該免除を受けた関税は徴収されない。

日付・正解 Check	／ 	／ 	／ 

第23問 »» 正解：2、4

解説

1 **正しい**：我が国にある外国の領事館が専ら公用に供するために輸入する**自動車**については、相互条件により外交官用貨物等として関税の免除を受けることができると規定されている。したがって正しい記述である（関税定率法第16条第1項第3号）。

2 **誤り**：外交官用貨物等の免税の規定により関税の免除を受けて輸入された本邦に派遣された外国の大使の自用品である**原動機付自転車**が、その輸入の許可の日から２年以内に売却された場合でも、その免除を受けた関税が徴収されることはない。原動機付自転車については２年間の用途外使用の制限が設けられていない。したがって、「その免除を受けた関税が直ちに徴収される」という記述は誤りである（関税定率法第16条第２項、関税定率法施行令第28条）。

3 **正しい**：本邦に派遣された外交官が輸入する**自動車**で、その輸入の許可の日から**2年以内**にその外交官の自用以外の用途に供されないものについては、関税定率法第16条第1項（外交官用貨物等の免税）の規定の適用を受けることができると規定されている。したがって正しい記述である（関税定率法第16条第1項第2号、第2項、関税定率法施行令第28条第1号）。

4 **誤り**：本邦に派遣された外交官が外交官用貨物等の免税の適用を受けて輸入した**自用の自動車**については、その者がその輸入の許可の日から2年以内に本邦においてその職を離れたときであっても、**引き続き自用に供する場合**には用途外使用とはならず、免除された関税は徴収されない。したがって、「免除された関税が徴収される」という記述は誤りである（関税定率法第16条第2項、関税定率法施行令第29条）。

5 **正しい**：本邦に派遣された外交官が、関税定率法第16条第1項（外交官用貨物等の免税）の規定により関税の免税を受けて輸入した**旅行バッグ**は用途外使用が制限される貨物とはなっていない。したがって、その輸入の許可の日から2年以内に売却しても免除を受けた関税は徴収されないので、正しい記述である（関税定率法第16条第2項、関税定率法施行令第28条）。

問題 24 減免税・戻し税制度（再輸出免税）

文章選択式

難易度	✈✈
出題頻度	🚢🚢🚢

次の記述は、関税定率法第１７条（再輸出免税）の規定に関するものであるが、その記述の誤っているものはどれか。すべてを選び、その番号をマークしなさい。

1. 関税の免除を受けて輸入した貨物を、再輸出すべき所定の期間内に輸出した場合には、当該貨物の輸入を許可した税関長にその旨を届け出なければならない。
2. 関税の免除を受けようとする者は、その免除に係る関税の額に相当する担保の提供を求められることがある。
3. 関税の免除を受けて輸入した貨物を、再輸出すべき所定の期間内にその免除を受けた用途以外の用途に供する場合には、あらかじめ当該貨物の輸入を許可した税関長にその旨を届け出なければならない。
4. 船員の厚生用物品に関する通関条約第５条（厚生用施設において使用される厚生用物品の一時的免税輸入）の規定に該当して輸入される船員の厚生用物品で、同条約の加盟国から輸入され、その輸入の許可の日から２年以内に再輸出されるものについては、関税定率法第17条第１項（再輸出免税）の規定の適用を受けることができる。
5. 関税定率法第17条第１項（再輸出免税）の規定により関税の免除を受けて輸入された貨物で、その輸入後加工されたものをその輸入の許可の日から１年以内に輸出する場合には、その輸出申告の際に、当該貨物の輸入の許可書又はこれに代わる税関の証明書に、その加工をした者が作成した加工証明書を添付して、税関長に提出しなければならない。

日付・正解 Check	／	／	／

第24問 »» 正解：3、4

解説

1　**正しい**：関税の免除を受けて輸入した貨物を、再輸出すべき所定の期間内に輸出した場合には、その貨物の**輸入を許可した税関長**にその旨を**届け出**なければならないと規定されている。したがって正しい記述である（関税定率法第17条第3項、関税定率法施行令第39条第4項）。

2　**正しい**：関税の免除を受けようとする者は、その免除に係る**関税の額に相当する担保**の提供を求められることがある（＝任意的担保）と定められている。したがって正しい記述である（関税定率法第17条第2項で準用する第13条第3項）。

3　**誤り**：関税の免除を受けて輸入した貨物を、再輸出すべき所定の期間内にその免除を受けた用途以外の用途に供する場合には、あらかじめ、**貨物の置かれている場所を所轄する税関長**にその旨を届け出なければならないと規定されている。したがって、「当該貨物の輸入を許可した税関長にその旨を届け出なければならない」とする記述は誤りである（関税定率法施行令第37条第1項）。

4　**誤り**：船員の厚生用物品に関する通関条約第5条（厚生用施設において使用される厚生用物品の一時的免税輸入）の規定に該当して輸入される**船員の厚生用物品**で、同条約の加盟国から輸入され、その輸入の許可の日から**6月以内**に再輸出されるものについては、関税定率法第17条第1項の規定の適用を受けることができると規定されている。したがって、「2年」という記述は誤りである（関税定率法第17条第1項第11号、関税定率法施行令第33条の3第3号）。

5　**正しい**：関税定率法第17条第1項の規定により関税の免除を受けて輸入された貨物で、その**輸入後加工されたもの**をその輸入の許可の日から**1年以内**に輸出する場合には、その輸出申告の際に、その貨物の輸入の許可書又はこれに代わる税関の証明書に、その加工をした者が作成した加工証明書を添付して、税関長に提出しなければならないと規定されている。したがって正しい記述である（関税定率法第17条第1項、関税定率法施行令第39条第1項）。

問題
25 減免税・戻し税制度（再輸出免税）

文章選択式

難易度	✈✈
出題頻度	🚢🚢🚢

次の記述は、関税定率法第１７条（再輸出免税）の規定に関するものであるが、その記述の誤っているものはどれか。すべてを選び、その番号をマークしなさい。

1．職業用具の一時輸入に関する通関条約第２条の規定に該当する職業用具で、当該条約の加盟国から輸入されその輸入の許可の日から２年以内に再輸出されるものについては、関税定率法第17条第１項（再輸出免税）の規定の適用を受けることができる。

2．関税定率法第17条第１項（再輸出免税）の規定の適用を受けることができる貨物は、当該貨物の輸出時における性質及び形状が輸入時における性質及び形状と変わらないことが確実なものに限られる。

3．再輸出免税の適用を受けようとする者は、その免税を受けようとする貨物の輸入申告の際に、その品名、数量及び輸入の目的、輸出の予定時期及び予定地並びに使用の場所を記載した書面を税関長に提出しなければならない。

4．関税定率法第17条第１項第５号（再輸出免税）の規定により学術研究用品についての関税を免除する場合においては、税関長は、その免除に係る関税の額に相当する担保を提供させることができる。

5．国際的な運動競技会で使用するために関税定率法第17条第１項（再輸出免税）の規定により関税の免除を受けて輸入した物品について、当該運動競技会後に地方公共団体が経営する学校へ寄贈し当該学校において教育のために使用される場合であって、同法第20条の３第１項（関税の軽減、免除等を受けた物品の転用）に規定する税関長の確認を受けたときは、その免除された関税は徴収されない。

日付・正解 Check	／		／		／	

第25問 »» 正解：1、2

解説

1　**誤り：**職業用具の一時輸入に関する通関条約第２条の規定に該当する職業用具で、条約の加盟国から輸入されその輸入の許可の日から**１年以内**に再輸出されるものについては、関税定率法第17条第１項（再輸出免税）の規定の適用を受けることができると規定されている。したがって、「２年以内」という記述が誤りである（関税定率法施行令第33条の３第５号）。

2　**誤り：**関税定率法第17条第１項（**再輸出免税**）**の規定の適用を受けることができる貨物**は、「貨物の輸出時における性質及び形状が輸入時における性質及び形状と変わらないことが確実なものに限られる」という規定はない。したがって誤った記述である。

3　**正しい：**再輸出免税の適用を受けようとする者は、その免税を受けようとする貨物の輸入申告の際に、その**品名、数量及び輸入の目的、輸出の予定時期及び予定地並びに使用の場所**を記載した書面を税関長に提出しなければならないと規定されている。したがって正しい記述である（関税定率法施行令第34条第１項）。

4　**正しい：**再輸出免税の規定により学術研究用品についての関税を免除する場合においては、税関長は、その免除に係る**関税の額に相当する担保**を提供させることができると規定されている。したがって正しい記述である（関税定率法第17条第２項で準用する同法第13条第３項）。

5　**正しい：**国際的な運動競技会で使用するために再輸出免税の規定により関税の免除を受けて輸入した物品について、運動競技会後に地方公共団体が経営する学校へ寄贈しその学校において教育のために使用される場合であって、税関長より関税定率法第20条の３第１項に規定する**物品の転用の確認を受けた**ときは、特定用途免税の規定の適用を受けて引き続き関税が免除されるため、**免除された関税が徴収されることはない**。したがって正しい記述である（関税定率法第17条第１項、同法第20条の３第１項）。

問題 26 減免税・戻し税制度（輸出貨物製造用原料品の減免税、戻し税）

文章選択式

難易度 ✈✈

出題頻度 🚢

次の記述は、関税定率法第19条（輸出貨物製造用原料品の減免税、戻し税）の規定に関するものであるが、その記述の正しいものはどれか。すべてを選び、その番号をマークしなさい。

1. 輸出貨物の製造に使用される原料品のうち政令で定めるもので輸入され、税関長の承認を受けて製造工場で製造されるものについては、当該原料品の輸入の許可の日から1年以内に当該製品が輸出される場合に限り、当該原料品の関税の払戻しを受けることができる。
2. 輸出貨物の製造用原料品の免税（関税定率法第19条）の規定の適用を受けることができる原料品には、政令で具体的に定められたもののほか、輸出貨物の製造用原料品として税関長の承認を受けたものも含まれる。
3. 税関長の承認を受けた製造工場において、特定の輸入原料品を使用して製造した特定の製品を輸出した場合には、関税の払戻しを受けることができる。
4. 輸出貨物は、保税工場で製造されたものでなければ、戻し税の適用はない。
5. 関税の払戻し申請書は、原則としてその製品の製造者又は輸出者の名をもって税関長に提出しなければならない。

日付・正解 Check	／	／	／

第26問 »» 正解：2、3、5

解説

1 **誤り：**輸出貨物の製造に使用される原料品のうち政令で定めるもので輸入され、税関長の承認を受けて製造工場で製造されるものについて、**関税の払戻しを受ける場合**には製品の**輸出期間に関する制限はない**。したがって、「当該原料品の輸入の許可の日から1年以内に当該製品が輸出される場合に限り、当該原料品の関税の払戻しを受けることができる」という記述は誤りである（関税定率法第19条第1項）。

2 **正しい：**輸出貨物の製造用原料品の免税（関税定率法第19条）の規定の適用を受けることができる原料品には、政令で具体的に定められたもののほか、**輸出貨物の製造用原料品として税関長の承認を受けたもの**も含まれると規定されている。したがって正しい記述である（関税定率法施行令第47条第1項第8号）。

3 **正しい：**税関長の承認を受けた製造工場において、**特定の輸入原料品を使用して製造した特定の製品を輸出した場合**には、関税の払戻しを受けることができると規定されている。したがって正しい記述である（関税定率法第19条第1項）。

4 **誤り：**輸出貨物は、税関長が**承認をした工場**（＝承認工場）で製造したものでなければ戻し税の適用はないと規定されている。したがって、「保税工場で製造されたものでなければ、戻し税の適用はない」とする記述は誤りである（関税定率法第19条第1項）。

5 **正しい：**関税の払戻し申請書は、原則としてその製品の**製造者**又は**輸出者**の名をもって税関長に提出しなければならないと規定されている。したがって正しい記述である（関税定率法施行令第53条の3第4項）。

問題 27 減免税・戻し税制度（輸入時と同一状態で再輸出される場合の戻し税）

文章選択式

難易度	✈✈
出題頻度	🚢🚢

次の記述は、関税定率法第19条の3（輸入時と同一状態で再輸出される場合の戻し税）に規定する関税の払戻しに関するものであるが、その記述の正しいものはどれか。すべてを選び、その番号をマークしなさい。

1. 関税の払戻しを受けようとする貨物を輸入しようとする者は、当該貨物の輸入申告の際に、関税定率法第19条の3第1項の規定の適用を受けようとする旨、当該貨物の再輸出の予定時期及び予定地並びに当該貨物の性質及び形状その他その再輸出の確認のため必要な事項を税関長に届け出なければならない。
2. 関税の払戻しを受けようとする貨物を輸入しようとする者は、当該貨物の輸入申告の際に、当該貨物に係る関税の納期限について、関税法第9条の2第1項から第3項まで(納期限の延長)の規定の適用を受けることはできない。
3. 再輸出した貨物について払い戻される関税の額には、当該貨物について納付した延滞税、過少申告加算税及び重加算税の額は含まれない。
4. 輸出に代え廃棄することがやむを得ないと認められる場合であっても、廃棄した貨物について関税の払戻しを受けることができる。
5. 関税を納付して輸入した貨物について関税の払戻しを受けようとする者は、当該関税の払戻しを受けようとする貨物の輸出の際に、輸出の理由等を記載した申請書を輸入申告をした税関に提出しなければならない。

日付・正解 Check	／	／	／

第27問 »» 正解：1、3

解説

1　**正しい**：関税の払戻しを受けようとする貨物を輸入しようとする者は、**輸入申告の際**に、関税定率法第19条の3第1項の規定の**適用を受けようとする旨**、貨物の**再輸出の予定時期**及び**予定地**並びに**貨物の性質及び形状**その他その**再輸出の確認のため必要な事項**を税関長に届け出なければならないと規定されている。したがって正しい記述である（関税定率法第19条の3第1項、関税定率法施行令第54条の13第1項）。

2　**誤り**：関税定率法第19条の3第1項の規定の適用を受けて関税の払戻しを受けようとする貨物を輸入しようとする者であっても、関税の納期限の延長の申請をすることにより、その貨物の輸入申告の際に**納期限の延長の規定の適用を受けることができる**。したがって、「関税法第9条の2第1項から第3項まで（納期限の延長）の規定の適用を受けることはできない」という記述は誤りである（関税定率法第19条の3第2項）。

3　**正しい**：再輸出した貨物について払い戻される関税の額には、その貨物について納付した**延滞税、過少申告加算税及び重加算税の額は含まれない**と規定されている。したがって正しい記述である（関税定率法施行令第54条の15）。

4　**誤り**：輸出に代え廃棄することがやむを得ないと認められる場合であっても、**廃棄した貨物**について関税の払戻しを受けることができるという**規定はない**。したがって誤った記述である。

5　**誤り**：関税を納付して輸入した貨物について関税の払戻しを受けようとする者は、関税の払戻しを受けようとする貨物の輸出の際に、輸出の理由等を記載した申請書を**税関長**（つまり、輸出申告をする税関長）に提出しなければならないと規定されている。したがって、「輸入申告をした税関に提出しなければならない」とする記述は誤りである（関税定率法施行令第54条の16）。

問題 28 減免税・戻し税制度（違約品等の再輸出又は廃棄の場合の戻し税等）

択一式

難易度 ✈✈
出題頻度 🚢🚢🚢

次の記述は、関税定率法第20条（違約品等の再輸出又は廃棄の場合の戻し税等）の規定に関するものであるが、その記述の正しいものはどれか。一つを選び、その番号をマークしなさい。なお、正しい記述がない場合には、「0」をマークしなさい。

1．通信販売により購入し輸入された個人用物品の品質等が、輸入者の予期しなかったものである貨物については、当該貨物が輸出される場合に限り、関税の払戻しを受けることができる。

2．関税を納付して輸入された布地であって、品質が契約の内容と相違するため返送することがやむを得ないと認められるものを、その輸入の許可の日から６月以内に保税地域に入れ、返送のため輸出する場合において、当該布地が輸入後に切断されているときは、当該切断が布地の素材としての性質及び形状を失わない程度の切断であっても、その関税が払戻しされることはない。

3．貨物の輸入後において法令により一部地域での販売が禁止されるに至った場合には、当該貨物を輸出することがやむを得ないとまでは言えない場合であっても、輸入時の性質等に変更を加えることなく一定期間内に保税地域等に入れられたものであれば、関税の払戻しを受けることができる。

4．保税地域への搬入期間延長の承認申請書は、輸入を許可した税関長又は搬入を予定する保税地域の所在地を所轄する税関長のどちらにでも提出することができる。

5．輸入した貨物の品質又は数量等が契約の内容と相違するため、輸入者が当該貨物を第三者に販売する目的で輸出する場合であっても、関税の払戻しを受けることができる。

日付・正解 Check	／	／	／

第28問 »» 正解：4

解説

1 **誤り：通信販売**により購入し輸入された**個人用物品**の品質等が、輸入者の予期しなかったものである貨物については、**輸出する場合**のほか、輸出に代え税関長の承認を得て**廃棄する場合**でも関税の払戻しを受けることができると規定されている。したがって、「当該貨物が輸出される場合に限り、関税の払戻しを受けることができる」という記述は誤りである（関税定率法第20条第2項）。

2 **誤り：**関税を納付して輸入された布地であって、品質が契約の内容と相違するため返送することがやむを得ないと認められるものを、輸入の許可の日から6月以内に保税地域に入れ、返送のため輸出する場合において、返送する布地が輸入後に切断されている場合であっても、その**切断が布地の素材としての性質及び形状を失わない程度の切断**であれば、**輸入の時の性質及び形状に変更を加えていないこと**になり、関税が払戻しされることがある。したがって、「関税が払戻しされることはない」という記述は誤りである（関税定率法基本通達20－1（1））。

3 **誤り：**関税定率法第20条の規定の適用を受けて関税の払戻しを受けることができる条件の一つに「輸入後において法令によりその販売若しくは使用又はそれを用いた製品の販売若しくは使用が禁止されるに至ったため輸出することがやむを得ないと認められる貨物」というのがあるが、この規定からも分かるように関税の払戻しを受けるには輸出することが**やむを得ないと認められる必要**がある。したがって、「輸出することがやむを得ないとまでは言えない場合であっても…関税の払戻しを受けることができる」という記述は誤りである。なお、同法第20条の適用を受けることができる貨物の条件は三つあるが、そのいずれにおいても「輸出又は返送することがやむを得ないと認められる貨物」という条件が課されているので留意する（関税定率法第20条第1項）。

4 **正しい：**保税地域への搬入期間延長の承認申請書は、**輸入を許可した税関長**又は**搬入を予定する保税地域の所在地を所轄する税関長**のどちらにでも提出することができると規定されている。したがって正しい記述である（関税定率法施行令第56条の2）。

5 **誤り：**輸入した貨物の品質又は数量等が**契約の内容と相違**するため、本邦から輸出する場合には、輸入者がその貨物を**返送のため輸出する場合**に限り、関税の払戻しを受けることができると規定されている。したがって、「第三者に販売する目的で輸出する場合であっても、関税の払戻しを受けることができる」という記述は誤りである（関税定率法第20条第1項第1号）。

問題 29 関税率表の解釈に関する通則

文章選択式

難易度 ✈✈
出題頻度 🚢🚢🚢

次の記述は、関税率表の解釈に関する通則に関するものであるが、その記述の正しいものはどれか。すべてを選び、その番号をマークしなさい。

1．関税定率法別表の適用に当たっては、物品の所属は、類及び項の規定並びにこれに関係する部又は類の注の規定に従う。
2．各項に記載するいずれかの物品には、未完成の物品で、完成した物品としての重要な特性を提示する際に有するものを含まず、また、完成した物品で、提示の際に組み立てていないもの及び分解してあるものを含まない。
3．物品が二以上の項に属するとみられる場合には、最も特殊な限定をして記載している項が、これよりも一般的な記載をしている項に優先する。
4．項又は注に別段の定めがある場合を除くほか、各項に記載するいずれかの材料又は物質には、当該材料又は物質に他の材料又は物質を混合し又は結合した物品を含む。
5．二以上の項に属するとみられる物品であって、関税率表の解釈に関する通則３（a）及び（b）の規定によりその所属を決定することができないものは、等しく考慮に値する項のうち、数字上の配列において最後となる項に属する。

日付・正解 Check	／	／	／

第29問 »» 正解：3、4、5

解説

1　**誤り**：物品の所属は、**項の規定**及びこれに関係する**部又は類の注の規定**に従うと規定されている。したがって、類の規定というものはないので、「類…の規定」という記述は誤りである（通則1）。

2　**誤り**：各項に記載するいずれかの物品には、未完成の物品で、**完成した物品としての重要な特性を提示する際に有するもの**を含み、また、完成した物品で、提示の際に**組み立てていないもの**及び**分解してあるもの**を含むと規定されている。したがって「含まず」、「含まない」という記述は誤りである（通則2（a））。

3　**正しい**：物品が二以上の項に属するとみられる場合には、**最も特殊な限定をして記載している項**が、これよりも一般的な記載をしている項に**優先**すると規定されている。したがって正しい記述である（通則3（a））。

4　**正しい**：項又は注に別段の定めがある場合を除くほか、各項に記載するいずれかの材料又は物質には、当該材料又は物質に**他の材料又は物質を混合し又は結合した物品を含む**と規定されている。したがって正しい記述である（通則2（b））。

5　**正しい**：二以上の項に属するとみられる物品であって、関税率表の解釈に関する通則3（a）及び（b）の規定によりその所属を決定することができないものは、等しく考慮に値する項のうち、**数字上の配列において最後**となる項に属すると規定されている。したがって正しい記述である（通則3（c））。

問題
30 関税率表の解釈に関する通則

文章選択式

難易度	✈✈
出題頻度	🚢🚢🚢

次の記述は、関税率表の解釈に関する通則及び関税定率法別表（関税率表）に関するものであるが、その記述の誤っているものはどれか。すべてを選び、その番号をマークしなさい。

1．他の方法により所属を決定することができない物品は、当該物品に最も類似する物品が所属する項に分類される。
2．関税率表第77類は、将来使用する可能性に備えて保留されており欠番となっている。
3．関税率表の解釈に関する通則5（b）においては、物品とともに提示し、かつ、当該物品の包装に通常使用する包装材料及び包装容器は、反復使用に適することが明らかなものであっても、当該物品に含まれることとされている。
4．関税率表の適用に当たっては、項のうちいずれの号に物品が属するかは、号の規定及びこれに関係する号の注の規定のみに従って決定する。
5．関税率表の各号に掲げる物品の細分として同表の品名の欄に掲げる物品については、当該各号に掲げる物品に限定がある場合には、別段の定めがあるものを除き、当該細分として掲げる物品についても同様の限定がある。

日付・正解 Check	／		／		／	

第30問 »» 正解：3、4

解説

1　**正しい**：他の方法により所属を決定することができない物品は、当該物品に**最も類似する物品が所属する項に分類**されると規定されている。したがって正しい記述である（通則4）。

2　**正しい**：**関税率表第77類**は、商品の名称及び分類についての統一システムに関する国際条約において将来使用する可能性に備えて保留されており**欠番**となっていると規定されている。したがって正しい記述である（関税率表の解釈に関する通則備考5）。

3　**誤り**：関税率表の解釈に関する通則5（b）においては、物品とともに提示し、かつ、その物品の包装に通常使用する包装材料及び包装容器は、その物品に含まれると規定されているが、**反復使用に適することが明らかな包装材料及び包装容器は、その物品に含まれない**と規定されている。したがって、「反復使用に適することが明らかなものであっても、当該物品に含まれる」という記述は誤りである（通則5（b））。

4　**誤り**：関税率表の適用に当たっては、項のうちのいずれの号に物品が属するかは、**号の規定**及びこれに関係する**号の注の規定**に従い、かつ、**通則1から5の原則を準用**して決定するものとし、この場合において、同一の水準にある号のみを比較することができると規定されている。したがって、「項のうちいずれの号に物品が属するかは、号の規定及びこれに関係する号の注の規定のみに従って決定する」とする記述は限定しているので誤りである（通則6）。

5　**正しい**：関税率表の各号に掲げる物品の細分として同表の品名の欄に掲げる物品については、当該各号に掲げる物品に限定がある場合には、別段の定めがあるものを除き、当該**細分として掲げる物品についても同様の限定がある**と規定されている。したがって正しい記述である（通則備考1）。

第3編
関税暫定措置法

関税暫定措置法

※空欄は出題なし

出題テーマ	H24年	H25年	H26年	H27年	H28年	H29年	H30年	R元年	R2年	R3年	R4年	R5年
航空機部分品等の免税			択一		選択	選択					選択	
関税暫定措置法第8条・第9条	択一		択一	選択	選択	選択			選択			択一
特恵関税制度	穴埋め	択一	選択・択一	択一	選択	択一	択一	択一	選択	穴埋め・選択	択一	穴埋め

問題 1 特恵関税制度

次の記述は、関税暫定措置法第８条の２に規定する特恵関税に関するものであるが、（　　）に入れるべき最も適切な語句を下の選択肢から選び、その番号をマークしなさい。

1.（　イ　）とは、経済が開発の途上にある国（固有の関税及び貿易に関する制度を有する地域を含む。）であって、関税について特別の（　ロ　）を受けることを希望するもののうち、当該（　ロ　）を与えることが適当であるものとして関税暫定措置法施行令で定める国及び地域である。

2.（　イ　）を原産地とする物品について、関税について特別の（　ロ　）を受けようとする者が税関長に提出しなければならない（　ハ　）は、その証明に係る物品の（　ニ　）の際（税関長がやむを得ない特別の事由があると認める場合には、（　ニ　）後その事由により相当と認められる期間内）に、当該物品の（　ニ　）者の申告に基づき原産地の税関（税関が（　ハ　）を発給することとされていない場合には、（　ハ　）の発給につき権限を有するその他の官公署又は（　ホ　）その他これに準ずる機関で、税関長が適当と認めるもの）が発給したものでなければならない。

[選択肢]

①恩恵受益国等	②検疫所	③原産地証明書
④商業会議所	⑤生産	⑥生産者証明書
⑦大使館	⑧特恵受益国等	⑨品目証明書
⑩便益	⑪便宜	⑫便宜供与国等
⑬輸出	⑭輸入	⑮利益

日付・正解 Check

第1問 »» 正解：イ－⑧、ロ－⑩、ハ－③、ニ－⑬、ホ－④

解説

1　（**イ：⑧特恵受益国等**）とは、経済が開発の途上にある国（固有の関税及び貿易に関する制度を有する地域を含む。）であって、関税について特別の（**ロ：⑩便益**）を受けることを希望するもののうち、当該（**ロ：⑩便益**）を与えることが適当であるものとして関税暫定措置法施行令で定める国及び地域である。

2　（**イ：⑧特恵受益国等**）を原産地とする物品について、関税について特別の（**ロ：⑩便益**）を受けようとする者が税関長に提出しなければならない（**ハ：③原産地証明書**）は、その証明に係る物品の（**ニ：⑬輸出**）の際（税関長がやむを得ない特別の事由があると認める場合には、（**ニ：⑬輸出**）後、その事由により相当と認められる期間内）に、当該物品の（**ニ：⑬輸出**）者の申告に基づき原産地の税関（税関が（**ハ：③原産地証明書**）を発給することとされていない場合には、（**ハ：③原産地証明書**）の発給につき権限を有するその他の官公署又は（**ホ：④商業会議所**）その他これに準ずる機関で、税関長が適当と認めるもの）が発給したものでなければならない。

イ．**⑧特恵受益国等、ロ．⑩便益**：まず（　イ　）については、問題文記1より（　イ　）は経済が開発の途上にある国とあるので、国を総称する言葉が入り、そのような国を**特恵関税制度**ではどのように呼称しているかを考えれば解答できる。したがって、**関税暫定措置法第8条の2第1項**の規定より、（　イ　）には「⑧特恵受益国等」を選択することができる。次に（　ロ　）であるが、「関税について特別の（　ロ　）を受けることを希望するもの」や、「当該（　ロ　）を与える」という文章から、その特恵受益国等が希望し我が国が与えるものであることが分かる。そこで該当する選択肢は、「⑩便益」、「⑪便宜」、「⑮利益」であるが、同条の規定より（　ロ　）には「⑩便益」を選択する。

ハ．**③原産地証明書、ニ．⑬輸出、ホ．④商業会議所**：まず（　ハ　）については、関税についての特別の便益を受けようとする者が**税関長に提出するもの**であるから、何らかの書類であることが分かる。ここで（　ハ　）に該当する選択肢は、「③原産地証明書」、「⑥生産者証明書」、「⑨品目証明書」であるが、特恵関税の便益を受けようとする者が原則として提出する必要がある書類は原産地証明書であるので、（　ハ　）には「③原産地証明書」を選択することができる。次に（　ニ　）であるが、「当該物品の（　ニ　）者の申告に基づき原産地の税関…発給」とあるので、（　ニ　）には、貨物の**原産地の税関に書類を提出できる者**が入ることが分かる。したがって、（　ニ　）には「⑬輸出」を選択する。最後の（　ホ　）については、「（ハ：③原産地証明書）の発給につき権限を有するその他の官公署又は（　ホ　）その他これに準ずる機関で、税関長が適当と認めるもの」とあるので、**原産地証明書を発給する機関で、税関や官公署以外の機関の名称**が入ることが分かる。そこで該当する選択肢は、「②検疫所」、「④商業会議所」、「⑦大使館」であるが、検疫所と大使館は官公署であることと、**関税暫定措置法施行令第27条第4項**の規定より（　ホ　）には「④商業会議所」を選択する。

減免税制度

次の記述は、関税暫定措置法の減免税制度に関するものであるが、その記述の誤っているものはどれか。すべてを選び、その番号をマークしなさい。

1. 関税暫定措置法第４条（航空機部分品等の免税）の規定の適用を受けた航空機の部分品を、その免除を受けた用途に供する者は、その事業場に所定の帳簿を備えなければならない。
2. 宇宙開発の用に供する人工衛星を開発するためのロケットの部分品であって、本邦において製作することが困難と認められないものについては、関税暫定措置法第４条（航空機部分品等の免税）の規定による関税の免除を受けることができない。
3. 関税暫定措置法第４条（航空機部分品等の免税）の規定により関税の免除を受けた物品に関して同法第10条ただし書（用途外使用等の制限）に規定する税関長の承認を受けたときは、当該承認を受けた物品につき変質による価値の減少があっても、その免除を受けた額の関税が常に徴収される。
4. 関税暫定措置法第９条（軽減税率等の適用手続）に規定する軽減税率の適用を受けた物品について、用途外使用の承認を受けることにより関税が徴収されることとなった場合（当該物品の使用による減耗、変質等による価値の減少があった場合を除く。）には、特定の用途に供することを要件としない税率により計算した関税の額と当該軽減税率により計算した関税の額との差額を徴収する。
5. 関税暫定措置法第９条に規定する軽減税率の適用を受けようとする者は、軽減される関税の額に相当する担保を税関長に提供しなければならない。

日付・正解 Check	／	／	／

第1問 »» 正解：3、5

解説

1　**正しい**：航空機部分品等の免税の規定の適用を受けた航空機の部分品を、その免除を受けた用途に供する者は、その**事業場に所定の帳簿を備えなければならない**と規定されている。したがって正しい記述である（関税暫定措置法施行令第9条）。

2　**正しい**：宇宙開発の用に供する人工衛星を開発するためのロケットの部分品であっても、本邦において製作することが困難と認められないものについては、関税暫定措置法第4条の規定による関税の免除を受けることができない。関税暫定措置法第4条の規定による関税の免除を受けることができるものは、**本邦において製作することが困難と認められるものに限られる**。したがって正しい記述である（関税暫定措置法第4条第3号）。

3　**誤り**：関税暫定措置法第4条の規定により関税の免除を受けた物品に関して同法第10条ただし書に規定する用途外使用の承認を受けたときであって、その承認を受けた物品につき**変質による価値の減少があった場合**には、関税定率法第10条第1項（変質又は損傷による減税）の規定に準じてその**関税を軽減する**ことができると規定されている。したがって、「その免除を受けた額の関税が常に徴収される」という記述は誤りである（関税暫定措置法第10条、同法第11条）。

4　**正しい**：軽減税率の適用を受けた物品について、**用途以外の用途に使用する場合**には、税関長の**承認**を受ける必要があり、その場合には**関税が徴収**されることになる。この場合において徴収される関税は、特定の用途に供することを要件としない税率により計算した関税の額と軽減税率により計算した関税の額との差額を徴収すると定められている。したがって正しい記述である（関税暫定措置法第11条第2号）。

5　**誤り**：軽減税率の適用を受けようとする者が、軽減される**関税の額**に相当する**担保**を税関長に提供しなければならないという規定はない。したがって誤った記述である。

問題 2

減免税制度

次の記述は、関税暫定措置法第８条（加工又は組立てのため輸出された貨物を原材料とした製品の減税）の規定に関するものであるが、その記述の正しいものはどれか。一つを選び、その番号をマークしなさい。なお、正しい記述がない場合には、「0」をマークしなさい。

1. 特例申告貨物について関税暫定措置法第８条の規定により関税の軽減を受けようとする者は、当該貨物の輸入申告書に、当該貨物について同条の規定により関税の軽減を受けようとする旨を付記することを要しない。
2. 本邦から輸出された貨物を材料として加工された製品については、本邦においてその加工をすることが困難であると認められる場合に限り、関税の軽減を受けることができる。
3. 関税の軽減を受けようとする者が原材料である貨物を輸出した者と異なる場合であっても、その輸出の際に、当該原材料である貨物が加工又は組立てのため輸出するものであることを証する書類を輸出申告書に添付した場合においては、関税の軽減を受けることができる。
4. 我が国が締結した経済連携協定において関税の譲許がされている物品については、便益の適用にかかわらず、関税暫定措置法第８条の規定の適用を受けることができない。
5. 関税暫定措置法第８条第１項の規定により関税の軽減を受けようとする貨物の原材料である生地を輸出しようとする者は、その輸出の際に、必ず生地見本を提出しなければならない。

日付・正解 Check		 	

第２問 »» 正解：3

解説

1　**誤り：**特例申告貨物について**関税暫定措置法第８条の規定により関税の軽減**を受けようとする者は、**輸入申告書**に関税の軽減を受けようとする旨を**付記**しなければならないと規定されている。したがって、「関税の軽減を受けようとする旨を付記することを要しない」という記述は誤りである(関税暫定措置法施行令第23条第４項)。

2　**誤り：**関税の**軽減を受けるための要件**に、「本邦においてその加工をすることが困難であると認められる場合に限り」というものはない。したがって誤った記述である。なお、本邦において加工が困難な場合に減税されるという要件は、関税定率法第11条の「加工又は修繕のため輸出された貨物の減税」が適用される場合のものである。

3　**正しい：**関税の軽減を受けようとする者が原材料である貨物を輸出した者と異なる場合であっても、その輸出の際に、その原材料である貨物が**加工又は組立てのため**輸出するものであることを証する書類を**輸出申告書に添付**した場合においては、関税の軽減を受けることができると規定されている。したがって正しい記述である(関税暫定措置法施行令第22条第２項、同令第23条第１項、第２項)。

4　**誤り：**我が国が締結した**経済連携協定**において関税の譲許がされている物品については、便益の適用にかかわらず、**関税暫定措置法第８条**の規定の**適用を受けることができる**。したがって、「適用を受けることができない」という記述は誤りである（関税暫定措置法第８条)。

5　**誤り：**関税暫定措置法第８条第１項の規定により関税の軽減を受けようとする貨物の原材料である生地を輸出しようとする者は、「輸出の際に、必ず生地見本を提出しなければならない」のではなく、輸出の際に提出する加工・組立輸出貨物確認申告書により**輸出原材料と輸入貨物との同一性が確認できない場合**に、再輸入の確認のための措置として**生地見本を提出する必要がある**。したがって、「必ず生地見本を提出しなければならない」という記述は誤りである（関税暫定措置法基本通達８－４（５))。

問題 3 特恵関税制度

次の記述は、特恵関税制度に関するものであるが、その記述の誤っているものはどれか。すべてを選び、その番号をマークしなさい。

1. 本邦から一の特恵受益国に輸出された物品を原料の全部として当該特恵受益国において生産された物品は、すべて当該特恵受益国において完全に生産された物品とみなされる。
2. 包括的な経済上の連携に関する日本国及び東南アジア諸国連合構成国の間の協定において関税の譲許が定められている物品であって、当該協定の我が国以外の締約国のうち特別特恵受益国を原産地とするものについては、特恵関税の適用を受けることができない。
3. 特恵受益国でないＡ国を原産地とする物品を原料として特恵受益国であるＢ国で製品を製造する際に生じたくずは、Ｂ国において完全に生産された物品である。
4. 東南アジア諸国を構成するＡ国から本邦に輸出される物品で、当該物品の生産がＡ国を含む東南アジア諸国を構成する二以上の国を通じて行われたものについては、東南アジア諸国を一の国とみなして、特恵関税適用上の原産地を認定する。
5. 特恵受益国であるＡ国を原産地とする物品が特恵受益国であるＢ国において保存のために冷凍され、その関税率表の項が異なることとなった場合であっても、Ａ国が特恵関税適用上の原産地となる。

日付・正解 Check	／	／	／

第3問 »» 正解：1、2

解説

1　**誤り：**本邦から一の特恵受益国に輸出された物品を原料の全部としてその特恵受益国において生産された物品で、**関税暫定措置法施行令別表第2に掲げる物品以外**の物品が生産された場合には、その特恵受益国において完全に生産された物品とみなすと規定されている。したがって、「すべて当該特恵受益国において完全に生産された物品とみなされる」とする記述は誤りである（関税暫定措置法施行令第26条第2項）。

2　**誤り：**包括的な経済上の連携に関する日本国及び東南アジア諸国連合構成国の間の協定（＝アセアン協定）において関税の譲許が定められている物品であって、アセアン協定の我が国以外の締約国のうち**特別特恵受益国（＝カンボジア、ラオス、ミャンマー）**を原産地とするものについては、**アセアン協定及び特恵関税のいずれも適用を受けることができる**と規定されている。したがって、「特恵関税の適用を受けることができない」という記述は誤りである（関税暫定措置法施行令第25条第4項3項）。

3　**正しい：**一の国又は地域において行われた**製造の際に生じたくず**は、その国又は地域において**完全に生産された物品**であると規定されている。また、この製造に使用される原料がその特恵受益国以外の国を原産地とする原料を使用した場合でもその際に生じたくずは、その特恵受益国の完全生産品であるとみなされる。したがって正しい記述である（関税暫定措置法施行令第26条第1項、関税暫定措置法施行規則第8条第9号）。

4　**正しい：**関税暫定措置法施行令第26条第3項では**インドネシア、フィリピン**及び**ベトナム**の3カ国を東南アジア諸国というと定義している。そして、この東南アジア諸国を構成する一の国から本邦に輸出される物品で、その物品の生産が物品を輸出する一の国を含む東南アジア諸国を構成する二以上の国を通じて行われたものについては、**東南アジア諸国を一の国とみなして**、特恵関税適用上の原産地を認定すると規定されている。したがって正しい記述である（関税暫定措置法施行令第26条第3項）。

5　**正しい：**特恵受益国以外の国の原料により生産された物品が、特恵受益国の完全生産品とされるには、その**原料に実質的な変更が加えられる必要**があるが、その実質的な変更には、輸送又は保存のための乾燥、冷凍、塩水漬けその他これらに類する操作、単なる切断、選別、瓶、箱その他これらに類する包装容器に詰めること、改装、仕分、製品又は包装にマークを付け又はラベルその他の表示を張り付け、若しくは添付すること、非原産品の単なる混合、単なる部分品の組立て及びセットにすること並びにこれらから成る操作を除くと規定されている。したがって、設問は「特恵受益国であるB国において保存のために冷凍され」とあることからB国での行為は実質的な変更には当たらず、A国が特恵関税適用上の原産地となる。よって設問の記述は正しい記述である（関税暫定措置法施行規則第9条）。

問題 4 特恵関税制度

文章選択式

次の記述は、特恵関税制度に関するものであるが、その記述の正しいものはどれか。すべてを選び、その番号をマークしなさい。

1．関税暫定措置法第８条の２第１項に規定する特恵受益国等を原産地とする物品のうち、その原産地である特恵受益国等から非原産国を経由して本邦へ向けて運送されるものについては、その課税価格の総額が20万円以下である場合又は特例申告貨物である場合に限り、同条に規定する特恵関税の便益の適用を受けることができる。

2．関税暫定措置法施行令第27条第１項に規定する特恵受益国原産品のうち、その原産地である特恵受益国等から当該特恵受益国等以外の地域を経由して本邦へ向けて輸送される物品で、当該地域において、加工又は組立てされたものは、関税暫定措置法第８条の２第１項に規定する関税についての特別の便益を受けることができない。

3．経済が開発の途上にある国については、当該国が関税暫定措置法第８条の２に規定する特恵関税の便益を受けることを希望するか否かにかかわらず、同条第１項に規定する特恵受益国等とされる。

4．一の特恵受益国等（関税暫定措置法第８条の２第１項に規定する特恵受益国等）を原産地とする物品であって、同項の特恵関税の適用の対象とされるものであっても、当該一の特恵受益国等を原産地とする当該物品の有する国際競争力の程度その他の事情を勘案して当該特恵関税を適用することが適当でないと認められるものがある場合においては、当該物品の原産地である特恵受益国等及び当該物品を指定し、当該物品について当該特恵関税を適用しないことができる。

5．一の特恵受益国の船舶により本邦の排他的経済水域の海域で採捕された水産物は、当該特恵受益国において完全に生産された物品である。

日付・正解 Check	／	／	／

第4問 »» 正解：2、4、5

解説

1　**誤り：**特恵受益国等を原産地とする物品のうち、原産地である特恵受益国等から非原産国を経由して本邦へ向けて運送されるものについては、「課税価格の総額が20万円以下である場合又は特例申告貨物である場合」ではなく、「非原産国において**運送上の理由による積替え及び一時蔵置以外の取扱いがされなかったもの**、又は非原産国における**一時蔵置又は博覧会等への出品のため輸出された物品**で、その輸出をした者により非原産国から本邦に輸出されるもの」に限り、特恵関税の便益の適用を受けることができる。したがって設問の記述は誤りである（関税暫定措置法施行令第31条第1項第2号、第3号）。

2　**正しい：**特恵受益国原産品のうち、その原産地である特恵受益国等からその特恵受益国等以外の地域を経由して本邦へ向けて輸送される物品で、その地域において、**加工又は組立てされたもの**は、特恵関税の便益を受けることができないと規定されている。したがって正しい記述である（関税暫定措置法施行令第31条第1項）。

3　**誤り：**経済が開発の途上にある国について、その国が**特恵関税の便益を受けることを希望するもの**であり、便益を与えることが適当であるものとして財務大臣が指定したものは、特恵受益国等とされる。したがって、「特恵関税の便益を受けることを希望するか否かにかかわらず、同条第1項に規定する特恵受益国等とされる」という記述は誤りである（関税暫定措置法第8条の2第1項）。

4　**正しい：**特恵受益国等を原産地とする物品であって、特恵関税の適用の対象とされるものであっても、特恵受益国等を原産地とする物品の有する**国際競争力の程度**その他の事情を勘案して**特恵関税を適用することが適当でない**と認められるものがある場合においては、原産地である特恵受益国等及び物品を指定し、その物品について特恵関税を適用しないことができると規定されている。したがって正しい記述である（関税暫定措置法第8条の2第2項）。

5　**正しい：**一の特恵受益国の船舶により本邦の**排他的経済水域の海域（＝公海）で採捕された水産物**は、その特恵受益国において**完全に生産された物品**であると定められている。したがって正しい記述である（関税暫定措置法施行規則第8条第6号）。

問題 5 特恵関税制度

次の記述は、特恵関税制度に関するものであるが、その記述の正しいものはどれか。すべてを選び、その番号をマークしなさい。

1. 税関長が、特恵関税の適用を受けようとする貨物を輸入する者に対し、当該貨物の輸出者の事務所において、実地に書類その他の物件を調査することの求めを行った場合において、当該貨物を輸入する者が、当該求めを拒んだときには、特恵関税を適用しないことができる。
2. 原産地である特恵受益国から他の特恵受益国における博覧会に出品された物品について特恵関税の適用を受けようとする場合には、当該他の特恵受益国が発給した特恵原産地証明書を提出しなければならない。
3. 関税暫定措置法第８条の２第１項の特恵関税に係る原産地証明書は、税関長がやむを得ない特別の事由があると認める場合を除き、その証明に係る物品の輸出の際に、当該物品の輸入者の申告に基づき、原産地の税関又は当該原産地証明書の発給につき権限を有するその他の官公署若しくは商業会議所その他これに準ずる機関で税関長が適当と認めるものが発給したものでなければならない。
4. 関税暫定措置法第８条の２第１項の特恵関税に係る原産地証明書は、その証明に係る物品についての輸入申告の日において、その発給の日から１年以上を経過したものであってはならないが、災害その他やむを得ない理由によりその期間を経過した場合において、税関長の承認を受けたときは、この限りでない。
5. 本邦から輸出された物品を原材料として特恵受益国で生産された物品について特恵関税の適用を受けようとする場合には、特恵原産地証明書の提出に際し、当該物品の原材料として使用された本邦からの輸出物品の品名及び数量について当該特恵原産地証明書を発給した者が証明した書類を添付しなければならない。

日付・正解 Check	／	／	／

第5問 »» 正解：4、5

解説

1 **誤り**：税関長が、特恵関税の適用を受けようとする貨物を輸入する者に対し、その貨物の輸出者の事務所において、実地に書類その他の物件を調査することの求めを行った場合において、貨物の**輸出者が、税関長の求めを拒んだとき**には、**特恵関税を適用しない**ことができると規定されている。したがって、「貨物を輸入する者が、当該求めを拒んだとき」という記述は誤りである（関税暫定措置法第8条の4第5項第4号）。

2 **誤り**：原産地である特恵受益国から他の特恵受益国における博覧会に出品された物品について特恵関税の適用を受けようとする場合には、**原産地である特恵受益国の発給機関が発給した特恵原産地証明書**の提出が必要であると規定されている。したがって、「当該他の特恵受益国が発給した特恵原産地証明書を提出しなければならない」とする記述は誤りである（関税暫定措置法施行令第27条第4項）。

3 **誤り**：特恵原産地証明書は、税関長がやむを得ない特別の事由があると認める場合を除き、物品の輸出の際に、**輸出者の申告**に基づき、原産地の税関又は原産地証明書の発給につき権限を有するその他の官公署若しくは商業会議所その他これに準ずる機関で税関長が適当と認めるものが発給したものでなければならないと規定されている。したがって、「輸入者の申告」という記述は誤りである（関税暫定措置法施行令第27条第4項）。

4 **正しい**：特恵原産地証明書は、輸入申告の日において、発給の日から1年以上を経過したものであってはならないが、**災害その他やむを得ない理由**によりその期間を経過した場合において、税関長の承認を受けたときは、発給の日から1年を経過したものを提出することができる。したがって正しい記述である（関税暫定措置法施行令第29条）。

5 **正しい**：本邦から輸出された物品を原材料として特恵受益国で生産された物品について特恵関税の適用を受けようとする場合には、特恵原産地証明書の提出に際し、その物品の原材料として使用された**本邦からの輸出物品の品名及び数量**について特恵原産地証明書を**発給した者が証明した書類**を添付しなければならないと規定されている。したがって正しい記述である（関税暫定措置法施行令第30条第1項）。

第4編
その他の法令・条約

その他法令

※空欄は出題なし

出題テーマ	H24年	H25年	H26年	H27年	H28年	H29年	H30年	R元年	R2年	R3年	R4年	R5年
NACCS法			択一	選択	選択	択一	択一	選択	択一	択一		択一
コンテナー特例法	選択	択一	選択								選択・択一	
ATA条約特例法			選択								選択	

問題1 NACCS法

次の記述は、電子情報処理組織による輸出入等関連業務の処理等に関する法律（以下「NACCS法」という。）及び同法施行令に関するものであるが、その記述の正しいものはどれか。すべてを選び、その番号をマークしなさい。

1．通関業者は、通関士が通関業務に従事している営業所における通関業務として他人の依頼に応じて税関官署に対してする輸入申告書の提出を電子情報処理組織（NACCS）を使用して行う場合において、その申告の入力の内容を通関士に審査させるときは、当該内容を紙面又は電子情報処理組織（NACCS）に係る入出力装置の表示装置に出力して行うものとされている。

2．関税法第98条第１項の規定による開庁時間外の事務の執行の求めに関する届出は、電子情報処理組織（NACCS）を使用して行うことができない。

3．通関業者は、電子情報処理組織を使用して他人の依頼による申告等（通関業法第14条（通関士の審査等）に規定する通関書類を提出することにより行うべきこととされている申告等に限る。）を行う場合には、当該申告等の入力の内容を審査した通関士にその通関士識別符号を使用させて当該申告等の入力をさせなければならない。

4．通関業者は、電子情報処理組織を使用して輸入申告を行う場合には、関税法第68条（輸入申告に際しての提出書類）の規定により税関に提出すべきものとされている輸入申告の内容を確認するために必要な契約書、仕入書その他の書類を税関に提出する必要はない。

5．電子情報処理組織を使用して輸入申告を行う者は、関税等に関する法令において書面に記載すべきこととされている事項と同一の事項を入出力装置から入力しなければならないが、貨物の記号については、入力を省略することが認められている。

日付・正解 Check	／	／	／

第1問 »» 正解：1、3、5

解説

1　**正しい**：通関業者は、他人の依頼に応じて輸入申告書の提出を、電子情報処理組織（NACCS）を使用して行う場合には、申告の**入力の内容を通関士に審査させなければならない**が、申告の入力内容の審査は、**紙面又は入出力装置の表示装置に出力して行う**ものとすると規定されている。したがって正しい記述である（NACCS法第5条、NACCS法施行令第6条）。

2　**誤り**：関税法第98条第1項の規定による**開庁時間外の事務の執行の求めに関する届出**は、**電子情報処理組織を使用して行うことができる**。したがって設問の記述は誤りである（NACCS法施行令別表第47号）。

3　**正しい**：通関業者は、電子情報処理組織を使用して他人の依頼による申告等（通関業法第14条（通関士の審査等）に規定する通関書類を提出することにより行うべきこととされている申告等に限る。）を行う場合には、その申告等の入力の内容を審査した通関士にその**通関士識別符号を使用させ**て申告等の入力をさせなければならないと規定されている。したがって正しい記述である（NACCS法施行規則第4条）。

4　**誤り**：通関業者は、電子情報処理組織を使用して輸入申告を行う場合には、関税法第68条の規定により税関に提出すべきものとされている輸入申告の内容を確認するために必要な契約書、仕入書その他の書類を入出力装置に申告事項を入力した後、**税関長が定める期限までに提出**しなければならないと規定されている。したがって、「輸入申告の内容を確認するために必要な契約書、仕入書その他の書類を税関に提出する必要はない」という記述は誤りである（NACCS法施行令第3条第2項）。

5　**正しい**：電子情報処理組織を使用して輸入申告を行う者は、関税等に関する法令において書面に記載すべきこととされている事項と同一の事項を入出力装置から入力しなければならないが、貨物の記号については、**入力を省略することが認められている**。したがって正しい記述である（NACCS法施行令第3条第1項、NACCS法施行規則第1条）。

問題 2 NACCS法

文章選択式

難易度 ✈
出題頻度 🚢🚢

次の記述は、電子情報処理組織による輸出入等関連業務の処理等に関する法律（以下「NACCS法」という。）及び同法施行令に関するものであるが、その記述の正しいものはどれか。すべてを選び、その番号をマークしなさい。

1．コンテナーに関する通関条約及び国際道路運送手帳による担保の下で行う貨物の国際運送に関する通関条約（TIR条約）の実施に伴う関税法等の特例に関する法律施行令第２条（コンテナーの輸入又は輸出の手続）の規定による積卸コンテナー一覧表の提出は、電子情報処理組織を使用して行うことができる。

2．NACCS法において「電子情報処理組織」とは、輸出入・港湾関連情報処理センター株式会社の使用に係る電子計算機と、税関その他の関係行政機関の使用に係る電子計算機及び当該関係行政機関以外の輸出入等関連業務を行う者の使用に係る電子計算機とを電気通信回線で接続した電子情報処理組織をいう。

3．関税法第７条第３項（申告）の規定による輸入貨物に係る関税定率法別表の適用上の所属に関する教示の求めは、電子情報処理組織を使用して行うことができる。

4．通関業者でない者が電子情報処理組織を使用して税関に輸入申告を行うことは認められておらず、電子情報処理組織を使用して輸入申告を行うためには、通関業の許可を受ける必要がある。

5．電子情報処理組織を使用して行われる輸入申告に対する許可の通知については、輸出入・港湾関連情報処理センター株式会社の使用に係る電子計算機に備えられたファイルへの記録がされた時に、輸入申告をした者に到達したものとみなす。

日付・正解 Check	／	／	／

第2問 »» 正解：1、2、3

解説

1 **正しい：**コンテナーに関する通関条約及び国際道路運送手帳による担保の下で行う貨物の国際運送に関する通関条約（TIR条約）の実施に伴う関税法等の特例に関する法律施行令第2条（コンテナーの輸入又は輸出の手続）の規定による**積卸コンテナー一覧表**の提出は、**電子情報処理組織を使用**して行うことができると規定されている。したがって正しい記述である（NACCS法施行令第1条第1号、同令別表第92号）。

2 **正しい：**NACCS法において「電子情報処理組織」とは、輸出入・港湾関連情報処理センター株式会社の使用に係る電子計算機と、税関その他の関係行政機関の使用に係る電子計算機及び関係行政機関以外の輸出入等関連業務を行う者の使用に係る電子計算機とを**電気通信回線で接続**した電子情報処理組織をいうと規定されている。したがって正しい記述である（NACCS法第2条第1号）。

3 **正しい：**関税法第7条第3項の規定による輸入貨物に係る関税定率法別表の適用上の所属に関する教示（**事前教示**）の求めは、**電子情報処理組織を使用して行うことができる**と規定されている。したがって正しい記述である（NACCS法施行令第1条第1項第1号、別表1号）。

4 **誤り：**電子情報処理組織を使用して税関に輸入申告等を行うことができる者に**制限はない**。当然に通関業法の規定により、通関業者以外の者が他人の依頼により業として電子情報処理組織を使用して輸入申告等の通関業務を行うことはできないが、例えば、輸入者が自ら輸入した貨物について電子情報処理組織を使用して税関にその輸入者が輸入申告を行うことは認められている。この際に通関業の許可を受ける必要もない。したがって誤った記述である（NACCS法第3条第1項）。

5 **誤り：**電子情報処理組織を使用して行われる輸入申告に対する許可の通知については、輸出入・港湾関連情報処理センター株式会社の使用に係る**電子計算機に備えられたファイルへの記録がされた時**に、**税関から発せられた**ものとみなすと規定されている。したがって、「輸入申告をした者に到達したものとみなす」という記述は誤りである（NACCS法第3条第2項）。

なお、通知の相手方に到達したものとみなされる時期は、処分の通知等を受ける者の使用に係る電子計算機に備えられたファイルへの記録がされた時と定められている。

《出題年度》平成24年、平成25年、令和４年改題

問題 3 コンテナー特例法

次の記述は、「コンテナーに関する通関条約及び国際道路運送手帳による担保の下で行う貨物の国際運送に関する通関条約（TIR条約）の実施に伴う関税法等の特例に関する法律」に関するものであるが、その記述の正しいものはどれか。すべてを選び、その番号をマークしなさい。

1. 関税及び消費税の免除を受けて輸入したコンテナー（以下「免税コンテナー」という。）の再輸出期間は、税関長に届け出ることにより延長することができる。
2. 免税コンテナーのうち関税及び消費税が納付されたコンテナーで、関税及び消費税が納付されたことについて税関長の確認を受けてその旨の表示をしたものについては、輸出されなかったとしても関税及び消費税は徴収されない。
3. 免税コンテナーが輸入された際に車両に積載されていた場合には、当該車両は当該免税コンテナーの一部とみなされ、その関税及び消費税は免除される。
4. 免税コンテナーについて管理者が変わることとなったときは、その変更前の管理者は、変更後の管理者に対し、再輸出期間その他必要な事項を通知するとともに、当該免税コンテナーの輸入を許可した税関長にその旨を届け出なければならない。
5. 免税コンテナー又はコンテナー修理用の部分品を輸入後に貸与された者は、これらの物品の管理、運用及び保管に関する事項を帳簿に記載しなければならない。

日付・正解 Check	／	／	／

第3問 »» 正解：2、5

解説

1　**誤り**：免税コンテナーの**再輸出期間**（1年）は、税関長の**承認**を受けることにより**延長**することができると規定されている。したがって、「届け出ることにより延長することができる」という記述は誤りである（コンテナー特例法第4条)。

2　**正しい**：免税コンテナーのうち関税及び消費税が納付されたコンテナーで、**関税及び消費税が納付**されたことについて税関長の**確認**を受けてその旨の**表示**をしたものについては、輸出されなかったとしても**関税及び消費税は徴収されない**と規定されている。したがって正しい記述である（コンテナー特例法第8条)。

3　**誤り**：免税コンテナーには、これとともに輸入される通常の附属品及び備品は含まれるが、**車両及び一般の包装容器は含まれない**と規定されている。よって、免税コンテナーが輸入された際に車両に積載されていた場合であっても、その車両は免税コンテナーの一部とはみなされず、その関税及び消費税は免除されない。したがって誤った記述である（コンテナー条約特例法第2条第1号、コンテナー条約第1条(b))。

4　**誤り**：免税コンテナーについて**管理者が変わる**こととなったときは、その変更前の管理者は、物品の引渡しの日から**5日**を経過する日までに、**変更後の管理者に対し**、再輸出期間その他必要な事項を通知しなければならないと規定されているが、その免税コンテナーの輸入を許可した税関長にその旨を届け出なければならないという規定はない。したがって誤った記述である（コンテナー特例法第7条)。

5　**正しい**：免税コンテナー又はコンテナー修理用の部分品を輸入した者、又は輸入後に、これらの物品の譲渡、返還又は貸与がされたときは、その譲渡、返還又は貸与を受けた者は、これらの**物品の管理、運用及び保管に関する事項を帳簿に記載**しなければならないと規定されている。したがって、貸与された者も帳簿に記帳する義務があるので正しい記述である（コンテナー特例法第6条第1項)。

《出題年度》平成17年、平成23年、令和4年改題

ATA特例法

次の記述は、物品の一時輸入のための通関手帳に関する条約（ATA条約）の実施に伴う関税法等の特例に関する法律及び同法施行令に関するものであるが、その記述の誤っているものはどれか。すべてを選び、その番号をマークしなさい。

1．通関手帳による輸入がされた物品について輸入税を徴収されることとなった場合には、輸入国の保証団体は、当該物品を輸入した者と連帯して当該輸入税を納付する義務を負う。

2．通関手帳による物品の輸入をしようとする者は、輸入申告書に当該通関手帳を添付しなければならない。

3．通関手帳による輸入がされた物品については、原則として当該通関手帳の有効期限の到来する日までに再輸出しなければならない。

4．関税定率法第17条第1項第5号（再輸出免税）の学術研究用品については、通関手帳による輸入をすることができる。

5．通関手帳により関税の免除を受けて物品を一時輸入しようとする者は、その免除を受けようとする関税額の全部に相当する担保を税関長に提供しなければならない。

日付・正解 Check				

第４問 »» 正解：2、5

解説

1　**正しい**：通関手帳による輸入がされた物品について輸入税を徴収されることとなった場合には、**輸入国の保証団体**は、その物品を**輸入した者と連帯**して輸入税を納付する義務を負うと規定されている。したがって正しい記述である（ATA特例法第５条第４項）。

2　**誤り**：通関手帳による物品の輸入をしようとする者は、**通関手帳を税関に提出**することにより輸入申告をすることができる。つまり、輸入申告書の提出を要しないと定められている。したがって、「輸入申告書に当該通関手帳を添付しなければならない」という記述は誤りである（ATA特例法第３条第１項）。

3　**正しい**：通関手帳による輸入がされた物品については、原則としてその**通関手帳の有効期限の到来する日まで**に再輸出しなければならないと定められている。したがって正しい記述である（ATA特例法第４条）。なお、通関手帳の有効期限の到来する日とは、通関手帳の発給の日から１年を指す。

4　**正しい**：**関税定率法第17条第１項第５号**（再輸出免税）の学術研究用品については、通関手帳による輸入をすることができると規定されている。したがって正しい記述である（ATA特例法第３条第１項、ATA特例法施行令第２条）。

5　**誤り**：財務大臣は、輸入税の保全のため必要があると認めるときは、**保証団体に対し**、金額及び期間を指定し、輸入税につき**担保の提供を命ずる**ことができると規定されているが、通関手帳により関税の免除を受けて物品を一時輸入しようとする者に対して担保の提供を命じるという規定はなく、さらに、強制担保ではなく任意担保であることから設問の記述は誤りである（ATA特例法第６条第１項）。

第5編

外国為替及び外国貿易法

外国為替及び外国貿易法

※空欄は出題なし

出題テーマ	H24年	H25年	H26年	H27年	H28年	H29年	H30年	R元年	R2年	R3年	R4年	R5年
外国為替及び外国貿易法									択一			
輸出貿易管理令	選択	択一	択一	択一	択一	択一	選択	択一	択一	選択	択一	選択
輸入貿易管理令	択一	選択	択一	択一	択一	択一	択一	択一	選択	択一	選択	択一

《出題年度》令和２年、令和３年、令和４年他改題

外為法（輸出貿易管理令）

文章選択式

難易度	✈✈
出題頻度	🚢🚢

次の記述は、輸出貿易管理令の規定による経済産業大臣の輸出の許可又は承認に関するものであるが、その記述の正しいものはどれか。すべてを選び、その番号をマークしなさい。

1．仮に陸揚げした貨物を輸出する場合には、貨物の種類を問わず輸出の許可又は承認を受ける必要はない。

2．一時的に入国して出国する者が本邦において購入した象牙製品を携帯して輸出する場合には、経済産業大臣の輸出の承認を要しない。

3．原産地を誤認させるべき貨物のうち、仮に陸揚げした貨物であって、「MADE IN JAPAN」又はこれと類似の表示を付した外国製のものを輸出しようとする場合には、経済産業大臣の輸出の承認を受けることを要しない。

4．外国貿易船が自己の用に供する船用品を輸出しようとする場合であって、当該船用品が輸出貿易管理令別表第１の１の項の中欄に掲げる貨物以外の貨物であるときは、輸出の許可を受ける必要はない。

5．廃棄物の処理及び清掃に関する法律第10条第２項（一般廃棄物の輸出）に規定する者が同法第２条第１項（定義）に規定する廃棄物を大韓民国に輸出する場合であって、当該廃棄物が特定有害廃棄物等の輸出入等の規制に関する法律第２条第１項(定義等)に規定する特定有害廃棄物等に該当するときは、経済産業大臣の輸出の承認を要する。

日付・正解 Check	／		／		／	

第１問 »» 正解：4、5

解説

1　**誤り：仮陸揚貨物**を輸出する場合であっても、その貨物が**輸出貿易管理令別表第１の１の項**（武器等）に該当する場合には**輸出の許可**を要する。また、その貨物が輸出禁制貨物である場合には輸出の承認を要する。したがって、「貨物の種類を問わず輸出の許可又は承認を受ける必要はない」という記述は誤りである（輸出貿易管理令第４条第１項本文ただし書、同令第４条第１項第１号、第２項本文ただし書、第２項第１号ただし書）。

2　**誤り：象牙製品はワシントン条約附属書Ⅰ又はⅡ**に該当することから、経済産業大臣告示で定める経済産業大臣の輸出の承認を要しないものに該当しない。したがって、本邦において購入した象牙製品を携帯して輸出する場合には、経済産業大臣の**輸出の承認を要する**ことになり、設問の記述は誤りとなる（輸出貿易管理令第４条第２項第４号、経済産業大臣告示平成24・７・19経告167）。

3　**誤り：**仮に陸揚げした貨物を輸出する場合には、原則として輸出の承認の特例が適用され経済産業大臣の輸出の承認が不要となるが、**原産地を誤認させるべき貨物**である**「MADE IN JAPAN」又はこれと類似の表示を付した外国製のもの**はこの特例が適用されず、輸出しようとする場合には、経済産業大臣の輸出の承認を受けなければならない。したがって、「輸出の承認を受けることを要しない」という記述は誤りである（輸出貿易管理令第４条第２項第１号、同令別表第２の44の項）。

4　**正しい：**船用品については、その貨物が**輸出貿易管理令別表第１の１の項の中欄に掲げる貨物以外**のものであるときは、特例に該当し輸出の許可を受ける必要はないと規定されている。したがって正しい記述である（輸出貿易管理令第１条第１項、同令第４条第１項第２号イ）。

5　**正しい：**廃棄物の処理及び清掃に関する法律第10条第２項に規定する者（＝本邦から出国する者のうち、一般廃棄物を携帯して輸出する者であって環境省令で定めるもの）が同法第２条第１項に規定する廃棄物（＝ごみ、粗大ごみ、燃え殻、汚泥、ふん尿、廃油、廃酸、廃アルカリ、動物の死体等）を大韓民国に輸出する場合であって、その廃棄物が特定有害廃棄物等の輸出入等の規制に関する法律第２条第１項に規定する**特定有害廃棄物等**に該当するときは、経済産業大臣の**輸出の承認を要する**と規定されている。したがって正しい記述である（輸出貿易管理令第４条第２項第３号）。

《出題年度》令和２年、令和３年、令和４年他改題

問題 **2**

外為法（輸出貿易管理令）

文章選択式

難易度	✈✈
出題頻度	🚢🚢

次の記述は、輸出貿易管理令に規定する輸出の許可又は承認に関するものであるが、その記述の正しいものはどれか。すべてを選び、その番号をマークしなさい。

1．輸出の許可及び承認の有効期間は、その許可又は承認をした日から、原則として６月である。

2．輸出貿易管理令別表第２の20の項の中欄に掲げる核燃料物質を輸出する場合であっても、同令第１条の輸出の許可を受けた場合には、輸出の承認を要しない。

3．輸出貿易管理令別表第２の43の項の中欄に掲げる重要文化財を輸出しようとする場合には、文化財保護法による輸出の許可を受けている場合に限り、経済産業大臣の輸出の承認を受けることができる。

4．本邦の大使館に送付する公用の貨物を輸出する場合には、その貨物の種類にかかわらず、経済産業大臣の輸出の許可を要しない。

5．輸出貿易管理令別表第２の25の項の中欄に掲げる船舶に該当する貨物を輸出しようとする場合において、水産庁長官の確認を受けたときは、経済産業大臣の輸出の承認を受けることを要しない。

日付・正解 Check	／ 	 ／ 	／  

第2問 »» 正解：1、3

解説

1　**正しい**：輸出の許可及び承認の有効期間は、その許可又は承認をした日から、原則として**6月**であると規定されている。したがって正しい記述である（輸出貿易管理令第8条第1項）。

2　**誤り**：輸出貿易管理令別表第2の20の項の中欄に掲げる核燃料物質を輸出する場合であって、同令第1条の**輸出の許可**を受けた場合でも、**輸出の承認**を要する。したがって、「輸出の承認を要しない」という記述は誤りである（輸出貿易管理令第2条第1項第1号）。

3　**正しい**：輸出貿易管理令別表第2の43の項の中欄に掲げる重要文化財を輸出しようとする場合には、**文化財保護法による輸出の許可を受けている場合**に限り、経済産業大臣の輸出の承認を受けることができると規定されている。したがって正しい記述である（輸出貿易管理令第2条第3項、同令別表第2の43の項）。

4　**誤り**：本邦の大使館に送付する公用の貨物を輸出する場合であっても、その公用の貨物が**輸出貿易管理令別表第1の1の項（武器等）に該当する貨物**である場合には、経済産業大臣の輸出の許可を必要とすると規定されている。したがって、「その貨物の種類にかかわらず、経済産業大臣の輸出の許可を要しない」とする記述は誤りである（輸出貿易管理令第4条第1項）。

5　**誤り**：輸出貿易管理令別表第2の25の項の中欄に掲げる**船舶**に該当する貨物を輸出しようとする場合には、**経済産業大臣の輸出の承認を受けなければならない**。なお、水産庁長官の確認を受けたときは、経済産業大臣の輸出の承認を受けることを要しないという規定はない。したがって設問の記述は誤りである（輸出貿易管理令第2条第1項第1号、同令別表第2の25の項）。

問題 **3**

外為法（輸出貿易管理令）

文章選択式

難易度	✈✈
出題頻度	🚢🚢

次の記述は、輸出貿易管理令別表第１又は第２に掲げる貨物を輸出する場合における経済産業大臣の輸出の許可又は承認に関するものであるが、その記述の正しいものはどれか。すべてを選び、その番号をマークしなさい。

1．本邦からの輸出が輸出貿易管理令第４条（特例）の規定に該当する場合を除き、その貨物が生活用品として用いられる場合であっても、輸出の許可が必要である。

2．本邦から輸出された貨物を本邦で修理するために輸入し、当該修理を行った後に再輸出する場合には、当該再輸出が有償で行われる場合であっても、輸出の許可を必要としない。

3．国際郵便により送付され、かつ、受取人の個人的使用に供される職業用具を輸出しようとする場合には、当該貨物が輸出貿易管理令別表第２の１の項の中欄に掲げるダイヤモンドに該当するときであっても、経済産業大臣の輸出の承認を受けることを要しない。

4．輸出貿易管理令別表第１の１の項の中欄に掲げる銃砲に該当する猟銃を輸出する場合には、これを一時的に出国する者が本邦から出国する際、職業用具として携帯して輸出しようとするときであっても、経済産業大臣の輸出の許可を受けることを要する。

5．国立国会図書館が輸出する出版物は、すべて輸出貿易管理令の規定に基づく経済産業大臣の輸出の承認を要しない。

日付・正解 Check	／ 	／ 	／ 

第３問 »» 正解：1、4

解説

1　**正しい**：本邦からの輸出が輸出貿易管理令第４条（特例）の規定に該当する場合を除き、その貨物が生活用品として用いられる場合であっても、**輸出貿易管理令別表第１に掲げられる貨物に該当する場合**には、輸出の許可が必要であると規定されている。したがって正しい記述である（輸出貿易管理令第１条第１項、同令別表第１）。

2　**誤り**：本邦から輸出された貨物を本邦で修理するために輸入し、修理を行った後に再輸出する場合には、それが**無償**で輸出すべきものとして無償で輸入したという要件を満たせば輸出の許可は不要であると規定されている。しかし、その再輸出が有償で行われる場合であれば、輸出の許可を要することになる。したがって、「輸出の許可を必要としない」とする記述は誤りである（輸出貿易管理令第４条第１項第２号ホ、経済産業大臣告示平成12・12・８通告746第１号１）。

3　**誤り**：国際郵便により送付され、かつ、受取人の個人的使用に供される職業用具を輸出しようとする場合であっても、輸出貿易管理令別表第２の１の項の中欄に掲げる**ダイヤモンド**に該当するときには、経済産業大臣の**輸出の承認を受けなければならない**。したがって、「輸出の承認を受けることを要しない」という記述は誤りである（輸出貿易管理令第４条第２項第２号イ、同令別表第５の３の項）。

4　**正しい**：輸出貿易管理令**別表第１の１の項の中欄に掲げる銃砲に該当する猟銃**を輸出する場合には、これを一時的に出国する者が本邦から出国する際、職業用具として携帯して輸出しようとするときであっても、武器については特例が適用されないため、経済産業大臣の**輸出の許可を受けなければならない**。したがって正しい記述である（輸出貿易管理令第１条第１項、同令別表第１の１の項）。

5　**誤り**：国立国会図書館が輸出する出版物であっても、その出版物が**輸出禁制品**に該当する風俗を害するおそれがある書籍、図画、彫刻物その他の貨物や、仕向国における特許権等を侵害すべき貨物又は原産地を誤認させるべき貨物であって、経済産業大臣が指定するものである場合には、経済産業大臣の**輸出の承認**を要すると規定されている。したがって、「すべて輸出貿易管理令の規定に基づく経済産業大臣の輸出の承認を要しない」という記述は誤りである（輸出貿易管理令第２条第１項第１号、別表第２の41、44の項）。

問題 4 外為法（輸入貿易管理令）

文章選択式

難易度 ✈✈
出題頻度 🚢🚢🚢

次の記述は、輸入貿易管理令に基づく輸入割当て及び輸入の承認に関するものであるが、その記述の正しいものはどれか。すべてを選び、その番号をマークしなさい。

1．輸入割当てを受けた者から輸入の委託を受けた者が、当該輸入割当てに係る貨物を輸入しようとする場合において、経済産業大臣の確認を受けたときは、輸入の承認を要しない。

2．貨物を仮に陸揚げしようとするときは、輸入割当て及び輸入の承認を要しない。

3．船舶又は航空機により輸出した貨物であって、当該船舶又は航空機の事故のために積み戻したものを輸入する場合において、当該貨物が経済産業大臣の輸入割当てを受けるべきものとして公表された品目に該当するときは、経済産業大臣の輸入の割当てを受けることを要する。

4．経済産業大臣は、外国貿易及び国民経済の健全な発展を図るために必要があると認めるときは、輸入貿易管理令第９条第１項の規定による輸入割当に当たり、輸入の期間、貨物の原産地、船積地域その他輸入に関する事項について条件を付することができる。

5．けしの実を輸入する際は、経済産業大臣の輸入承認証ではなく、熱処理等によって発芽不能の処理を施したものであることを証する書類を税関に提出しなければならないこととされているが、当該書類を税関に提出することなく輸入した場合であっても、外国為替及び外国貿易法に規定する罰則の対象とはならない。

日付・正解 Check	／ 	／ 	／ 

第4問 »» 正解：2、4

解説

1 **誤り：**輸入割当てを受けた者から**輸入の委託を受けた者**が、その輸入割当てに係る貨物を輸入しようとする場合において、**経済産業大臣の確認**を受けたときは、改めて輸入割当てを受ける必要はないが、輸入の承認は受けなければならないと規定されている。したがって、「輸入の承認を要しない」とする記述は誤りである（輸入貿易管理令第4条第1項第1号、同令第9条）。

2 **正しい：**貨物を**仮に陸揚げしようとするとき**は、**輸入割当て及び輸入の承認**を要しないと規定されている。したがって正しい記述である（輸入貿易管理令第14条第3号）。

3 **誤り：**船舶又は航空機により輸出した貨物であって、**船舶又は航空機の事故のために積み戻したもの**を輸入する場合において、積戻した貨物が経済産業大臣の輸入割当てを受けるべきものとして公表された品目に該当するときであっても、経済産業大臣の**輸入の割当てを受けることを要しない**と規定されている。したがって、「輸入の割当てを受けることを要する」という記述は誤りである（輸入貿易管理令第14条第1号、同令別表第1第18号）。

4 **正しい：**経済産業大臣は、**外国貿易及び国民経済の健全な発展を図るために必要があると認めるとき**は、輸入割当について、輸入の期間、貨物の原産地、船積地域その他輸入に関する事項について条件を付することができる。したがって正しい記述である（輸入貿易管理令第11条第1項）。

5 **誤り：**けしの実を輸入する際は、**輸入公表三（その他公表品目）**に該当するため、経済産業大臣の輸入承認証ではなく、熱処理等によって発芽不能の処理を施したものであることを証する書類を**税関に提出し確認を受けることで輸入することができる**。ただし、この書類を**税関に提出することなく輸入した場合**には、経済産業大臣の輸入の承認を受けることなく貨物を輸入したことになり、外国為替及び外国貿易法に規定する**罰則の対象**となる。したがって、「外国為替及び外国貿易法に規定する罰則の対象とはならない」という記述は誤りである（外国為替及び外国貿易法第69条の7第1項第5号、輸入貿易管理令第4条第1項第3号、輸入公表三の8の（1））。

問題
5 外為法（輸入貿易管理令）

文章選択式

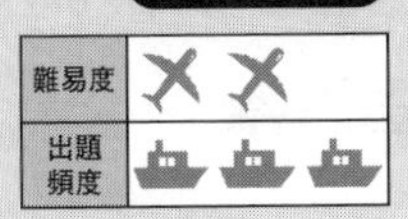

次の記述は、輸入貿易管理令の規定に関するものであるが、その記述の正しいものはどれか。すべてを選び、その番号をマークしなさい。

1. 輸入貿易管理令第４条第１項の規定による経済産業大臣の承認の権限であって、無償の貨物の輸入に係るものは、すべて税関長に委任されている。
2. 経済産業大臣は、貨物の輸入に関し、外国為替及び外国貿易法に基づく命令に違反した者に対し、期間を限り、輸入を行うことを禁止することができる。
3. 経済産業大臣は、輸入貿易管理令の規定の施行に必要な限度において、貨物を輸入しようとする者又は輸入した者から必要な報告を徴することができる。
4. 委託加工貿易契約による貨物の輸出について輸出貿易管理令第２条第１項第２号の規定による輸出の承認を受けた者が、加工された貨物を当該承認を受けた日から１年以内に輸入する場合には、経済産業大臣の輸入の承認を要しない。
5. 経済産業大臣の輸出の承認を受けて本邦から輸出された後無償で輸入される貨物であって、その輸出の際の性質及び形状が変わっていないものであっても、当該貨物が絶滅のおそれのある野生動植物の種の国際取引に関する条約附属書Ｉに掲げる種に属する植物に該当する場合には、経済産業大臣の輸入の承認を受けなければならない。

日付・正解 Check	／		／		／	

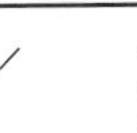

第5問 »» 正解：2、3、4

解説

1 **誤り**：輸入貿易管理令第4条第1項の規定による経済産業大臣の承認の権限であって、無償の貨物の輸入に係るものは、税関長に委任されているが、**経済産業大臣の指示する範囲内のもの**でありすべてではない。したがって、「無償の貨物の輸入に係るものは、すべて税関長に委任されている」とする記述は誤りである（輸入貿易管理令第18条第1号、輸入貿易管理規則第5条）。

2 **正しい**：経済産業大臣は、貨物の輸入に際し、**外為法に基づく命令に違反した者**に対し、期間（外為法第52条に係る違反者に対しては**3年以内の期間**、それ以外の違反者に対しては**1年以内の期間**）を限り、輸入を行うことを禁止することができると規定されている。したがって正しい記述である（外国為替及び外国貿易法第53条第2項）。

3 **正しい**：経済産業大臣は、輸入貿易管理令の規定の施行に必要な限度において、貨物を**輸入しようとする者**又は**輸入した者**から**必要な報告を徴することができる**と規定されている。したがって正しい記述である（輸入貿易管理令第16条）。

4 **正しい**：委託加工貿易契約による貨物の輸出について輸出貿易管理令第2条第1項第2号の規定による輸出の承認を受けた者が、加工された貨物をその承認を受けた日から**1年以内**に輸入する場合には、経済産業大臣の輸入の承認を要しないと規定されている。したがって正しい記述である（輸入貿易管理令第4条第3項、輸入貿易管理規則第3条）。

5 **誤り**：経済産業大臣の**輸出の承認を受けて本邦から輸出された後無償で輸入される貨物**であり、その**輸出の際の性質及び形状が変わっていないもの**であれば、その貨物が絶滅のおそれのある野生動植物の種の国際取引に関する条約附属書Ⅰに掲げる種に属する植物に該当する場合であっても、経済産業大臣の**輸入の承認を受ける必要はない**。したがって、「輸入の承認を受けなければならない」という記述は誤りである（輸入貿易管理令第14条第1号、同令別表第1第17号の2）。

問題 6

外為法（輸入貿易管理令）

次の記述は、輸入貿易管理令に関するものであるが、その記述の正しいものはどれか。すべてを選び、その番号をマークしなさい。

1．経済産業大臣の輸出の承認を受けて本邦から輸出された後、無償で輸入される貨物であって、その輸出の際の性質及び形状が変わっていないものであっても、当該貨物が有害廃棄物の国境を越える移動及びその処分の規制に関するバーゼル条約に定める有害廃棄物に該当する場合には、経済産業大臣の輸入の承認を受けなければならない。

2．輸入割当てを受けるべきものとして公表された品目に該当する貨物については、無償の救じゅつ品であっても、経済産業大臣の輸入割当てを受けなければならない。

3．本邦から出漁した船舶が外国の領海において採捕した水産物を原材料として当該船舶内で製造した輸入割当てを受けるべき品目に該当する貨物で当該船舶に附属する船舶により輸入されるものについては、経済産業大臣の輸入割当てを受けることを要しない。

4．経済産業大臣以外の政府機関が経済産業大臣の定める貨物の輸入を行う場合には、輸入貿易管理令の規定は適用されないが、当該輸入について、あらかじめ経済産業大臣に協議しなければならない。

5．税関は、貨物を輸入しようとする者が輸入の承認を受けていること又はこれを受けることを要しないことを確認したときは、その結果をすべて経済産業大臣に通知しなければならない。

日付・正解 Check	 		

第6問 »» 正解：3、4

解説

1　**誤り**：経済産業大臣の**輸出の承認を受けて本邦から輸出された後、無償で輸入される貨物**であって、その輸出の際の**性質及び形状が変わっていないもの**であれば、有害廃棄物の国境を越える移動及びその処分の規制に関するバーゼル条約に定める有害廃棄物に該当する場合であっても、**経済産業大臣の輸入の承認を受けることを要しない**と規定されている。したがって、「経済産業大臣の輸入の承認を受けなければならない」という記述は誤りである（輸入貿易管理令第14条第1号、同令別表第1の17の2、経済産業大臣告示）。

2　**誤り**：**無償の救じゅつ品**であれば、輸入割当てを受けるべきものとして公表された品目であっても経済産業大臣の輸入割当てを受ける必要はないと規定されている。したがって、「経済産業大臣の輸入割当てを受けなければならない」とする記述は誤りである（輸入貿易管理令第14条第1号、同令別表第1第2号）。

3　**正しい**：**本邦から出漁した船舶**が**外国の領海において採捕した水産物を原材料**としてその船舶内で製造した輸入割当てを受けるべき品目に該当する貨物でその船舶に附属する船舶により輸入されるものについては、経済産業大臣の輸入割当てを受けることを要しないと規定されている。したがって正しい記述である（輸入貿易管理令第14条第1号、同令別表第1第17号）。

4　**正しい**：経済産業大臣以外の政府機関が経済産業大臣の定める貨物の輸入を行う場合には、輸入貿易管理令の規定は適用されないが、その輸入について、あらかじめ**経済産業大臣に協議**しなければならないと規定されている。したがって正しい記述である（輸入貿易管理令第19条第1項）。

5　**誤り**：税関は、貨物を輸入しようとする者が輸入の承認を受けていること又はこれを受けることを要しないことを確認したときは、経済産業大臣が告示で定める貨物についてその結果を経済産業大臣に通知するが、経済産業大臣が**通知の必要がないと認める事項の通知を省略**させることができると規定されている。したがって、「その結果をすべて経済産業大臣に通知しなければならない」という記述は誤りである（輸入貿易管理令第15条第2項、輸入貿易管理規則第4条ただし書）。

第6編
通関業法

通関業法

※空欄は出題なし

出題テーマ	H24年	H25年	H26年	H27年	H28年	H29年	H30年	R元年	R2年	R3年	R4年	R5年
総則（目的・定義）												
目的				穴埋め		穴埋め		穴埋め				穴埋め
通関業務	穴埋め・選択	選択・択一	選択・択一	穴埋め・選択	選択・択一	択一	選択・択一	択一	穴埋め	選択・択一	選択・択一	穴埋め・択一
通関業の許可												
通関業の許可（条件・申請・承継）	選択・択一	穴埋め・択一		選択・択一	穴埋め・択一	選択・択一	穴埋め・択一	穴埋め・選択・択一	穴埋め・択一	選択・択一	穴埋め	択一
欠格事由	択一	択一	穴埋め	選択	択一	選択・択一	択一	穴埋め	択一	穴埋め	択一	穴埋め
関連業務	穴埋め・選択	選択・択一	択一	穴埋め・選択	選択・択一	択一	選択・択一	択一	穴埋め	選択・択一	選択・択一	穴埋め・択一
営業所の新設	選択・択一	択一	穴埋め	択一	択一			選択・択一	択一	選択・択一	穴埋め・択一	択一
営業所の新設に係る許可の特例	択一	穴埋め	選択	択一	穴埋め	択一						
許可の消滅・取消	選択・択一	択一	穴埋め・択一	択一	選択・択一	択一	穴埋め	択一	穴埋め	選択	穴埋め	択一
許可の地位の承継						択一	選択	穴埋め	択一	穴埋め	選択	択一
許可の申請事項等の変更等の届出	穴埋め	択一	択一	穴埋め	択一	択一		選択・択一	択一	択一	穴埋め	選択
通関業者の義務・権利												
通関業者の義務	穴埋め・選択・択一	穴埋め・選択・択一	穴埋め・選択・択一	穴埋め・択一	穴埋め・選択・択一	穴埋め・選択・択一	穴埋め・選択・択一	穴埋め・選択・択一	穴埋め・選択・択一	穴埋め・選択・択一	穴埋め・選択・択一	穴埋め・選択・択一
通関業者の権利	択一	選択	択一	選択	択一	択一	穴埋め	選択	択一	選択	択一	選択
通関士												
通関士の確認	穴埋め・択一	穴埋め・択一	選択・択一	穴埋め・択一	選択・択一	選択	選択・択一	択一	択一	択一	穴埋め	択一
通関士の義務	択一	穴埋め・択一	選択・択一	穴埋め	択一	選択・択一	択一	選択・択一	選択・択一	穴埋め	択一	選択・択一
通関士の資格の喪失	択一	択一	択一	穴埋め	択一	選択	択一	選択	穴埋め	択一	択一	択一
監督処分と懲戒処分												
監督処分	択一	選択	穴埋め	択一	穴埋め	穴埋め	選択・択一	穴埋め・択一	選択・択一	穴埋め・択一	選択・択一	穴埋め
懲戒処分		選択	穴埋め	択一			選択・択一	穴埋め・択一	選択・択一	穴埋め・択一	選択・択一	択一
権限の委任						穴埋め						
罰則	穴埋め	択一	択一	選択	穴埋め	穴埋め		択一	選択	択一	択一	選択
両罰既定				選択		穴埋め		択一			択一	

問題1 総則(目的、定義)

穴埋め

難易度 ✈✈
出題頻度 🚢🚢🚢

次の記述は、通関業法第1条に規定する同法の目的及び同法第2条に規定する用語の定義に関するものであるが、(　　)に入れるべき最も適切な語句を下の選択肢から選び、その番号をマークしなさい。

1. 通関業法は、(　イ　)についてその業務の(　ロ　)、通関士の設置等必要な事項を定め、その業務の適正な運営を図ることにより、関税の(　ハ　)その他貨物の通関に関する手続の(　ニ　)な実施を確保することを目的とするものである。
2. 「通関業務」とは、他人の依頼によって、関税法に基づき税関官署に対してする輸出又は輸入の申告等の手続又は行為につき、その依頼をした者の(　ホ　)をすることをいう。

[選択肢]

①規制	②規則	③業として輸出又は輸入の申告を行う者
④申告納付	⑤代行	⑥代理
⑦代理又は代行	⑧徴収	⑨通関業務を営む者
⑩通関業を営む者	⑪適確	⑫適正かつ迅速
⑬適切	⑭納税	⑮範囲

日付・正解 Check	/  	/ 	/  

第1問 »» 正解：イ－⑩、ロ－①、ハ－④、ニ－⑫、ホ－⑦

解説

1 通関業法は、(**イ：⑩通関業を営む者**) についてその業務の (**ロ：①規制**)、通関士の設置等必要な事項を定め、その業務の適正な運営を図ることにより、関税の (**ハ：④申告納付**) その他貨物の通関に関する手続の (**ニ：⑫適正かつ迅速**) な実施を確保することを目的とするものである。

2 「通関業務」とは、他人の依頼によって、関税法に基づき税関官署に対してする輸出又は輸入の申告等の手続又は行為につき、その依頼をした者の (**ホ：⑦代理又は代行**) をすることをいう。

イ．**⑩通関業を営む者、ロ．①規制、ハ．④申告納付、ニ．⑫適正かつ迅速**：（　イ　）には、この語句の後にある「業務の」という語句とその後に続く、「通関士の設置」という語句から**通関業法上の業務を行う者で、通関士を設置する必要がある者**が入ることが分かる。そこで語群を確認すると、これらを満たす者で該当しそうな語句は「⑨通関業務を営む者」、「⑩通関業を営む者」であるが、営業するのは通関業であり、通関業務を営業するとは言わないので（　イ　）には「⑩通関業を営む者」を選択する。次に（　ロ　）には、文脈より**通関業を営む者の行う通関業法に規定される業務について通関業法がどのようにかかわるのか**についての語句が入ることが連想できるので、語群より「①規制」のほかには該当しそうな語句がなく、（　ロ　）には「①規制」を選択する。続いて（　ハ　）には、文脈より通関業を営む者が**関税に関して行う手続**に関係する語句が入ることが分かるので、語群を確認すると「④申告納付」、「⑧徴収」、「⑭納税」が該当するが、「徴収」は税関が行うことであり、「納税」だと通関業者は関税の「申告」も行うので、言葉としては不足している。したがって、（　ハ　）には「申告」と「納付」の両方が入っている「④申告納付」を選択する。最後に（　ニ　）には、文脈より通関業を営む者が結果として**通関業務や関税の申告納付をどのように実施すべきか**に関係する語句が入ることが分かるので、語群を確認すると「⑪適確」、「⑫適正かつ迅速」、「⑬適切」が該当するが、「適確」、「適正」、「適切」という語句はすべて似たような語句であり、いずれも間違いがないというような意味となるが、⑫のみ「適正」だけでなく、「迅速」という速さに関係する語句も入っており、**通関業務や関税の申告納付は間違いがなく、かつ、早く行うことも必要**であるので、（　ニ　）には「適正」と「迅速」の両方が入っている「⑫適正かつ迅速」を選択する。

ホ．**⑦代理又は代行**：次に（　ホ　）であるが、文脈より通関業務は、通関業者が通関業務を依頼した者の（　ホ　）をするとあるので、依頼者に関係する語句が入ることが分かる。そして、通関業務は、通関業者が依頼者に代わって輸出入申告の手続などを行うことであるから、**代わって行うことを表す語句**を探していく。そこで、語群を確認すると「⑤代行」、「⑥代理」、「⑦代理又は代行」が該当することが分かる。これらのうち代理は法律上の行為について委任を受けて代わりに行うことであり、代行は単に依頼者に代わって行うことであるが、通関業者は法律上の委任行為に付随してそれ以外の行為も行うことがあるので、（　ホ　）には両方の語句が入る「⑦代理又は代行」を選択する。

問題 2 通関業務及び関連業務

穴埋め

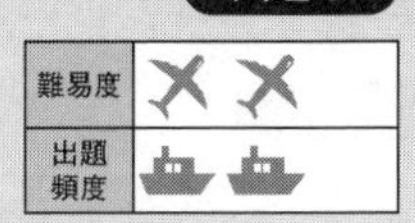

次の記述は、通関業法第２条（定義）に規定する通関業務及び同法第７条（関連業務）に規定する関連業務に関するものであるが、（　　）に入れるべき最も適切な語句を下の選択肢から選び、その番号をマークしなさい。

1．通関業務とは、他人の依頼によってする、

（1）関税法その他関税に関する法令に基づき税関官署に対してする輸出又は輸入の申告から許可を得るまでの手続等

（2）関税法その他関税に関する法令によってされた処分につき、行政不服審査法又は関税法の規定に基づいて、税関長又は（　イ　）に対してする（　ロ　）

（3）（1）の手続等、（2）の（　ロ　）又は関税法その他関税に関する法令の規定に基づく税関官署の調査、検査若しくは処分につき、税関官署に対してする（　ハ　）

につき、その依頼をした者の代理又は代行をする事務及び通関書類を作成する事務をいう。

2．通関業者は、（　ニ　）において制限されている事項を除き、通関業務の関連業務として、通関業者の（　ホ　）を用いて、他人の依頼に応じ、通関業務に先行し、後続し、その他当該業務に関連する業務を行うことができる。

[選択肢]

①意見の求め	②依頼者との契約	③許可の条件
④権利	⑤裁判所	⑥財務大臣
⑦質問又は陳述	⑧主張及び立会い	⑨主張又は陳述
⑩訴訟の提起	⑪他の法律	⑫能力
⑬不服申立て	⑭法務大臣	⑮名称

日付・正解 Check	／	／	／

第２問 »» 正解：イ－⑥、ロ－⑬、ハ－⑨、ニ－⑪、ホ－⑮

解説

1　通関業務とは、他人の依頼によってする、

（1）関税法その他関税に関する法令に基づき税関官署に対してする輸出又は輸入の申告から許可を得るまでの手続等

（2）関税法その他関税に関する法令によってされた処分につき、行政不服審査法又は関税法の規定に基づいて、税関長又は（**イ：⑥財務大臣**）に対してする（**ロ：⑬不服申立て**）

（3）（1）の手続等、（2）の（**ロ：⑬不服申立て**）又は関税法その他関税に関する法令の規定に基づく税関官署の調査、検査若しくは処分につき、税関官署に対してする（**ハ：⑨主張又は陳述**）

につき、その依頼をした者の代理又は代行をする事務及び通関書類を作成する事務をいう。

2　通関業者は、（**ニ：⑪他の法律**）において制限されている事項を除き、通関業務の関連業務として、通関業者の（**ホ：⑮名称**）を用いて、他人の依頼に応じ、通関業務に先行し、後続し、その他当該業務に関連する業務を行うことができる。

イ．⑥財務大臣、ロ．⑬不服申立て、ハ．⑨主張又は陳述：（　イ　）及び（　ロ　）には、問題文の文脈より**行政不服審査法又は関税法**の規定に基づいて、税関長又は（　イ　）に対して（　ロ　）をすると読み取れるので、**行政不服審査法という法律より不服審査に関する業務で通関業務に該当する業務が入る**ことが分かる。そこで、税関長以外に不服申立てをすることができるのは財務大臣であるので、（　イ　）には「⑥財務大臣」を選択する。そして、**税関長又は財務大臣に不服申立てを行う**ことができるので、（　ロ　）には「⑬不服申立て」を選択することになる。次に、（　ハ　）に入る語句を検討すると、税関官署に対する申告から許可までの手続や、不服申立てなどに関する税関官署の**調査や検査等**に対して（　ハ　）を行うことが通関業務であるということなので、**調査や検査等に対して行うことは主張又は陳述**であるので、（　ハ　）には「⑨主張又は陳述」を選択する。

ニ．⑪他の法律、ホ．⑮名称：（　ニ　）には、問題文の文脈より通関業者が通関業務に関連する業務として関連業務を行う場合に（　ニ　）により制限される場合があり、その制限がある場合には業務を行うことができないと読み取れる。つまり、**関連業務を行う場合に制限される規定**を検討すればよい。そこで、関連業務を行う場合であって、他の法律により制限される場合には、その業務を行うことができないので、（　ニ　）には「⑪他の法律」を選択する。最後の（　ホ　）であるが、関連業務を行う場合に通関業者の（　ニ　）を用いて業務を行うとあるので、**関連業務を行う場合に用いるもの**は通関業者の名称であるので、（　ホ　）には「⑮名称」を選択する。

《出題年度》令和元年

問題 **3**

通関業の許可(欠格事由)

次の記述は、通関業法第6条に規定する通関業の許可に係る欠格事由に関するものであるが、(　　)に入れるべき最も適切な語句を下の選択肢から選び、その番号をマークしなさい。

財務大臣は、許可申請者が次のいずれかに該当する場合には、通関業の許可をしてはならない。

- 関税法第111条(許可を受けないで輸出入する等の罪)の規定に該当する違反行為をして同法の規定により通告処分を受けた者であって、その(　イ　)から(　ロ　)を経過しないもの
- 通関業法の規定に違反する行為をして(　ハ　)に処せられた者であって、その執行を終わり、又は執行を受けることがなくなってから(　ロ　)を経過しないもの
- 暴力団員による不当な行為の防止等に関する法律第2条第6号に規定する暴力団員でなくなった日から(　ニ　)を経過していない者
- 公務員で懲戒免職の処分を受け、当該処分を受けた日から(　ホ　)を経過しないもの

[選択肢]

①1年	②2年	③3年
④4年	⑤5年	⑥6年
⑦7年	⑧9年	⑨10年
⑩違反行為をした日	⑪禁錮以上の刑	⑫懲役以上の刑
⑬通告処分を受けた日	⑭通告の旨を履行した日	⑮罰金以上の刑

日付・正解 Check	／	／	／

第３問 »» 正解：イ－⑭、ロ－③、ハ－⑮、ニ－⑤、ホ－②

解説

財務大臣は、許可申請者が次のいずれかに該当する場合には、通関業の許可をしてはならない。

- 関税法第111条（許可を受けないで輸出入する等の罪）の規定に該当する違反行為をして同法の規定により通告処分を受けた者であって、その（**イ：⑭通告の旨を履行した日**）から（**ロ：③３年**）を経過しないもの
- 通関業法の規定に違反する行為をして（**ハ:⑮罰金以上の刑**）に処せられた者であって、その執行を終わり、又は執行を受けることがなくなってから（**ロ：③３年**）を経過しないもの
- 暴力団員による不当な行為の防止等に関する法律第２条第６号に規定する暴力団員でなくなった日から（**ニ：⑤５年**）を経過していない者
- 公務員で懲戒免職の処分を受け、当該処分を受けた日から（**ホ：②２年**）を経過しないもの

イ．⑭通告の旨を履行した日、ロ．③３年：文脈より（　イ　）と（　ロ　）には、通関業者の欠格事由のうち、**関税法第111条に違反して通告処分（＝罰金刑）を受けた場合に、いつから起算して何年間欠格事由に該当するのか**に関する語句が入ることが分かる。そこで、通告処分を受けたのであるから（　イ　）には通告処分に関係する語句が入るはずなので、語群を確認すると「⑬通告処分を受けた日」、「⑭通告の旨を履行した日」が該当することになるが、欠格事由の起算日は処分を受けた日、つまり、罰金の額が確定した日ではなく、その**罰金を納付した日、すなわち、通告の旨を履行した日が起算日**となる。したがって、（　イ　）には「⑭通告の旨を履行した日」を選択する。次に（　ロ　）には、何年間欠格事由に該当するかの年数が入ることになるが、語群の①の１年から⑨の10年までの９つの選択肢のうち、関税法に規定する一定の犯罪により罰金刑に処せられた場合には３年間欠格事由に該当すると通関業法第６条に規定されているので、（　ロ　）には「③３年」を選択する。

ハ．⑮罰金以上の刑：文脈より（　ハ　）には、通関業者の欠格事由のうち、**通関業法に違反して処分を受けた場合に、３年間欠格事由に該当することになる処分はどのような処分なのか**に関する語句が入ることが分かる。そこで語群より、処分に該当する語句は⑪禁錮以上の刑、⑫懲役以上の刑、⑮罰金以上の刑と３つの処分があることが分かるが、通関業法第６条に通関業法違反で罰金以上の刑に処せられると３年間欠格事由に該当するとあるので、（　ハ　）には「⑮罰金以上の刑」を選択する。

ニ．⑤５年：文脈より（　ニ　）には、通関業者の欠格事由のうち、暴力団員であった者は、**暴力団員でなくなった日から何年間欠格事由に該当するのか**に関する語句が入ることが分かる。そこで（　ロ　）には、何年間欠格事由に該当するかの年数が入ることになるが、語群の①の１年から⑨の10年までの９つの選択肢のうち、通関業法第６条に暴力団員であった場合には５年間欠格事由に該当するとあるので、（　ニ　）には「⑤５年」を選択する。

ホ．②２年：文脈より（　ホ　）には、通関業者の欠格事由のうち、**公務員で懲戒免職処分を受けた者は、処分を受けた日から何年間欠格事由に該当するのか**に関する語句が入ることが分かる。そこで（　ホ　）には、何年間欠格事由に該当するかの年数が入ることになるが、語群の①の１年から⑨の10年までの９つの選択肢のうち、通関業法第６条に公務員で懲戒免職処分を受けた場合には２年間欠格事由に該当するとあるので、（　ホ　）には「②２年」を選択する。

問題 4 通関業の許可（許可の消滅及び取消）

穴埋め

難易度 ✈✈
出題頻度 🚢🚢

次の記述は、通関業法第10条に規定する通関業の許可の消滅及び同法第11条に規定する通関業の許可の取消しに関するものであるが、（　　）に入れるべき最も適切な語句を下の選択肢から選び、その番号をマークしなさい。

1．通関業者が（　イ　）した場合で、その通関業の許可の（　ロ　）についての承認の申請がその（　イ　）後60日以内にされなかったとき、又は当該承認をしない旨の処分があったときは、当該通関業の許可は消滅する。
2．通関業者が（　ハ　）の決定を受けたときは、その通関業の許可は消滅する。
3．通関業の許可の消滅に関する財務大臣の公告は、（　ニ　）して行うこととされている。
4．財務大臣が通関業の許可の取消しをしようとするときは、（　ホ　）の意見を聴かなければならない。

［選択肢］

①移転	②会社更生手続	③官報に掲載
④経営破綻	⑤公報に掲載	⑥死亡
⑦承継	⑧譲渡	⑨審査委員
⑩税関官署に掲示	⑪聴聞会	⑫倒産
⑬破産手続開始	⑭民事再生手続	⑮有識者

日付・正解 Check
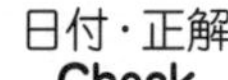

第４問 »» 正解：イ－⑥、ロ－⑦、ハ－⑬、ニ－⑩、ホ－⑨

解説

1 通関業者が（**イ：⑥死亡**）した場合で、その通関業の許可の（**ロ：⑦承継**）についての承認の申請がその（**イ：⑥死亡**）後60日以内にされなかったとき、又は当該承認をしない旨の処分があったときは、当該通関業の許可は消滅する。

2 通関業者が（**ハ：⑬破産手続開始**）の決定を受けたときは、その通関業の許可は消滅する。

3 通関業の許可の消滅に関する財務大臣の公告は、（**ニ：⑩税関官署に掲示**）して行うこととされている。

4 財務大臣が通関業の許可の取消しをしようとするときは、（**ホ：⑨審査委員**）の意見を聴かなければならない。

イ．**⑥死亡、ロ．⑦承継**：（　イ　）には、この語句の後にある「後60日以内にされなかった」という語句とその後に続く、「許可は消滅する」という語句から**60日以内に承認申請をしないと通関業の許可が消滅する事由**が入ることが分かる。そこで語群を確認すると、通関業の許可の消滅事由で該当しそうな語句は「④経営破綻」、「⑥死亡」、「⑧譲渡」、「⑫倒産」、「⑬破産手続開始」とたくさんあるが、60日以内に手続をすることで許可が消滅しないことと、**通関業法第10条第１項第２号**の規定より（　イ　）には「⑥死亡」を選択する。次に（　ロ　）には、文脈より通関業者の死亡後60日以内に手続をすると**通関業の許可が継続**されるような意味の語句が入ることが分かるので、語群より「⑦承継」のほかには該当しそうな語句がないので、**同法第11条の２第２項**の規定より（　ロ　）には「⑦承継」を選択する。

ハ．**⑬破産手続開始**：次に（　ハ　）であるが、文脈より**通関業の許可が消滅する事由**に関係する語句が入ることが分かり、（　ハ　）の後の「**決定を受けた**」という文章より「⑬破産手続開始」しか該当する語句がない。したがって、**通関業法第10条第１項第４号**の規定から（　ハ　）には「⑬破産手続開始」を選択する。

ニ．**⑩税関官署に掲示**：次に（　ニ　）であるが、文脈より通関業の許可が消滅した後の財務大臣の公告に関係する語句が入ることが分かり、（　ニ　）の後の「行う」という文章より**公告の方法**に関係する語句を入れる必要があることが分かる。そこで該当する語句は「③官報に掲載」、「⑤公報に掲載」、「⑩税関官署に掲示」であるが、**通関業法基本通達10－2**の規定から（　ニ　）には「⑩税関官署に掲示」を選択する。

ホ．**⑨審査委員**：最後に（　ホ　）であるが、文脈より通関業の許可の取消しをする場合に**財務大臣が意見を聴く相手**が入ることが分かる。そこで該当する語句は「⑨審査委員」か「⑮有識者」であるが、**通関業法第11条第２項**の規定から（　ホ　）には「⑨審査委員」を選択する。

問題 **5**

通関業の許可（許可の地位の承継）

穴埋め

難易度 ✈✈
出題頻度 🚢🚢

次の記述は、通関業の許可に基づく地位の承継に関するものであるが、（　）に入れるべき最も適切な語句を下の選択肢から選び、その番号をマークしなさい。

1．通関業者について相続があったときは、その相続人（相続人が２人以上ある場合において、その（　イ　）により通関業の許可に基づく地位を承継すべき相続人を選定したときは、その者）は、被相続人の当該許可に基づく地位を承継する。この場合において、当該地位を承継した者は、被相続人の死亡後（　ロ　）、その承継について財務大臣に承認の申請をすることができる。

2．通関業者について分割があった場合において、（　ハ　）財務大臣の承認を受けたときは、（　ニ　）は、当該分割をした法人の通関業の許可に基づく地位を承継することができる。

3．財務大臣は、通関業の許可に基づく地位の承継を承認するに際し、当該承認をしようとする承継に係る通関業の許可に通関業法第３条第２項の規定に基づき条件が付されている場合には、これを（　ホ　）、又は新たに条件を付することができる。

[選択肢]

① 30 日以内に	② 60 日以内に	③ 90 日以内に
④あらかじめ	⑤過半数の合意	⑥過半数の同意
⑦全員の同意	⑧取り消し	⑨取り消し、変更し
⑩分割後 30 日以内に	⑪分割後 60 日以内に	

⑫分割により設立された法人
⑬分割により通関業を承継した法人
⑭分割をした法人及び分割により設立された法人のすべての法人
⑮変更し

日付・正解 Check	／		／		／	

第５問 »» 正解：イ－⑦、ロ－②、ハ－④、ニ－⑬、ホ－⑨

解説

1　通関業者について相続があったときは、その相続人（相続人が２人以上ある場合において、その（**イ：⑦全員の同意**）により通関業の許可に基づく地位を承継すべき相続人を選定したときは、その者）は、被相続人の当該許可に基づく地位を承継する。この場合において、当該地位を承継した者は、被相続人の死亡後（**ロ：②60日以内に**）、その承継について財務大臣に承認の申請をすることができる。

2　通関業者について分割があった場合において、（**ハ：④あらかじめ**）財務大臣の承認を受けたときは、（**ニ：⑬分割により通関業を承継した法人**）は、当該分割をした法人の通関業の許可に基づく地位を承継することができる。

3　財務大臣は、通関業の許可に基づく地位の承継を承認するに際し、当該承認をしようとする承継に係る通関業の許可に通関業法第３条第２項の規定に基づき条件が付されている場合には、これを（**ホ：⑨取り消し、変更し**）、又は新たに条件を付することができる。

イ．**⑦全員の同意、ロ．②60日以内に：**文脈より（　イ　）には、相続人が通関業の許可の地位を承継するに際して、**相続人が２人以上いる場合に必要な手続**に関する語句が入ることが分かる。そこで、（　イ　）の後に「相続人を選定した」とあるので、２人以上いる場合に選定に必要な手続は語群より「⑤過半数の合意」、「⑥過半数の同意」、「⑦全員の同意」が該当するが、２人のときに過半数ということはあり得ないので、「⑦全員の同意」しか該当するものがないことが分かる。したがって、（　イ　）には「⑦全員の同意」を選択する。次に（　ロ　）には、相続人が地位を承継した後の手続であることが分かるが、**被相続人の死亡後どれぐらいの期間内に手続をする必要があるか**であるが、通関業法第11条の２第２項に死亡後60日以内とあるので、（　ロ　）には「②60日以内に」を選択する。

ハ．**④あらかじめ、ニ．⑬分割により通関業を承継した法人：**文脈より（　ハ　）には、法人である通関業者の業務を２者に分割した場合で、そのまま通関業の許可を継続するための手続に関する語句が入ることが分かる。そこで「財務大臣の承認を受けた」とあるので、**地位の承継のためにはいつ財務大臣の承認を受ける必要があるか**ということであるが、分割よりも前に承認を受ける必要があるので、語群には「④あらかじめ」しか該当するものがない。したがって、（　ハ　）には「④あらかじめ」を選択する。次に（　ニ　）には、誰が通関業の許可の地位を承継することができるかに関する語句が入ることが分かる。そこで、当然に分割後に通関業務を行うことになる**地位の承継をした法人が通関業の許可を継続することができる**ことになるので、（　ニ　）には「⑬分割により通関業を承継した法人」を選択する。

ホ．**⑨取り消し、変更し：**文脈より（　ホ　）には、地位の承継をする前の通関業の許可に条件が付されていた場合に、**地位の承継をした法人にもその条件を付すことができるか否か**に関する語句が入ることが分かる。そこで地位の承継をした法人に対して地位の承継の承認をする際に、既に付されていた条件を取り消したり、付されていた条件を変更したり、条件を新たに付したりすることができるので、（　ホ　）には「⑨取り消し、変更し」を選択する。

問題 6 通関業の許可（変更等の届出）

次の記述は、通関業法第12条に規定する通関業の許可に係る変更等の届出に関するものであるが、（　　）に入れるべき最も適切な語句を下の選択肢から選び、その番号をマークしなさい。

通関業の許可が消滅したときは、次に掲げる場合におけるそれぞれの者が、遅滞なくその旨を財務大臣に届け出なければならない。

（1）通関業者が通関業を（　イ　）場合には、その通関業者であった個人又は通関業者であった法人を（　ロ　）

（2）通関業者が死亡した場合には、その（　ハ　）

（3）通関業者である法人が（　ニ　）により解散した場合には、その法人を（　ロ　）であった者

（4）通関業者である法人が（　ニ　）又は（　ホ　）の決定以外の理由により解散した場合には、清算人

[選択肢]

①家族	②合併	③監査する役員
④監督処分	⑤監督する者	⑥休止した
⑦後見人	⑧事業譲渡	⑨相続人
⑩代表する役員	⑪通告処分	⑫取り消された
⑬廃止した	⑭破産手続開始	⑮分割

日付・正解 Check	／	／	／

第６問 »» 正解：イ－⑬、ロ－⑩、ハ－⑨、ニ－②、ホ－⑭

解説

通関業の許可が消滅したときは、次に掲げる場合におけるそれぞれの者が、遅滞なくその旨を財務大臣に届け出なければならない。

（1）通関業者が通関業を（**イ：⑬廃止した**）場合には、その通関業者であった個人又は通関業者であった法人を（**ロ：⑩代表する役員**）

（2）通関業者が死亡した場合には、その（**ハ：⑨相続人**）

（3）通関業者である法人が（**ニ:②合併**）により解散した場合には、その法人を（**ロ:⑩代表する役員**）であった者

（4）通関業者である法人が（**ニ：②合併**）又は（**ホ：⑭破産手続開始**）の決定以外の理由により解散した場合には、清算人

イ．⑬廃止した、ロ．⑩代表する役員：（　イ　）には、問題文の文脈より通関業の許可が消滅する事由が入ることになるが、許可の消滅事由のうち**「死亡」や「解散」は（2）以降の文章にあることから、それ以外の消滅事由**で、選択肢に語句があり文脈に合うものは「⑬廃止した」しかない。そこで（　イ　）には「⑬廃止した」を選択する。そして、（　ロ　）には、**通関業を廃止した法人の届出義務者**を入れることになるので、法人に関係するもので選択肢にある語句は、「③監査する役員」と「⑩代表する役員」が解答の候補となるが通関業法施行令第４条第１号の規定より「⑩代表する役員」を選択することになる。

ハ．⑨相続人：（　ハ　）には、**個人で許可を受けていた通関業者が死亡した場合**の届出義務者を入れることになる。そこで、選択肢で該当するものは、「①家族」、「⑦後見人」、「⑨相続人」が解答の候補となるが、通関業法施行令第４条第２号の規定より「⑨相続人」を選択することになる。

ニ．②合併：（　ニ　）には、文脈より通関業の許可を受けていた法人が解散した場合に、法人を代表する役員であった者が届出義務者となる**法人の解散理由**が入ることが分かる。そこで、法人の解散理由となる選択肢は「②合併」と「⑭破産手続開始」であるが、「⑭破産手続開始」の場合には、「決定」という語句がなく文脈に合わないので、「②合併」しか該当するものがない。結果的に通関業法施行令第４条第４号の規定からも「②合併」を選択することになる。

ホ．⑭破産手続開始：（　ホ　）には、文脈より通関業の許可を受けていた法人が合併又は（　ホ　）以外の理由で解散した場合に、清算人が届出義務者となると読めるので、（　ホ　）には、**もう一つの法人の解散理由**が入ることが分かる。そこで、法人の解散理由となる選択肢は「⑭破産手続開始」しか残っておらず、「決定」という語句もあるので、通関業法施行令第４条第５号の規定からも「⑭破産手続開始」を選択することになる。

問題 7 通関業者の義務（通関士の設置）

穴埋め

難易度	✈✈
出題頻度	🚢🚢

次の記述は、通関業法第１３条及び通関業法施行令第５条に規定する通関士の設置に関するものであるが、（　　）に入れるべき最も適切な語句を下の選択肢から選び、その番号をマークしなさい。

1．通関業者は、通関業務を（　イ　）に行うため、その通関業務を行う営業所ごとに、政令で定めるところにより、通関士を置かなければならない。ただし、当該営業所において取り扱う通関業務に係る（　ロ　）のみに限られている場合は、この限りでない。

2．通関業者は、通関業法第13条の規定により通関士を置かなければならないこととされる営業所ごとに、通関業務に係る（　ハ　）並びに通関業法施行令第６条に規定する（　ニ　）の数、種類及び内容に応じて（　ホ　）の通関士を置かなければならない。

[選択肢]

①依頼者が特定の者	②確実	③貨物が一定の種類の貨物
④貨物の数量及び価格	⑤貨物の数量及び種類	⑥貨物の性質及び形状
⑦申告書	⑧税関官署が特定の官署	⑨専任
⑩通関書類	⑪通関手続	⑫適正
⑬適切	⑭必要な員数	⑮一人以上

日付・正解 Check　／　／　／

第7問 »» 正解：イ－⑫、ロ－③、ハ－⑤、ニ－⑩、ホ－⑭

解説

1　通関業者は、通関業務を（**イ：⑫適正**）に行うため、その通関業務を行う営業所ごとに、政令で定めるところにより、通関士を置かなければならない。ただし、当該営業所において取り扱う通関業務に係る（**ロ：③貨物が一定の種類の貨物**）のみに限られている場合は、この限りでない。

2　通関業者は、通関業法第13条の規定により通関士を置かなければならないこととされる営業所ごとに、通関業務に係る（**ハ：⑤貨物の数量及び種類**）並びに通関業法施行令第6条に規定する（**ニ：⑩通関書類**）の数、種類及び内容に応じて（**ホ：⑭必要な員数**）の通関士を置かなければならない。

イ．**⑫適正、ロ．③貨物が一定の種類の貨物**：文脈より（　イ　）には、通関士を置くことにより**通関業者が通関業務をどのように行うべきか**を示す語句が入ることが分かる。そこで選択肢を確認すると該当する語句は、②確実、⑫適正、⑬適切になるが、**通関業法第13条の規定**より（　イ　）には「⑫適正」を選択する。次に（　ロ　）には、文脈より通関業者が通関士を設置する必要がない場合についての語句を入れればよいことが分かる。そこで通関士の設置が必要な理由は輸出入される様々な貨物を正確に分類し、適切に輸出入申告するためであるから、様々な貨物の取り扱いがない、つまり**取扱貨物が限定されている通関業者であれば通関士の設置は不要**となる。したがって、（　ロ　）には「③貨物が一定の種類の貨物」を選択する。

ハ．**⑤貨物の数量及び種類、ニ．⑩通関書類、ホ．⑭必要な員数**：文脈より（　ハ　）と（　ニ　）、（　ホ　）には、通関業者が行う通関業務の何を根拠として通関士を置くのか、また何名の通関士を置けばよいのかに関する語句を入れることが分かる。そこで「通関業務に係る（　ハ　）」とあり、**必要な通関士の数を検討する際に必要となる情報は取り扱う貨物の量や種類**などであることから選択肢を確認すると該当する語句は⑤貨物の数量及び種類である。そこで**通関業法施行令第５条**の規定より（　ハ　）には「⑤貨物の数量及び種類」を選択する。次に（　ニ　）にも（　ハ　）と同様に必要な通関士の数を検討する際に必要な情報についての語句を入れることになるので、「（　ニ　）の数、種類及び内容」という文章から、**通関士が取り扱うものの数や内容と読める**ので、**通関士が取り扱うものは通関書類**であり、**通関業法施行令第５条**の規定からも（　ニ　）には「⑩通関書類」を選択する。最後に（　ホ　）であるが、設問に「（　ホ　）の通関士を置かなければならない」とあるので、先ほどまでの情報から最終的に**通関士を何名置けばよいのか**ということであるが、その**人数は決まっておらず、通関業法施行令第５条**では必要な員数を置かなければならないと規定されているだけである。したがって、（　ホ　）には「⑭必要な員数」を選択する。

《出題年度》平成16年改題

問題 8 通関業者の義務及び通関士の義務（通関業者及び通関士の義務）

穴埋め

難易度 ✈

出題頻度 🚢🚢

次の記述は、通関業法に基づき通関業者及び通関士に課せられている義務又は禁止行為に関するものであるが、（　　）に入れるべき最も適切な語句を下の選択肢から選び、その番号をマークしなさい。

1．通関業者及び通関士は、正当な理由がなくて、通関業務に関して知り得た（　イ　）を他に漏らし、又は盗用してはならない。

2．通関業者及び通関士は、通関業者又は通関士の（　ロ　）又は品位を害するような行為をしてはならない。

3．通関業者は、その（　ハ　）を他人に通関業のために、通関士はその（　ハ　）を他人に通関業務のために、使用させてはならない。

4．通関業者は、（　ニ　）に応じて税関官署に提出する通関書類のうち輸出申告書などの通関業法施行令で定めるものについては、通関士にその内容を（　ホ　）させなければならない。

[選択肢]

①他人の委任	②評価	③免許	④情報	⑤信用
⑥許可証	⑦個人情報	⑧査定	⑨他人の委託	⑩社会的地位
⑪審査	⑫名声	⑬秘密	⑭他人の依頼	⑮名義

日付・正解 Check	／		／		／	

第8問 »» 正解：イ－⑬、ロ－⑤、ハ－⑮、ニ－⑭、ホ－⑪

解説

1 通関業者及び通関士は、正当な理由がなくて、通関業務に関して知り得た（**イ：⑬秘密**）を他に漏らし、又は盗用してはならない。

2 通関業者及び通関士は、通関業者又は通関士の（**ロ：⑤信用**）又は品位を害するような行為をしてはならない。

3 通関業者は、その（**ハ：⑮名義**）を他人に通関業のために、通関士はその（**ハ：⑮名義**）を他人に通関業務のために、使用させてはならない。

4 通関業者は、（**ニ：⑭他人の依頼**）に応じて税関官署に提出する通関書類のうち輸出申告書などの通関業法施行令で定めるものについては、通関士にその内容を（**ホ：⑪審査**）させなければならない。

イ．⑬秘密：「知り得た（　イ　）を他に漏らし」という文脈から、（　イ　）には「④情報」、「⑦個人情報」、「⑬秘密」が正解の候補と考えられる。そして、**通関業法第19条**に「通関業者は、正当な理由がなくて、通関業務に関して知り得た秘密を他に漏らしてはならない」と規定されているので、（　イ　）には「⑬秘密」を選択することができる。

ロ．⑤信用：文脈から（　ロ　）には、**通関業者又は通関士が害してはならないもの**を示す語句が入る。正解の候補として「⑤信用」、「⑩社会的地位」、「⑫名声」が挙げられるが、**通関業法第20条**に「通関業者又は通関士の<u>信用</u>又は品位を害するような行為をしてはならない」と規定されているので、（　ロ　）には「⑤信用」を選択する。

ハ．⑮名義：文脈から（　ハ　）には、**通関業者又は通関士が他人に使用させてはならないもの**が入る。正解の候補として「③免許」、「⑥許可証」、「⑮名義」が挙げられるが、**通関業法第17条**に「通関業者は、その<u>名義</u>を他人に通関業のため使用させてはならない」と規定されているので、（　ハ　）には「⑮名義」を選択することができる。

ニ．⑭他人の依頼、ホ．⑪審査：（　ニ　）には、（　ニ　）に応じて通関書類を税関官署に提出すると読めるので、**通関書類を税関官署に提出するきっかけとなる語句**を選択すればよいことが分かる。そこで、通関業法第14条の規定から「⑭他人の依頼」を選択することになる。続いて（　ホ　）については、通関士が通関書類の内容を（　ホ　）するということなので、**通関士が通関書類に対してしなければならないこと**が入ることが分かる。そこで通関業法第14条の規定より（　ホ　）には「⑪審査」を選択することになる。

問題 9 通関業者の義務（記帳、届出、報告等）

穴埋め

難易度 ✈

出題頻度 🚢🚢

次の記述は、通関業法第22条に規定する通関業者の記帳、届出、報告等に関するものであるが、（　　）に入れるべき最も適切な語句を下の選択肢から選び、その番号をマークしなさい。

1．通関業者は、通関業務及び関連業務に関して帳簿を設け、その（　イ　）に関する事項を記載し、当該帳簿をその（　ロ　）の日後（　ハ　）年間保存するとともに、その取扱いに係る通関業務及び関連業務に関する書類をその（　ニ　）の日後（　ハ　）年間保存しなければならない。

2．通関業者は、通関士その他の通関業務の従業者（当該通関業者が法人である場合には、（　ホ　）及び通関士その他の通関業務の従業者）の氏名及びその異動を財務大臣に届け出なければならない。

［選択肢］

①3	②5	③7
④売上	⑤開設	⑥記帳
⑦作成	⑧収入	⑨全ての役員
⑩通関業務を担当する役員	⑪通関士の審査	⑫提出
⑬閉鎖	⑭法人を代表する役員	⑮利益

日付・正解 Check	／	／	／

第9問 »» 正解：イ - ⑧、ロ - ⑬、ハ - ①、ニ - ⑦、ホ - ⑩

解説

1　通関業者は、通関業務及び関連業務に関して帳簿を設け、その（**イ：⑧収入**）に関する事項を記載し、当該帳簿をその（**ロ：⑬閉鎖**）の日後（**ハ：①3**）年間保存するとともに、その取扱いに係る通関業務及び関連業務に関する書類をその（**ニ：⑦作成**）の日後（**ハ：①3**）年間保存しなければならない。

2　通関業者は、通関士その他の通関業務の従業者（当該通関業者が法人である場合には、（**ホ：⑩通関業務を担当する役員**）及び通関士その他の通関業務の従業者）の氏名及びその異動を財務大臣に届け出なければならない。

イ. ⑧収入、ロ. ⑬閉鎖、ハ. ①3、ニ. ⑦作成：（　イ　）には、この語句の前にある「帳簿」という語句より通関業務と関連業務に関して設けた**帳簿に記載する内容**が入ることが分かる。そこで選択肢を確認すると、これに該当する語句は「④売上」、「⑧収入」、「⑮利益」であるが、**通関業法第22条第1項**において「収入に関する事項を記載する」とあるので、（　イ　）には「⑧収入」を選択する。次に（　ロ　）には、文脈より**帳簿を保存する期間の起算日**に関係する語句が入ることが分かる。そこで選択肢を確認すると、これに該当する語句は「⑤開設」、「⑥記帳」、「⑦作成」、「⑫提出」、「⑬閉鎖」であるが、帳簿は1年間の業務実績を記録するものであり、1年間の全ての業務を記録した後に保存することから、通関業法施行令第8条第3項より（　ロ　）には帳簿に全てを記録した後の表現である「⑬閉鎖」を選択する。続いて（　ハ　）には、文脈よりその**帳簿の保存期間**が入ることになるが、選択肢を確認すると「①3」、「②5」、「③7」が該当することが分かる。そこで通関業法に規定される書類等の保存期間は全て3年間であるので、（　ハ　）には「①3」を選択する。最後に（　ニ　）には、文脈より**帳簿以外で通関業務と関連業務に関する書類の保存期間の起算日**に関係する語句が入ることが分かる。そこで選択肢を確認すると「⑤開設」、「⑥記帳」、「⑦作成」、「⑫提出」、「⑬閉鎖」が該当するが、帳簿以外の書類は作成の日後3年間保存することになるので（　ニ　）には「⑦作成」を選択する。

ホ. ⑩通関業務を担当する役員：次に（　ホ　）であるが、文脈より人事に**異動があった場合に財務大臣に届け出る必要がある者**が入ることが分かる。そこで通関士と通関業務の従業者以外で、法人の場合に届出が必要な者は役員であるが、選択肢を確認すると「⑨全ての役員」、「⑩通関業務を担当する役員」、「⑭法人を代表する役員」が該当することが分かる。そこで人事異動の際に財務大臣に届出が必要な役員は、通関業務を担当する役員のみであることから、（　ホ　）には「⑩通関業務を担当する役員」を選択する。

《出題年度》平成17年改題

問題 10 通関業者の権利（更正に関する意見の聴取及び検査の通知）

穴埋め

難易度

出題頻度

次の記述は、通関業法第15条（更正に関する意見の聴取）及び第16条（検査の通知）の規定に関するものであるが、（　）に入れるべき最も適切な語句を下の選択肢から選び、その番号をマークしなさい。

1．通関業者が他人の依頼に応じて税関官署に対してした（　イ　）の申告について、税関長が更正をすべき場合において、当該更正が、当該申告に係る貨物の関税率表の適用上の所属又は課税価格の相違その他関税に関する法令の適用上の解釈の相違に起因して、納付すべき関税の額を（　ロ　）するものであるときは、税関長は、当該通関業者に対し、当該相違に関し意見を述べる機会を与えなければならない。ただし、当該関税の額の（　ロ　）が計算又は転記の誤りその他これに類する（　ハ　）に明らかな誤りに起因するものである場合は、この限りでない。

2．税関長は、通関業者の行う（　ニ　）に関し、税関職員に関税法第67条の検査をさせるときは、当該通関業者又はその（　ホ　）の立会いを求めるため、その旨を当該通関業者に通知しなければならない。

[選択肢]

①客観的	②輸出入申告	③通関士	④増加	⑤輸入
⑥減少	⑦納税	⑧人為的	⑨従業者	⑩輸入申告
⑪通関手続	⑫修正	⑬関係者	⑭増減	⑮意図的

日付・正解 Check　／ 　／  　／ 

第10問 »» 正解：イ－⑦、ロ－④、ハ－①、ニ－⑪、ホ－⑨

解説

1　通関業者が他人の依頼に応じて税関官署に対してした（**イ：⑦納税**）の申告について、税関長が更正をすべき場合において、当該更正が、当該申告に係る貨物の関税率表の適用上の所属又は課税価格の相違その他関税に関する法令の適用上の解釈の相違に起因して、納付すべき関税の額を（**ロ：④増加**）するものであるときは、税関長は、当該通関業者に対し、当該相違に関し意見を述べる機会を与えなければならない。ただし、当該関税の額の（**ロ：④増加**）が計算又は転記の誤りその他これに類する（**ハ：①客観的**）に明らかな誤りに起因するものである場合は、この限りでない。

2　税関長は、通関業者の行う（**ニ：⑪通関手続**）に関し、税関職員に関税法第67条の検査をさせるときは、当該通関業者又はその（**ホ：⑨従業者**）の立会いを求めるため、その旨を当該通関業者に通知しなければならない。

イ．**⑦納税、ロ．④増加、ハ．①客観的**：まず、（　イ　）には文脈から「⑤輸入」、「⑦納税」、「⑫修正」が正解の候補として挙げられる。次に、（　ロ　）には「納付すべき関税の額を（　ロ　）する」とあり、文脈から判断して「④増加」、「⑥減少」、「⑫修正」、「⑭増減」が正解の候補として挙げられる。**通関業法第15条**に「通関業者が他人の依頼に応じて税関官署に対してした納税の申告について、更正をすべき場合において、（中略）納付すべき関税の額を増加させるものであるときは、（中略）当該相違に関し意見を述べる機会を与えなければならない」と規定されているので、（　イ　）には「⑦納税」を、（　ロ　）には「④増加」を選択することができる。最後に、（　ハ　）についてであるが、これは関税の額が増加した場合でも、**意見を述べる機会を与えなくてもよいケースとはどのようなものか**が問われている。そして、文脈から（　ハ　）には「①客観的」、「⑧人為的」、「⑮意図的」が正解の候補として考えられる。**通関業法第15条**に「客観的に明らかな誤りに基因するものである場合は、この限りでない」と規定されているので、（　ハ　）には「①客観的」を選択することができる。

ニ．**⑪通関手続、ホ．⑨従業者**：文脈から（　ニ　）には、「②輸出入申告」、「⑩輸入申告」、「⑪通関手続」が正解の候補として挙げられる。次に、（　ホ　）には「（　ホ　）の立会いを求める」とあるから、「人」が入ることが分かる。**通関業法第16条**に「税関長は、通関業者の行う通関手続に関し、（中略）当該通関業者又はその従業者の立会いを求めるため、通知しなければならない」と規定されているので、（　ニ　）には「⑪通関手続」を、そして（　ホ　）には「⑨従業者」を選択することができる。

通関士（通関士の資格）

次の記述は、通関士となる資格及び通関士の資格の喪失に関するものであるが、（　　）に入れるべき最も適切な語句を下の選択肢から選び、その番号をマークしなさい。

1．通関士試験に合格した者は、（　イ　）、通関士となる資格を有する。

2．税関長は、不正の手段によって通関士試験を受けた者に対しては、合格の決定を取り消すことができ、この取消しの処分を受けた者に対し、情状により（　ロ　）年以内の期間を定めて通関士試験を受けることができないものとすることができる。

3．通関士は、次のいずれかに該当するときは、通関士の資格を喪失し、通関士でなくなるものとされている。

・関税法第111条（許可を受けないで輸出入する等の罪）の規定に該当する違反行為をして関税法の規定により（　ハ　）処分を受けた者に該当するに至ったとき。

・通関業法の規定に違反する行為をして（　ニ　）以上の刑に処せられた者に該当するに至ったとき。

・（　ホ　）を受けた者に該当するに至ったとき。

[選択肢]

①2	②3	③5
④希望により選択する税関の管轄区域内において		⑤行政
⑥禁錮	⑦国税徴収法の規定による滞納処分	⑧告発
⑨受験地を管轄する税関の管轄区域内において		⑩懲役
⑪通関業法に基づく通関士に対する懲戒処分		⑫通告
⑬どの税関の管轄区域内においても	⑭破産手続開始の決定	⑮罰金

日付・正解 Check	／	／	／

第11問 »» 正解：イ - ⑬、ロ - ①、ハ - ⑫、ニ - ⑮、ホ - ⑭

解説

1　通関士試験に合格した者は、(**イ：⑬どの税関の管轄区域内においても**)、通関士となる資格を有する。

2　税関長は、不正の手段によって通関士試験を受けた者に対しては、合格の決定を取り消すことができ、この取消しの処分を受けた者に対し、情状により（**ロ：①2**）年以内の期間を定めて通関士試験を受けることができないものとすることができる。

3　通通関士は、次のいずれかに該当するときは、通関士の資格を喪失し、通関士でなくなるものとされている。

・関税法第111条（許可を受けないで輸出入する等の罪）の規定に該当する違反行為をして関税法の規定により（**ハ：⑫通告**）処分を受けた者に該当するに至ったとき。

・通関業法の規定に違反する行為をして（**ニ：⑮罰金**）以上の刑に処せられた者に該当するに至ったとき。

・(**ホ：⑭破産手続開始の決定**）を受けた者に該当するに至ったとき。

イ．**⑬どの税関の管轄区域内においても：**(　イ　）には文脈と選択肢の語句より、**通関士試験に合格した者が通関士となることができる税関の管轄区域**に関係する語句が入ることが分かる。ただ、通関士試験に合格した者は全国のどの税関の管轄区域においても通関士となることができることから、(　イ　）には「⑬どの税関の管轄区域内においても」を選択する。

ロ．**①2：**次に（　ロ　）であるが、文脈より**不正の手段で通関士試験を受けた者がその後通関士試験を受けることができない期間**が入ることが分かる。そこで通関業法第29条第２項に2年以内の期間を定めて通関士試験を受けることができないとあるので、(　ロ　）には「①2」を選択する。

ハ．**⑫通告、ニ．⑮罰金、ホ．⑭破産手続開始の決定：**(　ハ　）から（　ホ　）には、通関士の資格喪失事由に関係する語句が入ること分かる。そこでまず（　ハ　）であるが、関税法第111条に違反して処分を受けた者とあるので、**関税法第111条に違反して罰金以上の刑か通告処分を受けると通関士資格を喪失する**ことになるので、(　ハ　）の後の「処分」という語句から、(　ハ　）には「⑫通告」を選択する。次に（　ニ　）には、通関業法に違反して刑に処せられた者とあるので、**通関業法に違反して罰金以上の刑か通告処分を受けると通関士資格を喪失する**ことになるので、(　ニ　）の後の「以上の刑」という語句から、(　ニ　）には「⑮罰金」を選択する。最後に（　ホ　）であるが、(　ホ　）の後の「受けた者に該当するに至った」という語句より、ある処分や決定などを受けた者に該当すると資格を喪失すると読めるので、**通関士資格を喪失する処分や決定**で該当する語句を選択肢より確認すると、「⑭破産手続開始の決定」しか該当するものがないので、(　ホ　）には「⑭破産手続開始の決定」を選択する。

問題 12 監督処分と懲戒処分

穴埋め

難易度	✈✈
出題頻度	🚢🚢

次の記述は、通関業者に対する監督処分及び通関士に対する懲戒処分に関するものであるが、（　　）に入れるべき最も適切な語句を下の選択肢から選び、その番号をマークしなさい。

1．財務大臣は、通関業者が通関業法の規定に違反したときは、通関業者に対する監督処分として、その通関業者に対し、（　イ　）以内の期間を定めて通関業務の全部若しくは一部の停止を命じ、又は許可の取消しをすることができる。

通関業者に対する監督処分については、通関業法基本通達34－６に定める通関業者監督処分基準表により行うこととされており、処分の級別区分は次のとおりとされている。

１級…………許可の取消処分

２級…………（　ロ　）を超え（　イ　）以内の業務停止処分

３級…………（　ハ　）を超え（　ロ　）以内の業務停止処分

４級…………（　ハ　）以内の業務停止処分

2．財務大臣は、通関士が通関業法の規定に違反したときは、通関士に対する懲戒処分として、その通関士に対し、（　ニ　）し、（　イ　）以内の期間を定めてその者が通関業務に従事することを停止し、又は（　ホ　）間その者が通関業務に従事することを禁止することができる。

［選択肢］

①5日	②7日	③10日
④30日	⑤60日	⑥90日
⑦6月	⑧1年	⑨2年
⑩3年	⑪4年	⑫5年
⑬戒告	⑭訓告	⑮通告

日付・正解 Check	／		／		／	

第12問 »» 正解：イ−⑧、ロ−④、ハ−②、ニ−⑬、ホ−⑨

解説

1　財務大臣は、通関業者が通関業法の規定に違反したときは、通関業者に対する監督処分として、その通関業者に対し、（**イ：⑧1年**）以内の期間を定めて通関業務の全部若しくは一部の停止を命じ、又は許可の取消しをすることができる。 通関業者に対する監督処分については、通関業法基本通達34－6に定める通関業者監督処分基準表により行うこととされており、処分の級別区分は次のとおりとされている。

1級 ………… 許可の取消処分
2級 ………… （**ロ：④30日**）を超え（**イ：⑧1年**）以内の業務停止処分
3級 ………… （**ハ：②7日**）を超え（**ロ：④30日**）以内の業務停止処分
4級 ………… （**ハ：②7日**）以内の業務停止処分

2　財務大臣は、通関士が通関業法の規定に違反したときは、通関士に対する懲戒処分として、その通関士に対し、（**ニ：⑬戒告**）し、（**イ：⑧1年**）以内の期間を定めてその者が通関業務に従事することを停止し、又は（**ホ：⑨2年**）間その者が通関業務に従事することを禁止することができる。

イ. ⑧1年、ロ. ④30日、ハ. ②7日：文脈より（　イ　）には、通関業者に対してする監督処分のうち、**停止処分の期間**についての語句を入れることが分かる。そこで停止の監督処分を科すことができる最大期間は**通関業法第34条第1項において1年以内**と規定されているので、（　イ　）には「⑧1年」を選択する。次に（　ロ　）と（　ハ　）には、通関業者監督処分基準表の監督処分を行う基準についての語句を入れることが分かる。そこで一番重い処分である1級は許可の取消処分であるから、2級以降の処分について検討すると、業務停止処分の最大期間は1年であり、（　ロ　）には1年より短い期間が入る。そして、通関業者監督処分基準表では、**1年以内で各級における停止処分の分かれ目となる期間は、30日（約1月）と7日（1週間）が処分の基準として規定**されているので、（　ロ　）には「④30日」、（　ハ　）には「②7日」を選択する。

ニ. ⑬戒告、ホ. ⑨2年：文脈より（　ニ　）と（　ホ　）には、通関士に対する懲戒処分に関する語句が入ることが分かる。まず（　ニ　）であるが、その後に続く停止や禁止という語句から、（　ニ　）に入る処分は**懲戒処分の中で最も軽い処分**が入ることが分かるので、**通関業法第35条第1項**の規定より（　ニ　）には「⑬戒告」を選択する。次に（　ホ　）であるが、**禁止の懲戒処分をする場合の従事禁止の期間**が入ることが分かる。そこで、禁止処分、つまり、通関士として通関業務に従事することが禁止される期間は2年間であるから、**通関業法第35条第1項**の規定からも（　ホ　）には「⑨2年」を選択する。

問題 13 業務改善命令及び監督処分

穴埋め

難易度	✈✈
出題頻度	🚢🚢

次の記述は、通関業法第33条の2及び第34条に規定する通関業者に対する業務改善命令及び監督処分に関するものであるが、（　）に入れるべき最も適切な語句を下の選択肢から選び、その番号をマークしなさい。

1．財務大臣は、通関業の（　イ　）のために必要があると認めるときは、その必要の限度において、通関業者に対してその（　ロ　）の改善に必要な措置をとるべきことを命ずることができ、当該命令は改善すべき事項、改善のため必要な（　ハ　）を明記した書面をもって通知される。

2．財務大臣は、通関業者の役員その他通関業務に従事する者につき、通関業法の規定に違反する行為があった場合又は通関業者の（　ニ　）を害するような行為があった場合において、当該通関業者の責めに帰すべき理由があるときは、当該通関業者に対し（　ホ　）の期間を定めて通関業務の全部若しくは一部の停止を命じ、又は許可の取消しをすることができる。

［選択肢］

①1年以内	②3年以内	③5年以内
④期限	⑤業務計画	⑥業務の運営
⑦財務体質の改善	⑧資金	⑨収益
⑩条件	⑪信用	⑫懲戒処分
⑬適正な遂行	⑭法令遵守規則	⑮労務管理

日付・正解 Check	／	／	／

第13問 »» 正解：イ－⑬、ロ－⑥、ハ－④、ニ－⑪、ホ－①

解説

1　財務大臣は、通関業の（**イ：⑬適正な遂行**）のために必要があると認めるときは、その必要の限度において、通関業者に対してその（**ロ：⑥業務の運営**）の改善に必要な措置をとるべきことを命ずることができ、当該命令は改善すべき事項、改善のため必要な（**ハ：④期限**）を明記した書面をもって通知される。

2　財務大臣は、通関業者の役員その他通関業務に従事する者につき、通関業法の規定に違反する行為があった場合又は通関業者の（**ニ：⑪信用**）を害するような行為があった場合において、当該通関業者の責めに帰すべき理由があるときは、当該通関業者に対し（**ホ：①1年以内**）の期間を定めて通関業務の全部若しくは一部の停止を命じ、又は許可の取消しをすることができる。

イ．**⑬適正な遂行、ロ．⑥業務の運営、ハ．④期限**：（　イ　）には、この語句の前にある「通関業の」という語句とその後に続く「必要があると認める」という語句から**通関業に必要な何かが入る**ことが分かる。そこで語群を確認すると、該当しそうな語句は「⑤業務計画」、「⑥業務の運営」、「⑦財務体質の改善」、「⑬適正な遂行」、「⑮労務管理」とたくさんあるが、**通関業法第33条の2**の規定から（　イ　）には「⑬適正な遂行」を選択する。次に（　ロ　）には、文脈より通関業者に改善を命ずる内容が入ることが分かる。そこで語群を確認すると「⑥業務の運営」と「⑮労務管理」が該当するが、「⑮労務管理」だと命令できる改善内容が労務管理に限定されてしまうので、**より広く解釈できる語句**が入ることが予想でき、**同法第33条の2**の規定より（　ロ　）には「⑥業務の運営」を選択する。続いて（　ハ　）には、文脈より**書面に明記される**ということと、**改善に必要**なことが入ることが分かる。そこで語群を確認すると「改善すべき事項」に続くことから「④期限」、「⑤業務計画」、「⑩条件」が該当するが、**通関業法基本通達33の2－3**の規定より（　ハ　）には「④期限」を選択する。

ニ．**⑪信用、ホ．①1年以内**：次に（　ニ　）であるが、文脈より通関業法違反ではないが、通関業者の評判を落とすような行為に該当する語句が入ることが分かる。そこで語群を確認すると、**後に続く「害する」という語句**より「⑨収益」、「⑪信用」が該当するが、**通関業法第34条第1項第2号**の規定から（　ニ　）には「⑪信用」を選択する。続いて（　ホ　）には、文脈より**監督処分により通関業が停止される期間**が入ることが分かる。そこで語群を確認すると、該当する語句は「①1年以内」、「②3年以内」、「③5年以内」が該当するが、**同法第34条第1項**の規定から（　ホ　）には「①1年以内」を選択する。

問題 14 権限の委任

次の記述は、通関業法第40条の3及び通関業法施行令第14条に規定する権限の委任に関するものであるが、（　　）に入れるべき最も適切な語句を下の選択肢から選び、その番号をマークしなさい。

1．財務大臣は、政令で定めるところにより、その権限の（　イ　）を税関長に委任することができる。

2．通関業法施行令第14条第1項第2号の規定に基づき、同号に掲げる権限については当該権限の（　ロ　）となる者が通関業務を行う営業所の所在地を管轄する税関長に対して行うこととされており、当該営業所が（　ハ　）ある場合には、（　ニ　）の所在地を管轄する税関長にその権限が委任される。（　ニ　）とは、例えば、通関業の許可の際又は許可後において、通関業に係る（　ホ　）を行う機能を有するものをいう。

[選択肢]

①2以上	②5以上	③10以上
④意見聴取	⑤一部	⑥管理の対象
⑦経営判断	⑧行使の対象	⑨受益者
⑩主たる営業所	⑪書類作成	⑫全部
⑬登記簿上	⑭半数	⑮本社

第14問 »» 正解：イ－⑤、ロ－⑧、ハ－①、ニ－⑩、ホ－⑦

解説

1　財務大臣は、政令で定めるところにより、その権限の（**イ：⑤一部**）を税関長に委任することができる。

2　通関業法施行令第14条第１項第２号の規定に基づき、同号に掲げる権限については当該権限の（**ロ：⑧行使の対象**）となる者が通関業務を行う営業所の所在地を管轄する税関長に対して行うこととされており、当該営業所が（**ハ：①２以上**）ある場合には、（**ニ：⑩主たる営業所**）の所在地を管轄する税関長にその権限が委任される。（**ニ:⑩主たる営業所**）とは、例えば、通関業の許可の際又は許可後において、通関業に係る（**ホ：⑦経営判断**）を行う機能を有するものをいう。

イ．⑤一部：（　イ　）には、文脈より財務大臣が税関長に権限を委任する内容が入ることが分かる。そこで語群を確認すると、該当しそうな語句は「⑤一部」、「⑫全部」、「⑭半数」であるが、**通関業法第40条の３**の規定から（　イ　）には「⑤一部」を選択する。

ロ．⑧行使の対象、ハ．①２以上、ニ．⑩主たる営業所、ホ．⑦経営判断:次に（　ロ　）であるが、前にある「権限の」という語句と、後に続く「となる者」という語句より「⑥管理の対象」、「⑧行使の対象」、「⑨受益者」が該当するが、**通関業法施行令第14条第１項第２号**の規定から（　ロ　）には「⑧行使の対象」を選択する。続いて（　ハ　）には、文脈より**営業所の数**が入ることが分かる。そこで語群を確認すると、該当する語句は「①２以上」、「②５以上」、「③10以上」が該当するが、**同令第14条第１項第１号**の規定から（　ハ　）には「①２以上」を選択する。さらに（　ハ　）に続く（　ニ　）には、文脈より**営業所の所在地**が入ることが分かり、その営業所の所在地を管轄する税関長に財務大臣の権限が委任されると読めるので、その営業所は**重要な営業所**であると予想できる。そこで語群を確認すると、該当する語句は「⑩主たる営業所」と「⑮本社」が該当するが、**同令第14条第１項第１号**の規定から（　ニ　）には「⑩主たる営業所」を選択する。最後に（　ホ　）には、（　ニ　）に入れた「主たる営業所」の定義に関係する語句が入ることが分かる。そこで「**主たる営業所**」という語句と、（　ホ　）に続く「**行う機能を有する**」という文脈も踏まえて語群を確認すると、該当する語句は「⑦経営判断」と「⑪書類作成」が該当するが、**通関業法基本通達40の３－１（1）**の規定から（　ホ　）には「⑦経営判断」を選択する。

問題15 通関業法上の罪

次の記述は、通関業法上の罰則に関するものであるが、（　　）に入れるべき最も適切な語句を下の選択肢から選び、その番号をマークしなさい。

1．偽りその他不正の手段により通関業法第3条第1項（通関業の許可）の許可を受けた者は、（　イ　）以下の懲役又は（　ロ　）以下の罰金に処せられることがある。

2．通関業法第33条（名義貸しの禁止）の規定に違反してその名義を他人に使用させた者は、（　ハ　）以下の罰金に処せられることがある。

3．通関業法第35条第1項（通関士に対する懲戒処分）の規定による通関業務に従事することの停止又は禁止の処分に違反して通関業務に従事した者は、（　ニ　）以下の懲役又は（　ホ　）以下の罰金に処せられることがある。

[選択肢]

①1月	②2月	③3月	④6月	⑤1年
⑥3年	⑦5年	⑧10万円	⑨30万円	⑩50万円
⑪70万円	⑫100万円	⑬300万円	⑭500万円	⑮1,000万円

日付・正解 Check

第15問 »» 正解：イ－⑤、ロ－⑫、ハ－⑨、ニ－④、ホ－⑩

解説

1　偽りその他不正の手段により通関業法第３条第１項（通関業の許可）の許可を受けた者は、（**イ：⑤１年**）以下の懲役又は（**ロ：⑫100万円**）以下の罰金に処せられることがある。

2　通関業法第33条（名義貸しの禁止）の規定に違反してその名義を他人に使用させた者は、（**ハ：⑨30万円**）以下の罰金に処せられることがある。

3　通関業法第35条第１項（通関士に対する懲戒処分）の規定による通関業務に従事することの停止又は禁止の処分に違反して通関業務に従事した者は、（**ニ：④６月**）以下の懲役又は（**ホ：⑩50万円**）以下の罰金に処せられることがある。

イ．**⑤１年、ロ．⑫100万円**：問題文記１は、**偽りその他不正の手段**により通関業の許可を受けた者に対する罰則規定についての問題であることが分かる。この罪については、**通関業法第41条第１項第１号**に「１年以下の懲役又は100万円以下の罰金に処する」と規定されているので、（　イ　）には「⑤１年」を、（　ロ　）には「⑫100万円」を選択する。

ハ．**⑨30万円**：問題文記２は、通関業法第33条（名義貸しの禁止）の規定、すなわち、**通関士の名義貸しの禁止規定に違反**してその名義を他人に使用させた者に対する罰則規定の問題であることが分かる。この罪については、**通関業法第44条第２号**に「30万円以下の罰金に処する」と規定されているので、（　ハ　）には「⑨30万円」を選択する。

ニ．**④６月、ホ．⑩50万円**：問題文記３は、**通関士に対する懲戒処分の規定による通関業務に従事することの停止又は禁止の処分に違反**して通関業務に従事した者に対する罰則規定の問題であることが分かる。この罪については、**通関業法第42条第２号**に「６月以下の懲役又は50万円以下の罰金に処する」と規定されているので、（　ニ　）には「④６月」を、（　ホ　）には「⑩50万円」を選択する。

問題1 通関業務

他人の依頼によって行う次に掲げる手続又は行為のうち、通関業法第２条（定義）に規定する通関業務に該当するものはどれか。すべてを選び、その番号をマークしなさい。

1．他人の依頼によってその依頼をした者を代理してする輸出の許可後に行われる当該許可の内容を変更するための船名、数量等変更申請手続
2．他人の依頼によってその依頼をした者を代理してする、関税法第69条の13第１項の規定による、商標権者が自己の商標権を侵害すると認める貨物に関し、当該貨物が輸入されようとする場合に当該貨物について税関長が認定手続を執るべきことの申立て手続
3．他人の依頼によってする関税法に基づき税関官署に対して提出する通関手続に係る申告書の作成に代えて電磁的記録（電子的方式、磁気的方式その他の人の知覚によっては認識することができない方式でつくられる記録であって、電子計算機による情報処理の用に供されるもの）を作成する場合における当該電磁的記録の作成手続
4．税関の開庁時間外に輸入申告を行うため、税関の開庁時間内に行う開庁時間外の事務の執行を求める届出手続
5．他人の依頼によりその者を代理して行う輸出申告に関し、当該輸出申告に係る貨物につき必要とされる輸出貿易管理令の規定に基づく輸出承認申請手続

日付・正解 Check	／	／	／

第１問 »» 正解：1、3

解説

この問題は、通関業務の定義（通関業法第２条）に関する問題である。この分野は毎年出題されている。すべての形式で出題されることが考えられるので、しっかり細部まで学習しておく必要がある。

「通関業務」とは、通関業者のみが他人の依頼により業として独占的に行うことができる業務のことである。この「通関業務」は、①通関手続の代理業務、②不服申立ての代理業務、③税関に対する主張・陳述の代行業務、④通関書類の作成業務に大別することができる。まず、この四つの通関業務について、それぞれの概要を理解し、細かい内容を確認していくと効果的である。

1　**該当する：**他人の依頼によってその依頼をした者を代理してする輸出の許可後に行われる輸出許可の内容を変更するための**船名、数量等変更申請手続は、輸出許可書の訂正手続のこと**である。輸出許可書の訂正のような重要な業務を申請すべき者は通関士であり、通関士が行う必要のある業務は通関業務に該当する（通関業法第２条第１号イ（1）、通関業法基本通達２－２（2））。

2　**該当しない：**他人の依頼によってその依頼をした者を代理してする商標権を侵害すると認める貨物に関して**認定手続を執るべきことの申立て手続は関連業務**である。したがって通関業務には該当しない（通関業法第７条、通関業法基本通達７－１（1）ト）。

3　**該当する：**他人の依頼によってする関税法に基づき税関官署に対して提出する通関手続に係る申告書の作成に代えて電磁的記録を作成する場合におけるその電磁的記録の作成手続は、通関手続に係る申告書を書面ではなく、**電磁的記録により作成**するだけであり、作成方法が異なるだけであるから、当然に設問の手続も通関業務に該当することになる（通関業法第２条第１号ロ）。

4　**該当しない：**税関の開庁時間外において臨時に税関に開庁を求める制度が開庁時間外の事務の執行を求める届出の制度である。この臨時の開庁を求める場合には「**開庁時間外の事務の執行を求める届出書**」という書類の提出を必要とする。この書類の提出が輸出入申告等と関連して、輸出入**申告等からそれぞれの許可等を受けるまでの間**に行われるものは**通関業務**に該当する。しかし、この手続が輸出入申告等の前又は許可後にされる場合は通関業務に該当しないと規定されている。設問は「税関の開庁時間外に輸入申告を行うため、税関の開庁時間内に行う開庁時間外の事務の執行を求める届出手続」とあるので、当然、輸入申告の前に行われる手続であることが分かる。したがって、この手続は通関業務に該当しない（通関業法基本通達２－２（1））。

5　**該当しない：**他人の依頼によりその者を代理して行う輸出申告に関し、その輸出申告に係る貨物につき必要とされる輸出貿易管理令の規定に基づく輸出承認申請手続は、**他法令に関する申請業務**であり、通関業務に関連する業務である。したがって、この手続は通関業務に該当しない（通関業法第７条）。

問題 2 通関業務及び関連業務

文章選択式

難易度	✈✈
出題頻度	🚢🚢🚢

次の記述は、通関業法第２条第１号に規定する通関業務及び第７条に規定する関連業務に関するものであるが、その記述の正しいものはどれか。すべてを選び、その番号をマークしなさい。

1．他人の依頼によってその依頼をした者を代理してする関税法第７条の２第１項の特例輸入者の承認の申請及び同法第67条の３第１項第１号の特定輸出者の承認の申請は、認定通関業者でなければ行うことはできない。

2．輸出入申告以外の手続が輸出入申告の前又は輸出入の許可の後に行われる場合であっても、当該手続が輸出入申告と関連して行われる場合は、当該手続は通関業務に含まれる。

3．他人の依頼によりその者を代理して行う保税蔵置場の許可の申請は関連業務に含まれるが、保税蔵置場の許可の取消しを受けた者の依頼によりその者を代理して税関長に対して行う当該許可の取消しに係る不服申立ては通関業務に含まれる。

4．通関業法第２条第２号に規定する「業として通関業務を行う」とは、営利の目的をもって通関業務を反復継続して行い、又は反復継続して行う意思をもって行う場合をいい、この場合において営利の目的が直接的か間接的かは問わないものとし、通関業務が他の業務に附帯して無償で行われる場合もこれに該当する。

5．他人の依頼によりその者を代理して行う関税法第７条の２第１項（申告の特例）に規定する特例輸入者の承認の申請手続は通関業務に含まれるが、同法第７条の10（申告の特例の適用を受ける必要がなくなった旨の届出）の規定に基づく申告の特例の適用を受ける必要がなくなった旨の届出は、通関業務に含まれない。

日付・正解 Check	／		／		／	

第2問 »» 正解：3、4、5

解説

1 **誤り**：他人の依頼によってその依頼をした者を代理してする特例輸入者の承認の申請及び特定輸出者の承認の申請の手続は、**どちらの手続も通関業務に該当する**ため、**通関業者しか行うことができない**が、認定通関業者に限定されることはなく、通関業者であっても行うことができる。したがって、「認定通関業者でなければ行うことはできない」という記述は誤りである（通関業法第2条第1号イ（1）（二）、（五））。

2 **誤り**：輸出入申告以外の手続が**輸出入申告の前又は輸出入の許可の後に行われる場合**であれば、その手続が輸出入申告と関連して行われる場合であっても、**関連業務に含まれる**と規定されている。したがって、「当該手続は通関業務に含まれる」という記述は誤りである（通関業法基本通達2－2（1））。

3 **正しい**：他人の依頼によりその者を代理して行う**保税蔵置場の許可の申請**は通関業務には該当しないため**関連業務**であり、保税蔵置場の許可の取消しを受けた者の依頼によりその者を代理して税関長に対して行う許可の取消しに係る不服申立ては通関業務である。したがって正しい記述である（通関業法第2条第1号イ（2）、同法第7条）。

4 **正しい**：通関業法第2条第2号に規定する「業として通関業務を行う」とは、営利の目的をもって通関業務を反復継続して行い、又は反復継続して行う意思をもって行う場合をいい、この場合において**営利の目的が直接的か間接的かは問わない**ものとし、通関業務が他の業務に附帯して**無償で行われる場合も通関業務に該当する**と規定されている。したがって正しい記述である（通関業法第2条第2号、通関業法基本通達2－3）。

5 **正しい**：他人の依頼によりその者を代理して行う**特例輸入者の承認の申請手続**は通関業務に含まれるが、**申告の特例の適用を受ける必要がなくなった旨の届出**は、通関業務に含まれないと規定されている。したがって正しい記述である（通関業法第2条第1号イ（1）（二））。

問題3 通関業の許可（通関業の許可、許可の条件、許可申請他）

文章選択式

難易度 ✈✈　出題頻度 🚢🚢🚢

次の記述は、通関業の許可に関するものであるが、その記述の誤っているものはどれか。すべてを選び、その番号をマークしなさい。

1．通関業者が、通関業務に従事する通関士及びその他の通関業務の従業者が情報通信機器を活用して、労働時間の全部又は一部において、自宅で通関業務に従事する勤務形態（在宅勤務）を導入する場合には、財務大臣の承認を受けなければならない。

2．財務大臣は、通関業の許可に際して、通関業法の目的を達成するために必要な資本金、従業員数等、最少限度の条件を付することができることとされている。

3．通関業許可申請書には、申請者（申請者が法人である場合には、その役員）が通関業法第６条第１号（欠格事由）に該当しない旨の宣誓書を添付しなければならない。

4．通関業の許可を受けようとする法人は、一の企業の全額出資により設立された法人であっても、当該通関業を営もうとする法人の名をもって通関業の許可の申請をしなければならない。

5．通関業の許可を受けようとする者が、通関業以外の事業を営んでいる場合には、その事業の種類を通関業許可申請書に記載するとともに、その事業の概要、規模及び最近における損益の状況を示す書面を当該申請書に添付しなければならない。

日付・正解 Check	／		／		／	

第3問 »» 正解：1、2

解説

この問題は、通関業の許可に関する問題である。この分野は毎年出題されている。出題形式についてもすべての出題形式が考えられる。通関業の許可に関する問題は、まず通関業の許可（通関業法第3条第1項）に関する問題、次に通関業の許可の条件（同法第3条第2項、第3項）に関する問題、そして、許可の申請（同法第4条）に関する問題、最後に許可の基準（同法第5条）に関する問題と範囲が広く、すべて頻出分野であるので、その内容を確実に理解することが大切である。

1　**誤り**：通関業者が、通関士及びその他の通関業務の従業者による**在宅勤務を開始する場合**には、従業者の氏名、住所、通関士又はその他の通関業務従業者の別及び通関士又は従業者が所属する営業所名等を、**税関に申し出る**必要があると規定されている。したがって、「財務大臣の承認を受けなければならない」という記述は誤りである（通関業法基本通達8－4（1））。

2　**誤り**：通関業の許可の際に付すことができる条件は「**貨物の限定**」、「**許可の期限**」であり、「資本金」や「従業員数」というものはない。したがって設問の記述は誤りである（通関業法基本通達3－1）。

3　**正しい**：通関業許可申請書には、申請者が通関業法第6条第1号（欠格事由）に該当しない旨の宣誓書を添付書類として提出しなければならないと規定されている。したがって正しい記述である（通関業法第4条第2項、通関業法施行規則第1条第2号）。

4　**正しい**：通関業の許可を受けようとする法人は、一の企業の全額出資により設立された法人であっても、**通関業を営もうとする法人の名**をもって通関業の許可の申請をしなければならないと規定されている。したがって正しい記述である（通関業法第4条第1項第1号）。

5　**正しい**：通関業の許可を受けようとする者が、通関業以外の事業を営んでいる場合には、許可申請書にその**事業の種類**を記載しなければならないと規定されている。また、その事業の概要、規模及び最近における損益の状況を示す書面も許可申請書に添付しなければならないと定められている。したがって正しい記述である（通関業法第4条第1項第5号、通関業法施行規則第1条第5号）。

問題 4

通関業の許可（通関業の許可、許可の基準）

文章選択式

難易度	✈
出題頻度	🚢🚢🚢

次の記述は、通関業法第３条（通関業の許可）及び第５条（許可の基準）の規定に関するものであるが、その記述の正しいものはどれか。すべてを選び、その番号をマークしなさい。

1. 財務大臣は、通関業の許可をしようとするときは、許可申請者がその人的構成に照らして、その行おうとする通関業務を適正に遂行することができる能力を有することに適合するかどうかを審査しなければならないこととされており、この「人的構成に照らし」とは、当該許可申請者（法人である場合には、その役員）及び通関士その他の従業者全体の人的資質に関する評価をいうほか、全体として、組織体制が確立しているかどうかの評価をも含むこととされている。
2. 通関業の許可を受けることができる者は、法人であって、その資産の内容が充実し、収支の状況が健全であり、かつ、通関業務を営むための必要な設備が整っていると認められる者に限られる。
3. 通関業の許可を受けた者は、通関業務を行う営業所の所在地にかかわらず、すべての税関の管轄区域内において通関業務を行うことができる。
4. 通関業の許可を受けるためには、許可申請に係る通関業に関連する事業を営んでいる必要がある。
5. 通関業者が、通関業務に従事する通関士及びその他の通関業務の従業者が情報通信機器を活用して、労働時間の全部又は一部において、自宅で通関業務に従事する勤務形態（在宅勤務）を開始する場合には、その通関業者に在宅勤務に係る情報セキュリティポリシーが定められている等、在宅勤務における情報セキュリティ対策が講じられていることを税関が確認する必要がある。

日付・正解 Check	／		／		／	

第４問 »» 正解：１、３、５

解説

1　**正しい：**財務大臣は、通関業の許可をしようとするときは、許可申請者が人的構成に照らして、行おうとする通関業務を適正に遂行することができる能力を有することに適合するかどうかを審査しなければならないこととされており、この「人的構成に照らし」とは、許可申請者（法人である場合には、その役員）及び通関士その他の従業者全体の**人的資質に関する評価**をいうほか、全体として、**組織体制が確立しているかどうかの評価**をも含むと規定されている。したがって正しい記述である（通関業法第５条第２号、通関業法基本通達５－２（1））。

2　**誤り：**通関業の許可を受けることができる者は、資産の内容が充実し、収支の状況が健全であり、かつ、通関業務を営むための必要な設備が整っていると認められる者でなければならないが、**「法人に限る」という規定はなく、個人であっても許可を受けることができる**。したがって設問の記述は誤りである（通関業法第３条第１項、同法第４条第１項第１号、通関業法基本通達５－１（1））。

3　**正しい：**通関業の許可を受けた者の**通関業務を行う営業所が２以上**あり、それぞれの営業所を**管轄する税関長が異なる場合**であっても、すべての税関長が管轄する地域において**通関業務を行うことができる**。したがって正しい記述である（通関業法第３条）。

4　**誤り：**「通関業の許可を受けるためには、許可申請に係る通関業に関連する事業を営んでいる必要がある」という**規定はない**。したがって誤った記述である。

5　**正しい：**通関業者が、**在宅勤務を開始する場合**には、その通関業者に在宅勤務に係る情報セキュリティポリシーが定められている等、在宅勤務における**情報セキュリティ対策が講じられていること**を税関が確認する必要があると規定されている。したがって正しい記述である（通関業法基本通達８－４（2））。

問題 5　通関業の許可（欠格事由）

文章選択式

難易度 ✈
出題頻度 🚢🚢

次に掲げる者のうち、通関業法第６条（欠格事由）に該当し、通関業の許可を受けることができない者はどれか。すべてを選び、その番号をマークしなさい。

1．不正の行為により所得税の納付を免れ罰金の刑に処せられた者であって、その刑の執行を終わった日から３年を経過しないもの。
2．不正の手段によって通関業の許可を受けたことが判明したことによりその許可を取り消された者であって、その処分を受けた日から２年を経過しないもの。
3．従業者が関税法に違反して罰金の刑に処せられた場合であって、当該従業者が所属する法人が関税法第117条第１項の両罰規定に基づき罰金の刑に処せられ、その刑の執行を終わった日から５年を経過しない当該法人。
4．法人であって、その役員（いかなる名称によるかを問わず、これと同等以上の職権又は支配力を有する者を含む。）以外の従業者のうちに、通関業法第35条第１項（通関士に対する懲戒処分）の規定により通関業務に従事することを禁止された者があるもの。
5．正当な理由なく特例申告書をその提出期限までに提出しなかったことにより罰金の刑に処せられた者であって、その刑の執行を終わった日から３年を経過しないもの。

日付・正解 Check	／		／		／	

第５問 »» 正解：1、2

解説

1　**受けることができない**：設問は、**所得税（国税）の納付を免れ**、**罰金の刑**に処せられた者が、欠格事由に該当するかどうかという問題である。通関業法には「偽りその他不正の行為により国税又は地方税を免れ、納付せず、罰金の刑に処せられた者であって、その刑の執行を終わった日から３年を経過しないものは通関業の許可をしてはならない」と規定されている。したがって、設問に「刑の執行を終わった日から３年を経過しないもの」とあるので、欠格事由に該当し、通関業の許可を受けることはできない（通関業法第６条第４号ロ）。

2　**受けることができない**：通関業の**許可を取り消された者**が欠格事由に該当するかどうかであるが、通関業法では「通関業の許可を取り消された者又は通関業務に従事することを禁止された者であって、これらの処分を受けた日から２年を経過しないものは、通関業の許可をしてはならない」と規定されている。したがって、欠格事由に該当し、通関業の許可を受けることができない（通関業法第６条第８号）。

3　**受けることができる**：通関業者が関税法の規定により罰金の刑に処せられた場合であって、通関業の許可の**欠格事由に該当**することとなるのは、**行為者として関税法第108条の４から同法第112条までの罰金の刑に処せられ、又は通告処分を受けた場合**であり、従業者が関税法に違反したことにより同法第117条に規定される両罰規定の適用により罰金の刑に処せられ、又は通告処分に付された場合は欠格事由に該当しない。したがって、「罰金の刑に処せられ、その刑の執行を終わった日から５年を経過しない当該法人」の場合でも、通関業の許可を受けることができる（通関業法第６条第４号、通関業法基本通達６－２）。

4　**受けることができる**：法人であって、その役員以外の従業者のうちに、通関業法第35条第１項の懲戒処分の規定により**通関業務に従事することを禁止された通関士がある**場合であっても、法人としては**通関業の許可の欠格事由に該当しない**ため、その法人は通関業の許可を受けることができる（通関業法第６条）。

5　**受けることができる**：正当な理由なく特例申告書をその提出期限までに提出しなかったことにより罰金の刑に処せられた者（**関税法第113条の２の罪に該当**）については、通関業法第６条第４号で規定される**関税法第108条の４から第112条までの規定に該当する違反行為をして罰金の刑に処せられた者**に該当しないので、欠格事由に該当せず、「その刑の執行を終わった日から３年を経過しないもの」に該当する場合でも、通関業の許可を受けることができる（通関業法第６条第４号イ）。

《出題年度》令和２年、令和３年、令和４年他改題

問題 6

通関業の許可（通関業の許可及び営業所の新設）

文章選択式

難易度	✈✈
出題頻度	🚢🚢🚢

次の記述は、通関業の許可及び営業所の新設に関するものであるが、その記述の正しいものはどれか。すべてを選び、その番号をマークしなさい。

1．弁護士がその職務として通関業務を行う場合には、財務大臣より通関業の許可を受けることは要しないが、居住地を管轄する税関長に通関業務を行う旨を届け出なければならない。

2．通関業の許可に条件が付されている通関業者が、当該条件の範囲を超えて通関業務を行う営業所を新たに設けようとする場合において、当該通関業者が認定通関業者であるときは、その通関業の許可の条件を変更することを要しない。

3．通関業者の通関業務に従事する通関士及びその他の通関業務の従業者が情報通信機器を活用して、労働時間の全部又は一部において、自宅で通関業務に従事する勤務形態（在宅勤務）を導入する場合においては、当該勤務場所（自宅）は当該従業者の所属する営業所の一部となることとされており、当該勤務場所について通関業法第８条に規定する営業所の新設に係る手続は要しない。

4．財務大臣は、営業所の新設の許可をしようとするときは、許可申請に係る営業所の経営の基礎が確実であるかどうかを審査しなければならない。

5．財務大臣は、通関業務を行う営業所の新設の許可をしようとするときは、許可申請に係る通関業を営む営業所につき、通関業法第13条の要件を備えることとなっているかどうかを審査しなければならないが、この「通関業法第13条の要件を備えることとなっている」とは、許可申請の際、通関士試験合格者を現に雇用しているか、又は通関士試験合格者を雇用することが雇用契約等により確実と認められる場合をいい、単なる見通しは含まれないこととされている。

日付・正解 Check	／ 	／ 	／ 

第6問 »» 正解：3、5

解説

1　**誤り：弁護士が職務として通関業務を行う場合**には、通関業の許可を受けることを要しないと規定されている。また、設問のような「居住地を管轄する税関長に通関業務を行う旨を届け出なければならない」とする規定もない。したがって誤った記述である（弁護士法第3条第1項、通関業法第3条第5項）。

2　**誤り：**通関業の許可に条件が付されている通関業者が、**条件の範囲を超えて通関業務を行う営業所を新たに設けようとする場合**には、その通関業者が認定通関業者である場合であっても、**通関業の許可の条件を変更しなければならない**と規定されている。したがって、「通関業の許可の条件を変更することを要しない」という記述は誤りである（通関業法基本通達8－2（5））。

3　**正しい：**通関業者の通関業務に従事する通関士及びその他の通関業務の従業者が情報通信機器を活用して、労働時間の全部又は一部において、自宅で通関業務に従事する勤務形態（在宅勤務）を導入する場合においては、勤務場所（自宅）は従業者の所属する営業所の一部となることとされており、その**自宅等の勤務場所について通関業法第8条に規定する営業所の新設に係る手続は要しない**と規定されている。したがって正しい記述である（通関業法基本通達8－1）。

4　**誤り：**「通関業の経営の基礎が確実であること」という、財務大臣が通関業の許可をする際の判断基準は、「**通関業の許可**」をする際の判断基準であり、「**営業所の新設の許可**」をする際の判断基準には含まれていない。したがって誤った記述である（通関業法第8条第2項）。

5　**正しい：**財務大臣は、通関業務を行う営業所の新設の許可をしようとするときは、許可申請に係る通関業を営む営業所につき、通関業法第13条の通関士の設置の要件を備えることとなっているかどうかを審査しなければならないが、この「通関業法第13条の要件を備えることとなっている」というのは、通関業の許可申請の際に、**通関士試験合格者を現に雇用している**か、又は**通関士試験合格者を雇用することが雇用契約等により確実と認められる**場合でなければならず、単なる雇用の見通しは含まれない。したがって正しい記述である（通関業法第8条第2項で準用する同法第5条第3号、通関業法基本通達5－4）。

問題 7

通関業の許可（通関業務を行う営業所）

文章選択式

難易度	✈✈
出題頻度	⛴⛴⛴

次の記述は、通関業法上の通関業務を行う営業所に関するものであるが、その記述の正しいものはどれか。すべてを選び、その番号をマークしなさい。

1．特定の取引先の施設で、当該特定の取引先の依頼により、通関業者がその職員を派遣してその船積書類作成のために使用している施設であれば、通関士により審査が行われていない場合であっても、当該施設は、当該通関業者の営業所に該当する。

2．財務大臣は、不特定の種類の貨物に係る通関業務を取り扱う営業所の新設の許可をしようとするときは、許可申請に係る営業所に通関士が設置されているかを審査しなければならない。

3．通関業者は、営業所の新設の許可の条件として、その取り扱う通関業務に係る貨物について一定の種類の貨物のみに限る条件が付されている営業所については、当該営業所において取り扱う貨物の件数の多少にかかわらず、通関士を置くことを要しない。

4．認定通関業者である通関業者が財務大臣に届け出て通関業務を行う営業所を新たに設けた場合には、当該営業所については、その届出が受理された時において、通関業法第８条第１項の営業所の新設に係る財務大臣の許可を受けたものとみなして、同法の規定を適用することとされている。

5．財務大臣は、通関業者の営業所が移転し、当該移転後の営業所において通関業法第13条（通関士の設置）に規定する通関士の設置に係る基準について新たに審査する必要があると認められる場合であっても、営業所の新設に係る許可の手続を行わせる必要はない。

日付・正解 Check	／		／		／	

第7問 »» 正解：2、3、4

解説

1　**誤り：**通関業者の営業所とは、**通関業務が行われる事務所**をいい、営業所の名称が付されていないものであっても、実質的に通関書類の作成審査等が行われる事務所であれば、原則として、通関業者の営業所に該当する。しかし、通関業者の施設等で、職員が常駐せず、単に連絡、待機等のために使用されるもの又は特定の取引先の施設等で、その特定の取引先の依頼により、通関業者が職員を派遣して通関書類を作成するために使用されるもの（その施設等で通関士の審査、押印又は通関業者の押印が行われていない場合に限る。）は、営業所には該当しないと規定されている。したがって、通関業者の営業所に該当するのは、通関士による通関書類の作成審査等が行われている事務所等であるので、「通関士により審査が行われていない場合であっても、当該施設は、当該通関業者の営業所に該当する」という記述は誤りである（通関業法基本通達８－１）。

2　**正しい：**財務大臣は、不特定の種類の貨物に係る通関業務を取り扱う営業所の新設の許可をしようとするときは、許可申請に係る**営業所に通関士が設置されているかを審査**しなければならないと規定されている。したがって正しい記述である（通関業法第８条第２項で準用する同法第５条第３号）。

3　**正しい：**通関業者は、営業所の新設の許可の条件として、取り扱う通関業務に係る貨物について**一定の種類の貨物のみに限る条件が付されている営業所**については、取り扱う貨物の件数の多少にかかわらず、通関士を置くことを要しない。したがって正しい記述である（通関業法第13条）。

4　**正しい：**認定通関業者である通関業者が財務大臣に届け出て通関業務を行う営業所を新たに設けた場合には、その営業所については、**届出が受理された時**において、通関業法第８条第１項の営業所の新設に係る**財務大臣の許可を受けたものとみなして**、同法の規定を適用すると規定されている。したがって正しい記述である（通関業法第９条）。

5　**誤り：**通関業者の営業所の移転により、その営業所の新設の際の許可の基準となっている通関業法第13条に規定する通関士の設置に係る基準について新たに審査する必要が認められる場合には、**営業所の廃止の届出手続**と**営業所新設の許可手続を行わせる**と規定されている。したがって、「新たに審査する必要があると認められる場合であっても、営業所の新設に係る許可の手続を行わせる必要はない」という記述は誤りである（通関業法基本通達12－２）。

問題 8 通関業の許可（営業所の新設に係る許可の特例）

次の記述は、通関業法第９条に規定する営業所の新設に係る許可の特例に関するものであるが、その記述の正しいものはどれか。一つを選び、その番号をマークしなさい。なお、正しい記述がない場合には、「0」をマークしなさい。

1．関税法第７条の２第１項（申告の特例）に規定する特例輸入者が通関業の許可を受けた場合は、当該許可の日から営業所の新設に係る許可の特例を受けることができる。

2．関税法第79条第１項（通関業者の認定）の認定を受けた者（以下「認定通関業者」という。）が、営業所の新設に係る許可の特例により届出で営業所を新設した場合は、当該営業所の所在地を管轄する税関長の所属する税関の管轄区域内でのみ通関業務を行うことができる。

3．認定通関業者が、営業所の新設に係る許可の特例により届出をする際には、当該営業所で行われる見込みの通関業務の量の算出の基礎を記載した書面の提出は要しない。

4．認定通関業者が、営業所の新設に係る許可の特例により届出をする際には、いかなる場合であっても、当該営業所に所属する通関士を雇用していなければならない。

5．認定通関業者が、営業所の新設に係る許可の特例により届出で営業所を新設した場合は、当該営業所の新設から５年を経過するまでに当該認定通関業者の認定をした税関長に対して営業所設置の更新の届出を要する。

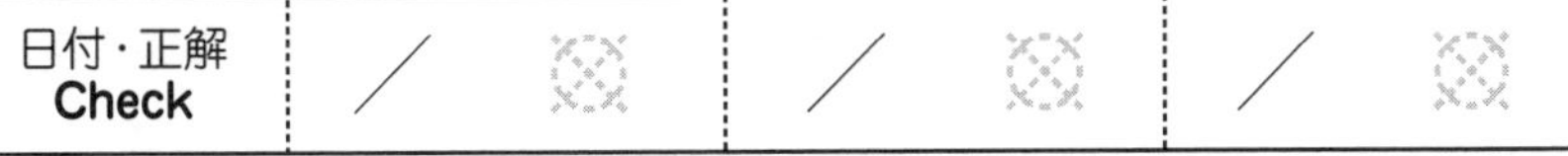

第8問 »» 正解：3

解説

1　**誤り：特例輸入者が通関業の許可を受ける場合**であっても、営業所の新設に係る通関業の許可の**特例の適用を受けることはできず**、財務大臣による通関業の許可を受けなければならない。したがって、「営業所の新設に係る許可の特例を受けることができる」という記述は誤りである（通関業法第9条第1項）。

2　**誤り：**通関業の許可に区域の制限はないので、通関業者であっても、認定通関業者であっても通関業務を行う営業所に区域の制限はない。したがって、**認定通関業者**が、営業所の新設に係る通関業の許可の特例の規定により届出で営業所を新設した場合であっても、**営業所の所在地を管轄する税関長の管轄区域にかかわらず通関業務を行うことができる**。よって「管轄区域内でのみ通関業務を行うことができる」という設問の記述は誤りである（通関業法第9条第2項）。

3　**正しい：認定通関業者**が、営業所の新設に係る通関業の**許可の特例の規定により届出**をする際には、その営業所で行われる**見込みの通関業務の量の算出の基礎を記載した書面の提出は要しない**と規定されている。したがって正しい記述である（通関業法基本通達9－1（1）イ）。

4　**誤り：**認定通関業者が、営業所の新設に係る通関業の許可の特例の規定により届出をする場合であっても、**通関業務に係る取扱貨物が一定の種類の貨物のみに限られている場合**には、通関士の設置を要しないので**通関士を雇用している必要はない**。また、取扱貨物が一定の種類の貨物のみに限られていない場合であっても、届出の際に**通関士試験合格者を雇用することが雇用契約等により確実と認められる場合**には、現に雇用していなくても特例の適用を受けることができる。したがって、「いかなる場合であっても、当該営業所に所属する通関士を雇用していなければならない」という記述は誤りである（通関業法基本通達5－4、同法基本通達9－1（4））。

5　**誤り：**このような規定はない。認定通関業者が、営業所の新設に係る通関業の許可の特例の規定により届出で営業所を新設した場合であっても、その営業所の新設から5年を経過するまでに認定通関業者の認定をした税関長に対して**営業所設置の更新の届出をするという規定はない**。したがって設問の記述は誤りである（通関業法第9条）。

問題 9 通関業の許可（許可の消滅及び許可の取消し）

文章選択式

難易度 ✈✈
出題頻度 🚢🚢🚢

次の記述は、通関業法第１０条に規定する通関業の許可の消滅及び同法第１１条に規定する通関業の許可の取消しに関するものであるが、その記述の正しいものはどれか。すべてを選び、その番号をマークしなさい。

1．財務大臣は、通関業の許可の条件として付された許可の期限が経過した場合には、当該通関業の許可を取り消すことができる。

2．財務大臣は、法人である通関業者の役員が禁錮以上の刑に処せられたときは、当該通関業者の通関業の許可を取り消すことができる。

3．財務大臣は、通関業者が偽りその他不正の手段により通関業の許可を受けたことが判明したときは、当該許可を取り消すことができることとされており、この「偽りその他不正の手段」とは、例えば、許可申請に当たって通関業法第５条に規定する通関業の許可の基準に係る事項についての偽った書類（定款、財務諸表、履歴書、宣誓書等）を提出し、当該許可の可否に関する税関の判断を誤らせるに至った場合がこれに該当する。

4．法人である通関業者の従業者が関税法第110条（関税を免れる等の罪）の規定に該当する違反行為をした場合において、当該通関業者が、同法第117条の両罰規定の適用により通告処分を受けたときは、財務大臣は、当該通関業者が通関業法第６条に規定する通関業者の許可に係る欠格事由に該当するに至ったものとして、同法第11条の規定に基づき通関業の許可を取り消すことができる。

5．通関業者が破産手続開始の決定を受け、その通関業の許可が消滅した場合において、現に進行中の通関手続があるときは、当該手続については、破産管財人が引き続き当該許可を受けているものとみなす。

日付・正解 Check	／		／		／	

第９問 »» 正解：2、3

解説

1　**誤り：**通関業の許可の条件として付された許可の期限が経過した場合には、財務大臣が通関業の許可を取り消すのではなく、**通関業の許可は許可の期限が経過した時点で消滅**することになる。したがって、取消事由ではなく消滅事由であるため「許可を取り消すことができる」という記述は誤りである（通関業法基本通達10－1、同法基本通達10－2）。

2　**正しい：**財務大臣は、法人である通関業者の**役員が禁錮以上の刑に処せられた**ときは、通関業の**許可を取り消す**ことができると規定されている。したがって正しい記述である（通関業法第11条第１項第２号、同法第６条第10号）。

3　**正しい：**財務大臣は、通関業者が偽りその他不正の手段により通関業の許可を受けたことが判明したときは、通関業の許可を取り消すことができるが、この「**偽りその他不正の手段**」とは、例えば、許可申請に当たって通関業の許可の基準に係る事項についての**偽った書類（定款、財務諸表、履歴書、宣誓書等）を提出し、通関業の許可の可否に関する税関の判断を誤らせるに至った場合**がこれに該当すると規定されている。したがって正しい記述である（通関業法第11条第１項第１号、通関業法基本通達11－1）。

4　**誤り：**法人である通関業者の従業者が関税法第110条（関税を免れる等の罪）の規定に該当する違反行為をした場合において、通関業者が、同法**第117条の両罰規定の適用により通告処分を受けたとき**は、**通関業の許可に係る欠格事由に該当しない**。したがって、「欠格事由に該当するに至ったものとして、同法第11条の規定に基づき通関業の許可を取り消すことができる」という記述は誤りである（通関業法基本通達６－2）。

5　**誤り：**通関業者が破産手続開始の決定を受け、通関業の許可が消滅した場合において、**現に進行中の通関手続がある**ときは、その手続については、**許可を受けていた者**が引き続き通関業の許可を受けているものとみなすと規定されている。したがって、「破産管財人が引き続き当該許可を受けているものとみなす」という記述は誤りである（通関業法第10条第１項第４号、第３項）。

問題 10 通関業の許可（許可の消滅及び許可の取消し）

択一式

難易度 ✈✈
出題頻度 🚢🚢🚢

次の記述は、通関業の許可の消滅又は取消しに関するものであるが、その記述の正しいものはどれか。一つを選び、その番号をマークしなさい。なお、正しい記述がない場合には、「0」をマークしなさい。

1. 財務大臣は、法人である通関業者の経営の状態が極端に悪化し、経営の基礎が確実でなくなったときは、当該通関業者の通関業の許可を取り消すことができる。
2. 財務大臣は、法人である通関業者が合併により解散したときは、その通関業の許可を取り消すことができる。
3. 法人である通関業者の役員が破産手続開始の決定を受けた場合には、通関業の許可は消滅する。
4. 法人である通関業者の役員が通関業法第６条第10号に規定する通関業の許可に係る欠格事由に該当するに至った場合において、当該通関業者が、当該欠格事由に該当した役員を更迭し、役員の変更の届出を行ったときは、当該欠格事由に関連し、当該通関業者が通関業者に対する監督処分を受けることはない。
5. 通関業者が関税法第111条（許可を受けないで輸出入する等の罪）の規定に該当する違反行為をして同法の規定により通告処分を受けた者に該当するに至ったときは、その通関業の許可は消滅する。

日付・正解 Check	／	／	／

第10問 »» 正解：0

解説

1　**誤り：**通関業の**許可の取消事由**は、①偽りその他不正の手段により通関業の許可を受けたことが判明した場合、②心身の故障により通関業務を適正に行うことができない者に該当する場合、③禁錮以上の刑に処せられた者であって、その執行を終わり、又は執行を受けることがなくなってから3年を経過しないもの、④関税法第108条の4の規定などに該当する違反行為をして罰金の刑に処せられた者等であって、刑の執行を終わり、若しくは執行を受けることがなくなった日等から3年を経過しないもの、⑤通関業法の規定に違反する行為をして罰金の刑に処せられた者であって、その刑の執行を終わり、又は執行を受けることがなくなった日から3年を経過しないもの、⑥法人であって、その役員のうちに欠格事由に該当する者があるものである。したがって、設問の記述は上記①から⑥のいずれにも該当しないことから通関業の許可の取消事由には該当せず、誤った記述である（通関業法第11条第1項）。

2　**誤り：**通関業の許可の取消事由には、「不正の手段等で通関業の許可を受けた場合」と「欠格事由に該当した場合」とがあり、主に**違法行為に対して処分を受ける場合**が取消事由に該当する。設問の「法人である通関業者が合併により解散したとき」は、これらに該当しない。したがって、このような場合は許可の消滅事由に該当するため、誤った記述である（通関業法第10条第1項第3号）。

3　**誤り：**「法人である通関業者の役員が破産手続開始の決定を受けた場合」には、通関業法第6条第8号の「法人であって、その役員のうちに通関業法第6条の欠格事由に該当する者があるもの」という規定に該当することになる。すなわち欠格事由に該当することになり、法人である**通関業者の役員が欠格事由に該当した場合**には、財務大臣はその**許可を取り消す**ことができると通関業法に規定されている。したがって、許可の消滅事由ではなく、許可の取消事由となり誤った記述である（通関業法第11条第1項第2号）。なお、通関業法第10条第1項第4号に「破産手続開始の決定を受けたときに通関業の許可は消滅する」とあるが、こちらは通関業者が破産手続開始の決定を受け破産者となった場合に関する規定であるので留意する。

4　**誤り：**法人である通関業者の役員が通関業の許可に係る欠格事由に該当するに至った場合において、その通関業者が、欠格事由に該当した役員を更迭し、役員の変更の届出を行った場合には、**通関業の許可が取り消されることはなくなるが、状況により監督処分の対象にはなる可能性がある**。したがって、「通関業者が通関業者に対する監督処分を受けることはない」という記述は誤りである（通関業法基本通達11－3）。

5　**誤り：**通関業者が**関税法第111条**（許可を受けないで輸出入する等の罪）の規定に該当する**違反行為**をして同法の規定により**通告処分を受けた者**に該当する（＝通関業の許可の欠格事由に該当する）に至ったときは、税関長は通関業の許可を取り消すことができると規定されている。したがって、「通関業の許可は消滅する」という記述は誤りである（通関業法第11条第1項第2号）。

問題11 通関業の許可（許可の地位の承継）

文章選択式

難易度 ✈✈
出題頻度 🚢🚢

次の記述は、通関業法第11条の2に規定する通関業の許可の地位の承継に関するものであるが、その記述の誤っているものはどれか。すべてを選び、その番号をマークしなさい。

1. 通関業者が通関業を譲り渡した場合において、あらかじめ財務大臣の承認を受けたときは、通関業を譲り受けた者は当該通関業を譲り渡した者の当該通関業の許可に基づく地位を承継することができる。
2. 財務大臣が通関業の許可に基づく地位の承継を承認するに際し、当該承認をしようとする承継に係る通関業の許可にその取り扱う通関業務に係る貨物について一定の種類の貨物のみに限る条件が付されている場合には、財務大臣は、これを取り消し、変更することはできず、引き続き、当該承継後の許可に当該条件が付されることとなる。
3. 通関業者が会社法第2条第26号（定義）に規定する組織変更を行った場合には、通関業法第11条の2（許可の承継）に規定する通関業の許可に基づく地位の承継に係る承認の申請手続は要しない。
4. 通関業者について相続があったときは、その相続人は、被相続人の当該通関業の許可に基づく地位を承継するが、被相続人の死亡後60日以内に財務大臣に対して当該地位の承継をした旨の届出を行わなければ、通関業の許可は消滅する。
5. 通関業者について分割があり、あらかじめ財務大臣の承認を受けて、当該分割により通関業を承継した法人が当該分割をした法人の当該通関業の許可に基づく地位を承継した場合において、現に進行中の通関手続があるときは、当該手続については、当該分割をした法人が引き続き当該許可を受けているものとみなすこととされている。

日付・正解 Check	／	／	／

第11問 »» 正解：2、4、5

解説

1　**正しい：**通関業者が通関業を譲り渡した場合において、**あらかじめ財務大臣の承認を受けたとき**は、通関業を譲り受けた者は通関業を譲り渡した者の**地位を承継することができる**と規定されている。したがって正しい記述である（通関業法第11条の2第4項）。

2　**誤り：**財務大臣が通関業の許可に基づく地位の承継を承認するに際し、承認をしようとする通関業の許可に取り扱う通関業務に係る貨物について一定の種類の貨物のみに限る条件が付されている場合には、財務大臣は、**この条件を取り消し、変更し、又は新たに条件を付することができる**と規定されている。したがって、「これを取り消し、変更することはできず、引き続き、当該承継後の許可に当該条件が付されることとなる」という記述は誤りである（通関業法第11条の2第6項）。

3　**正しい：**通関業者が会社法第2条第26号に規定する**組織変更を行った場合**には、会社の組織に変更があっただけであり、合併などではないので、通関業の許可に基づく**地位の承継に係る承認の申請手続は必要ない**。なお組織変更を行った場合には、通関業法第12条（変更等の届出）の規定に基づく許可申請事項の変更手続が必要となる。したがって正しい記述である（通関業法基本通達11の2－2）。

4　**誤り：**通関業者について相続があったときは、その相続人は、被相続人の通関業の許可に基づく地位を承継するが、被相続人の**死亡後60日以内**に財務大臣に対して、その**承継について承認の申請**をしなければならない。したがって、「地位の承継をした旨の届出」ではないので、設問の記述は誤りである（通関業法第11条の2第2項）。

5　**誤り：**通関業者について分割があり、あらかじめ財務大臣の承認を受けて、通関業を承継した法人が分割をした法人の通関業の許可に基づく地位を承継した場合において、現に進行中の通関手続があるときは、その手続については、**分割をした法人が引き続き通関業の許可を受けているものとみなすという規定はない**。このような場合には、法律に規定はないが、通関業を承継した法人が進行中の通関業務を引き続き行うことになる。したがって設問の記述は誤りである（通関業法第11条の2）。

問題12 通関業の許可（変更等の届出）

文章選択式

難易度	✈✈
出題頻度	🚢🚢

次の記述は、通関業法第１２条（変更等の届出）に関するものであるが、その記述の正しいものはどれか。すべてを選び、その番号をマークしなさい。

1．通関業者の通関業務を行っている営業所の電話番号に変更があった場合は、当該通関業者は、遅滞なくその旨を財務大臣に届け出なければならない。

2．通関業者は、その通関業の許可の条件として通関業務に係る取扱貨物が一定の種類の貨物のみに限られている場合において、当該取扱貨物の種類を変更しようとするときは、その旨を財務大臣に届け出なければならない。

3．法人である通関業者の役員が通関業法の規定に違反する行為をして罰金の刑に処せられた場合であっても、当該通関業者が当該役員を速やかに更迭したときは、その罰金の刑に処せられた旨を財務大臣に届け出ることを要しない。

4．通関業務を行う営業所の移転により、当該営業所に関し、通関業法第13条に規定する通関士の設置に係る基準について新たに審査する必要があると財務大臣が認める場合には、通関業者は、同法第12条の規定に基づく営業所の廃止の届出と同法第８条の規定に基づく営業所の新設の許可手続を行うこととされている。

5．通関業者が通関業を廃止した場合の届出義務者は、通関業者であった個人又は通関業者であった法人を代表する役員である。

日付・正解 Check	／	／	／

第12問 »» 正解：4、5

解説

1　**誤り**：許可申請書の内容で一定の事項に変更があった場合には、**財務大臣に届け出る必要**がある。しかし、その一定の事項の中に設問の「電話番号」は含まれていない。したがって誤った記述である（通関業法第12条第1号）。

2　**誤り**：通関業者は、その通関業の許可の条件として通関業務に係る取扱貨物が一定の種類の貨物のみに限られている場合において、その**取扱貨物の種類を変更**しようとするときは、通関業法第12条の規定により変更の届出を行うのではなく、同法第3条の規定による通関業の許可の条件の変更に該当するので、**許可条件変更の申請**が必要となる。したがって、「当該取扱貨物の種類を変更しようとするときは、その旨を財務大臣に届け出なければならない」という記述は誤りである（通関業法第12条第1号、通関業法基本通達3－7）。

3　**誤り**：法人である通関業者の役員が通関業法の規定に違反する行為をして罰金の刑に処せられた場合には、通関業者がその役員を速やかに更迭したとしても、罰金の刑に処せられた時点で**既に通関業の許可の欠格事由に該当していることになる**ので、罰金の刑に処せられた旨を財務大臣に届け出なければならない。したがって、「速やかに更迭したときは、その罰金の刑に処せられた旨を財務大臣に届け出ることを要しない」という記述は誤りである（通関業法第12条第2号）。

4　**正しい**：通関業務を行う営業所の移転により、通関業法第13条に規定する通関士の設置に係る基準について新たに審査する必要があると財務大臣が認める場合には、通関業者は、**営業所の廃止の届出と営業所の新設の許可手続を同時に行う**必要がある。したがって正しい記述である（通関業法基本通達12－2）。

5　**正しい**：「通関業を廃止した場合」に財務大臣に**届け出なければならない者**は、「通関業者であった個人又は通関業者であった法人を代表する役員」と規定されている。したがって正しい記述である（通関業法施行令第4条第1号）。

問題 13 通関業者の義務（通関士の設置）

文章選択式

難易度 ✈
出題頻度 🚢🚢🚢

次の記述は、通関業法第１３条に規定する通関士の設置に関するものであるが、その記述の正しいものはどれか。すべてを選び、その番号をマークしなさい。

1. 通関業者は、通関業務を行う営業所の新設の許可の条件として、その取り扱う通関手続に係る貨物がコンテナー及びその修理用部分品のみに限られている場合であっても、当該営業所に通関士を置かなければならない。
2. 通関業者は、通関士を置かなければならないこととされる営業所に設置した通関士が通関士の資格を喪失し、当該営業所に通関士を置かない状況に至ったときは、２月以内に当該営業所に通関士を置くため必要な措置をとらなければならないこととされている。
3. 通関業者は、通関士を置かなければならないこととされる営業所ごとに、通関業務に係る貨物の数量及び種類並びに通関書類の数、種類及び内容に応じて複数の通関士を置かなければならない。
4. 通関業者が通関業務を行う営業所に通関士を置くことを要しない場合における当該営業所において取り扱う通関業務に係る貨物が「一定の種類の貨物のみに限られている場合」とは、その行う通関業務に係る貨物が一定種類に限られており、通関業務の内容が簡易かつ、定型化されている場合をいう。
5. 通関業者が通関業務を行う営業所ごとに置くべき通関士の員数は、業務の効率化・最適化の取組み、業務内容の難易度及び雇用する通関士の業務経験等を総合的に勘案し、当該通関業者自身が創意工夫、自己規律を発揮しつつ判断するものとされている。

日付・正解 Check	／ 	／ 	／ 

第13問 »» 正解：4、5

解説

1 **誤り**：通関業務を行う営業所の新設の許可の条件として、その取り扱う通関手続に係る貨物が**コンテナー及びその修理用部分品のみに限られている場合**には、**限定された通関手続のみを反復継続的に行うことになり、その手続も全体として簡易**であるので、営業所に通関士を置くことなく許可を受けることができる。したがって、「営業所に通関士を置かなければならない」という記述は誤りである（通関業法第13条、通関業法基本通達13－1）。

2 **誤り**：通関業者は、通関士を置かなければならないこととされる営業所に設置した通関士が通関士の資格を喪失し、**営業所に通関士を置かない状況に至ったとき**は、**通関士の審査等が必要となる通関業務を行うことができなくなる**ことになるが、通関業法には、そのような状況に至ったときについての規定はない。したがって、「2月以内に当該営業所に通関士を置くため必要な措置をとらなければならない」という規定はないので、設問の記述は誤りである（通関業法基本通達13－3）。

3 **誤り**：通関業者は、**通関業務を行う営業所ごと**に、通関業務に係る貨物の数量及び種類並びに通関士の審査を要する通関書類の数、種類及び内容に応じて**必要な員数の通関士を置かなければならない**と規定されている。したがって、「必要な員数」とは規定されているが、「複数の通関士」と限定はされていないので、設問の記述は誤りである（通関業法第13条、通関業法施行令第5条）。

4 **正しい**：通関業者は、営業所において取り扱う通関業務に係る貨物が、通関業の許可の条件として**一定の種類の貨物のみに限られている場合**には、その営業所に通関士を置くことを要しないと規定されている。なお、「一定の種類の貨物のみに限られている場合」とは、通関業務に係る貨物が一定の種類に限られており、**通関業務の内容が簡易かつ定型化されている場合**をいうと規定されている。したがって正しい記述である（通関業法第13条、通関業法基本通達13－1）。

5 **正しい**：通関業者が通関業務を行う営業所ごとに置くべき**通関士の員数**は、通関業務を適正に行うため、業務の効率化・最適化の取組み、業務内容の難易度及び雇用する通関士の業務経験等を総合的に勘案し、**通関業者自身が創意工夫、自己規律を発揮しつつ判断する**と規定されている。したがって正しい記述である（通関業法第13条、通関業法基本通達13－3）。

問題 **14**

通関業者の義務（通関士の審査及び記名）

択一式

難易度	✈✈
出題頻度	🚢🚢🚢

次の記述は、通関業法第14条の規定による通関士の審査及び記名に関するものであるが、その記述の正しいものはどれか。一つを選び、その番号をマークしなさい。なお、正しい記述がない場合には、「0」をマークしなさい。

1．通関業者は、通関士が通関業務に従事している営業所における通関業務に関連して、他人の依頼に応じて税関官署に提出する関税法第７条第３項の規定に基づく関税率表の適用上の所属の教示に係る照会書について、通関士にその内容を審査させなければならない。

2．通関業者が他人の依頼に応じて作成し税関官署に提出する更正請求書、関税の納期限の延長に係る申請書及び特例申告書については、通関士の審査を要する。

3．通関業務を行う営業所の設置に係る許可の条件として通関士の設置を要しないこととされている営業所においては、当該営業所の責任者が通関書類を審査し、記名しなければならない。

4．通関業者が他人の依頼に応じて作成し税関官署に提出する本邦と外国との間を往来する船舶への船用品の積込み承認に係る申告書、不服申立書及び保税蔵置場にある外国貨物を滅却することの承認に係る申請書については、通関士の審査を要する。

5．通関業者の従業者のうち通関業務に従事する者は、通関士から委託を受けて、当該通関業者が他人の依頼に応じて作成し税関官署に提出する更正請求書について、当該通関士に代わってその内容を審査することができる。

日付・正解 Check	／		／		／	

第14問 »» 正解：0

解説

1　**誤り**：通関業者は、他人の依頼に応じて税関官署に提出する関税法第7条第3項の規定に基づく**関税率表の適用上の所属の教示に係る照会書**について、通関士にその内容を審査させる義務はない。したがって、誤った記述である。なお、通関士の審査を要する書類は以下のとおりである。

【審査を要する書類】（通関業法第14条、通関業法施行令第6条）

①輸出（積戻しを含む。）申告書又は輸入（納税）申告書
②特例輸入者の承認申請書
③特定輸出者の承認申請書
④船（機）用品積込申告書
⑤蔵入、移入、総保入承認申請書又は展示等申告書
⑥不服申立書（再調査の請求書、審査請求書）
⑦特例申告書
⑧修正申告書、更正請求書

2　**誤り**：通関業者が他人の依頼に応じて作成し税関官署に提出する更正請求書及び特例申告書については、通関士の審査を要するが、**関税の納期限の延長に係る申請書**については、通関士の審査を要しない。したがって設問の記述は誤りである（通関業法第14条、通関業法施行令第6条第1号、第4号）。

3　**誤り**：設問の「通関業務を行う営業所の設置に係る許可の条件として通関士の設置を要しないこととされている営業所においては、当該営業所の責任者が通関書類を審査し、記名しなければならない」とする規定はない。通関書類を審査し、記名をするのは**通関士に限られている**。したがって誤った記述である。

4　**誤り**：通関業者が他人の依頼に応じて作成し税関官署に提出する本邦と外国との間を往来する船舶への船用品の積込み承認に係る申告書及び不服申立書については、通関士の審査を要するが、保税蔵置場にある**外国貨物を滅却することの承認に係る申請書**については、通関士の審査を要しない。したがって誤った記述である（通関業法第14条、通関業法施行令第6条第1号、第2号）。

5　**誤り**：通関業者の従業者のうち通関業務に従事する者が、通関士から委託を受けて、その通関業者が他人の依頼に応じて作成し税関官署に提出する更正請求書について、その**通関士に代わってその内容を審査することはできない**。つまり、通関士の審査を要する通関書類の審査は通関士以外は行うことができないということである。したがって、「税関官署に提出する更正請求書について、当該通関士に代わってその内容を審査することができる」という記述は誤りである（通関業法第14条、通関業法施行令第6条第4号）。

《出題年度》令和２年、令和３年、令和４年他改題

問題 **15**

通関業者の義務（通関業法上の義務）

択一式

難易度	✈
出題頻度	🚢🚢

次の記述は、通関業法上の義務に関するものであるが、その記述の正しいものはどれか。一つを選び、その番号をマークしなさい。なお、正しい記述がない場合には、「0」をマークしなさい。

1．通関業法第18条の規定により通関業者が営業所に掲示する料金表には、貨物の特性、取扱規模等の事情により料金に割増又は割引が生じる場合等についてはその適用がある旨を、料金の額に含まれない実費を別途請求する場合についてはその旨を記載しなければならないこととされている。

2．通関業者が通関業務を行うに当たって依頼者の陳述又は文書から知り得た事実については、当該事実が一般に知られないことにつき、依頼者又はその関係者に利益があると客観的に認められるものであっても、通関業法第19条（秘密を守る義務）に規定する通関業務に関して知り得た秘密に当たらない。

3．通関業者が他人の依頼に応じて税関官署に提出する輸入申告書について、通関士が自ら作成した場合には、当該輸入申告書への記名を省略することができる。

4．通関業者（法人である場合には、その役員）及び通関士その他の通関業務の従業者は、正当な理由がなくて、通関業務に関して知り得た秘密を他に漏らし、又は盗用してはならないこととされており、法令に規定する証人、鑑定人等として裁判所において陳述する場合は、この「正当な理由」があるときに該当するが、その他法令に基づく求めに応じて陳述する場合は、この「正当な理由」があるときには該当しない。

5．通関業者は、その名義を通関業の許可を受けていない法人に通関業のため使用させようとする場合には、あらかじめ財務大臣の許可を受けなければならない。

日付・正解 Check	／	／	／

第15問 »» 正解：1

解説

1 **正しい：**通関業法第18条の規定により通関業者が営業所に掲示する料金表には、貨物の特性、取扱規模等の事情により**料金に割増又は割引が生じる場合**等についてはその適用がある旨を、**料金の額に含まれない実費を別途請求する場合**についてはその旨を記載しなければならないと規定されている。したがって正しい記述である（通関業法第18条、通関業法基本通達18－1）。

2 **誤り：**通関業者が通関業務を行うに当たって依頼者の陳述又は文書から知り得た事実については、その事実が一般に知られないことにつき、依頼者又はその関係者に利益があると客観的に認められるものであれば、通関業法第19条（秘密を守る義務）に規定する通関業務に関して**知り得た秘密に当たる**と規定されている。したがって、「通関業法第19条（秘密を守る義務）に規定する通関業務に関して知り得た秘密に当たらない」という記述は誤りである（通関業法第19条、通関業法基本通達19－1（2））。

3 **誤り：**通関業者が他人の依頼に応じて税関官署に提出する輸入申告書について、通関士が自ら作成した場合であっても、輸入申告書への**記名をしなければならない**と規定されている。したがって、「記名を省略することができる」という記述は誤りである（通関業法第14条）。

4 **誤り：**通関業者（法人である場合には、その役員）及び通関士その他の通関業務の従業者は、正当な理由がなくて、通関業務に関して知り得た秘密を他に漏らし、又は盗用してはならないと規定されている。なお、「**正当な理由**」がある場合には、**依頼者の許諾がある場合**や、**法令に規定する証人、鑑定人等として裁判所において陳述する場合**だけでなく、**その他法令に基づく求めに応じて陳述する場合**も含まれる。したがって、「その他法令に基づく求めに応じて陳述する場合は、この「正当な理由」があるときには該当しない」という記述は誤りである（通関業法第19条、通関業法基本通達19－1（1））。

5 **誤り：**通関業者は、その**名義を他人に通関業のため使用させてはならない**と規定されている。したがって、あらかじめ財務大臣の許可を受けて、その名義を通関業の許可を受けていない法人に通関業のため使用させるということはできないので、設問の記述は誤りである（通関業法第17条）。

問題 16 通関業者の義務（記帳、届出、報告等）

文章選択式

難易度	✈✈
出題頻度	🚢🚢🚢

次の記述は、通関業法第22条（記帳、届出、報告等）の規定に基づく記帳、届出、報告等に関するものであるが、その記述の正しいものはどれか。すべてを選び、その番号をマークしなさい。

1．法人である通関業者は、通関業法第22条第３項に規定する報告書をその事業年度の終了後６月以内に財務大臣に提出しなければならない。

2．通関業者は、通関業務の従業者に異動があった場合には、その者の氏名及びその異動の内容を財務大臣に届け出なければならないが、当該通関業務の従業者には、経理事務のみを行う者は含まれない。

3．通関業者が保存すべき輸入申告書の写しについては、その申告に係る輸入許可書の写しを当該輸入申告書の写しに準ずる書類として取り扱って差し支えないものとされている。

4．通関業者が作成又は保存しなければならないこととされている帳簿及び書類を電磁的記録により作成又は保存する場合の取扱いは、当該通関業者の書面の保存等における情報通信の技術の利用に関する社内文書保存規定によるものとされている。

5．通関業者が設けなければならない通関業務に関する帳簿には、通関業者の通関業務を行う営業所ごとに、その営業所において取り扱った通関業務（関連業務を含む。）の種類に応じ、その取り扱った件数及び受ける料金を記載するとともに、その１件ごとに、依頼者の氏名又は名称、貨物の品名及び数量、通関業務に係る申告書、申請書、不服申立書その他これらに準ずる書類の税関官署又は財務大臣への提出年月日、その受理番号、通関業務につき受ける料金の額その他参考となるべき事項を記載しなければならない。

日付・正解 Check	／		／		／	

第16問 »» 正解：2、3、5

解説

1　**誤り**：法人である通関業者は、通関業法第22条第３項に規定する報告書（＝通関業者が毎年１回通関業務に係る事項を記載して行う定期報告書（通関業営業報告書））を毎年４月１日から翌年３月31日までの間に終了する通関業者の事業年度ごとに、**翌年６月30日まで**にこれを提出しなければならないと規定されている。したがって、「その事業年度の終了後６月以内に財務大臣に提出しなければならない」とする記述は誤りである（通関業法第22条第３項、通関業法施行令第10条第１項）。

2　**正しい**：通関業者は、通関業務の従業者に異動があった場合には、その者の氏名及びその異動の内容を財務大臣に届け出なければならないと規定されているが、通関業者にあって**経理事務のみを行う者**は、通関業務に従事していないのでその者に異動があった場合であっても、その**異動の内容を財務大臣に届け出る必要はない**。したがって正しい記述である（通関業法第22条第２項、通関業法基本通達22－1（3））。

3　**正しい**：通関業者が保存すべき輸入申告書の写しについては、その申告に係る**輸入許可書の写しを輸入申告書の写しに準ずる書類**として取り扱って差し支えないと規定されている。したがって正しい記述である（通関業法第22条第１項、通関業法施行令第８条第２項第１号、通関業法基本通達22－1（2））。

4　**誤り**：通関業者が作成又は保存しなければならないこととされている帳簿及び書類を電磁的記録により作成又は保存する場合の取扱いは、**財務省の所管する法令の規定に基づく民間事業者等が行う書面の保存等における情報技術の利用に関する規則**によるものと規定されている。したがって、「通関業者の書面の保存等における情報通信の技術の利用に関する社内文書保存規定」という記述は誤りである（通関業法基本通達22－2）。

5　**正しい**：通関業者が設けなければならない通関業務に関する帳簿には、通関業者の通関業務を行う営業所ごとに、営業所において取り扱った通関業務（関連業務を含む。）の種類に応じ、**取り扱った件数及び受ける料金**を記載するとともに、１件ごとに、**依頼者の氏名又は名称**、**貨物の品名及び数量**、通関業務に係る申告書、申請書、不服申立書その他これらに準ずる書類の税関官署又は財務大臣への**提出年月日**、**受理番号**、通関業務につき**受ける料金の額**その他参考となるべき事項を記載しなければならないと規定されている。したがって正しい記述である（通関業法第22条第１項、通関業法施行令第８条第１項）。

問題 17 通関業者の義務（記帳、届出、報告等）

次の記述は、通関業法第22条（記帳、届出、報告等）の規定に関するものであるが、その記述の正しいものはどれか。すべてを選び、その番号をマークしなさい。

1．通関業者は、通関士その他の通関業務の従業者に異動があった場合には、当該異動の日から30日以内に、その異動の内容について財務大臣に届け出なければならないこととされている。
2．通関業者が帳簿に記載しなければならない通関業務及び関連業務１件ごとの明細の記載は、当該通関業者が保管する通関業務及び関連業務に関し税関官署又は財務大臣に提出した申告書、申請書、不服申立書その他これらに準ずる書類の写しに所要の事項を追記することによってすることができる。
3．通関業者は、通関業務に関し税関官署に提出した不服申立書の写しを保存しなければならないこととされており、当該保存については、電磁的記録（電子的方式、磁気的方式その他の人の知覚によっては認識することができない方式でつくられる記録であって、電子計算機による情報処理の用に供されるもの）により行うことができる。
4．通関業者は、通関業務に関し税関官署に提出した仕入書の写しを、その提出の日後３年間保存しなければならない。
5．法人である通関業者が財務大臣に提出する定期報告書（その取扱いに係る通関業務及び関連業務の件数、これらについて受けた料金の額その他通関業務及び関連業務に係る事項を記載した報告書）には、通関業務及び関連業務に関する事業報告書及び事業計画書を添付しなければならない。

日付・正解 Check	／	／	／

第17問 »» 正解：2、3

解説

1　**誤り：**通関業者は、通関士その他の通関業務の従業者に異動があった場合には、**そのつど**、その異動の内容について**財務大臣に届け出なければならない**と規定されている。したがって、「異動の日から30日以内」という記述は誤りである（通関業法第22条第２項、通関業法施行令第９条第１項）。

2　**正しい：**通関業者が帳簿に記載しなければならない通関業務１件ごとの明細については、通関業者が保管する通関業務及び関連業務に関し税関官署又は財務大臣に提出した申告書、申請書、不服申立書その他これらに準ずる書類の写しに所要の事項を追記することによってすることができると規定されている。つまり、**申告書等の写しに所要の事項を追記することでその申告書等の写しを帳簿の代わりとする**ことができる。したがって正しい記述である（通関業法第22条第１項、通関業法施行令第８条第４項）。

3　**正しい：**通関業者は、通関業務に関し税関官署に提出した不服申立書の写しを保存しなければならないこととされており、その保存については、**電磁的記録により行うことができる**と規定されている。したがって正しい記述である（通関業法基本通達22－２）。

4　**誤り：**通関業者は、通関業務に関する書類を作成（「提出」ではない）の日後**３年間**保存する義務があるが、その保存義務のある書類は以下のとおりである。

①通関業務に関し税関官署又は財務大臣に提出した申告書、申請書、不服申立書その他これらに準ずる書類の写し
②通関業務に関し、依頼者から依頼を受けたことを証する書類
③通関業務に関する料金の受領を証する書類の写し

したがって、設問の「通関業務に関し税関官署に提出した仕入書の写し」は、上記①から③のいずれにも該当しないので誤りである（通関業法第22条第１項、通関業法施行令第８条第２項、第３項）。

5　**誤り：**法人である通関業者が財務大臣に提出する定期報告書には、**報告期間に係る事業年度の貸借対照表及び損益計算書**を添付すると規定されているが、通関業務及び関連業務に関する事業報告書及び事業計画書を添付するという規定はない。したがって設問の記述は誤りである（通関業法第22条第３項、通関業法施行令第10条第２項）。

問題 18 通関業者の権利（更正に関する意見の聴取・検査の通知）

文章選択式

難易度 ✈✈
出題頻度 🚢🚢🚢

次の記述は、通関業法第１５条に規定する更正に関する意見の聴取及び同法第１６条に規定する検査の通知に関するものであるが、その記述の正しいものはどれか。すべてを選び、その番号をマークしなさい。

1. 税関長は、通関業者が他人の依頼に応じてした納税の申告について更正をすべき場合において、当該更正が関税に関する法令の適用上の解釈の相違に基因して納付すべき関税の額を増加するものであるときは、当該通関業者に対し、当該相違に関し意見を述べる機会を与えなければならない。
2. 税関長は、通関業者が他人の依頼に応じてした納税の申告について更正をすべき場合において、当該更正が転記の誤りに基因して納付すべき関税の額を増加するものであるときであっても、当該通関業者に対し、当該相違に関し意見を述べる機会を与えなければならない。
3. 通関業法第15条の規定に基づく更正に関する意見の聴取があった場合における通関業者による意見の陳述については、文書により行うこととされており、口頭により行うことはできない。
4. 税関長は、通関業者の行う通関手続に関し税関職員に関税法第67条に規定する検査をさせるときは、当該通関手続に係る通関書類の内容を審査した通関士に対し、当該検査の立会いを求めるための通知をしなければならない。
5. 通関業法第16条の規定に基づく検査の立会いを求めるための税関長の通知は、口頭又は書面のいずれでも差し支えないものとされており、また、検査指定票の交付をもってこれに代えることができることとされている。

日付・正解 Check	／	／	／

第18問 »» 正解：1、5

解説

1　**正しい**：税関長が更正をすべき場合において、その更正が関税に関する**法令の適用上の解釈の相違**に基因して納付すべき**関税の額を増加するもの**であるときは、税関と納税申告を行った通関業者の間に見解の相違が生じる可能性があるので、意見を述べる機会を与えなければならないと規定されている。したがって正しい記述である（通関業法第15条）。

2　**誤り**：税関長が更正をすべき場合において、その更正が**転記の誤りなど客観的に明らかな単なるミス**に基因して納付すべき関税の額を増加するものであるときには、税関と納税申告を行った通関業者の間に見解の相違が生じる可能性はないので、意見を述べる機会を与える必要はない。したがって、「意見を述べる機会を与えなければならない」という記述は誤りである（通関業法第15条）。

3　**誤り**：税関長の更正に関する意見の聴取があった場合における通関業者による意見の陳述については、**文書だけではなく、口頭でも行うことができる**。したがって、「口頭により行うことはできない」という記述は誤りである（通関業法基本通達15－1）。

4　**誤り**：税関長は、通関業者の行う通関手続（輸出入申告）に関し税関職員に検査をさせるときは、**通関業者に対し**、検査の**立会いを求めるための通知**をしなければならないと規定されている。したがって、「内容を審査した通関士」という記述は誤りである（通関業法第16条）。

5　**正しい**：輸出入申告等に対する検査の立会いを求めるための**税関長の通知**は、**口頭又は書面**のいずれでもすることができ、**検査指定票の交付**でも代えることができると規定されている。したがって正しい記述である（通関業法基本通達16－1（1））。

問題19 通関士（通関士の確認）

次の記述は、通関業法第31条（確認）の規定による確認に関するものであるが、その記述の誤っているものはどれか。すべてを選び、その番号をマークしなさい。

1．通関士試験に合格した者であっても、労働者派遣事業の適正な運営の確保及び派遣労働者の保護等に関する法律第２条に規定する派遣労働者については、通関士となることができない。

2．通関業者は、通関士試験に合格した者を通関士という名称を用いてその通関業務に従事させようとするときは、その者の氏名、通関業務に従事させようとする営業所の名称、通関士試験の受験回数を財務大臣に届け出て、確認を受けなければならない。

3．通関業者は、他の通関業者の通関業務に通関士として従事している者について、通関業法第31条の規定による財務大臣の確認を受け、当該他の通関業者における通関士と併任して、その通関業務に通関士として従事させることができる。

4．通関士試験に合格した者が通関士という名称を用いて法人である通関業者の通関業務に従事しようとする場合には、通関業法第31条第１項の確認の届出を当該通関士試験に合格した者が自ら行わなければならない。

5．関税法第110条（関税を免れる等の罪）の規定に該当する違反行為をした者であって、当該違反行為があった日から２年を経過しないものについては、財務大臣の確認を受けることができない。

日付・正解 Check	／	／	／

第19問 »» 正解：1、2、4

解説

1　**誤り**：通関士試験に合格した者であれば、労働者派遣事業の適正な運営の確保及び派遣労働者の保護等に関する法律第２条に規定する**派遣労働者**についても、**通関士となることができる**。したがって、「派遣労働者については、通関士となることができない」という記述は誤りである（通関業法第31条、通関業法基本通達31－1（5））。

2　**誤り**：通関業者は、通関士試験に合格した者を通関士という名称を用いてその通関業務に従事させようとするときは、その者の氏名、通関業務に従事させようとする**営業所の名称**、その者の**通関士試験合格の年度**及びその**合格証書の番号**その他参考となるべき事項を財務大臣に届け出て、確認を受けなければならないと規定されている。したがって、財務大臣への届出事項として「通関士試験の受験回数」は含まれていないので、設問の記述は誤りである（通関業法第31条第１項、通関業法施行令第13条第１項）。

3　**正しい**：通関業者は、**他の通関業者の通関業務に通関士として従事している者**について、財務大臣の確認を受けて、その者を自己の通関業務に通関士として従事させることができると規定されている。なお、その場合の手続は、通関士の確認の際に、**併任について異議がない旨の他の通関業者の承諾書を添付**する必要がある。したがって正しい記述である（通関業法第31条第１項、通関業法基本通達31－1（4））。

4　**誤り**：通関士試験に合格した者を通関士という名称を用いて法人である通関業者の通関業務に従事させようとする場合には、**通関業者が財務大臣に届出を行う**義務がある。したがって、「通関士試験に合格した者が自ら行わなければならない」という記述は誤りである（通関業法第31条第１項）。

5　**正しい**：設問のような関税法の各罪に該当する違反行為をした者（罰金の刑に処せられてはいないが）で、当該違反行為があった日から２年を経過していないものは**通関士確認拒否事由に該当する**。したがって、財務大臣の確認を受けることはできないので正しい記述である（通関業法第31条第２項第２号）。

問題 20 通関士（通関士の資格の喪失）

次の記述は、通関業法第32条（通関士の資格の喪失）の規定に関するものであるが、その記述の正しいものはどれか。一つを選び、その番号をマークしなさい。なお、正しい記述のない場合には、「0」をマークしなさい。

1．通関士が、通関業者の通関業務に従事しないこととなった場合であっても、当該通関業者との雇用関係が継続される限り、通関士の資格を喪失しない。

2．通関士試験に合格した者は、その合格後２年以内に財務大臣の確認を受けないときは、通関士となる資格を喪失することとなる。

3．通関士が、通関業務以外の業務を兼務することとなった場合は、通関士の資格を喪失する。

4．通関士が通関業法の規定に違反する行為をして罰金の刑に処せられたときは、当該通関士は、通関士の資格を喪失し、通関士でなくなるとともに、通関士試験の合格の決定が取り消される。

5．通関士が、通関業法第20条（信用失墜行為の禁止）の規定に違反して、同法第35条第１項（通関士に対する懲戒処分）の規定により戒告処分を受けた場合は、通関士の資格を喪失する。

日付・正解 Check	／ 	／ 	／ 

第20問 »» 正解：0

解説

1　**誤り**：通関士が、通関業者の通関業務に従事しないこととなった場合には、通関士である必要はない。その場合、その通関業者との雇用関係が継続し、通関業務以外に従事していたとしても、当然に**通関士の資格は喪失**する。したがって誤った記述である（通関業法第32条第1号）。

2　**誤り**：通関士試験に合格した者は、その**合格後何年経過しても、財務大臣の確認を受けて通関士となることができる**。したがって、「合格後2年以内に財務大臣の確認を受けないときは、通関士となる資格を喪失する」という記述は誤りである（通関業法第31条第2項）。

3　**誤り**：設問の「通関士が、通関業務以外の業務を兼務することとなった場合」でも、その者が**通関業務に引き続き従事している限り**、通関士の**資格喪失事由には該当しない**。したがって、通関士の資格を喪失することはないので誤った記述である（通関業法第32条）。

4　**誤り**：通関士が通関業法の規定に違反する行為をして罰金の刑に処せられたときは、**通関士資格の喪失事由に該当する**ので、その通関士は、通関士の資格を喪失し、通関士でなくなることにはなるが、**通関士試験の合格の決定が取り消されることはない**。したがって、「通関士試験の合格の決定が取り消される」という記述は誤りである（通関業法第32条第2号、通関業法基本通達32－1（4））。

5　**誤り**：「通関士が、信用失墜行為の禁止の規定に違反して、通関士に対する懲戒処分の規定により戒告処分を受けた場合」には、**欠格事由には該当しない**。したがって、通関士の資格は喪失しないので誤った記述である。

問題
21

監督処分と懲戒処分

文章選択式

難易度 ✈✈
出題頻度 🚢🚢🚢

次の記述は、通関業者に対する業務改善命令、通関業者に対する監督処分又は通関士に対する懲戒処分に関するものであるが、その記述の正しいものはどれか。すべてを選び、その番号をマークしなさい。

1. 通関業法第19条の規定に違反して、通関業務に関して知り得た秘密を他に漏らし、又は盗用した通関士については、この行為について、同法に罰則が定められていることから、通関士に対する懲戒処分の対象とされていない。
2. 財務大臣は、通関業の適正な遂行のために必要があると認めるときは、その必要の限度において、通関業者に対し、その業務の運営の改善に必要な措置をとるべきことを命ずることができる。
3. 財務大臣は、法人である通関業者の役員につき港湾運送事業法の規定に違反する行為があった場合において、当該行為が当該通関業者の信用を害するような行為に該当し、かつ、当該通関業者に責めに帰すべき理由があるときであっても、当該通関業者に対し、通関業法第34条の規定に基づく監督処分を行うことはできない。
4. 財務大臣は、通関業者が通関業法の規定に違反した場合であっても、その違反の内容が７日以内の業務停止処分に該当する違反行為であって、意図的に違反行為に及んだものではない場合等違反行為の計画性がないなどの処分を軽減すべき事由があるときは、業務停止処分に代えて通関業法第33条の２（業務改善命令）の規定に基づき業務の運営の改善に必要な措置をとるべきことを命ずることができる。
5. 通関取扱件数が極端に減少したことにより財務大臣から通関業の廃業に係る指導を受けた通関業者が、その指導に従うことなく通関業を廃業しなかったときは、当該通関業者は監督処分の対象となる。

日付・正解 Check	／	／	／

第21問 »» 正解：2、4

解説

1 **誤り：**通関業務に関して知り得た秘密を他に漏らし、又は盗用した通関士については、通関業法第41条第1項第3号の規定により罰せられることになるが、その場合であっても**刑事罰とは別に、行政処分である懲戒処分（通関士懲戒処分基準表の1級に該当）は行われる**ことになる。したがって、「同法に罰則が定められていることから、通関士に対する懲戒処分の対象とされていない」という記述は誤りである（通関業法第35条第1項、通関業法基本通達35－5）。

2 **正しい：**財務大臣は、通関業の適正な遂行のために必要があると認めるときは、その必要の限度において、通関業者に対し、業務の運営の改善に必要な措置をとるべきことを命ずること（**業務改善命令**）ができる。したがって正しい記述である（通関業法第33条の2）。

3 **誤り：**財務大臣は、法人である通関業者の役員につき港湾運送事業法の規定に違反する行為があった場合において、その行為が**通関業者の信用を害するような行為に該当**し、かつ、**通関業者に責めに帰すべき理由がある**ときには、通関業者に対し監督処分をすることができると規定されている。したがって、「当該通関業者に責めに帰すべき理由があるときであっても、当該通関業者に対し、通関業法第34条の規定に基づく監督処分を行うことはできない」という記述は誤りである（通関業法第34条第1項第2号）。

4 **正しい：**財務大臣は、通関業者が通関業法の規定に違反した場合であっても、その違反の内容が**7日以内の業務停止処分**（監督処分基準表の4級）に該当する違反行為であって、**意図的に違反行為に及んだものではない場合等違反行為の計画性がない**などの処分を軽減すべき事由があるときは、業務停止処分に代えて業務の運営の改善に必要な措置をとるべきことを命ずることができると規定されている。したがって正しい記述である（通関業法基本通達34－6（基準表の適用（3）））。

5 **誤り：**通関取扱件数が極端に減少したことにより財務大臣から通関業の廃業に係る指導を受けた通関業者が、その指導に従うことなく通関業を廃業しなかったときでも、監督処分の対象となることはない。**財務大臣による指導は処分に当たらない**ため、従わない場合であっても通関業法の規定などに違反したことにはならない。また、通関業法の規定などに違反したことにならないのであれば監督処分の対象にもならない。したがって、「当該通関業者は監督処分の対象となる」という記述は誤りである（通関業法第34条第1項、行政手続法第2条第6号）。

《出題年度》令和２年、令和３年、令和４年他改題

問題
22

監督処分と懲戒処分（処分の手続）

文章選択式

難易度 ✈✈

出題頻度 🚢🚢🚢

次の記述は、通関業法第37条に規定する通関業者又は通関士に対する処分の手続に関するものであるが、その記述の正しいものはどれか。すべてを選び、その番号をマークしなさい。

1．通関業者が関税法第110条（関税を免れる等の罪）の規定に該当する違反行為をしたことにより、当該通関業者に対して監督処分をしようとするときは、税関長が犯則の心証を得て通告、告発等の処分を決定した時点で、当該監督処分の手続を開始する。

2．財務大臣は、通関業法第34条の規定に基づき、通関業者に対し、その通関業の許可の取消しをしようとするときは審査委員の意見を聴かなければならないが、１年以内の期間を定めて通関業務の全部又は一部の停止処分をしようとするときは審査委員の意見を聴くことを要しない。

3．財務大臣が通関業者に対する監督処分をしようとする場合において、当該監督処分に係る法令の規定に違反する行為の内容が明らかであると認めるときは、審査委員に意見を聴くことなく当該監督処分をすることができる。

4．通関業者に対する監督処分として、通関業者に対し、通関業務の停止を命ずる場合において、当該停止の期間が終了した後の当該通関業者につき通関業の適正な執行のために必要があると認めるときは、当該通関業者に対し、業務改善命令を併せて発することとされている。

5．財務大臣は、認定通関業者の通関業務に従事する通関士に対して懲戒処分をするときは、当該通関士にその理由を通知しなければならない。

日付・正解 Check	／		／		／	

第22問 »» 正解：1、4、5

解説

1　**正しい**：通関業者が関税法第110条の規定に該当する違反行為をしたことにより、その通関業者に対して監督処分をしようとするときは、**税関長が犯則の心証を得て通告、告発等の処分を決定した時点**で、監督処分の手続を開始すると規定されている。したがって正しい記述である（通関業法基本通達37－1（2））。

2　**誤り**：財務大臣は、通関業法第34条の規定に基づき、通関業者に対し、**監督処分をしようとするときは審査委員の意見を聴かなければならない**と規定されている。そして、この監督処分には、1年以内の通関業務の全部若しくは一部の停止・通関業の許可の取消しの両方が含まれるので、通関業の許可の取消しをしようとするときだけでなく、1年以内の期間を定めて通関業務の全部又は一部の停止処分をしようとするときも審査委員の意見を聴く必要がある。したがって、「1年以内の期間を定めて通関業務の全部又は一部の停止処分をしようとするときは審査委員の意見を聴くことを要しない」という記述は誤りである（通関業法第34条第1項、同法第37条第1項）。

3　**誤り**：財務大臣が通関業者に対する監督処分をしようとする場合には、監督処分に係る法令の規定に違反する行為の内容が明らかであると認めるか否かにかかわらず、**審査委員に意見を聴かなければ監督処分をすることができない**。したがって設問の記述は誤りである（通関業法第37条第1項）。

4　**正しい**：通関業者に対し、監督処分として通関業務の停止を命ずる場合であって、その**停止期間が終了した後**の通関業者につき通関業の適正な執行のために必要があると認めるときは、**業務改善命令を併せて発することができる**と規定されている。したがって正しい記述である（通関業法基本通達34－7）。

5　**正しい**：財務大臣は、通関業者の通関業務に従事する**通関士に対して懲戒処分をするとき**は、**通関業者を経由してその通関士にその理由を通知**しなければならないと規定されている。この通関業者には当然に認定通関業者も含まれるので、設問の記述は正しい記述である（通関業法第37条第2項）。

《出題年度》平成23年、平成30年、令和２年改題

問題 **23**

公告

次の記述のうち、通関業法の規定により財務大臣が公告しなければならない場合に該当するものはどれか。すべてを選び、その番号をマークしなさい。

1．認定通関業者である通関業者が、財務大臣に届け出て通関業務を行う営業所を新たに設けた場合
2．通関業者が通関業法の規定に違反したことにより、財務大臣が当該通関業者に対し、１年間の通関業務の全部の停止を命じた場合
3．通関業者が通関業務を行う営業所の所在地を変更し、当該変更について財務大臣に届け出た場合
4．財務大臣が、通関業の適正な遂行のために必要があると認めて、通関業者に対し、その業務の運営の改善に必要な措置をとるべきことを命じた場合
5．偽りその他不正な手段により通関業法第31条第１項（確認）に規定する財務大臣の確認を受けたことが判明したことにより、通関士が通関士の資格を喪失した場合

日付・正解 Check	／	／	／

第23問 »» 正解：1、2

解説

1　**該当する**：認定通関業者である通関業者が、財務大臣に届け出て**通関業務を行う営業所を新たに設けた場合**には、遅滞なくその旨を**公告**しなければならないと規定されている。したがって設問の記述は、財務大臣が公告しなければならない場合に該当する（通関業法第9条）。

2　**該当する**：通関業者が通関業法の規定に違反したことにより、財務大臣がその通関業者に対し、1年間の**通関業務の全部の停止を命じた場合**には、遅滞なくその旨を**公告**しなければならないと規定されている。したがって設問の記述は、財務大臣が公告しなければならない場合に該当する（通関業法第34条第2項）。

3　**該当しない**：通関業者が通関業務を行う営業所の所在地を変更し、その変更について財務大臣に届け出た場合に、その旨を公告するという**規定はない**。したがって設問の場合は、財務大臣が公告しなければならない場合に該当しない（通関業法第12条）。

4　**該当しない**：財務大臣が、通関業の適正な遂行のために必要があると認めて、通関業者に対し、その業務の運営の改善に必要な措置をとるべきことを命じた場合（**業務改善命令**）には、その旨を**公告する必要はない**。したがって設問の記述は、財務大臣が公告しなければならない場合に該当しない（通関業法第33条の2）。

5　**該当しない**：偽りその他不正な手段により通関業法第31条第1項に規定する財務大臣の確認を受けたことが判明したことにより、通関士が通関士の資格を喪失した場合に、その旨を公告するという**規定はない**。したがって設問の場合は、財務大臣が公告しなければならない場合に該当しない（通関業法第32条）。

問題 **24**

通関業法上の罪

文章選択式

次の記述は、通関業法の罰則に関するものであるが、その記述の正しいものはどれか。すべてを選び、その番号をマークしなさい。

1．通関業務に従事することの停止又は禁止に係る財務大臣の処分に違反して通関業者の関連業務に従事した者は、懲役又は罰金の刑に処せられることがある。
2．通関業法第33条の２の規定による業務改善命令に違反した者は、同法の規定に基づき50万円以下の罰金に処せられることがある。
3．通関業者が、正当な理由がなくて、通関業務に関して知り得た秘密を盗用した場合であっても、告訴がなければ公訴を提起することができない。
4．法人である通関業者の役員が、通関業法第20条（信用失墜行為の禁止）に規定する通関業者の品位を害するような行為をした場合は、罰金の刑に処せられることがある。
5．通関業者でない者が、通関業法第40条第１項の規定に違反して、通関業者という名称を使用したときは、その使用した者が同法の規定に基づき罰金に処せられることがあるが、この罪は告訴がなければ公訴を提起することができない。

日付・正解 Check	／	／	／

第24問 »» 正解：2、3

解説

1 **誤り**：通関業務に従事することの停止又は禁止に係る財務大臣の処分に違反して通関業者の通関業務に従事した者は、懲役又は罰金の刑に処せられることがあるが、**関連業務に従事した場合**には**罰せられることはない**。したがって、「通関業者の関連業務に従事した者は、懲役又は罰金の刑に処せられることがある」という記述は誤りである（通関業法第42条第2号）。

2 **正しい**：通関業法第33条の2の規定による**業務改善命令に違反した者**は、同法の規定に基づき**50万円以下の罰金**に処せられることがあると規定されている。したがって正しい記述である（通関業法第43条第1号）。

3 **正しい**：通関業者が、正当な理由がなくて、通関業務に関して知り得た秘密を盗用した場合であっても、**告訴がなければ公訴を提起することができない**と規定されている。したがって正しい記述である（通関業法第41条第2項）。

4 **誤り**：法人である通関業者の役員が、通関業法第20条（信用失墜行為の禁止）に規定する通関業者の品位を害するような行為をした場合であっても、**罰金の刑に処せられることはない**。したがって、「罰金の刑に処せられることがある」という記述は誤りである。

5 **誤り**：**通関業者でない者**が、通関業法第40条第1項の名称の使用制限の規定に違反して、**通関業者という名称を使用**したときは、その使用した者が通関業法に違反したことになり、通関業法第44条第3号の規定に基づき罰金に処せられることがあるが、この罪は**親告罪（＝犯罪被害者の意思や意向を尊重する必要のある罪）には該当せず**、告訴がなくても公訴を提起することができる。したがって、「告訴がなければ公訴を提起することができない」という記述は誤りである（通関業法第44条第3号）。

問題 25 通関業法上の罪

択一式

次に掲げる通関業法上の罪のうち、同法第45条の規定（罪となる行為をした者のほか、その者が属する法人について罰金刑を科す規定）の対象とされていないものはどれか。一つを選び、その番号をマークしなさい。なお、該当するものがない場合には、「0」をマークしなさい。

1. 通関業法第34条第1項（通関業者に対する監督処分）の規定による通関業務の全部又は一部の停止の処分に違反して通関業務を行う罪
2. 偽りその他不正の手段により通関業法第31条第1項（確認）の確認を受ける罪
3. 通関業法第40条第2項（名称の使用制限）の規定に違反して通関士という名称を使用する罪
4. 通関業法第33条（名義貸しの禁止）の規定に違反してその名義を他人に使用させる罪
5. 通関業法第38条第1項（報告の聴取等）の規定による税関職員の質問に答弁しない罪

日付・正解 Check	／	／	／

第25問 »» 正解：4

解説

1　**対象とされる：**通関業者に対する監督処分の規定による通関業務の全部又は一部の停止の処分に違反して通関業務を行う罪（通関業法第41条第1項第4号）を犯した場合には、同法第45条の**両罰規定の対象**となる。

2　**対象とされる：**偽りその他不正の手段により通関業法第31条第1項に規定する通関士の確認を受ける罪（同法第42条第1号）を犯した場合には、同法第45条の**両罰規定の対象**となる。

3　**対象とされる：**通関業法第40条第2項の名称の使用制限の規定に違反して通関士という名称を使用する罪（同法第44条第3号）を犯した場合には、同法第45条の**両罰規定の対象**となる。

4　**対象とされない：**通関業法第33条の名義貸しの禁止の規定に違反してその名義を他人に使用させる罪（同法第44条第2号）については、同法第45条の規定には含まれておらず、**両罰規定の対象にはなっていない**。

5　**対象とされる：**通関業法第38条第1項の報告の聴取等の規定による税関職員の質問に答弁しない罪（同法第43条第2号）を犯した場合には、同法第45条の**両罰規定の対象**となる。

第7編

通関書類の作成及び通関実務

通関実務　※空欄は出題なし

出題テーマ	H24年	H25年	H26年	H27年	H28年	H29年	H30年	R元年	R2年	R3年	R4年	R5年
関税法												
輸出通関		択一		選択	択一	択一	択一	択一	択一	択一	択一	択一
輸入通関				選択	択一	択一	択一	選択・択一	択一	択一	択一	選択
証明又は確認					択一							
関税の確定納付		選択			選択	選択	選択	選択	選択	選択	選択	
加算税						選択						
経済連携協定	択一		択一	選択・択一	選択・択一	選択・択一	選択・択一	選択・択一	選択	選択・択一	選択・択一	選択・択一
事前教示	選択	択一	選択	選択		選択	選択	選択	選択	選択	選択	
関税定率法・関税暫定措置法												
課税価格	選択・択一	選択・択一	選択・択一	択一								
関税の免除	択一											
関税率表の解釈に関する通則				選択	選択							
特恵関税制度	選択	選択	選択	択一	選択		選択	選択	択一			選択
計算問題												
関税・消費税・修正申告・更正の請求	2問	1問	1問	1問	2問	2問	1問	1問	2問	2問	1問	1問
延滞税							1問	1問			1問	
過少申告加算税		1問	1問	1問								1問
課税価格	3問	3問	3問	3問	3問	3問	3問	3問	3問	3問	3問	3問
商品分類問題												
第1類～第24類（動植物生産品・食品等）	択一	選択・択一	択一		選択・択一	選択・択一		選択・択一	選択・択一	択一	択一	択一
第25類～第38類（鉱物・化学工業生産品等）	択一	選択	択一	択一			選択	択一	択一	択一	択一	選択
第39類～第49類（ゴム・革・木材製品等）		選択・択一		択一	選択			択一	択一		択一	択一
第50類～第63類（繊維製品）	択一	択一	択一		択一			択一		択一	択一	
第64類～第70類（履物・帽子・鉱物製品等）	択一	択一										択一
第71類～第83類（貴金属・卑金属製品等）							選択	択一		択一	択一	
第84類～第97類（機械・電気・器具等）	選択・択一	選択・択一	選択・択一	選択		択一	択一		択一	選択・択一	選択・択一	択一
輸出申告書	クリスマスグッズ	竹・木材	ジュース	オイル	繊維製品	医薬品	機械製品	食料品	プラスチック製品	文具	機械等	衣類
輸入申告書	ジュース	冷凍野菜	水産物	畜産物	加工水産物	水産物	衣類	化学製品	雑貨	食料品	食器等	食材

問題1 関税法（関税等の納付）

次の記述は、関税の確定及び納付に関するものであるが、その記述の正しいものはどれか。すべてを選び、その番号をマークしなさい。

1．修正申告により納付することとなった関税に併せて納付する延滞税は、特別の手続をしないで納付すべき税額が確定する。

2．関税に過誤納金があるときは、過誤納金の還付を受ける者に他に納付すべき関税があったとしても、その還付を受けるべき金額をその関税に充当することはできない。

3．延滞税の計算の基礎となる関税が、重加算税が課されたものである場合に該当するときは、関税法第12条第10項（延滞税）の規定による延滞税の期間計算の特例の適用を受けることができる。

4．関税に過誤納金があるときは金銭で還付しなければならないが、還付加算金の額が千円未満である場合は、還付加算金は加算しない。

5．関税を納付しようとする者は、その税額に相当する金銭に納付書（納税告知書の送達を受けた場合には、納税告知書）を添えて、これを日本銀行（国税の収納を行う代理店を含む。）又はその関税の収納を行う税関職員に納付しなければならないこととされており、この「金銭」には、ドルその他の外国の通貨を含むこととされている。

日付・正解 Check	／		／		／	

第1問 »» 正解：1、4

解説

1　**正しい：延滞税額**の確定方式は、申告納税方式、賦課課税方式のいずれにも該当せず、**特別な手続を要することなく、納付すべき税額が確定**すると規定されている。したがって正しい記述である（関税法第6条の2第2項）。

2　**誤り：**過誤納金が還付される場合において、その還付を受けるべき者に納付すべき関税があるときは、その**還付すべき金額はその関税に充当される**と定められている。したがって、「その還付を受けるべき金額をその関税に充当することはできない」とする記述は誤りである（関税法第13条第7項）。

3　**誤り：**延滞税の計算の基礎となる関税が、**重加算税**が課されたものである場合に該当するときは、関税法第12条第10項の規定による**延滞税の期間計算の特例の適用を受けることができない**。したがって、「延滞税の期間計算の特例の適用を受けることができる」という記述は誤りである（関税法第12条第10項）。

4　**正しい：**関税に過誤納金があるときは金銭で還付されるが、過誤納金が還付される場合、還付すべき金額に還付加算金（過誤納金に付く一種の利子）が加算される。還付加算金の計算において、計算した還付加算金額が**1,000円未満**である場合には、**還付加算金は加算されない**と規定されている。したがって正しい記述である（関税法第13条第1項、第5項）。

5　**誤り：**関税は税額に相当する金銭に納付書又は納税告知書を添えて、日本銀行（国税の収納を行う代理店を含む。）又は関税の収納を行う税関職員に納付しなければならないと規定されている。また、納付する金銭は、強制通用力を有する本邦の貨幣であり、**ドルその他の外国通貨は使用することができない**。したがって、「「金銭」には、ドルその他の外国の通貨を含む」という記述は誤りである（関税法第9条の4、関税法基本通達9の4－1（1））。

《出題年度》平成30年、令和３年、令和４年他改題

問題 2 関税法（関税等の納付）

文章選択式

難易度 ✈✈
出題頻度 🚢🚢🚢

次の記述は、関税の確定及び納付に関するものであるが、その記述の正しいものはどれか。すべてを選び、その番号をマークしなさい。

1. 税関長は、納税申告に係る貨物の関税の納付前にする更正であって、課税標準又は納付すべき税額を減額するものについては、更正通知書の送達に代えて、当該納税申告をした者に当該納税申告に係る書面に記載した課税標準又は納付すべき税額を是正させることによってすることができる。
2. 税関長は、本邦に入国する者が別送して輸入する商業量に達する数量の貨物であってその入国の日から１年後に輸入されるものについて関税を徴収しようとするときは、納付すべき税額、納期限及び納付場所を記載した納税告知書を送達することにより、納税の告知をしなければならない。
3. 税関長は、輸入の許可前における貨物の引取りの承認を受けて引き取られた貨物に係る課税標準又は納付すべき税額につきその納税申告に誤りがないと認めた場合には、当該申告に係る税額及びその税額を納付すべき旨（関税の納付を要しないときは、その旨）のほか、当該貨物に係る輸入申告書の番号及び品名その他参考となるべき事項を、書面により、当該引取りの承認を受けた者に通知する。
4. 落花生油の製造に使用するための落花生がその輸入の許可の日から１年以内に製造工場でその製造が終了するものとして関税の免除を受けて輸入された場合において、当該落花生が当該製造工場以外の場所で落花生油の製造に供されたことにより税関長が直ちに徴収するものとされている関税額は、賦課課税方式により確定するものとされている。
5. 課税価格につき、納税申告の時に知ることができなかった事情により誤った納税申告をした者が自主的に修正申告をした場合において、当該修正申告による納付すべき税額に係る延滞税の免除を受けようとするときは、税関長に対し口頭でその事情を説明し、確認を受けることとされている。

日付・正解 Check	／		／		／	

第２問 »» 正解：1、3、4

解説

1 **正しい：**税関長は、納税申告に係る貨物の**関税の納付前にする更正**であって、課税標準又は納付すべき**税額を減額するもの**については、更正通知書の送達に代えて、納税申告をした者に納税申告に係る書面に記載した課税標準又は納付すべき税額を**是正**させることによってすることができると規定されている。したがって正しい記述である（関税法第７条の16第４項）。

2 **誤り：**本邦に入国する者が、その入国の際に、別送して輸入する貨物の品名、数量、輸入の予定時期及び予定地並びに積出地を記載した申告書を税関に提出して確認を受け、入国後原則として**６月以内**に別送して輸入する貨物で**商業量に達しないもの**であれば、その関税は賦課課税される。そして、賦課課税される貨物については、税関長が納付すべき税額、納期限及び納付場所を記載した**納税告知書を納税義務者に送達して関税を徴収する**ことになる。これが**納税の告知**である。これに対して、設問の本邦に入国する者が別送して輸入する**商業量に達する数量の貨物**であってその入国の日から**１年後**に輸入されるものについては、上記の賦課課税方式が適用される貨物に該当せず、申告納税方式が適用されることになる。つまり、納税義務者が納税申告をすることになり、納税の告知は行われない。したがって、「納税の告知をしなければならない」という記述は誤りである（関税法第６条の２第１項第２号イ、関税法施行令第３条第１項）。

3 **正しい：**税関長は、輸入の許可前における貨物の引取りの承認を受けて引き取られた貨物に係る課税標準又は納付すべき税額につきその**納税申告に誤りがないと認めた場合**には、**税額及びその税額を納付すべき旨**（関税の納付を要しないときは、その旨）のほか、**輸入申告書の番号及び品名**その他参考となるべき事項を、書面により、引取りの承認を受けた者に通知すると規定されている。したがって正しい記述である（関税法第７条の17、関税法施行令第５条）。

4 **正しい：**落花生油の製造に使用するための落花生がその輸入の許可の日から１年以内に製造工場でその製造が終了するものとして関税の免除を受けて輸入された場合において、その**落花生が承認を受けた製造工場以外の場所で落花生油の製造に供された**ことにより税関長が直ちに徴収するものとされている関税額は、賦課課税方式により確定すると規定されている。したがって正しい記述である（関税法第６条の２第１項第２号ニ）。

5 **誤り：**課税価格につき、納税申告の時に知ることができなかった事情により誤った納税申告をした者が自主的に修正申告をした場合において、その修正申告による納付すべき税額に係る延滞税の免除を受けようとするときは、税関長に対しその**理由を記載した申請書を提出して確認を受けなければならない**と規定されている。したがって、「口頭でその事情を説明」という記述は誤りである（関税法第12条第６項、関税法施行令第９条第１項）。

問題 3 関税法（輸出通関）

文章選択式

難易度	✈✈
出題頻度	🚢🚢

次の記述は、輸出通関に関するものであるが、その記述の正しいものはどれか。すべてを選び、その番号をマークしなさい。

1．コンテナーに詰められた貨物に係る保税地域等に搬入される前の検査は、当該貨物の輸出者から申出があった場合で、当該貨物が当該検査を実施することに支障がないものであり、積付状況説明書等により当該貨物の内容が明らかであり、かつ、当該検査終了後、速やかに保税地域等に搬入されることが確実である場合に限り、輸出申告の後、税関長が指定した場所で行うことができるものとされている。

2．再包装が困難な貨物を輸出する場合であって、仕入書により当該貨物の内容が明らかであり、当該貨物が保税地域に搬入される前に関税法第67条の規定による検査を実施することについて支障がないときは、輸出者からの申出により、税関職員は、輸出申告の後、当該貨物が保税地域に搬入される前に当該検査を行うことができる。

3．関税法第67条の３第１項（輸出申告の特例）の規定の適用を受ける特定輸出者が行う輸出申告については、電気通信回線の故障その他の事由により電子情報処理組織を使用して当該輸出申告を行うことができない場合として財務省令で定める場合を除き、電子情報処理組織を使用して行わなければならない。

4．税関長が輸出貨物の現品検査を要すると認めた場合であっても、通関業者が輸出申告の前に当該輸出貨物の内容を点検して作成した「内容点検確認書」が輸出申告に際し添付されているときは、当該輸出貨物に係る現品検査は省略することとされている。

5．税関長は、貨物を輸出しようとする者から当該貨物を外国貿易船に積み込んだ状態で輸出申告をすることの承認の申請があった場合には、関税法第67条の検査を要しないと認めるときに限り、当該承認を行うこととされている。

日付・正解 Check	／	／	／

第3問 »» 正解：1、2、3

解説

1　**正しい**：コンテナーに詰められた貨物に係る保税地域等に搬入される前の検査は、輸出者から申出があった場合で、**検査を実施することに支障がないもの**であり、**積付状況説明書等により貨物の内容が明らか**であり、かつ、**検査終了後、速やかに保税地域等に搬入されることが確実**である場合に限り、輸出申告の後、税関長が指定した場所で行うことができると規定されている。したがって正しい記述である（関税法基本通達67－1－7（5））。

2　**正しい**：**美術品等の再包装が困難な貨物**を輸出する場合であって、仕入書により貨物の内容が明らかであり、貨物が保税地域に搬入される前に輸出申告に係る検査を実施することについて支障がないときは、**輸出者からの申出により**、税関職員は、輸出申告の後、貨物が**保税地域に搬入される前に搬入前検査**を行うことができると規定されている。したがって正しい記述である（関税法基本通達67－1－7（4））。

3　**正しい**：特定輸出者が行う**特定輸出申告**については、電気通信回線の故障その他の事由により電子情報処理組織を使用して特定輸出申告を行うことができない場合として財務省令で定める場合を除き、**電子情報処理組織を使用して行わなければならない**と規定されている。したがって正しい記述である（関税法第67条の3第4項、関税法施行令第59条の7第4項）。

4　**誤り**：税関長が輸出貨物の現品検査を要すると認めた場合には、通関業者が輸出申告の前に輸出貨物の内容を点検して作成した**「内容点検確認書」が輸出申告に際し添付されている場合であっても現品検査が省略されることはない**。添付された「内容点検確認書」は、審査や検査の参考とされるが、その提出により輸出貨物に係る現品検査を省略するという規定はない。したがって、「現品検査は省略することとされている」という記述は誤りである（関税法基本通達67－1－6）。

5　**誤り**：税関長は、輸出しようとする貨物を外国貿易船に積み込んだ状態で輸出申告をすること（本船扱い）の承認の申請があった場合には、**貨物の性質、形状及び積付けの状況が輸出の許可に係る検査を行うのに支障がなく**、かつ、輸出の許可を受けるために**貨物を保税地域等に入れることが不適当**と認められる場合に限り承認をすると規定されている。したがって、「検査を要しないと認めるときに限り、当該承認を行う」という記述は誤りである（関税法第67条の2第2項、関税法施行令第59条の5第1項第1号）。

問題 4 関税法（輸出通関）

文章選択式

次の記述は、輸出通関に関するものであるが、その記述の正しいものはどれか。すべてを選び、その番号をマークしなさい。

1．特定輸出者が特定輸出申告を行い、税関長の許可を受けた貨物が保税地域以外の場所にある場合において、当該貨物を廃棄しようとするときは、当該貨物の所在地にかかわらず、当該許可をした税関長に届け出なければならない。

2．本船扱いの承認を受けて輸出しようとする貨物を外国貿易船に積み込んだ後、その輸出の許可前に当該外国貿易船が外国に向けて航行を開始した場合においては、当該貨物に係る関税法第２条第１項第２号（定義）に規定する輸出の具体的な時期は、当該貨物を当該外国貿易船に積み込んだ時とすることとされている。

3．輸出貨物（本船扱い又はふ中扱いの承認を受けようとする貨物を除く。）が複数の保税地域に分散して置かれている場合であって、

- 当該輸出貨物が置かれている複数の保税地域が同一の税関の管轄区域であり、かつ、同一都道府県に所在していること
- 当該輸出貨物を一の保税地域に置くことが困難であるためにやむを得ず複数の保税地域に分散して置かれている等、一の輸出申告により通関する必要があると認められること

のすべての条件に該当し、かつ、税関が検査を行うのに支障がないと認められるときは、輸出者からの申出に基づき、税関長は、当該輸出貨物について一の輸出申告による申告を行うことを認めて差し支えないこととされている。

4．税関職員は、関税法第67条の規定により輸出貨物の開装検査を行った場合において、その貨物につき税関検査のため開装した旨の証明を必要とする旨の申出があったときは、税関職員が押印した開装検査票（税関が開装検査した旨を表示したもの）を申出者に交付し、検査貨物の中に封入させることとされている。

5．輸出の許可後において貨物の積込港を変更しようとする場合には、輸出者の事情によらない積込港の変更であるときを除き、当該輸出の許可の取消しを受け、その変更の内容により輸出申告をし、その許可を受けなければならない。

日付・正解 Check	／	／	／

第４問 »» 正解：1、3、4

解説

1　**正しい**：特定輸出者が**特定輸出申告**を行い、税関長の許可を受けた貨物が保税地域以外の場所にある場合において、その貨物を**廃棄**しようとするときは、その貨物の所在地にかかわらず、**輸出の許可をした税関長に届け出**なければならないと規定されている。したがって正しい記述である（関税法第67条の5において準用する第34条）。

2　**誤り**：本船扱いの承認を受けて輸出しようとする貨物を外国貿易船に積み込んだ後、その**輸出の許可前に外国貿易船が外国に向けて航行を開始した場合**には、関税法におけるその貨物の輸出の具体的な時期は、**航行を開始した時**と規定されている。したがって、「外国貿易船に積み込んだ時」という記述は誤りである（関税法基本通達2－5（5））。

3　**正しい**：輸出貨物（本船扱い・ふ中扱いを除く。）が複数の保税地域に分散して置かれている場合であって、①貨物が置かれている**複数の保税地域が同一の税関の管轄区域**であり、かつ、**同一都道府県**に所在していること、②貨物を一の保税地域に置くことが困難であるために**やむを得ず複数の保税地域に分散して置かれている**等、一の輸出申告により通関する必要があると認められることのすべての条件に該当し、かつ、税関が**検査を行うのに支障がない**と認められるときは、輸出者からの申出に基づき、税関長は、一の輸出申告による申告を行うことを認めることができる。したがって正しい記述である（関税法基本通達67－2－13で準用する同法基本通達67－4－18）。

4　**正しい**：税関職員が輸出貨物の開装検査を行った場合において、税関検査のため**開装した旨の証明を必要とする旨の申出があった**ときは、税関職員が**押印した開装検査票**（税関が開装検査した旨を表示したもの）を申出者に交付して、**検査貨物の中に封入**することになる。したがって正しい記述である（関税法基本通達67－1－17）。

5　**誤り**：輸出の許可後において貨物の積込港を変更しようとする場合には、変更する理由が**輸出者の事情による変更であるか否かにかかわらず**、積載予定船舶等の出港までに積込港変更の手続をすることにより、**輸出許可書に係る積込港の変更をすることができる**。したがって、「輸出の許可の取消しを受け、その変更の内容により輸出申告をし、その許可を受けなければならない」という記述は誤りである（関税法基本通達67－1－12）。

問題 5 関税法（輸入通関）

次の記述は、輸入通関に関するものであるが、その記述の正しいものはどれか。すべてを選び、その番号をマークしなさい。

1．課税価格の合計額が20万円以下の輸入貨物については、当該輸入貨物を輸入しようとする者が当該貨物の一部のものに対する関税の率について少額輸入貨物に対する簡易税率（関税定率法別表の付表第２に規定する税率）を適用することを希望する場合には、その一部のものに対する関税の率について当該簡易税率を適用することが認められる。

2．経済連携協定において関税の譲許が一定の数量を限度として定められている物品について、その譲許の便益の適用を受けて当該物品を輸入しようとする場合における輸入申告は、当該一定の数量の範囲内において政府が行う割当てに係る関税割当証明書の交付を受けた者の名をもってしなければならない。

3．外国貨物である関税定率法別表第2208.30号に掲げるウィスキー（アルコール分が50％以上のものであって、２リットル以上の容器入りにしたもの）が、外国貨物を保税蔵置場に置くことの承認を受けて保税蔵置場に置かれている場合において、その承認の時から輸入申告の時までに当該ウィスキーの数量が自然欠減により減少したときであっても、当該ウィスキーの輸入（納税）申告は、当該承認の時の数量により行うものとされている。

4．複数の輸入の許可に係る特例申告について、これらの特例申告が同一の特例輸入者に係るものであっても、その輸入の許可を受けた数量又は価格に変更があったものについては、一括特例申告を行うことはできないこととされている。

5．関税関係法令以外の法令の規定により輸入に関して承認を要する貨物で、税関に当該法令に係る承認書の提出が必要とされている輸入貨物であっても、当該輸入貨物に係るその輸入申告が電子情報処理組織（NACCS）を使用して行われる場合において、その審査区分が簡易審査扱いとなったときは、当該承認書の税関への提出は要しないこととされている。

日付・正解 Check	／	／	／

第５問 »» 正解：2、4

解説

1　**誤り：**課税価格の合計額が20万円以下の輸入貨物について、貨物を輸入しようとする者が貨物の一部のものの関税率についてのみ、少額輸入貨物に対する簡易税率を適用することを希望することは認められていない。少額輸入貨物に対する簡易税率を適用することを希望する場合には、**貨物の全部のものの関税率について簡易税率を適用することを希望しなければならない**。したがって、「一部のものに対する関税の率について当該簡易税率を適用することが認められる」という記述は誤りである（関税定率法第３条の３第１項）。

2　**正しい：**経済連携協定において関税の譲許が一定の数量を限度として定められている物品について、その譲許の便益の適用を受けてその物品を輸入しようとする場合における輸入申告は、一定の数量の範囲内において政府が行う割当てに係る**関税割当証明書の交付を受けた者の名をもってしなければならない**と規定されている。したがって正しい記述である（経済連携協定に基づく関税割当制度に関する政令第３条第２項）。

3　**誤り：**外国貨物である関税定率法別表第2208.30号に掲げるウィスキー（**アルコール分が50%以上のものであって、2リットル以上の容器入りにしたもの**）が、外国貨物を保税蔵置場に置くことの承認（＝蔵入承認）を受けて**保税蔵置場に置かれている場合**において、承認の時から輸入申告の時までにウィスキーの数量が**自然欠減により減少**したときには、ウィスキーの輸入（納税）申告は、承認の時の数量ではなく、**輸入（納税）申告の時の数量**により行うと規定されている。したがって、「承認の時の数量により行う」という記述は誤りである（関税法第４条第１項第１号、関税法施行令第２条第１項第２号）。

4　**正しい：複数の輸入の許可に係る特例申告**について、これらの特例申告が同一の特例輸入者に係るものであっても、その**輸入の許可を受けた数量又は価格に変更があったもの**については、一括特例申告を行うことはできないと規定されている。したがって正しい記述である（関税法基本通達７の２－１（２））。

5　**誤り：**関税関係法令以外の法令の規定により輸入に関して承認を要する貨物で、税関に承認書の提出が必要とされている輸入貨物の場合には、輸入申告が電子情報処理組織（NACCS）を使用して行われる場合で、その審査区分が**簡易審査扱いとなったときであっても、承認書を税関へ提出しなければならない**。したがって、「承認書の税関への提出は要しない」という記述は誤りである（財関第142号通達第５章第１節１－４）。

《出題年度》令和２年、令和３年、令和４年他改題

問題 **6**

関税法(輸入通関)

次の記述は、輸入通関に関するものであるが、その記述の正しいものはどれか。すべてを選び、その番号をマークしなさい。

1. 予備申告を行った場合において、当該予備申告に係る輸入申告予定日までに当該予備申告に係る税関の審査が終了したときは、関税法第67条の規定による輸入申告を行うことを要しない。
2. 修正申告書が郵便又は信書便により税関長に提出された場合に、その郵便物又は信書便物の通信日付印が明瞭に表示されているときは、当該通信日付印により表示された日にその提出がされたものとみなされる。
3. 使用中の船舶であって本邦外において本邦の国籍を取得した船舶を輸入する場合におけるその輸入の具体的な時期は、当該船舶が初めて本邦に回航されて使用に供される時又は当該船舶に係る輸入の許可の時のいずれか早い時とされている。
4. 関税率表の適用上の所属区分及び統計品目表の適用上の所属区分、原産地並びに適用される関税率のいずれも同一である貨物であって消費税率が異なること等により複数欄で輸入（納税）申告されるものは、当該複数欄の課税価格の合計が20万円を超えるものであっても、当該複数欄の各欄の課税価格がそれぞれ20万円以下のものについては、少額貨物簡易通関扱いをするものとされている。
5. 保税地域にある外国貨物を積戻ししようとする場合において、その貨物が外国から本邦に到着した際に当該貨物に使用されていた古包装材料のみを保税地域から本邦に引き取る場合には、その古包装材料（これをくず化したものを含む。）の包装材料としての経済価値がほとんどないと認められるときは、品名、数量等を記載した適宜の書面を提出することにより、関税が課されることなく、その引取りが認められる。

日付・正解 Check	／	／	／

第6問 »» 正解：2、3、5

解説

1 **誤り：予備申告を行った場合**において、予備申告に係る輸入申告予定日までに予備申告に係る税関の審査が終了しているか否かにかかわらず、**予備申告の後に輸入申告をしなければならない**。したがって、「輸入申告を行うことを要しない」という記述は誤りである（平成12年蔵関第251号の4）。

2 **正しい：**修正申告書が郵便又は信書便により税関長に提出された場合に、その郵便物又は信書便物の**通信日付印が明瞭に表示されている**ときは、**通信日付印により表示された日にその提出がされた**ものとみなされると規定されている。したがって正しい記述である（関税法第6条の3で準用する国税通則法第22条）。

3 **正しい：**使用中の船舶であって本邦外において本邦の国籍を取得した船舶を輸入する場合におけるその輸入の具体的な時期は、船舶が初めて**本邦に回航されて使用に供される時**又は**輸入の許可の時のいずれか早い時**とされている。したがって正しい記述である（関税法基本通達2－1（2）イ）。

4 **誤り：**関税率表の適用上の所属区分及び統計品目表の適用上の所属区分、原産地並びに適用される関税率のいずれも同一である貨物であって消費税率が異なること等により複数欄で輸入（納税）申告されるものは、その複数欄の**課税価格の合計が20万円以下のものであれば少額貨物簡易通関扱いをする**と規定されている。したがって、「複数欄の課税価格の合計が20万円を超えるものであっても、当該複数欄の各欄の課税価格がそれぞれ20万円以下のものについては、少額貨物簡易通関扱いをする」という記述は誤りである（関税法基本通達67－4－1（1））。

5 **正しい：**保税地域にある外国貨物を積戻ししようとする場合において、積戻しする貨物に使用されていた**古包装材料のみを保税地域から本邦に引き取る場合**には、本邦に引き取る古包装材料（これをくず化したものを含む。）の包装材料としての**経済価値がほとんどない**と認められるときには、通常の輸入手続ではなく、**品名、数量等を記載した適宜の書面**を提出することにより、関税が課されることなく、引取り（輸入）が認められる。したがって正しい記述である（関税法基本通達67－4－16（2））。

問題 7 関税定率法（課税価格）

文章選択式

次の記述は、課税価格に関するものであるが、その記述の正しいものはどれか。すべてを選び、その番号をマークしなさい。

1. 輸入取引に係る契約において輸入貨物の輸入港までの運賃を売手が負担することとされている場合は、当該輸入貨物を輸入港まで運送するために実際に要した運送費用の額を確認することを要しない。
2. 輸出国の工場渡し価格で買手により購入された輸入貨物が、船積予定船の到着遅延により、当該船舶が到着するまでの間一時的に輸出港で保管される場合には、当該保管に要する費用は、当該輸入貨物の輸入港までの運送に関連する費用に含まれない。
3. 輸入貨物に係る取引の状況その他の事情からみて輸入申告の時までに輸入貨物に損傷があったと認められる場合の当該輸入貨物の課税価格は、当該損傷がなかったものとした場合に計算される課税価格から、その損傷があったことによる減価に相当する額を控除して得られる価格である。
4. 輸入貨物の仕入書価格を、売手と買手との間で合意された外国為替相場により、当該仕入書価格に用いられている通貨とは異なる通貨に換算し、当該異なる通貨により支払うことが取り決められている場合で、当該異なる通貨により現実に支払が行われるときであっても、当該異なる通貨による価格に基づいて当該輸入貨物の課税価格を計算することはできない。
5. 輸入貨物の海上運送契約の成立の時以後に、港湾ストライキにより、当該海上運送契約に基づく運送ができなかったため航空運送に変更され、実際に要した運賃の額が通常必要とされる運賃の額を著しく超えた場合には、当該海上運送契約が前提としていた運送方法及び運送経路により運送されたものとした場合の通常の運賃の額が、当該輸入貨物が輸入港に到着するまでの運送に要する運賃となる。

日付・正解 Check	／		／		／	

第７問 »» 正解：1、3、5

解説

1　**正しい：**輸入取引に係る契約において輸入貨物の**輸入港までの運賃を売手が負担することとされている場合**（例えばCFR条件やCIF条件による契約の場合）は、運賃は現実支払価格に含まれているものとして取り扱われるため、輸入貨物を輸入港まで運送するために実際に要した**運送費用の額を確認することを要しない**と規定されている。したがって正しい記述である（関税定率法基本通達4－8（6）イ）。

2　**誤り：**輸出国の工場渡し価格で買手により購入された輸入貨物が、船積予定船の到着遅延により、船舶が到着するまでの間**一時的に輸出港で保管される場合**には、その**保管に要する費用**は、**輸入貨物の輸入港までの運送に関連する費用に含まれる**と規定されている。したがって、「当該輸入貨物の輸入港までの運送に関連する費用に含まれない」という記述は誤りである（関税定率法第4条第1項第1号、関税定率法基本通達4－8（5）イ）。

3　**正しい：**輸入貨物に係る取引の状況その他の事情からみて輸入申告の時までに輸入貨物に損傷があったと認められる場合の輸入貨物の課税価格は、**損傷がなかったものとした場合に計算される課税価格から、その損傷があったことによる減価に相当する額を控除して得られる価格**と規定されている。したがって正しい記述である（関税定率法第4条の5）。

4　**誤り：**輸入貨物の仕入書価格を、売手と買手との間で合意された外国為替相場により、仕入書価格に用いられている通貨とは異なる通貨に換算し、その異なる通貨により支払うことが取り決められている場合で、その異なる通貨により現実に支払が行われるときは、**現実に支払われた異なる通貨による価格に基づいて課税価格を計算することができる**と規定されている。したがって、「当該異なる通貨による価格に基づいて当該輸入貨物の課税価格を計算することはできない」という記述は誤りである（関税定率法基本通達4の7－2）。

5　**正しい：**輸入貨物の海上運送契約の成立の時以後に、天災、戦争、動乱、港湾ストライキ等その貨物の輸出者又は輸入者の責めに帰し難い理由により、その契約に基づく運送方法及び運送経路により運送することができなかった場合には、実際の運送方法及び運送経路のいかんにかかわらず、その契約が前提とする運送方法及び運送経路により運送されたものとした場合の**通常の運賃**が、**輸入港に到着するまでの運送に要する運賃となる**と規定されている。したがって、設問の記述のように輸入貨物の海上運送契約の成立の時以後に、港湾ストライキにより、その海上運送契約に基づく運送ができなかったため航空運送に変更され、実際に要した運賃の額が通常必要とされる運賃の額を著しく超えたことは上記の規定に該当することから、設問の記述は正しい記述となる（関税定率法基本通達4－8（8）イ）。

問題 8 関税暫定措置法（特恵関税）

次の記述は、関税暫定措置法第8条の2（特恵関税等）の規定による特恵関税制度に関するものであるが、その記述の正しいものはどれか。すべてを選び、その番号をマークしなさい。

1．一の特恵受益国において生産された物品であって、関税定率法別表第19.04項に該当する穀物を膨張させて得た調製食料品については、その生産に非原産品を使用した場合であっても、当該非原産品の総重量が当該調製食料品の総重量の5パーセント以下のときは、当該特恵受益国の原産品である。

2．一の特恵受益国において生産された衣類（メリヤス編み又はクロセ編みのもの）が当該特恵受益国の原産品であるか否かを決定するに当たっては、その生産に使用されたプラスチック製のボタンは考慮しない。

3．関税定率法別表第50類から第63類までに該当する物品にあっては、当該物品の生産に使用された非原産品からの加工が実質的な変更を加える加工に該当するか否かを決定するに当たり、当該非原産品の総重量が当該物品の総重量の15％以下の場合には、当該非原産品からの加工が実質的な変更を加える加工に該当するか否かは考慮しないものとされている。

4．特恵受益国でないA国において収穫された関税定率法別表第12類に属するこんにゃく芋を原料として特恵受益国であるB国において製造された同表第21.06項に属するこんにゃくについては、当該特恵受益国であるB国の原産品である。

5．特恵受益国であるB国において収穫されたカカオ豆と特恵受益国でないA国において収穫されたカカオ豆とを原料として当該B国において製造された関税定率法別表第18.05項に属するココア粉であって、その製造に使用された当該A国において収穫されたカカオ豆の総重量が当該ココア粉の総重量の20パーセントのものについては、当該特恵受益国であるB国の原産品である。

日付・正解 Check	／		／		／	

第８問 »» 正解：2、5

解説

1　**誤り：**一の特恵受益国において生産された物品であって、関税定率法別表第19.04項に該当する穀物を膨張させて得た調製食料品について、一定割合の非原産品を使用しても、その特恵受益国の原産品とみなされるという**規定はない**。したがって、「その生産に非原産品を使用した場合であっても、当該非原産品の総重量が当該調製食料品の総重量の５パーセント以下のときは、当該特恵受益国の原産品である」という記述は誤りである（関税暫定措置法施行規則第９条、同法施行規則別表第19.04項）。

2　**正しい：**一の特恵受益国において生産された衣類（メリヤス編み又はクロセ編みのもの）がその特恵受益国の原産品であるか否かを決定するに当たっては、その生産に使用された**プラスチック製のボタン**（関税率表第96.06項）は、**関税率表第50類から第63類までに該当しないため考慮しない**と規定されている。したがって正しい記述である（関税暫定措置法施行規則別表備考５）。

3　**誤り：**関税定率法別表第50類から第63類までの繊維及び繊維製品に該当する物品にあっては、その物品の生産に使用された非原産品からの加工が実質的な変更を加える加工に該当するか否かを決定するに当たり、非原産品の総重量が生産された物品の総重量の**10%以下**の場合には、非原産品からの加工が実質的な変更を加える加工に該当するか否かは考慮しないと規定されている。したがって、「15%以下」という記述は誤りである（関税暫定措置法施行規則第９条第２項）。

4　**誤り：**特恵受益国でないＡ国において収穫された関税定率法別表第12類に属するこんにゃく芋を原料として特恵受益国であるＢ国において製造された同表第21.06項に属するこんにゃくについては、Ｂ国の原産品とはみなされない。こんにゃくについては、**Ｂ国の原料を使用しているのであればＢ国の原産品とみなされる**が、Ｂ国以外の原料からこんにゃくを製造するのであれば第12類又は第21類に該当する原料以外の原料を使用しなければならないと規定されている。したがって、「当該特恵受益国であるＢ国の原産品である」という記述は誤りである（関税暫定措置法施行規則別表第21.06項（２）（ii）４）。

5　**正しい：**特恵受益国であるＢ国において収穫されたカカオ豆と特恵受益国でないＡ国において収穫されたカカオ豆とを原料としてＢ国において製造された関税定率法別表第18.05項に属するココア粉であって、その製造に使用されたＡ国において収穫されたカカオ豆の総重量がココア粉の総重量の20パーセントのものについては、**カカオ粉に使用するＡ国で収穫された原料がカカオ豆であるので、Ａ国で収穫された原料となるカカオ豆の割合にかかわらず、製品であるカカオ粉はＢ国の原産品である**とされる。したがって正しい記述である（関税暫定措置法施行規則別表第18類）。

問題 9 関税暫定措置法（特恵関税）

文章選択式

難易度 ✈✈
出題頻度 🚢🚢

次に掲げる物品が関税暫定措置法第８条の２第１項の特恵関税に係る特恵受益国（Ａ国）において生産された場合、Ａ国を原産地とする物品（特恵受益国原産品）とされるものはどれか。以下の関税暫定措置法施行規則別表（第９条関係）の規定の抜すいを参考にし、特恵受益国原産品とされるものすべてを選び、その番号をマークしなさい。なお、問題文に記載されているものを除き、当該物品に使用されうるその他の材料については、考慮しないものとする。

1. 特恵受益国でない第三国から輸入した当該第三国で生産された第８類の果実及び第17類の砂糖を使用して製造した第20.06項の砂糖により調製した果実
2. Ａ国で生産された第８類の果実を使用して製造した第20.07項のジャム
3. 日本から輸入した第７類の野菜とＡ国で生産された第８類の果実とを使用して製造した第20.09項のジュース
4. 特恵受益国でない第三国から輸入した当該第三国で生産された第８類のぶどうを使用してＡ国で第20.09項のぶどうジュースを製造し、当該ぶどうジュースを使用して製造した第22.04項のスパークリングワイン
5. Ａ国で生産された第11類の小麦粉と特恵受益国でない第三国から輸入した当該第三国で生産された第11類の小麦粉とを７対３の割合で使用して製造した第19.02項のスパゲッティ

関税暫定措置法施行規則別表（第９条関係）（抜すい）

関税率表の番号	生産された物品	原産品としての資格を与えるための条件
第19.02項	スパゲッティ、マカロニ、ヌードル、ラザーニャ…	第10類、第11類又は第19類に該当する物品以外の物品からの製造
第20.06項	砂糖により調製した野菜、果実、…	第７類、第８類、第９類、第12類、第17類又は第20類に該当する物品以外の物品からの製造
第20.07項	ジャム、フルーツゼリー、マーマレード、果実又は…	第８類又は第20類に該当する物品以外の物品からの製造
第20.09項	果実又は野菜のジュース（ぶどう搾汁を含み…	第７類、第８類又は第20類に該当する物品以外の物品からの製造
第22.04項	ぶどう酒（１）スパークリングワイン並びに…	第８類、第20類又は第22類に該当する物品以外の物品からの製造

日付・正解 Check	／	／	／

第9問 »» 正解：2、3

解説

1　**原産品とされない：**非原産国である第三国で生産し輸入された第８類の果実及び第17類の砂糖を使用して、特恵受益国であるＡ国において製造した砂糖により調製した果実は、関税暫定措置法施行規則別表第20.06項の下欄の規定より、**第三国で生産された第８類の果実や第17類の砂糖を使用することはできない**ので、設問の砂糖により調製した果実はＡ国の原産品とされない（関税暫定措置法施行規則別表第20.06項）。

2　**原産品とされる：**自国（特恵受益国であるＡ国）で生産された第８類の果実を使用して第20.07項のジャムを製造した場合には、**Ａ国の完全生産品**とされ、Ａ国の原産品とされる（関税暫定措置法施行規則別表第20.07項、同規則別表備考三）。

3　**原産品とされる：**日本から輸入した第７類の野菜と自国（特恵受益国であるＡ国）で生産された第８類の果実とを使用して第20.09項のジュースを製造した場合には、**Ａ国の完全生産品**とみなされ、Ａ国の原産品とされる（関税暫定措置法施行規則別表第20.09項、同規則別表備考三）。

4　**原産品とされない：**非原産国である第三国で生産し輸入された第８類のぶどうを使用して自国（特恵受益国であるＡ国）で第20.09項のぶどうジュースを製造し、そのぶどうジュースを使用して製造した第22.04項のスパークリングワインは、関税暫定措置法施行規則別表第22.04項の下欄の規定より、**第三国で生産された第８類の果実からＡ国で製造された第20類の果実のジュース（完全生産品以外のものに該当）を使用することはできない**ので、設問のスパークリングワインはＡ国の原産品とされない（関税暫定措置法施行規則別表第22.04項）。

5　**原産品とされない：**自国（特恵受益国であるＡ国）で生産された第11類の小麦粉と非原産国である第三国で生産し輸入された第11類の小麦粉とを７対３の割合で使用して製造した第19.02項のスパゲッティは、関税暫定措置法施行規則別表第19.02項の下欄の規定より、**第三国で生産された第11類の小麦粉を一切使用することはできない**ので、設問のスパゲッティはＡ国の原産品とされない（関税暫定措置法施行規則別表第19.02項）。

《出題年度》令和元年、令和３年、令和４年

問題10 その他申告実務（TPP11協定）

択一式

難易度 ✈✈
出題頻度 🚢🚢

次の記述は、環太平洋パートナーシップに関する包括的及び先進的な協定（以下「TPP11協定」という。）における関税についての特別の規定による便益に係る税率（以下「TPP11協定税率」という。）の適用に関するものであるが、その記述の誤っているものはどれか。一つを選び、その番号をマークしなさい。なお、誤っている記述がない場合には、「0」をマークしなさい。

1．TPP11協定に基づく締約国原産品申告書は、これに係る貨物につき関税法第73条第１項の規定に基づき輸入の許可前における貨物の引取りの承認を受ける場合には、当該貨物に係る輸入申告後相当と認められる期間内に提出しなければならない。

2．TPP11協定に基づく締約国原産品申告書は、これに係る貨物の輸入申告の日において、その作成の日から６月以上を経過したものであってはならない。

3．税関長は、TPP11協定の規定に基づきTPP11協定税率の適用を受けようとする貨物を輸入する者がTPP11協定税率の適用を受けるために必要な手続をとらないときは、当該貨物について、TPP11協定の規定に基づき、TPP11協定税率の適用をしないことができることとされている。

4．関税法第７条第３項の規定に基づく事前照会に対する文書による回答においてTPP11協定に基づいた原産品であるとの回答を受けた貨物と同一の産品について、TPP11協定税率の適用を受けようとする場合において、その回答書に係る登録番号を当該産品の輸入申告書の「添付書類」欄に記載したときは、税関長が当該産品の原産性に疑義があると認めた場合を除き、当該貨物の契約書、仕入書、価格表、総部品表、製造工程表その他の当該産品がTPP11協定の原産品とされるもの（締約国原産品）であることを明らかにする書類を提出することを要しないこととされている。

5．税関長は、輸入申告がされた貨物について、TPP11協定税率を適用する場合において、当該貨物がTPP11協定の規定に基づきTPP11協定の締約国の原産品とされるもの（締約国原産品）であるかどうかの確認をするために必要があるときは、TPP11協定の規定に基づき、当該貨物を輸入する者に対し、当該貨物が締約国原産品であることを明らかにする資料の提供を求める方法により、その確認をすることができる。

日付・正解 Check	／	／	／

第10問 »» 正解：2

解説

1　**正しい**：TPP11協定に基づく締約国原産品申告書は、**輸入の許可前における貨物の引取りの承認を受ける場合**には、**輸入申告後相当と認められる期間内に提出**しなければならないと規定されている。したがって正しい記述である（関税法施行令第61条第4項）。

2　**誤り**：TPP11協定に基づく締約国原産品申告書は、**輸入申告の日において、作成の日から1年以上**を経過したものであってはならないと規定されている。したがって、「6月以上」という記述は誤りである（関税法施行令第61条第5項）。

3　**正しい**：税関長は、TPP11協定税率の適用を受けようとする貨物を輸入する者がTPP11協定税率の適用を受けるために**必要な手続をとらない**ときは、TPP11協定税率の**適用をしない**ことができると規定されている。したがって正しい記述である（関税暫定措置法第12条の4第6項第2号）。

4　**正しい**：**事前照会に対する文書による回答**により、TPP11協定に基づいた原産品であるとの回答を受け、回答を受けた貨物と同一の産品について、TPP11協定税率の適用を受けようとする場合には、回答書の**登録番号を輸入申告書の「添付書類」欄に記載**することにより、税関長が産品の原産性に疑義があると認めた場合を除いて、貨物の**契約書、仕入書、価格表、総部品表、製造工程表等の提出は不要**となる。したがって正しい記述である（関税法基本通達68－5－11の4（2）ハ（ロ））。

5　**正しい**：税関長は、TPP11協定税率を適用する場合において、その貨物がTPP11協定の**締約国の原産品とされるもの（締約国原産品）であるかどうかの確認**をするために必要があるときは、貨物を輸入する者に対し、その貨物が締約国原産品であることを明らかにする**資料の提供を求める方法**により、確認をすることができると規定されている。したがって正しい記述である（関税暫定措置法第12条の4第1項第1号）。

問題 11 その他申告実務（スイス協定）

択一式

次の記述は、日本国とスイス連邦との間の自由な貿易及び経済上の連携に関する協定（以下「スイス協定」という。）における関税についての特別の規定による便益に係る税率の適用を受けるための手続に関するものであるが、その記述の正しいものはどれか。一つを選びその番号をマークしなさい。なお、正しい記述がない場合には、「0」をマークしなさい。

1. スイス連邦から第三国を経由して本邦へ向けて運送されたスイス連邦の原産品とされる貨物について、スイス連邦から本邦の輸入港に至るまでの通し船荷証券の写しを税関に提出した場合には、当該協定に基づく締約国原産地証明書を提出することなく、当該協定における関税の便益を受けることができる。
2. 税関長の承認を受けて輸入の許可前に引き取ろうとする貨物に係るスイス協定に基づく締約国原産地証明書については、当該承認に係る申請書の提出に併せて提出しなければならない。
3. スイス協定における関税についての特別の規定による便益に係る税率の適用を受けようとする貨物に係る締約国原産地証明書及び原産地申告がなされた商業文書は、当該貨物の輸入申告の日において、その発給又は作成の日から６月以上を経過したものであってはならない。
4. スイス協定における関税についての特別の規定による便益に係る税率の適用を受けようとする者は、スイス連邦の権限ある機関によって認定された輸出者が作成したスイス協定に基づく原産品である旨の記載のある仕入書等の商業文書によって当該税率の適用を受けることができる。
5. スイス連邦から第三国を経由して本邦へ向けて運送されたスイス連邦の原産品とされる貨物について、当該第三国において運送上の理由による積替え及び一時蔵置以外の取扱いがなされたものであっても、課税価格の総額が20万円以下のものについては、当該協定における関税の便益を受けることができる。

日付・正解 Check	／	／	／

第11問 »» 正解：4

解説

1　**誤り**：スイス連邦から第三国を経由して本邦へ向けて運送されたスイス連邦の原産品とされる貨物については、スイス連邦から本邦の輸入港に至るまでの通し船荷証券の写しを税関に提出した場合であっても、原則としてスイス協定に基づく**締約国原産地証明書を提出する必要がある**。したがって、「当該協定に基づく締約国原産地証明書を提出することなく、当該協定における関税の便益を受けることができる」という記述は誤りである（関税法施行令第61条第1項第2号イ、ロ）。

2　**誤り**：税関長の承認を受けて**輸入の許可前に引き取ろうとする貨物**に係るスイス協定に基づく締約国原産地証明書については、その貨物に係る**書類の審査後相当と認められる期間内に提出しなければならない**と規定されている。したがって、「当該承認に係る申請書の提出に併せて提出しなければならない」という記述は誤りである（関税法施行令第61条第4項）。

3　**誤り**：スイス協定税率の適用を受けようとする貨物に係る**締約国原産地証明書及び原産地申告がなされた商業文書**は、輸入申告の日において、その**発給又は作成の日から1年**以上を経過したものであってはならないと規定されている。したがって、「6月以上」という記述は誤りである（関税法施行令第61条第5項）。

4　**正しい**：スイス協定税率の適用を受けようとする者は、スイス連邦の権限ある機関によって**認定された輸出者が作成したスイス協定に基づく原産品である旨の記載のある仕入書等の商業文書**によってスイス協定税率の適用を受けることができると規定されている。したがって正しい記述である（関税法施行令第61条第1項第2号イ（1）、関税法基本通達68－5－11の2（2）イ）。

5　**誤り**：スイス連邦から第三国を経由して本邦へ向けて運送されたスイス連邦の原産品とされる貨物について、その第三国において**運送上の理由による積替え及び一時蔵置以外の取扱いがなされたもの**については、その貨物の**課税価格の総額にかかわらず、スイス協定における関税の便益を受けることができない**。したがって、「課税価格の総額が20万円以下のものについては、当該協定における関税の便益を受けることができる」という記述は誤りである（関税法施行令第61条第1項第2号ロ）。

問題 12 その他申告実務（経済連携協定）

日本とA国とを締約国とする二国間の経済連携協定が締結されており、当該協定に以下の原産地規則が定められている場合において、次に掲げる産品のうち、当該経済連携協定に基づくA国の原産品とされるものはどれか。以下の原産地規則及び関連物品の関税率表の所属を参考にし、A国の原産品とされるものすべてを選び、その番号をマークしなさい。

1. 日本で収穫した生鮮オリーブをA国に輸入し、A国で採油したオリーブ油
2. B国で収穫した生鮮オリーブをA国に輸入し、A国で採油したオリーブ油
3. A国で収穫した生鮮オリーブを使用し、A国で採油したオリーブ油
4. C国で生まれ育った豚をA国に輸入し、A国でと畜後筋肉層のない脂肪を取り出した後生産したラード
5. C国で生産したラードをA国に輸入し、A国で化学的な変性加工をしたラード

（原産地規則）

≪原産品≫

この協定の適用上、次のいずれかの産品は、締約国の原産品とする。

(a) 当該締約国において完全に得られる、又は生産される産品であって、下記の≪完全に得られる産品≫に定めるもの
(b) 当該締約国の原産材料のみから当該締約国において完全に生産される産品
(c) 非原産材料を使用して当該締約国において生産される産品であって、下記の≪品目別原産地規則≫を満たすもの

≪完全に得られる産品≫

次のいずれかの産品は、締約国において完全に得られる産品とする。

(a) 生きている動物であって、当該締約国の区域内において生まれ、かつ、成育されたもの

(b) 当該締約国の区域内において生きている動物から得られる産品
(c) 当該締約国の区域内において収穫され、採取され、又は採集される植物、菌類及び藻類
(d) 当該締約国の区域内において(a)から(c)までに規定する産品のみから得られ、又は生産される産品

≪累積≫

産品が一方の締約国の原産品であるか否かを決定するに当たり、当該一方の締約国において当該産品を生産するための材料として使用される他方の締約国の原産品は、当該一方の締約国の原産材料とみなす。

≪品目別原産地規則≫

第15.01項－第15.06項	第15.01項から第15.06項までの各項の産品への他の類の材料からの変更
第15.07項－第15.18項	第15.07項から第15.18項までの各項の産品への他の類の材料からの変更 （ただし、第7類、第8類及び第12類の物品からの変更を除く。）

（関連物品の関税率表の所属）

関連物品	生きている豚	豚の筋肉層のない脂肪	生鮮オリーブ	ラード	オリーブ油	化学的な変性加工をしたラード
関税率表の所属	第01.03項	第02.09項	第07.09項	第15.01項	第15.09項	第15.18項

（解答はP398にあります）

日付・正解 Check	／		／		／	

問題 13 その他申告実務（経済連携協定）

日本とＡ国とを締約国とする二国間の経済連携協定に下表の原産地規則が定められており、下表の工程において関税率表第61.09項に属するＴシャツが生産されたものとする。当該協定に関税率表第61.09項の品目別原産地規則として、次の１から５までのいずれかが定められているとした場合に、当該Ｔシャツが当該協定の締約国の原産品とされるものはどれか。１から５までのうち、該当するもの（品目別原産地規則）すべてを選び、その番号をマークしなさい。なお、Ａ国における縫製の際に使用する糸は考慮しないものとする。

1．メリヤス編み又はクロセ編みと製品にすること（布の縫製を含む。）との組合せ
2．他の項の材料からの変更
3．紡織用繊維の織物類又は編物からの製造
4．繊維からの製造
5．他の類の材料からの変更。ただし、第52類及び第60類からの変更を除く。

（原産地規則）
≪原産品≫
この協定の適用上、次の産品は、締約国の原産品とする。
・　非原産材料を使用して当該締約国において生産される産品であって、≪品目別原産地規則≫を満たすもの

（工程）
Ｃ国で採取されたコットンリンターをＣ国において実綿にし、Ｂ国において当該実綿を使用して綿糸を生産し、Ａ国において当該綿糸を使用してメリヤス編み生地を生産し、染色し、Ｔシャツに縫製。

※ 参考（関連物品の関税率表の所属）

関連物品	コットンリンター	実綿	綿糸	メリヤス編み生地	Ｔシャツ
関税率表の所属	第14.04項	第52.01項	第52.05項	第60.06項	第61.09項

（解答はP399にあります）

日付・正解 Check	／	／	／

第12問 »» 正解：1、3、4

解説

1 **原産品とされる**：日本で収穫した生鮮オリーブをＡ国に輸入し、Ａ国で採油したオリーブ油は、原産地規則中の**≪累積≫の規定及び≪原産品≫の（b）の規定**よりＡ国の原産品とされる。

2 **原産品とされない**：Ｂ国で収穫した生鮮オリーブをＡ国に輸入し、Ａ国で採油したオリーブ油は、原産地規則中の**≪品目別原産地規則≫の規定**よりＡ国の原産品とされない。

3 **原産品とされる**：Ａ国で収穫した生鮮オリーブを使用し、Ａ国で採油したオリーブ油は、原産地規則中の**≪完全に得られる産品≫の（c）及び（d）の規定**よりＡ国の原産品とされる。

4 **原産品とされる**：Ｃ国で生まれ育った豚をＡ国に輸入し、Ａ国でと畜後筋肉層のない脂肪を取り出した後に生産したラードは、原産地規則中の**≪品目別原産地規則≫の規定及び≪原産品≫の（c）の規定**よりＡ国の原産品とされる。

5 **原産品とされない**：Ｃ国で生産したラードをＡ国に輸入し、Ａ国で化学的な変性加工をしたラードは、原産地規則中の**≪品目別原産地規則≫の規定**よりＡ国の原産品とされない。

第13問 »» 正解：1、2、3

解説

1 **該当する**：A国においてB国で生産した綿糸を使用してメリヤス編み生地を生産し、製品（Tシャツ）に縫製しているので、**組合せの原産地規則**を満たしている。

2 **該当する**：A国において材料である綿糸（第52.05項）からメリヤス編み生地（第60.06項）に変更しているため、**項の変更の原産地規則**を満たしている。

3 **該当する**：A国においてメリヤス編み生地より製品（Tシャツ）を製造しているため、**編物からの製造の原産地規則**を満たしている。

4 **該当しない**：A国ではなく、B国において繊維（実綿）から綿糸を製造しているので、**繊維からの製造の原産地規則**を満たしていない。

5 **該当しない**：A国において材料である綿糸（第52類）からメリヤス編み生地（第60類）に変更しているため、他の類の材料から変更されているが、綿糸が第52類のため、第52類からの変更は除かれており、**類の変更の原産地規則**を満たしていない。

《出題年度》令和4年

その他申告実務(経済連携協定)

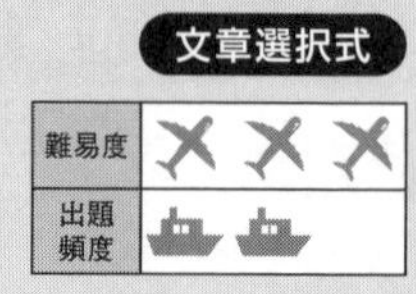

日本国とX国とを締約国とする二国間の経済連携協定に、下表1の原産地規則が定められている場合において、下表2のAからEまでの原材料を使用して製品YがX国において生産されたものとする。製品YのFOB価格が2,000円であるとした場合に、次の1から5までのうち、製品Yが当該協定に基づくX国の原産品とされないものはどれか。X国の原産品とされないものをすべて選び、その番号をマークしなさい。なお、原材料A、B、C、D、E以外の原材料は、製品Yの生産に使用されないものとする。

1．X国の原産材料でない原材料A、B、C、D、Eを使用して生産された製品Y
2．X国の原産材料である原材料EとX国の原産材料でない原材料A、B、C、Dを使用して生産された製品Y
3．X国の原産材料である原材料AとX国の原産材料でない原材料B、C、D、Eを使用して生産された製品Y
4．X国の原産材料である原材料BとX国の原産材料でない原材料A、C、D、Eを使用して生産された製品Y
5．X国の原産材料である原材料B、CとX国の原産材料でない原材料A、D、Eを使用して生産された製品Y

下表1

(原産地規則)

≪原産品の要件≫

原産材料割合が50%以上のものは、当該締約国の原産品とする。

原産材料割合の算定については、次の数式を適用する。

$$原産材料割合(\%) = \frac{FOB価格 - VNM}{FOB価格} \times 100$$

この場合において、「VNM」とは、産品の生産において使用された非原産材料の価格を合計した価額をいう。

下表2

原材料	原材料の価格（円）
A	300
B	50
C	150
D	250
E	500

日付・正解 Check	／	／	／

第14問 »» 正解：1、4、5

解説

1 **されない:** {2,000円（FOB価格）－（300円（A）＋50円（B）＋150円（C）＋250円（D）＋500円（E）（非原産材料の価格の合計））} ÷2,000円（FOB価格）×100＝37.5%（原産材料割合）。したがって、原産材料割合が37.5%（50%未満）のためX国の原産品とされない。

2 **される:** {2,000円（FOB価格）－（300円（A）＋50円（B）＋150円（C）＋250円（D）（非原産材料の価格の合計））} ÷2,000円（FOB価格）×100＝62.5%（原産材料割合）。したがって、原産材料割合が62.5%（50%以上）のためX国の原産品とされる。

3 **される:** {2,000円（FOB価格）－（50円（B）＋150円（C）＋250円（D）＋500円（E）（非原産材料の価格の合計））} ÷2,000円（FOB価格）×100＝52.5%（原産材料割合）。したがって、原産材料割合が52.5%（50%以上）のためX国の原産品とされる。

4 **されない：** {2,000円（FOB価格）－（300円（A）＋150円（C）＋250円（D）＋500円（E）（非原産材料の価格の合計））} ÷2,000円（FOB価格）×100＝40.0%（原産材料割合）。したがって、原産材料割合が40.0%（50%未満）のためX国の原産品とされない。

5 **されない：** {2,000円（FOB価格）－（300円（A）＋250円（D）＋500円（E）（非原産材料の価格の合計））} ÷2,000円（FOB価格）×100＝47.5%（原産材料割合）。したがって、原産材料割合が47.5%（50%未満）のためX国の原産品とされない。

問題 15 その他申告実務（事前教示）

文章選択式

難易度 ✈✈

出題頻度 🚢🚢🚢

次の記述は、関税法第７条第３項（申告）の規定に基づく関税定率法別表（関税率表）の適用上の所属区分に係る教示に係る照会（以下「事前照会」という。）に関するものであるが、その記述の正しいものはどれか。すべてを選び、その番号をマークしなさい。

1．文書による事前照会は、輸入しようとする貨物の輸入者若しくは輸出者若しくは当該貨物の製法、性状等を把握している利害関係者又はこれらの代理人が行うものとされており、口頭又はインターネットによる事前照会についても、同様とされている。

2．文書による事前教示の照会に対する回答のうち、内国消費税等の適用区分及び税率並びに他法令の適用の有無に係るものについても、当該照会に係る貨物の輸入申告の審査上、尊重される。

3．関税率表適用上の所属区分に関する事前照会に対する回答を文書により受けようとする者は、事前教示に関する照会書の提出に併せて、輸入しようとする貨物のサンプルを税関に提出しなければならない。

4．関税率表適用上の所属区分に関する事前照会に対する回答が文書により行われた場合において、当該回答について、照会者が再検討を希望するものとして意見を申し出る場合には、当該照会者が、回答の交付又は送達を受けた日の翌日から起算して２月以内に、「事前教示回答書（変更通知書）に関する意見の申出書」を、当該回答を行った税関に提出しなければならない。

5．関税率表適用上の所属区分に関する事前教示回答書の交付又は送達のあった日から３年を経過した事前教示回答書が輸入申告書に添付されている場合には、当該事前教示回答書は、当該輸入申告書の審査を終了した後に輸入者に破棄させなければならない。

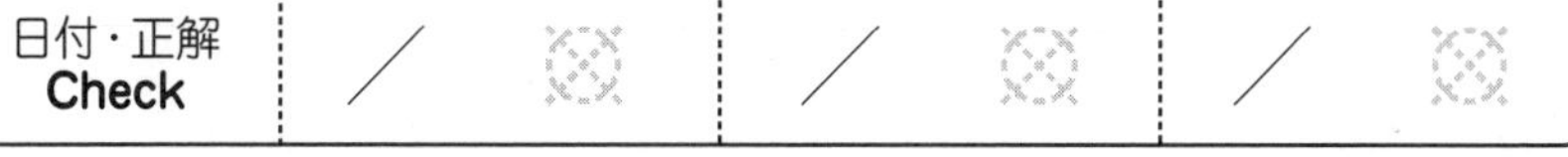

第15問 »» 正解：1、4

解説

1　**正しい：**文書による事前照会は、輸入しようとする貨物の輸入者若しくは輸出者若しくは貨物の製法、性状等を把握している利害関係者又はこれらの代理人が行うことができるが、口頭又はインターネットによる事前照会についても同様に、**輸入しようとする貨物の輸入者若しくは輸出者若しくは貨物の製法、性状等を把握している利害関係者又はこれらの代理人**が行うと規定されている。したがって正しい記述である（関税法基本通達7－18（1）、同法通達7－19－1（1）、同法通達7－19－2（1））。

2　**誤り：**文書による事前教示の照会に対する回答のうち、**内国消費税等の適用区分及び税率並びに他法令の適用の有無**に係るものについては、輸入申告の審査上、**尊重されない**と規定されている。したがって、「輸入申告の審査上、尊重される」という記述は誤りである（関税法基本通達7－17（1））。

3　**誤り：**関税率表適用上の所属区分に関する事前照会に対する回答を文書により受けようとする者は、事前教示に関する照会書の提出に併せて、見本又はこれに代わる写真、図面その他参考となるべき資料を提出すると規定されているが、「輸入しようとする貨物のサンプルを税関に提出しなければならない」というように、輸入しようとする貨物の**サンプルに限定する規定はない**。したがって誤った記述である（関税法基本通達7－18（3）ロ（ロ））。

4　**正しい：**関税率表適用上の所属区分に関する事前照会に対する回答が文書により行われた場合において、その回答について、照会者が再検討を希望するものとして意見を申し出る場合には、その照会者が、回答の交付又は送達を受けた日の翌日から起算して**2月以内**に、「事前教示回答書（変更通知書）に関する意見の申出書」を、その回答を行った税関に提出しなければならないと規定されている。したがって正しい記述である（関税法基本通達7－18（8）イ）。

5　**誤り：**関税率表適用上の所属区分に関する事前教示回答書の交付又は送達のあった日から**3年を経過した事前教示回答書**が輸入申告書に添付されている場合には、その事前教示回答書は、輸入（納税）申告書の審査上、**尊重しないものとし**、その回答書等は、その申告書の審査を終了した後、**返付させるものとする**と規定されている。したがって、「当該輸入申告書の審査を終了した後に輸入者に破棄させなければならない」という記述は誤りである（関税法基本通達7－18（9）ロ（イ））。

問題 16 その他申告実務（事前教示）

択一式

難易度 ✈✈
出題頻度 🚢🚢🚢

次の記述は、関税法第７条第３項（申告）の規定に基づく関税定率法別表（関税率表）の適用上の所属に係る教示に係る照会（以下「事前照会」という。）に関するものであるが、その記述の正しいものはどれか。一つを選び、その番号をマークしなさい。なお、正しい記述がない場合には、「0」をマークしなさい。

1．インターネットによる関税率表の適用上の所属に係る教示の求めを文書による教示の求めに準じた取扱いに切り替える手続については、電子メール本文に、必要事項を記入し送信することにより行う。

2．見本の提出を要する場合であっても、インターネットによる関税率表の適用上の所属に係る教示の求めを文書による教示の求めに準じた取扱いに切り替えることができる。

3．事前照会に対する口頭による回答は、原則として、事前照会を受けてから30日以内の極力早期に行うように努めることとされている。

4．文書による事前教示の照会及び回答の内容については、照会者の申し出により非公開とすることが可能であり、その非公開期間に制限はない。

5．文書による事前照会があった場合において、その照会書の記載事項に不明な点があるとき又は審査に必要な資料が不足しているときには、照会者に対して記載事項の補正又は資料の追加提出等を求め、当該記載事項の補正又は資料の追加提出等がなされるまでは、当該照会書を受理しないこととされている。

日付・正解 Check ／ ／ ／

第16問 »» 正解：5

解説

1　**誤り**：インターネットによる関税率表の適用上の所属に係る教示の求めを文書による教示の求めに準じた取扱いに切り替える手続については、「**インターネットによる事前教示に関する照会書**」**に必要事項を記載**し、これらを画像情報とした電子メールを、税関の事前照会用電子メールアドレスに送信することにより行うと規定されている。したがって、「電子メール本文に、必要事項を記入し送信することにより行う」という記述は誤りである（関税法基本通達7－19－2（3）ロ）。

2　**誤り**：**見本の提出を要する場合**には、インターネットによる関税率表の適用上の所属に係る教示の求めを文書による教示の求めに準じた取扱いに**切り替えることはできない**と規定されている。したがって、「見本の提出を要する場合であっても、…切り替えることができる」という記述は誤りである（関税法基本通達7－19－2（5）ロ）。

3　**誤り**：事前照会に対する**口頭による回答**は、原則として**即日回答を行う**よう努めると規定されている。したがって、「事前照会を受けてから30日以内の極力早期に行うように努める」という記述は誤りである（関税法基本通達7－19－1（4）ロ）。

4　**誤り**：文書による事前教示の照会及び回答の内容については、**原則として非公開とすることはできず**公開されることになる。また､照会者の申し出により**一定期間（180日以内）非公開とすることはできる**が、期間に制限がある。したがって、「照会者の申し出により非公開とすることが可能であり、その非公開期間に制限はない」という記述は誤りである（関税法基本通達7－18（6）ロ）。

5　**正しい**：文書による事前照会があった場合において、照会書の記載事項に不明な点があるとき又は審査に必要な資料が不足しているときには、照会者に対して記載事項の補正又は資料の追加提出等を求め、**記載事項の補正又は資料の追加提出等がなされるまでは、照会書を受理しない**と規定されている。したがって正しい記述である（関税法基本通達7－18（3）ハ（ロ））。

問題 1 計算問題（関税の課税標準の端数処理）

計算式

難易度	✈✈
出題頻度	🚢

下表1及び下表2は、関税の課税標準の端数計算の事例を掲げたものであるが、端数計算後の課税標準額及び課税標準数量が正しい事例はどれか。すべてを選びその番号をマークしなさい。

なお、品名欄にあるAからEまでの物品は、消費税以外の内国消費税額が課されないものである。

【表1】

事例	品名	端数計算前の課税標準額	端数計算後の課税標準額	関税率
1	A	8,954,622円	8,954,000円	3.9%
2	B	950円	900円	15.0%

【表2】

事例	品名	端数計算前の課税標準数量	端数計算後の課税標準数量	関税率
3	C	7,854.625kg	7,854.6kg	4.5円／kg
4	D	374.585kg	374.5kg	150円／kg
5	E	19,456.275kg	19,456kg	27円／kg

日付・正解 Check	／	／	／

第1問 »» 正解：1、4、5

解説

1　**正しい：**品名Aは従価税品（関税率3.9%）であるので、関税率を掛ける前に課税標準額の**千円未満を切り捨てる**必要がある。そこで課税標準額は8,954,622円であるので、この額の千円未満を切り捨てた8,954,000円が端数処理後の課税標準額となる。したがって正しい事例となる。

2　**誤り：**品名Bは従価税品（関税率15.0%）であるので、関税率を掛ける前に課税標準額の**千円未満を切り捨てる**必要がある。そこで課税標準額は950円であるので、この額の千円未満を切り捨てた0円が端数処理後の課税標準額となる。したがって誤った事例となる。

3　**誤り：**品名Cは重量税品（関税率4.5円／kg）であるので、関税率を掛ける前に**課税標準数量の小数点以下を切り捨てる**必要がある。ここで関税率が円以上2桁までの場合は、課税標準数量は整数位までとなるので、品名Cの関税率4.5円／kgから関税率が円以上1桁であることより、課税標準数量の7,854.625kgは端数処理後に整数位までとなる。つまり、7,854kgとなることが分かる。したがって誤った事例となる。

4　**正しい：**品名Dは重量税品（関税率150円／kg）であるので、関税率を掛ける前に**課税標準数量の小数点以下を切り捨てる**必要がある。ここで関税率が円以上3桁の場合は、課税標準数量は小数点以下1位までとなるので、品名Dの関税率150円／kgから関税率が円以上3桁であることより、課税標準数量の374.585kgは端数処理後に小数点以下1位までとなる。つまり、374.5kgとなることが分かる。したがって正しい事例となる。

5　**正しい：**品名Eは重量税品（関税率27円／kg）であるので、関税率を掛ける前に**課税標準数量の小数点以下を切り捨てる**必要がある。ここで関税率が円以上2桁までの場合は、課税標準数量は整数位までとなるので、品名Eの関税率27円／kgから関税率が円以上2桁であることより、課税標準数量の19,456.275kgは端数処理後に整数位までとなる。つまり、19,456kgとなることが分かる。したがって正しい事例となる。

問題 2 計算問題（関税額の計算）

スライドファスナー及びプレスファスナーについて、１申告書で輸入（納税）申告したが、納税後において、下表のとおり、いずれのファスナーにも適用税率に誤りがあることが判明し、関税法第７条の15の規定に基づき更正の請求を行う場合に、関税更正請求書に記載すべき当該請求により減少する税額を計算し、その額をマークしなさい。

【第１欄】

品名	スライドファスナー
課税標準額	3,617,252円
当初申告において適用した税率	3.4%
正しい税率	2.8%

【第２欄】

品名	プレスファスナー
課税標準額	2,762,188円
当初申告において適用した税率	6.4%
正しい税率	5.3%

第２問 »» 正解：52,100円

解説

輸入（納税）申告において適用する税率が誤っていた場合、誤った税率を適用して計算した**更正請求前の納付済の関税額**と、**正しい税率を適用して計算した関税額の差額**が、更正の請求により減少する税額となる。

1　更正請求前の関税額

①第１欄（スライドファスナー）の関税額

3,617,000円（千円未満切捨て）×3.4%＝122,978円

②第２欄（プレスファスナー）の関税額

2,762,000円（千円未満切捨て）×6.4%＝176,768円

③更正請求前の納付済関税額

第１欄と第２欄の関税額を合計すると、

122,978円＋176,768円＝299,746円となる。

百円未満を切り捨てると、更正請求前の納付済の関税額は299,700円となる。

2　更正後の関税額

①第１欄（スライドファスナー）の関税額

3,617,000円（千円未満切捨て）×2.8%＝101,276円

②第２欄（プレスファスナー）の関税額

2,762,000円（千円未満切捨て）×5.3%＝146,386円

③更正後の納付すべき関税額

第１欄と第２欄の関税額を合計すると、

101,276円＋146,386円＝247,662円となる。

百円未満を切り捨てると、関税額は247,600円となる。

3　更正請求により減少する税額

299,700円－247,600円＝52,100円

問題3 計算問題（関税額の計算）

計算式

難易度	✈✈
出題頻度	🚢🚢

税関長の承認を受けて総合保税地域に置かれた外国貨物で課税標準となるべき価格が289,500円、課税標準となるべき数量が4,070kgのものを、下表の経緯で輸入する場合に、当該外国貨物について納付すべき関税額を計算し、その額をマークしなさい。なお、当該外国貨物に適用される関税率は下表の「関税率改正の内容」のとおり法令の改正がなされたものとし、その施行日は、令和XX年4月1日とする。

輸入（納税）申告の日	輸入の許可前における貨物の引取りの承認の申請及びその承認の日	輸入許可の日	関税率改正の内容	
			改正前	改正後
令和XX年3月24日	令和XX年3月28日	令和XX年4月5日	85.7％又は60.90円／kgのうちいずれか高い税率	78.5％又は53.70円／kgのうちいずれか高い税率

日付・正解 Check	／	／	／

第3問 »» 正解：247,800円

解説

輸入する貨物に関税を課する場合に適用される法令は、原則として、輸入申告の日において適用される法令による。しかし、税関長の承認を受けて総合保税地域に置かれた外国貨物について、輸入申告がされた後、輸入の許可前引取りの承認を受けて引き取られる貨物は、その承認がされる前にその貨物に適用される法令の改正があった場合には、輸入の許可前における貨物の引取りの承認の日の法令、つまり改正後の法令（78.5%又は53.70円／kgのうちいずれか高い税率）が適用される。

本問は、税関長の承認を受けて総合保税地域に置かれた外国貨物について輸入申告後、輸入の許可前引取りの承認を受けて引き取られる。**法令改正は輸入の許可前引取りの承認後に行われている**ので、輸入の許可前における貨物の引取りの承認の日の法令が適用されるのではなく、**原則どおり、輸入申告の日（3月24日）の法令、つまり改正前の法令（85.7%又は60.90円／kgのうちいずれか高い税率）が適用**される。

関税率85.7%で計算した場合の関税額：
289,000円（千円未満切捨て）×85.7%＝247,673円
関税率85.7%で計算した場合の納付すべき税額は、百円未満を切り捨てた247,600円となる。

関税率60.90円／kgで計算した場合の関税額：
4,070kg×60.90円／kg＝247,863円
関税率60.90円／kgで計算した場合の納付すべき税額は、百円未満を切り捨てた247,800円となる。

関税率85.7%で計算した場合の関税額と関税率60.90円／kgで計算した場合の関税額のうちいずれか高い関税率で計算した関税額：
247,600円＜247,800円⇒247,800円

計算問題（関税額の計算）

計算式

下表１及び下表２に掲げる２品目について、一の輸入（納税）申告書で申告し許可を受けたが、許可後において、下表１のとおり課税標準に誤りがあることが判明し、修正申告をすることとなった。当該修正申告により納付すべき関税額を計算し、その額をマークしなさい。

なお、品名Ａ及びＢに適用される関税率は下表２の「関税率改正の内容」のとおり法令の改正がなされたものとし、その施行日は令和XX年４月１日とする。

【表１】

品名	輸入（納税）申告及び許可の日	修正申告の日	修正申告前（輸入（納税）申告時）の課税標準額	修正申告後の課税標準額
A	令和XX年3月28日	令和XX年5月1日	285,897円	548,862円
B			234,566円	788,358円

【表２】【関税率改正の内容】

品名	関税率改正の内容	
	改正前	改正後
A	5.3%	4.5%
B	12.8%	11.0%

日付・正解 Check	／	／	／

第４問 »» 正解：84,900円

解説

輸入する貨物に関税を課する場合に適用される法令（＝関税率）は、原則として、輸入（納税）申告の日において適用される法令による。この関税率は、輸入許可の日の後に修正申告がされる場合でも変わることはなく、また、輸入許可の日と修正申告の日の間に関税率の改正があったとしても、**原則どおり輸入（納税）申告の日の法令が適用**されることになる。

そこで、設問にある品名Ａ及びＢの関税率は３月28日の関税率、つまり、品名Ａは改正前の関税率5.3%、品名Ｂは改正前の12.8%の関税率で修正申告により納付すべき関税額を計算することになる。

1　まず、輸入許可の日に納付した関税額を計算する。
Ａの関税額：285,000円（千円未満切捨て）×5.3%＝15,105円
Ｂの関税額：234,000円（千円未満切捨て）×12.8%＝29,952円
Ａの関税額とＢの関税額の合計：15,105円＋29,952円＝45,057円
輸入許可の日に納付した関税額は、百円未満を切り捨てた45,000円となる。

2　次に、修正申告時に判明した正しい課税標準に基づいた関税額を計算する。
Ａの関税額：548,000円（千円未満切捨て）×5.3%＝29,044円
Ｂの関税額：788,000円（千円未満切捨て）×12.8%＝100,864円
Ａの関税額とＢの関税額の合計：29,044円 ＋100,864円＝129,908円
修正申告時に判明した正しい課税標準に基づいた関税額は、百円未満を切り捨てた129,900円となる。

3　最後に、修正申告により納付すべき関税額を計算する。
正しい関税額－輸入許可の日の納付した関税額：129,900円－45,000円＝84,900円
修正申告により納付すべき関税額は84,900円となる。

問題 5

計算問題（関税・消費税額の計算）

下表１の３品目について、一の輸入（納税）申告書により申告をし、輸入の許可を受けようとする場合において、当該３品目に係る納付すべき関税、消費税及び地方消費税の額を計算し、これらの合計額をマークしなさい。

なお、消費税及び地方消費税の税率は、下表２のとおりとし、軽減税率が適用可能な品目に係る消費税及び地方消費税の額は、軽減税率を用いて計算するものとする。また、当該３品目の中には、消費税法上の一体貨物に該当するものは含まれていないものとする。

（下表１）

品名	課税価格	関税率
配合飼料（とうもろこし、ふすま、大豆かす）（人の食用に供されないもの）	2,400,600 円	13.2%
インスタントティー（人の飲用に供されるもの）	502,950 円	9.8%
竹製の敷物	900 円	3.3%

（下表２）

	標準税率	軽減税率
消費税率	7.8%	6.24%
地方消費税率	2.2%（消費税額の 22/78）	1.76%（消費税額の 22/78）

日付・正解 Check	／	／	／

第5問 »» 正解：681,600円

解説

まず、各商品の関税、消費税、地方消費税を計算して端数処理前の税額をそれぞれ計算する。続いて、各商品の**端数処理前の関税額を合計し、端数処理して関税の合計額を計算**する。各商品の**端数処理前の消費税と地方消費税も関税の計算と同様に、消費税と地方消費税の合計額をそれぞれ計算**する。最後に、関税の合計額と消費税の合計額、地方消費税の合計額を合算して解答する。

なお、問題文にある「消費税法上の一体貨物」とは食品と食品以外の物が一体として販売されるもののことであるが、今回は一体貨物は含まれていないので、考慮する必要がない。

1　配合飼料の関税額、消費税額、地方消費税額を計算する。

①－ i　関税額:2,400,000円（千円未満切捨て）× 13.2% = 316,800円⇒316,800円（百円未満切捨て）

①－ ii　消費税額：2,400,600円（端数処理未処理の課税価格）＋316,800円（端数処理処理後の関税額）＝2,717,400円

2,717,000円（千円未満切捨て）× 7.8% = 211,926円⇒211,900円（百円未満切捨て）

①－ iii　地方消費税額：211,900円（端数処理後の消費税額）× 22 ÷ 78 = 59,766円（円未満切捨て）⇒59,700円（百円未満切捨て）

2　インスタントティーの関税額、消費税額、地方消費税額を計算する。

②－ i　関税額：502,000円（千円未満切捨て）× 9.8% = 49,196円⇒49,100円（百円未満切捨て）

②－ ii　消費税額：502,950円（端数処理未処理の課税価格）＋49,100円（端数処理処理後の関税額）＝552,050円

552,000円（千円未満切捨て）× 6.24% = 34,444円（円未満切捨て）⇒34,400円（百円未満切捨て）

※インスタントティーは食品のため軽減税率が適用される。

②－ iii　地方消費税額:34,400円（端数処理後の消費税額）× 22 ÷ 78 = 9,702円（円未満切捨て）⇒9,700円（百円未満切捨て）

3　竹製の敷物の関税額、消費税額、地方消費税額を計算する。

③－ i　関税額：0円（千円未満切捨て）× 3.3% = 0円⇒0円（百円未満切捨て）

③－ⅱ　消費税額：900円（端数処理未処理の課税価格）＋0円（端数処理処理後の関税額）＝900円

0円（千円未満切捨て）×7.8%＝0円⇒0円（百円未満切捨て）

③－ⅲ　地方消費税額：0円（端数処理後の消費税額）×22÷78＝0円⇒0円（百円未満切捨て）

4　関税、消費税、地方消費税の合計額を計算する。

④－ⅰ　関税額の合計額：316,800円＋49,196円＋0円＝365,996円⇒365,900円（百円未満切捨て）

④－ⅱ　消費税額の合計額:211,926円＋34,444円＋0円＝246,370円⇒246,300円（百円未満切捨て）

④－ⅲ　地方消費税の合計額：59,766円＋9,702円＋0円＝69,468円⇒69,400円（百円未満切捨て）

5　関税、消費税、地方消費税の合計額を合算する。

365,900円＋246,300円＋69,400円＝681,600円

計算問題（延滞税の計算）

外国貨物について輸入（納税）申告をし、輸入の許可を受けたが、当該許可後において下表１のとおり課税標準額及び適用税率に誤りがあることが判明し、下表２の経緯で関税法第７条の14の規定に基づき修正申告を行う場合に、当該修正申告により納付すべき関税額及び延滞税の額を計算し、これらの合計額をマークしなさい。なお、延滞税は、法定納期限の翌日から当該関税額を納付する日までの日数に応じ、年2.6%（当該関税額の納期限の翌日から２月を経過する日後は年8.9%）の割合を乗じ、１年は365日として計算するものとする。

（表１）

	課税標準額	税率
修正申告前（輸入（納税）申告時）	2,851,325円	3.5%
修正申告時	4,846,356円	6.7%

（表２）

・令和XX年２月21日　輸入（納税）申告及び関税の納期限の延長の承認日
・令和XX年２月22日　輸入の許可の日
・令和XX年３月２日　保税蔵置場から貨物を搬出した日
・令和XX年５月21日　関税の納期限の延長の期限日及び当初の輸入（納税）申告に係る関税額の納付の日
・令和XX年６月８日　修正申告及び修正申告に係る関税額の納付の日
（注）上記の過程において、延滞税の免除事由に該当する事実はない。

（参考）令和XX年の暦
・令和XX年２月１日から同年２月28日まで（28日間）
・令和XX年３月１日から同年３月31日まで（31日間）
・令和XX年４月１日から同年４月30日まで（30日間）
・令和XX年５月１日から同年５月31日まで（31日間）
・令和XX年６月１日から同年６月30日まで（30日間）

日付・正解 Check	／	／	／

問題 7

計算式

計算問題（延滞税の計算）

下表の経緯で特例申告書の提出後に修正申告を行い、当該修正申告により納付すべき関税額として5,079,500円を納付することとなった場合において、当該関税額に併せて納付すべき延滞税の額を計算し、その額をマークしなさい。

なお、延滞税の税率は、20X1年にあっては年4.5%とし、20X2年にあっては年4.3%として計算しなさい。

20X1年8月20日	輸入（引取）申告及び輸入許可の日
8月21日	保税地域から貨物を搬出した日
9月16日	特例申告書の提出及び納税の日
20X2年2月 2日	修正申告をする旨を税関に申し出た日
2月12日	修正申告及び納税の日

日付・正解 Check	／	／	／

第６問 »» 正解：226,500円

解説

1　輸入（納税）申告時に誤って納付した関税額を計算する。

誤って納付した関税額：

2,851,000円（千円未満切捨て）×3.5%＝99,785円⇒99,700円（百円未満切捨て）

2　修正申告の際に訂正した課税標準により計算した正しい関税額を計算する。

正しい関税額：

4,846,000円（千円未満切捨て）×6.7%＝324,682円⇒324,600円（百円未満切捨て）

3　修正申告により納付すべき関税額を計算する。

修正申告により納付すべき関税額（上記２－上記１）：

324,600円－99,700円＝224,900円

4　上記３で計算した修正申告の際に納付すべき関税額に対して生じる延滞税額を計算する。

修正申告の際の法定納期限は輸入の許可の日（２月22日）となるため、延滞日数は法定納期限（輸入の許可の日：２月22日）の翌日（２月23日）から修正申告に係る関税額を納付する日（６月８日）までの106日間となる。なお、**修正申告に係る関税額の納期限は修正申告をした日**（６月８日）となり、修正申告をした日（同日）に納付しているため、納期限の翌日から２月を経過する日後の延滞期間はない。したがって、8.9%の延滞税率で計算すべき期間はない。また、輸入（納税）申告に係る関税額は、税関長の承認を受けて納期限が延長されているが、**修正申告に係る関税額は納期限が延長されていない**ため、法定納期限は原則どおり輸入許可の日となる。

延滞税額：

220,000円（１万円未満切捨て）×2.6%×106日÷365日＝1,661円⇒1,600円（百円未満切捨て）

5　問題文に従い、修正申告に係る納付すべき関税額と延滞税額の合計額を計算する。

関税額と延滞税額の合計額（上記３＋上記４）：224,900円＋1,600円＝226,500円

第７問 »» 正解：83,100円

解説

1　法定納期限を特定する。

法定納期限は、**特例申告書の提出期限の日**（＝**特例申告に係る貨物の輸入許可の日の属する月の翌月末日**）（20X1年９月30日）である。

2　延滞日数の算出

延滞日数は、法定納期限の日の翌日（20X1年10月１日）から修正申告税額を納付した日（20X2年２月12日）までの135日である。ここで20X1年と20X2年の延滞税率が異なるので、それぞれの年度の延滞日数を算出しておくと、20X1年の延滞日数は92日であり、20X2年の延滞日数は43日である。

※具体的な日数計算

20X1年　10月１日～10月31日……31日
　　　　11月１日～11月30日……30日
　　　　12月１日～12月31日……31日
20X2年　１月１日～１月31日……31日
　　　　２月１日～２月12日……12日

※１月から12月までの小の月（31日のない月）の覚え方は、「にしむくさむらい（西向く侍）」が有名です。「に」は２月、「し」は４月、「む」は６月、「く」は９月、「さむらい」は11月です（士を十と一に分解して十一月）。つまり、小の月は、２月、４月、６月、９月、11月です。

3　延滞税額の算出

（5,070,000円（１万円未満切捨て）×4.5％×92日÷365日）＋（5,070,000円（１万円未満切捨て）×4.3％×43日÷365日）＝83,189.6……円

納付すべき延滞税額は、百円未満を切り捨てた83,100円となる。

※延滞税を計算する際に１年を365日（分母）で計算しますが、この365日は閏（うるう）年でも365日で計算します。仮に延滞日に閏年の２月29日が含まれていたとしても、分子の延滞日数を数える際には29日を含めますが、分母の１年は365日で計算します。

根拠条文：利率等の表示の年利建て移行に関する法律第25条（延滞税、利子税、還付加算金、延滞金、加算金、過怠金、違約金、割増金、納付金及び延滞利息その他政令で指定するこれらに類するものの額の計算につきこれらの法律の規定その他法令の規定に定める年当たりの割合は、閏年の日を含む期間についても、365日当たりの割合とする。）

問題 8 計算問題（過少申告加算税の計算）

計算式

難易度 ✈✈
出題頻度 🚢🚢

外国貨物について輸入（納税）申告をしたが、納税後において下表のとおり課税標準及び適用税率に誤りがあることが判明し、修正申告をすることとなった。当該修正申告により納付すべき関税額には過少申告加算税が課されることとなったが、その過少申告加算税を計算し、その額をマークしなさい。なお、当該修正申告は税関からの調査通知後に行われたものであり、税関長による調査があったことにより関税について更正があるべきことを予知してされたものである。

	課税標準額	適用税率
修正申告前（輸入（納税）申告時）	2,468,950円	6.2%
修正申告後	12,586,952円	7.2%

日付・正解 Check	／	／	／

《出題年度》平成22年

問題 **9**

計算問題（課税価格の計算）

計算式

難易度 ✈✈
出題頻度 🚢🚢

次の取引内容に係る輸入貨物の課税価格を計算し、その額をマークしなさい。

1．輸入者M（買手）は、Tシャツを輸入するため、A国の輸出者X（売手）との間で当該Tシャツに係る売買契約を締結した。

2．当該売買契約には、次の事項が規定されている。

　イ　売買単価…………300円／枚

　ロ　売買契約数量…………6,000枚

　ハ　引渡し条件…………Xの工場渡し条件

　ニ　Mは、当該Tシャツの生地をXに提供し、XはMに当該生地の代金を支払う旨

　ホ　Mは、当該Tシャツにプリントされる絵柄を無償でXに提供する旨

　ヘ　Xは、当該売買契約に定める品質に合致したTシャツを生産するために必要な検査を実施する旨

3．Mは、本邦の卸問屋Yから当該Tシャツの生地を900,000円で購入する。また、Mは、購入価格とは別に、当該生地をXに提供するための運賃（50,000円）を負担する。

4．Mは、当該生地をXに800,000円で販売し、Xからその金額を受領する。

5．今般、Mは、上記売買契約に基づき、XからTシャツ6,000枚を輸入する。

6．Mは、上記売買契約に従い、当該Tシャツの代金をXに支払う。

7．Mは、B国のデザイン会社Zが本邦で作成した絵柄を40,000円で購入し、インターネットでXに送信する。

8．Mは、自社の社員をA国に派遣する。当該社員は、XによるTシャツの生産に係る作業に従事することはなく、生産工程を視察し、当該視察の結果を自社に報告する。Mは、当該社員の渡航費及び滞在費として130,000円を負担する。

9．Mは、A国のXの工場から本邦の輸入港までの運送に係る運賃、保険料その他運送関連費用（110,000円）を負担する。

10．M、X、Y及びZの間には、それぞれ特殊関係はない。

日付・正解 Check	／	／	／

第８問 »» 正解：87,500円

解説

1　まず、修正申告により納付すべき関税額である増差税額を算出する。

①輸入（納税）申告時に誤って納付した関税額
2,468,000円（千円未満切捨て）×6.2％＝153,016円
→153,000円（百円未満切捨て）

②訂正後の課税標準による正しい関税額
12,586,000円（千円未満切捨て）×7.2％＝906,192円
→906,100円（百円未満切捨て）

③修正申告により納付すべき関税額（増差税額）
906,100円－153,000円＝753,100円

2　次に、過少申告加算税を計算する。

①10％の通常分の過少申告加算税額（税関からの調査通知後で、更正予知後にされた修正申告に対して課される過少申告加算税の通常分の税率は10％である）
750,000円（１万円未満切捨て）×10％＝75,000円

②５％の加重分の過少申告加算税額
増差税額753,100円は、50万円（当初申告税額153,000円と50万円とのいずれか多い額）を超えている。よって、５％の加重分の過少申告加算税が課される。
753,100円－500,000円＝253,100円（加重分の課税標準）
250,000円（１万円未満切捨て）×５％＝12,500円

③したがって、過少申告加算税は、
通常分75,000円＋加重分12,500円＝87,500円となる。

第９問 »» 正解：2,060,000円

解説

1 輸入者Ｍが契約をしたＴシャツの売買単価は輸出者の工場渡し価格で１枚当たり300円、輸入数量は6,000枚であるので、価格は300円×6,000枚＝1,800,000円となる。

2 今回のＴシャツの輸入に際し、ＭはＴシャツの生地をＸに有償で提供している。ここでＭがその生地を本邦の卸問屋Ｙから購入した金額は900,000円であり、Ｍがその生地をＸに販売した金額は800,000円であるので、Ｍの購入金額900,000円とＸへの販売金額800,000円との差額である100,000円（＝900,000円－800,000円）を値引きして提供した材料費として課税価格に加算する。さらに、この生地をＸに提供するための運賃は、Ｍが全額負担しているため50,000円すべてを課税価格に加算する。

3 Ｔシャツにプリントされる絵柄をＭが40,000円で購入し、Ｘに無償で提供しているが、この絵柄は**本邦で作成されている**ので課税価格には加算されない。

4 Ｘは、Ｔシャツの生産に際し、必要な品質検査を実施することになっているが、Ｘが実施していることと、この**検査の費用を買手が負担するといった記述がない**ため課税価格の決定に際しては考慮しない。

5 Ｍは、自社の社員をＴシャツの生産工程の視察のために派遣しているが、この**社員は視察のみ**を行い、Ｔシャツの**製造作業に従事してはいない**ので、この社員の渡航費及び滞在費130,000円は課税価格に加算されない。

6 Ｍが負担した、Ｘの工場から本邦の輸入港までの運送に係る運賃、保険料その他運送関連費用110,000円は輸入港までの運賃等に該当するため課税価格に加算する。

以上の前提から課税価格を計算すると、以下のとおりとなる。

1,800,000円＋100,000円＋50,000円＋110,000円＝2,060,000円

《出題年度》平成27年

計算問題（課税価格の計算）

次の取引内容に係る輸入貨物の課税価格を計算し、その額をマークしなさい。

1．本邦の輸入者M（買手）は、冷蔵野菜を輸入するため、A国の輸出者X（売手）との間で、当該冷蔵野菜に係る売買契約を締結した。

2．当該売買契約には、次の事項が規定されている。

イ　A国の工場渡し単価……………………………………………………40円／kg

ロ　売買契約数量………………………………………………………… 48,000kg

ハ　鮮度不良等による変質の割合が売買契約数量の3％以内であれば、値引きやクレームの対象とはならない旨

3．Mは、当該売買契約に基づき、Xから冷蔵野菜48,000kgを輸入し、その代金をXに支払う。

4．Mは、当該売買契約に基づき本邦に到着した当該冷蔵野菜について、その輸入（納税）申告に先立ち検査機関Yに検品を依頼したところ、鮮度不良により1,400kgが変質していることが判明した。

5．Mは、上記4の検品代としてYに80,000円を支払う。

6．Mは、当該冷蔵野菜の代金及び検品代に係る費用とは別に、当該冷蔵野菜の輸入に関し、次に掲げる費用を負担する。

イ　Xの工場からA国の輸出港までの運送に係る費用………………15,000円

ロ　A国の輸出港から輸入港までの運送に係る費用………………… 190,000円

ハ　輸入港における検疫に要する費用…………………………………17,000円

ニ　輸入港からMの倉庫までの運送に係る費用………………………25,000円

7．上記の者のいずれの間にも特殊関係はない。

日付・正解 Check	／		／		／	

計算問題（課税価格の計算）

計算式

難易度 ✈✈　出題頻度 🚢🚢🚢

次の取引内容に係る輸入貨物の課税価格を計算し、その額をマークしなさい。

1．本邦の輸入者Ｍ（買手）は、シャツを輸入するため、Ａ国の加工業者Ｘ（輸出者・売手）との間で、委託加工契約を締結した。

2．当該委託加工契約には、次の事項が規定されている。

イ　単価（加工賃）……………………………………………… 500円／枚

ロ　製造数量…………………………………………………… 800枚

ハ　引渡し条件………………………………………… Ｘの工場渡し価格

ニ　Ｍは、当該シャツを製造するための生地800メートルをＸに無償で提供する旨

ホ　Ｍは、当該シャツのデザインをＸに無償で提供し、当該デザインに基づきＸは当該シャツの製造を行う旨

3．Ｍは本邦の生地メーカーＺから800メートルの生地を売買単価300円／メートルで買付け、Ｘに無償で提供した。Ｚが当該生地の生産に要した費用は100円／メートルである。なお、当該生地のＭからＸへの提供に要する運賃50,000円については、Ｍが負担した。

4．Ｍはイタリア人デザイナーが本邦で開発したシャツのデザインを300,000円で購入し、電子メールでＸに送付した。

5．無償提供された生地を使用してＸがシャツを製造したところ、当初想定していた用尺よりも多くの生地が必要であったため750枚分のシャツしか製造ができなかった。そこで、Ｘは残り50枚分のシャツを製造するため、現地で生地50メートルを調達した。当該50メートル分の生地の代金20,000円（50メートル×400円／メートル）については、Ｍが負担した。

6．Ｍは、当該シャツのＡ国から本邦国内倉庫までの運送費用60,000円を負担したが、当該運送費用には輸入港到着後の運送に要する費用も含まれている。ただし、当該輸入港到着後の運送に要する費用の額は明らかではない。

7．上記の者のいずれの間にも特殊関係はない。

日付・正解 Check	／	／	／

第 10 問 »» 正解：2,125,000円

解説

1　**A国の工場渡し価格**：40円×48,000kg＝1,920,000円

2　**鮮度不良の場合の値引き額**：本邦到着後に検査して判明した鮮度不良による変質数量は1,400kgであるが、これは契約数量48,000kgの約2.91％（＝1,400kg÷48,000kg×100）であり、値引きやクレームの対象とはならない数量であるので、契約価格から値引きされることはない。

3　**検品代**：本邦到着後に行われた貨物の検査のための検品代は課税価格に加算する必要はない。

4　**輸入港に到着するまでの運送費用等**：輸入者が負担するXの工場からA国の輸出港までの運送に係る費用15,000円、A国の輸出港から輸入港までの運送に係る費用190,000円は課税価格に加算するが、輸入港における検疫に要する費用と輸入港からMの倉庫までの運送に係る費用は課税価格に加算しない。

以上の前提から課税価格を計算すると、以下のとおりとなる。

1,920,000円＋15,000円＋190,000円＝2,125,000円

第11問 »» 正解：770,000円

解説

1　輸入者Mは、加工業者Xの工場渡し価格（シャツの加工賃のみの価格）にて1枚当たり500円にて800枚のシャツを輸入する。したがって、800枚×500円＝400,000円となる。

2　輸入者Mが加工業者Xに無償提供した生地の費用は、提供した生地のすべてがシャツの生産に使用されているため、生地メーカーZからの輸入者Mが生地を取得した価格の総額を課税価格に加算する必要がある。したがって、800メートル×300円／メートル＝240,000円を課税価格に加算する。また、輸入者Mが生地を加工業者Xへ提供するために要した費用も輸入者Mが負担しているため運賃50,000円も課税価格に加算する必要がある。なお、輸入者Mと生地メーカーZとの間には特殊関係はないので、生地の生産に要した費用は課税価格の計算のうえで考慮する必要はない。

3　輸入者Mはシャツのデザインを300,000円で購入し、シャツの製造のために加工業者Xに無償で提供しているが、**このデザインは本邦で開発されたもの**であるため、デザインの購入費用は課税価格に加算しない。

4　シャツの製造のために生地を追加（シャツ50枚分）で輸入者Mが調達し、輸入されるシャツの製造にこの生地が使用されているので、追加で調達した生地の代金20,000円を課税価格に加算する必要がある。

5　輸入者Mが、シャツを輸入するためにA国から本邦の国内倉庫まで運送費用60,000円を負担しているので運送費用60,000円を課税価格に加算する。なお、運送費用60,000円には輸入港到着後の運送に要する費用も含まれているが、その額が明らかでないため輸入港到着後の運送に要する費用を控除せずに課税価格に加算する。

以上の前提から課税価格を計算すると、以下のとおりとなる。

400,000円＋240,000円＋50,000円＋20,000円＋60,000円＝770,000円

《出題年度》平成23年

問題 12 計算問題（課税価格の計算）

計算式

難易度	✈✈
出題頻度	🚢🚢🚢

次の取引内容に係る輸入貨物の課税価格を計算し、その額をマークしなさい。

1．輸入者Mは、電子機器30台を輸入するため、A国の卸売業者Xとの間で、CFR条件により売買単価15,000円で当該電子機器に係る売買契約を締結した。Xは、Mとの売買契約を履行するためB国の生産者Yと売買契約を締結し、Yから当該電子機器を工場渡し条件により売買単価10,000円で購入した。

2．Mは、C国の印刷会社Zからシール35枚（うち5枚は製造ロス分）を購入し、当該シールの代金14,000円をZに支払う。Mは、当該シールを無償でXに送付し、当該電子機器に貼付した上でMに引き渡すよう依頼する。Mは、当該シールの代金とは別に、Xへの当該シールの送付費用7,500円を負担する。なお、当該シールはXからYに送付され、その送付に要した費用はXが負担する。

3．Xは、当該電子機器をMに引き渡すに当たって運送の手配をYに依頼し、B国から本邦の輸入港までの運賃として60,000円を負担する。当該運賃は、MとXとの間の当該電子機器の売買単価に含まれているが、XとYとの間の売買単価には含まれていない。

4．今般、Mは、B国から運送された当該電子機器30台を輸入する。

5．Mは、Xとの売買契約に従い、当該電子機器の代金を支払う。

6．Mは、自己の判断で当該電子機器の船積み前にその外装及び数量を確認することとし、自社の社員をB国へ派遣する。Mは、当該社員の渡航費用40,000円を負担する。

7．Mは、当該電子機器の輸入港までの運送に関して保険を付し、保険料3,000円を負担する。

8．M、X、Y及びZの間には、それぞれ特殊関係はない。

日付・正解 Check	／		／		／	

問題 13

計算問題（課税価格の計算）

計算式

難易度	✈✈
出題頻度	🚢🚢🚢

次の取引内容に係る輸入貨物の課税価格を計算し、その額をマークしなさい。

1. 輸入者M（買手）は、鞄300個を輸入するため、A国の当該鞄の製造者X（売手）との間で売買契約を締結する。
2. 当該売買契約においては、次の事項が定められている。
   イ　単価（CIF価格）…………………………………………… 200米ドル／個
   ロ　輸入者Mは、デザインがプリントされた当該鞄の生地を無償で製造者Xに提供する旨
   ハ　当該契約の代金については、輸入者Mと製造者Xとの間で合意された外国為替相場「1米ドル＝110円」により本邦通貨に換算の上決済する旨
3. 輸入者Mは、本邦の生地生産工場Yから当該鞄の生地を500,000円で取得し、無償で製造者Xに提供する。なお、当該生地にプリントされたデザインは、本邦のデザイン会社Zが本邦において作成したものであり、輸入者Mはデザイン会社Zに対し、当該デザインに要した費用として150,000円を支払っている。
4. 輸入者Mは、当該生地を無償で提供するために要した運賃70,000円及び保険料20,000円を負担している。なお、A国における当該生地の輸入の通関手続に要した費用10,000円については製造者Xが負担している。
5. 輸入者Mが当該鞄を輸入申告する日における税関長が公示する外国為替相場は、「1米ドル＝100円」である。
6. 当該鞄に係る仕入書には、輸入者Mと製造者Xとの売買契約に基づく米ドル建ての代金が記載されているが、輸入者Mは当該売買契約に従い当該契約の代金を本邦通貨に換算のうえ製造者Xに支払う。
7. 製造者Xは、輸入者Mから提供を受けた生地を全て使用して当該契約に係る当該鞄を生産するものとする。また、当該鞄の輸出者は製造者Xである。
8. 輸入者M、製造者X、生産工場Y及びデザイン会社Zの間には、それぞれ特殊関係はない。

日付・正解 Check	／		／		／	

第12問 »» 正解：474,500円

解説

1　輸入者Mが、電子機器30台を輸入するため、A国の卸売業者Xと締結した売買契約は、CFR価格で450,000円（＝15,000円×30台）である。なお、Xが、Mとの売買契約を履行するためB国の生産者Yと締結した契約価格である工場渡し価格300,000円（＝10,000円×30台）は、Xの仕入れ価格であるので考慮する必要はない。

2　Mが、C国の印刷会社Zから購入したシール35枚の代金14,000円はXに無償で提供し輸入貨物に使用するため、**製造ロス分の５枚の費用も含めて課税価格に加算**する。さらに、Mは、そのシールの代金とは別に、Xへのシールの送付費用7,500円も負担しているため、この費用も課税価格に加算する。

3　Xが負担する電子機器をMに引き渡すまでのB国から本邦の輸入港までの運賃60,000円は、この費用をXが負担しており、MとXとの間の売買単価に含まれているため加算する必要はない。

4　Mが自己の判断で電子機器の船積み前に自社の社員を派遣して行った外装及び数量の確認に係る渡航費用40,000円は、**買手が自己のために行う活動に係る費用**であるので、課税価格に加算する必要はない。

5　Mが負担する電子機器の輸入港までの運送に係る保険料3,000円は課税価格に加算する。

以上の前提から課税価格を計算すると、以下のとおりとなる。

450,000円＋14,000円＋7,500円＋3,000円＝474,500円

第13問 »» 正解：7,340,000円

解説

1 輸入者Mが、鞄300個を輸入するため、A国の製造者X（売手）との間で締結した売買契約は、CIF価格で60,000米ドル（＝200米ドル×300個）である。なお、売買契約により、輸入者Mと製造者Xとの間で、契約代金については、輸入者Mと製造者Xとの間で合意された外国為替相場「1米ドル＝110円」により本邦通貨に換算のうえ決済するとあるので、**輸入者Mから製造者Xへの代金支払は本邦通貨、つまり、円貨により行われている**ことが分かる。このような場合には、実際に支払われた本邦通貨による価格に基づいて課税価格を計算することになるので、鞄を輸入申告する日における税関長が公示する外国為替相場「1米ドル＝100円」ではなく、合意された外国為替相場「1米ドル＝110円」で円に換算する。したがって、60,000米ドル×110円＝6,600,000円となる。

2 輸入者Mが製造者Xに無償提供した生地の費用は、提供した生地のすべてが鞄の生産に使用されているため、生地生産工場Yからの輸入者Mの生地の取得価格500,000円を課税価格に加算する。また、輸入者Mが生地の費用とは別に負担している生地にプリントされたデザインの費用150,000円は、**デザイン会社Zが本邦において作成したものであるが、鞄のデザインの費用ではなく、無償提供した生地のデザインの費用**なので、150,000円を課税価格に加算する。

3 輸入者Mが生地を無償で提供するために要した運賃70,000円及び保険料20,000円は課税価格に加算する。なお、A国における生地の輸入の通関手続に要した費用10,000円については製造者Xが負担しているため、課税価格に加算しない。

以上の前提から課税価格を計算すると、以下のとおりとなる。

6,600,000円＋500,000円＋150,000円＋70,000円＋20,000円＝7,340,000円

計算問題（課税価格の計算）

次の取引内容に係る輸入貨物の課税価格を計算し、その額をマークしなさい。

1．本邦の輸入者Ｍ（買手）は、Ａ国の輸出者Ｘ（売手）との間において、衣類に係る売買契約を締結し、当該売買契約により当該衣類を輸入する。

2．ＭとＸとの間の当該売買契約には、次の事項が規定されている。

イ　単価（CFR 価格）……………………………… 1,200円／枚

ロ　契約数量 …………………………………………… 5,000枚

ハ　売買契約の時期に応じて、次の表のとおり値引きが与えられる旨

売買契約月	値引き率	値引き後の単価
1月～3月	10%	1,080 円／枚
4月～9月	5%	1,140 円／枚
10月～12月	8%	1,104 円／枚

3．当該売買契約は２月に締結され、当該衣類5,000枚は３月にＡ国のＸの工場から本邦のＭに向けて発送されたが、Ａ国内での運送が遅延した影響により、４月に輸入港に到着し、同月に輸入申告を行う。

4．当該衣類の製造には、特殊な作業が必要とされている。Ｍは、当該特殊な作業に係る技術を有する本邦のＺに作業員の派遣を委託し、ＺからＸの工場に派遣された当該作業員が当該衣類の製造に関する当該特殊な作業に従事する。Ｍは、Ｚに対し、当該特殊な作業の対価として450,000円、当該作業員の渡航費用として200,000円、当該作業員の滞在費用として150,000円を支払う。

5．当該衣類のＡ国のＸの工場から輸入港までの運送に際して必要となる乾燥剤について、Ｍは、Ａ国のＹから当該乾燥剤を38,000円で調達し、Ｘに無償で提供する。また、Ｍは、当該乾燥剤について、そのＡ国内の調達先からＸの工場までの運送に要する運賃として6,000円を負担する。

6．Ｍは、当該衣類について、そのＡ国のＸの工場から輸入港までの運送に要する保険料8,000円を保険会社に支払う。また、Ｍは、自己のために行う当該衣類の販売促進活動に係る費用として67,000円を負担する。

7．Ｍ、Ｘ、Ｚ及びＹのいずれの間においても特殊関係はない。

日付・正解 Check	／	／	／

問題 **15**

計算問題（課税価格の計算）

計算式

難易度	✈✈
出題頻度	🚢🚢🚢

次の取引内容に係る輸入貨物の課税価格を計算し、その額をマークしなさい。

1．本邦の輸入者M（買手）は、コピー機120台を輸入するため、A国の輸出者X（売手）との間で、当該コピー機に係る延払条件付の売買契約を締結した。

2．当該売買契約には、次の事項が規定されている。

イ　A国の工場渡単価……………………………………………………70,000円／台

ロ　数量値引きとして51台から100台までは5％を、101台から120台までは10％を1台当たりの工場渡単価から差し引く旨

ハ　コピー機の代金に係る支払期日を経過した場合には延払金利が発生する旨

3．Mは、本件売買に係る仲介手数料として、A国所在の仲介者Bに対し、350,000円を別途支払った。

4．Mは、当該コピー機が国内販売のための規格に合致しているかどうかを確認するため、自社の技術者をA国に派遣し、当該コピー機の引き渡しを受けた後、自社のための検査を行った。当該派遣及び検査に要した費用は100,000円であった。

5．Mは、当該コピー機が輸入港に到着するまでの運送に係る費用200,000円、保険料50,000円を運送会社及び保険会社に対してそれぞれ支払った。ただし、当該保険料については、当該コピー機に損害がなかったため、特約に基づき20,000円が払い戻されることとなっている。

6．Mは、延払金利として180,000円をコピー機の代金とは別にXに支払った。

7．上記の者のいずれの間にも特殊関係はない。

日付・正解 Check	／		／		／	

第14問 »» 正解：6,252,000円

解説

1 売買契約の時期に応じた値引表より、２月に売買契約が締結されているため、１月～３月に契約された場合の単価である1,080円／枚を使用してCFR価格を計算する。CFR価格は1,080円×5,000枚＝5,400,000円である。

2 輸入者Ｍが本邦のＺに支払う作業員の派遣を委託した費用は、派遣した作業員が輸入貨物の製造作業に従事しているため現実支払価格に加算する必要がある。したがって、作業の対価450,000円、作業員の渡航費用200,000円、作業員の滞在費用150,000円を現実支払価格に加算する必要がある。

3 輸入者Ｍが輸出者Ｘに無償提供した乾燥剤については、輸入貨物を本邦に運送するために必要な費用に該当するため運送に関連する費用として現実支払価格に加算する必要がある。したがって、輸入者Ｍが負担している乾燥剤の調達費用38,000円とＸの工場までの運賃6,000円を現実支払価格に加算する必要がある。

4 輸入者Ｍが支払う輸入港までの運送に要する保険料8,000円は、輸入貨物が本邦に到着するまでの費用に該当するため現実支払価格に加算する必要があるが、輸入者Ｍが自己のために行う輸入貨物の販売促進活動に係る費用67,000円は輸入貨物を輸入するために必要な費用には該当しないため現実支払価格に加算する必要はない。

以上の前提から課税価格を計算すると、以下のとおりとなる。

5,400,000円＋450,000円＋200,000円＋150,000円＋38,000円＋6,000円＋8,000円
＝6,252,000円

第15問 »» 正解：8,665,000円

解説

1 輸入者Mは、輸出者Xから工場渡単価にてコピー機120台を輸入する。その工場渡単価は70,000円／台であるが、数量値引きがあり、51台から100台までは5％引き、100台から120台までは10％引きとなるので、これを踏まえて計算していく。したがって、（50台×70,000円）＋（50台×70,000円×95％）＋（20台×70,000円×90％）＝8,085,000円となる。

2 輸入者Mが仲介者Bに支払った仲介手数料350,000円は、輸入貨物の売買に係る手数料であるので課税価格に加算する必要がある。

3 輸入者Mが自己のため行う検査費用は課税価格に加算する必要はない。なお、輸入されるコピー機が国内販売のための規格に合致しているかどうかを確認するため、自社の技術者をA国に派遣し、その**コピー機の引き渡しを受けた後、自社のために行った検査**は、**買手が自己のために行う検査に該当**する。したがって、検査費用100,000円は課税価格に加算する必要はない。

4 輸入者Mが支払う輸入貨物が輸入港に到着するまでの運送に係る費用200,000円と、保険料50,000円は課税価格に加算する。なお、保険料については、輸入されるコピー機に損害がなかったため、特約に基づき20,000円が払い戻されるので、保険料から20,000円を控除することができる。

5 延払金利は課税価格に加算する必要はない。

以上の前提から課税価格を計算すると、以下のとおりとなる。

8,085,000円＋350,000円＋200,000円＋50,000円－20,000円＝8,665,000円

《出題年度》平成30年

問題16 計算問題（課税価格の計算）

次の取引内容によりMが輸入するバッグ3,000個の課税価格を計算し、その額をマークしなさい。なお、下記の各費用のうち、その一部が当該バッグ3,000個に係るものであって、当該一部の額が当該課税価格に含まれるべきものである場合には、当該費用の額を数量により按分して、当該バッグ3,000個に係る費用の額を算出して当該課税価格に含めるものとする。

1．本邦の輸入者M（買手）は、バッグを輸入するため、A国の輸出者であり、当該バッグの製造者であるX（売手）との間で、当該バッグに係る売買契約を締結した。
2．当該売買契約には、次の事項が規定されている。
　イ　単価（EXW価格）……………………………………………… 2,000円／個
　ロ　一契約当たりの購入数量に応じて、次の表のとおり値引きが与えられる旨

購入（契約）数量	値引き率	単価
1個～2,000個の場合	なし	2,000円／個
2,001個～5,000個の場合	5％	1,900円／個
5,001個以上の場合	10%	1,800円／個

　ハ　購入（契約）数量 ……………………………………………… 9,000個
　ニ　Xは、当該売買契約に係るバッグを3回に分けてM宛てに発送する旨
　ホ　Mは、バッグのデザインをXに無償で提供する旨
3．Mは、B国籍のデザイナーYが本邦において作成したデザイン1点をYから90,000円で購入し、EメールによりXに無償で提供した。なお、当該デザインは、当該売買契約に係るすべてのバッグの生産のために使用されるものである。
4．Mは、当該売買契約に基づき、バッグ3,000個を輸入する。この輸入に関して、Mは、値引き後の単価に基づく貨物代金を支払うとともに、当該貨物代金とは別に、次の費用を負担した。
　イ　当該バッグがA国のX工場から本邦の輸入港に到着するまでの運送に要する運賃 …………………………………………………… 120,000円
　ロ　当該バッグをA国から輸出する際の通関手続に要した費用 ……… 9,000円
　ハ　輸入港における当該バッグの船卸しに要した費用 ………………… 15,000円
5．M、X及びYとの間には、それぞれ特殊関係はない。

日付・正解 Check	／		／		／	

問題 17 計算問題（課税価格の計算）

計算式

難易度 ✈✈

出題頻度 🚢🚢

次の情報に基づき、輸入者Ｍが輸入するサングラス400個について、関税定率法第４条の２に規定する同種又は類似の貨物に係る取引価格による課税価格の決定方法により課税価格を計算し、その額をマークしなさい。

1．本邦の輸入者Ｍは、Ａ国の生産者Ｘから無償でサングラス400個を輸入する。

2．上記１のサングラスと同種又は類似の輸入貨物に係る取引価格について、次に掲げるものが確認されている。これらはいずれも当該サングラスの本邦への輸出の日に近接する日に貨物が本邦へ輸出されており、かつ、関税定率法第４条第１項の規定を適用して課税価格が計算された事例であり、単価については取引数量により変わらないものであり、いずれも工場渡し条件（EXW）の価格である。

イ　ＭがＸから類似の貨物400個を輸入した時の当該貨物の取引価格 …… 18,000円／個

ロ　ＭがＡ国の生産者Ｙから類似の貨物400個を輸入した時の当該貨物の取引価格 …… 14,000円／個

ハ　輸入者ＮがＡ国の生産者Ｚから同種の貨物400個を輸入した時の当該貨物の取引価格 …… 20,000円／個

ニ　輸入者ＬがＸから同種の貨物400個を輸入した時の当該貨物の取引価格 …… 17,000円／個

ホ　輸入者ＮがＸから同種の貨物400個を輸入した時の当該貨物の取引価格 …… 15,000円／個

3．Ｍは、当該サングラスのＡ国のＸの工場から本邦の倉庫までの運送費用150,000円を負担するが、当該運送費用には、当該サングラスの輸入港到着後の国内運送に要する費用も含まれている。ただし、当該輸入港到着後の国内運送に要する費用の額は明らかではない。

4 当該サングラスに係る輸入取引と当該同種又は類似の輸入貨物に係る輸入取引との間における差異は、これらの貨物の価格に影響を及ぼしていない。

日付・正解 Check	／	／	／

第16問 »» 正解：5,529,000円

解説

1　**数量値引き後のEXW価格**：1,800円／個×3,000個＝5,400,000円

※一契約の購入数量は9,000個であるため10％の数量値引きが適用され、1個当たりの単価は1,800円となるが、3回に分けて輸入されるため、今回輸入する数量の3,000個にて計算する。

2　**無償提供したバッグのデザインの購入費用**：バッグのデザインを買手が購入し、売手に無償で提供しているが、このデザインは本邦において作成されているので、課税価格に加算しない。

3　**貨物代金以外に負担する費用**：バッグ3,000個を本邦の輸入港まで運送するために要した運賃120,000円と、バッグをA国から輸出する際の通関手続に要した費用9,000円は課税価格に加算されるが、輸入港においてバッグの船卸しに要した費用は課税価格に加算しない。

以上の前提から課税価格を計算すると、以下のとおりとなる。

5,400,000円＋120,000円＋9,000円＝5,529,000円

第17問 »» 正解：6,150,000円

解説

1 同種又は類似の貨物に係る取引価格による課税価格の決定方法により課税価格を計算する場合において、同種貨物の取引価格と類似貨物の取引価格の双方がある場合には、同種貨物の取引価格が優先するため、問題文2のハ（20,000円／個）、ニ（17,000円／個）、ホ（15,000円／個）の価格が優先する。次に同一の生産者Xが製造したものの取引価格が優先するので、ニ及びホの取引価格が優先する。最後に同一条件の同種貨物の取引価格が複数あるため、単価ごとの取引価格が最小の単価であるホの15,000円により課税価格を計算する。したがって、取引価格（EXW価格）は15,000円×400個＝6,000,000円となる

2 上記1で決定した輸入貨物の取引価格はEXW価格であるため、輸入者Mが負担した輸入港までの運送費用150,000円を加算する必要がある。なお、運送費用の150,000円には輸入港到着後の国内運送に要する費用も含まれているが、国内運送に要する費用の額は明らかではないため控除することができない。

以上の前提から課税価格を計算すると、以下のとおりとなる。

6,000,000円＋150,000円＝6,150,000円

問題 **18**

計算問題（課税価格の計算）

計算式

難易度 ✈✈

出題頻度 ⛴⛴

次の情報に基づき、輸入者Mが輸入する機器300台について、関税定率法第４条の３第１項第１号に規定する国内販売価格に基づく課税価格の決定方法により課税価格を計算し、その額をマークしなさい。

1. 輸入者Mは、A国の輸出者Xとの委託販売契約に基づき、A国で生産された機器300台を輸入する。
2. 輸入者Mが輸入する機器300台（以下「輸入貨物」という。）の課税物件確定の時の属する日に近接する期間内に、当該輸入貨物と同種の貨物であってA国で生産されたものの輸入者が、自己と特殊関係にある者へ当該同種の貨物を国内販売した状況は次のとおりである。

単価	単価ごとの総販売数量
12,000円	200台
17,000円	300台

3. 輸入貨物の課税物件確定の時の属する日に近接する期間内に、当該輸入貨物と類似の貨物であってA国で生産されたものの輸入者が、自己と特殊関係にない者へ当該類似の貨物を国内販売した状況は次のとおりである。

単価	単価ごとの総販売数量
15,000円	150台
20,000円	250台

4. 輸入者Mは、A国における輸入貨物の保管に要する費用として120,000円を負担している。
5. 輸入者Mは、輸入貨物が輸入港に到着するまでの運送に要する運賃として150,000円を負担している。
6. 輸入貨物と同類の貨物で輸入されたものの国内販売に係る通常の利潤及び一般経費は、3,000円／台である。
7. 輸入貨物と同種又は類似の貨物であってA国で生産されたものに係る輸入港到着後国内において販売するまでの運送に要する通常の運賃、保険料その他当該運送に関連する費用は、1,500円／台である。
8. 輸入貨物と同類又は類似の貨物であってA国で生産されたものに係る本邦において課された関税その他の公課は、600円／台である。

日付・正解 Check	／		／		／	

問題19 計算問題（課税価格の計算）

計算式

難易度 ✈✈
出題頻度 🚢🚢

次の取引内容に係る輸入貨物の課税価格を、関税定率法第4条の3第1項の規定により、当該輸入貨物と同種の貨物に係る国内販売価格に基づき計算し、その額をマークしなさい。なお、1円未満の端数がある場合は、これを切り捨てた額とする。

1. 本邦の輸入者Mは、A国の生産者である輸出者Xとの間において、電子機器（以下「輸入貨物」という。）125個を輸入する。
2. 輸入貨物の課税物件確定の時における性質及び形状により、輸入貨物の課税物件確定の時の属する日又はこれに近接する期間内に、国内における売手と特殊関係のない買手に対する輸入貨物と同種の貨物（A国で生産されたもの）（以下「同種の貨物」という。）に係る国内販売が3件あり、当該国内販売3件に係るその単価及び当該単価ごとの販売に係る数量は次のとおりとする。

	単価	単価ごとの販売に係る数量
国内販売①	27,680円	250個
国内販売②	32,300円	200個
国内販売③	40,000円	150個

3. 上記2の国内販売3件の同種の貨物に係るA国のXの工場から輸入港までの運送に要する通常の運賃、保険料その他当該運送に関連する費用の額はいずれも300,000円とする。
4. 上記2の国内販売3件の同種の貨物に係る輸入港到着後に国内において販売するまでの運送に要する通常の運賃、保険料その他当該運送に関連する費用の額は、いずれも120,000円とする。
5. 輸入貨物と同類の貨物（同一の産業部門において生産された輸入貨物と同一の範疇に属する貨物）で輸入されたものの国内における販売に係る通常の手数料又は利潤及び一般経費の額（輸入港到着後に国内において販売するま

での運送に要する通常の運賃、保険料その他当該運送に関連する費用の額は含まないもの）は、１個当たり3,200円とする。

6．上記２の国内販売３件の同種の貨物に係る本邦において課された関税及び消費税（地方消費税を含む。）は、以下のとおりとする。

	関税	消費税（地方消費税を含む。）
国内販売①	180,000円	618,000円
国内販売②	171,000円	587,100円
国内販売③	162,000円	556,200円

日付・正解 Check	／	／	／

第18問 »» 正解：4,470,000円

解説

1　関税定率法第４条の３第１項第１号に規定する国内販売価格に基づく課税価格の決定方法により機器300台の課税価格を計算する。

2　問題文記２と３に、輸入貨物と同種又は類似の貨物の国内販売価格が掲載されているが、問題文記２にある輸入貨物と同種の貨物の国内販売価格は、**自己と特殊関係にある者へ販売した価格であるので、国内販売価格に基づく課税価格の決定に使用することはできない**。問題文記３にある輸入貨物と類似の貨物の国内販売価格は、その輸入貨物の課税物件確定の時の属する日に近接する期間内に販売された価格であり、Ａ国で生産され自己と特殊関係にない者への販売価格であるので、使用することができる。そこで問題文記３の表を見ると、類似の貨物の国内販売価格が複数あるので、**販売数量の多い250台の価格である20,000円を使用して課税価格を計算する**。したがって、輸入貨物の課税価格は6,000,000円（＝20,000円×300台）となる。

3　輸入者Ｍが負担しているＡ国における輸入貨物の保管費用は、国内販売価格に基づく課税価格の決定方法により課税価格を決定するので考慮しない。

4　輸入者Ｍが負担している輸入貨物が輸入港に到着するまでの運送に要する運賃は、国内販売価格に基づく課税価格の決定方法により課税価格を決定するので考慮しない。

5　輸入貨物と同類の貨物で輸入されたものの国内販売に係る通常の利潤及び一般経費900,000円（＝3,000円×300台）は課税価格から控除する。

6　輸入貨物と類似の貨物であってＡ国で生産されたものに係る輸入港到着後国内において販売するまでの運送に要する通常の運賃、保険料その他運送に関連する費用450,000円（＝1,500円×300台）は課税価格から控除する。

7　輸入貨物と類似の貨物であってＡ国で生産されたものに係る本邦において課された関税その他の公課180,000円（＝600円×300台）は課税価格から控除する。

以上の前提から課税価格を計算すると、以下のとおりとなる。

6,000,000円－900,000円－450,000円－180,000円＝4,470,000円

第19問 »» 正解：2,601,000円

解説

1　同一条件の国内販売単価が複数あるため、単価ごとの**販売に係る数量が最大（250個）の単価**である27,680円により課税価格を計算する。したがって、国内販売価格は27,680円×125個＝3,460,000円となる。

2　同種の貨物に係るA国のXの工場から輸入港までの運送に要する通常の運賃、保険料その他運送に関連する費用の額300,000円は、**輸入貨物が本邦に到着するまでの費用**であるから国内販売価格から控除することはできない。

3　輸入港到着後に国内において販売するまでの運送に要する通常の運賃、保険料その他運送に関連する費用の額120,000円は、**輸入貨物が本邦に到着した後の費用**であるから国内販売価格から控除する必要がある。ただし、輸入貨物の数量が125個であるのに対して、国内販売①の販売数量は250個であるから、**費用の額の調整が必要**となり、120,000円×125個÷250個＝60,000円を国内販売価格から控除する。

4　輸入貨物と同類の貨物で輸入されたものの国内における販売に係る通常の手数料又は利潤及び一般経費の額（1個当たり3,200円）は、**輸入貨物が本邦に到着した後の手数料等**であるから国内販売価格から控除する必要がある。したがって、400,000円（＝3,200円×125個）を国内販売価格から控除する。

5　同種の貨物に係る本邦において課された関税と消費税は、輸入貨物が**本邦に到着した後の税金**であるから国内販売価格から控除する必要がある。なお、関税と消費税の額も上記3の運送等の費用と同様に250個に対する額となっていることから、**費用の額の調整が必要**となる。したがって、関税額90,000円（＝180,000円÷250個×125個）、消費税等309,000円（＝618,000円÷250個×125個）を国内販売価格から控除する。

以上の前提から課税価格を計算すると、以下のとおりとなる。

3,460,000円－60,000円－400,000円－90,000円－309,000円＝2,601,000円

問題1 所属類の決定

次表の右欄に掲げる三つの物品のうち、同表の左欄に掲げる関税率表の類に含まれないものの正しい組合せはどれか。一つを選び、その番号をマークしなさい。なお、正しい組合せがない場合には、「0」をマークしなさい。

	関税率表の類	物品
A	第7類（食用の野菜、根及び塊茎）	a 塩水漬けのオリーブ b 生鮮のアボカド c 乾燥きのこ
B	第11類（穀粉、加工穀物、麦芽、でん粉、イヌリン及び小麦グルテン）	a バナナの粉 b ばれいしょの粉 c 大豆の粉
C	第29類（有機化学品）	a メチルアルコール b ビタミンA c エチルアルコール （注）いずれも化学的に単一なもの
D	第31類（肥料）	a 硝酸アンモニウム b 石灰 c 尿素
E	第90類（光学機器、写真用機器、映画用機器、測定機器、検査機器、精密機器及び医療用機器並びにこれらの部分品及び附属品）	a ものさし b レーダー c 電子顕微鏡

1．A－a　B－a　C－c　D－a　E－a
2．A－b　B－c　C－c　D－b　E－b
3．A－b　B－b　C－c　D－c　E－c
4．A－b　B－c　C－a　D－b　E－b
5．A－c　B－c　C－a　D－b　E－b

日付・正解 Check	／	／	／

第1問 »» 正解：2

解説

1　AからEまでの表の右欄の三つの物品を分類すると、次のとおりになる。

	物　品	所属分類
A	a 塩水漬けのオリーブ b 生鮮のアボカド c 乾燥きのこ	第07.11項 第08.04項 第07.12項
B	a バナナの粉 b ばれいしょの粉 c 大豆の粉	第11.06項 第11.05項 第12.08項
C	a メチルアルコール b ビタミンA c エチルアルコール （注）いずれも化学的に単一なもの	第29.05項 第29.36項 第22.07項
D	a 硝酸アンモニウム b 石灰 c 尿素	第31.02項 第25.22項 第31.02項
E	a ものさし b レーダー c 電子顕微鏡	第90.17項 第85.26項 第90.12項

2　AからEまでの表の左欄の関税率表の類に含まれないものは、次のとおりになる。

A　**b 生鮮のアボカド：**本品は「**食用の果実**」として第8類に分類され、第08.04項の規定により同項に分類される

B　**c 大豆の粉：**本品は「**採油用の種の粉**」として第12類に分類され、第12.08項の規定により同項に分類される。

C　**c エチルアルコール（化学的に単一なもの）：**本品は「**アルコール**」として第22類に分類され、第22.07項の規定により同項に分類される（第29類注2（b））。

D　**b 石灰：**本品は「**鉱物性生産品**」として第25類に分類され、第25.22項の規定により同項に分類される。

E　**b レーダー：**本品は「**電気機器等**」として第85類に分類され、第85.26項の規定により同項に分類される。

したがって、左欄の関税率表の類に含まれない物品の正しい組合せは「A－b、B－c、C－c、D－b、E－b」になり、解答は2となる。

問題 2 所属類の決定

商品分類

下表の右欄に掲げるaからcまでの三つの物品のうち、下表の左欄に掲げるイからホまでの関税率表の類に含まれないものの正しい組合せはどれか。一つを選び、その番号をマークしなさい。なお、正しい組合せがない場合には、「0」をマークしなさい。

	関税率表の類	物品
イ	第3類　魚並びに甲殻類、軟体動物及びその他の水棲無脊椎動物	a 冷凍のえび（加熱していないもの） b キャビア c 冷凍のえび（蒸気による調理をしたもの）
ロ	第15類　動物性、植物性又は微生物性の油脂及びその分解生産物、調製食用脂並びに動物性又は植物性のろう	a エクストラバージンオリーブ油 b カカオ脂 c グリセリン（粗のもの）
ハ	第28類　無機化学品及び貴金属、希土類金属、放射性元素又は同位元素の無機又は有機の化合物	a ダイヤモンド b 液体空気 c 純水
ニ	第40類　ゴム及びその製品	a 乗用自動車のゴムタイヤ b ゴム製の長靴 c ゴム製の外科用手袋
ホ	第96類　雑品	a プラスチック製のカフスボタン b スマートフォン用の自撮り棒 c 櫛（くし）

1. イ－a、　ロ－a、　ハ－b、　ニ－b、　ホ－b
2. イ－b、　ロ－b、　ハ－a、　ニ－b、　ホ－a
3. イ－b、　ロ－c、　ハ－a、　ニ－c、　ホ－a
4. イ－c、　ロ－b、　ハ－c、　ニ－c、　ホ－c
5. イ－c、　ロ－c、　ハ－c、　ニ－a、　ホ－a

日付・正解 Check	／		／		／	

第2問 »» 正解：2

解説

1　イからホまでの表の右欄の三つの物品を分類すると、次のとおりになる。

	物　品	所属分類
イ	a 冷凍のえび（加熱していないもの） b キャビア c 冷凍のえび（蒸気による調理をしたもの）	第03.06項 第16.04項 第03.06項
ロ	a エクストラバージンオリーブ油 b カカオ脂 c グリセリン（粗のもの）	第15.09項 第18.04項 第15.20項
ハ	a ダイヤモンド b 液体空気 c 純水	第71.02項 第28.53項 第28.53項
ニ	a 乗用自動車のゴムタイヤ b ゴム製の長靴 c ゴム製の外科用手袋	第40.11項 第64.01項、第64.02項 第40.15項
ホ	a プラスチック製のカフスボタン b スマートフォン用の自撮り棒 c 櫛（くし）	第71.17項 第96.20項 第96.15項

2　イからホまでの表の左欄の関税率表の類に含まれないものは、次のとおりになる。

イ　**b キャビア：**本品は「**魚の調製品**」として第16類に分類され、第16.04項の規定により同項に分類される（第3類注1（d））。

ロ　**b カカオ脂：**本品は「**カカオ脂**」として第18類に分類され、第18.04項の規定により同項に分類される。

ハ　**a ダイヤモンド：**本品は「**天然の貴石**」として第71類に分類され、第71.02項の規定により同項に分類される。

ニ　**b ゴム製の長靴：**本品は「**履物**」として第64類に分類され、防水性のゴム長靴は第64.01項、その他の場合は第64.02項に、それぞれの項の規定により分類される（第40類注2（b））。

ホ　**a プラスチック製のカフスボタン：**本品は「**身辺用模造細貨類**」として第71類に分類され、第71.17項の規定により同項に分類される。

したがって、左欄の関税率表の類に含まれない物品の正しい組合せは「イ－b、ロ－b、ハ－a、ニ－b、ホ－a」になり、解答は2となる。

問題 3

所属類の決定

下表の右欄に掲げる三つの物品のうち、下表の左欄に掲げる関税率表の類に含まれないものの正しい組合せはどれか。一つを選び、その番号をマークしなさい。なお、正しい組合せがない場合には、「0」をマークしなさい。

	関税率表の類	物品
A	第2類（肉及び食用のくず肉）	a 牛の舌（食用に適した冷凍のもの） b 牛の胃（食用に適した冷凍のもの） c 牛の肝臓（食用に適した冷凍のもの）
B	第7類 （食用の野菜、根及び塊茎）	a トマト（生鮮のもの） b すいか（生鮮のもの） c きゅうり（生鮮のもの）
C	第9類（コーヒー、茶、マテ及び香辛料）	a にんにく（生鮮のもの） b しょうが（生鮮のもの） c 月けい樹の葉（乾燥したもの）
D	第33類（精油、レジノイド、調製香料及び化粧品類）	a シャンプー b デンタルフロス c 固形せっけん
E	第48類　紙及び板紙並びに製紙用パルプ、紙又は板紙の製品	a カーボン紙 b トイレットペーパー c 古紙

1. A－a　B－b　C－c　D－a　E－a
2. A－b　B－c　C－a　D－c　E－b
3. A－c　B－c　C－b　D－a　E－b
4. A－b　B－b　C－a　D－c　E－c
5. A－a　B－a　C－b　D－b　E－c

日付・正解 Check	／	／	／

第3問 »» 正解：4

解説

1　AからEまでの表の右欄の三つの物品を分類すると、次のとおりになる。

	物　品	所属分類
A	a 牛の舌（食用に適した冷凍のもの） b 牛の胃（食用に適した冷凍のもの） c 牛の肝臓（食用に適した冷凍のもの）	第02.06項 第05.04項 第02.06項
B	a トマト（生鮮のもの） b すいか（生鮮のもの） c きゅうり（生鮮のもの）	第07.02項 第08.07項 第07.07項
C	a にんにく（生鮮のもの） b しょうが（生鮮のもの） c 月けい樹の葉（乾燥したもの）	第07.03項 第09.10項 第09.10項
D	a シャンプー b デンタルフロス c 固形せっけん	第33.05項 第33.06項 第34.01項
E	a カーボン紙 b トイレットペーパー c 古紙	第48.09項 又 は 第48.16項 第48.18項 第47.07項

2　AからEまでの表の左欄の関税率表に含まれないものは、次のとおりとなる。

A　**b　牛の胃（食用に適した冷凍のもの）**：本品は「**動物性生産品**」として第5類に分類され、第05.04項の規定により同項に分類される（第2類注1（c））。

B　**b　すいか（生鮮のもの）**：本品は「**食用の果実**」として第8類に分類され、第08.07項の規定により同項に分類される。

C　**a　にんにく（生鮮のもの）**：本品は「**食用の根**」として第7類に分類され、第07.03項の規定により同項に分類される。

D　**c　固形せっけん**：本品は「**せっけん**」として第34類に分類され、第34.01項の規定により同項に分類される。

E　**c　古紙**：本品は「**古紙**」として第47類に分類され、第47.07項の規定により同項に分類される。

したがって、左欄の関税率表の類に含まれない物品の正しい組合せは、「A－b、B－b、C－a、D－c、E－c」となり、解答は4となる。

《出題年度》平成25年、平成26年、令和3年他改題

問題4 所属類の決定

次の記述は、関税率表の所属の決定に関するものであるが、その記述の正しいものはどれか。すべてを選び、その番号をマークしなさい。

1. 第11部（紡織用繊維及びその製品）において「製品にしたもの」には、長方形（正方形を含む。）以外の形状に裁断した物品を含まない。
2. 第11部（紡織用繊維及びその製品）において、第50類から第55類まで、第58.09項又は第59.02項のいずれかに属するとみられる二以上の紡織用繊維から成る物品であって、当該物品を構成する紡織用繊維のうち最大の重量を占めるものがある場合には、当該物品を構成する紡織用繊維のうち最大の重量を占めるもののみから成る物品とみなしてその所属を決定する。
3. 第30類（医療用品）の類注において、治療用又は予防用に調製してない血液アルブミンは、第30類には含まないこととされている。
4. 武器用望遠照準器は、第93.05項の武器の部分品に分類する。
5. 第95.03項の玩具には、その意匠、形状又は構成材料から専ら動物用と認められるものを含まない。

日付・正解 Check	／	／	／

第4問 »» 正解：2、3、5

解説

1 **誤り**：第11部（紡織用繊維及びその製品）において「製品にしたもの」とは、**長方形（正方形を含む。）以外の形状に裁断した物品**をいうと規定されている。したがって、「長方形（正方形を含む。）以外の形状に裁断した物品を含まない」とする記述は誤りである（第11部注7（a））。

2 **正しい**：第11部（紡織用繊維及びその製品）において、第50類から第55類まで、第58.09項又は第59.02項のいずれかに属するとみられる二以上の紡織用繊維から成る物品であって、当該物品を構成する**紡織用繊維のうち最大の重量を占めるものがある場合**には、当該物品を**構成する紡織用繊維のうち最大の重量を占めるもののみから成る物品とみなしてその所属を決定**すると規定されている。したがって正しい記述である（第11部注2（A））。

3 **正しい**：第30類注1（h）において、**治療用又は予防用に調製してない血液アルブミン**は、第30類には含まないと規定されている。したがって正しい記述である（第30類注1（h））。

4 **誤り**：第93類の注に、武器用望遠照準器は、第93.05項の**武器の部分品に分類しない**と規定されている。したがって誤った記述である（第93類注1（d））。

5 **正しい**：第95類の注に、第95.03項の玩具には、その意匠、形状又は構成材料から専ら**動物用と認められるものを含まない**と規定されている。したがって正しい記述である（第95類注5）。

問題 5

所属類の決定

商品分類

次の記述は、関税率表の所属の決定に関するものであるが、その記述の正しいものはどれか。すべてを選び、その番号をマークしなさい。

1. 第2類の類注において、食用の生きていない昆虫類は、第2類には含まないこととされている。
2. 第30類の類注において、ニコチンを含有する禁煙補助用のチューインガムは、第30類には含まないこととされている。
3. 第31類の類注において、第31.02項（窒素肥料）には純粋な硝酸アンモニウムを含まないものとされている。
4. 第7類（食用の野菜、根及び塊茎）には、とうがらし属又はピメンタ属の果実を乾燥し、破砕し又は粉砕したものを含まない。
5. 第8類（食用の果実及びナット、かんきつ類の果皮並びにメロンの皮）に分類されるぶどうから得られた発酵していないぶどう搾汁は第8類に分類される。

日付・正解 Check

第５問 »» 正解：1、2、4

解説

1　**正しい**：第２類の類注に、食用の生きていない昆虫類は第２類には含まないと規定されている。なお、**食用の生きていない昆虫類は第４類**に含まれる。したがって正しい記述である（通関税定率法別表第２類注１（b））。

2　**正しい**：第30類の類注に、ニコチンを含有する禁煙補助用のチューインガムは第30類には含まないと規定されている。なお、**ニコチンを含有する禁煙補助用のチューインガムは第24類**に含まれる。したがって正しい記述である（関税定率法別表第30類注１（b））。

3　**誤り**：第31類の類注において、第31.02項（窒素肥料）には純粋な**硝酸アンモニウムを含む**と規定されている。したがって設問の記述は誤りである（第31類注２（a）（ii））。

4　**正しい**：第７類（食用の野菜、根及び塊茎）には、**とうがらし属又はピメンタ属の果実を乾燥し、破砕し又は粉砕したものを含まない**と規定されている。なお、とうがらし属又はピメンタ属の果実を乾燥し、破砕し又は粉砕したものは第９類に分類される。したがって正しい記述である（第７類注４）。

5　**誤り**：第８類（食用の果実及びナット、かんきつ類の果皮並びにメロンの皮）に分類されるぶどうから得られた発酵していない**ぶどう搾汁は第20.09項の規定より、果実のジュースとして第20.09項、つまり第20類に分類される**ことになる。したがって、「ぶどう搾汁は第８類に分類される」という記述は誤りである（第20.09項）。

問題 **6**

部又は類の注の規定

次の記述は、関税率表の部又は類の注の規定に関するものであるが、その記述の誤っているものはどれか。すべてを選び、その番号をマークしなさい。

1. 豚肉の含有量が全重量の25%の餃子は、第16類の類注の規定により、第16類の肉の調製食料品に分類されない。
2. 硝酸銀（試薬特級）は、貴金属である銀を含むので、第28類（無機化学品及び貴金属、希土類金属、放射性元素又は同位元素の無機又は有機の化合物）ではなく、第71類（天然又は養殖の真珠、貴石、半貴石、貴金属及び貴金属を張った金属並びにこれらの製品等）に分類される。
3. 有機界面活性剤は、化学的に単一かどうかを問わず、第34類（せっけん、有機界面活性剤、洗剤、調製潤滑剤、人造ろう等）に分類される。
4. 第56類（ウォッディング、フェルト、不織布及び特殊糸並びにひも、綱及びケーブル並びにこれらの製品）の類注において、金属のはくをフェルト又は不織布により裏張りしたものは、第56類には含まないこととされている。
5. 第22.02項において「アルコールを含有しない飲料」とは、アルコール分が0.5%以下の飲料をいう。

日付・正解 Check	／		／		／	

第６問 »» 正解：2、3

解説

1　**正しい**：第16類の注２の規定に、肉などの一以上を含有する調製食料品で、これらの物品の含有量の合計が**全重量の20%を超えるもの**は第16類に属する。ただし、第19.02項の詰物をした物品（パスタや餃子など）についてはこれを適用せず、第19類に分類すると規定されている。したがって正しい記述である（第16類注２）。

2　**誤り**：硝酸銀（試薬特級）は、貴金属である銀を含んでいるが、第71類ではなく、**第28類に分類される**。したがって設問の記述は誤りである（第28.43項）。

3　**誤り**：化学的に単一の有機界面活性剤は**第34類に分類されない**。したがって設問の記述は誤りである（第34類注１（b））。

4　**正しい**：第56類注１（e）において、**金属のはくをフェルト又は不織布により裏張りしたものは、第56類には含まない**と規定されている。したがって正しい記述である（第56類注１（e））。

5　**正しい**：第22類の類注にアルコールを含有しない飲料とは、**アルコール分が0.5%以下の飲料**をいうと規定されている。したがって正しい記述である（第22類注３）。

問題 7 部又は類の注の規定

商品分類

次の記述は、関税率表の部又は類の注に関するものであるが、その記述の正しいものはどれか。すべてを選び、その番号をマークしなさい。

1. 輸入貨物の関税率表の適用上の所属区分を決定する場合において、項の所属の優先順位は、類注の規定により決定されることはない。
2. フェルトにゴムを染み込ませたものであっても、フェルトの重量が全重量の50%を超えるものは、紡織用繊維及びその製品として関税率表第11部に分類される。
3. 竹でつくられた組物は、木製品として関税率表第44類に分類される。
4. 第96.19項（生理用のナプキン（パッド）及びタンポン、乳児用のおむつ及びおむつ中敷きその他これらに類する物品（材料を問わない。））には、使い捨ての外科用ドレープを含まない。
5. 関税率表において象、かば、せいうち、いつかく又はいのししのきば、さい角及びすべての動物の歯は、第5類の注の規定によりアイボリーとすることとされている。

日付・正解 Check	／ 	／  	／ 

第7問 »» 正解：2、4、5

解説

1 **誤り**：輸入貨物の関税率表の適用上の所属区分を決定する場合において、**項の所属の優先順位は、類注の規定により決定されることもある**。したがって、「項の所属の優先順位は、類注の規定により決定されることはない」という記述は誤りである。

2 **正しい**：第56類の表題には「フェルト」が掲げられている。第56類の類注に「フェルトにゴムを染み込ませたもので**紡織用繊維（フェルト）の重量が全重量の50%を超えるものである場合には、第56.02項の「フェルト」に分類**される」と規定されているので、第56類が属する「第11部　紡織用繊維及びその製品」に分類される。したがって正しい記述である（第56類注3（a））。

3 **誤り**：第44類は「木材及びその製品」で、第44類の類注に「**第46類の物品は除く**」と規定されている。「竹でつくられた組物」は、組物材料（竹等）からできた製品が分類される「第46類　組物材料の製品」に分類される。したがって誤った記述である（第44類注1（b））。

4 **正しい**：第96.19項（生理用のナプキン（パッド）及びタンポン、乳児用のおむつ及びおむつ中敷きその他これらに類する物品（材料を問わない。））には、**使い捨ての外科用ドレープを含まない**と規定されている。したがって正しい記述である（関税率表解説第96類96.19解説）。

5 **正しい**：第5類の類注に、関税率表において**象、かば、せいうち、いつかく又はいのししのきば、さい角及びすべての動物の歯は、アイボリーとする**と規定されている。したがって正しい記述である（第5類注3）。

問題 **8**

部又は類の注の規定

次の記述は、関税率表の部又は類の注の規定に関するものであるが、その記述の正しいものはどれか。すべてを選び、その番号をマークしなさい。

1．第８類の類注において、冷蔵した果実及びナットは、当該果実及びナットで、生鮮のものと同一の項に属するものとされている。

2．第20類の類注において、トマトジュースで含有物の乾燥重量が全重量の７％以上のものは、第20.02項に属するものとされている。

3．プリンターは、単独で提示される場合であっても、第84.71項（自動データ処理機械及びこれを構成するユニット等）に分類する。

4．ズボンが２点以上ある男子用のスーツのズボンについては、第61類の注の規定によりズボン１点を第61.03項におけるスーツの下半身用の構成部分とみなし、その他のズボンは、スーツの構成部分とはしないこととされている。

5．第97.06項に規定されるこつとうは、第97類の類注の規定により、製作後100年を超えたものに限られている。

日付・正解 Check	／ 	／ 	／

第8問 »» 正解：1、2、4

解説

1 **正しい**：第８類の類注において、**冷蔵した果実及びナットは**、**生鮮の果実及びナットと同一の項**に属すると規定されている。したがって正しい記述である（第８類注２）。

2 **正しい**：第20類の類注において、**トマトジュースで含有物の乾燥重量が全重量の７％以上**のものは、調製等をしたトマトとして**第20.02項**に属すると規定されている。したがって正しい記述である。なお、トマトジュースで含有物の乾燥重量が全重量の７％未満のものは、野菜のジュースとして第20.09項に属する（第20類注４）。

3 **誤り**：第84類の類注に「プリンターは、**単独で提示する場合**には、**第84.71項（自動データ処理機械及びこれを構成するユニット等）に含まない**」と規定されている。したがって、「単独で提示される場合であっても、第84.71項（自動データ処理機械及びこれを構成するユニット等）に分類する」とする記述は誤りである（第84類注６（D）（i））。

4 **正しい**：ズボンが２点以上ある男子用のスーツのズボンについては、第61類の類注の規定により**ズボン１点を第61.03項におけるスーツの下半身用の構成部分とみなし**、その他のズボンは、スーツの構成部分とはしないと規定されている。したがって正しい記述である（第61類注３（a））。

5 **誤り**：第97.06項に規定されるこつとうは、**製作後100年を超えたものに限られているが**、この規定は、第97類の類注の規定ではなく、**第97.06項の項の規定による**。したがって、「第97類の類注の規定により」という記述は誤りである。

問題 9 所属項の決定

次に掲げる物品のうち、関税率表第95.06項に属するものはどれか。以下の関税率表の規定の抜すいを参考にし、一つを選び、その番号をマークしなさい。なお、同項に属するものがない場合には、「0」をマークしなさい。

1. ゴルフ用の手袋（紡織用繊維編物製）
2. 野球用のグローブ（革製）
3. 剣道用の小手（紡織用繊維織物製）
4. スキー用の手袋（紡織用繊維織物で補強した多泡性ポリウレタンシート製）
5. 水中ダイビング用の手袋（ゴム加工した紡織用繊維織物製）

関税率表第42類注（抜すい）

4 第42.03項において衣類及び衣類附属品には、手袋、ミトン及びミット（運動用又は保護用のものを含む。）、エプロンその他の保護衣類、ズボンつり、ベルト、負い革並びに腕輪（時計用のものを除く。）を含む。

関税率表（抜すい）

第39.26項	その他のプラスチック製品及び第39.01項から第39.14項までの材料（プラスチックを除く。）から成る製品
第42.03項	衣類及び衣類附属品（革製又はコンポジションレザー製のものに限る。）
第61.16項	手袋、ミトン及びミット（メリヤス編み又はクロセ編みのものに限る。）
第62.16項	手袋、ミトン及びミット
第95.06項	身体トレーニング、体操、競技その他の運動（卓球を含む。）又は戸外遊戯に使用する物品（この類の他の項に該当するものを除く。）及び水泳用又は水遊び用のプール

日付・正解 Check	/	/	/

第9問 »» 正解：0

解説

1 **属さない：**ゴルフ用の手袋（紡織用繊維編物製）は第95.06項ではなく、**紡織用繊維の編物製の手袋**として第61.16項に属する。

2 **属さない：**野球用のグローブ（革製）は第95.06項ではなく、**革製の衣類附属品**として第42.03項に属する。

3 **属さない：**剣道用の小手（紡織用繊維織物製）は第95.06項ではなく、**紡織用繊維の織物製の手袋**として第62.16項に属する。

4 **属さない：**スキー用の手袋（紡織用繊維織物で補強した多泡性ポリウレタンシート製）は第95.06項ではなく、**その他のプラスチック製品**として第39.26項に属する。

5 **属さない：**水中ダイビング用の手袋（ゴム加工した紡織用繊維織物製）は第95.06項ではなく、**紡織用繊維の織物製の手袋**として第62.16項に属する。

問題 **10**

所属項の決定

次の記述は、物品の品目分類に関するものであるが、その記述の正しいものはどれか。以下の関税率表（抜すい）を参考にし、一つを選び、その番号をマークしなさい。なお、正しい記述がない場合には、「0」をマークしなさい。

1. 生鮮の豚肉を挽いて、他の成分を加えずに羊の腸（ケーシング）に詰めたものは、第16.01項に属する。
2. 骨を除いた鶏肉を切り刻むことなくソーセージの形に成形し、加熱調理したものは、第16.01項に属する。
3. 全重量に対し牛肉60％、玉ねぎ25％、卵10％、パン粉5％から成るミートボールを加熱調理したものは、第16.02項に属する。
4. 全重量に対し豚肉20％、牛肉25％、キャベツ40％、にんにく5％、しょうが5％、調味料5％から成るものを詰めた餃子は、第16.02項に属する。
5. 全重量に対しすけそうだらのすり身60％、でん粉30％、調味料10％から成るものを羊の腸（ケーシング）に詰めたものは、第16.01項に属する。

関税率表（抜すい）

第16類　肉、魚、甲殻類、軟体動物若しくはその他の水棲（せい）無脊椎動物又は昆虫類の調製品

類注

注2　ソーセージ、肉、くず肉、血、昆虫類、魚又は甲殻類、軟体動物若しくはその他の水棲（せい）無脊椎動物の一以上を含有する調製食料品で、これらの物品の含有量の合計が全重量の20％を超えるものは、この類に属する。この場合において、これらの物品の二以上を含有する調製食料品については、最大の重量を占める成分が属する項に属する。前段及び中段のいずれの規定も、第19.02項の詰物をした物品及び第21.03項又は第21.04項の調製品については、適用しない。

第16.01項	ソーセージその他これに類する物品（肉、くず肉又は血又は昆虫類から製造したものに限る。）及びこれらの物品をもととした調製食料品
第16.02項	その他の調製をし又は保存に適する処理をした肉、くず肉、血又は昆虫類

第19類　穀物、穀粉、でん粉又はミルクの調製品及びベーカリー製品

第19.02項	スパゲッティ、マカロニ、ヌードル、ラザーニヤ、ニョッキ、ラビオリ、カネローニその他のパスタ（加熱による調理をし、肉その他の材料を詰める又はその他の調製をしたものであるかないかを問わない。）及びクースクース（調製してあるかないかを問わない。）

日付・正解 Check	／		／		／	

第10問 »» 正解：3

解説

1　**誤り：生鮮の豚肉を挽いただけ**であり、**他の成分を加えず**にケーシングに詰めたものは、第16.01項ではなく、第2類に該当する。

2　**誤り：**骨を除いた鶏肉を切り刻むことなく**ソーセージの形に成形し加熱調理したもの**は、ソーセージではないので、第16.01項ではなく、第16.02項に該当する。

3　**正しい：牛肉の重量が全重量の20%を超える**ミートボールのような調製食料品は第16.02項に該当する。

4　**誤り：**餃子の生地はパスタ生地であり、**詰物をしたパスタ（餃子）**は肉の重量にかかわらず第19.02項に該当する。

5　**誤り：**第16.01項の**ソーセージは肉やくず肉等からの製造に限定**されており、肉を含まないソーセージは該当しない。設問の調製品は、魚の調製品となる。

所属項の決定

次に掲げる物品のうち、関税率表第42.02項に属さないものはどれか。同項の規定を参考にし、一つを選び、その番号をマークしなさい。なお、同項に属さないものがない場合には、「0」をマークしなさい。

1．外面がプラスチックシート製のゴルフバッグ
2．外面が金属製のスーツケース
3．外面が紡織用繊維製の宝石入れ
4．外面が竹製の買物袋
5．外面が革製のバイオリンケース

関税率表第42.02項

旅行用バッグ、断熱加工された飲食料用バッグ、化粧用バッグ、リュックサック、ハンドバッグ、買物袋、財布、マップケース、シガレットケース、たばこ入れ、工具袋、スポーツバッグ、瓶用ケース、宝石入れ、おしろい入れ、刃物用ケースその他これらに類する容器（革、コンポジションレザー、プラスチックシート、紡織用繊維、バルカナイズドファイバー若しくは板紙から製造し又は全部若しくは大部分をこれらの材料若しくは紙で被覆したものに限る。）及びトランク、スーツケース、携帯用化粧道具入れ、エグゼクティブケース、書類かばん、通学用かばん、眼鏡用ケース、双眼鏡用ケース、写真機用ケース、楽器用ケース、銃用ケース、けん銃用のホルスターその他これらに類する容器

日付・正解 Check	／		／		／	

第11問 »» 正解：4

解説

1　**属する：**ゴルフバッグ（スポーツバッグ）は**材質が限定**されているが、外面がプラスチックシート製のゴルフバッグ（スポーツバッグ）は第42.02項に属する。

2　**属する：**スーツケースは**材質の限定がない**ので、外面が金属製のスーツケースは第42.02項に属する。

3　**属する：**宝石入れは**材質が限定**されているが、外面が紡織用繊維製の宝石入れは第42.02項に属する。

4　**属さない：**買物袋は**材質が限定**されているが、外面が竹製の買物袋は第42.02項に属さない。

5　**属する：**バイオリンケース（楽器用ケース）は**材質の限定がない**ので、外面が革製のバイオリンケース（楽器用ケース）は第42.02項に属する。

問題 12 所属項の決定

商品分類

次に掲げる関税率表の項のうち、下表の物品が属するものはどれか。以下の関税率表の第１１部の注（抜すい）を参考にし、一つを選び、その番号をマークしなさい。なお、属する項がない場合には、「０」をマークしなさい。なお、関連する類の表題は以下のとおり。

（物品）
紡織用繊維の織物であって、全重量に対する各繊維の重量割合が次のものから成り、重量が１平方メートルにつき250グラムのもの
綿：40％、再生繊維の短繊維：30％、合成繊維の短繊維：30％

1．第52.11項（綿織物（綿の重量が全重量の85％未満のもので、混用繊維の全部又は大部分が人造繊維のもののうち、重量が１平方メートルにつき200グラムを超えるものに限る。））
2．第54.07項（合成繊維の長繊維の糸の織物（第54.04項の材料の織物を含む。））
3．第54.08項（再生繊維又は半合成繊維の長繊維の糸の織物（第54.05項の材料の織物を含む。））
4．第55.14項（合成繊維の短繊維の織物（合成繊維の短繊維の重量が全重量の85％未満のもののうち、混用繊維の全部又は大部分が綿のもので、重量が１平方メートルにつき170グラムを超えるものに限る。））
5．第55.16項（再生繊維又は半合成繊維の短繊維の織物）

関税率表　第11部注（抜すい）

2（A）第50類から第55類まで、第58.09項又は第59.02項のいずれかに属するとみられる物品で二以上の紡織用繊維から成るものは、構成する紡織用繊維のうち最大の重量を占めるもののみから成る物品とみなしてその所属を決定する。構成する紡織用繊維のうち最大の重量を占めるものがない場合には、当該物品は等しく考慮に値する項のうち数字上の配列において最後となる項に属するもののみから成る物品とみなしてその所属を決定する。

(B) (A) の規定の適用については、次に定めるところによる。

(a) (省略)

(b) 所属の決定に当たつては、まず類の決定を行うものとし、次に当該類の中から、当該類に属しない構成材料を考慮することなく、項を決定する。

(c) 第54類及び第55類の両類を他の類とともに考慮する必要がある場合には、第54類及び第55類は、一の類として取り扱う。

(d) 異なる紡織用繊維が一の類又は項に含まれる場合には、これらは、単一の紡織用繊維とみなす。

関税率表の類の表題

第 52 類	綿及び綿織物
第 54 類	人造繊維の長繊維並びに人造繊維の織物及びストリップその他これに類する人造繊維製品
第 55 類	人造繊維の短繊維及びその織物

(解答はP472にあります)

日付・正解 Check	/	/	/

《出題年度》平成18年、平成25年改題

問題13 関税率表の解釈に関する通則

次の記述は、関税率表の所属の決定に関するものであるが、それぞれの物品の所属の決定に際して関税率表の解釈に関する通則の３（b）が適用されたものはどれか。すべてを選び、その番号をマークしなさい。

1. 本品は、ニッケルはくの外層並びに絶縁性ポリマー及び伝導性カーボンブラックの混合物からつくられた内層から成る積層製品でシート状の状態のものである。輸入後、型抜きし、携帯電話等のヒューズとして使用される。本品は、ニッケルの製品として、第75類に分類された。
2. 本品は、紙製の裏表紙とステンレス製の写真立ての表紙を有したアルバムであり、内側に50枚のプラスチック製のポケットを有する。本品は、プラスチック製品として、第39類に分類された。
3. 本品は、外側の層がチョコレートで、内側の層が砂糖、乳製品及び植物性油脂をもととした卵型の殻の中に、プラスチック製のおもちゃの入ったプラスチックのカプセルを入れたものである。本品は、チョコレートを含有する調製食料品として、第18類に分類された。
4. 本品は、水酸化ナトリウム（かせいソーダ）（第28.15項）を蒸留水（第28.53項）に溶かしたものである。本品は、第28.15項に分類された。
5. 本品は、うこん（ターメリック）の粉（第09.10項）、コリアンダーの粉（第09.09項）、黒こしょうの粉（第09.04項）、クミンの粉（第09.09項）、しょうがの粉（第09.10項）及び丁子（クローブ）の粉（第09.07項）を混合したものである。本品は、第09.10項に分類された。

（解答はP473にあります）

日付・正解 Check	／		／		／	

第12問 »» 正解：5

解 説

1　**属さない：**「綿」の重量が40%であるが、**「再生繊維の短繊維」と「合成繊維の短繊維」は共に第55類に属し、関税率表第11部注２（B）（b）及び（d）の規定よりこれらは単一の紡織用繊維とみなされる**ため、「再生繊維の短繊維」の重量30%と「合成繊維の短繊維」の重量30%を合計すると重量が60%となり、第55類の紡織用繊維が最大重量を占めることになる。したがって、綿織物の第52.11項に属することはない。

2　**属さない：**構成する紡織用繊維は、「綿」、「再生繊維の短繊維」、「合成繊維の短繊維」であり、**「合成繊維の長繊維の糸」は使用されていない**。したがって、合成繊維の長繊維の糸の織物の第54.07項に属することはない。

3　**属さない：**構成する紡織用繊維は、「綿」、「再生繊維の短繊維」、「合成繊維の短繊維」であり、**「再生繊維又は半合成繊維の長繊維の糸」は使用されていない**。したがって、再生繊維又は半合成繊維の長繊維の糸の織物の第54.08項に属することはない。

4　**属さない：**まず、**「再生繊維の短繊維」と「合成繊維の短繊維」は共に第55類に属し、関税率表第11部注２（B）（b）及び（d）の規定よりこれらは単一の紡織用繊維とみなされる**ため、「再生繊維の短繊維」の重量30%と「合成繊維の短繊維」の重量30%を合計すると重量が60%となり、第55類の紡織用繊維が最大重量を占めることになる。次に、この二つの紡織用繊維の重量割合について、「再生繊維の短繊維」と「合成繊維の短繊維」の重量が共に30%で同率であることから、構成する紡織用繊維のうち最大の重量を占めるものがなく、関税率表第11部注２（A）の規定より**等しく考慮に値する項のうち数字上の配列において最後となる第55.16項（再生繊維又は半合成繊維の短繊維の織物）に属する**もののみから成る物品とみなして所属が決定される。したがって、合成繊維の短繊維の織物の第55.14項に属することはない。

5　**属する：**まず、**「再生繊維の短繊維」と「合成繊維の短繊維」は共に第55類に属し、関税率表第11部注２（B）（b）及び（d）の規定よりこれらは単一の紡織用繊維とみなされる**ため、「再生繊維の短繊維」の重量30%と「合成繊維の短繊維」の重量30%を合計すると重量が60%となり、第55類の紡織用繊維が最大重量を占めることになる。次に、この二つの紡織用繊維の重量割合について、「再生繊維の短繊維」と「合成繊維の短繊維」の重量が共に30%で同率であることから、構成する紡織用繊維のうち最大の重量を占めるものがなく、関税率表第11部注２（A）の規定より**等しく考慮に値する項のうち数字上の配列において最後となる第55.16項（再生繊維又は半合成繊維の短繊維の織物）に属する**もののみから成る物品とみなして所属が決定される。したがって第55.16項に属することになる。

第13問 »» 正解：1、2、3

解説

まず、通則を確認し、各設問の分類を考えていく。

・通則２（b）は、ある材料又は物質に他の別の材料又は物質を混合又は結合されているとしても、その混合・結合された材料や物質も含めて所属を決定するという規定である。
・通則３（a）は、二以上の材料又は物品から成る所属の分類は、一般的な記載をしている項よりも、最も特殊な限定をしている項を優先させて所属を決定するという規定である。
・通則３（b）は、物品に重要な特性を与えている材料又は構成要素から成るものとして所属を決定するという規定である。

そして、適用に当たっては、通則２（b）が適用できない場合、次に通則３（a）を適用し、さらに通則３（a）も適用できない場合に通則３（b）を適用するという順位に留意する。

1　**適用された：** 通則２（b）は、主たる材料に従たる材料を混合・結合した物品は、主たる材料の項に分類するということであるが、項に別段の規定がなく、通則２（b）を適用して分類することはできない。次に、通則３（a）を考える。「ニッケル、絶縁性ポリマー、伝導性カーボンブラック」の中に特殊な限定をしているものはなく、通則３(a)は適用できない。次に、通則３(b)を考える。本品は携帯電話等のヒューズとして使用されるが、過電圧又は高温から保護するための**ニッケルという点が重要な特性**である。したがって、通則３（b）を適用して、第75類のニッケル製品として分類されたと考えられる。

2　**適用された：**「ステンレス製」又は「プラスチック製」のどちらが最も特殊な限定をしているかという通則３（a）によって所属を決定することができない。次に、通則３（b）を考える。本品は内側に50枚のプラスチック製ポケットを有しており、写真立てとしてだけではなくアルバムとしての機能もあるので、**本品に重要な特性を与えているのは、写真を保存することができるプラスチック製のポケット**と考えられ、通則３（b）を適用して、第39類のプラスチック製品に分類されたと考えられる。

3　**適用された：**「チョコレート等」又は「プラスチック製おもちゃ」のどちらが最も特殊な限定をしている項かは判断できず、通則３(a)が適用できない。次に、通則３(b)を考える。本品のプラスチック製おもちゃは、単なる景品と考えられ、**重要な特性**

を与えているのは、チョコレート等と考えられるので、本品は通則３（b）を適用して、第18類のチョコレートを含有する調製食料品として分類されたと考えられる。

4　**適用されなかった：**第28.15項の規定に「水酸化ナトリウム（かせいソーダ）」とあり、第28類注１（b）の規定に「この類には化学的に単一の元素及び化合物の**水溶液を含む**」とあるので、通則１の「物品の所属は、項の規定及びこれに関係する部又は類の注の規定に従う」という規定より、本品は第28.15項に分類されたと考えられる。

5　**適用されなかった：**第９類の注１の規定に、「第09.04項から第09.10項までの物品の混合物は、次に定めるところによりその所属を決定する。」、「（b）異なる項の二以上の物品の混合物は、第09.10項に属する。」とある。そこで設問の商品は、第09.04項から第09.10項に該当する物品の粉を混合したものであり、**第９類の注１（b）の規定により第09.10項に分類されている**ことから、**通則１を適用**して第９類の香辛料の混合物に分類されたと考えられる。

問題 14 関税率表の解釈に関する通則

次の記述は、関税率表の所属の決定に関するものであるが、それぞれの物品の所属の決定に際して適用された関税率表の解釈に関する通則について、正しいものの組合せはどれか。一つを選び、その番号をマークしなさい。なお、正しい記述の組合せがない場合には、「0」をマークしなさい。

a. 本品は、自動車用のエンジン及びトランスミッションに使用する完成品のガスケットであり、重量比で非多泡性の加硫した合成ゴム65%、コルク35%から成る物品である。本品は、ゴム製のガスケットとして第40.16項に分類された。

b. 本品は、未完成のクランクシャフトで、鍛造を超える加工又は成形をしていない物品である。本品は、完成したクランクシャフトとして第84.83項に分類された。

c. 本品は、航空会社から乗客に対して配付されるもので、縦20センチメートル、横20センチメートル、厚さ5センチメートルの長方形の織物製の袋に、以下の物品を入れたものである。本品は、化粧用のトラベルセットとして第96.05項に分類された。

・使い捨てかみそり　・歯ブラシ及び小型の練り歯磨きチューブ
・香りを付けたハンカチ　・1組のメリヤス編みの靴下

イ	関税率表の解釈に関する通則1
ロ	関税率表の解釈に関する通則2 (a)
ハ	関税率表の解釈に関する通則3 (a)
ニ	関税率表の解釈に関する通則3 (b)
ホ	関税率表の解釈に関する通則3 (c)
ヘ	関税率表の解釈に関する通則4

1. a－ニ、b－ロ、c－ホ
2. a－イ、b－ロ、c－イ
3. a－ニ、b－ハ、c－ニ
4. a－ニ、b－ロ、c－イ
5. a－イ、b－ヘ、c－ニ

日付・正解 Check	／ 	／ 	／  

第 14 問 »» 正解：4（a－ニ、b－ロ、c－イ）

解説

a．**通則３（b）（ニ）が適用された：**本品は２以上の項に分類されるが、通則２（b）が適用できない。また、「合成ゴムから成るガスケット」又は「コルクから成るガスケット」ともに、「ガスケット」は一般的な記載をしており、最も特殊な限定をしているのは「ゴム製品」又は「コルク製品」であるが、これらは等しく特殊な限定をしているので、いずれかに分類することができず通則３（a）が適用できない。そして、通則３（b）を考える。本品の構成材料の非多泡性の加硫した合成ゴムは、その構成割合は65%と高く、また、ガスケットの特徴とする弾力性、耐熱性、耐衝撃性を与えているのは合成ゴムと考えられる。したがって、**本品に重要な特性を与えている材料は加硫した合成ゴム**であると考えられるので、本品は通則３（b）を適用して、ゴム製のガスケットとして第40.16項に分類されたと考える。

b．**通則２（a）（ロ）が適用された：**本品は未完成のクランクシャフトであるが、**完成したクランクシャフトとしての重要な特性は有する**として、通則２（a）を適用し第84.83項に分類された。

c．**通則１（イ）が適用された：第96.05項**に「**トラベルセット（化粧用、洗面用、裁縫用又は靴若しくは衣服の清浄用のものに限る。）**」と規定されており、そのまま通則１が適用され、化粧用トラベルセットとして第96.05項に分類された。

輸出申告

別紙１の仕入書及び下記事項により、プラスチック製品等の輸出申告を輸出入・港湾関連情報処理システム（NACCS）を使用して行う場合について、別紙２の輸出申告事項登録画面の統計品目番号欄（(a) ～ (e)）に入力すべき統計品目番号を、輸出統計品目表の解釈に関する通則に従い、別冊の「輸出統計品目表」（抜すい）及び「関税率表解説」（抜すい）を参照して、下の選択肢から選び、その番号をマークしなさい。

記

1　別紙１の仕入書に記載されている品目に統計品目番号が同一であるものがある場合には、これらを一の統計品目番号にとりまとめる。

2　統計品目番号ごとの申告価格が20万円以下であるもの（上記１によりとりまとめたものを含む。）がある場合には、その統計品目番号が異なるものであっても、これらを一括して一欄にとりまとめる。

3　上記２による場合に輸出申告事項登録画面に入力すべき統計品目番号は、上記２によりとりまとめる前の統計品目番号ごとの申告価格（上記１によりとりまとめたものについては、その合計額）が最も大きいものの統計品目番号とし、10桁目は「X」とする。

4　輸出申告事項登録画面に入力する統計品目番号（(a) ～ (e)）は、その統計品目番号ごとの申告価格（上記１及び２によりとりまとめたものについては、その合計額）が大きいものから順に入力するものとする。

5　上記２によりとりまとめたものを除き、輸出申告事項登録画面に入力する統計品目番号ごとの申告価格が20万円以下である場合には、その統計品目番号の10桁目は「E」とする。

6　別紙１の仕入書に記載されている米ドル建価格の本邦通貨への換算は、別紙３の「実勢外国為替相場の週間平均値」を参照して行う。

7　別紙１の仕入書に記載されているそれぞれの品目の価格（CIF価格）には、次の費用等の額が含まれており、当該CIF価格にそれらの費用等の額が占める割合は、次のとおり。

イ　輸出者（売手）の工場から輸出港に到着するまでの運送に要する運賃 …………………………………………………………………………… 4％

ロ　輸出港における貨物の船積みに要する費用……………………………… 5％

ハ　輸出港から輸入港に到着するまでの海上運送に要する運賃 ………… 7％

ニ　輸出港から輸入港に到着するまでの海上運送に要する保険料 ……… 6％

8　別紙1の仕入書に記載されている「Towel hook, of plastics」は、壁その他の建物の部分に恒久的に取り付けるためのものではないものとする。

9　申告年月日は、令和2年10月1日とする。

①3923.10-000E	②3923.10-000X	③3924.90-0000
④3925.90-0005	⑤3926.20-0003	⑥3926.90-0003
⑦4202.92-0002	⑧6116.10-5004	⑨6216.00-500X
⑩6303.92-000E	⑪8529.90-9006	⑫9111.80-000E
⑬9111.80-000X	⑭9615.11-0002	⑮9620.00-0003

別紙1

INVOICE

Seller

ABC COMPANY
1-1, Kasumigaseki 3-chome,
Chiyoda-ku, Tokyo, JAPAN

Invoice No. and Date

ABC-204951 Sep. 19th, 2020

Reference No. FRB-200819

Buyer XYZ Corp. 1125 E 8th Street Los Angeles,CA 90079		**Country of Origin** Japan	
		L/C No. LAIB-0900	**Date** Sep. 5th, 2020
Vessel Taiyo Maru	**On or about** Oct. 5th, 2020	**Issuing Bank** LA International Bank	
From Tokyo, Japan	**Via**		
To Los Angeles, U.S.A.			

Marks and Nos.	**Description of Goods**	**Quantity** **Unit**	**Unit Price** **per Unit**	**Amount** **CIF US$**
	Towel hook, of plastics	600	10.00	6,000.00
	Glove, of sheeting of plastics	430	5.00	2,150.00
XYZ LOS ANGELES	Tripod used for digital cameras, of plastics	120	60.00	7,200.00
	Comb, of plastics	5,000	1.00	5,000.00
	Curtain, of sheeting of plastics	350	5.00	1,750.00
	Watch case, of plastics	250	8.00	2,000.00
	Total : CIF Los Angeles		US$	24,100.00

Total : 150 Packages
N/W : 2,860kgs
G/W : 3,230kgs

ABC COMPANY

(Signature)

別紙2

輸出申告事項登録(大額)　入力特定番号

共通部　繰返部

申告等番号

大額・小額識別 L　申告等種別 E　申告先種別　貨物識別　あて先官署　あて先部門

申告予定年月日

輸出者　ABC COMPANY

住所　TOKYO TO CHIYODA KU KASUMIGASEKI 3-1-1

電話

申告予定者

蔵置場所

貨物個数 150 PK　貨物重量 3,230 KGM　貨物容積

貨物の記号等

最終仕向地 USLAX －　船(機)籍符号

積出港 JPTYO　貿易形態別符号

積載予定船舶 － TAIYO MARU　出港予定年月日 20201005

インボイス番号 A － ABC-204951 － 20200919

インボイス価格 CIF － USD － 24,100.00 － A

輸出申告事項登録(大額)

入力特定番号

共通部 / 繰返部

<1欄> 統計品目番号 (a) 品名
数量(1) 数量(2)
BPR按分係数 BPR通貨コード
他法令 (1) (2) (3) (4) (5)
輸出貿易管理令別表コード 外為法第48条コード 関税減免戻税コード
内国消費税免税コード 内国消費税免税識別

<2欄> 統計品目番号 (b) 品名
数量(1) 数量(2)
BPR按分係数 BPR通貨コード
他法令 (1) (2) (3) (4) (5)
輸出貿易管理令別表コード 外為法第48条コード 関税減免戻税コード
内国消費税免税コード 内国消費税免税識別

<3欄> 統計品目番号 (c) 品名
数量(1) 数量(2)
BPR按分係数 BPR通貨コード
他法令 (1) (2) (3) (4) (5)
輸出貿易管理令別表コード 外為法第48条コード 関税減免戻税コード
内国消費税免税コード 内国消費税免税識別

<4欄> 統計品目番号 (d) 品名
数量(1) 数量(2)
BPR按分係数 BPR通貨コード
他法令 (1) (2) (3) (4) (5)
輸出貿易管理令別表コード 外為法第48条コード 関税減免戻税コード
内国消費税免税コード 内国消費税免税識別

<5欄> 統計品目番号 (e) 品名
数量(1) 数量(2)
BPR按分係数 BPR通貨コード
他法令 (1) (2) (3) (4) (5)
輸出貿易管理令別表コード 外為法第48条コード 関税減免戻税コード
内国消費税免税コード 内国消費税免税識別

別紙３

実勢外国為替相場の週間平均値
（１米ドルに対する円相場）

期　　間	週間平均値
令和2. 8.30 ～ 令和2. 9. 5	￥110.00
令和2. 9. 6 ～ 令和2. 9.12	￥109.00
令和2. 9.13 ～ 令和2. 9.19	￥108.00
令和2. 9.20 ～ 令和2. 9.26	￥107.00
令和2. 9.27 ～ 令和2.10. 3	￥106.00

第１問　輸出申告

輸出統計品目表（抜すい）

第39類　プラスチック及びその製品

Chapter 39　Plastics and articles thereof

注
1 （省略）
2 この類には、次の物品を含まない。

Notes.
1.-（省略）
2.- This Chapter does not cover:

(p) 第11部の物品（紡織用繊維及びその製品）

(p) Goods of Section XI (textiles and textile articles);

(v) 第91類の物品（例えば、時計のケース）

(v) Articles of Chapter 91 (for example, clock or watch cases);

(z) 第96類の物品（例えば、ブラシ、ボタン、スライドファスナー、くし、喫煙用パイプの吸い口及び柄、シガレットホルダー類、魔法瓶その他これに類する容器の部分品、ペン、シャープペンシル並びに一脚、二脚、三脚その他これらに類する物品）

(z) Articles of Chapter 96 (for example, brushes, buttons, slide fasteners, combs, mouthpieces or stems for smoking pipes, cigarette-holders or the like, parts of vacuum flasks or the like, pens, propelling pencils, and monopods, bipods, tripods and similar articles).

3 ～ 10 （省略）
11 第39.25項には、第2節の同項よりも前の項の物品を除くほか、次の製品のみを含む。

3.- ～ 10.-（省略）
11.- Heading 39.25 applies only to the following articles, not being products covered by any of the earlier headings of sub-Chapter II:

(ij) 取付具（例えば、取手、掛けくぎ、腕木、タオル掛け及びスイッチ板その他の保護板。戸、窓、階段、壁その他の建物の部分に恒久的に取り付けるためのものに限る。）

(ij) Fittings and mountings intended for permanent installation in or on doors, windows, staircases, walls or other parts of buildings, for example, knobs, handles, hooks, brackets, towel rails, switch-plates and other protective plates.

番号 NO	細分番号 sub. no	NACCS用	品名	単位 UNIT I	単位 UNIT II	DESCRIPTION	参考
39.23			**プラスチック製の運搬用又は包装用の製品及びプラスチック製の栓、ふた、キャップその他これらに類する物品**			**Articles for the conveyance or packing of goods, of plastics; stoppers, lids, caps and other closures, of plastics:**	
3923.10	000	5	－箱、ケース、クレートその他これらに類する製品		KG	－Boxes, cases, crates and similar articles	
			－袋（円すい状のものを含む。）			－Sacks and bags (including cones):	
39.24			**プラスチック製の食卓用品、台所用品その他の家庭用品及び化粧用品**			**Tableware, kitchenware, other household articles and hygienic or toilet articles, of plastics:**	
3924.10	000	3	－食卓用品及び台所用品		KG	－Tableware and kitchenware	
3924.90	000	0	－その他のもの		KG	－Other	
39.25			**プラスチック製の建築用品（他の項に該当するものを除く。）**			**Builders' ware of plastics, not elsewhere specified or included:**	
3925.10	000	1	－貯蔵槽、タンク、おけその他これらに類する容器（容積が300リットルを超えるものに限る。）		KG	－Reservoirs, tanks, vats and similar containers, of a capacity exceeding 300 l	（省略）
3925.20	000	5	－戸及び窓並びにこれらの枠並びに戸の敷居		KG	－Doors, windows and their frames and thresholds for doors	（省略）

番号 NO	細分番号 sub. no	NACCS用	品名	単位 UNIT I	単位 UNIT II	DESCRIPTION	参考
3925.30	000	2	－よろい戸、日よけ（ベネシャンブラインドを含む。）その他これらに類する製品及びこれらの部分品		KG	－Shutters, blinds (including Venetian blinds) and similar articles and parts thereof	
3925.90	000	5	－その他のもの		KG	－Other	（省略）
39.26			**その他のプラスチック製品及び第39.01項から第39.14項までの材料（プラスチックを除く。）から成る製品**			**Other articles of plastics and articles of other materials of headings 39.01 to 39.14:**	
3926.10	000	6	－事務用品及び学用品		KG	－Office or school supplies	
3926.20	000	3	－衣類及び衣類附属品（手袋、ミトン及びミットを含む。）	DZ	KG	－Articles of apparel and clothing accessories (including gloves, mittens and mitts)	（省略）
3926.30	000	0	－家具用又は車体用の取付具その他これに類する取付具		KG	－Fittings for furniture, coachwork or the like	（省略）
3926.40	000	4	－小像その他の装飾品		KG	－Statuettes and other ornamental articles	
3926.90	000	3	－その他のもの		KG	－Other	（省略）

第42類　革製品及び動物用装着具並びに旅行用具、ハンドバッグその他これらに類する容器並びに腸の製品

Chapter 42　Articles of leather; saddlery and harness; travel goods, handbags and similar containers; articles of animal gut (other than silk-worm gut)

番号 NO	細分番号 sub. no	NACCS用	品名	単位 UNIT I	単位 UNIT II	DESCRIPTION	参考
42.02			**旅行用バッグ、断熱加工された飲食料用バッグ、化粧用バッグ、リュックサック、ハンドバッグ、買物袋、財布、マップケース、シガレットケース、たばこ入れ、工具袋、スポーツバッグ、瓶用ケース、宝石入れ、おしろい入れ、刃物用ケースその他これらに類する容器（革、コンポジションレザー、プラスチックシート、紡織用繊維、バルカナイズドファイバー若しくは板紙から製造し又は全部若しくは大部分をこれらの材料若しくは紙で被覆したものに限る。）及びトランク、スーツケース、携帯用化粧道具入れ、エグゼクティブケース、書類かばん、通学用かばん、眼鏡用ケース、双眼鏡用ケース、写真機用ケース、楽器用ケース、銃用ケース、けん銃用のホルスターその他これらに類する容器**			**Trunks, suit-cases, vanity-cases, executive-cases, brief-cases, school satchels, spectacle cases, binocular cases, camera cases, musical instrument cases, gun cases, holsters and similar containers; travelling-bags, insulated food or beverages bags, toilet bags, rucksacks, handbags, shopping-bags, wallets, purses, map-cases, cigarette-cases, tobacco-pouches, tool bags, sports bags, bottle-cases, jewellery boxes, powder-boxes, cutlery cases and similar containers, of leather or of composition leather, of sheeting of plastics, of textile materials, of vulcanised fibre or of paperboard, or wholly or mainly covered with such materials or with paper:**	
			－トランク、スーツケース、携帯用化粧道具入れ、エグゼクティブケース、書類かばん、通学用かばんその他これらに類する容器			－Trunks, suit-cases, vanity-cases, executive-cases, brief-cases, school satchels and similar containers:	

番号 NO	細分番号 sub. no	NACCS用	品名	単位 UNIT I	単位 UNIT II	DESCRIPTION	参考
			－ハンドバッグ（取手が付いていないものを含むものとし、肩ひもが付いているかいないかを問わない。）			－Handbags, whether or not with shoulder strap, including those without handle:	
			－ポケット又はハンドバッグに通常入れて携帯する製品			－Articles of a kind normally carried in the pocket or in the handbag:	
			－その他のもの			－Other:	
4202.91	000	3	－－外面が革製又はコンポジションレザー製のもの	DZ	KG	－－With outer surface of leather or of composition leather	（省略）
4202.92	000	2	－－外面がプラスチックシート製又は紡織用繊維製のもの	DZ	KG	－－With outer surface of sheeting of plastics or of textile materials	
4202.99	000	2	－－その他のもの	DZ	KG	－－Other	（省略）

第61類　衣類及び衣類附属品（メリヤス編み又はクロセ編みのものに限る。）

Chapter 61　Articles of apparel and clothing accessories, knitted or crocheted

注
1　この類の物品は、メリヤス編物又はクロセ編物を製品にしたものに限る。

Notes.
1.- This Chapter applies only to made up knitted or crocheted articles.

番号 NO	細分番号 sub. no	NACCS用	品名	単位 UNIT I	単位 UNIT II	DESCRIPTION	参考
61.16			**手袋、ミトン及びミット（メリヤス編み又はクロセ編みのものに限る。）**			**Gloves, mittens and mitts, knitted or crocheted:**	
6116.10	500	4	－プラスチック又はゴムを染み込ませ、塗布し又は被覆したもの	PR	KG	－Impregnated, coated or covered with plastics or rubber	（省略）
			－その他のもの			－Other:	
6116.91	000	4	－－羊毛製又は繊獣毛製のもの	PR	KG	－－Of wool or fine animal hair	（省略）
6116.92	000	3	－－綿製のもの	PR	KG	－－Of cotton	
6116.93	000	2	－－合成繊維製のもの	PR	KG	－－Of synthetic fibres	
6116.99	000	3	－－その他の紡織用繊維製のもの	PR	KG	－－Of other textile materials	

第62類　衣類及び衣類附属品（メリヤス編み又はクロセ編みのものを除く。）

Chapter 62　Articles of apparel and clothing accessories, not knitted or crocheted

注
1　この類の物品は、紡織用繊維の織物類（ウォッティングを除く。）を製品にしたものに限るものとし、メリヤス編み又はクロセ編みの物品（第62.12項のものを除く。）を含まない。

Notes.
1.-This Chapter applies only to made up articles of any textile fabric other than wadding, excluding knitted or crocheted articles (other than those of heading 62.12).

番号 NO	細分番号 sub. no	NACCS用	品名	単位 UNIT I	II	DESCRIPTION	参考
62.16							
6216.00	500	3	手袋、ミトン及びミット	PR	KG	Gloves, mittens and mitts	（省略）

第63類　紡織用繊維のその他の製品、セット、中古の衣類、紡織用繊維の中古の物品及びぼろ

Chapter 63　Other made up textile articles; sets; worn clothing and worn textile articles; rags

注

1　第1節の物品は、紡織用繊維の織物類を製品にしたものに限る。

Notes.

1.- Sub-Chapter I applies only to made up articles, of any textile fabric.

番号 NO	細分番号 sub. no	NACCS用	品名	単位 UNIT I	II	DESCRIPTION	参考
			第1節 紡織用繊維のその他の製品			I.- OTHER MADE UP TEXTILE ARTICLES	
63.03			カーテン（ドレープを含む。）、室内用ブラインド、カーテンバランス及びベッドバランス			Curtains (including drapes) and interior blinds; curtain or bed valances:	
			－メリヤス編み又はクロセ編みのもの			－Knitted or crocheted:	
6303.12	000	3	－－合成繊維製のもの	DZ	KG	－－Of synthetic fibres	
6303.19	000	3	－－その他の紡織用繊維製のもの	DZ	KG	－－Of other textile materials	（省略）
			－その他のもの			－Other:	
6303.91	000	1	－－綿製のもの	DZ	KG	－－Of cotton	（省略）
6303.92	000	0	－－合成繊維製のもの	DZ	KG	－－Of synthetic fibres	（省略）
6303.99	000	0	－－その他の紡織用繊維製のもの	DZ	KG	－－Of other textile materials	（省略）

第16部　機械類及び電気機器並びにこれらの部分品並びに録音機、音声再生機並びにテレビジョンの映像及び音声の記録用又は再生用の機器並びにこれらの部分品及び附属品

Section XVI　Machinery and mechanical appliances; electrical equipment; parts thereof; sound recorders and reproducers, television image and sound recorders and reproducers, and parts and accessories of such articles

注

1　この部には、次の物品を含まない。

Notes.

1.- This Section does not cover:

(q)　タイプライターリボン又はこれに類するリボン（スプールに巻いてあるかないか又はカートリッジに入れてあるかないかを問わない。インキを付けたもの及びその他の方法により印字することができる状態にしたものは、第96.12項に属する。その他のリボンは、その構成する材料により該当する項に属する。）及び第96.20項の一脚、二脚、三脚その他これらに類する物品

(q) Typewriter or similar ribbons, whether or not on spools or in cartridges (classified according to their constituent material, or in heading 96.12 if inked or otherwise prepared for giving impressions), or monopods, bipods, tripods and similar articles, of heading 96.20.

第85類　電気機器及びその部分品並びに録音機、音声再生機並びにテレビジョンの映像及び音声の記録用又は再生用の機器並びにこれらの部分品及び附属品

Chapter 85　Electrical machinery and equipment and parts thereof; sound recorders and reproducers, television image and sound recorders and reproducers, and parts and accessories of such articles

番号 NO	細分番号 sub. no	NACCS用	品名	単位 UNIT I	単位 UNIT II	DESCRIPTION	参考
85.25			ラジオ放送用又はテレビジョン用の送信機器（受信機器、録音装置又は音声再生装置を自蔵するかしないかを問わない。）、テレビジョンカメラ、デジタルカメラ及びビデオカメラレコーダー			Transmission apparatus for radio-broadcasting or television, whether or not incorporating reception apparatus or sound recording or reproducing apparatus; television cameras, digital cameras and video camera recorders:	
85.29			第85.25項から第85.28項までの機器に専ら又は主として使用する部分品			Parts suitable for use solely or principally with the apparatus of headings 85.25 to 85.28:	
8529.10			－アンテナ及びアンテナ反射器並びにこれらに使用する部分品			－Aerials and aerial reflectors of all kinds; parts suitable for use therewith:	
	100	0	－－ロッドアンテナ	NO	KG	－－Rod antennas	（省略）
	900	2	－－その他のもの		KG	－－Other	（省略）
8529.90			－その他のもの			－Other:	
	100	4	－－テレビジョン受像機用チューナー	NO	KG	－－Tuners for television receivers	（省略）
	900	6	－－その他のもの		KG	－－Other	（省略）

第91類　時計及びその部分品

Chapter 91　Clocks and watches and parts thereof

番号 NO	細分番号 sub. no	NACCS用	品名	単位 UNIT I	単位 UNIT II	DESCRIPTION	参考
91.11			携帯用時計のケース及びその部分品			Watch cases and parts thereof:	
9111.10	000	3	－ケース（貴金属製又は貴金属を張つた金属製のものに限る。）	NO	KG	－Cases of precious metal or of metal clad with precious metal	
9111.20	000	0	－ケース（卑金属製のものに限るものとし、金又は銀をめつきしてあるかないかを問わない。）	NO	KG	－Cases of base metal, whether or not gold- or silver-plated	
9111.80	000	3	－その他のケース	NO	KG	－Other cases	
9111.90	000	0	－部分品		KG	－Parts	

番号 NO	細分番号 sub. no	NACCS用	品名	単位 UNIT I	単位 UNIT II	DESCRIPTION	参考
96.15			くし、ヘアスライドその他これらに類する物品並びにヘアピン、カールピン、カールグリップ、ヘアカーラーその他これらに類する物品（第85.16項の物品を除く。）及びこれらの部分品			Combs, hair-slides and the like; hairpins, curling pins, curling grips, hair-curlers and the like, other than those of heading 85.16, and parts thereof:	
			－くし、ヘアスライドその他これらに類する物品			－Combs, hair-slides and the like:	
9615.11	000	2	－－硬質ゴム製又はプラスチック製のもの	DZ	KG	－－Of hard rubber or plastics	
9615.19	000	1	－－その他のもの	DZ	KG	－－Other	（省略）
96.20							
9620.00	000	3	一脚、二脚、三脚その他これらに類する物品		KG	Monopods, bipods, tripods and similar articles	（省略）

関税率表解説（抜すい）

第39類
プラスチック及びその製品

39.24　プラスチック製の食卓用品、台所用品、その他の家庭用品及び化粧用品
3924.10－食卓用品及び台所用品
3924.90－その他のもの

この項には、次のプラスチック製の物品を含む。
（A）及び（B）（省略）
（C）その他の家庭用品：灰皿、湯入れ瓶、マッチ箱用ホルダー、ごみ箱及び移動式ごみ箱（戸外用のものを含む。）、ばけつ、じょうろ、食料貯蔵用の容器、カーテン、テーブルカバー、家具用ほこりよけカバー等
（D）化粧用品（家庭用であるかないかを問わない。）：化粧セット（水差し、ボウル等）、衛生用おけ、ベッド用便器、しびん、寝室用便器、たんつぼ、注水器、洗眼器、哺乳瓶用の乳首（nursing nipples）、指サック、せっけん皿、タオル掛け用レール、歯ブラシ立て、トイレットペーパーホルダー、タオル掛け、その他のこれらに類する浴室、化粧室又は台所で使用する物品で、壁等に永久的に取り付けるよう意図されてないものに限る。ただし、建物の壁又はその他の部分に、例えばねじ、釘、ボルト、接着剤により永久的に取り付けるよう意図されたものは含まない（39.25）。
この項には、食卓用又は化粧用に使用するコップ（とつ手のない）で、包装用又は運搬用の容器の性格を有しないもの（時にはこのような目的に使用されるかされないかを問わない。）を含む。ただし、この項には、包装用又は運搬用に供される容器の性格を有するとつ手のないコップを含まない（39.23）。

日付・正解 Check　／　／　／

第１問 »» 正解：(a)－③、(b)－⑮、(c)－⑭、(d)－⑤、(e)－⑫

解説

1　適用されるレート

外国通貨の換算レートの確認：10月１日の**前々週のレートは、108.00円／１米ドル**（９月13日～９月19日）である。

2　少額合算基準額の確認

仕入書に記載されているそれぞれの品目価格はCIF価格であるので、少額合算基準額は以下の式により計算することになる。

少額合算基準額＝20万円×仕入書の合計額÷FOBの合計額÷換算レート
＝20万円×USD24,100.00÷（USD24,100.00×87％）÷108円
＝USD2,128.565…

したがって、**仕入書の価格がUSD2,128.565…を超えていない貨物は少額貨物**の可能性がある。

なお、**少額貨物の可能性があるものは、仕入書の上から５番目と６番目の貨物**である。つまり、これらの貨物のうち一つの貨物が他の貨物と同一の統計品目番号となり少額貨物以外の貨物と合算されれば、**他と合算されない貨物が単独で少額貨物となり統計品目番号の最後を「E」**として解答し、どちらの貨物も他の貨物と合算されなければ、結果的に仕入書の上から６番目の貨物の仕入書価格が大きいので仕入書の上から６番目の貨物の統計品目番号の最後を「X」として解答することになる。

3　輸出貨物の分類

仕入書の各貨物が輸出統計品目表のどこに分類されるかを考えていく。

（1）Towel hook, of plastics：プラスチック製のタオル掛けは**プラスチック製品として第39類**に分類　⇒　タオル掛けは問題文記８より、壁その他の建物の部分に恒久的に取り付けるためのものではないものであるから、第39類注11（ij）の規定より第39.25には該当せず、**タオル掛けは主として家庭で使用するものであるから、プラスチック製のその他の家庭用品**として第39.24項に分類　⇒　**食卓用品や台所用品ではない**ので、「－その他のもの」（3924.90.000.0）に分類

（2）Glove, of sheeting of plastics：プラスチックシート製の手袋は**プラスチック製品として第39類**に分類　⇒　**手袋は衣類附属品**であるので、第39.23項、第39.24項、第39.25項には該当しないので、その他のプラスチック製品として第39.26項に分類　⇒　**衣類附属品（手袋）**であるので「3926.20.000.3」に分類

(3) Tripod used for digital cameras, of plastics：プラスチック製のデジタルカメラの三脚は、第16部注１（q）の規定より**デジタルカメラ（第85.25項）に主として使用する部分品（第85.29項）には分類されない**ため、雑品として第96類に分類　⇒　**三脚**は第96.20項に分類　⇒　**三脚**であるので「9620.00.000.3」に分類

(4) Comb, of plastics：**くしは雑品として第96類**に分類　⇒　**くし**であるから第96.15項に分類　⇒　**プラスチック製のくし**であるから「－くし、ヘアスライドその他これらに類する物品」のうちの「－－硬質ゴム製又はプラスチック製のもの」(9615.11.000.2) に分類

(5) Curtain, of sheeting of plastics：プラスチックシート製のカーテンは、**プラスチック製品として第39類**に分類　⇒　**カーテンは主として家庭で使用するもの**であるから、プラスチック製のその他の家庭用品として第39.24項に分類　⇒　**食卓用品や台所用品ではない**ので、「－その他のもの」(3924.90.000.0) に分類

(6) Watch case, of plastics：携帯用時計のケースは**時計の部分品として第91類**に分類⇒　**携帯用時計のケース**であるから第91.11項に分類　⇒　**プラスチック製のケース**であるから「－その他のケース」(9111.80.000.3) に分類

4　統計品目番号の確認より20万円以下のものを確定する

商品の分類結果より、**(1) Towel hook, of plasticsと (5) Curtain, of sheeting of plasticsが同一の統計品目番号**であるので仕入書価格を合算する。合算後の仕入書価格はUSD7,750.00（＝USD6,000.00＋USD1,750.00）である。これら以外に同一の統計品目番号となるものはないので、先ほど計算した少額合算基準額USD2,128.565…より仕入書の金額が小さい**(6) Watch case, of plasticsのみが単独で少額貨物**となることがわかる。したがって、少額貨物については (6) Watch case, of plasticsの統計品目番号「9111.80.000.3」の10桁目を「E」として解答する。

5　解答番号を探す

a－③：(1) Towel hook, of plasticsと (5) Curtain, of sheeting of plasticsを合算した**仕入書価格がUSD7,750.00で最も大きい**ので、aの解答は③3924.90-0000となる。

b－⑮：(3) Tripod used for digital cameras, of plasticsの**仕入書価格がUSD 7,200.00で２番目に大きい**金額であるので、bの解答は⑮9620.00-0003となる。

c－⑭：(４)Comb, of plasticsの**仕入書価格がUSD5,000.00と３番目に大きい**ので、cの解答は⑭9615.11-0002となる。

d－⑤：(２) Glove, of sheeting of plasticsの**仕入書価格がUSD2,150.00で４番目に大きい**ので、dの解答は⑤3926.20-0003となる。

e－⑫：(６) Watch case, of plasticsの仕入書価格は既に計算している少額合算基準額USD2,128.565…を下回っているので、**単独で少額貨物**となる。したがって、問題文記５に従い統計品目番号の**10桁目を「E」**として、解答は⑫9111.80-000Eとなる。

問題 2 輸出申告

輸出入申告書作成

難易度 ✈✈

出題頻度 🚢🚢🚢

別紙１の仕入書及び下記事項により、機械等の輸出申告を輸出入・港湾関連情報処理システム（NACCS）を使用して行う場合について、別紙２の輸出申告事項登録画面の統計品目番号欄（(a)～(e)）に入力すべき統計品目番号を、輸出統計品目表の解釈に関する通則に従い、別冊の「輸出統計品目表」（抜粋）及び「関税率表解説」（抜粋）を参照して、下の選択肢から選び、その番号をマークしなさい。

記

1　別紙１の仕入書に記載されている品目に統計品目番号が同一であるものがある場合には、これらを一の統計品目番号にとりまとめる。

2　統計品目番号ごとの申告価格が20万円以下であるもの（上記１によりとりまとめたものを含む。）がある場合には、その統計品目番号が異なるものであっても、これらを一括して一欄にとりまとめる。

3　上記２による場合に輸出申告事項登録画面に入力すべき統計品目番号は、上記２によりとりまとめる前の統計品目番号ごとの申告価格（上記１によりとりまとめたものについては、その合計額）が最も大きいものの統計品目番号とし、10桁目は「X」とする。

4　輸出申告事項登録画面に入力する統計品目番号（(a)～(e)）は、その統計品目番号ごとの申告価格（上記１及び２によりとりまとめたものについては、その合計額）が大きいものから順に入力するものとする。

5　別紙１の仕入書に記載されている米ドル建価格の本邦通貨への換算は、別紙３の「実勢外国為替相場の週間平均値」を参照して行う。

6　別紙１の仕入書に記載されているそれぞれの品目の価格（工場渡し価格）とは別に、これらの品目がアメリカの輸入港に到着するまでの費用等として、次の費用等の額が支払われる。それらの費用等の額は、これらの品目の工場渡し価格に一定の割合を乗じて算出した額に相当する額であり、その割合は次のとおり。

イ　輸出者（売手）の工場から輸出港に到着するまでの運送に要する運賃 …… 8％

ロ　輸出港における貨物の船積みに要する費用 …… 5％

ハ　輸出港から輸入港に到着するまでの海上運送に要する運賃及び保険料 …… 10％

7　別紙1の仕入書に記載されている「Unmanned helicopter, of an unladen weight of 80 kg and with maximum take-off weight of 120 kg」は、操縦士が搭乗せずに飛ぶように設計した遠隔制御飛行専用のものであり、旅客の輸送用に設計されたものでなく、また、娯楽用に設計された玩具でないものとする。

8　別紙1の仕入書に記載されている「Light-emitting diode (LED) light source」は、電源供給用の素子を自蔵し、また、照明器具への装着及び交換を容易にし、物理的及び電気的接触を確保するように設計されたキャップを有するものとする。

9　申告年月日は、令和4年10月3日とする。

①7009.91-0003	②8477.10-0004	③8485.20-0006
④8526.91-000X	⑤8539.51-000X	⑥8539.52-000X
⑦8541.41-000X	⑧8543.70-0001	⑨8544.70-1001
⑩8802.11-0004	⑪8806.24-0004	⑫8806.94-0004
⑬9001.10-1001	⑭9001.90-0003	⑮9002.90-0001

別紙 1

INVOICE

Seller

ABC COMPANY
1-1, Kasumigaseki 3-chome,
Chiyoda-ku, Tokyo, JAPAN

Invoice No. and Date

ABC-330701 Sep. 15th, 2022

Reference No. FRB-220710

Buyer XYZ Corp. 1125 E 8th Street Los Angeles, CA 90079		**Country of Origin** Japan **L/C No.** LAIB-1002 **Date** Sep. 8th, 2022
Vessel Taiyo Maru	**On or about** Oct. 5th, 2022	**Issuing Bank** LA International Bank
From Tokyo, Japan	**Via**	
To Los Angeles, U.S.A.		

Marks and Nos.	Description of Goods	Quantity Unit	Unit Price per Unit	Amount EXW US$
	Machine for 3D printing, by rubber deposit	2	10,000.00	20,000.00
	Optical fibre cable, made up of individually sheathed fibres, of glass	600	20.00	12,000.00
XYZ LOS ANGELES	Glass mirror, optically worked and unmounted	30	350.00	10,500.00
	Unmanned helicopter, of an unladen weight of 80 kg and with maximum take-off weight of 120 kg	1	7,000.00	7,000.00
	Light-emitting diode (LED) light source	135	10.00	1,350.00
	Global positioning system (GPS) receiver	40	30.00	1,200.00
	Total : EXW TOKYO		US$	52,050.00

Total : 100 Packages
N/W : 10,200kgs
G/W : 11,500kgs

ABC COMPANY

(Signature)

別紙2

輸出申告事項登録(大額)

入力特定番号 [ ]

共通部 | 繰返部

申告等番号 [ ]

大額・小額識別 L　申告等種別 E　申告先種別 [ ]　貨物識別 [ ]　あて先官署 [ ]　あて先部門 [ ]

申告予定年月日 [ ]

輸出者 [ ] ABC COMPANY

住所 TOKYO TO CHIYODA KU KASUMIGASEKI 3-1-1

電話 [ ]

申告予定者 [ ]

蔵置場所 [ ] [ ]

貨物個数 100 PK　貨物重量 11,500 KGM　貨物容積 [ ] [ ]

貨物の記号等 [ ]

最終仕向地 USLAX − [ ]　船(機)籍符号 [ ]

積出港 JPTYO　貿易形態別符号 [ ]

積載予定船舶 [ ] − TAIYO MARU　出港予定年月日 20221005

インボイス番号 A − ABC-330701 − 20220915

インボイス価格 EXW − USD − 52,050.00 − A

輸出申告事項登録(大額)　入力特定番号

共通部　繰返部

<1欄>　統計品目番号 (a)　品名
数量(1)　数量(2)
BPR按分係数　BPR通貨コード
他法令 (1) (2) (3) (4) (5)
輸出貿易管理令別表コード　外為法第48条コード　関税減免戻税コード
内国消費税免税コード　内国消費税免税識別

<2欄>　統計品目番号 (b)　品名
数量(1)　数量(2)
BPR按分係数　BPR通貨コード
他法令 (1) (2) (3) (4) (5)
輸出貿易管理令別表コード　外為法第48条コード　関税減免戻税コード
内国消費税免税コード　内国消費税免税識別

<3欄>　統計品目番号 (c)　品名
数量(1)　数量(2)
BPR按分係数　BPR通貨コード
他法令 (1) (2) (3) (4) (5)
輸出貿易管理令別表コード　外為法第48条コード　関税減免戻税コード
内国消費税免税コード　内国消費税免税識別

<4欄>　統計品目番号 (d)　品名
数量(1)　数量(2)
BPR按分係数　BPR通貨コード
他法令 (1) (2) (3) (4) (5)
輸出貿易管理令別表コード　外為法第48条コード　関税減免戻税コード
内国消費税免税コード　内国消費税免税識別

<5欄>　統計品目番号 (e)　品名
数量(1)　数量(2)
BPR按分係数　BPR通貨コード
他法令 (1) (2) (3) (4) (5)
輸出貿易管理令別表コード　外為法第48条コード　関税減免戻税コード
内国消費税免税コード　内国消費税免税識別

別紙３

実勢外国為替相場の週間平均値
（１米ドルに対する円相場）

期　　間	週間平均値
令和4. 9. 4 ～ 令和4. 9.10	¥133.00
令和4. 9.11 ～ 令和4. 9.17	¥128.00
令和4. 9.18 ～ 令和4. 9.24	¥130.00
令和4. 9.25 ～ 令和4.10. 1	¥132.00
令和4.10. 2 ～ 令和4.10. 8	¥129.00

別冊

第１問　輸出申告

輸出統計品目表（抜粋）

第70類　ガラス及びその製品

注
1　この類には、次の物品を含まない。
(a) ～ (e) （省略）
(f) 第90類の光ファイバー、光学的に研磨した光学用品、皮下注射器、義眼、温度計、気圧計、浮きばかりその他の物品

Chapter 70　Glass and glassware

Notes.
1.- This Chapter does not cover :
(a) ～ (e) （省略）
(f) Optical fibres, optically worked optical elements, hypodermic syringes, artificial eyes, thermometers, barometers, hydrometers or other articles of Chapter 90 ;

番号 NO	細分番号 sub. no	NACCS用	品名	単位 UNIT I	単位 UNIT II	DESCRIPTION	参考
70.09			ガラス鏡（枠付きであるかないかを問わないものとし、バックミラーを含む。）			Glass mirrors, whether or not framed, including rear-view mirrors :	
7009.10	000	0	－バックミラー（車両用のものに限る。）		KG	－Rear-view mirrors for vehicles	
			－その他のもの			－Other :	
7009.91	000	3	－－枠付きでないもの		KG	－－Unframed	
7009.92	000	2	－－枠付きのもの		KG	－－Framed	

第84類　原子炉、ボイラー及び機械類並びにこれらの部分品

注
1～9 （省略）
10　第84.85項において「積層造形」（三次元印刷とも呼ばれる。）とは、材料（例えば金属、プラスチック又はセラミック）のレイヤリング及び固形化処理によるデジタルモデルをもととした物体の形成をいう。

Chapter 84　Nuclear reactors, boilers, machinery and mechanical appliances; parts thereof

Notes.
1.～9. （省略）
10.- For the purposes of heading 84.85, the expression "additive manufacturing" (also referred to as 3D printing) means the formation of physical objects, based on a digital model, by the successive addition and layering, and consolidation and solidification, of material (for example, metal, plastics or ceramics).

番号 NO	細分番号 sub. no	NACCS用	品名	単位 UNIT I	単位 UNIT II	DESCRIPTION	参考
84.77			ゴム又はプラスチックの加工機械及びゴム又はプラスチックを材料とする物品の製造機械（この類の他の項に該当するものを除く。）			Machinery for working rubber or plastics or for the manufacture of products from these materials, not specified or included elsewhere in this Chapter :	
8477.10	000	4	－射出成形機	NO	KG	－Injection-moulding machines	
8477.20	000	1	－押出成形機	NO	KG	－Extruders	

番号 NO	細分番号 sub. no	NACCS用	品名	単位 UNIT I	II	DESCRIPTION	参考
84.85			**積層造形用の機械**			**Machines for additive manufacturing :**	
8485.10	000	2	－メタルデポジット方式によるもの	NO	KG	－By metal deposit	
8485.20	000	6	－プラスチックデポジット方式又はラバーデポジット方式によるもの	NO	KG	－By plastics or rubber deposit	

第85類　電気機器及びその部分品並びに録音機、音声再生機並びにテレビジョンの映像及び音声の記録用又は再生用の機器並びにこれらの部分品及び附属品

注
1～10 （省略）
11 第85.39項において「発光ダイオード（LED）光源」には、次の物品を含む。
(a) 「発光ダイオード（LED）モジュール」
発光ダイオード（LED）モジュールは、電気回路内に配置された発光ダイオード（LED）による電気的な光源であり、他の構成部品（例えば、電気的、力学的、熱的又は光学的な構成部品）を有し、また、個別の能動素子、個別の受動素子又は電源供給若しくは電源制御用の第85.36項若しくは第85.42項の物品を有する。発光ダイオード（LED）モジュールには、照明器具への装着及び交換を容易にし、物理的及び電気的接触を確保するように設計されたキャップを有するものを含まない。
(b) 「発光ダイオード（LED）ランプ」
発光ダイオード（LED）ランプは、一以上の発光ダイオード（LED）モジュールを含む電気的な光源であり、他の構成部品（例えば、電気的、力学的、熱的又は光学的な構成部品）を有し、また、照明器具への装着及び交換を容易にし、物理的及び電気的接触を確保するように設計されたキャップを有することにより、発光ダイオード（LED）モジュールと区別される。
12 第85.41項及び第85.42項において次の用語の意義は、それぞれ次に定めるところによる。
(a)(i) （省略）
(ii) 「発光ダイオード（LED）」とは、電気エネルギーを可視光線、赤外線又は紫外線に変換する半導体素材をもととした半導体デバイス（互いに電気的に結合しているかいないか又は保護ダイオードと接続しているかいないかを問わない。）をいう。第85.41項の発光ダイオード（LED）は、電源供給又は電源制御用の素子を自蔵していない。

Chapter 85 Electrical machinery and equipment and parts thereof; sound recorders and reproducers, television image and sound recorders and reproducers, and parts and accessories of such articles

Notes.
1.～10. （省略）
11.- For the purposes of heading 85.39, the expression "light-emitting diode (LED) light sources" covers:
(a) "Light-emitting diode (LED) modules" which are electrical light sources based on light-emitting diodes (LED) arranged in electrical circuits and containing further elements like electrical, mechanical, thermal or optical elements. They also contain discrete active elements, discrete passive elements, or articles of heading 85.36 or 85.42 for the purposes of providing power supply or power control. Light-emitting diode (LED) modules do not have a cap designed to allow easy installation or replacement in a luminaire and ensure mechanical and electrical contact.
(b) "Light-emitting diode (LED) lamps" which are electrical light sources containing one or more LED modules containing further elements like electrical, mechanical, thermal or optical elements. The distinction between light-emitting diode (LED) modules and light-emitting diode (LED) lamps is that lamps have a cap designed to allow easy installation or replacement in a luminaire and ensure mechanical and electrical contact.
12.- For the purposes of headings 85.41 and 85.42 :
(a)(i) （省略）
(ii) "Light-emitting diodes (LED)" are semiconductor devices based on semiconductor materials which convert electrical energy into visible, infra-red or ultra-violet rays, whether or not electrically connected among each other and whether or not combined with protective diodes. Light-emitting diodes (LED) of heading 85.41 do not incorporate elements for the purposes of providing power supply or power control ;

番号 NO	細分番号 sub. no	NACCS用	品　　　名	単位 UNIT I	 II	DESCRIPTION	参　考
85.26			**レーダー、航行用無線機器及び無線遠隔制御機器**			**Radar apparatus, radio navigational aid apparatus and radio remote control apparatus :**	
8526.10	000	4	－レーダー	NO	KG	－Radar apparatus	
			－その他のもの			－Other :	
8526.91	000	0	－－航行用無線機器	NO	KG	－－Radio navigational aid apparatus	
85.39			**フィラメント電球及び放電管（シールドビームランプ、紫外線ランプ及び赤外線ランプを含む。）、アーク灯並びに発光ダイオード（LED）光源**			**Electric filament or discharge lamps, including sealed beam lamp units and ultra-violet or infra-red lamps ; arc-lamps; light-emitting diode (LED) light sources :**	
			－発光ダイオード（LED）光源			－Light-emitting diode (LED) light sources :	
8539.51	000	0	－－発光ダイオード（LED）モジュール	NO	KG	－－Light-emitting diode (LED) modules	
8539.52	000	6	－－発光ダイオード（LED）ランプ	NO	KG	－－Light-emitting diode (LED) lamps	
85.41			**半導体デバイス（例えば、ダイオード、トランジスター及び半導体ベースの変換器）、光電性半導体デバイス（光電池（モジュール又はパネルにしてあるかないかを問わない。）を含む。）、発光ダイオード（LED）（他の発光ダイオード（LED）と組み合わせてあるかないかを問わない。）及び圧電結晶素子**			**Semiconductor devices (for example, diodes, transistors, semiconductor-based transducers) ; photosensitive semiconductor devices, including photovoltaic cells whether or not assembled in modules or made up into panels ; light-emitting diodes (LED), whether or not assembled with other light-emitting diodes (LED) ; mounted piezo-electric crystals :**	
			－光電性半導体デバイス（光電池（モジュール又はパネルにしてあるかないかを問わない。）を含む。）及び発光ダイオード（LED）			－Photosensitive semiconductor devices, including photovoltaic cells whether or not assembled in modules or made up into panels ; light-emitting diodes (LED) :	
8541.41	000	6	－－発光ダイオード（LED）		NO	－－Light-emitting diodes(LED)	
85.43			**電気機器（固有の機能を有するものに限るものとし、この類の他の項に該当するものを除く。）**			**Electrical machines and apparatus, having individual functions, not specified or included elsewhere in this Chapter :**	
8543.10	000	5	－粒子加速器		NO	－Particle accelerators	
8543.20	000	2	－信号発生器		NO	－Signal generators	
8543.30	000	6	－電気めつき用、電気分解用又は電気泳動用の機器		NO	－Machines and apparatus for electroplating, electrolysis or electrophoresis	
8543.40	000	3	－電子たばこ及びこれに類する個人用の電気的な気化用器具		NO	－Electronic cigarettes and similar personal electric vaporizing devices	
8543.70	000	1	－その他の機器		NO	－Other machines and apparatus	

番号 NO	細分番号 sub. no	NACCS用	品名	単位 UNIT I	単位 UNIT II	DESCRIPTION	参考
85.44			電気絶縁をした線、ケーブル（同軸ケーブルを含む。）その他の電気導体（エナメルを塗布し又は酸化被膜処理をしたものを含むものとし、接続子を取り付けてあるかないかを問わない。）及び光ファイバーケーブル（個々に被覆したファイバーから成るものに限るものとし、電気導体を組み込んであるかないか又は接続子を取り付けてあるかないかを問わない。）			Insulated (including enamelled or anodised) wire, cable (including co-axial cable) and other insulated electric conductors, whether or not fitted with connectors; optical fibre cables, made up of individually sheathed fibres, whether or not assembled with electric conductors or fitted with connectors :	
8544.70			－光ファイバーケーブル			－Optical fibre cables :	
	100	1	－－ガラス製のもの		KG	－－Of glass	

第88類　航空機及び宇宙飛行体並びにこれらの部分品

注

1　この類において、「無人航空機」とは、第88.01項の物品を除き、操縦士が搭乗せずに飛ぶように設計した航空機をいう。無人航空機には、積載物を運搬するように設計したもの又は恒久的に組み込まれたデジタルカメラ若しくは飛行中に実用的機能を発揮可能なその他の装置を装備したものを含む。

ただし、無人航空機には、専ら娯楽用に設計された飛行する玩具を含まない（第95.03項参照）。

号注

1　第8802.11号から第8802.40号までにおいて、「自重」とは、正常に飛行できる状態にある航空機の重量（乗務員、燃料及び装備品（据え付けたものを除く。）の重量を除く。）をいう。

2　第8806.21号から第8806.24号まで及び第8806.91号から第8806.94号までにおいて、「最大離陸重量」とは、その航空機が正常に離陸できる重量の最大値（積載物、装置及び燃料の重量を含む。）をいう。

Chapter 88　Aircraft, spacecraft, and parts thereof

Note.

1.- For the purposes of this Chapter, the expression "unmanned aircraft" means any aircraft, other than those of heading 88.01, designed to be flown without a pilot on board. They may be designed to carry a payload or equipped with permanently integrated digital cameras or other equipment which would enable them to perform utilitarian functions during their flight.

The expression "unmanned aircraft", however, does not cover flying toys, designed solely for amusement purposes (heading 95.03).

Subheading Notes.

1.- For the purposes of subheadings 8802.11 to 8802.40, the expression "unladen weight" means the weight of the machine in normal flying order, excluding the weight of the crew and of fuel and equipment other than permanently fitted items of equipment.

2.- For the purposes of subheadings 8806.21 to 8806.24 and 8806.91 to 8806.94, the expression "maximum take-off weight" means the maximum weight of the machine in normal flying order, at take-off, including the weight of payload, equipment and fuel.

番号 NO	細分番号 sub. no	NACCS用	品名	単位 UNIT I	単位 UNIT II	DESCRIPTION	参考
88.02			その他の航空機（例えば、ヘリコプター及び飛行機。第88.06項の無人航空機を除く。）並びに宇宙飛行体（人工衛星を含む。）及び打上げ用ロケット			Other aircraft (for example, helicopters, aeroplanes), except unmanned aircraft of heading 88.06 ; spacecraft (including satellites) and suborbital and spacecraft launch vehicles :	
			－ヘリコプター			－Helicopters :	
8802.11	000	4	－－自重が2,000キログラム以下のもの	NO	KG	－－Of an unladen weight not exceeding 2,000kg	

番号 NO	細分番号 sub. no	NACCS用	品　名	単位 UNIT I	II	DESCRIPTION	参考
88.06			**無人航空機**			Unmanned aircraft :	
8806.10	000	4	－旅客の輸送用に設計したもの	NO	KG	– Designed for the carriage of passengers	
			－その他のもの（遠隔制御飛行専用のものに限る。）			– Other, for remote-controlled flight only :	
8806.21	000	0	－－最大離陸重量が250グラム以下のもの	NO	KG	– – With maximum take-off weight not more than 250 g	
8806.22	000	6	－－最大離陸重量が250グラムを超え7キログラム以下のもの	NO	KG	– – With maximum take-off weight more than 250 g but not more than 7 kg	
8806.23	000	5	－－最大離陸重量が7キログラムを超え25キログラム以下のもの	NO	KG	– – With maximum take-off weight more than 7 kg but not more than 25 kg	
8806.24	000	4	－－最大離陸重量が25キログラムを超え150キログラム以下のもの	NO	KG	– – With maximum take-off weight more than 25 kg but not more than 150 kg	
8806.29	000	6	－－その他のもの	NO	KG	– – Other	
			－その他のもの			– Other :	
8806.91	000	0	－－最大離陸重量が250グラム以下のもの	NO	KG	– – With maximum take-off weight not more than 250 g	
8806.92	000	6	－－最大離陸重量が250グラムを超え7キログラム以下のもの	NO	KG	– – With maximum take-off weight more than 250 g but not more than 7 kg	
8806.93	000	5	－－最大離陸重量が7キログラムを超え25キログラム以下のもの	NO	KG	– – With maximum take-off weight more than 7 kg but not more than 25 kg	
8806.94	000	4	－－最大離陸重量が25キログラムを超え150キログラム以下のもの	NO	KG	– – With maximum take-off weight more than 25 kg but not more than 150 kg	

第90類　光学機器、写真用機器、映画用機器、測定機器、検査機器、精密機器及び医療用機器並びにこれらの部分品及び附属品

注

1　この類には、次の物品を含まない。

(a)～(c)（省略）

(d)　卑金属製又は貴金属製の鏡で光学用品でないもの（第83.06項及び第71類参照）及び第70.09項のガラス鏡で光学的に研磨してないもの

(e)～(g)（省略）

(h)（前略）レーダー、航行用無線機器及び無線遠隔制御機器（第85.26項参照）、光ファイバー（束にしたものを含む。）用又は光ファイバーケーブル用の接続子（第85.36項参照）、第85.37項の数値制御用の機器、第85.39項のシールドビームランプ並びに第85.44項の光ファイバーケーブル

Chapter 90 Optical, photographic, cinematographic, measuring, checking, precision, medical or surgical instruments and apparatus; parts and accessories thereof

Notes.

1.-This Chapter does not cover :

(a)～(c)（省略）

(d) Glass mirrors, not optically worked, of heading 70.09, or mirrors of base metal or of precious metal, not being optical elements (heading 83.06 or Chapter 71) ;

(e)～(g)（省略）

(h)（前略）radar apparatus, radio navigational aid apparatus or radio remote control apparatus (heading 85.26) ; connectors for optical fibres, optical fibre bundles or cables (heading 85.36) ; numerical control apparatus of heading 85.37 ; sealed beam lamp units of heading 85.39 ; optical fibre cables of heading 85.44 ;

番号 NO	細分番号 sub. no	NACCS用	品名	単位 UNIT I	単位 UNIT II	DESCRIPTION	参考
90.01			**光ファイバー（束にしたものを含む。）、光ファイバーケーブル（第85.44項のものを除く。）、偏光材料製のシート及び板並びにレンズ（コンタクトレンズを含む。）、プリズム、鏡その他の光学用品（材料を問わないものとし、取り付けたもの及び光学的に研磨してないガラス製のものを除く。）**			**Optical fibres and optical fibre bundles; optical fibre cables other than those of heading 85.44; sheets and plates of polarising material; lenses (including contact lenses), prisms, mirrors and other optical elements, of any material, unmounted, other than such elements of glass not optically worked :**	
9001.10			－光ファイバー（束にしたものを含む。）及び光ファイバーケーブル			－Optical fibres, optical fibre bundles and cables :	
	100	1	－－ガラス製のもの		KG	－－Of glass	
	900	3	－－その他のもの		KG	－－Other	
9001.20	000	3	－偏光材料製のシート及び板		KG	－Sheets and plates of polarising material	
9001.30	000	0	－コンタクトレンズ		NO	－Contact lenses	
9001.40	000	4	－ガラス製の眼鏡用レンズ		NO	－Spectacle lenses of glass	
9001.50	000	1	－その他の材料製の眼鏡用レンズ		NO	－Spectacle lenses of other materials	
9001.90	000	3	－その他のもの		KG	－Other	
90.02			**レンズ、プリズム、鏡その他の光学用品（材料を問わないものとし、取り付けたもので機器に装着して又は機器の部分品として使用するものに限り、光学的に研磨してないガラス製のものを除く。）**			**Lenses, prisms, mirrors and other optical elements, of any material, mounted, being parts of or fittings for instruments or apparatus, other than such elements of glass not optically worked :**	
			－対物レンズ			－Objective lenses :	
9002.11			－－写真機用、映写機用、投影機用、写真引伸機用又は写真縮小機用のもの			－－For cameras, projectors or photographic enlargers or reducers :	
9002.19	000	2	－－その他のもの		KG	－－Other	
9002.20	000	1	－フィルター	DZ	KG	－Filters	
9002.90	000	1	－その他のもの		KG	－Other	

関税率表解説（抜粋）

第85類
電気機器及びその部分品並びに録音機、音声再生機並びにテレビジョンの映像及び音声の記録用又は再生用の機器並びにこれらの部分品及び附属品

85.26　レーダー、航行用無線機器及び無線遠隔制御機器

（省略）
この項には、次の物品を含む。
（1）航行用無線機器（例えば、固定式又は回転式のアンテナを有するラジオビーコン及びラジオブイ並びに受信機（多重アンテナ又は指向性アンテナを有するラジオコンパスを含む。））。これは、全地球的測位システム（GPS）受信機も含む。

日付・正解 Check

第2問 »» 正解：(a)－③、(b)－⑨、(c)－⑭、(d)－⑪、(e)－⑥

解説

1　適用されるレート

外国通貨の換算レートの確認:10月3日の**前々週のレートは、130円／1米ドル**（9月18日～9月24日）である。

2　少額合算基準額の確認

仕入書に記載されている**それぞれの品目価格はEXW価格**であるので、少額合算基準額は以下の式により計算することになる。なお、EXW価格に加算すべき費用は、輸出者（売手）の工場から輸出港に到着するまでの運送に要する運賃（8％）と輸出港における貨物の船積みに要する費用（5％）である。

少額合算基準額＝20万円×仕入書の合計額÷FOBの合計額÷換算レート
＝20万円×USD52,050.00÷（USD52,050.00×113％）÷130円
＝USD1,361.470…

したがって、**仕入書の価格がUSD1,361.470…を超えていない貨物は少額貨物**の可能性がある。

なお、**少額貨物の可能性があるものは、仕入書の上から5番目と6番目の貨物**である。

3　輸出貨物の分類

仕入書の各貨物が輸出統計品目表のどこに分類されるかを考えていく。

（1）Machine for 3D printing, by rubber deposit：三次元印刷用の機械は、**機械類として第84類**に分類　⇒　第84類注10の規定より三次元印刷用の機械は**積層造形用の機械**のことであるから、「積層造形用の機械」（第84.85項）に分類　⇒　**ラバーデポジット方式**によるものであるから「8485.20.000.6」に分類

（2）Optical fibre cable, made up of individually sheathed fibres, of glass：光ファイバーケーブルは第85類又は第90類のいずれかに分類されることになるが、**個々に被覆したファイバーから成るもの**は、第85.44項の規定及び第90類注1(h)の規定より第85類に分類　⇒　個々に被覆したファイバーから成る**光ファイバーケーブル**は第85.44項に分類　⇒　**ガラス製の光ファイバーケーブル**であるので「8544.70.100.1」に分類

（3）Glass mirror, optically worked and unmounted：**光学用のガラス鏡**は第70類注1（f）及び第90類注1（d）の規定より第90類に分類　⇒　**光学用の鏡で**

取り付けたものではないので第90.01項に分類　⇒　レンズではなく**光学用の鏡**であるから、「－その他のもの」（9001.90.000.3）に分類

（4）Unmanned helicopter, of an unladen weight of 80 kg and with maximum take-off weight of 120 kg：**玩具ではない航空機は第88類**に分類　⇒　ヘリコプターであるが、第88類注1に規定する**無人航空機に該当**するため、第88.02項の規定より第88.06項に分類　⇒　問題文記7の「操縦士が搭乗せずに飛ぶように設計した**遠隔制御飛行専用**のものであり、旅客の輸送用に設計されたものでなく」という設定より、「－その他のもの（遠隔制御飛行専用のものに限る。）」に分類　⇒　**最大離陸重量が120キログラム**であるから、「－－最大離陸重量が25キログラムを超え150キログラム以下のもの」（8806.24.000.4）に分類

（5）Light-emitting diode (LED) light source：**電球等の電気機器は第85類**に分類　⇒　**LED光源**は第85.39項に分類　⇒　問題文記8の「電源供給用の素子を自蔵し、また、照明器具への装着及び交換を容易にし、物理的及び電気的接触を確保するように設計されたキャップを有するもの」という設定と**第85類注11の規定**より、「－発光ダイオード（LED）光源」のうち、「－－発光ダイオード（LED）ランプ」（8539.52.000.6）に分類

（6）Global positioning system (GPS) receiver：**レーダー等の電気機器は第85類**に分類　⇒　**関税率表解説第85.26項の説明**に第85.26項にはGPS受信機を含むとあるので第85.26項に分類　⇒　**関税率表解説第85.26項（1）の説明**に航行用無線機器にはGPS受信機も含むとあるので「－その他のもの」のうち、「－－航行用無線機器」（8526.91.000.0）に分類

4　統計品目番号の確認より20万円以下のものを確定する

商品の分類の結果より、**同一の統計品目番号となるものはない**ので、先ほど計算した**少額合算基準額USD1,361.470…より仕入書の金額が小さい**⑤Light-emitting diode (LED) light sourceと⑥Global positioning system (GPS) receiverは少額貨物であることが分かる。

5　解答番号を探す

a－③：（1）Machine for 3D printing, by rubber depositの**仕入書価格がUSD 20,000.00で最も大きい**ので、aの解答は③8485.20-0006となる。

b－⑨：（2）Optical fibre cable, made up of individually sheathed fibres, of glassの**仕入書価格がUSD12,000.00と2番目に大きい**ので、bの解答は⑨8544.70-

1001となる。

c－⑭：（3） Glass mirror, optically worked and unmountedの**仕入書価格がUSD10,500.00と3番目に大きい**ので、cの解答は⑭9001.90-0003となる。

d－⑪：（4） Unmanned helicopter, of an unladen weight of 80 kg and with maximum take-off weight of 120 kgの**仕入書価格がUSD7,000.00で4番目に大きい**ので、dの解答は⑪8806.24-0004となる。

e－⑥：残りの⑤Light-emitting diode (LED) light sourceと⑥Global positioning system (GPS) receiverの仕入書価格は既に計算している少額合算基準額USD1,361.470…を下回っているので、少額貨物となる。したがって、**問題文記2に従いこれらの貨物は合算することができる**ので、**これらの仕入書価格を合算すると**、USD1,350.00 + USD1,200.00 = USD2,550.00となり**5番目に大きい金額となる**。最後に、**解答は申告価格の大きい⑤Light-emitting diode (LED) light sourceの統計品目番号**とし、**10桁目は「X」とする**必要があるので、⑤Light-emitting diode (LED) light sourceの統計品目番号「8539.52.000.6」のNACCS用番号をXとして解答するので、⑥8539.52-000Xとなる。

輸出申告

別紙１の仕入書及び下記事項により、文房具等の輸出申告を輸出入・港湾関連情報処理システム（NACCS）を使用して行う場合について、別紙２の輸出申告事項登録画面の統計品目番号欄（(a)～(e)）に入力すべき統計品目番号を、輸出統計品目表の解釈に関する通則に従い、別冊の「輸出統計品目表」（抜すい）及び「関税率表解説」（抜すい）を参照して、下の選択肢から選び、その番号をマークしなさい。

記

1　別紙１の仕入書に記載されている品目に統計品目番号が同一であるものがある場合には、これらを一の統計品目番号にとりまとめる。

2　統計品目番号ごとの申告価格が20万円以下であるもの（上記１によりとりまとめたものを含む。）がある場合には、その統計品目番号が異なるものであっても、これらを一括して一欄にとりまとめる。

3　上記２による場合に輸出申告事項登録画面に入力すべき統計品目番号は、上記２によりとりまとめる前の統計品目番号ごとの申告価格（上記１によりとりまとめたものについては、その合計額）が最も大きいものの統計品目番号とし、10桁目は「X」とする。

4　輸出申告事項登録画面に入力する統計品目番号（(a)～(e)）は、その統計品目番号ごとの申告価格（上記１及び２によりとりまとめたものについては、その合計額）が大きいものから順に入力するものとする。

5　別紙１の仕入書に記載されている米ドル建価格の本邦通貨への換算は、別紙３の「実勢外国為替相場の週間平均値」を参照して行う。

6　別紙１の仕入書に記載されているそれぞれの品目の価格（DPU価格）には、次の費用等の額が含まれており、当該DPU価格にそれらの費用等の額が占める割合は、次のとおり。

イ　輸出者（売手）の工場から輸出港に到着するまでの運送に要する運賃… ６％

ロ　輸出港における貨物の船積みに要する費用 …………………………… ４％

ハ　輸出港から輸入港に到着するまでの海上運送に要する運賃及び保険料
………………………………………………………………………… ８％

ニ　輸入港から輸入者（買手）の指定する場所までの運送に要する費用及び荷卸しが完了するまでの費用 …………………………………………………… 5％

7　別紙1の仕入書に記載されている「Plastic globe, printed」は、地形の起伏を表現するために立体的な加工が施された浮出し地球儀とする。

8　申告年月日は、令和3年10月1日とする。

①3215.11-0006	②3215.90-0004	③3926.90-9000
④4202.11-000X	⑤4202.91-000X	⑥4820.10-000X
⑦4820.90-000X	⑧4905.10-0001	⑨7326.90-0000
⑩8304.00-0003	⑪8305.90-0002	⑫9023.00-0000
⑬9608.30-0004	⑭9608.50-0005	⑮9608.99-0005

別紙 1

INVOICE

Seller

ABC COMPANY
1-1, Kasumigaseki 3-chome,
Chiyoda-ku, Tokyo, JAPAN

Invoice No. and Date

ABC-304711 Sep. 20th, 2021

Reference No. FRB-210820

Buyer XYZ Corp. 1125 E 8th Street Los Angeles, CA 90079		**Country of Origin** Japan	
		L/C No. LAIB-1030	**Date** Sep. 6th, 2021
Vessel Taiyo Maru	**On or about** Oct. 6th, 2021	**Issuing Bank** LA International Bank	
From Tokyo, Japan	**Via**		
To Los Angeles, U.S.A.			

Marks and Nos.	Description of Goods	Quantity Unit	Unit Price per Unit	Amount DPU US$
XYZ LOS ANGELES	Plastic globe, printed	440	100.00	44,000.00
	Set of fountain pen and ball point pen of oily	1,500	5.00	7,500.00
	Ink cartridge for fountain pens, black	6,000	1.00	6,000.00
	Book-end, of iron	100	23.00	2,300.00
	Pen-case, with outer surface of leather	200	10.00	2,000.00
	Note book, of paper	100	2.00	200.00
	Total : DPU Los Angeles		US$	62,000.00

Total : 200 Packages
N/W : 2,500kgs
G/W : 3,000kgs

ABC COMPANY

(Signature)

別紙2

輸出申告事項登録（大額）　入力特定番号 ▭

共通部 | 繰返部

申告等番号 ▭

大額・小額識別 L　申告等種別 E　申告先種別 ▭　貨物識別 ▭　あて先官署 ▭　あて先部門 ▭

申告予定年月日 ▭

輸出者	▭	ABC COMPANY
住所	TOKYO TO CHIYODA KU KASUMIGASEKI 3-1-1	
電話	▭	
申告予定者	▭	
蔵置場所	▭	▭

貨物個数 200　PK　貨物重量 3,000　KGM　貨物容積 ▭ ▭

貨物の記号等 ▭

最終仕向地 USLAX － ▭　船（機）籍符号 ▭

積出港 JPTYO　貿易形態別符号 ▭

積載予定船舶 ▭ － TAIYO MARU　出港予定年月日 20211106

インボイス番号 A － ABC-304711 － 20210920

インボイス価格 DPU － USD － 62,000.00 － A

輸出申告事項登録（大額）

入力特定番号

共通部　繰返部

<1欄> 統計品目番号 (a) 品名
数量(1) 数量(2)
BPR按分係数 BPR通貨コード
他法令 (1) (2) (3) (4) (5)
輸出貿易管理令別表コード 外為法第48条コード 関税減免戻税コード
内国消費税免税コード 内国消費税免税識別

<2欄> 統計品目番号 (b) 品名
数量(1) 数量(2)
BPR按分係数 BPR通貨コード
他法令 (1) (2) (3) (4) (5)
輸出貿易管理令別表コード 外為法第48条コード 関税減免戻税コード
内国消費税免税コード 内国消費税免税識別

<3欄> 統計品目番号 (c) 品名
数量(1) 数量(2)
BPR按分係数 BPR通貨コード
他法令 (1) (2) (3) (4) (5)
輸出貿易管理令別表コード 外為法第48条コード 関税減免戻税コード
内国消費税免税コード 内国消費税免税識別

<4欄> 統計品目番号 (d) 品名
数量(1) 数量(2)
BPR按分係数 BPR通貨コード
他法令 (1) (2) (3) (4) (5)
輸出貿易管理令別表コード 外為法第48条コード 関税減免戻税コード
内国消費税免税コード 内国消費税免税識別

<5欄> 統計品目番号 (e) 品名
数量(1) 数量(2)
BPR按分係数 BPR通貨コード
他法令 (1) (2) (3) (4) (5)
輸出貿易管理令別表コード 外為法第48条コード 関税減免戻税コード
内国消費税免税コード 内国消費税免税識別

別紙３

実勢外国為替相場の週間平均値
（１米ドルに対する円相場）

期　　間	週間平均値
令和3. 8.29 ～ 令和3. 9. 4	￥108.00
令和3. 9. 5 ～ 令和3. 9.11	￥110.00
令和3. 9.12 ～ 令和3. 9.18	￥112.00
令和3. 9.19 ～ 令和3. 9.25	￥107.00
令和3. 9.26 ～ 令和3.10. 2	￥105.00

別冊

第1問　輸出申告

輸出統計品目表（抜すい）

第32類　なめしエキス、染色エキス、タンニン及びその誘導体、染料、顔料その他の着色料、ペイント、ワニス、パテその他のマスチック並びにインキ

Chapter 32　Tanning or dyeing extracts; tannins and their derivatives; dyes, pigments and other colouring matter; paints and varnishes; putty and other mastics; inks

番号 NO	細分番号 sub. no	NACCS用	品名	単位 UNIT I	単位 UNIT II	DESCRIPTION	参考
32.15			**印刷用、筆記用又は製図用のインキその他のインキ（濃縮してあるかないか又は固形のものであるかないかを問わない。）**			**Printing ink, writing or drawing ink and other inks, whether or not concentrated or solid:**	
			－印刷用インキ			－Printing ink:	
3215.11	000	6	－－黒色のもの		KG (I.C.)	－－Black	
3215.19	000	5	－－その他のもの		KG (I.C.)	－－Other	
3215.90	000	4	－その他のもの		KG (I.C.)	－Other	

第7部　プラスチック及びゴム並びにこれらの製品

注
1　（省略）
2　プラスチック及びゴム並びにこれらの製品で、モチーフ、字又は絵を印刷したもののうち、当該モチーフ、字又は絵がこれらの物品の本来の用途に対し付随的でないものは、第49類に属する。ただし、第39.18項又は第39.19項の物品を除く。

Section VII　Plastics and articles thereof; rubber and articles thereof

Notes.
1.- （省略）
2.- Except for the goods of heading 39.18 or 39.19, plastics, rubber, and articles thereof, printed with motifs, characters or pictorial representations, which are not merely incidental to the primary use of the goods, fall in Chapter 49.

第39類　プラスチック及びその製品

注
1　（省略）
2　この類には、次の物品を含まない。
(a) ～ (t)　（省略）
(u)　第90類の物品（例えば、光学用品、眼鏡のフレーム及び製図機器）

Chapter 39　Plastics and articles thereof

Notes.
1.- （省略）
2.- This Chapter does not cover:
(a) ～ (t)　（省略）
(u) Articles of Chapter 90 (for example, optical elements, spectacle frames, drawing instruments);

番号 NO	細分番号 sub. no	NACCS用	品名	単位 UNIT I	単位 UNIT II	DESCRIPTION	参考
39.26			その他のプラスチック製品及び第39.01項から第39.14項までの材料（プラスチックを除く。）から成る製品			Other articles of plastics and articles of other materials of headings 39.01 to 39.14:	
3926.10	000	6	－事務用品及び学用品		KG	－Office or school supplies	
3926.20	000	3	－衣類及び衣類附属品（手袋、ミトン及びミットを含む。）	DZ	KG	－Articles of apparel and clothing accessories (including gloves, mittens and mitts)	
3926.30	000	0	－家具用又は車体用の取付具その他これに類する取付具		KG	－Fittings for furniture, coachwork or the like	
3926.40	000	4	－小像その他の装飾品		KG	－Statuettes and other ornamental articles	
3926.90			－その他のもの			－Other:	
	100	5	－－マスク	NO	KG	－－Face masks	
	900	0	－－その他のもの		KG	－－Other	

第42類　革製品及び動物用装着具並びに旅行用具、ハンドバッグその他これらに類する容器並びに腸の製品

Chapter 42　Articles of leather; saddlery and harness; travel goods, handbags and similar containers; articles of animal gut (other than silk-worm gut)

番号 NO	細分番号 sub. no	NACCS用	品名	単位 UNIT I	単位 UNIT II	DESCRIPTION	参考
42.02			旅行用バッグ、断熱加工された飲食料用バッグ、化粧用バッグ、リュックサック、ハンドバッグ、買物袋、財布、マップケース、シガレットケース、たばこ入れ、工具袋、スポーツバッグ、瓶用ケース、宝石入れ、おしろい入れ、刃物用ケースその他これらに類する容器（革、コンポジションレザー、プラスチックシート、紡織用繊維、バルカナイズドファイバー若しくは板紙から製造し又は全部若しくは大部分をこれらの材料若しくは紙で被覆したものに限る。）及びトランク、スーツケース、携帯用化粧道具入れ、エグゼクティブケース、書類かばん、通学用かばん、眼鏡用ケース、双眼鏡用ケース、写真機用ケース、楽器用ケース、銃用ケース、けん銃用のホルスターその他これらに類する容器			Trunks, suit-cases, vanity-cases, executive-cases, brief-cases, school satchels, spectacle cases, binocular cases, camera cases, musical instrument cases, gun cases, holsters and similar containers; travelling-bags, insulated food or beverages bags, toilet bags, rucksacks, handbags, shopping-bags, wallets, purses, map-cases, cigarette-cases, tobacco-pouches, tool bags, sports bags, bottle-cases, jewellery boxes, powder-boxes, cutlery cases and similar containers, of leather or of composition leather, of sheeting of plastics, of textile materials, of vulcanised fibre or of paperboard, or wholly or mainly covered with such materials or with paper:	
			－トランク、スーツケース、携帯用化粧道具入れ、エグゼクティブケース、書類かばん、通学用かばんその他これらに類する容器			－Trunks, suit-cases, vanity-cases, executive-cases, brief-cases, school satchels and similar containers:	
4202.11	000	6	－－外面が革製又はコンポジションレザー製のもの	NO	KG	－－With outer surface of leather or of composition leather	
			－ハンドバッグ（取手が付いていないものを含むものとし、肩ひもが付いているかいないかを問わない。）			－Handbags, whether or not with shoulder strap, including those without handle:	

番号 NO	細分番号 sub. no	NACCS用	品名	単位 UNIT I	単位 UNIT II	DESCRIPTION	参考
(42.02)			－ポケット又はハンドバッグに通常入れて携帯する製品			- Articles of a kind normally carried in the pocket or in the handbag:	
			－その他のもの			- Other:	
4202.91	000	3	－－外面が革製又はコンポジションレザー製のもの	DZ	KG	- - With outer surface of leather or of composition leather	

第48類　紙及び板紙並びに製紙用パルプ、紙又は板紙の製品

Chapter 48　Paper and paperboard; articles of paper pulp, of paper or of paperboard

番号 NO	細分番号 sub. no	NACCS用	品名	単位 UNIT I	単位 UNIT II	DESCRIPTION	参考
48.20			**紙製又は板紙製の帳簿、会計簿、雑記帳、注文帳、領収帳、便せん、メモ帳、日記帳その他これらに類する製品、練習帳、吸取紙、バインダー、書類挟み、ファイルカバー、転写式の事務用印刷物、挿入式カーボンセットその他の文房具及び事務用品、アルバム（見本用又は収集用のものに限る。）並びにブックカバー**			**Registers, account books, note books, order books, receipt books, letter pads, memorandum pads, diaries and similar articles, exercise books, blotting-pads, binders (loose-leaf or other), folders, file covers, manifold business forms, interleaved carbon sets and other articles of stationery, of paper or paperboard; albums for samples or for collections and book covers, of paper or paperboard**	
4820.10	000	3	－帳簿、会計簿、雑記帳、注文帳、領収帳、便せん、メモ帳、日記帳その他これらに類する製品		KG	- Registers, account books, note books, order books, receipt books, letter pads, memorandum pads, diaries and similar articles	
4820.20	000	0	－練習帳		KG	- Exercise books	
4820.30	000	4	－バインダー（ブックカバーを除く。）、書類挟み及びファイルカバー		KG	- Binders (other than book covers), folders and file covers	
4820.40	000	1	－転写式の事務用印刷物及び挿入式カーボンセット		KG	- Manifold business forms and interleaved carbon sets	
4820.50	000	5	－アルバム（見本用又は収集用のものに限る。）	DZ	KG	- Albums for samples or for collections	
4820.90	000	0	－その他のもの		KG	- Other	

第49類　印刷した書籍、新聞、絵画その他の印刷物並びに手書き文書、タイプ文書、設計図及び図案

Chapter 49　Printed books, newspapers, pictures and other products of the printing industry; manuscripts, typescripts and plans

注

1　この類には、次の物品を含まない。

(a)（省略）

(b) 浮出し地図、浮出し設計図及び浮出し地球儀（印刷してあるかないかを問わない。第 90.23 項参照）

Notes.

1.- This Chapter does not cover:

(a)（省略）

(b) Maps, plans or globes, in relief, whether or not printed (heading 90.23);

番号 NO	細分番号 sub. no	NACCS用	品名	単位 UNIT I	単位 UNIT II	DESCRIPTION	参考
49.05			地図、海図その他これらに類する図（製本したもの、壁掛け用のもの、地形図及び地球儀、天球儀その他これらに類するものを含むものとし、印刷したものに限る。）			Maps and hydrographic or similar charts of all kinds, including atlases, wall maps, topographical plans and globes, printed:	
4905.10	000	1	－地球儀、天球儀その他これらに類するもの		KG	－Globes	

第15部　卑金属及びその製品

注

1 （省略）

2 この表において「はん用性の部分品」とは、次の物品をいう。

(a) 第73.07項、第73.12項、第73.15項、第73.17項又は第73.18項の物品及び非鉄卑金属製のこれらに類する物品

(b) 卑金属製のばね及びばね板（時計用ばね（第91.14項参照）を除く。）

(c) 第83.01項、第83.02項、第83.08項又は第83.10項の製品並びに第83.06項の卑金属製の縁及び鏡

第73類から第76類まで及び第78類から第82類まで（第73.15項を除く。）において部分品には、(a)から(c)までに定めるはん用性の部分品を含まない。

第二文及び第83類の注1の規定に従うことを条件として、第72類から第76類まで及び第78類から第81類までの物品には、第82類又は第83類の物品を含まない。

3 この表において「卑金属」とは、鉄鋼、銅、ニッケル、アルミニウム、鉛、亜鉛、すず、タングステン、モリブデン、タンタル、マグネシウム、コバルト、ビスマス、カドミウム、チタン、ジルコニウム、アンチモン、マンガン、ベリリウム、クロム、ゲルマニウム、バナジウム、ガリウム、ハフニウム、インジウム、ニオブ、レニウム及びタリウムをいう。

Section X V　Base metals and articles of base metal

Notes.

1.- （省略）

2.- Throughout the Nomenclature, the expression "parts of general use" means:

(a) Articles of heading 73.07, 73.12, 73.15, 73.17 or 73.18 and similar articles of other base metal;

(b) Springs and leaves for springs, of base metal, other than clock or watch springs (heading 91.14); and

(c) Articles of headings 83.01, 83.02, 83.08, 83.10 and frames and mirrors, of base metal, of heading 83.06.

In Chapters 73 to 76 and 78 to 82 (but not in heading 73.15) references to parts of goods do not include references to parts of general use as defined above.

Subject to the preceding paragraph and to Note 1 to Chapter 83, the articles of Chapter 82 or 83 are excluded from Chapters 72 to 76 and 78 to 81.

3.- Throughout the Nomenclature, the expression "base metals" means: iron and steel, copper, nickel, aluminium, lead, zinc, tin, tungsten (wolfram), molybdenum, tantalum, magnesium, cobalt, bismuth, cadmium, titanium, zirconium, antimony, manganese, beryllium, chromium, germanium, vanadium, gallium, hafnium, indium, niobium (columbium), rhenium and thallium.

第73類　鉄鋼製品

Chapter 73　Articles of iron or steel

番号 NO	細分番号 sub. no	NACCS用	品名	単位 UNIT I	単位 UNIT II	DESCRIPTION	参考
73.26			その他の鉄鋼製品			Other articles of iron or steel:	
			－鍛造又は型打ちをしたもの（更に加工したものを除く。）			－Forged or stamped, but not further worked:	
7326.11	000	2	－－粉砕機用のグラインディングボールその他これに類する製品		KG	－－Grinding balls and similar articles for mills	
7326.19	000	1	－－その他のもの		KG	－－Other	
7326.20	000	0	－鉄鋼の線から製造したもの		KG	－Articles of iron or steel wire	
7326.90	000	0	－その他のもの		KG	－Other	

第83類　各種の卑金属製品

注
1　この類において卑金属製の部分品は、本体が属する項に属する。ただし、第 73.12 項、第 73.15 項、第 73.17 項、第 73.18 項又は第 73.20 項の鉄鋼製品及びこれに類する物品で鉄鋼以外の卑金属製のもの（第 74 類から第 76 類まで又は第 78 類から第 81 類までのものに限る。）は、この類の物品の部分品とはしない。

Chapter 83 Miscellaneous articles of base metal

Notes.
1.- For the purposes of this Chapter, parts of base metal are to be classified with their parent articles. However, articles of iron or steel of heading 73.12, 73.15, 73.17, 73.18 or 73.20, or similar articles of other base metal (Chapters 74 to 76 and 78 to 81) are not to be taken as parts of articles of this Chapter.

番号 NO	細分番号 sub. no	NACCS用	品名	単位 UNIT I	単位 UNIT II	DESCRIPTION	参考
83.04							
8304.00	000	3	卑金属製の書類整理箱、インデックスカード箱、書類入れ、ペン皿、スタンプ台その他これらに類する事務用具及び机上用品（第94.03項の事務所用の家具を除く。）		KG	Filing cabinets, card-index cabinets, paper trays, paper rests, pen trays, office-stamp stands and similar office or desk equipment, of base metal, other than office furniture of heading 94.03	
83.05			卑金属製の書類とじ込み用金具、クリップ、レターコーナー、インデックスタグその他これらに類する事務用品及びストリップ状ステープル（例えば、事務用、いす張り用又は梱包用のもの）			Fittings for loose-leaf binders or files, letter clips, letter corners, paper clips, indexing tags and similar office articles, of base metal; staples in strips (for example, for offices, upholstery, packaging), of base metal:	
8305.10	000	5	－書類とじ込み用金具		KG	－Fittings for loose-leaf binders or files	
8305.20	000	2	－ストリップ状ステープル		KG	－Staples in strips	
8305.90	000	2	－その他のもの（部分品を含む。）		KG	－Other, including parts	

第90類　光学機器、写真用機器、映画用機器、測定機器、検査機器、精密機器及び医療用機器並びにこれらの部分品及び附属品

Chapter 90 Optical, photographic, cinematographic, measuring, checking, precision, medical or surgical instruments and apparatus; parts and accessories thereof

番号 NO	細分番号 sub. no	NACCS用	品名	単位 UNIT I	単位 UNIT II	DESCRIPTION	参考
90.23							
9023.00	000	0	教育用、展示用その他の実物説明用のみに適する機器及び模型		KG	Instruments, apparatus and models, designed for demonstrational purposes (for example, in education or exhibitions), unsuitable for other uses	

番号 NO	細分番号 sub. no	NACCS用	品名	単位 UNIT I	単位 UNIT II	DESCRIPTION	参考
96.08			ボールペン、フェルトペンその他の浸透性のペン先を有するペン及びマーカー、万年筆その他のペン、鉄筆、シャープペンシル並びにペン軸、ペンシルホルダーその他これらに類するホルダー並びにこれらの部分品（キャップ及びクリップを含むものとし、第96.09項の物品を除く。）			Ball point pens; felt tipped and other porous-tipped pens and markers; fountain pens, stylograph pens and other pens; duplicating stylos; propelling or sliding pencils; pen-holders, pencil-holders and similar holders; parts (including caps and clips) of the foregoing articles, other than those of heading 96.09:	
9608.10			－ボールペン			－Ball point pens:	
	100	5	－－油性ボールペン		NO	－－Ball point pens of oily	
	900	0	－－その他のもの		NO	－－Other	
9608.20	000	0	－フェルトペンその他の浸透性のペン先を有するペン及びマーカー		NO	－Felt tipped and other porous-tipped pens and markers	
9608.30	000	4	－万年筆その他のペン		NO	－Fountain pens, stylograph pens and other pens	
9608.40	000	1	－シャープペンシル		NO	－Propelling or sliding pencils	
9608.50	000	5	－第 9608.10 号から第 9608.40 号までの二以上の号の物品をセットにしたもの		NO	－Sets of articles from two or more of the foregoing subheadings	
9608.60	000	2	－ボールペン用中しん（ポイント及びインク貯蔵部から成るものに限る。）	NO	KG	－Refills for ball point pens, comprising the ball point and ink-reservoir	
			－その他のもの			－Other:	
9608.91	900	3	－－ペン先及びニブポイント	NO	KG	－－Pen nibs and nib points	
9608.99	000	5	－－その他のもの		KG	－－Other	

関税率表解説（抜すい）

第32類
なめしエキス、染色エキス、タンニン及びその誘導体、染料、顔料その他の着色料、ペイント、ワニス、パテその他のマスチック並びにインキ

32.15　印刷用、筆記用又は製図用のインキその他のインキ（濃縮してあるかないか又は固形のものであるかないかを問わない。）

（省略）
この項には、次の物品を含まない。
(a)（省略）
(b) ボールペン用の詰め替え用中しんで、ポイントとインク貯蔵部を有するもの（96.08）。ただし、通常の万年筆に使用する単にインキを充てんしたカートリッジは、この項に属する。

第42類
革製品及び動物用装着具並びに旅行用具、ハンドバッグその他これらに類する容器並びに腸の製品

42.02　旅行用バッグ、断熱加工された飲食料用バッグ、化粧用バッグ、リュックサック、ハンドバッグ、買物袋、財布、マップケース、シガレットケース、たばこ入れ、工具袋、スポーツバッグ、瓶用ケース、宝石入れ、おしろい入れ、刃物用ケースその他これらに類する容器（革、コンポジションレザー、プラスチックシート、紡織用繊維、バルカナイズドファイバー若しくは板紙から製造し又は全部若しくは大部分をこれらの材料若しくは紙で被覆したものに限る。）及びトランク、スーツケース、携帯用化粧道具入れ、エグゼクティブケース、書類かばん、通学用かばん、眼鏡用ケース、双眼鏡用ケース、写真機用ケース、楽器用ケース、銃用ケース、けん銃用のホルスターその他これらに類する容器

（省略）
この類の注２及び注３の除外例を除き、この項の後半の部分（「及び」以下の部分）に含まれることとなる物品は、いかなる材料であってもよい。当該部分中「これらに類する容器」には、帽子箱、カメラの附属品のケース、弾薬入れ、狩猟用又はキャンプ用のナイフのさや、工具箱及びケースで、個々の工具（附属品を有するか有しないかを問わない。）を収めるために特別に成形され又は内部に取り付けられたもの等が含まれる。
一方、この項の前半の部分に含まれることとなる物品は、項に記載された材料から製造し又全部若しくは大部分をこれらの材料若しくは紙（基体は木材、金属等）で被覆したものに限る。「革」には、シャモア革（コンビネーションシャモア革を含む。）、パテントレザー、パテントラミネーテッドレザー及びメタライズドレザーを含む(この類の注1参照)。当該部分中「これらに類する容器」には、札入れ、文房具箱、ペンケース、切符入れ、針入れ、キーケース、シガーケース、パイプケース、工具及び宝石入れ、靴用ケース、ブラシケース等が含まれる。

第73類
鉄鋼製品

73.26　その他の鉄鋼製品

（省略）
この項には、次の物品を含まない。
(a) ～ (d)（省略）
(e) 事務用具（例えば、ブックエンド、インキスタンド、ペン皿、吸取紙の台、文鎮、スタンプ台）（83.04）

第83類
各種の卑金属製品

83.04 卑金属製の書類整理箱、インデックスカード箱、書類入れ、ペン皿、スタンプ台その他これらに類する事務用具及び机上用品（第94.03 項の事務所用の家具を除く。）

この項には、通信文書、インデックスカードその他の文書を保存、ファイリング又は分類するために使用する書類整理箱、インデックスカード箱、分類箱その他これらに類する事務用具（床に置くように設計されたもの及び 94 類の注２の規定に該当するものを除く（94.03）。94 類の総説参照）を含む。この項には、また、文書分類用の書類入れ、タイピスト用の書類入れ、机上の書類棚及びブックエンド、文鎮、インキスタンド、インキ入れ、ペン皿、スタンプ台及び吸取紙用の台等の机上用品を含む。

83.05 卑金属製の書類とじ込み用金具、クリップ、レターコーナー、インデックスタグその他これらに類する事務用品及びストリップ状ステープル（例えば、事務用、いす張り用又は梱包用のもの）

（省略）
この項には、書類とじ込み用のクリップ、コード、スプリングレバー、リング、スクリュー等の卑金属製の金具を含む。さらに、この項には、台帳その他の事務用帳簿に使用する保護用のリング、バンド及びコーナー、また、ともにとじ込み又は見出しに使用される型式の金属製事務用品（例えば、レタークリップ、ペーパークリップ、ペーパーファスナー、レターコーナー、カードインデックスタグ、ファイルタグ、スパイクファイル）並びに事務用、いす張り用及び梱包用等のステープル打ち機に使用するストリップ状のステープルを含む。

第90類
光学機器、写真用機器、映画用機器、測定機器、検査機器、精密機器及び医療用機器並びにこれらの部分品及び附属品

90.23 教育用、 展示用その他の実物説明用のみに適する機器及び模型

この項には、教育用、展示用その他の実物説明用のみに適する広範囲の機器及び模型を含む。
この条件に基づき、この項には、次のような物品を含む。
(1) ～ (9)（省略）
(10) 浮出し地図（区域、都市、山脈等)、浮出し都市図、浮出し地球儀及び浮出し天球儀（印刷してあるかないかを問わない。)

第96類
雑品

96.08 ボールペン、 フェルトペンその他の浸透性のペン先を有するペン及びマーカー、 万年筆その他のペン、 鉄筆、 シャープペンシル並びにペン軸、 ペンシルホルダーその他これらに類するホルダー並びにこれらの部分品 （キャップ及びクリップを含むものとし、 第96.09項の物品を除く。）

（省略）
この項には、次の物品を含まない。
(a) 万年筆用のインキ入りカートリッジ（32.15）

日付・正解 Check	／	／	／

第3問 »» 正解：(a)－⑫、(b)－⑭、(c)－②、(d)－⑩、(e)－⑤

解説

1　適用されるレート

外国通貨の換算レートの確認：10月１日の**前々週のレートは、112.00円／１米ドル**（９月12日～９月18日）である。

2　少額合算基準額の確認

仕入書に記載されているそれぞれの品目価格はDPU価格であるので、少額合算基準額は以下の式により計算することになる。

少額合算基準額＝20万円×仕入書の合計額÷FOBの合計額÷換算レート
＝20万円×USD62,000.00÷（USD62,000.00×87％）÷112円
＝USD2,052.545…

したがって、**仕入書の価格がUSD2,052.545…を超えていない貨物は少額貨物**の可能性がある。

なお、**少額貨物の可能性があるものは、仕入書の上から５番目と６番目の貨物**である。

3　輸出貨物の分類

仕入書の各貨物が輸出統計品目表のどこに分類されるかを考えていく。

（1）Plastic globe, printed：浮出し地球儀は、**第49類注１（b）の規定**より、機器として第90類に分類　⇒　**教育用や展示用の模型等**として、「教育用、展示用その他の実物説明用のみに適する機器及び模型」（9023.00.000.0）に分類

（2）Set of fountain pen and ball point pen of oily：万年筆とボールペンは**雑品**として第96類に分類　⇒　万年筆とボールペンであるので、**ボールペン等**として第96.08項に分類　⇒　万年筆（第9608.30号）とボールペン（第9608.10号）の**セット**であるので、「第9608.10号から第9608.40号までの二以上の号の物品をセットにしたもの」に該当するので「9608.50.000.5」に分類

（3）Ink cartridge for fountain pens, black：**インキ**は第32類に分類　⇒　**筆記用のインキ**は第32.15項に分類　⇒　**筆記用のインキ**であるから、「－その他のもの」（3215.90.000.4）に分類

（4）Book-end, of iron：**卑金属製の事務用品**は第83類に分類　⇒　本立てであるから、**書類整理箱に類する机上用品**として「卑金属製の書類整理箱、インデックスカード箱、書類入れ、ペン皿、スタンプ台その他これらに類する事務用具及び机上用品（第94.03項の事務所用の家具を除く。）」（8304.00.000.3）に分類

（5）Pen-case, with outer surface of leather：**革製の容器**は第42類に分類　⇒　**革製のペンケース**は第42.02項に分類　⇒　**革製のペンケース**は、「－その他

のもの」の「−−外面が革製又はコンポジションレザー製のもの」(4202.91.000.3)に分類

（6）Note book, of paper：**紙製品**は第48類に分類⇒　**紙製の雑記帳**は第48.20項に分類　⇒　**雑記帳**であるから「−帳簿、会計簿、雑記帳、注文帳、領収帳、便せん、メモ帳、日記帳その他これらに類する製品」(4820.10.000.3）に分類

4　統計品目番号の確認より20万円以下のものを確定する

商品の分類結果より、**同一の統計品目番号となるものはない**ので、先ほど計算した少額合算基準額USD2,052.545…より仕入書の金額が小さい（5）Pen-case, with outer surface of leatherと（6）Note book, of paperは少額貨物であることが分かる。

5　解答番号を探す

a −⑫：（1）Plastic globe, printedの**仕入書価格がUSD44,000.00で最も大きい**ので、aの解答は⑫9023.00-0000となる。

b −⑭：（2）Set of fountain pen and ball point pen of oilyの**仕入書価格がUSD7,500.00と２番目に大きい**ので、bの解答は⑭9608.50-0005となる。

c −②：（3）Ink cartridge for fountain pens, blackの**仕入書価格がUSD6,000.00と３番目に大きい**ので、cの解答は②3215.90-0004となる。

d −⑩：（4）Book-end, of ironの**仕入書価格がUSD2,300.00で４番目に大きい**ので、dの解答は⑩8304.00-0003となる。

e −⑤：残りの（5）Pen-case, with outer surface of leatherと（6）Note book, of paperの仕入書価格は既に計算している**少額合算基準額USD2,052.545…を下回っている**ので、少額貨物となる。したがって、問題文記２に従いこれらの貨物は合算することができるので、これらの仕入書価格を合算すると、USD2,000.00 + USD200.00 = USD2,200.00となり５番目に大きい金額となる。最後に、解答は**申告価格の大きい「(5) Pen-case, with outer surface of leather」の統計品目番号**とし、10桁目は「X」とする必要があるので、(5) Pen-case, with outer surface of leatherの統計品目番号「4202.91.000.3」のNACCS用番号をXとして解答するので、⑤4202.91-000Xとなる。

輸入（納税）申告

輸出入申告書作成

難易度 ✈✈　出題頻度 🚢🚢🚢

別紙１の仕入書及び下記事項により、アメリカから食料品等を輸入する場合の輸入（納税）申告を輸出入・港湾関連情報処理システム（NACCS）を使用して行う場合について、以下の問いに答えなさい。

（１）別紙２の輸入申告事項登録画面の品目番号欄（(a)～(e)）に入力すべき品目番号を、関税率表の解釈に関する通則に従い、別冊の「実行関税率表」（抜すい）及び「関税率表解説」（抜すい）を参照して、下の選択肢から選び、その番号をマークしなさい。

（２）別紙２の輸入申告事項登録画面の課税価格の右欄（(f)～(j)）に入力すべき申告価格（関税定率法第４条から第４条の９まで（課税価格の計算方法）の規定により計算される課税価格に相当する価格）の額をマークしなさい。

記

1　別紙１の仕入書に記載されている品目に品目番号が同一であるものがある場合には、これらを一の品目番号にとりまとめる。

2　品目番号ごとの申告価格が20万円以下であるもの（上記１によりとりまとめたものを含む。）がある場合には、その品目番号が異なるものであっても、これらを関税が有税である品目と無税である品目に分けて、それぞれを一括して一欄にとりまとめる。

3　上記２による場合に輸入申告事項登録画面に入力すべき品目番号は、次のとおりとする。

　(1)　有税である品目については、上記２によりとりまとめる前の品目のうち関税率が最も高いものの品目番号とし、10桁目は「X」とする。

　(2)　無税である品目については、上記２によりとりまとめる前の品目のうち申告価格（上記１によりとりまとめたものについては、その合計額）が最も大きいものの品目番号とし、10桁目は「X」とする。

4　輸入申告事項登録画面に入力する品目番号（(a)～(e)）は、その品目番号ごとの申告価格（上記１及び２によりとりまとめたものについては、その合計額）が大きいものから順に入力するものとする。

5　輸入申告事項登録画面の課税価格の右欄（(f) ～ (j)）には、別紙1の仕入書に記載されている価格に、下記7から9までの費用が申告価格に算入すべきものである場合にはその額を加算した額（本邦通貨に換算した後の額）を入力することとする。なお、1円未満の端数がある場合は、これを切り捨てる。

6　別紙1の仕入書に記載されている米ドル建価格の本邦通貨への換算は、別紙3の「実勢外国為替相場の週間平均値」を参照して行う。

7　輸入者（買手）は、別紙1の仕入書に記載されている「Beer made from malt, of an alcoholic strength by volume of 0.5% vol and not containing added sugar」1,400 Lの製造に使用する原料をその原料の生産者であるアメリカ所在のA社から5,000米ドルで購入して、輸出者（売手）に有償で提供し、当該輸出者（売手）から当該原料の代金として5,000米ドルの支払いを受ける。また、輸入者（買手）は、B社に当該原料の買付けを委託し、当該輸出者（売手）に支払う当該原料の代金とは別に、当該買付けに係る業務の対価として200米ドルをB社に支払う。なお、輸入者（買手）は、当該原料の購入に要するこれらの費用とは別に、当該原料を輸出者（売手）に提供するために要する運送費用1,000米ドルを負担する。

8　別紙1の仕入書に記載されている「Cookie, containing added sugar and cocoa」10,000個について、輸入者（買手）は、運送時における貨物保全のための包装材を、輸出者（売手）に無償で提供し、その提供に要する費用として1,200米ドルを負担する。また、輸入者（買手）は、「Cookie, containing added sugar and cocoa」10,000個について、輸入港での船卸しの完了後、国内に引き取るまでの間はC社の保税蔵置場で保管し、その保管費用として70,000円をC社に支払う。

9　輸入者（買手）と輸出者（売手）の両者は、別紙1の仕入書に記載されている「Chewing gum, containing added sugar（50% by weight）and not containing cocoa」についてそれぞれが販売促進に努めることとしており、輸入者（買手）は、広告会社D社に本邦における輸入貨物の販売促進を依頼し、その費用として4,000米ドルをD社に支払う。

10　別紙1の仕入書に記載されている「Tomato juice, not containing added sugar」は、含有物の乾燥重量が全重量の6％で、アルコールを含有しないものとする。

11　別紙１の仕入書に記載されている「Lemonade, non-alcoholic」は、水に砂糖を加え、レモン果汁で香味付けしたものとする。

12　別紙１の仕入書に記載された食料品等については、日本国とアメリカ合衆国との間の貿易協定に基づく税率の適用に必要な条件が具備されていないため、申告に当たっては当該税率を適用しないものとする。

13　輸入者（買手）、輸出者（売手）、A社、B社、C社及びD社のいずれの間においても特殊関係はない。

14　申告年月日は、令和３年10月１日とする。

①1704.10-0005	②1704.90-2905	③1806.90-1003
④1806.90-2123	⑤1806.90-213X	⑥1905.90-3123
⑦1905.90-3226	⑧2002.90-2904	⑨2009.50-2003
⑩2105.00-191X	⑪2201.10-000X	⑫2202.10-100X
⑬2202.91-1001	⑭2202.91-2003	⑮2203.00-0004

別紙1

INVOICE

Seller
XYZ Corp.
1125 E 8th Street
Los Angeles, CA 90079

Invoice No. and Date
XYZ-1986 Sep. 1st, 2021

Reference No. XYZ-1119

Buyer ABC Trading Co.,Ltd. HIGASHI 2-3, CHUO-KU, TOKYO, JAPAN	**Country of Origin** U.S.A. **L/C No.** **Date**
Vessel Nihon Maru **On or about** Sep. 12th, 2021 **From** Los Angeles, U.S.A. **Via**	**Issuing Bank**
To Tokyo, Japan	**Payment Terms**

Marks and Nos.	**Description of Goods**	**Quantity Unit**	**Unit Price per Unit**	**Amount CIF US$**
ABC TOKYO Made in U.S.A.	Beer made from malt, of an alcoholic strength by volume of 0.5% vol and not containing added sugar :350ml × 20 × 200C/T(1,400L)	4,000	2.00	8,000.00
	Cookie, containing added sugar and cocoa	10,000	2.00	20,000.00
	Chewing gum, containing added sugar (50% by weight) and not containing cocoa	15,000	1.70	25,500.00
	Tomato juice, not containing added sugar :500ml × 20 × 170C/T(1,700L)	3,400	0.85	2,890.00
	Lemonade, non-alcoholic:750ml × 12 × 100C/T(900L)	1,200	1.30	1,560.00
	Ice cream, containing added sugar (52% by weight of sucrose) and cocoa	1,000	1.00	1,000.00
	Total : CIF TOKYO		US$	58,950.00

Total: 1,260CTNS
N/W : 8,000kgs
G/W : 8,500kgs

XYZ Corp.

(Signature)

別紙2

輸入申告事項登録(輸入申告)

共通部 | 繰返部

申告番号 [ ]

大額／少額 [L]　申告等種別 [C]　申告先種別 [ ]　貨物識別 [ ]　識別符号 [ ]

あて先官署 [ ]　あて先部門 [ ]　申告等予定年月日 [ ]

輸入者 [ ] [ABC TRADING CO.,LTD.]

住所 [TOKYO TO CHUO KU HIGASHI 2-3]

電話 [ ]

蔵置場所 [ ]　一括申告 [ ]　申告等予定者 [ ]

B/L番号 1 [ ]　2 [ ]

3 [ ]　4 [ ]

5 [ ]

貨物個数 [1,260] [CT]　貨物重量(グロス) [8,500] [KGM]

貨物の記号等 [AS PER ATTACHED SHEET]

積載船(機) [ ] － [NIHON MARU]　入港年月日 [ ]

船(取)卸港 [JPTYO]　積出地 [USLAX] － [ ]　貿易形態別符号 [ ]　コンテナ本数 [ ]

仕入書識別 [ ]　電子仕入書受付番号 [ ]　仕入書番号 [XYZ-1986]

仕入書価格 [A] － [CIF] － [ ] － [ ]

輸入申告事項登録（輸入申告）

共通部　繰返部

<01欄> 品目番号 (a)　品名　原産地 US －
数量1 －　数量2 －　輸入令別表　蔵置種別等
BPR係数　運賃按分　課税価格 － (f)
関税減免税コード　関税減税額

内消税等種別	減免税コード	内消税減税額	内消税等種別	減免税コード	内消税減税額
1			2		
3			4		
5			6		

<02欄> 品目番号 (b)　品名　原産地 US －
数量1 －　数量2 －　輸入令別表　蔵置種別等
BPR係数　運賃按分　課税価格 － (g)
関税減免税コード　関税減税額

内消税等種別	減免税コード	内消税減税額	内消税等種別	減免税コード	内消税減税額
1			2		
3			4		
5			6		

<03欄> 品目番号 (c)　品名　原産地 US －
数量1 －　数量2 －　輸入令別表　蔵置種別等
BPR係数　運賃按分　課税価格 － (h)
関税減免税コード　関税減税額

内消税等種別	減免税コード	内消税減税額	内消税等種別	減免税コード	内消税減税額
1			2		
3			4		
5			6		

<04欄> 品目番号 (d) 品名 原産地 US －
数量1 － 数量2 － 輸入令別表 蔵置種別等
BPR係数 運賃按分 課税価格 － (i)
関税減免税コード 関税減税額

内消税等種別	減免税コード	内消税減税額	内消税等種別	減免税コード	内消税減税額
1			2		
3			4		
5			6		

<05欄> 品目番号 (e) 品名 原産地 US －
数量1 － 数量2 － 輸入令別表 蔵置種別等
BPR係数 運賃按分 課税価格 － (j)
関税減免税コード 関税減税額

内消税等種別	減免税コード	内消税減税額	内消税等種別	減免税コード	内消税減税額
1			2		
3			4		
5			6		

別紙３

実勢外国為替相場の週間平均値
（１米ドルに対する円相場）

期　　間	週間平均値
令和3. 8.29 ～ 令和3. 9. 4	¥108.00
令和3. 9. 5 ～ 令和3. 9.11	¥110.00
令和3. 9.12 ～ 令和3. 9.18	¥112.00
令和3. 9.19 ～ 令和3. 9.25	¥107.00
令和3. 9.26 ～ 令和3.10. 2	¥105.00

別冊

第２問　輸入（納税）申告

実行関税率表（抜すい）

第17類　糖類及び砂糖菓子

注
1　この類には、次の物品を含まない。
(a)　ココアを含有する砂糖菓子（第18.06項参照）

Chapter 17　Sugars and sugar confectionery

Notes.
1.- This Chapter does not cover:
(a) Sugar confectionery containing cocoa (heading 18.06);

番号 No.	統計細分 Stat. Code No.	NACCS用	品名	税率 Rate of Duty 基本 General	協定 WTO	特恵 Preferential	暫定 Temporary	単位 Unit	Description
17.04			砂糖菓子（ホワイトチョコレートを含むものとし、ココアを含有しないものに限る。）						Sugar confectionery (including white chocolate), not containing cocoa:
1704.10	000	5	チューインガム（砂糖で覆つてあるかないかを問わない。）	30%	24%	×無税 Free		KG	Chewing gum, whether or not sugar-coated
1704.90			その他のもの						Other:
	100	4	1 甘草エキス(菓子にしたものを除く。)	無税 Free	(無税) (Free)			KG	1 Liquorice extract, not put up as confectionery
			2 その他のもの	35%	25%	×無税 Free			2 Other:
	210	2	－キャンデー類					KG	Candies
	220	5	－キャラメル					KG	Caramels
	230	1	－ホワイトチョコレート					KG	White chocolate
	290	5	－その他のもの					KG	Other

第18類　ココア及びその調整品

注
1　この類には、第 04.03 項、第 19.01 項、第 19.04 項、第 19.05 項、第 21.05 項、第 22.02 項、第 22.08 項、第 30.03 項又は第 30.04 項の調製品を含まない。

Chapter 18　Cocoa and cocoa preparations

Notes.
1.- This Chapter does not cover the preparations of heading 04.03, 19.01, 19.04, 19.05, 21.05, 22.02, 22.08, 30.03 or 30.04.

番号 No.	統計細分 Stat. Code No.	NACCS用	品名	税率 Rate of Duty 基本 General	協定 WTO	特恵 Preferential	暫定 Temporary	単位 Unit	Description
18.06			チョコレートその他のココアを含有する調製食料品						Chocolate and other food preparations containing cocoa:
1806.10			ココア粉（砂糖その他の甘味料を加えたものに限る。）						Cocoa powder, containing added sugar or other sweetening matter:
1806.20			その他の調製品（塊状、板状又は棒状のもので、その重量が2キログラムを超えるもの及び液状、ペースト状、粉状、粒状その他これらに類する形状のもので、正味重量が2キログラムを超える容器入り又は直接包装にしたものに限る。）						Other preparations in blocks, slabs or bars weighing more than 2 kg or in liquid, paste, powder, granular or other bulk form in containers or immediate packings, of a content exceeding 2 kg:

番号 No.	統計細分 Stat. Code No.	NACCS用	品名	税率 Rate of Duty 基本 General	協定 WTO	特恵 Preferential	暫定 Temporary	単位 Unit	Description
(18.06)			その他のもの（塊状、板状又は棒状のものに限る。）						Other, in blocks, slabs or bars:
1806.31	000	4	詰物をしたもの	10%	(10%)	×無税 Free		KG	Filled
1806.32			詰物をしていないもの						Not filled:
1806.90			その他のもの						Other:
	100	3	1 チョコレート菓子	10%	(10%)	×無税 Free		KG	1 Chocolate confectionery
			2 その他のもの						2 Other:
			(1) 第04.01項から第04.04項までの物品の調製食料品（ココア粉の含有量が全重量の10%未満のものに限る。）						(1) Food preparations of goods of heading 04.01 to 04.04, containing cocoa powder in a proportion by weight of less than 10 %:
			A ミルクの天然の組成分の含有量の合計が乾燥状態において全重量の30%以上のもの（加圧容器入りにしたホイップドクリームを除く。）	28%+ 799円 (yen)/kg		×無税 Free			A Containing not less than 30 % of natural milk constituents by weight, calculated on the dry matter, excluding whipped cream in pressurized containers: ⓋⓆ
	311	4	－その他の乳製品に係る共通の限度数量以内のもの		(21%)		21%	KG	For "the Pooled Quota of other milk products"
	319	†	－その他のもの		23.8%+ 679円 (yen)/kg			KG	Other
			B その他のもの						B Other:
	321	0	(a) 砂糖を加えたもの	28%	23.8%	×無税 Free		KG	(a) Containing added sugar
	322	1	(b) その他のもの	25%	21.3%	×無税 Free		KG	(b) Other
			(2) その他のもの						(2) Other:
			A 砂糖を加えたもの	35%	29.8%	×無税 Free			A Containing added sugar:
	212	3	－チューインガムその他の砂糖菓子及びしよ糖の含有量が全重量の50%以上のもの				*1%	KG	Chewing gum and other sugar confectionery; foods, containing not less than 50 % by weight of sucrose
			－その他のもの						Other:
	213	4	－－各成分のうち砂糖の重量が最大のもの					KG	Foods, the largest single ingredient of which is sugar by weight
	219	3	－－その他のもの					KG	Other
	220	4	B その他のもの	25%	21.3%	12.5% ×無税 Free		KG	B Other

番号 No.	統計細分 Stat. Code No.	NACCS用	品名	税率 Rate of Duty 基本 General	協定 WTO	特恵 Preferential	暫定 Temporary	単位 Unit	Description
19.05			パン、ペーストリー、ケーキ、ビスケットその他のベーカリー製品（ココアを含有するかしないかを問わない。）及び聖さん用ウエハー、医療用に適するオブラート、シーリングウエハー、ライスペーパーその他これらに類する物品						Bread, pastry, cakes, biscuits and other bakers' wares, whether or not containing cocoa; communion wafers, empty cachets of a kind suitable for pharmaceutical use, sealing wafers, rice paper and similar products:
1905.10	000	2	クリスプブレッド	12%	9%	4.5% ×無税 Free		KG	Crispbread
1905.20	000	6	ジンジャーブレッドその他これに類する物品	30%	18%	9% ×無税 Free		KG	Gingerbread and the like
			スイートビスケット、ワッフル及びウエハー						Sweet biscuits; waffles and wafers:
1905.31	000	2	スイートビスケット	24%	20.4%	×無税 Free		KG	Sweet biscuits
1905.32	000	1	ワッフル及びウエハー	30%	18%	15% ×無税 Free		KG	Waffles and wafers
1905.40	000	0	ラスク、トーストパンその他これらに類する焼いた物品	12%	9%	4.5% ×無税 Free		KG	Rusks, toasted bread and similar toasted products
1905.90			その他のもの						Other:
	100	1	1 パン、乾パンその他これらに類するベーカリー製品（砂糖、はちみつ、卵、脂肪、チーズ又は果実を加えたものを除く。）	12%	9%	×無税 Free		KG	1 Bread, ship's biscuits and other ordinary bakers' wares, not containing added sugar, honey, eggs, fats, cheese or fruit
	200	3	2 聖さん用ウエハー、医療用に適するオブラート、シーリングウエハー、ライスペーパーその他これらに類する物品	6.4%	6%	×無税 Free		KG	2 Communion wafers, empty cachets of a kind suitable for pharmaceutical use, sealing wafers, rice paper and similar products
			3 その他のもの						3 Other:
			(1) 砂糖を加えたもの						(1) Containing added sugar:
	311	2	A あられ、せんべいその他これらに類する米菓	40%	34%	×無税 Free		KG	A Arare, Senbei and similar rice products
	312	3	B ビスケット、クッキー及びクラッカー	24%	15%	×無税 Free		KG	B Biscuits, cookies and crackers
	314	5	C 主としてばれいしよの粉から成る混合物を成型した後、食用油で揚げ又は焼いたもの	9.6%	9%	×無税 Free		KG	C Crisp savoury food products, made from a dough based on potato powder
			D その他のもの	30%		15% ×無税 Free			D Other:

番号 No.	統計細分 Stat. Code No.	NACCS用	品名	税率 Rate of Duty 基本 General	協定 WTO	特恵 Prefer-ential	暫定 Tempo-rary	単位 Unit	Description
(1905.90)	313	4	－ピザ（冷蔵し又は冷凍したものに限る。）		24%			KG	Pizza, chilled or frozen
	319	3	－その他のもの		25.5%			KG	Other
			(2) その他のもの						(2) Other:
	321	5	A あられ、せんべいその他これらに類する米菓	35%	29.8%	×無税 Free		KG	A Arare, Senbei and similar rice products
	322	6	B ビスケット、クッキー及びクラッカー	20%	13%	×無税 Free		KG	B Biscuits, cookies and crackers
	323	0	C 主としてばれいしょの粉から成る混合物を成型した後、食用油で揚げ又は焼いたもの	9.6%	9%	×無税 Free		KG	C Crisp savoury food products, made from a dough based on potato powder
	329	6	D その他のもの	25%	21.3%	12.5% ×無税 Free		KG	D Other

第20類　野菜、果実、ナットその他植物の部分の調製品

Chapter 20　Preparations of vegetables, fruit, nuts or other parts of plants

注
1～3（省略）
4　トマトジュースで含有物の乾燥重量が全重量の7%以上のものは、第20.02項に属する。

Notes.
1.-～3.-（省略）
4.- Tomato juice the dry weight content of which is 7% or more is to be classified in heading 20.02.

番号 No.	統計細分 Stat. Code No.	NACCS用	品名	税率 Rate of Duty 基本 General	協定 WTO	特恵 Prefer-ential	暫定 Tempo-rary	単位 Unit	Description
20.02			**調製し又は保存に適する処理をしたトマト（食酢又は酢酸により調製し又は保存に適する処理をしたものを除く。）**						**Tomatoes prepared or preserved otherwise than by vinegar or acetic acid:**
2002.10	000	4	**トマト（全形のもの及び断片状のものに限る。）**	9.6%	9%	7.6% ×無税 Free		KG	**Tomatoes, whole or in pieces**
2002.90			**その他のもの**						**Other:**
	100	3	1 砂糖を加えたもの	22.4%	13.4%	×無税 Free		KG	1 Containing added sugar
			2 その他のもの						2 Other:
			(1) トマトピューレー及びトマトペースト	20%					(1) Tomato purée and tomato paste:

番号 No.	統計細分 Stat. Code No.	NACCS用	品名	税率 Rate of Duty 基本 General	協定 WTO	特恵 Preferential	暫定 Temporary	単位 Unit	Description
(2002.90)			－気密容器入りのもの 注:保税工場において輸出用の魚又は貝類の缶詰の製造に使用し、かつ、積み戻したものは、関税法により輸入貨物とせず、関税を課さない。		16%				In airtight containers Note: The goods, above mentioned, when used at a bonded manufacturing warehouse for the manufacture of canned fish or shellfish for export and re-exported shall be exempted from customs duty in accordance with the provisions of the Customs Law, Law No.61, 1954:
	211	2	－－トマトケチャップその他のトマトソースの製造に使用するものについて、当該年度における国内需要見込数量から国内生産見込数量を控除した数量を基準とし、国際市況その他の条件を勘案して政令で定める数量以内のもの			○無税 Free		KG	For the quantity (quota) stipulated for manufacture of tomato ketchup and other tomato sauces by a Cabinet Order, on the basis of the quantity of prospective domestic demand in the coming fiscal year (April-March) with deduction of the quantity of prospective domestic production, and also in consideration of international market situation and other relevant conditions
	219	†	－－その他のもの			×無税 Free		KG	Other
			－その他のもの		16%				Other:
	221	5	－－トマトケチャップその他のトマトソースの製造に使用するものについて、当該年度における国内需要見込数量から国内生産見込数量を控除した数量を基準とし、国際市況その他の条件を勘案して政令で定める数量以内のもの			○無税 Free		KG	For the quantity (quota) stipulated for manufacture of tomato ketchup and other tomato sauces by a Cabinet Order, on the basis of the quantity of prospective domestic demand in the coming fiscal year (April-March) with deduction of the quantity of prospective domestic production, and also in consideration of international market situation and other relevant conditions
	229	†	－－その他のもの			×無税 Free		KG	Other
	290	4	(2) その他のもの	9.6%	9%	7.6% ×無税 Free		KG	(2) Other

番号 No.	統計細分 Stat. Code No.	NACCS用	品名	税率 Rate of Duty 基本 General	協定 WTO	特恵 Preferential	暫定 Temporary	単位 Unit	Description
20.09			果実又は野菜のジュース（ぶどう搾汁を含み、発酵しておらず、かつ、アルコールを加えてないものに限るものとし、砂糖その他の甘味料を加えてあるかないかを問わない。）						Fruit juices (including grape must) and vegetable juices, unfermented and not containing added spirit, whether or not containing added sugar or other sweetening matter:
2009.50			トマトジュース						Tomato juice:
	100	1	1 砂糖を加えたもの	35%	29.8%	×無税 Free		L KG	1 Containing added sugar
	200	3	2 その他のもの	25%	21.3%	×無税 Free		L KG	2 Other

第21類　各種の調整食料品　　Chapter 21 Miscellaneous edible preparations

番号 No.	統計細分 Stat. Code No.	NACCS用	品名	税率 Rate of Duty 基本 General	協定 WTO	特恵 Preferential	暫定 Temporary	単位 Unit	Description
21.05									
2105.00			アイスクリームその他の氷菓（ココアを含有するかしないかを問わない。）						Ice cream and other edible ice, whether or not containing cocoa:
			1 砂糖を加えたもの						1 Containing added sugar:
			(1) しよ糖の含有量が全重量の50%未満のもの	28%		×無税 Free			(1) Less than 50 % by weight of sucrose:
			－各成分のうち砂糖の重量が最大のもの						Those, the largest single ingredient of which is sugar by weight:
	111	3	－－アイスクリーム		21%			KG	Ice cream
	112	4	－－その他のもの		(28%)			KG	Other
			－その他のもの						Other:
	113	5	－－アイスクリーム		21%			KG	Ice cream
	119	4	－－その他のもの		23.8%			KG	Other
			(2) その他のもの	35%		×無税 Free			(2) Other:
	191	6	－アイスクリーム		29.8%			KG	Ice cream
	199	0	－その他のもの		29.8%			KG	Other
			2 その他のもの	25%		×無税 Free			2 Other:
	210	4	－アイスクリーム		21.3%			KG	Ice cream
	290	0	－その他のもの		21.3%			KG	Other

第22類　飲料、アルコール及び食酢

Chapter 22　Beverage, spirits and vinegar

注

1 ～ 2 （省略）

3 第22.02項において「アルコールを含有しない飲料」とは、アルコール分が0.5％以下の飲料をいう。アルコール飲料は、第22.03項から第22.06項まで又は第22.08項に属する。

Notes.

1.- ～ 2.-（省略）

3.- For the purposes of heading 22.02, the term "non-alcoholic beverages" means beverages of an alcoholic strength by volume not exceeding 0.5% vol. Alcoholic beverages are classified in headings 22.03 to 22.06 or heading 22.08 as appropriate.

番号 No.	統計細分 Stat. Code No.	NACCS用	品名	税率 Rate of Duty 基本 General	協定 WTO	特恵 Preferential	暫定 Temporary	単位 Unit	Description
22.01			水（天然又は人造の鉱水及び炭酸水を含むものとし、砂糖その他の甘味料又は香味料を加えたものを除く。）、氷及び雪						Waters, including natural or artificial mineral waters and aerated waters, not containing added sugar or other sweetening matter nor flavoured; ice and snow:
2201.10	000	5	鉱水及び炭酸水	3.2%	3%	無税 Free		L	Mineral waters and aerated waters
2201.90	000	2	その他のもの	無税 Free	(無税) (Free)			L	Other
22.02			水（鉱水及び炭酸水を含むものとし、砂糖その他の甘味料又は香味料を加えたものに限る。）その他のアルコールを含有しない飲料（第20.09項の果実又は野菜のジュースを除く。）						Waters, including mineral waters and aerated waters, containing added sugar or other sweetening matter or flavoured, and other non-alcoholic beverages, not including fruit or vegetable juices of heading 20.09:
2202.10			水（鉱水及び炭酸水を含むものとし、砂糖その他の甘味料又は香味料を加えたものに限る。）						Waters, including mineral waters and aerated waters, containing added sugar or other sweetening matter or flavoured:
	100	5	1 砂糖を加えたもの	22.4%	13.4%	×無税 Free		L	1 Containing added sugar
	200	0	2 その他のもの	16%	9.6%	×無税 Free		L	2 Other
			その他のもの						Other:
2202.91			ノンアルコールビール						Non-alcoholic beer:
	100	1	1 砂糖を加えたもの	22.4%	13.4%	×無税 Free		L	1 Containing added sugar
	200	3	2 その他のもの	16%	9.6%	×無税 Free		L	2 Other
2202.99			その他のもの						Other:
	100	0	1 砂糖を加えたもの	22.4%	13.4%	×無税 Free		L	1 Containing added sugar
	200	2	2 その他のもの	16%	9.6%	×無税 Free		L	2 Other
22.03									
2203.00	000	4	ビール	6.40円 (yen)/l	無税 Free	無税 Free		L	Beer made from malt

関税率表解説（抜すい）

第22類
飲料、アルコール及び食酢

22.02 水（鉱水及び炭酸水を含むものとし、砂糖その他の甘味料又は香味料を加えたものに限る。）その他のアルコールを含有しない飲料（第20.09項の果実又は野菜のジュースを除く。）

（省略）

この項には、この類の注３に規定されているアルコールを含有しない飲料で、他の項、特に20.09項又は22.01 項に属さないものを含む。

（A）水（鉱水及び炭酸水を含むものとし、砂糖その他の甘味料又は香味料を加えたものに限る。）

このグループには、次の物品を含む。

（1）甘味を付け又は香味を付けた天然又は人造の鉱水

（2）レモネード、オレンジエード、コーラのような飲料：通常の飲料水（甘味を有するか有しないかを問わない。）に果汁、果実エッセンス又は複合エキスで香味付けしたもので、場合によってはくえん酸又は酒石酸が添加される。これらの飲料は、しばしば炭酸ガスを封入して通常びん又はその他の密閉容器に詰められている。

（B）ノンアルコールビール

このグループには、次の物品を含む。

（1）麦芽から作ったビールで、アルコール分が0.5％以下のもの

（2）ジンジャービール及びハーブビールで、アルコール分が0.5％以下のもの

（3）ビールとアルコールを含有しない飲料との混合物（例えば、レモネード）で、アルコール分が0.5％以下のもの

日付・正解 Check	／	／	／

第４問 »» 正解：(a)－①、(b)－⑥、(c)－⑭、(d)－⑨、(e)－⑩
(f)－2856000、(g)－2374400、(h)－1030400、
(i)－0323680、(j)－0286720

解説

1　適用されるレート

外国通貨の換算レートの確認：10月１日の**前々週のレートは、112.00円／１米ドル**（９月12日～９月18日）である。

2　問題文の確認

①　問題文記２：品目番号ごとの申告価格が20万円以下であるもの（上記１によりとりまとめたものを含む。）がある場合には、その品目番号が異なるものであっても、これらを**関税が有税である品目と無税である品目に分けて、それぞれを一括**して一欄にとりまとめる。
（※解説：**少額貨物**に該当する貨物のみ、**適用する関税率を確認**する必要がある。）

②　問題文記３：上記２による場合に輸入申告事項登録画面に入力すべき品目番号は、次のとおりとする。
（１）**有税**である品目については、上記２によりとりまとめる前の品目のうち**関税率が最も高いもの**の品目番号とし、10桁目は「X」とする。
（２）**無税**である品目については、上記２によりとりまとめる前の品目のうち**申告価格**（上記１によりとりまとめたものについては、その合計額）**が最も大きい**ものの品目番号と し、10桁目は「X」とする。
（※解説：10桁目が「E」となる場合の指示がないため、必ず申告価格が20万円以下となる貨物が複数あり、仕入書中の貨物は６品目しかないためこれらのうち二つが少額貨物となり、**両方とも有税品となるか、両方とも無税品のいずれかとなる可能性が高い**ことが分かる。）

③　問題文記４：輸入申告事項登録画面に入力する品目番号（(a) ～ (e)）は、その品目番号ごとの申告価格（上記１及び２によりとりまとめたものについては、その合計額）が**大きいものから順に入力する**ものとする。
（※解説：記１及び記２に基づきまとめた後に**単に金額の大きい順に並べる**必要がある。つまり、10桁目が「X」となるものが最後になるとは限らない。）

④　問題文記７：輸入者（買手）は、別紙１の仕入書に記載されている「Beer made from malt, of an alcoholic strength by volume of 0.5% vol and not containing added sugar」1,400Lの製造に使用する原料をその原料の生産者で

あるアメリカ所在のA社から**5,000米ドルで購入して、輸出者（売手）に有償で提供し、当該輸出者（売手）から当該原料の代金として5,000米ドルの支払いを受ける**。また、輸入者（買手）は、B社に当該原料の買付けを委託し、当該輸出者（売手）に支払う当該**原料の代金とは別に、当該買付けに係る業務の対価として200米ドルをB社に支払う**。なお、輸入者（買手）は、当該原料の購入に要するこれらの費用とは別に、当該**原料を輸出者（売手）に提供するために要する運送費用1,000米ドルを負担**する。

（※解説：**輸入者が輸出者に原料を有償提供するために支払った費用の総額は6,200米ドル**（原料の購入費用の5,000米ドル、原料の買付業務の対価200米ドル、原料を輸出者に提供する運送費用1,000米ドルの合計額）であり、**輸出者が原料の代金として輸入者に支払った金額は5,000米ドル**であるから、その差額である1,200米ドルを、「Beer made from malt, of an alcoholic strength by volume of 0.5% vol and not containing added sugar」の仕入書単価に加算する必要がある。）

⑤ 問題文記8：別紙1の仕入書に記載されている「Cookie, containing added sugar and cocoa」10,000個について、輸入者（買手）は、**運送時における貨物保全のための包装材を、輸出者（売手）に無償で提供**し、その提供に要する費用として**1,200米ドルを負担**する。また、輸入者（買手）は、「Cookie, containing added sugar and cocoa」10,000個について、**輸入港での船卸しの完了後**、国内に引き取るまでの間はC社の保税蔵置場で保管し、その**保管費用として70,000円**をC社に支払う。

（※解説：まず、「Cookie, containing added sugar and cocoa」10,000個の運送時における貨物保全のための包装材を、輸入者が輸出者に無償で提供しているが、**包装材の費用は課税価格に加算すべき費用であるため、1,200米ドル**を「Cookie, containing added sugar and cocoa」の**課税価格に加算**する必要がある。次に、「Cookie, containing added sugar and cocoa」10,000個について、輸入港での船卸しの完了後に国内で保管しているが、この費用は**本邦に到着した後の費用**であるから保管費用の**70,000円は課税価格に加算する費用はない**。）

⑥ 問題文記9：輸入者（買手）と輸出者（売手）の両者は、別紙1の仕入書に記載されている「Chewing gum, containing added sugar（50% by weight）and not containing cocoa」についてそれぞれが販売促進に努めることとしており、輸入者（買手）は、広告会社D社に**本邦における輸入貨物の販売促進を依頼**し、その費用として4,000米ドルをD社に支払う。

（※解説：「Chewing gum, containing added sugar（50% by weight）and not containing cocoa」について、輸入者が本邦における販売促進のための費用を負担しているが、**輸入者が自己のために行う活動費用に該当**し、販売促進費4,000米ドルは**課税価格に加算する必要はない**。）

⑦ 問題文記10：別紙1の仕入書に記載されている「Tomato juice, not containing added sugar」は、**含有物の乾燥重量が全重量の6％**で、アルコールを含有しないものとする。

（※解説：「Tomato juice, not containing added sugar」の**品目番号を検討する際には確認**する必要がある。）

⑧ 問題文記11：別紙1の仕入書に記載されている「Lemonade non-alcoholic」は、**水に砂糖を加え、レモン果汁で香味付けしたもの**とする。

（※解説：「Lemonade non-alcoholic」の**品目番号を検討する際には確認**する必要がある。）

⑨ 問題文記12：別紙1の仕入書に記載された食料品等については、**日本国とアメリカ合衆国との間の貿易協定に基づく税率の適用に必要な条件が具備されていない**ため、申告に当たっては当該税率を適用しないものとする。

（※解説：日本国とアメリカ合衆国との間の貿易協定に基づく税率の適用に必要な条件が具備されていないとあるので、**実行関税率表の通常の関税率（基本税率やWTO協定税率等）により関税率を決定**していく。）

3　輸入貨物の分類

仕入書の各貨物が実行関税率表のどこに分類されるかを考えていく。

（1）Beer made from malt, of an alcoholic strength by volume of 0.5% vol and not containing added sugar : 350ml × 20 × 200C/T（1,400L）：**飲料**（ビール）は第22類に分類　⇒　モルトから製造したビールではあるが、**アルコール分が0.5%**であるから、第22類注3の規定より**アルコールを含有しない飲料に該当する**ため、第22.03項ではなく、第22.02項に分類　⇒　**水に甘味料等を加えたものではない**ので、その他のものとして、第2202.91号又は第2202.99号に分類　⇒　**ノンアルコールビール**であり、砂糖は加えていないものであるから「2その他のもの」（2202.91.200.3）に分類

（2）Cookie, containing added sugar and cocoa：クッキーは**ベーカリー製品**として第19類に分類　⇒　クッキーであるから**その他のベーカリー製品**として第19.05項に分類　⇒　クッキーは**第1905.10号から第1905.40号までに該当するものがない**ので、その他のものとして第1905.90号に分類　⇒　**「1905.90.100.1」のパン等や「1905.90.200.3」の聖さん用ウエハー等には該当するものがない**ので、「3その他のもの」に分類　⇒　**砂糖を加えたクッキー**

であるので、「(1)砂糖を加えたもの」の中の「Bビスケット、クッキー及びクラッカー」(1905.90.312.3) に分類

(3) Chewing gum, containing added sugar (50% by weight) and not containing cocoa：ココアを含有しないチューインガムのような**砂糖菓子**は第17類に分類 ⇒ **砂糖菓子**は第17.04項に分類 ⇒ **チューインガム**であるから「1704.10.000.5」に分類

(4) Tomato juice, not containing added sugar : 500ml × 20 × 170C/T (1,700L)：問題文記10よりアルコールを含有しない**野菜の調製品**であるから第20類に分類 ⇒ 問題文記10より含有物の**乾燥重量が全重量の6%**であるトマトジュースであるから、第20類注4の規定より**第20.02項には該当しない**ので、**野菜のジュース**として第20.09項に分類 ⇒ **砂糖を加えていないトマトジュース**であるから「トマトジュース」(第2009.50号) の中の「2その他のもの」(2009.50.200.3) に分類

(5) Lemonade, non-alcoholic : 750ml × 12 × 100C/T (900L)：**飲料**は第22類に分類 ⇒ 問題文記11より**水に砂糖を加え、レモン果汁で香味付けした飲料**であるから第22.02項に分類 ⇒ 問題文記11より**水に砂糖を加え、レモン果汁で香味付けした飲料**であるから「水 (鉱水及び炭酸水を含むものとし、砂糖その他の甘味料又は香味料を加えたものに限る。)」(第2202.10号) の中の「1砂糖を加えたもの」(2202.10.100.5) に分類

(6) Ice cream, containing added sugar (52% by weight of sucrose) and cocoa：アイスクリームは**各種の調製食料品**として第21類に分類 ⇒ ココアを含有するかしないかを問わず**アイスクリーム**は第21.05項に分類 ⇒ **砂糖を加えたアイスクリーム**であり、**しょ糖の含有量が52%**のものであるから、「1砂糖を加えたもの」のうちの、「(2) その他のもの」の中の「アイスクリーム」(2105.00.191.6) に分類

4 解答番号を探す

a－①、f－2856000：(3) Chewing gum, containing added sugar (50% by weight) and not containing cocoaの**課税価格が最も大きい**のでaの解答は①1704.10-0005となる。また課税価格は、US$25,500.00 × 112円／US$ = 2,856,000円となり、fの解答は2856000となる。

b－⑥、g－2374400：(2) Cookie, containing added sugar and cocoaの**課税価格が2番目に大きい**のでbの解答は⑥1905.90-3123となる。また課税価格は、(US$20,000.00 + US$1,200.00) × 112円／US$ = 2,374,400円となり、gの解答は

2374400となる。

c－⑭、h－1030400：（1）Beer made from malt, of an alcoholic strength by volume of 0.5% vol and not containing added sugar：350ml×20×200C/T（1,400L）の**課税価格が３番目に大きい**のでcの解答は⑭2202.91-2003となる。また課税価格は、（US$8,000.00＋US$1,200.00）×112円／US$＝1,030,400円となり、hの解答は1030400となる。

d－⑨、i－0323680：（4）Tomato juice, not containing added sugar：500ml×20×170C/T（1,700L）の**課税価格が４番目に大きい**のでdの解答は⑨2009.50-2003となる。また課税価格は、US$2,890.00×112円／US$＝323,680円となり、iの解答は0323680となる。

残りの貨物は、仕入書にある金額がかなり小さいためすべて少額貨物となることが予想できる。そこでまず（5）Lemonade, non-alcoholic：750ml×12×100C/T（900L）が、残りの二つの中ではドルベースの仕入書価格が最も大きいので円に換算した後の課税価格を計算するとUS$1,560.00×112円／US$＝174,720円であり、残りは二つとも少額貨物であることが分かる。次に残り二つの税率を確認していくと、（5）Lemonade, non-alcoholic：750ml×12×100C/T（900L）の関税率は**協定税率の13.4%**である。（6）Ice cream, containing added sugar（52% by weight of sucrose）and cocoaの関税率は**協定税率の29.8%**である。したがって、問題文記３（1）に従い有税である品目の（5）Lemonade, non-alcoholic：750ml×12×100C/T（900L）と（6）Ice cream, containing added sugar（52% by weight of sucrose）and cocoaについては、関税率の最も高い（6）Ice cream, containing added sugar（52% by weight of sucrose）and cocoaの「2105.00.191.6」の10桁目を「X」として解答する。

e－⑩、j－0286720：（6）Ice cream, containing added sugar（52% by weight of sucrose）and cocoaの品目番号「2105.00.191.6」のNACCS用番号をXとしてeの解答は⑩2105.00-191Xとなる。また課税価格は、（US$1,560.00＋US$1,000.00）×112円／US$＝286,720円となり、jの解答は0286720となる。

問題 5 輸入(納税)申告

別紙１の仕入書及び下記事項により、アメリカから食器等を輸入する場合の輸入（納税）申告を輸出入・港湾関連情報処理システム（NACCS）を使用して行う場合について、以下の問いに答えなさい。

(1) 別紙２の輸入申告事項登録画面の品目番号欄（(a) ～ (e)）に入力すべき品目番号を、関税率表の解釈に関する通則に従い、別冊の「実行関税率表」（抜粋）及び「関税率表解説」（抜粋）を参照して、下の選択肢から選び、その番号をマークしなさい。

(2) 別紙２の輸入申告事項登録画面の課税価格の右欄（(f) ～ (j)）に入力すべき申告価格（関税定率法第４条から第４条の９まで（課税価格の計算方法）の規定により計算される課税価格に相当する価格）の額をマークしなさい。

記

1　別紙１の仕入書に記載されている品目に品目番号が同一であるものがある場合には、これらを一の品目番号にとりまとめる。

2　品目番号ごとの申告価格が20万円以下であるもの（上記１によりとりまとめたものを含む。）がある場合には、その品目番号が異なるものであっても、これらを関税が有税である品目と無税である品目に分けて、それぞれを一括して一欄にとりまとめる。

3　上記２による場合に輸入申告事項登録画面に入力すべき品目番号は、次のとおりとする。

(1)　有税である品目については、上記２によりとりまとめる前の品目のうち関税率が最も高いもの（同一の関税率が適用される場合は申告価格（上記１によりとりまとめたものについては、その合計額）が最も大きいもの）の品目番号とし、10桁目は「X」とする。

(2)　無税である品目については、上記２によりとりまとめる前の品目のうち申告価格（上記１によりとりまとめたものについては、その合計額）が最も大きいものの品目番号とし、10桁目は「X」とする。

4　輸入申告事項登録画面に入力する品目番号（(a)～(e)）は、その品目番号ごとの申告価格（上記1及び2によりとりまとめたものについては、その合計額）が大きいものから順に入力するものとする。

5　輸入申告事項登録画面の課税価格の右欄（(f)～(j)）には、別紙1の仕入書に記載されている価格に、下記8及び10の費用が申告価格に算入すべきものである場合にはその額を加算した額（本邦通貨に換算した後の額）を入力することとする。なお、1円未満の端数がある場合は、これを切り捨てる。

6　別紙1の仕入書に記載されている米ドル建価格の本邦通貨への換算は、別紙3の「実勢外国為替相場の週間平均値」を参照して行う。

7　別紙1の仕入書に記載されている「Sets of knives, forks and spoons, of stainless steel」は、大型ナイフ6本、デザート用のナイフ6本、フォーク6本、スプーン6本から成るセットで、いずれも貴金属をめっきしてないものとする。

8　別紙1の仕入書に記載されている「Butter dish, of copper, not plated with precious metal」500個について、輸入者（買手）は、仕入書価格とは別に、A社から「Butter dish, of copper, not plated with precious metal」500個の生産に使用するための金型の取得費用500,000円を負担し、当該金型を輸出者（売手）に無償で提供する。なお、当該金型は、当該生産のみに使用され、当該生産の後に廃棄される。

9　別紙1の仕入書に記載されている「Worn headgear, of leather, containing furskin」は、使い古したものであることが外観から明らかであり、サックに入れて提示されるものとする。

10　別紙1の仕入書に記載されている「Pillow, stuffed with feather and down」200個について、輸入者（買手）は、仕入書価格とは別に、A社から「Pillow, stuffed with feather and down」200個に取り付けるための洗濯ラベル200枚の取得費用10,000円を負担し、当該洗濯ラベル200枚を輸出者（売手）に無償で提供する。なお、当該洗濯ラベル200枚は、我が国の法律等に基づき表示することが義務付けられている事項のみを表示しているものではないものとする。

11　別紙1の仕入書に記載された食器等については、日本国とアメリカ合衆国との間の貿易協定に基づく税率の適用に必要な条件が具備されていないため、申告に当たっては当該税率を適用しないものとする。

12　輸入者（買手）、輸出者（売手）及びA社のいずれの間においても特殊関係はない。

13　申告年月日は、令和4年10月3日とする。

①3925.90-0005	②3926.30-000X	③4203.40-1005
④6309.00-0003	⑤6506.99-3006	⑥6701.00-0003
⑦7308.90-0104	⑧7323.93-000X	⑨7418.10-0001
⑩8211.10-000X	⑪8215.20-000X	⑫8215.99-0005
⑬8302.41-0001	⑭9404.40-0106	⑮9404.90-0002

別紙1

INVOICE

Seller	**Invoice No. and Date**
XYZ Corp. 1125 E 8th Street Los Angeles, CA 90079	XYZ-1116 Sep. 5th, 2022 Reference No. XYZ-1007

Buyer ABC Trading Co.,Ltd. HIGASHI 2-3, CHUO-KU, TOKYO, JAPAN	**Country of Origin** U.S.A. **L/C No.** **Date**
Vessel Nihon Maru **On or about** Sep. 14th, 2022 **From** Los Angeles, U.S.A. **Via**	**Issuing Bank**
To Tokyo, Japan	**Payment Terms**

Marks and Nos.	**Description of Goods**	**Quantity Unit**	**Unit Price per Unit**	**Amount CIF US$**
ABC TOKYO Made in U.S.A.	Sets of knives, forks and spoons, of stainless steel	30	40.00	1,200.00
	Butter dish, of copper, not plated with precious metal	500	120.00	60,000.00
	Worn headgear, of leather, containing furskin	2,000	20.00	40,000.00
	Pillow, stuffed with feather and down	200	80.00	16,000.00
	Plastic hinge, for furniture	100	5.00	500.00
	Plastic handle, for permanent installation on steel door	1,200	10.00	12,000.00
	Total : CIF TOKYO		US$	129,700.00

Total: 1,500CTNS
N/W : 5,500kgs
G/W : 7,450kgs

XYZ Corp.

(Signature)

別紙2

輸入申告事項登録（輸入申告）

共通部　繰返部

申告番号 [ ]

大額／少額 [L]　申告等種別 [C]　申告先種別 [ ]　貨物識別 [ ]　識別符号 [ ]

あて先官署 [ ]　あて先部門 [ ]　申告等予定年月日 [ ]

輸入者 [ ] [ABC TRADING CO.,LTD.]

住所 [TOKYO TO CHUO KU HIGASHI 2-3]

電話 [ ]

蔵置場所 [ ]　一括申告 [ ]　申告等予定者 [ ]

B/L番号 1 [ ]　2 [ ]

3 [ ]　4 [ ]

5 [ ]

貨物個数 [1,500] [CT]　貨物重量（グロス） [7,450] [KGM]

貨物の記号等 [AS PER ATTACHED SHEET]

積載船（機） [ ] − [NIHON MARU]　入港年月日 [ ]

船（取）卸港 [JPTYO]　積出地 [USLAX] − [ ]　貿易形態別符号 [ ]　コンテナ本数 [ ]

仕入書識別 [ ]　電子仕入書受付番号 [ ]　仕入書番号 [XYZ-1116]

仕入書価格 [A] − [CIF] − [ ] − [ ]

輸入申告事項登録(輸入申告)

共通部　繰返部

<01欄> 品目番号 (a)　品名　原産地 US －
数量1 －　数量2 －　輸入令別表　蔵置種別等
BPR係数　運賃按分　課税価格 － (f)
関税減免税コード　関税減税額

内消税等種別	減免税コード	内消税減税額	内消税等種別	減免税コード	内消税減税額
1			2		
3			4		
5			6		

<02欄> 品目番号 (b)　品名　原産地 US －
数量1 －　数量2 －　輸入令別表　蔵置種別等
BPR係数　運賃按分　課税価格 － (g)
関税減免税コード　関税減税額

内消税等種別	減免税コード	内消税減税額	内消税等種別	減免税コード	内消税減税額
1			2		
3			4		
5			6		

<03欄> 品目番号 (c)　品名　原産地 US －
数量1 －　数量2 －　輸入令別表　蔵置種別等
BPR係数　運賃按分　課税価格 － (h)
関税減免税コード　関税減税額

内消税等種別	減免税コード	内消税減税額	内消税等種別	減免税コード	内消税減税額
1			2		
3			4		
5			6		

<04欄> 品目番号 (d) 品名 原産地 US －

数量1 － 数量2 － 輸入令別表 蔵置種別等

BPR係数 運賃按分 課税価格 － (i)

関税減免税コード 関税減税額

内消税等種別	減免税コード	内消税減税額	内消税等種別	減免税コード	内消税減税額
1			2		
3			4		
5			6		

<05欄> 品目番号 (e) 品名 原産地 US －

数量1 － 数量2 － 輸入令別表 蔵置種別等

BPR係数 運賃按分 課税価格 － (j)

関税減免税コード 関税減税額

内消税等種別	減免税コード	内消税減税額	内消税等種別	減免税コード	内消税減税額
1			2		
3			4		
5			6		

別紙３

実勢外国為替相場の週間平均値
（１米ドルに対する円相場）

期　　　間	週間平均値
令和4. 9. 4 ～ 令和4. 9.10	￥133.00
令和4. 9.11 ～ 令和4. 9.17	￥128.00
令和4. 9.18 ～ 令和4. 9.24	￥130.00
令和4. 9.25 ～ 令和4.10. 1	￥132.00
令和4.10. 2 ～ 令和4.10. 8	￥129.00

第2問　輸入（納税）申告

実行関税率表（抜粋）

第39類　プラスチック及びその製品

注
1～10（省略）
11 第39.25項には、第2節の同項よりも前の項の物品を除くほか、次の製品のみを含む。
(a)～(h)（省略）
(ij) 取付具（例えば、取手、掛けくぎ、腕木、タオル掛け及びスイッチ板その他の保護板。戸、窓、階段、壁その他の建物の部分に恒久的に取り付けるためのものに限る。）

Chapter 39 Plastics and articles thereof

Notes.
1.～10.（省略）
11.- Heading 39.25 applies only to the following articles, not being products covered by any of the earlier headings of sub-Chapter II :
(a)～(h)（省略）
(ij) Fittings and mountings intended for permanent installation in or on doors, windows, staircases, walls or other parts of buildings, for example, knobs, handles, hooks, brackets, towel rails, switch-plates and other protective plates.

番号 No.	統計細分 Stat. Code No.	NACCS用	品名	税率 Rate of Duty 基本 General	協定 WTO	特恵 Preferential	暫定 Temporary	単位 Unit	Description
39.25			プラスチック製の建築用品（他の項に該当するものを除く。）						Builders' ware of plastics, not elsewhere specified or included :
3925.10	000	1	貯蔵槽、タンク、おけその他これらに類する容器（容積が300リットルを超えるものに限る。）	5.8%	3.9%	無税 Free		KG	Reservoirs, tanks, vats and similar containers, of a capacity exceeding 300 l
3925.20	000	5	戸及び窓並びにこれらの枠並びに戸の敷居	5.8%	3.9%	無税 Free		KG	Doors, windows and their frames and thresholds for doors
3925.30	000	2	よろい戸、日よけ（ベネシャンブラインドを含む。）その他これらに類する製品及びこれらの部分品	5.8%	4.8%	無税 Free		KG	Shutters, blinds (including Venetian blinds) and similar articles and parts thereof
3925.90	000	5	その他のもの	5.8%	3.9%	無税 Free		KG	Other
39.26			その他のプラスチック製品及び第39.01項から第39.14項までの材料（プラスチックを除く。）から成る製品						Other articles of plastics and articles of other materials of headings 39.01 to 39.14 :
3926.30	000	0	家具用又は車体用の取付具その他これに類する取付具	5.8%	3.9%	無税 Free		KG	Fittings for furniture, coachwork or the like

第42類　革製品及び動物用装着具並びに旅行用具、ハンドバッグその他これらに類する容器並びに腸の製品

注
1（省略）
2 この類には、次の物品を含まない。
(a)～(d)（省略）
(e) 第65類の帽子及びその部分品

Chapter 42 Articles of leather ; saddlery and harness ; travel goods, handbags and similar containers ; articles of animal gut (other than silk-worm gut)

Notes.
1.（省略）
2.- This Chapter does not cover :
(a)～(d)（省略）
(e) Headgear or parts thereof of Chapter 65 ;

番号 No.	統計細分 Stat. Code No.	NACCS用	品名	税率 Rate of Duty 基本 General	協定 WTO	特恵 Preferential	暫定 Temporary	単位 Unit	Description
42.03			衣類及び衣類附属品（革製又はコンポジションレザー製のものに限る。）						Articles of apparel and clothing accessories, of leather or of composition leather :
4203.10			衣類						Articles of apparel :
			手袋、ミトン及びミット						Gloves, mittens and mitts :
4203.21			特に運動用に製造したもの						Specially designed for use in sports :
4203.29			その他のもの						Other :
4203.30			ベルト及び負い革						Belts and bandoliers :
4203.40			その他の衣類附属品						Other clothing accessories :
	100	5	1 毛皮をトリミングとして使用したもの及び貴金属、これを張り若しくはめつきした金属、貴石、半貴石、真珠、さんご、ぞうげ又はべつこうを使用したもの	40%	16%			DZ KG	1 Trimmed with furskin or combined or trimmed with precious metal, metal clad with precious metal, metal plated with precious metal, precious stones, semi-precious stones, pearls, coral, elephants' tusks or Bekko
	200	0	2 その他のもの	12.5%	10%			DZ KG	2 Other

第63類　紡織用繊維のその他の製品、セット、中古の衣類、紡織用繊維の中古の物品及びぼろ

注
1～2 （省略）
3 第63.09項には、次の物品のみを含む。
(a) （省略）
(b) 履物及び帽子で、石綿以外の材料のもの
ただし、第63.09項には、(a)又は(b)の物品で次のいずれの要件も満たすもののみを含む。
(i) 使い古したものであることが外観から明らかであること。
(ii) ばら積み又はベール、サックその他これらに類する包装で提示すること。

Chapter 63　Other made up textile articles ; sets ; worn clothing and worn textile articles ; rags

Notes.
1.～2. （省略）
3.- Heading 63.09 applies only to the following goods :
(a) （省略）
(b) Footwear and headgear of any material other than asbestos.
In order to be classified in this heading, the articles mentioned above must comply with both of the following requirements :
(i) they must show signs of appreciable wear, and
(ii) they must be presented in bulk or in bales, sacks or similar packings.

番号 No.	統計細分 Stat. Code No.	NACCS用	品名	税率 Rate of Duty 基本 General	協定 WTO	特恵 Preferential	暫定 Temporary	単位 Unit	Description
63.09									
6309.00	000	3	中古の衣類その他の物品	7%	5.8%	無税 Free		KG	Worn clothing and other worn articles

第65類 帽子及びその部分品

Chapter 65 Headgear and parts thereof

注
1 この類には、次の物品を含まない。
(a) 第63.09 項の中古の帽子

Notes.
1.- This Chapter does not cover :
(a) Worn headgear of heading 63.09 ;

番号 No.	統計細分 Stat. Code No.	NACCS用	品名	基本 General	協定 WTO	特恵 Preferential	暫定 Temporary	単位 Unit	Description
65.06			その他の帽子（裏張りしてあるかないか又はトリミングしてあるかないかを問わない。）						Other headgear, whether or not lined or trimmed :
6506.10			安全帽子						Safety headgear :
			その他のもの						Other :
6506.91			ゴム製又はプラスチック製のもの						Of rubber or of plastics :
	100	3	1 毛皮付きのもの	5.8%	4.8%	無税 Free		DZ KG	1 Containing furskin
	200	5	2 その他のもの	5.3%	4.4%	無税 Free		DZ KG	2 Other
6506.99			その他の材料製のもの						Of other materials :
	100	2	1 革製のもの及び毛皮付きのもの	5.8%	4.8%	無税 Free		DZ KG	1 Of leather or containing furskin
	300	6	2 毛皮製のもの	6.6%	5.4%	無税 Free		DZ KG	2 Of furskin
	900	4	3 その他のもの	5.3%	4.4%	無税 Free		DZ KG	3 Other

第67類 調製羽毛、羽毛製品、造花及び人髪製品

Chapter 67 Prepared feathers and down and articles made of feathers or of down ; artificial flowers ; articles of human hair

注
1 （省略）
2 第67.01 項には、次の物品を含まない。
(a) 羽毛又は鳥の綿毛を詰物としてのみ使用した物品（例えば、第94.04 項の羽根布団）

Notes.
1. （省略）
2.- Heading 67.01 does not cover :
(a) Articles in which feathers or down constitute only filling or padding (for example, bedding of heading 94.04) ;

番号 No.	統計細分 Stat. Code No.	NACCS用	品名	基本 General	協定 WTO	特恵 Preferential	暫定 Temporary	単位 Unit	Description
67.01									
6701.00	000	3	羽毛皮その他の羽毛付きの鳥の部分、羽毛、羽毛の部分及び鳥の綿毛並びにこれらの製品（この項には、第05.05項の物品並びに加工した羽軸及び羽茎を含まない。）	4.6%	3.9%	無税 Free		KG	Skins and other parts of birds with their feathers or down, feathers, parts of feathers, down and articles thereof (other than goods of heading 05.05 and worked quills and scapes)

第15部　卑金属及びその製品

注
1 （省略）
2 この表において「汎用性の部分品」とは、次の物品をいう。

(a) 第73.07項、第73.12項、第73.15項、第73.17項又は第73.18項の物品及び非鉄卑金属製のこれらに類する物品（内科用、外科用、歯科用又は獣医科用の物品で専らインプラントに使用するために特に設計されたもの（第90.21項参照）を除く。）
(b) 卑金属製のばね及びばね板（時計用ばね（第91.14項参照）を除く。）
(c) 第83.01項、第83.02項、第83.08項又は第83.10項の製品並びに第83.06項の卑金属製の縁及び鏡

第73類から第76類まで及び第78類から第82類まで（第73.15項を除く。）において部分品には、(a)から(c)までに定める汎用性の部分品を含まない。

第二文及び第83類の注１の規定に従うことを条件として、第72類から第76類まで及び第78類から第81類までの物品には、第82類又は第83類の物品を含まない。

Section XV　Base metals and articles of base metal

Notes.
1. （省略）
2.- Throughout the Nomenclature, the expression "parts of general use" means :
(a) Articles of heading 73.07, 73.12, 73.15, 73.17 or 73.18 and similar articles of other base metal, other than articles specially designed for use exclusively in implants in medical, surgical, dental or veterinary sciences (heading 90.21) ;
(b) Springs and leaves for springs, of base metal, other than clock or watch springs (heading 91.14) ; and
(c) Articles of headings 83.01, 83.02, 83.08, 83.10 and frames and mirrors, of base metal, of heading 83.06.

In Chapters 73 to 76 and 78 to 82 (but not in heading 73.15) references to parts of goods do not include references to parts of general use as defined above.

Subject to the preceding paragraph and to Note 1 to Chapter 83, the articles of Chapter 82 or 83 are excluded from Chapters 72 to 76 and 78 to 81.

第73類　鉄鋼製品

Chapter 73　Articles of iron or steel

番号 No.	統計細分 Stat. Code No.	NACCS用	品名	税率 Rate of Duty 基本 General	協定 WTO	特恵 Preferential	暫定 Temporary	単位 Unit	Description
73.08			構造物及びその部分品（鉄鋼製のものに限る。例えば、橋、橋げた、水門、塔、格子柱、屋根、屋根組み、戸、窓、戸枠、窓枠、戸敷居、シャッター、手すり及び柱。第94.06項のプレハブ建築物を除く。）並びに構造物用に加工した鉄鋼製の板、棒、形材、管その他これらに類する物品						Structures (excluding prefabricated buildings of heading 94.06) and parts of structures (for example, bridges and bridge-sections, lock-gates, towers, lattice masts, roofs, roofing frame-works, doors and windows and their frames and thresholds for doors, shutters, balustrades, pillars and columns), of iron or steel ; plates, rods, angles, shapes, sections, tubes and the like, prepared for use in structures, of iron or steel :
7308.10	000	4	橋及び橋げた	無税 Free	(無税) (Free)			KG	Bridges and bridge-sections
7308.20	000	1	塔及び格子柱	無税 Free	(無税) (Free)			KG	Towers and lattice masts
7308.30	000	5	戸及び窓並びにこれらの枠並びに戸敷居	無税 Free	(無税) (Free)			KG	Doors, windows and their frames and thresholds for doors
7308.40	000	2	足場用、枠組み用又は支柱用（坑道用のものを含む。）の物品	無税 Free	(無税) (Free)			KG	Equipment for scaffolding, shuttering, propping or pit-propping
7308.90			その他のもの	無税 Free	(無税) (Free)				Other :
	010	4	－構造物及びその部分品					KG	Structures and parts thereof
	090	0	－その他のもの					KG	Other

番号 No.	統計細分 Stat. Code No.	NACCS用	品名	税率 Rate of Duty 基本 General	協定 WTO	特恵 Preferential	暫定 Temporary	単位 Unit	Description
73.23			食卓用品、台所用品その他の家庭用品及びその部分品（鉄鋼製のものに限る。）、鉄鋼のウール並びに鉄鋼製の瓶洗い、ポリッシングパッド、ポリッシンググラブその他これらに類する製品						Table, kitchen or other household articles and parts thereof, of iron or steel ; iron or steel wool ; pot scourers and scouring or polishing pads, gloves and the like, of iron or steel :
7323.10	000	2	鉄鋼のウール及び鉄鋼製の瓶洗い、ポリッシングパッド、ポリッシンググラブその他これらに類する製品	無税 Free	(無税) (Free)			KG	Iron or steel wool ; pot scourers and scouring or polishing pads, gloves and the like
			その他のもの						Other :
7323.91	000	5	鋳鉄製のもの（ほうろう引きのものを除く。）	無税 Free	(無税) (Free)			KG	Of cast iron, not enamelled
7323.92	000	4	鋳鉄製のもの（ほうろう引きのものに限る。）	無税 Free	(無税) (Free)			KG	Of cast iron, enamelled
7323.93	000	3	ステンレス鋼製のもの	無税 Free	(無税) (Free)			KG	Of stainless steel

第74類　銅及びその製品　Chapter 74　Copper and articles thereof

番号 No.	統計細分 Stat. Code No.	NACCS用	品名	税率 Rate of Duty 基本 General	協定 WTO	特恵 Preferential	暫定 Temporary	単位 Unit	Description
74.18			食卓用品、台所用品その他の家庭用品及びその部分品（銅製のものに限る。）、銅製の瓶洗い、ポリッシングパッド、ポリッシンググラブその他これらに類する製品並びに衛生用品及びその部分品（銅製のものに限る。）						Table, kitchen or other household articles and parts thereof, of copper ; pot scourers and scouring or polishing pads, gloves and the like, of copper ; sanitary ware and parts thereof, of copper :
7418.10	000	1	食卓用品、台所用品その他の家庭用品及びその部分品並びに瓶洗い、ポリッシングパッド、ポリッシンググラブその他これらに類する製品	無税 Free	(無税) (Free)			KG	Table, kitchen or other household articles and parts thereof ; pot scourers and scouring or polishing pads, gloves and the like

第82類　卑金属製の工具、道具、刃物、スプーン及びフォーク並びにこれらの部分品

注
1～2 （省略）
3 第82.11項の一以上のナイフとこれと同数以上の第82.15項の製品とをセットにした製品は、第82.15 項に属する。

Chapter 82　Tools, implements, cutlery, spoons and forks, of base metal ; parts thereof of base metal

Notes.
1. ～ 2. （省略）
3.- Sets consisting of one or more knives of heading 82.11 and at least an equal number of articles of heading 82.15 are to be classified in heading 82.15.

番号 No.	統計細分 Stat. Code No.	NACCS用	品名	税率 Rate of Duty 基本 General	協定 WTO	特恵 Preferential	暫定 Temporary	単位 Unit	Description
82.11			刃を付けたナイフ（剪定ナイフを含み、のこ歯状の刃を有するか有しないかを問わないものとし、第82.08項のナイフを除く。）及びその刃						Knives with cutting blades, serrated or not (including pruning knives), other than knives of heading 82.08, and blades therefor :
8211.10	000	4	詰合せセット	4.4%	3.7%	無税 Free		NO	Sets of assorted articles
			その他のもの						Other :
8211.91	000	0	テーブルナイフ（固定刃のものに限る。）	4.4%	3.7%	無税 Free		NO KG	Table knives having fixed blades
8211.92	000	6	その他のナイフ（固定刃のものに限る。）	4.4%	3.7%	無税 Free		NO KG	Other knives having fixed blades
8211.93	000	5	その他のナイフ（固定刃のものを除く。）	4.4%	3.7%	無税 Free		NO KG	Knives having other than fixed blades
82.15			スプーン、フォーク、ひしやく、しやくし、ケーキサーバー、フィッシュナイフ、バターナイフ、砂糖挟みその他これらに類する台所用具及び食卓用具						Spoons, forks, ladles, skimmers, cake-servers, fish-knives, butter-knives, sugar tongs and similar kitchen or tableware :
8215.10	000	3	詰合せセット（貴金属をめつきした少なくとも一の製品を含むものに限る。）	4.6%	3.9%	無税 Free		DZ KG	Sets of assorted articles containing at least one article plated with precious metal
8215.20	000	0	その他の詰合せセット	4.6%	3.9%	無税 Free		DZ KG	Other sets of assorted articles
			その他のもの						Other :
8215.91	000	6	貴金属をめつきしたもの	4.6%	(4.6%)	無税 Free		DZ KG	Plated with precious metal
8215.99	000	5	その他のもの	4.6%	3.9%	無税 Free		DZ KG	Other

第83類　各種の卑金属製品

注
1　この類において卑金属製の部分品は、本体が属する項に属する。ただし、第73.12項、第73.15項、第73.17項、第73.18項又は第73.20項の鉄鋼製品及びこれに類する物品で鉄鋼以外の卑金属製のもの（第74類から第76類まで又は第78類から第81類までのものに限る。）は、この類の物品の部分品とはしない。

Chapter 83　Miscellaneous articles of base metal

Notes.
1.- For the purposes of this Chapter, parts of base metal are to be classified with their parent articles. However, articles of iron or steel of heading 73.12, 73.15, 73.17, 73.18 or 73.20, or similar articles of other base metal (Chapters 74 to 76 and 78 to 81) are not to be taken as parts of articles of this Chapter.

番号 No.	統計細分 Stat. Code No.	NACCS用	品名	税率 Rate of Duty 基本 General	協定 WTO	特恵 Preferential	暫定 Temporary	単位 Unit	Description
83.02			卑金属製の帽子掛け、ブラケットその他これらに類する支持具、取付具その他これに類する物品（家具、戸、階段、窓、日よけ、車体、馬具、トランク、衣装箱、小箱その他これらに類する物品に適するものに限る。）、取付具付きキャスター及びドアクローザー						Base metal mountings, fittings and similar articles suitable for furniture, doors, staircases, windows, blinds, coachwork, saddlery, trunks, chests, caskets or the like ; base metal hat-racks, hat-pegs, brackets and similar fixtures ; castors with mountings of base metal ; automatic door closers of base metal :
8302.10	000	4	ちようつがい	4.1%	2.7%	無税 Free		KG	Hinges
8302.20	000	1	キャスター	4.1%	2.7%	無税 Free		KG	Castors
8302.30	000	5	その他の取付具その他これに類する物品（自動車に適するものに限る。）	無税 Free	(無税) (Free)			KG	Other mountings, fittings and similar articles suitable for motor vehicles
			その他の取付具その他これに類する物品						Other mountings, fittings and similar articles :
8302.41	000	1	建築物に適するもの	4.1%	2.7%	無税 Free		KG	Suitable for buildings

第94類 家具、寝具、マットレス、マットレスサポート、クッションその他これらに類する詰物をした物品並びに照明器具（他の類に該当するものを除く。）及びイルミネーションサイン、発光ネームプレートその他これらに類する物品並びにプレハブ建築物

Chapter 94 Furniture ; bedding, mattresses, mattress supports, cushions and similar stuffed furnishings ; luminaires and lighting fittings, not elsewhere specified or included ; illuminated signs, illuminated name-plates and the like ; prefabricated buildings

注

1 この類には、次の物品を含まない。

(a)～(c) （省略）

(d) 第15部の注2の卑金属製のはん用性の部分品（第15部参照）、プラスチック製のこれに類する物品（第39類参照）及び第83.03項の金庫

Notes.

1.- This Chapter does not cover :

(a)～(c) （省略）

(d) Parts of general use as defined in Note 2 to Section XV, of base metal (Section XV), or similar goods of plastics (Chapter 39), or safes of heading 83.03 ;

番号 No.	統計細分 Stat. Code No.	NACCS用	品名	税率 Rate of Duty 基本 General	協定 WTO	特恵 Preferential	暫定 Temporary	単位 Unit	Description
94.04			寝具その他これに類する物品（例えば、マットレス、布団、羽根布団、クッション、プフ及び枕。スプリング付きのもの、何らかの材料を詰物とし又は内部に入れたもの及びセルラーラバー製又は多泡性プラスチック製のものに限るものとし、被覆してあるかないかを問わない。）及びマットレスサポート						Mattress supports ; articles of bedding and similar furnishing (for example, mattresses, quilts, eiderdowns, cushions, pouffes and pillows) fitted with springs or stuffed or internally fitted with any material or of cellular rubber or plastics, whether or not covered :
9404.10	000	5	マットレスサポート	3.8%	3.2%	2.56% ×無税 Free		KG	Mattress supports
			マットレス						Mattresses :
9404.21	000	1	セルラーラバー製又は多泡性プラスチック製のもの（被覆してあるかないかを問わない。）	4.6%	3.8%	無税 Free		NO KG	Of cellular rubber or plastics, whether or not covered
9404.29	000	0	その他の材料製のもの	4.6%	3.8%	無税 Free		NO KG	Of other materials
9404.30	000	6	寝袋	4.6%	3.8%	無税 Free		NO KG	Sleeping bags
9404.40			布団、ベッドスプレッド及び羽根布団（コンフォーター）	4.6%	3.8%	無税 Free			Quilts, bedspreads, eiderdowns and duvets (comforters) :
	010	6	－羽根布団（羽根又は羽毛を詰物に使用したもの）					NO KG	Eiderdowns, stuffed with feather or down
	020	2	－人造繊維のみを詰物に使用したもの					NO KG	Stuffed solely with man-made fibres
	090	2	－その他のもの					NO KG	Other
9404.90	000	2	その他のもの	4.6%	3.8%	無税 Free		KG	Other

関税率表解説（抜粋）

第73類
鉄鋼製品

73.23　食卓用品、台所用品その他の家庭用品及びその部分品（鉄鋼製のものに限る。）、鉄鋼のウール並びに鉄鋼製の瓶洗い、ポリッシングパッド、ポリッシンググラブその他これらに類する製品

（省略）

（A）食卓用品、台所用品その他の家庭用品及びその部分品

（省略）
このグループには、次の物品を含む。
（1）（省略）
（2）食卓用品
盆、皿、プレート、スープ皿、野菜皿、ソース入れ、砂糖入れ、バター皿、ミルク又はクリーム入れ、オードブル用皿、コーヒーポット及びパーコレーター（加熱源を有する家庭用のものを除く。73.21）、ティーポット、カップ、マグ、タンブラー、卵入れ、フィンガーボウル、パン又は果物の皿及びかご、ティーポット用の台、茶こし、薬味入れ、ナイフ置き、ワイン冷却用のバケツ等、ワイン給仕用の台、ナプキンリング、テーブルクロスをはさむためのクリップ等

第74類
銅及びその製品

74.18　食卓用品、台所用品その他の家庭用品及びその部分品（銅製のものに限る。）、銅製の瓶洗い、ポリッシングパッド、ポリッシンググラブその他これらに類する製品並びに衛生用品及びその部分品（銅製のものに限る。）

（省略）
73.21項、73.23項及び73.24項の解説は、この項において準用する。

第83類
各種の卑金属製品

83.02　卑金属製の帽子掛け、ブラケットその他これらに類する支持具、取付具その他これに類する物品（家具、戸、階段、窓、日よけ、車体、馬具、トランク、衣装箱、小箱その他これらに類する物品に適するものに限る。）、取付具付きキャスター及びドアクローザー

（省略）
この項には、次の物品を含む。
（A）各種のちょうつがい（例えば、butt hinges、lift-off hinges、angle hinges、strap hinges及びgarnets）
（B）～（C）（省略）
（D）建築物用の取付具及びこれに類する物品
これらには、次の物品を含む。
（1）～（6）（省略）
（7）戸用の留金及びステープル、戸用のハンドル及びノブ（錠又は掛け金用のものを含む。）

日付・正解 Check	／		／		／	

第５問 »» 正解：(a)－⑨、(b)－④、(c)－⑮、(d)－①、(e)－⑪
(f)－8300000、(g)－5200000、(h)－2090000、(i)－1560000
(j)－0221000

解説

1　適用されるレート

外国通貨の換算レートの確認：10月３日の**前々週のレートは、130.00円／１米ドル**（９月18日～９月24日）である。

2　問題文の確認

①　問題文記２：品目番号ごとの**申告価格が20万円以下**であるもの（上記１によりとりまとめたものを含む。）がある場合には、その品目番号が異なるものであっても、これらを関税が**有税である品目と無税である品目に分けて**、それぞれを**一括して一欄にとりまとめる**。
（※解説：少額貨物に該当する貨物のみ、適用する関税率を確認する必要がある。）

②　問題文記３：上記２による場合に輸入申告事項登録画面に入力すべき品目番号は、次のとおりとする。
（1）**有税である品目**については、上記２によりとりまとめる前の品目のうち**関税率が最も高いもの（同一の関税率が適用される場合は申告価格**（上記１によりとりまとめたものについては、その合計額）**が最も大きいもの**）**の品目番号**とし、10桁目は「X」とする。
（2）**無税である品目**については、上記２によりとりまとめる前の品目のうち**申告価格**（上記１によりとりまとめたものについては、その合計額）**が最も大きいものの品目番号**とし、10桁目は「X」とする。
（※解説：10桁目が「E」となる場合の指示がないため、必ず申告価格が20万円以下となる貨物が複数あり、仕入書中の貨物は６品目しかないためこれらのうち二つが少額貨物となり、両方とも有税品となるか、両方とも無税品のいずれかとなる可能性が高いことが分かる。）

③　問題文記４：輸入申告事項登録画面に入力する品目番号（(a) ～ (e)）は、その品目番号ごとの**申告価格**（上記１及び２によりとりまとめたものについては、その合計額）**が大きいものから順に入力**するものとする。
（※解説：記１及び記２に基づきまとめた後に単に金額の大きい順に並べる必要がある。つまり、10桁目が「X」となるものが最後の解答になるとは限らない。）

④問題文記7：別紙1の仕入書に記載されている「Sets of knives, forks and spoons, of stainless steel」は、大型ナイフ6本、デザート用のナイフ6本、フォーク6本、スプーン6本から成るセットで、いずれも貴金属をめっきしてないものとする。

（※解説：**仕入書の一番上の商品の品目番号の決定の際に問題文記7を確認**する必要がある。）

⑤問題文記8：別紙1の仕入書に記載されている「Butter dish, of copper, not plated with precious metal」500個について、輸入者（買手）は、仕入書価格とは別に、A社から「Butter dish, of copper, not plated with precious metal」500個の生産に使用するための**金型の取得費用500,000円を負担**し、当該金型を**輸出者（売手）に無償で提供**する。なお、当該金型は、当該生産のみに使用され、当該生産の後に廃棄される。

（※解説：仕入書中の「Butter dish, of copper, not plated with precious metal」500個の生産に使用する**金型を無償提供**しているため、**取得費用500,000円を**「Butter dish, of copper, not plated with precious metal」の**課税価格に加算する**必要がある。なお、この金型は「Butter dish, of copper, not plated with precious metal」**500個の生産にしか使用されておらず**、「Butter dish, of copper, not plated with precious metal」500個を生産後に廃棄されるため、全額を加算する。）

⑥問題文記9：別紙1の仕入書に記載されている「Worn headgear, of leather, containing furskin」は、使い古したものであることが外観から明らかであり、サックに入れて提示されるものとする。

（※解説：仕入書中の「Worn headgear, of leather, containing furskin」は文脈から、**中古のもの**であり、**サックに入れて輸入**されることが分かる。）

⑦問題文記10：別紙1の仕入書に記載されている「Pillow, stuffed with feather and down」200個について、輸入者（買手）は、仕入書価格とは別に、A社から「Pillow, stuffed with feather and down」200個に取り付けるための洗濯ラベル200枚の**取得費用10,000円を負担**し、当該洗濯ラベル200枚を**輸出者（売手）に無償で提供**する。なお、当該洗濯ラベル200枚は、**我が国の法律等に基づき表示することが義務付けられている事項のみを表示しているものではない**ものとする。

（※解説：仕入書中の「Pillow, stuffed with feather and down」200個に取り付けるための洗濯ラベル200枚の取得費用10,000円を輸入者（買手）が仕入書価格とは別に負担しているが、このラベルは「我が国の法律等に基づき表示することが義務付けられている事項のみを表示しているものではない」とあるので、**取得費用10,000円**を「Pillow, stuffed with feather and down」の**課税価格に加算する**必要がある。）

⑧問題文記11：別紙1の仕入書に記載された食器等については、**日本国とアメリカ合衆国との間の貿易協定に基づく税率の適用に必要な条件が具備されていない**ため、申告に当たっては当該税率を適用しないものとする。
（※解説：日本国とアメリカ合衆国との間の貿易協定に基づく税率の適用に必要な条件が具備されていないとあるので、**実行関税率表の通常の関税率**（基本税率やWTO協定税率等）**により関税率を決定**していく。）

3　輸入貨物の分類

仕入書の各貨物が実行関税率表のどこに分類されるかを考えていく。

（1）Sets of knives, forks and spoons, of stainless steel：**卑金属（ステンレス鋼）製のナイフやスプーン等は第82類**に分類　⇒　問題文記7に「大型ナイフ6本、デザート用のナイフ6本、フォーク6本、スプーン6本から成るセット」とあるので、それぞれ該当する項を確認すると、第82.11項に該当するナイフが2種類、第82.15項に該当するフォーク等が2種類のものをセットにした製品であるから、**第82類注3の規定より第82.15項**に分類　⇒　**詰合せセット**であり、問題文記7に「**貴金属をめっきしてない**」とあるので「その他の詰合せセット」（8215.20.000.0）に分類

（2）Butter dish, of copper, not plated with precious metal：**銅の製品は第74類**に分類　⇒　**関税率表解説第73.23項（2）の説明**より**皿（dish）は食卓用品に該当**するので第74.18項に分類　⇒　**食卓用品**は「7418.10.000.1」に分類

（3）Worn headgear, of leather, containing furskin：問題文記9の設定と第63類注3（b）及び第65類注1（a）の規定より**中古の帽子**は第65類ではなく**第63類**に分類　⇒　**中古の帽子**は第63類注3（b）の規定より第63.09項に分類　⇒　**中古の物品**であるから「6309.00.000.3」に分類

（4）Pillow, stuffed with feather and down：**寝具は第94類**に分類　⇒　**枕**は第94.04項に分類　⇒　**枕**は「マットレスサポート」（第9404.10号）から「布団、ベッドスプレッド及び羽根布団（コンフォーター）」（第9404.40号）までに該当するものがないので「その他のもの」（第9404.90号）に分類　⇒　**枕**は「その他のもの」（9404.90.000.2）に分類

（5）Plastic hinge, for furniture：**プラスチック製品は第39類**に分類　⇒　第39類注11（ij）の規定より**家具用の取付具は第39.25項には該当しない**ため、その

他のプラスチック製品として第39.26項に分類　⇒　**家具用の取付具**であるから「3926.30.000.0」に分類

（6）Plastic handle, for permanent installation on steel door：**プラスチック製品は第39類**に分類　⇒　**戸に取り付ける取手**は「貯蔵槽、タンク、おけその他これらに類する容器（容積が300リットルを超えるものに限る。）」（第3925.10号）から「よろい戸、日よけ（ベネシャンブラインドを含む。）その他これらに類する製品及びこれらの部分品」（第3925.30号）までに該当するものがないので「その他のもの」（第3925.90号）に分類　⇒　**取手**は「その他のもの」（3925.90.000.5）に分類

4　解答番号を探す

a－⑨、f－8300000：Butter dish, of copper, not plated with precious metalの**課税価格が最も大きい**のでaの解答は⑨7418.10-0001となる。また課税価格は、US$60,000.00×130円／US$＋500,000円＝8,300,000円となり、fの解答は8300000となる。

b－④、g－5200000：Worn headgear, of leather, containing furskinの**課税価格が２番目に大きい**のでbの解答は④6309.00-0003となる。また課税価格は、US$40,000.00×130円／US$＝5,200,000円となり、gの解答は5200000となる。

c－⑮、h－2090000：Pillow, stuffed with feather and downの**課税価格が３番目に大きい**のでcの解答は⑮9404.90-0002となる。また課税価格は、US$16,000.00×130円／US$＋10,000円＝2,090,000円となり、hの解答は2090000となる。

d－①、i－1560000：Plastic handle, for permanent installation on steel doorの**課税価格が４番目に大きい**のでdの解答は①3925.90-0005となる。また課税価格は、US$12,000.00×130円／US$＝1,560,000円となり、iの解答は1560000となる。

残りの貨物は、仕入書にある金額がかなり小さいためすべて少額貨物となることが予想できる。そこでまずSets of knives, forks and spoons, of stainless steelが、残りの二つの中ではドルベースの仕入書価格が最も大きいので円に換算した後の課税価格を計算すると**US$1,200.00×130円／US$＝156,000円**であり、**残りは二つとも少額貨物であることが分かる。**次に残り二つの**税率を確認**していくと、Sets of knives, forks and spoons, of stainless steelの関税率は**協定税率の3.9%**である。Plastic hinge, for furnitureの関税率は**協定税率の3.9%**である。したがって、問題文記3（1）に従い有税である品目のSets of knives, forks and spoons, of stainless steelとPlastic hinge, for furnitureについては、**どちらも有税品**であるが、**同一の関税率**となるため、**申告価格の最も**

高いSets of knives, forks and spoons, of stainless steelの「8215.20.000.0」の**10桁目を「X」**として解答する。

e－⑪、j－0221000：Sets of knives, forks and spoons, of stainless steelの品目番号「8215.20.000.0」のNACCS用番号をXとしてeの解答は⑪8215.20-000Xとなる。また課税価格は、（US$1,200.00＋US$500.00）×130円／US$＝221,000円となり、jの解答は0221000となる。

問題 6 輸入（納税）申告

輸出入申告書作成

難易度	✈✈✈
出題頻度	🚢🚢🚢

別紙１の仕入書及び下記事項により、中国から雑貨等を輸入する場合の輸入（納税）申告を輸出入・港湾関連情報処理システム（NACCS）を使用して行う場合について、以下の問いに答えなさい。

（１）別紙２の輸入申告事項登録画面の品目番号欄（(a)～(e)）に入力すべき品目番号を、関税率表の解釈に関する通則に従い、別冊の「実行関税率表」（抜すい）を参照して、下の選択肢から選び、その番号をマークしなさい。

（２）別紙２の輸入申告事項登録画面の課税価格の右欄（(f)～(j)）に入力すべき申告価格（関税定率法第４条から第４条の９まで（課税価格の計算方法）の規定により計算される課税価格に相当する価格）の額をマークしなさい。

記

1　別紙１の仕入書に記載されている品目に品目番号が同一であるものがある場合には、これらを一の品目番号にとりまとめる。

2　品目番号ごとの申告価格が20万円以下であるもの（上記１によりとりまとめたものを含む。）がある場合には、その品目番号が異なるものであっても、これらを関税が有税である品目と無税である品目に分けて、それぞれを一括して一欄にとりまとめる。

3　上記２による場合に輸入申告事項登録画面に入力すべき品目番号は、次のとおりとする。

（1）有税である品目については、上記２によりとりまとめる前の品目のうち関税率が最も高いものの品目番号とし、10桁目は「X」とする。

（2）無税である品目については、上記２によりとりまとめる前の品目のうち申告価格（上記１によりとりまとめたものについては、その合計額）が最も大きいものの品目番号とし、10桁目は「X」とする。

4　輸入申告事項登録画面に入力する品目番号（(a)～(e)）は、その品目番号ごとの申告価格（上記１及び２によりとりまとめたものについては、その合計額）が大きいものから順に入力するものとする。

5　輸入申告事項登録画面の課税価格の右欄（(f)～(j)）には、別紙１の仕入書に記載されている価格に、下記7から9までの費用が申告価格に算入すべきものである場合にはその額を加算した額（本邦通貨に換算した後の額）を入力することとする。

なお、1円未満の端数がある場合は、これを切り捨てる。

6　別紙1の仕入書に記載されている米ドル建価格の本邦通貨への換算は、別紙3の「実勢外国為替相場の週間平均値」を参照して行う。

7　輸入者（買手）は、別紙1の仕入書に記載されている「Sleeping bag, of polyester fabrics」を輸出者（売手）から継続的に輸入している。輸入者（買手）は、輸出者（売手）から前回輸入した「Sleeping bag, of polyester fabrics」の品質が粗悪であったことから、輸出者（売手）に対して損害賠償を要求した。輸出者（売手）はその要求に応じ、今回輸入される「Sleeping bag, of polyester fabrics」1個あたりの単価を売買契約時の単価から5米ドル値引きすることにより、その損害賠償請求額の全額と相殺することとした。別紙1の仕入書に記載された「Sleeping bag, of polyester fabrics」の単価は、その値引後の額である。

8　輸入者（買手）は、別紙1の仕入書に記載されている「Pneumatic mattress, of polyester fabrics」1,000個の製造に使用する部分品をその部分品の生産者である本邦所在のC社から600,000円で取得し、これを輸出者（売手）に提供し、輸出者（売手）から当該部分品の代金として輸出者（売手）の工場までの運送費込みの700,000円の支払いを受けた。しかし、「Pneumatic mattress, of polyester fabrics」を1,000個製造するためには輸出者（売手）に提供した部分品の数量では足りないことが判明したことから、輸入者（買手）は、別途C社からC社が生産した部分品を200,000円で追加して取得し、これを輸出者（売手）に無償で提供した。なお、追加で提供した部分品を輸出者（売手）の工場まで運送するために要した費用50,000円は、輸出者（売手）により負担された。

9　別紙1の仕入書に記載されている「Portable LED lamp, designed to function by its own battery」について、輸入者（買手）は、その製造過程において、国内販売のための規格に合致させるために、輸出者（売手）の工場に自社の技術者を派遣して勤務させており、当該技術者の現地滞在費として2,000米ドルを負担している。なお、当該技術者は輸入者（買手）が自己のために行う品質検査にのみ従事しており、製造作業には従事していない。

10　別紙1の仕入書に記載されている「Fork, of plastics」は、貴金属をめっきしてないものとする。

11　輸入者（買手）、輸出者（売手）及びC社のいずれの間においても特殊関係はない。

12　申告年月日は、令和2年10月1日とする。

①3924.10-0003	②4202.22-200X	③4202.92-000X
④6306.22-000X	⑤6306.29-900X	⑥6306.40-1006
⑦6306.40-9001	⑧6306.90-9000	⑨6306.90-900X
⑩8215.99-0005	⑪8513.10-0002	⑫9404.21-0001
⑬9404.29-0000	⑭9404.30-0006	⑮9405.40-0911

別紙 1

INVOICE

Seller
DEF COMPANY
587, West 12th Street Huangpu, Shanghai, China

Invoice No. and Date
XYZ-0910 Sep. 10th, 2020

Reference No. DEF-010

Buyer ABC Trading Co.,Ltd. HIGASHI 2-3, CHUO-KU, TOKYO, JAPAN		**Country of Origin** China **L/C No.** **Date**
Vessel Nihon Maru	**On or about** Sep. 20th, 2020	**Issuing Bank**
From Shanghai, China	**Via**	
To Tokyo, Japan		**Payment Terms**

Marks and Nos.	Description of Goods	Quantity Unit	Unit Price per Unit	Amount CIF US$
	Rucksack, with outer surface of textile materials	100	15.00	1,500.00
	Tent, of polyester fabrics	20	60.00	1,200.00
ABC TOKYO Made in China	Sleeping bag, of polyester fabrics	1,000	15.00	15,000.00
	Pneumatic mattress, of polyester fabrics	1,000	40.00	40,000.00
	Fork, of plastics	5,000	1.00	5,000.00
	Portable LED lamp, designed to function by its own battery	1,000	10.00	10,000.00
	Total : CIF TOKYO		US$	72,700.00

Total : 300 CTNS
N/W : 5,000kgs
G/W : 5,300kgs

DEF COMPANY

(Signature)

別紙2

輸入申告事項登録（輸入申告）

共通部　繰返部

申告番号

大額／少額 L　申告等種別 C　申告先種別　貨物識別　識別符号

あて先官署　あて先部門　申告等予定年月日

輸入者　ABC TRADING CO.,LTD.

住所　TOKYO TO CHUO KU HIGASHI 2-3

電話

蔵置場所　一括申告　申告等予定者

B/L番号 1　2

3　4

5

貨物個数 300 CT　貨物重量（グロス） 5,300 KGM

貨物の記号等 AS PER ATTACHED SHEET

積載船（機） ー NIHON MARU　入港年月日

船（取）卸港 JPTYO　積出地 CNSHA ー　貿易形態別符号　コンテナ本数

仕入書識別　電子仕入書受付番号　仕入書番号 XYZ-0910

仕入書価格 A ー CIF ー ー

輸入申告事項登録（輸入申告）

共通部 | 繰返部

<01欄> 品目番号 (a) 品名 原産地 CN －
数量1 － 数量2 － 輸入令別表 蔵置種別等
BPR係数 運賃按分 課税価格 － (f)
関税減免税コード 関税減税額

	内消税等種別	減免税コード	内消税減税額		内消税等種別	減免税コード	内消税減税額
1				2			
3				4			
5				6			

<02欄> 品目番号 (b) 品名 原産地 CN －
数量1 － 数量2 － 輸入令別表 蔵置種別等
BPR係数 運賃按分 課税価格 － (g)
関税減免税コード 関税減税額

	内消税等種別	減免税コード	内消税減税額		内消税等種別	減免税コード	内消税減税額
1				2			
3				4			
5				6			

<03欄> 品目番号 (c) 品名 原産地 CN －
数量1 － 数量2 － 輸入令別表 蔵置種別等
BPR係数 運賃按分 課税価格 － (h)
関税減免税コード 関税減税額

	内消税等種別	減免税コード	内消税減税額		内消税等種別	減免税コード	内消税減税額
1				2			
3				4			
5				6			

<04欄> 品目番号 (d) 品名 原産地 CN －
数量1 － 数量2 － 輸入令別表 蔵置種別等
BPR係数 運賃按分 課税価格 － (i)
関税減免税コード 関税減税額

内消税等種別	減免税コード	内消税減税額	内消税等種別	減免税コード	内消税減税額
1			2		
3			4		
5			6		

<05欄> 品目番号 (e) 品名 原産地 CN －
数量1 － 数量2 － 輸入令別表 蔵置種別等
BPR係数 運賃按分 課税価格 － (j)
関税減免税コード 関税減税額

内消税等種別	減免税コード	内消税減税額	内消税等種別	減免税コード	内消税減税額
1			2		
3			4		
5			6		

別紙３

実勢外国為替相場の週間平均値
（１米ドルに対する円相場）

期　　　間	週間平均値
令和2. 8.30 ～ 令和2. 9. 5	￥110.00
令和2. 9. 6 ～ 令和2. 9.12	￥109.00
令和2. 9.13 ～ 令和2. 9.19	￥108.00
令和2. 9.20 ～ 令和2. 9.26	￥107.00
令和2. 9.27 ～ 令和2.10. 3	￥106.00

第２問　輸入（納税）申告

実行関税率表（抜すい）

第39類　プラスチック及びその製品　　Chapter 39　Plastics and articles thereof

番号 No.	統計細分 Stat. Code No.	NACCS用	品名	基本 General	協定 WTO	特恵 Preferential	暫定 Temporary	単位 Unit	Description
39.24			プラスチック製の食卓用品、台所用品その他の家庭用品及び化粧用品						Tableware, kitchenware, other household articles and hygienic or toilet articles, of plastics:
3924.10	000	3	食卓用品及び台所用品	5.8%	3.9%	無税 Free		KG	Tableware and kitchenware
3924.90	000	0	その他のもの	5.8%	3.9%	無税 Free		KG	Other

第42類　革製品及び動物用装着具並びに旅行用具、ハンドバッグその他これらに類する容器並びに腸の製品　　Chapter 42　Articles of leather; saddlery and harness; travel goods, handbags and similar containers; articles of animal gut (other than silk-worm gut)

番号 No.	統計細分 Stat. Code No.	NACCS用	品名	基本 General	協定 WTO	特恵 Preferential	暫定 Temporary	単位 Unit	Description
42.02			旅行用バッグ、断熱加工された飲食料用バッグ、化粧用バッグ、リュックサック、ハンドバッグ、買物袋、財布、マップケース、シガレットケース、たばこ入れ、工具袋、スポーツバッグ、瓶用ケース、宝石入れ、おしろい入れ、刃物用ケースその他これらに類する容器（革、コンポジションレザー、プラスチックシート、紡織用繊維、バルカナイズドファイバー若しくは板紙から製造し又は全部若しくは大部分をこれらの材料若しくは紙で被覆したものに限る。）及びトランク、スーツケース、携帯用化粧道具入れ、エグゼクティブケース、書類かばん、通学用かばん、眼鏡用ケース、双眼鏡用ケース、写真機用ケース、楽器用ケース、銃用ケース、けん銃用のホルスターその他これらに類する容器						Trunks, suit-cases, vanity-cases, executive-cases, brief-cases, school satchels, spectacle cases, binocular cases, camera cases, musical instrument cases, gun cases, holsters and similar containers; travelling-bags, insulated food or beverages bags, toilet bags, rucksacks, handbags, shopping-bags, wallets, purses, map-cases, cigarette-cases, tobacco-pouches, tool bags, sports bags, bottle-cases, jewellery boxes, powder-boxes, cutlery cases and similar containers, of leather or of composition leather, of sheeting of plastics, of textile materials, of vulcanised fibre or of paperboard, or wholly or mainly covered with such materials or with paper:
			トランク、スーツケース、携帯用化粧道具入れ、エグゼクティブケース、書類かばん、通学用かばんその他これらに類する容器						Trunks, suit-cases, vanity-cases, executive-cases, brief-cases, school satchels and similar containers:
4202.11			外面が革製又はコンポジションレザー製のもの						With outer surface of leather or of composition leather:

番　号 No.	統計細分 Stat. Code No.	NACCS用	品　　名	税率 Rate of Duty 基本 General	協定 WTO	特恵 Preferential	暫定 Temporary	単位 Unit	Description
4202.12			外面がプラスチック製又は紡織用繊維製のもの						With outer surface of plastics or of textile materials:
4202.19	000	5	その他のもの	4.1%	(4.1%)	×無税 Free		NO KG	Other
			ハンドバッグ（取手が付いていないものを含むものとし、肩ひもが付いているかいないかを問わない。）						Handbags, whether or not with shoulder strap, including those without handle:
4202.21			外面が革製又はコンポジションレザー製のもの						With outer surface of leather or of composition leather:
			1 貴金属、これを貼り若しくはめつきした金属、貴石、半貴石、真珠、さんご、象牙又はべつこうを使用したもののうち、課税価格が1個につき6,000円を超えるもの						1 Combined or trimmed with precious metal, metal clad with precious metal, metal plated with precious metal, precious stones, semi-precious stones, pearls, coral, elephants' tusks or Bekko, more than 6,000 yen/piece in value for customs duty:
	110	1	(1) 革製のもの	17.5%	14%	×無税 Free		NO KG	(1) Of leather
	120	4	(2) その他のもの	20%	16%	×無税 Free		NO KG	(2) Other
			2 その他のもの						2 Other:
	210	3	(1) 革製のもの	10%	8%	×無税 Free		NO KG	(1) Of leather
	220	6	(2) その他のもの	12.5%	10%	×無税 Free		NO KG	(2) Other
4202.22			外面がプラスチックシート製又は紡織用繊維製のもの						With outer surface of sheeting of plastics or of textile materials:
	100	4	1 貴金属、これを張り若しくはめつきした金属、貴石、半貴石、真珠、さんご、ぞうげ又はべつこうを使用したもののうち、課税価格が1個につき6,000円を超えるもの	20%	16%	×無税 Free		NO KG	1 Combined or trimmed with precious metal, metal clad with precious metal, metal plated with precious metal, precious stones, semi-precious stones, pearls, coral, elephants' tusks or Bekko, more than 6,000 yen/piece in value for customs duty
	200	6	2 その他のもの	10%	8%	×無税 Free		NO KG	2 Other
4202.29	000	2	その他のもの	10%	8%	×無税 Free		NO KG	Other
			ポケット又はハンドバッグに通常入れて携帯する製品						Articles of a kind normally carried in the pocket or in the handbag:
4202.31			外面が革製又はコンポジションレザー製のもの						With outer surface of leather or of composition leather:

番号 No.	統計細分 Stat. Code No.	NACCS用	品名	税率 Rate of Duty 基本 General	協定 WTO	特恵 Preferential	暫定 Temporary	単位 Unit	Description
4202.32			外面がプラスチックシート製又は紡織用繊維製のもの						With outer surface of sheeting of plastics or of textile materials:
4202.39	000	6	その他のもの	4.1%	(4.1%)	×無税 Free		DZ KG	Other
			その他のもの						Other:
4202.91	000	3	外面が革製又はコンポジションレザー製のもの	12.5%	10%	×無税 Free		DZ KG	With outer surface of leather or of composition leather
4202.92	000	2	外面がプラスチックシート製又は紡織用繊維製のもの	10%	8%	×無税 Free		DZ KG	With outer surface of sheeting of plastics or of textile materials
4202.99			その他のもの						Other:
	020	1	1 木製のもの	3.2%	2.7%	×無税 Free		DZ KG	1 Of wood
	010	5	2 アイボリー、骨、かめの甲、角、枝角、さんご、真珠光沢を有する貝殻その他の動物性の彫刻用又は細工用の材料製のもの	4.1%	3.4%	×無税 Free		DZ KG	2 Of ivory, of bone, of tortoise-shell, of horn, of antlers, of coral, of mother-of-pearl or of other animal carving material
	090	1	3 その他のもの	5.8%	4.6%	×無税 Free		DZ KG	3 Other

第11部 紡織用繊維及びその製品

Section XI Textiles and textile articles

注

1　この部には、次の物品を含まない。

Notes.

1.- This Section does not cover:

(l)　第 42.01 項又は第42.02項の紡織用繊維の製品

(l) Articles of textile materials of heading 42.01 or 42.02;

(s)　第 94 類の物品（例えば、家具、寝具及びランプその他の照明器具）

(s) Articles of Chapter 94 (for example, furniture, bedding, lamps and lighting fittings);

第54類　人造繊維の長繊維並びに人造繊維の織物及びストリップその他これに類する人造繊維製品

注

1　この表において「人造繊維」とは、次の繊維をいう。

(a)　有機単量体の重合により製造した短繊維及び長繊維（例えば、ポリアミド、ポリエステル、ポリオレフィン又はポリウレタンのもの）、又は、この工程により得た重合体を化学的に変性させることにより製造した短繊維及び長繊維（例えば、ポリ（酢酸ビニル）を加水分解することにより得たポリ（ビニルアルコール））

(b)　繊維素その他の天然有機重合体を溶解し若しくは化学的に処理することにより製造した短繊維及び長繊維（例えば、銅アンモニアレーヨン（キュプラ）及びビスコースレーヨン）、又は、繊維素、カゼイン及びその他のプロテイン、アルギン酸その他の天然有機重合体を化学的に変性させることにより製造した短繊維及び長繊維（例えば、アセテート及びアルギネート）

この場合において、「合成繊維」とは(a)の繊維をいうものとし、「再生繊維又は半合成繊維」又は場合により「再生繊維若しくは半合成繊維」とは(b)の繊維をいう。第54.04項又は第54.05項のストリップその他これに類する物品は、人造繊維とみなさない。

人造繊維、合成繊維及び再生繊維又は半合成繊維の各用語は、材料の語とともに使用する場合においてもそれぞれ前記の意味と同一の意味を有する。

Chapter 54　Man-made filaments; strip and the like of man-made textile materials

Notes.

1.- Throughout the Nomenclature, the term "man-made fibres" means staple fibres and filaments of organic polymers produced by manufacturing processes, either:

(a) By polymerisation of organic monomers to produce polymers such as polyamides, polyesters, polyolefins or polyurethanes, or by chemical modification of polymers produced by this process (for example, poly(vinyl alcohol) prepared by the hydrolysis of poly(vinyl acetate)); or

(b) By dissolution or chemical treatment of natural organic polymers (for example, cellulose) to produce polymers such as cuprammonium rayon (cupro) or viscose rayon, or by chemical modification of natural organic polymers (for example, cellulose, casein and other proteins, or alginic acid), to produce polymers such as cellulose acetate or alginates.

The terms "synthetic" and "artificial" ,used in relation to fibres, mean: synthetic: fibres as defined at (a); artificial: fibres as defined at (b). Strip and the like of heading 54.04 or 54.05 are not considered to be man-made fibres.

The terms "man-made", "synthetic" and "artificial" shall have the same meanings when used in relation to "textile materials".

第63類　紡織用繊維のその他の製品、セット、中古の衣類、紡織用繊維の中古の物品及びぼろ

Chapter 63　Other made up textile articles; sets; worn clothing and worn textile articles; rags

注
1　第1節の物品は、紡織用繊維の織物類を製品にしたものに限る。

Notes.
1.- Sub-Chapter I applies only to made up articles, of any textile fabric.

番号 No.	統計細分 Stat. Code No.	NACCS用	品名	税率 Rate of Duty 基本 General	協定 WTO	特恵 Preferential	暫定 Temporary	単位 Unit	Description
63.06			ターポリン及び日よけ、テント、帆（ボート用、セールボード用又はランドクラフト用のものに限る。）並びにキャンプ用品						Tarpaulins, awnings and sunblinds; tents; sails for boats, sailboards or landcraft; camping goods:
			ターポリン及び日よけ						Tarpaulins, awnings and sunblinds:
6306.12	000	4	合成繊維製のもの	4.8%	4%	無税 Free		KG	Of synthetic fibres
6306.19			その他の紡織用繊維製のもの						Of other textile materials:
	100	6	1 綿製のもの	6.7%	5.6%	無税 Free		KG	1 Of cotton
	900	1	2 その他のもの	4.8%	4%	無税 Free		KG	2 Other
			テント						Tents:
6306.22	000	1	合成繊維製のもの	4.8%	4%	無税 Free		KG	Of synthetic fibres
6306.29			その他の紡織用繊維製のもの						Of other textile materials:
	100	3	1 綿製のもの	6.7%	5.6%	無税 Free		KG	1 Of cotton
	900	5	2 その他のもの	4.8%	4%	無税 Free		KG	2 Other
6306.30	000	0	帆	4.8%	4%	無税 Free		KG	Sails
6306.40			空気マットレス						Pneumatic mattresses:
	100	6	1 綿製のもの	6.7%	5.6%	無税 Free		KG	1 Of cotton
	900	1	2 その他の紡織用繊維製のもの	4.8%	4%	無税 Free		KG	2 Of other textile materials
6306.90			その他のもの						Other:
	100	5	1 綿製のもの	6.7%	5.6%	無税 Free		KG	1 Of cotton
	900	0	2 その他の紡織用繊維製のもの	4.8%	4%	無税 Free		KG	2 Of other textile materials

第82類　卑金属製の工具、道具、刃物、スプーン及びフォーク並びにこれらの部分品

注

1　トーチランプ、可搬式鍛冶炉、フレーム付きグラインディングホイール、マニキュアセット、ペディキュアセット及び第82.09項の物品を除くほか、この類の物品は、次のいずれかの物品から成る刃、作用する面その他の作用する部分を有するものに限る。
(a)　卑金属
(b)　金属炭化物又はサーメット
(c)　卑金属製、金属炭化物製又はサーメット製の支持物に取り付けた天然、合成又は再生の貴石又は半貴石
(d)　卑金属製の支持物（卑金属製の切削歯、溝その他これらに類する作用する部分を有し、これに研磨材料を取り付けた後においてもその機能を維持する場合に限る。）に取り付けた研磨材料

Chapter 82　Tools, implements, cutlery, spoons and forks, of base metal; parts thereof of base metal

Notes.

1.- Apart from blow lamps, portable forges, grinding wheels with frame-works, manicure or pedicure sets, and goods of heading 82.09, this Chapter covers only articles with a blade, working edge, working surface or other working part of:
(a) Base metal;
(b) Metal carbides or cermets;
(c) Precious or semi-precious stones (natural, synthetic or reconstructed) on a support of base metal, metal carbide or cermet; or
(d) Abrasive materials on a support of base metal, provided that the articles have cutting teeth, flutes, grooves, or the like, of base metal, which retain their identity and function after the application of the abrasive.

番号 No.	統計細分 Stat. Code No.	NACCS用	品名	税率 Rate of Duty 基本 General	協定 WTO	特恵 Preferential	暫定 Temporary	単位 Unit	Description
82.15			スプーン、フォーク、ひしやく、しやくし、ケーキサーバー、フィッシュナイフ、バターナイフ、砂糖挟みその他これらに類する台所用具及び食卓用具						Spoons, forks, ladles, skimmers, cake-servers, fish-knives, butter-knives, sugar tongs and similar kitchen or tableware:
8215.10	000	3	詰合せセット（貴金属をめつきした少なくとも一の製品を含むものに限る。）	4.6%	3.9%	無税 Free		DZ KG	Sets of assorted articles containing at least one article plated with precious metal
8215.20	000	0	その他の詰合せセット	4.6%	3.9%	無税 Free		DZ KG	Other sets of assorted articles
			その他のもの						Other:
8215.91	000	6	貴金属をめつきしたもの	4.6%	(4.6%)	無税 Free		DZ KG	Plated with precious metal
8215.99	000	5	その他のもの	4.6%	3.9%	無税 Free		DZ KG	Other

第85類　電気機器及びその部分品並びに録音機、音声再生機並びにテレビジョンの映像及び音声の記録用又は再生用の機器並びにこれらの部分品及び附属品

Chapter 85　Electrical machinery and equipment and parts thereof; sound recorders and reproducers, television image and sound recorders and reproducers, and parts and accessories of such articles

番号 No.	統計細分 Stat. Code No.	NACCS用	品名	税率 Rate of Duty 基本 General	協定 WTO	特恵 Preferential	暫定 Temporary	単位 Unit	Description
85.13			携帯用電気ランプ（内蔵したエネルギー源（例えば、電池及び磁石発電機）により機能するように設計したものに限るものとし、第85.12項の照明用機器を除く。）						Portable electric lamps designed to function by their own source of energy (for example, dry batteries, accumulators, magnetos), other than lighting equipment of heading 85.12:
8513.10	000	2	ランプ	無税 Free	(無税) (Free)			NO KG	Lamps
8513.90	000	6	部分品	無税 Free	(無税) (Free)			KG	Parts

第94類　家具、寝具、マットレス、マットレスサポート、クッションその他これらに類する詰物をした物品並びにランプその他の照明器具（他の類に該当するものを除く。）及びイルミネーションサイン、発光ネームプレートその他これらに類する物品並びにプレハブ建築物

Chapter 94 Furniture; bedding, mattresses, mattress supports, cushions and similar stuffed furnishings; lamps and lighting fittings, not elsewhere specified or included; illuminated signs, illuminated name-plates and the like; prefabricated buildings

注

1 この類には、次の物品を含まない。

(a) 第39類、第40類又は第63類のマットレス、まくら及びクッションで、空気又は水を入れて使用するもの

Notes.

1.- This Chapter does not cover:

(a) Pneumatic or water mattresses, pillows or cushions, of Chapter 39, 40 or 63;

(f) 第85類のランプその他の照明器具

(f) Lamps or lighting fittings of Chapter 85;

番号 No.	統計細分 Stat. Code No.	NACCS用	品名	税率 Rate of Duty 基本 General	協定 WTO	特恵 Preferential	暫定 Temporary	単位 Unit	Description
94.04			寝具その他これに類する物品（例えば、マットレス、布団、羽根布団、クッション、プフ及びまくら。スプリング付きのもの、何らかの材料を詰物とし又は内部に入れたもの及びセルラーラバー製又は多泡性プラスチック製のものに限るものとし、被覆してあるかないかを問わない。）及びマットレスサポート						Mattress supports; articles of bedding and similar furnishing (for example, mattresses, quilts, eiderdowns, cushions, pouffes and pillows) fitted with springs or stuffed or internally fitted with any material or of cellular rubber or plastics, whether or not covered:
9404.10	000	5	マットレスサポート	3.8%	3.2%	2.56% ×無税 Free		KG	Mattress supports
			マットレス						Mattresses:
9404.21	000	1	セルラーラバー製又は多泡性プラスチック製のもの（被覆してあるかないかを問わない。）	4.6%	3.8%	無税 Free		NO KG	Of cellular rubber or plastics, whether or not covered
9404.29	000	0	その他の材料製のもの	4.6%	3.8%	無税 Free		NO KG	Of other materials
9404.30	000	6	寝袋	4.6%	3.8%	無税 Free		NO KG	Sleeping bags
9404.90			その他のもの	4.6%	3.8%	無税 Free			Other:
			−布団						Quilts and eiderdowns:
	010	5	−−羽根布団（羽根又は羽毛を詰物に使用したもの）					NO KG	Eiderdowns, stuffed with feather or down
	020	1	−−人造繊維のみを詰物に使用したもの					NO KG	Stuffed solely with man-made fibres
	030	4	−−その他のもの					NO KG	Other
	090	1	−その他のもの					KG	Other

番号 No.	統計細分 Stat. Code No.	NACCS用	品名	税率 Rate of Duty 基本 General	協定 WTO	特恵 Prefer-ential	暫定 Tempo-rary	単位 Unit	Description
94.05			ランプその他の照明器具及びその部分品（サーチライト及びスポットライトを含むものとし、他の項に該当するものを除く。）並びに光源を据え付けたイルミネーションサイン、発光ネームプレートその他これらに類する物品及びこれらの部分品（他の項に該当するものを除く。）						Lamps and lighting fittings including searchlights and spotlights and parts thereof, not elsewhere specified or included; illuminated signs, illuminated name-plates and the like, having a permanently fixed light source, and parts thereof not elsewhere specified or included:
9405.40			電気式のランプその他の照明器具（他の号に該当するものを除く。）	無税 Free					Other electric lamps and lighting fittings:
	010	4	－サーチライト及びスポットライト		(無税) (Free)			KG	Searchlights and spotlights
			－その他のもの		(無税) (Free)				Other:
	091	1	－－発光ダイオード(LED)光源を据え付けたもの					KG	Having a permanently fixed light-emitting diodes (LED) light source
	099	2	－－その他のもの					KG	Other

日付・正解 Check

第６問 »» 正解：(a)－⑦、(b)－⑭、(c)－⑪、(d)－①、(e)－③、(f)－4520000、(g)－2160000、(h)－1080000、(i)－0540000、(j)－0291600

解説

1　適用されるレート

外国通貨の換算レートの確認：10月１日の**前々週のレートは、108.00円**／１米ドル（９月13日～９月19日）である。

2　問題文の確認

① 問題文記２：品目番号ごとの申告価格が20万円以下であるもの（上記１によりとりまとめたものを含む。）がある場合には、その品目番号が異なるものであっても、これらを**関税が有税である品目と無税である品目に分けて、それぞれを一括**して一欄にとりまとめる。

（※解説：**少額貨物**に該当する貨物のみ、**適用する関税率を確認**する必要がある。）

② 問題文記３：上記２による場合に輸入申告事項登録画面に入力すべき品目番号は、次のとおりとする。

（１）**有税**である品目については、上記２によりとりまとめる前の品目のうち**関税率が最も高いもの**の品目番号とし、10桁目は「X」とする。

（２）**無税**である品目については、上記２によりとりまとめる前の品目のうち**申告価格**（上記１によりとりまとめたものについては、その合計額）**が最も大きい**ものの品目番号とし、10桁目は「X」とする。

（※解説：10桁目が「E」となる場合の指示がないため、必ず申告価格が20万円以下となる貨物が複数あり、仕入書中の貨物は６種類しかないためこれらのうち二つが少額貨物となり、**両方とも有税品となるか、両方とも無税品のいずれか**となる可能性が高いことが分かる。）

③ 問題文記４：輸入申告事項登録画面に入力する品目番号（(a)～(e)）は、その品目番号ごとの申告価格（上記１及び２によりとりまとめたものについては、その合計額）が**大きいものから順に入力**するものとする。

（※解説：記１及び記２に基づきまとめた後に**単に金額の大きい順に並べる**必要がある。つまり、10桁目が「X」となるものが最後になるとは限らない。）

④ 問題文記７：輸入者（買手）は、別紙１の仕入書に記載されている「Sleeping bag, of polyester fabrics」を輸出者（売手）から継続的に輸入している。輸入者（買手）は、輸出者（売手）から前回輸入した「Sleeping bag, of polyester fabrics」の品質が粗悪であったことから、輸出者（売手）に対して損害賠償

を要求した。輸出者（売手）はその要求に応じ、今回輸入される**「Sleeping bag, of polyester fabrics」１個あたりの単価を売買契約時の単価から５米ドル値引き**することにより、その損害賠償請求額の全額と**相殺する**こととした。別紙１の仕入書に記載された「Sleeping bag, of polyester fabrics」の単価は、その値引後の額である。

（※解説：契約時の単価からの値引きである５米ドルの値引きは今回輸入した貨物についての値引きではなく、前回輸入した貨物に対する値引き額を今回輸入した貨物の単価から値引きしたものであり、**相殺値引**に当たる。したがって、今回輸入した貨物の申告価格の計算上５米ドルは控除することができず、**「Sleeping bag, of polyester fabrics」の仕入書単価に５米ドルを加算**する必要がある。）

⑤　問題文記８：輸入者（買手）は、別紙１の仕入書に記載されている**「Pneumatic mattress, of polyester fabrics」1,000個の製造に使用する部分品**をその部分品の生産者である本邦所在のＣ社から**600,000円で取得**し、これを輸出者（売手）に提供し、輸出者（売手）から当該部分品の代金として輸出者（売手）の工場までの運送費込みの**700,000円の支払い**を受けた。しかし、「Pneumatic mattress, of polyester fabrics」を1,000個製造するためには輸出者（売手）に提供した部分品の数量では足りないことが判明したことから、輸入者（買手）は、別途Ｃ社からＣ社が生産した**部分品を200,000円で追加して取得**し、これを輸出者（売手）に無償で提供した。なお、追加で提供した**部分品を輸出者（売手）の工場まで運送するために要した費用50,000円**は、**輸出者（売手）により負担**された。

（※解説：まず、「Pneumatic mattress, of polyester fabrics」1,000個の製造に使用する部分品を輸入者が600,000円で取得し運送費込みの700,000円で輸出者に提供しているが、これについては、**輸入者に負担している金額がないので課税価格に加算する金額はない**。しかし、**追加の部分品については部分品の代金200,000円を輸入者が負担して輸出者に無償提供**しているため課税価格に加算する必要がある。なお、**追加の部分品の運送費用50,000円は輸出者が負担**しているため課税価格に加算する必要はない。したがって、200,000円を「Pneumatic mattress, of polyester fabrics」の課税価格に加算する必要がある。）

⑥　問題文記９：別紙１の仕入書に記載されている**「Portable LED lamp, designed to function by its own battery」**について、輸入者（買手）は、その製造過程において、国内販売のための規格に合致させるために、輸出者（売手）の工場に自社の技術者を派遣して勤務させており、当該**技術者の現地滞在費として2,000米ドルを負担**している。なお、当該技術者は**輸入者（買手）が自己のために行う品質検査にのみ従事**しており、製造作業には従事していな

い。

（※解説：輸入者の**技術者は、輸入貨物の製造過程において品質検査のみを行い、製造作業には従事していない**ため、輸入者が自己のために行う検査に該当し、現地滞在費2,000米ドルは課税価格に加算する必要はない。）

⑦ 問題文記10：別紙1の仕入書に記載されている**「Fork, of plastics」は、貴金属をめっきしてない**ものとする。

（※解説：「Fork, of plastics」の品目番号を検討する際には確認する必要がある。）

3 輸入貨物の分類

仕入書の各貨物が実行関税率表のどこに分類されるかを考えていく。

（1）Rucksack, with outer surface of textile materials：紡織用繊維から製造されたリュックサックであるので、**旅行用具、ハンドバッグその他これらに類する容器として第42類**に分類 ⇒ **紡織用繊維から製造されたリュックサック**であるので第42.02項に分類 ⇒ リュックサックは、**トランクやスーツケース等ではなく、ハンドバッグでもなく、ポケット又はハンドバッグに通常入れて携帯する製品でもない**ので、その他のものとして、第4202.91号から第4202.99号に分類 ⇒ **外面が紡織用繊維製**のものであるから「外面がプラスチックシート製又は紡織用繊維製のもの」（4202.92.000.2）に分類

（2）Tent, of polyester fabrics：紡織用繊維製のテントは**紡織用繊維のその他の製品として第63類**に分類 ⇒ **テント**であるから第63.06項に分類 ⇒ **テント**であるので第6306.22号又は第6306.29号に分類 ⇒ 第54類注1の規定より**ポリエステルは合成繊維**であるので、合成繊維製のテントは「6306.22.000.1」に分類

（3）Sleeping bag, of polyester fabrics：寝袋は寝具であり**寝具は第94類**に分類 ⇒ **寝具**は第94.04項に分類 ⇒ **寝袋**であるから「9404.30.000.6」に分類

（4）Pneumatic mattress, of polyester fabrics：紡織用繊維製の空気を入れて使用するマットレスは第94類注1（a）の規定より**紡織用繊維のその他の製品として第63類**に分類 ⇒ マットレスは**キャンプ用品**として第63.06項に分類 ⇒ **空気マットレス**は第6306.40号に分類 ⇒ **ポリエステル製の空気マットレス**であるから「2 その他の紡織用繊維製のもの」（6306.40.900.1）に分類

（5）Fork, of plastics：プラスチック製のフォークは**プラスチックの製品として第39類**に分類 ⇒ プラスチック製のフォークは**プラスチック製の食卓用品**として第39.24項に分類 ⇒ **食卓用品**は「3924.10.000.3」に分類

（6）Portable LED lamp, designed to function by its own battery：携帯用の電気ランプは**第94類注1（f）の規定より第85類**に分類 ⇒ 携帯用の電気ラン

プで、**内蔵したバッテリーにより機能するように設計したもの**は第85.13項に分類　⇒　**ランプ**であるので「8513.10.000.2」に分類

4　解答番号を探す

a－⑦、f－4520000：（4）Pneumatic mattress, of polyester fabricsの**課税価格が最も大きい**のでaの解答は⑦6306.40-9001となる。また課税価格は、US$40,000×108円／US$＋200,000円＝4,520,000円となり、fの解答は4520000となる。

b－⑭、g－2160000：（3）Sleeping bag, of polyester fabricsの**課税価格が２番目に大きい**のでbの解答は⑭9404.30-0006となる。また課税価格は、（US$15,000.00＋US$5.00×1,000）×108円／US$＝2,160,000円となり、gの解答は2160000となる。

c－⑪、h－1080000：（6）Portable LED lamp, designed to function by its own batteryの**課税価格が３番目に大きい**のでcの解答は⑪8513.10-0002となる。また課税価格は、US$10,000.00×108円／US$＝1,080,000円となり、hの解答は1080000となる。

d－①、i－0540000：（5）Fork, of plasticsの**課税価格が４番目に大きい**のでdの解答は①3924.10-0003となる。また課税価格は、US$5,000.00×108円／US$＝540,000円となり、iの解答は0540000となる。

残りの貨物は、仕入書にある金額がかなり小さいためすべて少額貨物となることが予想できる。そこでまず（1）Rucksack, with outer surface of textile materialsが、残りの二つの中ではドルベースの仕入書価格が最も大きいので円に換算した後の課税価格を計算するとUS$1,500.00×108円／US$＝162,000円であり、残りは二つとも少額貨物であることが分かる。次に残り二つの税率を確認していくと、**（1）Rucksack, with outer surface of textile materialsの関税率は協定税率の８％**である。**（2）Tent, of polyester fabricsの関税率は協定税率の４％**である。したがって、問題文記３（1）に従い有税である品目の（1）Rucksack, with outer surface of textile materialsと（2）Tent, of polyester fabricsについては、**関税率の最も高い**（1）Rucksack, with outer surface of textile materialsの「4202.92.000.2」の10桁目を「X」として解答する。

e－③、j－0291600：（1）Rucksack, with outer surface of textile materialsの品目番号**「4202.92.000.2」のNACCS用番号をX**としてeの解答は③4202.92-000Xとなる。また課税価格は、（US$1,500.00＋US$1,200.00）×108円／US$＝291,600円となり、jの解答は0291600となる。

第8編

第57回通関士試験

8

注意

実際の通関士試験では、試験科目の順番は以下の通りですが、本編では1と2を逆にしています。テキストが関税法から始まっているためです。

- 通関業法
- 関税法、関税定率法その他関税に関する法律及び外国為替及び外国貿易法（第6章に係る部分に限る。）
- 通関書類の作成要領その他通関手続の実務

1 関税法、関税定率法その他関税に関する法律及び外国為替及び外国貿易法（第6章に係る部分に限る。）

1 問題 （時間 1時間40分）

選択式 第１問～第５問：各問題５点 第６問～第15問：各問題２点

第１問 次の記述は、輸入通関に関するものであるが、（　　）に入れるべき最も適切な語句を下の選択肢から選び、その番号をマークしなさい。

1 関税法第67条の19（輸入申告の特例）の規定により、（ イ ）は、同法第67条の２第１項又は第２項（輸出申告又は輸入申告の手続）の規定にかかわらず、いずれかの税関長に対して輸入申告をすることができる。

2 輸入の許可を受けようとする貨物についての検査を税関長が指定した場所以外の場所で受けようとする者は、その貨物の品名及び数量並びにその検査を受けようとする（ ロ ）、場所及び事由を記載した申請書を当該貨物の置かれている場所を所轄する税関長に提出し、その（ ハ ）を受けなければならない。

3 輸入申告に係る貨物について、経済連携協定における関税についての特別の規定による便益の適用を受けようとする場合において、当該貨物の課税価格の総額が（ ニ ）であるときは、当該貨物が当該経済連携協定の規定に基づき当該経済連携協定の締約国の原産品とされるものであることを証明した又は（ ホ ）書類を税関長に提出することを要しない。

［選択肢］

① 10万円以下	② 20万円以下	③ 30万円以下
④ 確認できる	⑤ 期間	⑥ 許可
⑦ 施設の管理者	⑧ 者の代理人	⑨ 承認
⑩ 申告する	⑪ 特例輸入者又は特例委託輸入者	
⑫ 特例輸入者又は認定通関業者		⑬ 届け出る
⑭ 認可	⑮ 認定通関業者	

第2問　次の記述は、関税の確定及び納付に関するものであるが、（　　）に入れるべき最も適切な語句を下の選択肢から選び、その番号をマークしなさい。

1　申告納税方式とは、納付すべき税額又は当該税額がないことが（　イ　）のする申告により確定することを原則とし、その申告がない場合又はその申告に係る税額の計算が関税に関する法律の規定に従っていなかった場合その他当該税額が税関長の調査したところと異なる場合に限り、税関長の（　ロ　）により確定する方式をいう。

2　本邦に入国する者は、関税法第67条の規定により、その入国の際に貨物を携帯して輸入しようとする場合、当該貨物の品名並びに（　ハ　）その他必要な事項を税関長に申告しなければならない。この場合において、その申告に係る課税標準が税関長の調査したところと同じであるときは、その納付すべき税額の決定は、税関長がその決定に係る当該納付すべき税額その他の事項を記載した（　ニ　）を送達し、又は税関職員に口頭で当該決定の通知をさせることにより行う。

3　電子情報処理組織による輸出入等関連業務の処理等に関する法律第4条の規定による関税等の口座振替納付において、（　イ　）から預金の払出しとその払い出した金銭による関税等の納付を委託された金融機関が、税関長からその納付に必要な納付書の送付をされた場合において、その送付があった日の翌日までに当該納付書に基づき当該関税等を納付したときは、当該納付は当該納付書の送付の日にされたものとみなして、（　ホ　）に関する規定を適用する。

[選択肢]
① 延滞税　② 課税通知書　③ 課税標準となるべき数量及び価格
④ 課税標準となるべき数量及び価格、適用される税率並びに納付すべき税額
⑤ 課税標準となるべき数量及び価格並びに納付すべき税額
⑥ 処分　⑦ 特例輸入者　⑧ 荷受人　⑨ 納税義務者
⑩ 納税告知書　⑪ 賦課決定通知書　⑫ 附帯税
⑬ 補正　⑭ 命令　⑮ 利子税

第3問　次の記述は、保税蔵置場に関するものであるが、（　　　）に入れるべき最も適切な語句を下の選択肢から選び、その番号をマークしなさい。

1　保税蔵置場に外国貨物を置くことができる期間は、当該貨物を（　イ　）から（　ロ　）である。

2　（　ハ　）者は、当該保税蔵置場の（　ニ　）を増加し、若しくは減少し、又はその改築、移転その他の工事をしようとするときは、あらかじめその旨を税関に届け出なければならない。

3　保税蔵置場にある外国貨物（輸出の許可を受けた貨物を除く。）が（　ホ　）ときは、あらかじめ税関長の承認を受けている場合を除き、当該（　ハ　）者から、直ちにその関税を徴収する。

[選択肢]

① 3月　② 2年　③ 3年
④ 外国貨物を保税蔵置場に置いた
⑤ 外国貿易船又は外国貿易機から取り卸した日
⑥ 貨物の収容能力　⑦ 貨物の取扱数量　⑧ 貨物の保管機能
⑨ 最初に保税蔵置場に入れた日
⑩ 最初に保税蔵置場に置くことが承認された日　⑪ 消費された
⑫ 亡失した　⑬ 保税蔵置場の許可を受けた
⑭ 保税蔵置場の施設を所有する　⑮ 滅却された

第4問　次の記述は、関税法及び関税定率法における用語の定義に関するものであるが、（　　　）に入れるべき最も適切な語句を下の選択肢から選び、その番号をマークしなさい。

1　関税法第2条第1項第4号の2（定義）に規定する「附帯税」とは、関税のうち延滞税、過少申告加算税、無申告加算税及び（　イ　）をいう。

2　関税法第13条第2項（還付及び充当）に規定する還付加算金の（　ロ　）の割合は、同項の規定にかかわらず、当分の間、各年の（　ハ　）（各年の前々年の9月から前年の8月までの各月における短期貸付けの平均利率（当該各月において銀行が新たに行った貸付け（貸付期間が1年未満のものに限る。）に係る利率の平均をいう。）の合計を12で除して計算した割合として各年の前年の11月30日までに財務大臣が告示する割合に年0.5%の割合を加算した割合）が（　ロ　）の割合に満たない場合には、その年中においては、当該（　ハ　）とする。

3　関税定率法第３条の２第１項本文（入国者の輸入貨物に対する簡易税率）の規定により、本邦に入国する者がその入国の際に携帯して輸入する貨物に対する関税の率は、輸入貨物について課される（　ニ　）を基礎として算出した同法別表の付表第１に定める税率によることとされており、同付表において、一部のアルコール飲料や（　ホ　）については個別の税率が定められ、その他の物品については15%の税率が定められている。

[選択肢]

① 加熱式たばこその他の非燃焼吸引用の物品		② 紙巻たばこ
③ 関税、消費税及び地方消費税の率を総合したもの		
④ 関税、内国消費税及び地方消費税の率を総合したもの		
⑤ 還付加算金確定割合	⑥ 還付加算金実行割合	
⑦ 還付加算金特例基準割合	⑧ 重加算税	⑨ 通常の関税率
⑩ 年 7.3%	⑪ 年 14.6%	⑫ 年 15%
⑬ 葉巻たばこ	⑭ 不納付加算税	⑮ 利子税

第５問　次の記述は、関税暫定措置法第８条の２に規定する特恵関税制度に関するものであるが、（　　　）に入れるべき最も適切な語句を下の選択肢から選び、その番号をマークしなさい。

1　関税暫定措置法第８条の２第１項に規定する特恵受益国等を原産地とする物品について、同項の特恵関税の適用を受けようとする場合において、当該物品の課税価格の総額が（　イ　）であるときは、当該特恵関税に係る原産地証明書を税関長に提出することを要しない。

2　関税暫定措置法第８条の２第１項に規定する特恵受益国等を原産地とする物品のうち、その原産地である特恵受益国等から当該特恵受益国等以外の地域を経由して本邦へ向けて運送される物品であっても、当該地域において、運送上の理由による（　ロ　）及び一時蔵置の取扱いのみがされたものについては、同項の特恵関税の適用を受けることができる。

3　関税暫定措置法第８条の２第１項の特恵関税に係る原産地証明書は、災害その他やむを得ない理由により有効期間を経過した場合において税関長の承認を受けたときを除き、その証明に係る物品についての（　ハ　）において、その発給の日から（　ニ　）以上を経過したものであってはならない。

4　関税暫定措置法第８条の２第１項に規定する特恵受益国等を原産地とする

物品で、同項の特恵関税の適用の対象とされるものであっても、当該特恵受益国等を原産地とする当該物品の有する（　ホ　）の程度その他の事情を勘案して当該特恵関税を適用することが適当でないと認められる場合においては、当該物品の原産地である特恵受益国等及び当該物品を指定し、当該物品について当該特恵関税を適用しないことができる。

［選択肢］

① 1万円以下	② 10万円以下	③ 20万円以下
④ 6月	⑤ 1年	⑥ 2年
⑦ 価格弾力性	⑧ 加工	⑨ 機能及び特性
⑩ 組立て	⑪ 国際競争力	⑫ 積替え
⑬ 本邦への到着の日	⑭ 輸入申告の日	⑮ 輸入の許可の日

第6問　次の記述は、関税の修正申告、更正の請求、更正及び決定に関するものであるが、その記述の正しいものはどれか。すべてを選び、その番号をマークしなさい。

1　納税申告をした者は、当該納税申告により納付すべき税額に不足額があるときは、当該納税申告の日から3年以内に限り、税関長に対し、当該納税申告に係る課税標準又は納付すべき税額につき修正申告をすることができる。

2　納税申告をした者は、当該納税申告により納付すべき税額に関し当該税額を増額する更正があった場合であっても、その増額した後の納付すべき税額に不足額があるときは、その増額した更正について更正があるまでは、その増額した更正に係る納付すべき税額につき修正申告をすることができる。

3　納税申告が必要とされている貨物についてその輸入の時までに当該納税申告がないことにより税関長による納付すべき税額の決定を受けた者は、当該輸入の後に生じたやむを得ない理由により、当該決定により納付すべき税額が過大である場合には、税関長に対し、当該決定後の税額につき更正をすべき旨の請求をすることができる。

4　税関長の承認を受けて輸入の許可前に引き取られた貨物に係る更正の請求は、当該承認の日の翌日から起算して1年を経過する日と輸入の許可の日とのいずれか遅い日までの間に限り、行うことができる。

5　関税法第14条第1項（更正、決定等の期間制限）の規定により関税についての更正をすることができないこととなる日前6月以内にされた更正の請求に係る更正は、当該更正の請求があった日から6月を経過する日まで、することができる。

第7問 次の記述は、関税の納期限に関するものであるが、その記述の正しいものはどれか。すべてを選び、その番号をマークしなさい。

1 特例申告書の提出期限が土曜日、日曜日、国民の祝日に関する法律に規定する休日その他一般の休日、12月29日、同月30日又は同月31日に当たるときは、これらの日の翌日をもってその提出期限とみなされる。

2 関税定率法第19条の3第1項（輸入時と同一状態で再輸出される場合の戻し税等）の規定による関税の払戻しが、これを受ける者の申請に基づいて過大な額で行われた場合には、その過大であった部分の金額に相当する関税額について、当該関税額に係る納税告知書を発する日の翌日から起算して7日を経過する日までに納付しなければならない。

3 関税法第9条の2第1項（納期限の延長）の規定により納付すべき期限が延長された関税についての同法第12条第9項（延滞税）に規定する法定納期限は、当該関税を課される貨物の輸入の許可の日である。

4 特例申告貨物について、特例申告書をその提出期限までに提出した後にされた更正により納付すべき関税についての関税法第12条第9項（延滞税）に規定する法定納期限は、当該提出期限と当該更正に係る更正通知書が発せられた日とのいずれか遅い日である。

5 期限内特例申告書に記載された納付すべき税額に相当する関税については、その特例申告書の提出期限までに国に納付しなければならない。

第8問 次の記述は、輸出通関に関するものであるが、その記述の正しいものはどれか。すべてを選び、その番号をマークしなさい。

1 特定委託輸出者が特定委託輸出申告を行う場合には、その申告に係る貨物が置かれている場所から当該貨物を外国貿易船又は外国貿易機に積み込もうとする開港、税関空港又は不開港までの運送を特定保税運送者に委託することを要しない。

2 税関長が、輸出申告があった場合において輸出の許可の判断のために必要があるときに、当該輸出申告の内容を確認するために輸出者に提出させることができる書類には、当該輸出申告に係る貨物の契約書、仕入書及び包装明細書が含まれることとされている。

3　コンテナーに詰められた状態で輸出の許可を受けるため保税地域に搬入される貨物について、輸出申告の後、当該貨物が当該保税地域に搬入される前であっても、輸出者からの申出があることをもって、税関職員は関税法第67条の規定による検査を行うことができることとされている。

4　再包装が困難な貨物で仕入書により当該貨物の内容が明らかであり、当該貨物が保税地域に搬入される前に関税法第67条の規定による検査を実施することについて支障がない場合は、輸出者からの申出により、税関職員は、輸出申告の後、当該貨物が当該保税地域に搬入される前に当該検査を行うことができることとされている。

5　外国貿易船により有償で輸出される貨物について輸出申告書に記載すべき貨物の価格は、当該貨物の本邦の輸出港における本船甲板渡し価格である。

第9問　次の記述は、輸入通関に関するものであるが、その記述の正しいものはどれか。すべてを選び、その番号をマークしなさい。

1　外国貿易船に積み込んだ状態で輸入申告をすることが必要な貨物を輸入しようとする者は、当該貨物が他の貨物と混載されておらず、かつ、当該貨物の積付けの状況が検査を行うのに支障がない場合には、税関長の承認を受けることなく、当該貨物を保税地域に入れないで輸入申告をすることができる。

2　特例委託輸入者でその特例申告に係る特例申告書をその提出期限までに提出していない者は、その提出期限後においては、税関長に特例申告書を提出することができない。

3　申告納税方式が適用される輸入貨物のうち、当該輸入貨物の課税標準となるべき価格が1万円以下の物品を輸入しようとする者は、税関長への輸入申告を行うことを要しないこととされている。

4　輸入（納税）申告をしようとする者は、その輸入しようとする貨物の種類にかかわらず、予備審査制に基づく輸入貨物に係る予備申告を行うことができることとされている。

5　外国貿易船により輸入される貨物に係る予備審査制に基づく予備申告は、輸入申告予定日における外国為替相場が公示された日又は当該貨物に係る船荷証券が発行された日のいずれか遅い日から行うことができることとされている。

第10問　次の記述は、関税法第71条（原産地を偽った表示等がされている貨物の輸入）に規定する原産地の表示に関するものであるが、その記述の正しいものはどれか。すべてを選び、その番号をマークしなさい。

1　原産地について誤認を生じさせる表示がされている外国貨物であっても、原産地について偽った表示がされているものでなければ、当該外国貨物について、輸入の許可を受けることができる。

2　原産地について偽った表示がされている外国貨物を輸入しようとする者は、当該外国貨物の真正な原産地を証明する原産地証明書を税関長に提出した場合であっても、当該外国貨物について、輸入の許可を受けることができない。

3　原産地について誤認を生じさせる表示がされている外国貨物を輸入しようとする者は、当該外国貨物の関税額に相当する担保を税関長に提供した場合には、当該外国貨物について、輸入の許可を受けることができる。

4　原産地について偽った表示がされている外国貨物であっても、当該表示が当該外国貨物の容器にのみ間接的に表示されている場合には、当該外国貨物について、輸入の許可を受けることができる。

5　税関長は、原産地について偽った表示がされていることにより留置した外国貨物について、当該表示が消されると認められる場合には、当該外国貨物を返還することとされている。

第11問　次の記述は、特例輸入者及び特定輸出者に関するものであるが、その記述の正しいものはどれか。すべてを選び、その番号をマークしなさい。

1　税関長は、関税、内国消費税及び地方消費税の保全のために必要があると認めるときは、特例輸入者に対し、金額及び期間を指定して、関税、内国消費税及び地方消費税につき担保の提供を命ずることができ、特例輸入者が過少申告加算税を課された場合は、税関長は直ちに担保の提供を命じなければならないこととされている。

2　特定輸出者は、輸出しようとする貨物が置かれている場所から当該貨物を外国貿易船に積み込もうとする開港までの運送を特定保税運送者に委託することにより、輸出貿易管理令別表第１の１の項の中欄に掲げる貨物につき特定輸出申告を行うことができる。

3　税関長は、特定輸出申告書に記載された品名と特定輸出申告が行われ税関長の輸出の許可を受けた貨物が相違することが判明したことにより、当該貨物が外国貿易船に積み込まれるまでの間に当該貨物に係る輸出の許可を取り消す場合において必要があると認めるときは、税関職員に当該貨物の検査をさせることができることとされている。

4　特例申告を行う場合は、特例申告に係る貨物で輸入の許可を受けたものについて、特例申告書を作成し、当該許可の日の属する月の翌月末日までに当該許可をした税関長に提出しなければならない。

5　特例輸入者は、複数の輸入の許可に係る特例申告をまとめて行う場合には、当該許可をした税関長にあらかじめその旨を届け出なければならないこととされている。

第12問　次の記述は、関税定率法に規定する関税の軽減、免除又は払戻しに関するものであるが、その記述の正しいものはどれか。すべてを選び、その番号をマークしなさい。

1　輸入貨物が、輸入申告の後、輸入の許可前に損傷した場合においては、関税定率法第10条第1項（変質、損傷等の場合の減税又は戻し税等）の規定により、当該貨物の損傷による価値の減少に基づく価格の低下率を基準として、その関税の軽減を受けることができない。

2　輸入の許可を受けた貨物が、輸入の許可後引き続き、保税地域に置かれている間に、災害により滅失した場合においては、関税定率法第10条第2項（変質、損傷等の場合の減税又は戻し税等）の規定により、その関税（附帯税を除く。）の全部の払戻しを受けることができる。

3　国際親善のため、国にその用に供するものとして寄贈される物品で輸入されるものは、その輸入の許可の日から2年以内にその用途以外の用途に供される場合であっても、関税定率法第15条第1項（特定用途免税）の規定により、その関税の免除を受けることができる。

4　赤十字国際機関から日本赤十字社に寄贈された器具で、日本赤十字社が直接医療用に使用するものと認められるもので輸入され、その輸入の許可の日から2年以内にその用途以外の用途に供されないものについては、関税定率法第15条第1項（特定用途免税）の規定により、その関税の免除を受けることができる。

5　本邦にある外国の大使館又は公使館に属する公用品で輸入されるものについては、相互条件により関税の免除に制限がある場合を除き、関税定率法第16条第1項（外交官用貨物等の免税）の規定により、その関税の免除を受けることができる。

第13問　次の記述は、関税定率法第４条第１項に規定する課税価格の決定の原則に基づき輸入貨物の課税価格を計算する場合に関するものであるが、その記述の正しいものはどれか。すべてを選び、その番号をマークしなさい。

1　輸入取引に係る契約において輸入貨物の輸入港までの運賃を買手が負担することとされている場合は、当該運賃は当該輸入貨物につき現実に支払われた又は支払われるべき価格に含まれていないものとして取り扱い、当該輸入貨物を輸入港まで運送するために実際に要した運送費用の額を買手が負担するときに限り、当該運送費用の額を当該輸入貨物につき現実に支払われた又は支払われるべき価格に加算することとされている。

2　輸入貨物に係る輸入取引に関し、買手により負担される当該輸入貨物に係る仲介料その他の手数料として当該輸入貨物につき現実に支払われた又は支払われるべき価格に、その含まれていない限度において加算しなければならないものに該当するか否かの判断は、契約書等における名称のみによるものではなく、その手数料を受領する者が輸入取引において果たしている役割及び提供している役務の性質を考慮して行うものとされている。

3　輸入貨物に係る輸入取引に関し、当該輸入貨物の売手と協力して販売を行う者に対し売手が支払う販売手数料は、当該輸入貨物の課税価格に含まれることとされている。

4　輸入貨物の生産及び輸入取引に関連して、当該輸入貨物の生産のために使用された金型を買手が売手に無償で提供した場合において、買手が当該金型の提供に要した費用の額は当該輸入貨物の課税価格に含まれる。

5　輸入貨物の生産及び輸入取引に関連して、当該輸入貨物の買手が本邦以外で自ら開発した役務で、当該買手により無償で提供され、当該輸入貨物のみの生産に利用されたものについては、当該役務の開発に要した費用に当該役務を当該輸入貨物の生産に関連して提供するために要した運賃、保険料その他の費用であって買手により負担されるものを加算した費用の額が当該輸入貨物の課税価格に含まれる。

第14問　次の記述は、外国為替及び外国貿易法第48条に規定する経済産業大臣の輸出の許可及び承認に関するものであるが、その記述の正しいものはどれか。すべてを選び、その番号をマークしなさい。

1　輸出貿易管理令別表第２の33の項の中欄に掲げるうなぎの稚魚を、アメリカ合衆国を仕向地として輸出する場合において、その輸出する貨物の総価額が5万円以下のものであるときは、経済産業大臣の輸出の承認を受けることを要しない。

2 輸出貿易管理令別表第2の43の項の中欄に掲げる重要文化財を輸出しようとする場合において、文化財保護法の規定に基づく文化庁長官の許可を受けているときであっても、経済産業大臣の輸出の承認を受けなければならない。

3 輸出貿易管理令別表第1の1の項の中欄に掲げる軍用航空機の部分品のうち、修理を要するものを無償で輸出しようとする場合には、経済産業大臣の輸出の許可を受けることを要しない。

4 輸出貿易管理令別表第1の16の項の中欄に掲げる関税定率法別表第95類に該当する玩具を、ドイツを仕向地として輸出しようとする場合には、経済産業大臣の輸出の許可を受けなければならない。

5 経済産業大臣は、外国為替及び外国貿易法第48条第1項の規定により経済産業大臣の輸出の許可を受けなければならない貨物について、当該輸出の許可を受けないで貨物を輸出した者に対し、3年以内の期間を限り、輸出を行うことを禁止することができる。

第15問 次の記述は、関税法に規定する輸入してはならない貨物に関するものであるが、その記述の正しいものはどれか。すべてを選び、その番号をマークしなさい。

1 印紙の模造品は、印紙等模造取締法の規定により財務大臣の許可を受けて輸入するものを除き、輸入してはならない貨物に該当する。

2 税関長は、公安又は風俗を害すべき書籍に該当する貨物で輸入されようとするものについて、没収して廃棄することができる。

3 税関長は、輸入されようとする貨物のうちに児童ポルノに該当すると認めるのに相当の理由がある貨物があるときであっても、当該貨物を輸入しようとする者に対し、その旨を通知することを要しない。

4 税関長は、輸入されようとする貨物が特許権を侵害する貨物に該当するか否かについての認定手続を執る場合には、当該貨物に係る特許権者及び当該貨物を輸入しようとする者に対し、当該貨物が当該特許権を侵害する貨物に該当するか否かについて意見を述べることができる旨を通知することを要しない。

5 著作権者は、自己の著作権を侵害すると認める貨物に関し、いずれかの税関長に対し、その侵害の事実を疎明するために必要な証拠を提出し、当該貨物が関税法第6章（通関）に定めるところに従い輸入されようとする場合は、当該貨物について当該税関長又は他の税関長が、当該貨物が当該著作権を侵害する貨物に該当するか否かについての認定手続を執るべきことを申し立てることができる。

択一式　各問題1点

第16問　次の記述は、関税の課税物件の確定の時期に関するものであるが、その記述の誤っているものはどれか。一つを選び、その番号をマークしなさい。なお、誤っている記述がない場合には、「0」をマークしなさい。

1　保税展示場に入れられた外国貨物のうち、当該保税展示場における販売又は消費を目的とするもの（関税法第4条第1項第3号の2に掲げるもの）に対し関税を課する場合の基礎となる当該貨物の性質及び数量は、当該貨物を当該保税展示場において展示又は使用の行為をすることが税関長により承認された時における現況による。

2　税関長が、保税地域に置くことが困難であると認め期間及び場所を指定して、保税地域以外の場所に置くことを許可した外国貨物で、その場所において亡失したもの（関税法第4条第1項第4号に掲げるもの）に対し関税を課する場合の基礎となる当該貨物の性質及び数量は、その亡失の時における現況による。

3　本邦と外国との間を往来する船舶への積込みの承認を受けて保税地域から引き取られた外国貨物である船用品（一括して積込みの承認を受けたものを除く。）で、その指定された積込みの期間内に船舶に積み込まれないもの（関税法第4条第1項第5号に掲げるもの）に対し関税を課する場合の基礎となる当該貨物の性質及び数量は、当該承認に係る外国貨物が保税地域から引き取られた時の現況による。

4　税関長が、1年の範囲内で運送の期間を指定して、一括して保税運送を承認した外国貨物で、その指定された運送の期間内に運送先に到着しないもの（関税法第4条第1項第5号に掲げるもの）に対し関税を課する場合の基礎となる当該貨物の性質及び数量は、当該承認に係る外国貨物が発送された時における現況による。

5　留置された貨物で、公売に付されるものに対し関税を課する場合の基礎となる当該貨物の性質及び数量は、その公売の時における現況による。

第17問　次の記述は、関税の納税義務に関するものであるが、その記述の誤っているものはどれか。一つを選び、その番号をマークしなさい。なお、誤っている記述がない場合には、「０」をマークしなさい。

1　関税定率法第15条第１項（特定用途免税）の規定により関税の免除を受けて輸入された貨物について、特定用途免税に係る特定の用途以外の用途に供するため譲渡されたことにより、その免除を受けた関税を徴収する場合には、その譲渡をした者がその関税を納める義務を負う。

2　本邦と外国との間を往来する船舶の旅客がその携帯品である外国貨物を輸入する前に本邦においてその個人的な用途に供するため消費した場合には、当該外国貨物を輸入したものとみなし、当該旅客がその関税を納める義務を負う。

3　指定保税地域にある外国貨物（輸出の許可を受けた貨物を除く。）が亡失したときは、当該外国貨物が災害その他やむを得ない事情により亡失した場合を除き、当該外国貨物を管理する者がその関税を納める義務を負う。

4　保税運送の承認を受けて運送された外国貨物（輸出の許可を受けた貨物を除く。）が亡失したことにより、その承認の際に指定された運送の期間内に運送先に到着しないときは、当該外国貨物が災害その他やむを得ない事情により亡失した場合を除き、その運送の承認を受けた者がその関税を納める義務を負う。

5　関税法第63条の２第１項（保税運送の特例）に規定する特定保税運送に係る外国貨物（輸出の許可を受けた貨物を除く。）が亡失したことにより、その発送の日の翌日から起算して７日以内に運送先に到着しないときは、当該外国貨物が災害その他やむを得ない事情により亡失した場合を除き、その特定保税運送に係る特定保税運送者がその関税を納める義務を負う。

第18問　次の記述は、関税の徴収及び関税の担保の提供、輸入差止申立てに係る供託並びに輸入者に対する調査の事前通知に関するものであるが、その記述の正しいものはどれか。一つを選び、その番号をマークしなさい。なお、正しい記述がない場合には、「０」をマークしなさい。

1　税関長は、納税義務者が偽りその他不正の行為により関税を免れたと認められる場合において、納付すべき税額の確定した関税でその納期限までに完納されないと認められるものがあるときは、その納期限を繰り上げ、その納付を請求することができることとされている。

2　金地金その他の貴金属であって換価の容易なものは、関税の担保として提供することが認められる。

3　関税の担保を提供した者は、担保物を変更する場合において、変更後に提供しようとする担保物が変更前の担保物の価額に相当する金銭であるときは、その旨を税関長に届け出ることとされているが、変更後に提供しようとする担保物が金銭以外のものであるときは、税関長の承認を受けなければならないこととされている。

4　税関長が、特許権に係る輸入差止申立てを受理した場合において、その申立てに係る貨物についての認定手続が終了するまでの間当該貨物が輸入されないことにより当該貨物を輸入しようとする者が被るおそれがある損害の賠償を担保するため、当該申立てをした特許権者に対し、相当と認める額の金銭をその指定する供託所に供託すべき旨を命じたときは、当該特許権者は、その特許権を目的として設定した質権をもって当該金銭に代えることができる。

5　税関長は、税関の当該職員に輸入者に対し実地の調査において関税法第105条第1項第6号の規定による質問検査等を行わせる場合には、あらかじめ、当該輸入者に対し、その調査を行う旨、調査を開始する日時、調査を行う場所、調査を行う理由、調査の対象となる期間等を口頭ではなく書面により通知しなければならない。

第19問　次の記述は、輸出通関に関するものであるが、その記述の正しいものはどれか。一つを選び、その番号をマークしなさい。なお、正しい記述がない場合には、「0」をマークしなさい。

1　経済連携協定の規定に基づき我が国の原産品とされる貨物を当該経済連携協定の締約国に輸出しようとする者は、当該貨物の輸出申告の際に、当該貨物が我が国の原産品であることにつき、我が国の権限ある当局が証明した書類を税関長に提出しなければならない。

2　輸入の許可を受けた貨物について、保税地域から引き取ることなく外国に向けて送り出す場合には、関税法の規定に基づく輸出の手続を要しない。

3　関税法第70条第1項の規定に基づき、外国為替及び外国貿易法第48条第1項及び輸出貿易管理令第1条第1項の規定により輸出に関して経済産業大臣の許可を必要とする貨物を輸出しようとする者は、当該貨物について輸出の許可を受けるまでに当該経済産業大臣の許可を受けている旨を税関に証明しなければならない。

4　本邦の船舶により公海で採捕された水産物を洋上から直接外国に向けて送り出す場合には、関税法の規定に基づく輸出の手続を要しない。

5　本邦に本店又は主たる事務所を有しない法人が本邦にその事務所及び事業所を有しない場合において、当該法人が貨物を本邦から輸出しようとするときは、当該法人は、税関事務管理人を定め、その定めた旨を税関長に届け出なければならない。

第20問　次の記述は、輸入通関に関するものであるが、その記述の正しいものはどれか。一つを選び、その番号をマークしなさい。なお、正しい記述がない場合には、「0」をマークしなさい。

1　税関長は、原産地について偽った表示がされている外国貨物については、その表示がある旨を輸入申告をした者に直ちに通知し、期間を指定して、その者の選択により、その表示を消させ、若しくは訂正させ、又は当該貨物を滅却させなければならない。

2　特例輸入者又は特例委託輸入者が電子情報処理組織（NACCS）を使用して行う輸入申告は、当該輸入申告に係る貨物を保税地域等に入れる前に行うことができる。

3　賦課課税方式が適用される郵便物に係る関税を納付しようとする者は、その納付を日本郵便株式会社に委託することはできない。

4　はしけに積み込んだ状態で輸入申告をすることが必要な貨物を輸入しようとする者は、税関長に届け出ることにより、当該はしけの係留場所を所轄する税関長に対して輸入申告をすることができる。

5　輸入しようとする外国貨物を保税蔵置場に置くことの承認の申請の際に、当該外国貨物につき経済連携協定における関税についての特別の規定による便益の適用を受けるために締約国原産地証明書を税関長に提出した場合であっても、当該外国貨物の輸入申告の際には、当該締約国原産地証明書の写しを当該税関長に提出しなければならない。

第21問　次の記述は、関税法第73条に規定する輸入の許可前における貨物の引取りに関するものであるが、その記述の正しいものはどれか。一つを選び、その番号をマークしなさい。なお、正しい記述がない場合には、「0」をマークしなさい。

1　一の輸入申告に係る貨物について輸入の許可前における貨物の引取りの承

認を受けた場合には、その貨物を分割して引き取ることはできない。

2　輸入の許可前における貨物の引取りの承認を受けた場合には、その輸入の許可を受けるまでは、その承認を受けた貨物の納税申告に係る課税標準又は納付すべき税額について修正申告をすることはできない。

3　輸入の許可前における貨物の引取りの承認を受けようとする場合において、当該承認の前に当該貨物の納税申告に係る納付すべき税額に更正があり、当該更正に基づき過少申告加算税が課されているときは、当該過少申告加算税に相当する額を除いた関税額に相当する担保を提供しなければならない。

4　輸入の許可前における貨物の引取りの承認は、その貨物の関税が有税とされている場合に限り受けることができる。

5　特例輸入者又は特例委託輸入者が輸入の許可前における貨物の引取りの承認を受けようとする場合には、関税額に相当する担保を提供することを要しない。

第22問　次の記述は、保税地域に関するものであるが、その記述の正しいものはどれか。一つを選び、その番号をマークしなさい。なお、正しい記述がない場合には、「0」をマークしなさい。

1　保税工場の許可を受けた者は、当該保税工場において使用する輸入貨物については、当該貨物を当該保税工場に入れた日から２年までの期間に限り、当該保税工場につき保税蔵置場の許可を併せて受けているものとみなされる。

2　税関長は、保税展示場に入れられた外国貨物が、当該保税展示場の許可の期間の満了の際、当該保税展示場にある場合には、当該保税展示場の許可を受けた者から、直ちにその関税を徴収することとされている。

3　関税法第30条第１項第２号（外国貨物を置く場所の制限）の規定により保税地域以外の場所に置くことを税関長が許可した外国貨物につき内容の点検をしようとするときは、あらかじめその旨を税関に届け出なければならない。

4　保税工場において、外国貨物についての加工若しくはこれを原料とする製造（混合を含む。）又は外国貨物に係る改装、仕分その他の手入れをしようとする者は、その開始の時までに税関長の承認を受けなければならない。

5　保税蔵置場において貨物を管理する者は、当該保税蔵置場から外国貨物を出した場合であっても、関税法第32条（見本の一時持出）の規定による許可を受けて当該保税蔵置場から当該外国貨物を見本として一時持ち出したときは、同法第34条の2（記帳義務）に規定する帳簿に当該外国貨物の記号、番号、品名及び数量を記載することを要しない。

第23問 次の記述は、関税の軽減、免除又は払戻しに関するものであるが、その記述の正しいものはどれか。一つを選び、その番号をマークしなさい。なお、正しい記述がない場合には、「0」をマークしなさい。

1 本邦から輸出された貨物でその輸出の許可の日から1年を経過した後に輸入されるものについては、その輸出の許可の際の性質及び形状が変わっていないものであっても、関税定率法第14条第10号（無条件免税）の規定により関税の免除を受けることができない。

2 加工のため本邦から輸出され、その輸出の許可の日から1年以内に輸入される貨物については、本邦においてその加工をすることが困難であると認められるものに限り、関税定率法第11条（加工又は修繕のため輸出された貨物の減税）の規定により関税の軽減を受けることができる。

3 関税暫定措置法第9条第1項（軽減税率等の適用手続）に規定する軽減税率の適用を受けて貨物を輸入しようとする者は、その軽減される関税の額に相当する担保を税関長に提供しなければならない。

4 関税を納付して輸入された貨物のうち品質が契約の内容と相違するため返送することがやむを得ないと認められる貨物であって、その輸入の時の性質及び形状に変更を加えないものを本邦から返送のため輸出するときは、当該貨物がその輸入の許可の日から3月以内に保税地域に入れられたものである場合に限り、関税定率法第20条第1項（違約品等の再輸出又は廃棄の場合の戻し税等）の規定により関税の払戻しを受けることができる。

5 修繕のため本邦から輸出され、その輸出の許可の日から1年以内に輸入される貨物については、本邦においてその修繕をすることが困難であると認められるものに限り、関税定率法第11条（加工又は修繕のため輸出された貨物の減税）の規定により関税の軽減を受けることができる。

第24問　次の記述は、課税価格の計算方法に関するものであるが、その記述の誤っているものはどれか。一つを選び、その番号をマークしなさい。なお、誤っている記述がない場合には、「０」をマークしなさい。

1　課税価格を計算する場合において、輸入貨物に係る取引の状況その他の事情からみて輸入申告の時（関税法第４条第１項第２号から第８号まで（課税物件の確定の時期）に掲げる貨物にあっては、当該各号に定める時）までに当該輸入貨物に変質があったと認められるときは、当該輸入貨物の課税価格は、当該変質がなかったものとした場合に計算される課税価格からその変質があったことによる減価に相当する額を控除して得られる価格とする。

2　輸入貨物に係る輸入取引が延払条件付取引である場合において、その延払金利の額が明らかであるときは、当該延払金利の額は関税定率法第４条第１項に規定する当該輸入貨物につき現実に支払われた又は支払われるべき価格に含まないものとする。

3　輸入貨物に係る輸入取引に関し、買手による当該輸入貨物の処分又は使用についての制限で法令により課されるものがあることは、関税定率法第４条第１項の規定により当該輸入貨物の課税価格を決定することができないこととなる事情には該当しない。

4　買手が自己のために行う輸入貨物についての広告宣伝に係る費用で買手が負担するものは、当該広告宣伝が売手の利益になると認められる活動に係るものである場合に限り、当該費用は関税定率法第４条第１項に規定する当該輸入貨物につき現実に支払われた又は支払われるべき価格に加算するものとされている。

5　航空機による運送方法以外の運送方法による輸入貨物の運送が特殊な事情の下において行われたことにより、当該輸入貨物の実際に要した当該輸入港までの運賃の額が当該輸入貨物の通常必要とされる当該輸入港までの運賃の額を著しく超えるものである場合には、当該輸入貨物の当該輸入港までの運賃は、当該通常必要とされる当該輸入港までの運賃とする。

第25問　次の記述は、関税定率法別表（関税率表）及び関税率表における物品の所属の決定に関するものであるが、その記述の正しいものはどれか。一つを選び、その番号をマークしなさい。なお、正しい記述がない場合には、「0」をマークしなさい。

1　輸入貨物について関税を課する場合の基礎となる貨物の性質は、当該輸入貨物が本邦に到着した時における現況による。
2　関税率表の類は、第1類から第99類までから成る。
3　関税率表における物品の所属の決定のための関税率表の適用に当たっては、関税率表の解釈に関する通則2から5までの原則が部又は類の注の規定に優先する。
4　関税率表の解釈に関する通則5（a）の原則により、バイオリンを収納するために特に製作したケースであって、長期間の使用に適し、バイオリンとともに提示され、かつ、当該バイオリンとともに販売されるものは、それが重要な特性を全体に与えているケースである場合を除き、バイオリンに含まれる。
5　関税率表第16部の注は、関税率表第72類から第83類までの卑金属及びその製品に関するものである。

第26問　次の記述は、外国為替及び外国貿易法第52条に規定する経済産業大臣の輸入の承認に関するものであるが、その記述の正しいものはどれか。一つを選び、その番号をマークしなさい。なお、正しい記述がない場合は、「0」をマークしなさい。

1　貨物を輸入しようとする者は、当該貨物の輸入について、経済産業大臣の輸入割当てを受けることを要するときに限り、経済産業大臣の輸入の承認を受けなければならない。
2　経済産業大臣の輸入割当てを受けるべきものとして公表された品目に該当する貨物を仮に陸揚げしようとするときは、経済産業大臣の輸入の承認を受けなければならない。
3　経済産業大臣の輸入割当てを受けた者から当該輸入割当てに係る貨物の輸入の委託を受けた者が当該貨物を輸入しようとする場合には、経済産業大臣の確認を受けたときであっても、当該輸入の委託を受けた者は、経済産業大臣の輸入の承認を受けなければならない。
4　経済産業大臣の輸入割当てを受けるべきものとして公表された品目に該当

する貨物に係る輸入割当証明書の交付を受けた者は、その交付に係る貨物の全部又は一部を希望しなくなった場合であっても、当該輸入割当証明書を経済産業大臣に返還することを要しない。

5　経済産業大臣の輸入割当ては、貨物の数量により行うこととされているが、貨物の数量により輸入割当てを行うことが困難である場合には、貨物の価額により行うことができる。

第27問　次の記述は、関税法第8章に規定する不服申立てに関するものであるが、その記述の誤っているものはどれか。一つを選び、その番号をマークしなさい。なお、誤っている記述がない場合には、「0」をマークしなさい。

1　関税の滞納処分に関する税関長の処分に不服がある者は、当該税関長に対して、再調査の請求をすることができる。

2　関税の確定又は徴収に関する税関長の処分についての再調査の請求は、当該処分があったことを知った日の翌日から起算して3月又は当該処分があった日の翌日から起算して1年を経過したときは、正当な理由があるときを除き、することができない。

3　税関長が、輸入されようとする貨物のうちに風俗を害すべき物品に該当すると認めるのに相当の理由がある貨物があるとして、当該貨物を輸入しようとする者に対し、その旨を通知した場合は、当該通知の取消しの訴えを行おうとする者は、当該通知についての審査請求に対する裁決を経ることなく、当該訴えを提起することができることとされている。

4　関税法の規定による税関長の処分について審査請求がされた場合であっても、行政不服審査法第46条第1項（処分についての審査請求の認容）の規定により審査請求に係る処分（法令に基づく申請を却下し、又は棄却する処分及び事実上の行為を除く。）の全部を取り消すとき（当該処分の全部を取り消すことについて反対する旨の意見書が提出されているとき及び口頭意見陳述においてその旨の意見が述べられているときを除く。）は、財務大臣は、関税等不服審査会に諮問することを要しない。

5　関税の徴収に関する税関長の処分についての審査請求があった場合において、当該審査請求がされた日の翌日から起算して3月を経過しても裁決がないときは、その審査請求人は、裁決を経ることなく、当該処分の取消しの訴えを提起することができることとされている。

第28問　次の記述は、関税法第10章に規定する罰則に関するものであるが、その記述の誤っているものはどれか。一つを選び、その番号をマークしなさい。なお、誤っている記述がない場合には、「0」をマークしなさい。

1　関税法第67条（輸出又は輸入の許可）の輸入申告に際し、偽った書類を提出して貨物を輸入しようとした者は、その行為が税関職員に発見された場合であっても、その発見が当該貨物の輸入の許可前であるときは、関税法の規定に基づき罰せられることはない。

2　不正の行為により関税を免れようとする輸入者から通関業務の依頼を受けた通関業者が、当該輸入者から入手した仕入書が偽ったものであると知りながら、税関への輸入申告に際し、その偽った仕入書を提出して貨物を輸入することとなった場合は、当該通関業者も関税法の規定に基づき罰せられることがある。

3　関税法第110条第1項（関税を免れる等の罪）の犯罪に係る貨物について、情を知って当該貨物を有償で取得した者は、関税法の規定に基づき罰せられることがある。

4　関税法第105条第1項（税関職員の権限）の規定による税関職員の質問に対して偽りの陳述をした者は、1年以下の懲役又は50万円以下の罰金に処せられることがある。

5　保税蔵置場において貨物を管理する者であって、その管理する外国貨物について関税法第34条の2（記帳義務）の規定に基づき設けなければならない帳簿について、当該帳簿の記載を偽ったものは、1年以下の懲役又は30万円以下の罰金に処せられることがある。

第29問　次の記述は、電子情報処理組織による輸出入等関連業務の処理等に関する法律に関するものであるが、その記述の正しいものはどれか。一つを選び、その番号をマークしなさい。なお、正しい記述がない場合には、「0」をマークしなさい。

1　輸入しようとする貨物が商標権を侵害する貨物に該当するか否かについての認定手続における、関税法第69条の12第4項の規定による税関長の求めによる商標権を侵害する貨物に該当しない旨を証する書類の提出は、電子情報処理組織（NACCS）を使用して行うことができない。

2　電子情報処理組織（NACCS）を使用して関税法第67条（輸出又は輸入の許可）の規定による輸入申告が行われる場合には、税関長は、輸出入・港湾関連情報処理センター株式会社の使用に係る電子計算機に備えられたファイルへの記録により明らかにすることができる入力事項であっても、その入力を省略させることができない。

3　通関業者は、他人の依頼に応じて税関官署に対してする輸入申告を電子情報処理組織（NACCS）を使用して行う場合には、その申告の入力を通関士に行わせなければならない。

4　通関業者は、他人の依頼に応じて税関官署に対してする輸入申告を電子情報処理組織（NACCS）を使用して行う場合において、その申告の入力の内容を通関士に審査させるときは、当該内容を電子情報処理組織（NACCS）の入出力装置の表示装置に出力するとともに、当該内容を紙面に出力して行わなければならない。

5　通関業法第4条第1項の規定による通関業の許可申請書の提出は、電子情報処理組織（NACCS）を使用して行うことができる。

第30問　次の記述は、関税定率法第8条に規定する不当廉売関税に関するものであるが、その記述の誤っているものはどれか。一つを選び、その番号をマークしなさい。なお、誤っている記述がない場合には、「0」をマークしなさい。

1　輸入貨物に不当廉売関税が課されている場合において、不当廉売された当該輸入貨物の輸入及び当該輸入が本邦の産業に実質的な損害を与える事実が、当該不当廉売関税を課することとした期間の満了後に継続するおそれがあると認められるときであっても、当該期間を延長することはできない。

2　関税定率法第8条第1項に規定する本邦の産業とは、不当廉売された輸入貨物と同種の貨物の本邦における総生産高に占める生産高の割合が相当の割合以上である本邦の生産者をいうものとされている。

3　関税定率法第8条第1項に規定する本邦の産業に利害関係を有する者は、政府に対し、不当廉売された貨物の輸入の事実及び当該輸入が本邦の産業に実質的な損害を与える事実についての十分な証拠を提出し、当該貨物に対し不当廉売関税を課することを求めることができる。

4　不当廉売された貨物の輸入の事実及び当該輸入が本邦の産業に実質的な損害を与える事実の有無についての関税定率法第8条第5項の規定による調査は、当該調査を開始した日から1年以内に終了するものとされているが、特別の理由により必要があると認められる場合には、その期間を6月以内に限り延長することができる。

5　政府は、不当廉売された貨物の輸入の事実及び当該輸入が本邦の産業に実質的な損害を与える事実の有無についての関税定率法第8条第5項の規定による調査が終了した場合において、不当廉売関税を課さないときは、同条第9項の規定により課された暫定的な関税又は提供された担保を速やかに還付し、又は解除しなければならない。

2 解答・解説

語句選択式問題

第1問 （関税法第67条の19、同法第69条第2項、関税法施行令第61条第1項第2号イ）

**イ－⑪特例輸入者又は特例委託輸入者、 ロ－⑤期間、 ハ－⑥許可、
ニ－② 20万円以下、 ホ－⑩申告する**

第2問 （関税法第6条の2第1項第1号、同法第8条第4項、同法第67条、NACCS法第4条第3項）

**イ－⑨納税義務者、 ロ－⑥処分、 ハ－③課税標準となるべき数量及び価格、
ニ－⑩納税告知書、 ホ－①延滞税**

第3問 （関税法第43条の2第1項、同法第44条第1項、同法第45条第1項）

**イ－⑩最初に保税蔵置場に置くことが承認された日、 ロ－②2年、
ハ－⑬保税蔵置場の許可を受けた、 ニ－⑥貨物の収容能力、
ホ－⑮滅却された**

第4問 （関税法第2条第1項第4号の2、同法附則第5項、租税特別措置法第95条、同法第93条第2項、関税定率法第3条の2、関税定率法施行令第1条の2第1号）

**イ－⑧重加算税、 ロ－⑩年7.3%、 ハ－⑦還付加算金特例基準割合、
ニ－④関税、内国消費税及び地方消費税の率を総合したもの、
ホ－①加熱式たばこその他の非燃焼吸引用の物品**

第5問 （関税暫定措置法施行令第27条第1項第2号、同令第31条第1項第2号、同令第29条、関税暫定措置法第8条の2第2項）

**イ－③ 20万円以下、 ロ－⑫積替え、 ハ－⑭輸入申告の日、 ニ－⑤1年、
ホ－⑪国際競争力**

第6問　正解：2、5

1. **誤り**：「納税申告の日から３年以内に限り」ではなく、「税関長の更正があるまでは」である（関税法第７条の14第１項）。
2. **正しい**：（関税法第７条の14第１項第１号）
3. **誤り**：税関長による納付すべき税額の決定を受けた者は、決定後の税額につき更正をすべき旨の請求をすることができない（関税法第７条の15第１項）。
4. **誤り**：「１年」ではなく、「５年」である（関税法第７条の15第１項）。
5. **正しい**：（関税法第14条第２項）

第7問　正解：1、5

1. **正しい**：（国税通則法第10条第２項、行政機関の休日に関する法律第１条第１項）
2. **誤り**：「７日」ではなく、「１月」である（関税法第13条の２、関税法基本通達13の２－１（１））。
3. **誤り**：「輸入の許可の日」ではなく、「延長された期限」である（関税法第９条の２第１項、同法第12条第９項第２号）。
4. **誤り**：「提出期限と当該更正に係る更正通知書が発せられた日とのいずれか遅い日」ではなく、「特例申告書の提出期限」である（関税法第12条第９項第１号）。
5. **正しい**：（関税法第９条第２項第１号）

第8問　正解：2、4、5

1. **誤り**：「特定保税運送者に委託することを要しない」ではなく、「特定保税運送者に委託しなければならない」である（関税法第67条の３第１項）。
2. **正しい**：（関税法第68条、関税法施行令第60条）
3. **誤り**：「輸出者からの申出があることをもって」行うことができるのではなく、「輸出者から申出があった場合で、かつ、搬入前検査を実施することに支障がない貨物であり、積付状況説明書その他仕入書等により貨物の内容が明らかであり、搬入前検査終了後、速やかに保税地域等に搬入されることが確実である貨物である場合に限り」行うことができる（関税法基本通達67－１－７（５））。
4. **正しい**：（関税法基本通達67－１－７（４））
5. **正しい**：（関税法施行令第59条の２第２項）

第9問　正解：4、5

1. **誤り**：「税関長の承認を受けることなく」ではなく、「税関長の承認を受けて」である（関税法第67条の2第2項、関税法施行令第59条の5第1項第1号）。
2. **誤り**：提出期限後においても、税関長に期限後特例申告書を提出することができる（関税法第7条の4）。
3. **誤り**：申告納税方式が適用される輸入貨物であれば、輸入貨物の課税標準となるべき価格が1万円以下の物品を輸入する場合であっても、税関長へ輸入申告を行わなければならない（関税法第67条）。
4. **正しい**：（蔵関第251号通達）
5. **正しい**：（蔵関第251号通達）

第10問　正解：2、5

1. **誤り**：原産地について誤認を生じさせる表示がされている外国貨物であれば、輸入の許可を受けることはできない（関税法第71条第1項）。
2. **正しい**：（関税法第71条第1項）
3. **誤り**：原産地について誤認を生じさせる表示がされている外国貨物の関税額に相当する担保を税関長に提供した場合には、輸入の許可を受けることができるという規定はない（関税法第71条第1項）。
4. **誤り**：原産地について偽った表示が外国貨物の容器にのみ間接的に表示されている場合であっても、輸入の許可を受けることはできない（関税法第71条第1項）。
5. **正しい**：（関税法第87条第2項）

第11問　正解：3、4

1. **誤り**：「特例輸入者が過少申告加算税を課された場合は、税関長は直ちに担保の提供を命じなければならない」ではなく、「特例輸入者が過去1年間において、過少申告加算税を課された場合は、税関長は担保の提供を命ずることができる」である（関税法第7項の8第1項、関税法基本通達7の8－1（1）イ）。
2. **誤り**：輸出貿易管理令別表第1の1の項の中欄に掲げる貨物については、特定輸出申告を行うことができない（関税法第67条の3第1項、関税法施行令第59条の8第1号）。
3. **正しい**：（関税法第67条の4第3項、関税法基本通達67の4－2①）
4. **正しい**：（関税法第7条の2第2項）
5. **誤り**：複数の輸入の許可に係る特例申告をまとめて行う場合であっても、税関長にあらかじめその旨を届け出る必要はない(関税法基本通達7の2－1(2))。

第12問　正解：2、4、5

1. **誤り**：「関税の軽減を受けることができない」ではなく、「関税の軽減を受けることができる」である(関税定率法第10条第1項)。
2. **正しい**：(関税定率法第10条第2項)
3. **誤り**：輸入の許可の日から2年以内にその用途以外の用途に供される場合には、関税定率法第15条第1項の規定により、その関税の免除を受けることができない(関税定率法第15条第1項第3号の2)。
4. **正しい**：(関税定率法第15条第1項第5号)
5. **正しい**：(関税定率法第16条第1項第1号)

第13問　正解：2、4、5

1. **誤り**:「買手が負担するときに限り」ではなく、「その負担者を問わず」である(関税定率法基本通達4－8(6)ロ)。
2. **正しい**：(関税定率法基本通達4－9(2))
3. **誤り**：「売手が支払う販売手数料」ではなく、「買手が支払う販売手数料」である(関税定率法基本通達4－9(2)ロ)。
4. **正しい**：(関税定率法第4条第1項第3号ロ、関税定率法基本通達4－12(2))
5. **正しい**：(関税定率法第4条第1項第3号ニ、関税定率法施行令第1条の5第3項、第4項第1号)

第14問　正解：1、2、5

1. **正しい**：(輸出貿易管理令第4条第3項、同令別表第7の2の項)
2. **正しい**：(輸出貿易管理令第2条第3項)
3. **誤り**：輸出貿易管理令別表第1の1の項の中欄に掲げる貨物に該当するものであれば、無償で輸出しようとする場合であっても、経済産業大臣の輸出の許可を受けなければならない(輸出貿易管理令第1条第1項、同令第4条第1項)。
4. **誤り**：経済産業大臣の輸出の許可を受ける必要はない(輸出貿易管理令第4条第1項第3号、同令別表第1の16の項、同令別表第3)。
5. **正しい**：(外国為替及び外国貿易法第53条第1項)

第15問　正解：1、5

1. **正しい**：(関税法第69条の11第1項第6号)

2. **誤り**：「没収して廃棄すること」はできず、「該当すると認めるのに相当の理由があるときは、その旨を通知しなければならない」である(関税法第69条の11第3項)。

3. **誤り**：「通知することを要しない」ではなく、「通知しなければならない」である(関税法第69条の11第3項)。

4. **誤り**：「意見を述べることができる旨を通知することを要しない」ではなく、「意見を述べることができる旨を通知しなければならない」である(関税法第69条の12第1項)。

5. **正しい**：(関税法第69条の13第1項)

択一式問題

第16問　正解：3

1. **正しい**：(関税法第4条第1項第3号の2)

2. **正しい**：(関税法第4条第1項第4号)

3. **誤り**：「承認に係る外国貨物が保税地域から引き取られた時」ではなく、「積込みが承認された時」である(関税法第4条第1項第5号)。

4. **正しい**：(関税法第4条第1項第5号)

5. **正しい**：(関税法第4条第1項第7号)

第17問　正解：2

1. **正しい**：(関税定率法第15条第2項)

2. **誤り**：船舶の旅客がその携帯品である外国貨物を輸入する前に本邦においてその個人的な用途に供するため消費した場合であれば、みなし輸入の例外に該当し、関税を納める義務を負わない(関税法第2条第3項、関税法施行令第1条の2第2号)。

3. **正しい**：(関税法第41条の3で準用する同法第45条第1項)

4. **正しい**：(関税法第65条第1項)

5. **正しい**：(関税法第65条第2項)

第18問　正解：1

1. **正しい**：(関税法第11条、関税法基本通達11－1)
2. **誤り**：金地金その他の貴金属は、関税の担保として提供することができない（関税法第9条の11第1項で準用する国税通則法第50条）。
3. **誤り**：担保物を変更する場合において、変更後に提供しようとする担保物が変更前の担保物の価額に相当する金銭であるときでも、税関長の承認を受けなければならない（関税施行令第8条の3第3項）。
4. **誤り**：特許権を目的として設定した質権をもって金銭に代えることはできない（関税法第9条の11第1項で準用する国税通則法第50条）。
5. **誤り**：「通知する」と規定されているが、「口頭ではなく書面により通知しなければならない」という規定はない（関税法第105条の2で準用する国税通則法第74条の9第1項）。

第19問　正解：5

1. **誤り**：輸出申告の際には、我が国の原産品であることにつき、我が国の権限ある当局が証明した書類を税関長に提出しなければならないという規定はない（関税法第68条）。
2. **誤り**：輸入の許可を受けた貨物を外国に向けて送り出す場合には、関税法の規定に基づく輸出の手続をしなければならない（関税法第67条）。
3. **誤り**：「輸出の許可を受けるまで」ではなく、「輸出申告の際」である（関税法第70条第1項）。
4. **誤り**：本邦の船舶により公海で採捕された水産物は内国貨物であり、内国貨物を洋上から直接外国に向けて送り出す場合であっても、関税法の規定に基づく輸出の手続をしなければならない（関税法第2条第1項第2号、第4号、同法第67条）。
5. **正しい**：(関税法第95条第1項、第2項)

第20問　正解：2

1. **誤り**：「滅却させなければならない」ではなく、「積みもどさせなければならない」である（関税法第71条第2項）。
2. **正しい**：(関税法第67条の2第3項第3号、関税法施行令第59条の6第3項)
3. **誤り**：賦課課税方式が適用される郵便物に係る関税を納付しようとする者は、その納付を日本郵便株式会社に委託することができる（関税法第77条第3項）。
4. **誤り**：「税関長に届け出ることにより」ではなく、「税関長の承認を受けることにより」である（関税法第67条の2第2項、第3項第2号、関税法施行令第59条の5第1項第2号）。

5. **誤り**：保税蔵置場に置くことの承認の申請の際に、締約国原産地証明書を税関長に提出した場合には、輸入申告の際に締約国原産地証明書の写しを提出する必要はない（関税法施行令第36条の3第3項）。

第21問　正解：3

1. **誤り**：分割して引き取ることもできる（関税法施行令第63条）。
2. **誤り**：輸入の許可を受けるまでであっても、その承認を受けた貨物の納税申告に係る課税標準又は納付すべき税額について修正申告をすることができる（関税法第7条の14第1項）。
3. **正しい**：（関税法第73条第1項）
4. **誤り**：関税が有税とされている場合に限られることはなく、関税が無税とされている場合でも受けることができる（関税法第73条第1項）。
5. **誤り**：関税額に相当する担保は必ず提供しなければならない（関税法第73条第1項）。

第22問　正解：3

1. **誤り**：「2年」ではなく、「3月」である（関税法第56条第2項）。
2. **誤り**：「保税展示場の許可の期間の満了の際」ではなく、「保税展示場の許可の期間の満了の際、保税展示場の許可を受けた者に対し、期間を定めて外国貨物の搬出を求め、その期間内に処置がされないとき」である（関税法第62条の6第1項）。
3. **正しい**：（関税法第36条第2項）
4. **誤り**：「税関長の承認を受けなければならない」ではなく、「その旨を税関に届け出なければならない」である（関税法第58条）。
5. **誤り**：保税蔵置場から外国貨物を出した場合には、帳簿に外国貨物の記号、番号、品名及び数量を記載しなければならない（関税法第34条の2、関税法施行令第29条の2第1項第6号）。

第23問　正解：2

1. **誤り**：本邦から輸出された貨物でその輸出の許可の日から1年を経過した後に輸入されるものであっても、その輸出の許可の際の性質及び形状が変わっていないものであれば、無条件免税の規定により関税の免除を受けることができる

（関税定率法第14条第10号）。

2. **正しい**：（関税定率法第11条）

3. **誤り**：「担保を税関長に提供しなければならない」という規定はない（関税暫定措置法第９条）。

4. **誤り**：「３月以内」ではなく、「原則６月以内」である（関税定率法第20条第１項）。

5. **誤り**：「本邦においてその修繕をすることが困難であると認められるものに限り」という規定はない（関税定率法第11条）。

第24問　正解：4

1. **正しい**：（関税定率法第４条の５）
2. **正しい**：（関税定率法第４条第１項、関税定率法施行令第１条の４第４号）
3. **正しい**：（関税定率法第４条第２項第１号、関税定率法施行令第１条の７第２号）
4. **誤り**：買手が自己のために行う輸入貨物についての広告宣伝に係る費用で買手が負担するものは、その広告宣伝が売手の利益になると認められる活動に係るものであっても、現実支払価格に加算されることはない（関税定率法第４条第１項、関税定率法基本通達４－２（４））。
5. **正しい**：（関税定率法第４条第１項第１号、関税定率法施行令第１条の５第１項）

第25問　正解：4

1. **誤り**：「本邦に到着した時」ではなく、原則として「輸入申告の時」である（関税法第４条第１項）。
2. **誤り**：「第99類」ではなく、「第97類」である（関税定率法別表　関税率表）。
3. **誤り**：部又は類の注の規定が、関税率表の解釈に関する通則２から５までの原則に優先する（関税率表の解釈に関する通則１）。
4. **正しい**：（関税率表の解釈に関する通則５（a））
5. **誤り**：「関税率表第72類から第83類までの卑金属及びその製品に関するもの」ではなく、「関税率表第84類及び第85類の機械類及び電気機器並びにこれらの部分品並びに録音機、音声再生機並びにテレビジョンの映像及び音声の記録用又は再生用の機器並びにこれらの部分品及び附属品に関するもの」である（関税定率法別表　関税率表）。

第26問　正解：5

1. **誤り**：経済産業大臣の輸入割当てを受けることを要しないものであっても、経済産業大臣の輸入の承認を受けなければならないものもある（輸入貿易管理令

第4条第1項)。

2. **誤り**：貨物を仮に陸揚げしようとするときは、経済産業大臣の輸入の承認を受けることを要しない(輸入貿易管理令第14条第3号)。

3. **誤り**：輸入割当てに係る貨物であっても、総価額が18万円以下の無償の貨物であれば、輸入の承認を要しない(輸入貿易管理令第9条第1項、同令第4条第1項第1号、同令第14条第1号)。

4. **誤り**：貨物の全部又は一部を希望しなくなった場合には、輸入割当証明書を経済産業大臣に返還しなければならない(輸入貿易管理規則第2条第5項)。

5. **正しい**：(輸入貿易管理令第9条第2項)

第27問　正解：3

1. **正しい**：(関税法第89条第1項)

2. **正しい**：(関税法第89条第1項、行政不服審査法第54条)

3. **誤り**：通知についての審査請求に対する裁決を経た後でなければ、訴えを提起することができない(関税法第93条第2号)。

4. **正しい**：(関税法第91条第3号)

5. **正しい**：(関税法第93条、関税法基本通達89－8(1)1(1))

第28問　正解：1

1. **誤り**：その発見が貨物の輸入の許可前であっても、関税法の規定に基づき罰せられることがある(関税法第111条第3項)。

2. **正しい**：(関税法第111条第2項)

3. **正しい**：(関税法第112条第1項)

4. **正しい**：(関税法第114条の2第16号)。

5. **正しい**：(関税法第115条の2第7号)

第29問　正解：5

1. **誤り**：電子情報処理組織(NACCS)を使用して行うことができる(NACCS法第2条第2号イ、NACCS法施行令第1条第1項第1号、同令別表第43号の4)。

2. **誤り**：輸出入・港湾関連情報処理センター株式会社の使用に係る電子計算機に備えられたファイルへの記録により明らかにすることができる入力事項であれば、その入力を省略させることができる(NACCS法施行令第3条第1項)。

3. **誤り**：申告の入力を通関士に行わせなければならないという規定はない(NACCS法第5条)。

4. **誤り**：通関士の審査は、「電子情報処理組織（NACCS）の入出力装置の表示装置に出力するとともに、当該内容を紙面に出力して」行うのではなく、申告等の入力の内容を紙面又は入出力装置の表示装置に出力して行う（NACCS法施行令第6条）。

5. **正しい**：（NACCS法第2条第2号イ、NACCS法施行令第1条第1項第1号、同令別表第93号の4）

第30問　正解：1

1. **誤り**：期間の満了後に継続するおそれがあると認められるときであれば、その期間を延長することができる（関税定率法第8条第25項）。

2. **正しい**：（不当廉売関税に関する政令第4条第1項）

3. **正しい**：（関税定率法第8条第4項）

4. **正しい**：（関税定率法第8条第6項）

5. **正しい**：（関税定率法第8条第11項）

2 通関業法

1 問題 （時間 50分）

選択式 第１問～第５問：各問題５点 第６問～第10問：各問題２点

第１問 次の記述は、通関業法第１条に規定する同法の目的及び同法第２条に規定する用語の定義に関するものであるが、（　　）に入れるべき最も適切な語句を下の選択肢から選び、その番号をマークしなさい。

1 通関業法は、通関業を営む者についてその（ イ ）、通関士の設置等必要な事項を定め、その業務の（ ロ ）運営を図ることにより、関税の（ ハ ）その他貨物の通関に関する手続の（ ニ ）な実施を確保することを目的とする。
2 「通関業」とは、（ ホ ）通関業務を行うことをいう。

［選択肢］

① 安定的な	② 依頼者から料金を受領して	③ 円滑かつ迅速
④ 確定及び納付	⑤ 業として	⑥ 業務の規制
⑦ 経営に関する事項	⑧ 健全な	⑨ 申告納付
⑩ 他人の依頼によって	⑪ 通関業務の依頼者の保護	⑫ 適正かつ迅速
⑬ 適正な	⑭ 適切かつ確実	⑮ 賦課徴収

第２問 次の記述は、通関業法第２条に規定する通関業務及び同法第７条に規定する関連業務に関するものであるが、（　　）に入れるべき最も適切な語句を下の選択肢から選び、その番号をマークしなさい。

1 通関業務には、他人の依頼によって、次の手続又は行為につき、その依頼をした者の代理又は代行をすることを含む。
（1） 関税法その他関税に関する法令に基づき税関官署に対してする輸入の申告からその（ イ ）を得るまでの手続（関税の（ ロ ）に関す

る手続を含む。)

(2) 関税法その他関税に関する法令の規定に基づく税関官署の調査、検査又は処分につき、税関官署に対してする(ハ)又は陳述

2 通関業者は、通関業務のほか、その関連業務として、(ニ)を用いて、他人の依頼に応じ、通関業務に(ホ)し、後続し、その他当該通関業務に関連する業務を行うことができる。

[選択肢]

① 依頼者の名称	② 回答	③ 確定
④ 確定及び納付	⑤ 許可	⑥ 質問
⑦ 主張	⑧ 承認	⑨ 先行
⑩ 通関業者の名称	⑪ 通関士の名義	⑫ 認可
⑬ 納付	⑭ 付随	⑮ 並行

第3問 次の記述は、通関業法第6条に規定する通関業の許可に係る欠格事由に関するものであるが、( )に入れるべき最も適切な語句を下の選択肢から選び、その番号をマークしなさい。

財務大臣は、許可申請者が次のいずれかに該当する場合には、通関業の許可をしてはならない。

(1) 関税法第110条第1項(関税を免れる等の罪)の規定に該当する違反行為をして同法の規定により通告処分を受けた者であって、その(イ)から(ロ)を経過しないもの

(2) 公務員で懲戒免職の処分を受け、当該処分を受けた日から(ハ)を経過しないもの

(3) 法人であって、その役員(いかなる名称によるかを問わず、これと同等以上の(ニ)を有する者を含む。)のうちに、(ホ)以上の刑に処せられた者であって、その執行を終わり、又は執行を受けることがなくなってから(ロ)を経過しない者があるもの

［選択肢］

① 1年	② 2年	③ 3年
④ 4年	⑤ 5年	⑥ 7年
⑦ 影響力	⑧ 科料	⑨ 禁錮
⑩ 拘留	⑪ 職権又は支配力	⑫ 地位

⑬ 通告処分を受けた日の翌日
⑭ 通告処分を受けた日の翌日から起算して20日を経過した日
⑮ 通告の旨を履行した日

第4問 次の記述は、通関業法第22条に規定する通関業者の記帳、届出、報告等に関するものであるが、（　　　）に入れるべき最も適切な語句を下の選択肢から選び、その番号をマークしなさい。

1　法人である通関業者は、通関業務を行う営業所に、（　イ　）従業者が新たに置かれた場合は、（　ロ　）、その者の（　ハ　）その他参考となるべき事項を記載した届出書を財務大臣に提出しなければならない。
2　法人である通関業者は、（　ニ　）が新たに置かれた場合に財務大臣に提出する届出書に、当該（　ニ　）の（　ホ　）その他参考となるべき書面を添付しなければならない。

［選択肢］

① 営業担当の	② 会計監査人	③ 監査役
④ 経理事務の	⑤ 戸籍謄本	⑥ 氏名
⑦ 氏名及び国籍	⑧ 氏名及び住所	⑨ 住民票
⑩ その異動の日後10日以内に	⑪ その都度	⑫ 通関業務の
⑬ 通関業務を担当する役員	⑭ 毎年1回	⑮ 履歴書

第5問 次の記述は、通関業者に対する業務改善命令及び通関業者に対する監督処分に関するものであるが、（　　　）に入れるべき最も適切な語句を下の選択肢から選び、その番号をマークしなさい。

1　財務大臣は、（　イ　）のために必要があると認めるときは、その必要の限度において、通関業者に対し、その業務の運営の改善に必要な措置をとるべきことを命ずることができる。

2 財務大臣は、通関業者が次のいずれかに該当するときは、その通関業者に対し、1年以内の期間を定めて通関業務の全部若しくは一部の停止を命じ、又は（ ロ ）をすることができる。

（1） 通関業者が、（ ハ ）の規定に違反したとき。

（2） 通関業者の役員につき、（ ハ ）の規定に違反する行為があった場合又は通関業者の（ ニ ）ような行為があった場合において、その（ ホ ）があるとき。

[選択肢]

① 関税法その他関税に関する法令	② 許可の取消し
③ 国税又は地方税に関する法令	④ 信用を害する
⑤ 通関業者に財産上の損害	⑥ 通関業者に重大な過失
⑦ 通関業者の責めに帰すべき理由	⑧ 通関業者の役員の解任
⑨ 通関業の運営に係る透明性の確保	⑩ 通関業の適正な遂行
⑪ 通関業の廃止の命令	⑫ 通関手続の迅速な実施
⑬ 法令遵守のための社内管理規則	⑭ 名誉を毀損する
⑮ 利益を損なう	

第6問 次の記述は、通関業法第12条に規定する通関業者の変更等の届出に関するものであるが、その記述の正しいものはどれか。すべてを選び、その番号をマークしなさい。

1 通関業者は、通関業法第13条の規定により通関業務を行う営業所に置かれている通関士の数に変更があった場合には、遅滞なくその旨を財務大臣に届け出なければならない。

2 通関業者は、通関業務を行う営業所における通関士以外の通関業務の従業者の数に変更があった場合には、遅滞なくその旨を財務大臣に届け出なければならない。

3 通関業者は、通関業以外に営む事業の種類に変更があった場合には、遅滞なくその旨を財務大臣に届け出なければならない。

4 通関業者は、その資産の状況に変更があった場合には、遅滞なくその旨を財務大臣に届け出なければならない。

5 通関業者は、通関業務を行う営業所の責任者の氏名に変更があった場合には、遅滞なくその旨を財務大臣に届け出なければならない。

第7問　次の記述は、通関士の設置に関するものであるが、その記述の正しいものはどれか。すべてを選び、その番号をマークしなさい。

1　通関業者は、通関士を置かなければならないこととされる営業所ごとに、通関業務に係る貨物の数量及び種類並びに通関士の審査を要する通関書類の数、種類及び内容に応じて必要な員数の通関士を置かなければならない。

2　通関業者は、通関業務を行う営業所における業務量からみて通関士を置く必要がないと認められるときは、当該営業所に通関士を置くことを要しない。

3　通関業者は、通関士を置かなければならないこととされる営業所ごとに、専任の通関士を１名以上置かなければならない。

4　通関業者が通関業務を行う営業所に通関士を置くことを要しない場合における当該営業所において取り扱う通関業務に係る貨物が「一定の種類の貨物のみに限られている場合」とは、その行う通関業務に係る貨物が一定種類に限られており、通関業務の内容が簡易かつ、定型化されている場合をいうこととされている。

5　通関業者は、通関業務を行う営業所の新設の許可の条件として、その取り扱う通関業務に係る貨物について一定の種類の貨物のみに限る条件が付されている場合には、当該営業所に通関士を置くことはできない。

第8問　次の記述は、通関業法第15条に規定する更正に関する意見の聴取及び同法第16条に規定する検査の通知に関するものであるが、その記述の正しいものはどれか。すべてを選び、その番号をマークしなさい。

1　税関長は、通関業者が他人の依頼に応じて税関官署に対してした納税の申告について更正をすべき場合であっても、当該更正が当該申告に係る貨物の関税率表の適用上の所属の相違に基因して納付すべき関税の額を増加するものであるときは、当該通関業者に対し、当該相違に関し意見を述べる機会を与えることを要しない。

2　税関長は、通関業者が他人の依頼に応じて税関官署に対してした納税の申告について更正をすべき場合において、当該更正が計算の誤りに基因して納付すべき関税の額を増加するものであるときは、当該通関業者に対し、当該相違に関し意見を述べる機会を与えなければならない。

3　税関長は、通関業者が他人の依頼に応じて税関官署に対してした納税の申告について更正をすべき場合において、当該更正が当該申告に係る貨物の課税価格の相違に基因して納付すべき関税の額を減少するものであるときは、当該通関業者に対し、当該相違に関し意見を述べる機会を与えなければならない。

4 通関業法第15条の規定に基づく更正に関する意見の聴取は、通関士が設置されている場合にあっては、原則として通関士から行い、その他の場合にあっては、営業所の責任者又はこれに準ずる者から行うこととされている。

5 税関長は、通関業者の行う通関手続に関し、税関職員に関税法第43条の4第1項の保税蔵置場に外国貨物を置くことの承認の際の検査をさせるときは、当該通関業者又はその従業者の立会いを求めるため、その旨を当該通関業者に通知しなければならない。

第9問 次の記述は、通関業者又は通関士の義務に関するものであるが、その記述の正しいものはどれか。すべてを選び、その番号をマークしなさい。

1 正当な理由がなくて、通関業務に関して知り得た秘密を他に漏らす行為をした通関士の当該行為については、通関士に対する懲戒処分の対象とされている。

2 通関士は、自ら通関書類の審査を行うことなく他人に自己の記名をさせてはならないこととされている。

3 通関業者は、通関士が通関業務に従事している営業所における通関業務として他人の依頼に応じて税関官署に提出する輸入申告書について、通関士にその内容を審査させ、かつ、これに記名させなければならない。

4 通関業者は、他人に自己の名義の印章を使用させ、自己の名義で通関業務を行わせることができることとされている。

5 通関業法第18条の規定による通関業務の料金の額の掲示については、インターネット上で当該料金の額の閲覧を可能とする方法により行うことができないこととされている。

第10問 次の記述は、通関業法に規定する罰則に関するものであるが、その記述の正しいものはどれか。すべてを選び、その番号をマークしなさい。

1 通関業法第3条第2項の規定により通関業の許可に付された条件に違反して、当該条件により限定された種類以外の貨物につき、通関業を営んだ者は、同法の規定に基づき懲役又は罰金に処せられることがある。

2　通関業法第33条の規定に違反して自らの通関士の名義を他人に通関業務のため使用させた者は、同法の規定に基づき罰金に処せられることがある。

3　通関業法第40条第2項の規定に違反して通関士という名称を使用した通関士でない者は、同法の規定に基づき罰せられることはない。

4　通関業者である法人の従業者が、その法人の業務に関し、通関業法第38条第1項の規定に基づく税関職員による質問に偽りの答弁をしたときは、同法の規定に基づき、当該従業者が罰せられることがあるほか、その法人に対しても罰金刑が科せられることがある。

5　通関業者である法人の役員が、その法人の業務に関し、正当な理由がなくて、その通関業務に関して知り得た秘密を他に漏らしたときは、当該役員が罰せられることがあるほか、その法人に対しても罰金刑が科せられることがある。

択一式　各問題1点

第11問　次の記述は、通関業務及び関連業務に関するものであるが、その記述の正しいものはどれか。一つを選び、その番号をマークしなさい。なお、正しい記述がない場合には、「0」をマークしなさい。

1　他人の依頼によってその依頼をした者を代理してする関税法第7条第3項の規定による輸入貨物に係る課税標準の教示の求めは、通関業務に含まれる。

2　他人の依頼によってその依頼をした者を代理してする関税法第23条第1項の規定による本邦と外国との間を往来する船舶への外国貨物である船用品の積込みの申告は、通関業務に含まれる。

3　他人の依頼によってその依頼をした者を代理してする関税法第63条第1項の規定による外国貨物の保税運送の申告は、通関業務に含まれる。

4　他人の依頼によってその依頼をした者を代理して輸入申告をする場合において、他人の依頼に応じ、当該輸入申告の前に行われるその輸入に関して必要とされる外国為替及び外国貿易法の規定による経済産業大臣の輸入の承認の申請は、通関業務に含まれる。

5　他人の依頼によってその依頼をした者を代理してする関税法第43条の3第1項の規定による保税蔵置場に外国貨物を置くことの承認の申請は、関連業務に含まれる。

第12問　次の記述は、通関業の許可及び営業所の新設に関するものであるが、その記述の正しいものはどれか。一つを選び、その番号をマークしなさい。なお、正しい記述がない場合には、「０」をマークしなさい。

1　通関業者の通関業の許可に条件が付されていない場合において、財務大臣が当該通関業者の通関業務を行う営業所の新設の許可を行うときは、その営業所の新設の許可に条件を付することはできない。

2　通関業の許可を受けようとする者は、通関業許可申請書に、年間において取り扱う見込みの通関業務の量を記載した書面及び当該通関業務を依頼しようとする者の推薦状を添付しなければならない。

3　財務大臣は、通関業の許可をしようとするときは、その許可申請に係る通関業の経営の基礎が確実であることに適合するかどうかを審査しなければならないとされており、この「通関業の経営の基礎が確実であること」とは、許可申請者の資産内容が充実し、収支の状況が健全であり、かつ、通関業務を営むための必要な設備が整っていると認められることをいうこととされている。

4　財務大臣は、通関業務を行う営業所の新設の許可をしようとするときは、その許可申請に係る通関業務を行う営業所につき、通関業法第13条の要件を備えることとなっていることを審査しなければならないとされており、この「通関業法第13条の要件を備えることとなっていること」には、許可申請の際、通関士試験合格者を雇用する単なる見通しがある場合を含むこととされている。

5　認定通関業者である通関業者が通関業務を行う営業所を新たに設けようとする場合には、財務大臣にその旨を届け出ることにより当該営業所を新設することはできない。

第13問　次の記述は、通関業法第10条に規定する通関業の許可の消滅及び同法第11条に規定する通関業の許可の取消しに関するものであるが、その記述の誤っているものはどれか。一つを選び、その番号をマークしなさい。なお、誤っている記述がない場合には、「０」をマークしなさい。

1　通関業者が通関業を廃止したことにより通関業の許可が消滅した場合において、現に進行中の通関手続があるときは、当該通関手続については、当該通関業の許可を受けていた者が引き続き当該通関業の許可を受けているものとみなすこととされている。

2　財務大臣は、通関業者が偽りその他不正の手段により通関業の許可を受けたことが判明したときは、通関業法第11条の規定に基づき、当該通関業の許可を取り消すことができる。

3　財務大臣は、法人である通関業者であって、その役員が通関業法第6条第7号に規定する暴力団員に該当するに至ったときは、同法第11条の規定に基づき、当該通関業者の通関業の許可を取り消すことができる。

4　通関業者が関税法第111条（許可を受けないで輸出入する等の罪）の規定に該当する違反行為をして同法の規定により通告処分を受けた者に該当するに至ったときは、当該通関業者の通関業の許可は消滅する。

5　通関業の許可を受けた者がその許可の日から1年以内に通関業務を開始しない場合であっても、当該通関業の許可は消滅しない。

第14問　次の記述は、通関業の許可に基づく地位の承継に関するものであるが、その記述の誤っているものはどれか。一つを選び、その番号をマークしなさい。なお、誤っている記述がない場合には、「0」をマークしなさい。

1　通関業者が死亡し相続があった場合において、当該通関業者の通関業の許可に基づく地位を承継した者は、当該通関業者の死亡後60日以内に、その承継について財務大臣に承認の申請をすることができる。

2　法人である通関業者が合併する場合において、あらかじめ財務大臣の承認を受けたときは、その合併後存続する法人は、当該合併により消滅した法人の通関業の許可に基づく地位を承継することができる。

3　財務大臣は、法人である通関業者が合併する場合において、その合併後存続する法人が通関業の経営の基礎が確実であることについての基準に適合しないときは、通関業の許可に基づく地位の承継の承認をしないものとされている。

4　財務大臣は、通関業者について相続により通関業の許可に基づく地位の承継の承認をするに際しては、当該承認をしようとする承継に係る通関業の許可に付された条件を変更することはできない。

5　財務大臣は、法人である通関業者について合併により通関業の許可に基づく地位の承継の承認をするに際しては、当該承認をしようとする承継に係る通関業務を行う営業所の許可について新たに条件を付することができる。

第15問　次の記述は、通関業法第14条に規定する通関士の審査等に関するものであるが、その記述の誤っているものはどれか。一つを選び、その番号をマークしなさい。なお、誤っている記述がない場合には、「0」をマークしなさい。

1　通関業者は、通関士が通関業務に従事している営業所における通関業務として、他人の依頼に応じて税関官署に提出する関税法の規定に基づいて税関長に対してする不服申立てに係る不服申立書について、通関士にその内容を審査させなければならない。

2　通関業者は、通関士が通関業務に従事している営業所における通関業務として、他人の依頼に応じて税関官署に提出する修正申告書について、通関士にその内容を審査させなければならない。

3　通関業者は、通関士が通関業務に従事している営業所における通関業務として、他人の依頼に応じて税関官署に提出する更正請求書について、通関士にその内容を審査させなければならない。

4　通関業者は、通関士が通関業務に従事している営業所における通関業務として、他人の依頼に応じて税関官署に提出する関税の納期限の延長に係る申請書について、通関士にその内容を審査させなければならない。

5　通関業者は、通関士が通関業務に従事している営業所における通関業務として、他人の依頼に応じて税関官署に提出する保税工場に外国貨物を置くことの承認に係る申請書について、通関士にその内容を審査させなければならない。

第16問　次の記述は、通関業者又は通関士の義務に関するものであるが、その記述の誤っているものはどれか。一つを選び、その番号をマークしなさい。なお、誤っている記述がない場合には、「0」をマークしなさい。

1　法人である通関業者の役員及び通関士は、正当な理由がなくて、通関業務に関して知り得た秘密を盗用してはならないこととされており、これらの者がこれらの者でなくなった後も、同様とされている。

2　法人である通関業者の役員及び通関士は、通関業者又は通関士の信用又は品位を害するような行為をしてはならない。

3　通関業法の規定により通関業者が保存しなければならない通関業務に関する書類については、電磁的記録により保存することができることとされている。

4　通関業法第18条の規定により通関業者が掲示する料金の額は、依頼者に対する透明性を確保する観点から、依頼者にとって分かりやすいものでなければならないこととされている。

5　法人である通関業者が財務大臣に提出する定期報告書（その取扱いに係る通関業務及び関連業務の件数、これらについて受けた料金の額その他通関業務及び関連業務に係る事項を記載した報告書）には、その報告期間に係る事業年度の貸借対照表及び損益計算書を添付しなければならない。

第17問　次の記述は、通関業法第22条に規定する通関業者の記帳、届出、報告等に関するものであるが、その記述の正しいものはどれか。一つを選び、その番号をマークしなさい。なお、正しい記述がない場合には、「0」をマークしなさい。

1　通関業者は、通関業務に関する料金の受領を証する書類の写しについて、その作成後に保存することを要しない。

2　通関業者は、通関業務に関し、依頼者から依頼を受けたことを証する書類について、その作成の日後3年間保存しなければならない。

3　通関業者は、通関業務に関し、依頼者から受領した仕入書、運賃明細書及び保険料明細書について、その受領の日後3年間保存しなければならない。

4　通関業者が財務大臣に提出する定期報告書（その取扱いに係る通関業務及び関連業務の件数、これらについて受けた料金の額その他通関業務及び関連業務に係る事項を記載した報告書）には、その報告期間の末日における通関業務の用に供される資産の明細を記載することを要しない。

5　通関業者は、定期報告書（その取扱いに係る通関業務及び関連業務の件数、これらについて受けた料金の額その他通関業務及び関連業務に係る事項を記載した報告書）を毎年4月30日までに財務大臣に提出しなければならない。

第18問　次の記述は、通関業法第31条に規定する通関業者が通関士試験に合格した者を通関士という名称を用いてその通関業務に従事させようとする場合における財務大臣の確認に関するものであるが、その記述の誤っているものはどれか。一つを選び、その番号をマークしなさい。なお、誤っている記述がない場合には、「0」をマークしなさい。

1　通関業者は、他の通関業者の通関業務に従事する通関士について、当該他の通関業者に係る通関士と併任して、通関士という名称を用いて自己の通関業務に従事させようとするときは、当該他の通関業者の承諾を得なければならないこととされている。

2　通関業者は、他の通関業者の通関業務に従事する通関士について、当該他の通関業者に係る通関士と併任して、通関士という名称を用いて自己の通関業務に従事させようとするときは、財務大臣の確認を受けることを要しない。

3　通関業者は、通関士試験に合格した者である派遣労働者（労働者派遣事業の適正な運営の確保及び派遣労働者の保護等に関する法律第２条第２号に規定する派遣労働者をいう。）について、財務大臣の確認を受け、通関士という名称を用いてその通関業務に従事させることができる。

4　通関業者でない者は、通関士試験に合格した者について、財務大臣の確認を受けて通関士という名称を用いてその業務に従事させることはできない。

5　通関業者は、通関士試験に合格した者について財務大臣の確認を受けようとする場合には、その確認に係る届出に関する書面に、その合格した者が通関業法第31条第２項第１号及び第２号に規定する通関士の欠格事由に該当しないことを証する書面を添付しなければならない。

第19問　次の記述は、通関士となる資格及び通関士の資格の喪失に関するものであるが、その記述の正しいものはどれか。一つを選び、その番号をマークしなさい。なお、正しい記述がない場合には、「０」をマークしなさい。

1　通関士が、退職により通関業務に従事しないこととなった場合であっても、その通関士の資格を喪失しないこととされている。

2　通関士が、疾病により通関業務に従事できないこととなった場合であっても、当該通関士がその職にある限り、その通関士の資格を喪失しないこととされている。

3　通関士試験に合格した者は、その受験地を管轄する税関の管轄区域内においてのみ、通関士となる資格を有する。

4　不正な手段により通関業法第31条第１項の確認（通関業者が通関士試験に合格した者を通関士という名称を用いてその通関業務に従事させようとする場合における財務大臣の確認）を受けたことが判明した者については、税関長により通関士試験の合格の決定が取り消される。

5　通関士試験に合格した者が、その合格に係る官報での公告の日から３年間通関士として通関業務に従事しないときは、通関士となる資格を喪失する。

第20問　次の記述は、通関士に対する懲戒処分に関するものであるが、その記述の誤っているものはどれか。一つを選び、その番号をマークしなさい。なお、誤っている記述がない場合には、「０」をマークしなさい。

1　財務大臣は、通関士に対する懲戒処分として、通関士に対し、戒告したときは、その旨を公告することを要しない。

2　財務大臣は、通関士に対する懲戒処分として、通関士に対し、１年以内の期間を定めてその者が通関業務に従事することを停止することができる。

3　財務大臣は、通関士に対する懲戒処分として、通関士に対し、２年間その者が通関業務に従事することを禁止することができる。

4　通関士が、通関士に対する懲戒処分として、通関業務に従事することを停止された場合にあっては、当該通関士は、その停止の期間の経過後、直ちに通関士として通関業務に従事することができることとされている。

5　何人も、通関士に、財務大臣が通関士に対する懲戒処分をすることができる場合に該当する事実があると認めたときは、財務大臣に対し、その事実を申し出て、適当な措置をとるべきことを求めることができる。

2 解答・解説

語句選択式問題

第1問 （通関業法第１条、同法第２条第２号）

イー⑥業務の規制、 ロー⑬適正な、 ハー⑨申告納付、 ニー⑫適正かつ迅速、
ホー⑤業として

第2問 （通関業法第２条第１号イ（１）、（３）、同法第７条）

イー⑤許可、 ロー④確定及び納付、 ハー⑦主張、 ニー⑩通関業者の名称、
ホー⑨先行

第3問 （通関業法第６条第４号イ、第９号、第10号）

イー⑮通告の旨を履行した日、 ロー③3年、 ハー②2年、
ニー⑪職権又は支配力、 ホー⑨禁錮

第4問 （通関業法第22条第２項、通関業法施行令第９条第１項、第２項）

イー⑫通関業務の、 ロー⑪その都度、 ハー⑥氏名、
ニー⑬通関業務を担当する役員、 ホー⑮履歴書

第5問 （通関業法第33条の２、同条第34項第１項）

イー⑩通関業の適正な遂行、ロー②許可の取消し、
ハー①関税法その他関税に関する法令、ニー④信用を害する、
ホー⑦通関業者の責めに帰すべき理由

複数選択式問題

第6問 正解：1、3、5

1. **正しい**：（通関業法第12条第１号）
2. **誤り**：通関業務を行う営業所における通関士以外の通関業務の従業者の数の変更には、届け出義務がない（通関業法第12条）。

3. **正しい**：（通関業法第12条第1号）
4. **誤り**：資産の状況の変更には、届け出義務がない（通関業法第12条）。
5. **正しい**：（通関業法第12条第1号）

第7問　正解：1、4

1. **正しい**：（通関業法第13条、通関業法施行令第5条）
2. **誤り**：「通関業務を行う営業所における業務量からみて通関士を置く必要がないと認められるとき」ではなく、「営業所において取り扱う通関業務に係る貨物が通関業の許可の条件として一定の種類の貨物のみに限られている場合」である（通関業法第13条）。
3. **誤り**：専任の通関士を1名以上置かなければならないという規定はない（通関業法第13条）。
4. **正しい**：（通関業法第13条、通関業法基本通達13－1）
5. **誤り**：一定の種類の貨物のみに限る条件が付されている場合であっても、営業所に通関士を置くことはできる（通関業法第13条）。

第8問　正解：4、5

1. **誤り**：相違に関し意見を述べる機会を与えなければならない（通関業法第15条）。
2. **誤り**：更正が計算の誤りに基因する場合には、その相違に関し意見を述べる機会を与える必要はない（通関業法第15条）。
3. **誤り**：更正であっても関税の額を減少するものであるときは、その相違に関し意見を述べる機会を与える必要はない（通関業法第15条）。
4. **正しい**：（通関業法第15条、通関業法基本通達15－1）
5. **正しい**：（通関業法第16条、通関業法施行令第7条第2号）

第9問　正解：1、2、3

1. **正しい**：（通関業法第19条、同法第35条第1項）
2. **正しい**：（通関業法第33条、通関業法基本通達33－1（1））
3. **正しい**：（通関業法第14条、通関業法施行令第6条第1号）
4. **誤り**：通関業者は、他人に自己の名義の印章を使用させ、自己の名義で通関業務を行わせることができない（通関業法第17条、通関業法基本通達17－1）。
5. **誤り**：通関業務の料金の額の掲示については、インターネット上で料金の額の閲覧を可能とする方法により行うことができる（通関業法第18条、通関業法基本通達18－2）。

第10問　正解：1、2、4

1. **正しい**：（通関業法第41条第1項第2号）
2. **正しい**：（通関業法第44条第2号）
3. **誤り**：通関士という名称を使用した通関士でない者は、通関業法の規定に基づき罰せられることがある（通関業法第44条第3号）。
4. **正しい**：（通関業法第43条第2号、同法第45条）
5. **誤り**：通関業者である法人の役員が、その法人の業務に関し、正当な理由がなくて、その通関業務に関して知り得た秘密を他に漏らしたときは、その役員が罰せられることはあるが、その法人に対して罰金刑が科せられることはない（通関業法第41条第1項第3号、同法第45条）。

択一式問題

第11問　正解：2

1. **誤り**：輸入貨物に係る課税標準の教示の求めは、通関業務に含まれない（通関業法第2条第1号イ、関税法基本通達7－1（1）イ）。
2. **正しい**：（通関業法第2条第1号イ（1）（三））
3. **誤り**：保税運送の申告は、通関業務に含まれない（通関業法第2条第1号イ、関税法基本通達7－1（1）ヘ）。
4. **誤り**：外国為替及び外国貿易法の規定による経済産業大臣の輸入の承認の申請は、通関業務に含まれない（通関業法第2条第1号イ、関税法基本通達7－1（1）チ）。
5. **誤り**：保税蔵置場に外国貨物を置くことの承認の申請は、関連業務ではなく、通関業務に含まれる（通関業法第2条第1号イ（1）（四））。

第12問　正解：3

1. **誤り**：通関業の許可に条件が付されていない場合であっても、通関業務を行う営業所の新設の許可に条件を付することはできる（通関業法第8条第2項で準用する同法第3条第2項、通関業法基本通達8－2（4））。
2. **誤り**：通関業務を依頼しようとする者の推薦状を添付しなければならないという規定はない（通関業法第4条第2項、通関業法施行規則第1条第6号）。
3. **正しい**：（通関業法第5条第1号、通関業法基本通達5－1（1））
4. **誤り**：通関士試験合格者を雇用する単なる見通しがある場合は含まれない（通関業法第8条第2項で準用する同法第5条第3号、通関業法基本通達5－4）。

5. **誤り**：認定通関業者である通関業者が通関業務を行う営業所を新たに設けようとする場合には、財務大臣にその旨を届け出ることにより営業所を新設することができる（通関業法第9条第1項）。

第13問　正解：4

1. **正しい**：（通関業法第10条第3項）
2. **正しい**：（通関業法第11条第1項第1号）
3. **正しい**：（通関業法第11条第1項第2号、同法第6条第7号）
4. **誤り**：「通関業の許可は消滅する」ではなく、「通関業の許可を取り消すことができる」である（通関業法第11条第1項第2号、同法第6条第4号）。
5. **正しい**：（通関業法第10条第1項）

第14問　正解：4

1. **正しい**：（通関業法第11条の2第2項）
2. **正しい**：（通関業法第11条の2第4項）
3. **正しい**：（通関業法第11条の2第5項）
4. **誤り**：地位の承継の承認をするに際しては、通関業の許可に付された条件を変更することができる（通関業法第11条の2第6項）。
5. **正しい**：（通関業法第11条の2第6項）

第15問　正解：4

1. **正しい**：（通関業法第14条、通関業法施行令第6条第2号）
2. **正しい**：（通関業法第14条、通関業法施行令第6条第4号）
3. **正しい**：（通関業法第14条、通関業法施行令第6条第4号）
4. **誤り**：関税の納期限の延長に係る申請書については、通関士にその内容を審査させる必要はない（通関業法第14条、通関業法施行令第6条）。
5. **正しい**：（通関業法第14条、通関業法施行令第6条第1号）

第16問　正解：0

1. **正しい**：（通関業法第19条）
2. **正しい**：（通関業法第20条）
3. **正しい**：（通関業法第22条第1項、通関業法基本通達22－2）
4. **正しい**：（通関業法第18条、関税法基本通達18－1）

5. **正しい**：（通関業法第22条第３項、通関業法施行令第10条第２項）

第17問　正解：2

1. **誤り**：料金の受領を証する書類の写しを、その作成後に保存しなければならない（通関業法第22条第１項、通関業法施行令第８条第２項第３号）。
2. **正しい**：（通関業法第22条第１項、通関業法施行令第８条第２項第２号、同条第３項）
3. **誤り**：依頼者から受領した仕入書、運賃明細書及び保険料明細書について、保存義務はない（通関業法第22条第１項、通関業法施行令第８条第２項）。
4. **誤り**：通関業務の用に供される資産の明細を記載しなければならない（通関業法第22条第３項、通関業法施行令第10条第１項第３号）。
5. **誤り**：「４月30日」ではなく、「６月30日」である（通関業法第22条第３項、通関業法施行令第10条第１項）。

第18問　正解：2

1. **正しい**：（通関業法第31条第１項、通関業法基本通達31－１（４））
2. **誤り**：他の通関業者の通関業務に従事する通関士について、併任して通関士という名称を用いて自己の通関業務に従事させようとするときは、財務大臣の確認を受けなければならない（通関業法第31条第１項、通関業法基本通達31－１（４））。
3. **正しい**：（通関業法第31条第１項、通関業法基本通達31－１（５））
4. **正しい**：（通関業法第31条第１項）
5. **正しい**：（通関業法第31条第１項、通関業法施行令第13条第２項）

第19問　正解：2

1. **誤り**：通関業務に従事しないこととなった場合には、通関士の資格を喪失する（通関業法第32条第１号）。
2. **正しい**：（通関業法第32条、通関業法基本通達32－１（２））
3. **誤り**：通関士試験に合格した者は、どの税関の管轄区域内においても、通関士となる資格を有する（通関業法第25条）。
4. **誤り**：「税関長により通関士試験の合格の決定が取り消される」ことはないが、「通関士の資格を喪失」することになる（通関業法第32条第４号）。
5. **誤り**：３年間通関士として通関業務に従事しない場合であっても、通関士となる資格を喪失することはない（通関業法第32条）。

第20問　正解：1

1. **誤り**：戒告したときであっても、その旨を公告しなければならない（通関業法第35条第2項で準用する同法第34条第2項）。
2. **正しい**：（通関業法第35条第1項）
3. **正しい**：（通関業法第35条第1項）
4. **正しい**：（通関業法第35条第1項、通関業法基本通達35－1（2））
5. **正しい**：（通関業法第36条）

3 通関書類の作成要領その他通関手続の実務

1 問題（時間 1時間40分）

選択式・計算式　第1問5点　第2問15点

第1問　輸出申告

別紙１の仕入書及び下記事項により、衣類の輸出申告を輸出入・港湾関連情報処理システム（NACCS）を使用して行う場合について、別紙２の輸出申告事項登録画面の統計品目番号欄（(a) ～ (e)）に入力すべき統計品目番号を、輸出統計品目表の解釈に関する通則に従い、別冊の「輸出統計品目表」（抜粋）及び「関税率表解説」（抜粋）を参照して、下の選択肢から選び、その番号をマークしなさい。

記

1　別紙１の仕入書に記載されている品目に統計品目番号が同一であるものがある場合には、これらを一の統計品目番号にとりまとめる。

2　統計品目番号ごとの申告価格が20万円以下であるもの（上記１によりとりまとめたものを含む。）がある場合には、その統計品目番号が異なるものであっても、これらを一括して一欄にとりまとめる。

3　上記２による場合に輸出申告事項登録画面に入力すべき統計品目番号は、上記２によりとりまとめる前の統計品目番号ごとの申告価格（上記１によりとりまとめたものについては、その合計額）が最も大きいものの統計品目番号とし、10桁目は「X」とする。

4　輸出申告事項登録画面に入力する統計品目番号（(a) ～ (e)）は、その統計品目番号ごとの申告価格（上記１及び２によりとりまとめたものについては、その合計額）が大きいものから順に入力するものとする。

5　別紙１の仕入書に記載されている米ドル建価格の本邦通貨への換算は、別紙３の「実勢外国為替相場の週間平均値」を参照して行う。

6　別紙１の仕入書に記載されているそれぞれの品目の価格（CFR価格）には、次の費用等の額が含まれており、当該CFR価格にそれらの費用等の額が占める割合は、次のとおり。

イ　輸出者（売手）の工場から輸出港に到着するまでの運送に要する運賃 ……………………………………………………………………… 6％

ロ　輸出港における貨物の船積みに要する費用 ……………………… 4％

ハ　輸出港から輸入港に到着するまでの海上運送に要する運賃 …… 8％

7　別紙1の仕入書に記載されているそれぞれの品目は、いずれも輸出統計品目表第11部に属するものであり、かつ、当該仕入書の品名に特に記載のあるものを除き、メリヤス編み又はクロセ編みのものに該当しないものとする。

8　別紙1の仕入書に記載された「Unisex anorak (Polyester 100%)」は、第54.07項の織物から製品にしたものであり、かつ、男子用の衣類であるか女子用の衣類であるかを判別することができないものとする。

9　別紙1の仕入書に記載された「Women's waterproof anorak (Polyester 100%)」は、第59.03項の織物類から製品にしたものとする。

10　申告年月日は、令和5年9月30日とする。

[選択肢]

① 6109.10-1003	② 6109.10-9005	③ 6117.10-0006
④ 6117.80-0006	⑤ 6201.40-0004	⑥ 6202.40-0002
⑦ 6202.90-0001	⑧ 6205.20-0002	⑨ 6205.20-000X
⑩ 6210.30-000X	⑪ 6210.50-000X	⑫ 6214.20-0005
⑬ 6214.30-0002	⑭ 6214.90-0005	⑮ 6215.10-0006

別紙1

INVOICE

Seller

ABC COMPANY
1-1, Kasumigaseki 3-chome,
Chiyoda-ku, Tokyo, JAPAN

Invoice No. and Date

ABC-340701 Sep. 10th, 2023

Reference No. FRB-230711

Buyer XYZ Corp. 1125 E 8th Street Los Angeles, CA 90079		**Country of Origin** Japan **L/C No.** LAIB-1010 **Date** Sep. 2nd, 2023
Vessel Taiyo Maru	**On or about** Oct. 10th, 2023	**Issuing Bank** LA International Bank
From Tokyo, Japan	**Via**	
To Los Angeles, U.S.A.		

Marks and Nos.	Description of Goods	Quantity Unit	Unit Price per Unit	Amount CFR US$
	Unisex anorak (Polyester 100%)	50	100.00	5,000.00
	Women's waterproof anorak (Polyester 100%)	7	220.00	1,540.00
XYZ LOS ANGELES	Women’s shawl (Lambs Wool 25%, Cotton 30%, Nylon 30%, Alpaca 10%, Angora goats 5%)	160	30.00	4,800.00
	Men’s shirt (Cotton 100%)	75	20.00	1,500.00
	Men’s plain T-shirt (Knitted, Cotton 100%)	250	10.00	2,500.00
	Tie（Knitted, Silk 100%）	140	40.00	5,600.00
	Total : CFR Los Angeles		US$	20,940.00

Total : 35 Cases
N/W : 110kgs
G/W : 120kgs

ABC COMPANY

(Signature)

別紙2

輸出申告事項登録（大額）

入力特定番号 [ ]

共通部　繰返部

申告等番号 [ ]

大額・小額識別 [L]　申告等種別 [E]　申告先種別 [ ]　貨物識別 [ ]　あて先官署 [ ]　あて先部門 [ ]

申告予定年月日 [ ]

輸出者 [ ] [ABC COMPANY]

住所 [TOKYO TO CHIYODA KU KASUMIGASEKI 3-1-1]

電話 [ ]

申告予定者 [ ]

蔵置場所 [ ] [ ]

貨物個数 [35] [CS]　貨物重量 [120] [KGM]　貨物容積 [ ] [ ]

貨物の記号等 [ ]

最終仕向地 [USLAX] − [ ]　船（機）籍符号 [ ]

積出港 [JPTYO]　貿易形態別符号 [ ]

積載予定船舶 [ ] − [TAIYO MARU]　出港予定年月日 [20231010]

インボイス番号 [A] − [ABC-340701] − [20230910]

インボイス価格 [CFR] − [ ] − [ ] − [A]

輸出申告事項登録(大額)　入力特定番号

共通部　繰返部

<1欄>
統計品目番号 (a)　品名
数量(1)　数量(2)
BPR按分係数　BPR通貨コード
他法令 (1) (2) (3) (4) (5)
輸出貿易管理令別表コード　外為法第48条コード　関税減免戻税コード
内国消費税免税コード　内国消費税免税識別

<2欄>
統計品目番号 (b)　品名
数量(1)　数量(2)
BPR按分係数　BPR通貨コード
他法令 (1) (2) (3) (4) (5)
輸出貿易管理令別表コード　外為法第48条コード　関税減免戻税コード
内国消費税免税コード　内国消費税免税識別

<3欄>
統計品目番号 (c)　品名
数量(1)　数量(2)
BPR按分係数　BPR通貨コード
他法令 (1) (2) (3) (4) (5)
輸出貿易管理令別表コード　外為法第48条コード　関税減免戻税コード
内国消費税免税コード　内国消費税免税識別

<4欄>
統計品目番号 (d)　品名
数量(1)　数量(2)
BPR按分係数　BPR通貨コード
他法令 (1) (2) (3) (4) (5)
輸出貿易管理令別表コード　外為法第48条コード　関税減免戻税コード
内国消費税免税コード　内国消費税免税識別

<5欄>
統計品目番号 (e)　品名
数量(1)　数量(2)
BPR按分係数　BPR通貨コード
他法令 (1) (2) (3) (4) (5)
輸出貿易管理令別表コード　外為法第48条コード　関税減免戻税コード
内国消費税免税コード　内国消費税免税識別

別紙3

実勢外国為替相場の週間平均値
（1米ドルに対する円相場）

期　　間	週間平均値
令和 5. 9. 3 ～ 令和 5. 9. 9	¥142. 00
令和 5. 9. 10 ～ 令和 5. 9. 16	¥140. 00
令和 5. 9. 17 ～ 令和 5. 9. 23	¥138. 00
令和 5. 9. 24 ～ 令和 5. 9. 30	¥139. 00
令和 5. 10. 1 ～ 令和 5. 10. 7	¥141. 00

別冊

第１問　輸出申告

輸出統計品目表（抜粋）

第11部　紡織用繊維及びその製品

注

1 （省略）

2（A） 第50類から第55類まで、第58.09項又は第59.02項のいずれかに属するとみられる物品で二以上の紡織用繊維から成るものは、構成する紡織用繊維のうち最大の重量を占めるもののみから成る物品とみなしてその所属を決定する。構成する紡織用繊維のうち最大の重量を占めるものがない場合には、当該物品は等しく考慮に値する項のうち数字上の配列において最後となる項に属するもののみから成る物品とみなしてその所属を決定する。

（B）（A）の規定の適用については、次に定めるところによる。

(a) 馬毛をしん糸に使用したジンプヤーン（第51.10項参照）及び金属を交えた糸（第56.05項参照）は、単一の紡織用繊維とみなすものとし、その重量は、これを構成する要素の重量の合計による。また、織物の所属の決定に当たり、金属糸は、紡織用繊維とみなす。

(b) 所属の決定に当たっては、まず類の決定を行うものとし、次に当該類の中から、当該類に属しない構成材料を考慮することなく、項を決定する。

(c) 第54類及び第55類の両類を他の類とともに考慮する必要がある場合には、第54類及び第55類は、一の類として取り扱う。

(d) 異なる紡織用繊維が一の類又は項に含まれる場合には、これらは、単一の紡織用繊維とみなす。

（C）（省略）

3～11 （省略）

12 この部においてポリアミドにはアラミドを含む。

Section XI　Textiles and textile articles

Notes.

1. （省略）

2.-(A) Goods classifiable in Chapters 50 to 55 or in heading 58.09 or 59.02 and of a mixture of two or more textile materials are to be classified as if consisting wholly of that one textile material which predominates by weight over any other single textile material. When no one textile material predominates by weight, the goods are to be classified as if consisting wholly of that one textile material which is covered by the heading which occurs last in numerical order among those which equally merit consideration.

(B) For the purposes of the above rule:

(a) Gimped horsehair yarn (heading 51.10) and metallised yarn (heading 56.05) are to be treated as a single textile material the weight of which is to be taken as the aggregate of the weights of its components; for the classification of woven fabrics, metal thread is to be regarded as a textile material;

(b) The choice of appropriate heading shall be effected by determining first the Chapter and then the applicable heading within that Chapter, disregarding any materials not classified in that Chapter;

(c) When both Chapters 54 and 55 are involved with any other Chapter, Chapters 54 and 55 are to be treated as a single Chapter;

(d) Where a Chapter or a heading refers to goods of different textile materials, such materials are to be treated as a single textile material.

(C) （省略）

3. ～ 11. （省略）

12.- For the purposes of this Section, the expression "polyamides" includes "aramids".

号注

1 （省略）

2（A） 第56類から第63類までの物品で二以上の紡織用繊維から成るものは、第50類から第55類までの物品及び第58.09項の物品で当該二以上の紡織用繊維から成るものの所属の決定に際してこの部の注２の規定に従い選択される紡織用繊維のみから成る物品とみなす。

Subheading Notes.

1. （省略）

2.-(A) Products of Chapters 56 to 63 containing two or more textile materials are to be regarded as consisting wholly of that textile material which would be selected under Note 2 to this Section for the classification of a product of Chapters 50 to 55 or of heading 58.09 consisting of the same textile materials.

第51類　羊毛、繊獣毛、粗獣毛及び馬毛の糸並びにこれらの織物

注

1 この表において次の用語の意義は、それぞれ次に定めるところによる。

(a) 「羊毛」とは、羊又は子羊の天然繊維をいう。

(b) 「繊獣毛」とは、アルパカ、ラマ、ビクナ、らくだ（ヒトコブラクダを含む。）、やく、うさぎ（アンゴラうさぎを含む。）、ビーバー、ヌートリヤ又はマスクラットの毛及びアンゴラやぎ、チベットやぎ、カシミヤやぎその他これらに類するやぎの毛をいう。

Chapter 51　Wool, fine or coarse animal hair; horsehair yarn and woven fabric

Notes.

1.- Throughout the Nomenclature:

(a) "Wool" means the natural fibre grown by sheep or lambs;

(b) "Fine animal hair" means the hair of alpaca, llama, vicuna, camel (including dromedary), yak, Angora, Tibetan, Kashmir or similar goats (but not common goats), rabbit (including Angora rabbit), hare, beaver, nutria or musk-rat;

第54類　人造繊維の長繊維並びに人造繊維の織物及びストリップその他これに類する人造繊維製品

注
1　この表において「人造繊維」とは、次の繊維をいう。

(a)　有機単量体の重合により製造した短繊維及び長繊維（例えば、ポリアミド、ポリエステル、ポリオレフィン又はポリウレタンのもの）、又は、この工程により得た重合体を化学的に変性させることにより製造した短繊維及び長繊維（例えば、ポリ（酢酸ビニル）を加水分解することにより得たポリ（ビニルアルコール））
(b)　繊維素その他の天然有機重合体を溶解し若しくは化学的に処理することにより製造した短繊維及び長繊維（例えば、銅アンモニアレーヨン（キュプラ）及びビスコースレーヨン）、又は、繊維素、カゼイン及びその他のプロテイン、アルギン酸その他の天然有機重合体を化学的に変性させることにより製造した短繊維及び長繊維（例えば、アセテート及びアルギネート）

この場合において、「合成繊維」とは(a)の繊維をいうものとし、「再生繊維又は半合成繊維」又は場合により「再生繊維若しくは半合成繊維」とは(b)の繊維をいう。第54.04項又は第54.05項のストリップその他これに類する物品は、人造繊維とみなさない。

人造繊維、合成繊維及び再生繊維又は半合成繊維の各用語は、材料の語とともに使用する場合においてもそれぞれ前記の意味と同一の意味を有する。

Chapter 54 Man-made filaments; strip and the like of man-made textile materials

Notes.
1.- Throughout the Nomenclature, the term "man-made fibres" means staple fibres and filaments of organic polymers produced by manufacturing processes, either:
(a) By polymerisation of organic monomers to produce polymers such as polyamides, polyesters, polyolefins or polyurethanes, or by chemical modification of polymers produced by this process (for example, poly(vinyl alcohol) prepared by the hydrolysis of poly(vinyl acetate)); or
(b) By dissolution or chemical treatment of natural organic polymers (for example, cellulose) to produce polymers such as cuprammonium rayon (cupro) or viscose rayon, or by chemical modification of natural organic polymers (for example, cellulose, casein and other proteins, or alginic acid), to produce polymers such as cellulose acetate or alginates.

The terms "synthetic" and "artificial", used in relation to fibres, mean: synthetic: fibres as defined at (a); artificial: fibres as defined at (b). Strip and the like of heading 54.04 or 54.05 are not considered to be man-made fibres.

The terms "man-made", "synthetic" and "artificial" shall have the same meanings when used in relation to "textile materials".

第61類　衣類及び衣類附属品（メリヤス編み又はクロセ編みのものに限る。）

Chapter 61 Articles of apparel and clothing accessories, knitted or crocheted

番号 NO	細分番号 sub. no	NACCS用	品名	単位 UNIT I	単位 UNIT II	DESCRIPTION	参考
61.09			Tシャツ、シングレットその他これらに類する肌着（メリヤス編み又はクロセ編みのものに限る。）			T-shirts, singlets and other vests, knitted or crocheted:	
6109.10			－綿製のもの			－Of cotton:	
	100	3	－－異なる色の糸から成るもの又はなせんしたもの	NO	KG	－－Of yarns of different colours or printed	
	900	5	－－その他のもの	NO	KG	－－Other	
61.17			その他の衣類附属品（製品にしたもので、メリヤス編み又はクロセ編みのものに限る。）及び衣類又は衣類附属品の部分品（メリヤス編み又はクロセ編みのものに限る。）			Other made up clothing accessories, knitted or crocheted; knitted or crocheted parts of garments or of clothing accessories:	
6117.10	000	6	－ショール、スカーフ、マフラー、マンティーラ、ベールその他これらに類する製品	NO	KG	－Shawls, scarves, mufflers, mantillas, veils and the like	
6117.80	000	6	－その他の附属品		KG	－Other accessories	

第62類　衣類及び衣類附属品（メリヤス編み又はクロセ編みのものを除く。）

注
1～5（省略）
6　第62.10項及びこの類の他の項（第62.09項を除く。）に同時に属するとみられる衣類は、第62.10項に属する。

7～8（省略）
9　この類の衣類で、正面で左を右の上にして閉じるものは男子用の衣類とみなし、正面で右を左の上にして閉じるものは女子用の衣類とみなす。この注9の規定は、衣類の裁断により男子用の衣類であるか女子用の衣類であるかを明らかに判別することができるものについては、適用しない。

男子用の衣類であるか女子用の衣類であるかを判別することができないものは、女子用の衣類が属する項に属する。

Chapter 62 Articles of apparel and clothing accessories, not knitted or crocheted

Notes.
1. ～ 5.（省略）
6.- Garments which are, *prima facie*, classifiable both in heading 62.10 and in other headings of this Chapter, excluding heading 62.09, are to be classified in heading 62.10.
7. ～ 8.（省略）
9.- Garments of this Chapter designed for left over right closure at the front shall be regarded as men's or boys' garments, and those designed for right over left closure at the front as women's or girls' garments. These provisions do not apply where the cut of the garment clearly indicates that it is designed for one or other of the sexes.

Garments which cannot be identified as either men's or boys' garments or as women's or girls' garments are to be classified in the headings covering women's or girls' garments.

番号 NO	細分番号 sub. no	NACCS用	品名	単位 UNIT I	単位 UNIT II	DESCRIPTION	参考
62.01			男子用のオーバーコート、カーコート、ケープ、クローク、アノラック（スキージャケットを含む。）、ウインドチーター、ウインドジャケットその他これらに類する製品（第62.03項のものを除く。）			Men's or boys' overcoats, car-coats, capes, cloaks, anoraks (including ski-jackets), wind-cheaters, wind-jackets and similar articles, other than those of heading 62.03:	
6201.20	000	3	－羊毛製又は繊獣毛製のもの	NO	KG	– Of wool or fine animal hair	
6201.30	000	0	－綿製のもの	NO	KG	– Of cotton	
6201.40	000	4	－人造繊維製のもの	NO	KG	– Of man-made fibres	
6201.90	000	3	－その他の紡織用繊維製のもの	NO	KG	– Of other textile materials	
62.02			女子用のオーバーコート、カーコート、ケープ、クローク、アノラック（スキージャケットを含む。）、ウインドチーター、ウインドジャケットその他これらに類する製品（第62.04項のものを除く。）			Women's or girls' overcoats, car-coats, capes, cloaks, anoraks (including ski-jackets), wind-cheaters, wind-jackets and similar articles, other than those of heading 62.04:	
6202.20	000	1	－羊毛製又は繊獣毛製のもの	NO	KG	– Of wool or fine animal hair	
6202.30	000	5	－綿製のもの	NO	KG	– Of cotton	
6202.40	000	2	－人造繊維製のもの	NO	KG	– Of man-made fibres	
6202.90	000	1	－その他の紡織用繊維製のもの	NO	KG	– Of other textile materials	
62.03			男子用のスーツ、アンサンブル、ジャケット、ブレザー、ズボン、胸当てズボン、半ズボン及びショーツ（水着を除く。）			Men's or boys' suits, ensembles, jackets, blazers, trousers, bib and brace overalls, breeches and shorts (other than swimwear):	
62.04			女子用のスーツ、アンサンブル、ジャケット、ブレザー、ドレス、スカート、キュロットスカート、ズボン、胸当てズボン、半ズボン及びショーツ（水着を除く。）			Women's or girls' suits, ensembles, jackets, blazers, dresses, skirts, divided skirts, trousers, bib and brace overalls, breeches and shorts (other than swimwear):	
62.05			男子用のシャツ			Men's or boys' shirts:	
6205.20	000	2	－綿製のもの	NO	KG	– Of cotton	

番号 NO	細分番号 sub. no	NACCS用	品　名	単位 UNIT		DESCRIPTION	参　考
				I	II		
62.10			**衣類（第56.02項、第56.03項、第59.03項、第59.06項又は第59.07項の織物類から製品にしたものに限る。）**			**Garments, made up of fabrics of heading 56.02, 56.03, 59.03, 59.06 or 59.07:**	
6210.10	000	2	－第56.02項又は第56.03項の織物類から成るもの	NO	KG	－Of fabrics of heading 56.02 or 56.03	
6210.20	000	6	－その他の衣類（第62.01項のものと同一種類のものに限る。）	NO	KG	－Other garments, of the type described in heading 62.01	
6210.30	000	3	－その他の衣類（第62.02項のものと同一種類のものに限る。）	NO	KG	－Other garments, of the type described in heading 62.02	
6210.40	000	0	－その他の男子用の衣類	NO	KG	－Other men's or boys' garments	
6210.50	000	4	－その他の女子用の衣類	NO	KG	－Other women's or girls' garments	
62.14			**ショール、スカーフ、マフラー、マンティーラ、ベールその他これらに類する製品**			**Shawls, scarves, mufflers, mantillas, veils and the like:**	
6214.10	000	1	－絹（絹のくずを含む。）製のもの	NO	KG	－Of silk or silk waste	
6214.20	000	5	－羊毛製又は繊獣毛製のもの	NO	KG	－Of wool or fine animal hair	
6214.30	000	2	－合成繊維製のもの	NO	KG	－Of synthetic fibres	
6214.40	000	6	－再生繊維又は半合成繊維製のもの	NO	KG	－Of artificial fibres	
6214.90	000	5	－その他の紡織用繊維製のもの	NO	KG	－Of other textile materials	
62.15			**ネクタイ**			**Ties, bow ties and cravats:**	
6215.10	000	6	－絹（絹のくずを含む。）製のもの	NO	KG	－Of silk or silk waste	

関税率表解説（抜粋）

第54類
人造繊維の長繊維並びに人造繊維の織物
及びストリップその他これに類する人造繊維製品

総　説

（Ｉ）合成繊維

（省略）
主な合成繊維には、次のものがある。
（1）～（3）（省略）
（4）ナイロンその他のポリアミド：合成線状高分子で構成される繊維で、当該高分子中、85％以上が非環式基又は環式基に結合されているアミド結合のくり返しであるか又は85％以上がアミド結合によって２個の芳香環が直接に結合している芳香族基から成るもの。その組成中、アミド基の50％未満はイミド基で置換されていてもよい。
「ナイロンその他のポリアミド」という用語には、アラミドを含む（部注12参照）。
（5）ポリエステル：線状高分子で構成される繊維で、当該高分子中、全重量の85％以上がジオール及びテレフタル酸のエステルから成るもの

第61類
衣類及び衣類附属品（メリヤス編み又はクロセ編みのものに限る。）

61.17　その他の衣類附属品（製品にしたもので、メリヤス編み又はクロセ編みのものに限る。）及び衣類又は衣類附属品の部分品（メリヤス編み又はクロセ編みのものに限る。）

（省略）
この項には、メリヤス編み又はクロセ編みの衣類附属品（製品にしたものに限る。）で、この類の前項まで又はこの表の他の項のいずれにも属さないものを含む。
この項には、メリヤス編み又はクロセ編みの衣類及び衣類附属品の部分品（62.12項の製品の部分品を除く。）も含む。
この項には、次の物品を含む。
（1）ショール、スカーフ、マフラー、マンティーラ、ベールその他これらに類する製品
（2）ネクタイ（ちょうネクタイ及びクラバット（cravats）を含む。）

第62類
衣類及び衣類附属品（メリヤス編み又はクロセ編みのものを除く。）

62.15　ネクタイ

（省略）
この項には、一般に男子が着用するネクタイ、蝶ネクタイ及びストックタイ（stocks）（襟に取り付けるのを容易にするためプラスチック、金属等の取付具を付けたものを含む。）を含む。
（省略）
この項には、次の物品を含まない。
（a）メリヤス編み又はクロセ編みのネクタイ（61.17）

第2問　輸入（納税）申告

別紙1の仕入書及び下記事項により、アメリカから食材を輸入する場合の輸入（納税）申告を輸出入・港湾関連情報処理システム（NACCS）を使用して行う場合について、以下の問いに答えなさい。

(1)　別紙2の輸入申告事項登録画面の品目番号欄（(a)～(e)）に入力すべき品目番号を、関税率表の解釈に関する通則に従い、別冊の「実行関税率表」（抜粋）及び「関税率表解説」（抜粋）を参照して、下の選択肢から選び、その番号をマークしなさい。

(2)　別紙2の輸入申告事項登録画面の課税価格の右欄（(f)～(j)）に入力すべき申告価格（関税定率法第4条から第4条の9まで（課税価格の計算方法）の規定により計算される課税価格に相当する価格）の額をマークしなさい。

記

1　別紙1の仕入書に記載されている品目に品目番号が同一であるものがある場合には、これらを一の品目番号にとりまとめる。

2　品目番号ごとの申告価格が20万円以下であるもの（上記1によりとりまとめたものを含む。）がある場合には、その品目番号が異なるものであっても、これらを関税が有税である品目と無税である品目に分けて、それぞれを一括して一欄にとりまとめる。

3　上記2による場合に輸入申告事項登録画面に入力すべき品目番号は、次のとおりとする。

(1)　有税である品目については、上記2によりとりまとめる前の品目のうち関税率が最も高いもの（同一の関税率が適用される場合は申告価格（上記1によりとりまとめたものについては、その合計額）が最も大きいもの）の品目番号とし、10桁目は「X」とする。

(2)　無税である品目については、上記2によりとりまとめる前の品目のうち申告価格（上記1によりとりまとめたものについては、その合計額）が最も大きいものの品目番号とし、10桁目は「X」とする。

4　一欄に一品目のみに係る品目番号を入力することとなる場合であって、当該一品目の申告価格が20万円以下であるときは、その品目番号の10桁目は「E」とする。

5　輸入申告事項登録画面に入力する品目番号（(a)～(e)）は、その品目番号ごとの申告価格（上記1及び2によりとりまとめたものについては、その合計額）が大きいものから順に入力するものとする。

6 輸入申告事項登録画面の課税価格の右欄（(f) ～ (j)）には、別紙1の仕入書に記載されている価格に、下記8、10及び11の費用が申告価格に算入すべきものである場合にはその額を加算した額（本邦通貨に換算した後の額）を入力することとする。なお、1円未満の端数がある場合は、これを切り捨てる。

7 別紙1の仕入書に記載されている米ドル建価格の本邦通貨への換算は、別紙3の「実勢外国為替相場の週間平均値」を参照して行う。

8 別紙1の仕入書に記載されている「Frozen foie gras (Fatty liver of goose)」について、輸入者（買手）は、本邦にあるA社とライセンス契約を締結し、「Frozen foie gras (Fatty liver of goose)」にA社が商標権を保有する商標を付して国内で販売を行う権利の許諾を得ており、当該商標権の使用に伴う対価としてA社に「Frozen foie gras (Fatty liver of goose)」に係る仕入書価格の10%を支払う。なお、輸入者（買手）と輸出者（売手）の間には、当該対価の支払いについての取決めはないものとする。

9 別紙1の仕入書に記載されている「Frozen mussel (*Mytilus galloprovincialis*)」は、開殻のために必要な熱湯処理後に凍結したものであり、気密容器入りでないものとする。

10 別紙1の仕入書に記載されている「Frozen mussel (*Mytilus galloprovincialis*)」に係る輸入取引に関連して、輸入者（買手）と輸出者（売手）の双方を代理して、その受注、発注、交渉等、当該輸入取引の成立のための業務を行うB社に対して、輸入者（買手）は、仕入書価格とは別に、当該業務の対価として520米ドルの手数料を支払う。

11 別紙1の仕入書に記載されている「Frozen black truffle (*Tuber melanosporum*)」について、輸入者（買手）は、その梱包に使用する小売用の箱を輸出者（売手）に無償で提供する。輸入者（買手）は、仕入書価格とは別に、当該小売用の箱の提供に要する費用として250米ドルを負担する。

12 別紙1の仕入書に記載された食材については、日本国とアメリカ合衆国との間の貿易協定の規定に基づく税率の適用に必要な条件が具備されていないため、申告に当たっては当該税率を適用しないものとする。

13 輸入者（買手）、輸出者（売手）、A社及びB社のいずれの間においても特殊関係はない。

14 申告年月日は、令和5年9月30日とする。

［選択肢］

① 0206.49-091E	② 0206.49-091X	③ 0207.53-0002
④ 0207.55-1002	⑤ 0307.32-0005	⑥ 0504.00-011E
⑦ 0504.00-011X	⑧ 0504.00-0991	⑨ 0709.56-0003
⑩ 0710.80-0904	⑪ 0811.20-200E	⑫ 0811.20-200X
⑬ 0811.90-230X	⑭ 0813.40-010X	⑮ 1605.53-9902

別紙1

INVOICE

Seller
XYZ Corp.
1125 E 8th Street
Los Angeles, CA 90079

Invoice No. and Date
XYZ-1124 Sep. 11th, 2023

Reference No. XYZ-0807

Buyer ABC Trading Co.,Ltd. HIGASHI 2-3, CHUO-KU, TOKYO, JAPAN	**Country of Origin** U.S.A. **L/C No.** **Date**
Vessel Nihon Maru **On or about** Sep. 21st, 2023 **From** Los Angeles, U.S.A. **Via**	**Issuing Bank**
To Tokyo, Japan	**Payment Terms**

Marks and Nos.	Description of Goods	Quantity kgs	Unit Price per kgs	Amount CIF US$
	Frozen foie gras(Fatty liver of goose)	30	300.00	9,000.00
	Frozen sausage casing(Gut of pig(swine))	190	7.00	1,330.00
ABC TOKYO Made in U.S.A.	Frozen mussel(*Mytilus galloprovincialis*)	650	15.00	9,750.00
	Freeze-dried raspberry(Whole), no added sugar	15	29.00	435.00
	Frozen blueberry, no added sugar	35	20.00	700.00
	Frozen black truffle(*Tuber melanosporum*)	40	500.00	20,000.00
	Total : CIF TOKYO		US$	41,215.00

Total: 96 CTNS
N/W : 960kgs
G/W : 1,200kgs

XYZ Corp.

(Signature)

別紙2

輸入申告事項登録(輸入申告)

共通部 | 繰返部

申告番号 [ ]

大額／少額 L　申告等種別 C　申告先種別 [ ]　貨物識別 [ ]　識別符号 [ ]

あて先官署 [ ]　あて先部門 [ ]　申告等予定年月日 [ ]

輸入者 [ ] ABC TRADING CO.,LTD.

住所 TOKYO TO CHUO KU HIGASHI 2-3

電話 [ ]

蔵置場所 [ ]　一括申告 [ ]　申告等予定者 [ ]

B/L番号 1 [ ]　2 [ ]
3 [ ]　4 [ ]
5 [ ]

貨物個数 96 CT　貨物重量(グロス) 1,200 KGM

貨物の記号等 AS PER ATTACHED SHEET

積載船(機) [ ] － NIHON MARU　入港年月日 [ ]

船(取)卸港 JPTYO　積出地 USLAX － [ ]　貿易形態別符号 [ ]　コンテナ本数 [ ]

仕入書識別 [ ]　電子仕入書受付番号 [ ]　仕入書番号 XYZ-1124

仕入書価格 A － CIF － [ ] － [ ]

輸入申告事項登録(輸入申告)

共通部 | 繰返部

<01欄> 品目番号 (a) 品名 原産地 US －
数量1 － 数量2 － 輸入令別表 蔵置種別等
BPR係数 運賃按分 課税価格 － (f)
関税減免税コード 関税減税額
内消税等種別 減免税コード 内消税減税額 内消税等種別 減免税コード 内消税減税額
1 2
3 4
5 6

<02欄> 品目番号 (b) 品名 原産地 US －
数量1 － 数量2 － 輸入令別表 蔵置種別等
BPR係数 運賃按分 課税価格 － (g)
関税減免税コード 関税減税額
内消税等種別 減免税コード 内消税減税額 内消税等種別 減免税コード 内消税減税額
1 2
3 4
5 6

<03欄> 品目番号 (c) 品名 原産地 US －
数量1 － 数量2 － 輸入令別表 蔵置種別等
BPR係数 運賃按分 課税価格 － (h)
関税減免税コード 関税減税額
内消税等種別 減免税コード 内消税減税額 内消税等種別 減免税コード 内消税減税額
1 2
3 4
5 6

<04欄> 品目番号 (d) 品名 原産地 US －
数量1 － 数量2 － 輸入令別表 蔵置種別等
BPR係数 運賃按分 課税価格 － (i)
関税減免税コード 関税減税額

	内消税等種別	減免税コード	内消税減税額		内消税等種別	減免税コード	内消税減税額
1				2			
3				4			
5				6			

<05欄> 品目番号 (e) 品名 原産地 US －
数量1 － 数量2 － 輸入令別表 蔵置種別等
BPR係数 運賃按分 課税価格 － (j)
関税減免税コード 関税減税額

	内消税等種別	減免税コード	内消税減税額		内消税等種別	減免税コード	内消税減税額
1				2			
3				4			
5				6			

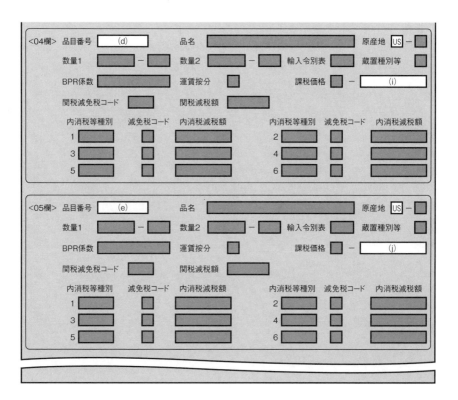

別紙３

実勢外国為替相場の週間平均値
（１米ドルに対する円相場）

期　　　間	週間平均値
令和 5. 9. 3 ～ 令和 5. 9. 9	¥142. 00
令和 5. 9. 10 ～ 令和 5. 9. 16	¥140. 00
令和 5. 9. 17 ～ 令和 5. 9. 23	¥138. 00
令和 5. 9. 24 ～ 令和 5. 9. 30	¥139. 00
令和 5. 10. 1 ～ 令和 5. 10. 7	¥141. 00

第2問　輸入（納税）申告

実行関税率表（抜粋）

第１部
動物（生きているものに限る。）
及び動物性生産品

Section I
Live animals; animal products

注
1 （省略）
2 この表において乾燥した物品には、文脈により別に解釈される場合を除くほか、脱水し、水分を蒸発させ又は凍結乾燥したものを含む。

Notes.
1. （省略）
2.- Except where the context otherwise requires, throughout the Nomenclature any reference to "dried" products also covers products which have been dehydrated, evaporated or freeze-dried.

第２類　肉及び食用のくず肉

注
1 この類には、次の物品を含まない。
(a)～(b) （省略）
(c) 動物の腸、ぼうこう及び胃（第05.04項参照）並びに動物の血（第05.11項及び第30.02項参照）
(d) （省略）

備考
1 この表においてくず肉には、別段の定めがあるものを除くほか、臓器を含む。

Chapter 2　Meat and edible meat offal

Notes.
1.- This Chapter does not cover:
(a)～(b) （省略）
(c) Guts, bladders or stomachs of animals (heading 05.04) or animal blood (heading 05.11 or 30.02); or
(d) （省略）

Additional Note.
1.- Throughout this Schedule the term "offal" is to be taken to include, unless otherwise provided, internal organs.

番号 No.	統計細分 Stat. Code No.	NACCS用	品名	税率 Rate of Duty 基本 General	協定 WTO	特恵 Preferential	暫定 Temporary	単位 Unit	Description
02.06			食用のくず肉（牛、豚、羊、やぎ、馬、ろ馬、ら馬又はヒニーのもので、生鮮のもの及び冷蔵し又は冷凍したものに限る。）						Edible offal of bovine animals, swine, sheep, goats, horses, asses, mules or hinnies, fresh, chilled or frozen:
			豚のもの（冷凍したものに限る。）						Of swine, frozen:
0206.41			肝臓						Livers:
	010	5	1 いのししのもの	無税 Free	(無税) (Free)			KG	1 Of wild boars
	090	1	2 その他のもの	10%	8.5%	4.3% ×無税 Free		KG	2 Other
0206.49			その他のもの						Other:
	010	4	1 いのししのもの	無税 Free	(無税) (Free)			KG	1 Of wild boars
			2 その他のもの						2 Other:
	091	1	(1) 臓器	10%	8.5%	4.3% ×無税 Free		KG	(1) Internal organs

番号 No.	統計細分 Stat. Code No.	NACCS用	品名	税率 Rate of Duty 基本 General	協定 WTO	特恵 Preferential	暫定 Temporary	単位 Unit	Description
02.07			肉及び食用のくず肉で、第01.05項の家きんのもの（生鮮のもの及び冷蔵し又は冷凍したものに限る。）						Meat and edible offal, of the poultry of heading 01.05, fresh, chilled or frozen:
			がちょうのもの						Of geese:
0207.51	000	4	分割してないもの（生鮮のもの及び冷蔵したものに限る。）	12.5%	9.6%	4.8% ×無税 Free		KG	Not cut in pieces, fresh or chilled
0207.52	000	3	分割してないもの（冷凍したものに限る。）	12.5%	9.6%	4.8% ×無税 Free		KG	Not cut in pieces, frozen
0207.53	000	2	脂肪質の肝臓（生鮮のもの及び冷蔵したものに限る。）	5%	3%	無税 Free		KG	Fatty livers, fresh or chilled
0207.54	000	1	その他のもの（生鮮のもの及び冷蔵したものに限る。）	12.5%	9.6%	4.8% ×無税 Free		KG	Other, fresh or chilled
0207.55			その他のもの（冷凍したものに限る。）						Other, frozen:
	100	2	1 肝臓	10%	3%	無税 Free		KG	1 Livers

第３類　魚並びに甲殻類、軟体動物及びその他の水棲無脊椎動物

Chapter 3　Fish and crustaceans, molluscs and other aquatic invertebrates

番号 No.	統計細分 Stat. Code No.	NACCS用	品名	税率 Rate of Duty 基本 General	協定 WTO	特恵 Preferential	暫定 Temporary	単位 Unit	Description
03.07			軟体動物（生きているもの、生鮮のもの及び冷蔵し、冷凍し、乾燥し、塩蔵し又は塩水漬けしたものに限るものとし、殻を除いてあるかないかを問わない。）及びくん製した軟体動物（殻を除いてあるかないか又はくん製する前に若しくはくん製する際に加熱による調理をしてあるかないかを問わない。）						Molluscs, whether in shell or not, live, fresh, chilled, frozen, dried, salted or in brine; smoked molluscs, whether in shell or not, whether or not cooked before or during the smoking process:
			い貝（ミュティルス属又はペルナ属のもの）						Mussels (*Mytilus spp., Perna spp.*):
0307.31	000	6	生きているもの、生鮮のもの及び冷蔵したもの	10%	7%	×無税 Free		KG	Live, fresh or chilled
0307.32	000	5	冷凍したもの	10%	7%	×無税 Free		KG	Frozen

第５類　動物性生産品（他の類に該当するものを除く。）

Chapter 5　Products of animal origin, not elsewhere specified or included

注

1　この類には、次の物品を含まない。

(a)　食用の物品（動物の腸、ぼうこう又は胃の全形のもの及び断片並びに動物の血で、液状のもの及び乾燥したものを除く。）

Notes.

1.- This Chapter does not cover:

(a) Edible products (other than guts, bladders and stomachs of animals, whole and pieces thereof, and animal blood, liquid or dried);

番号 No.	統計細分 Stat. Code No.	NACCS用	品名	税率 Rate of Duty 基本 General	協定 WTO	特恵 Preferential	暫定 Temporary	単位 Unit	Description
05.04									
0504.00			**動物（魚を除く。）の腸、ぼうこう又は胃の全形のもの及び断片（生鮮のもの及び冷蔵し、冷凍し、塩蔵し、塩水漬けし、乾燥し又はくん製したものに限る。）**	無税 Free	（無税）(Free)				**Guts, bladders and stomachs of animals (other than fish), whole and pieces thereof, fresh, chilled, frozen, salted, in brine, dried or smoked:**
			－腸						Guts:
	011	4	－－ソーセージケーシング用のもの					KG	For sausage casing
			－－その他のもの						Other:
	012	5	－－－牛のもの					KG	Of bovine animals
	019	5	－－－その他のもの					KG	Other
			－その他のもの						Other:
	091	0	－－牛のもの					KG	Of bovine animals
	099	1	－－その他のもの					KG	Other

第７類　食用の野菜、根及び塊茎

Chapter 7　Edible vegetables and certain roots and tubers

注
1 （省略）
2 第07.09項から第07.12項までにおいて野菜には、食用きのこ、トリフ、オリーブ、ケーパー、かぼちゃ、なす、スイートコーン（ゼア・マユス変種サカラタ）、とうがらし属又はピメンタ属の果実、ういきよう、パセリ、チャービル、タラゴン、クレス及びスイートマージョラム（マヨラナ・ホルテンスィス及びオリガヌム・マヨラナ）を含む。

Notes.
1. （省略）
2.- In headings 07.09, 07.10, 07.11 and 07.12 the word "vegetables" includes edible mushrooms, truffles, olives, capers, marrows, pumpkins, aubergines, sweet corn (*Zea mays var. saccharata*), fruits of the genus *Capsicum* or of the genus *Pimenta*, fennel, parsley, chervil, tarragon, cress and sweet marjoram (*Majorana hortensis* or *Origanum majorana*).

番号 No.	統計細分 Stat. Code No.	NACCS用	品名	税率 Rate of Duty 基本 General	協定 WTO	特恵 Preferential	暫定 Temporary	単位 Unit	Description
07.09			その他の野菜（生鮮のもの及び冷蔵したものに限る。）						Other vegetables, fresh or chilled:
			きのこ及びトリフ						Mushrooms and truffles:
0709.56	000	3	トリフ（セイヨウショウロ属のもの）	5%	3%	無税 Free		KG	Truffles (*Tuber spp.*)
07.10			冷凍野菜（調理してないもの及び蒸気又は水煮による調理をしたものに限る。）						Vegetables (uncooked or cooked by steaming or boiling in water), frozen:
0710.10	000	5	ばれいしよ	10%	8.5%	×無税 Free		KG	Potatoes
			豆（さやを除いてあるかないかを問わない。）						Leguminous vegetables, shelled or unshelled:
0710.30	000	6	ほうれん草、つるな及びやまほうれん草	10%	6%	×無税 Free		KG	Spinach, New Zealand spinach and orache spinach (garden spinach)
0710.40	000	3	スイートコーン	12.5%	10.6%	×無税 Free		KG	Sweet corn
0710.80			その他の野菜						Other vegetables:
	030	0	1 ごぼう	20%	12%	×無税 Free		KG	1 Burdock
			2 その他のもの	10%	6%	×無税 Free			2 Other:
	010	1	－ブロッコリー					KG	Broccoli
	090	4	－その他のもの					KG	Other

番号 No.	統計細分 Stat. Code No.	NACCS用	品名	税率 Rate of Duty 基本 General	協定 WTO	特恵 Preferential	暫定 Temporary	単位 Unit	Description
08.11			冷凍果実及び冷凍ナット（調理してないもの及び蒸気又は水煮による調理をしたものに限るものとし、砂糖その他の甘味料を加えてあるかないかを問わない。）						Fruit and nuts, uncooked or cooked by steaming or boiling in water, frozen, whether or not containing added sugar or other sweetening matter:
0811.10			ストロベリー						Strawberries:
0811.20			ラズベリー、ブラックベリー、桑の実、ローガンベリー、ブラックカーラント、ホワイトカーラント、レッドカーラント及びグーズベリー						Raspberries, blackberries, mulberries, loganberries, black, white or red currants and gooseberries:
	100	5	1 砂糖を加えたもの	16%	9.6%	4.8% ×無税 Free		KG	1 Containing added sugar
	200	0	2 その他のもの	10%	6%	3% ×無税 Free		KG	2 Other
0811.90			その他のもの						Other:
			1 砂糖を加えたもの						1 Containing added sugar:
			2 その他のもの						2 Other:
	210	3	(1) パイナップル	28%	23.8%	×無税 Free		KG	(1) Pineapples
	220	6	(2) パパイヤ、ポポー、アボカドー、グアバ、ドリアン、ビリンビ、チャンペダ、ナンカ、パンの実、ランブータン、ジャンボ、レンブ、サポテ、チェリモア、サントル、シュガーアップル、マンゴー、カスターアップル、パッションフルーツ、ランソム、マンゴスチン、サワーサップ及びレイシ	12%	7.2%	3.6% ×無税 Free		KG	(2) Papayas, pawpaws, avocados, guavas, durians, bilimbis, champeder, jackfruit, bread-fruit, rambutan, rose-apple jambo, jambosa diamboo-kaget, chicomamey, cherimoya, kehapi, sugar-apples, mangoes, bullock's-heart, passion-fruit, dookoo kokosan, mangosteens, soursop and litchi
			(3) 桃、梨及びベリー	10%		×無税 Free			(3) Peaches, pears and berries:
	230	2	－ベリー		6%	3%		KG	Berries

番号 No.	統計細分 Stat. Code No.	NACCS用	品名	税率 Rate of Duty 基本 General	協定 WTO	特恵 Preferential	暫定 Temporary	単位 Unit	Description
08.13			乾燥果実（第08.01項から第08.06項までのものを除く。）及びこの類のナット又は乾燥果実を混合したもの						Fruit, dried, other than that of headings 08.01 to 08.06; mixtures of nuts or dried fruits of this Chapter:
0813.10	000	2	あんず	15%	9%	×無税 Free		KG	Apricots
0813.20	000	6	プルーン	4%	2.4%	無税 Free		KG	Prunes
0813.30	000	3	りんご	15%	9%	×無税 Free		KG	Apples
0813.40			その他の果実						Other fruit:
	010	3	1 ベリー	12%	9%	4.5% ×無税 Free		KG	1 Berries

第16類　肉、魚、甲殻類、軟体動物若しくはその他の水棲無脊椎動物又は昆虫類の調製品

Chapter 16　Preparations of meat, of fish, of crustaceans, molluscs or other aquatic invertebrates, or of insects

号注

1 （省略）

2 第16.04項又は第16.05項の号において、慣用名のみで定める魚並びに甲殻類、軟体動物及びその他の水棲無脊椎動物は、第3類において同一の慣用名で定める魚並びに甲殻類、軟体動物及びその他の水棲無脊椎動物と同一の種に属する。

Subheading Notes.

1. （省略）

2.- The fish, crustaceans, molluscs and other aquatic invertebrates specified in the subheadings of heading 16.04 or 16.05 under their common names only, are of the same species as those mentioned in Chapter 3 under the same name.

番号 No.	統計細分 Stat. Code No.	NACCS用	品名	税率 Rate of Duty 基本 General	協定 WTO	特恵 Preferential	暫定 Temporary	単位 Unit	Description
16.05			甲殻類、軟体動物及びその他の水棲無脊椎動物（調製し又は保存に適する処理をしたものに限る。）						Crustaceans, molluscs and other aquatic invertebrates, prepared or preserved:
			軟体動物						Molluscs:
1605.51			かき						Oysters:
1605.52			スキャロップ（いたや貝を含む。）						Scallops, including queen scallops:
1605.53			い貝						Mussels:
			1 くん製したもの	6.7%	(9.6%)	×無税 Free			1 Smoked:
			2 その他のもの	9.6%	(9.6%)	7.2% ×無税 Free			2 Other:
	910	6	－気密容器入りのもの					KG	In airtight containers
	990	2	－その他のもの					KG	Other

第３類
魚並びに甲殻類、軟体動物及びその他の水棲（せい）無脊椎動物

総　説

この類には、直接食用、工業用（缶詰等）、ふ化用、観賞用等のものとして提示されるすべての魚、甲殻類、軟体動物及びその他の水棲（せい）無脊椎動物を含む。これらは生きているか又は死んでいるかを問わない。ただし、食用に適しない種類又は状態の、生きていない魚（肝臓、卵及びしらこを含む。）又は生きていない甲殻類、軟体動物及びその他の水棲（せい）無脊椎動物を含まない（5類）。

「冷蔵」とは、物品を冷凍することなしに、物品の温度を通常0度付近まで温度を低下させることをいう。「冷凍」とは、物品を凍結点以下に冷却し、全体にわたって凍結させることをいう。

（省略）

この類と16類の物品の区分

この類の物品は、各項に規定する状態の魚（肝臓、卵及びしらこを含む。）並びに甲殻類、軟体動物及びその他の水棲（せい）無脊椎動物に限られる。この限りにおいて、これらは、切断、細断、粉砕等の処理がなされているかいないかを問わず、この類に属する。更に、この類の異なる項の物品を混合したもの又は組合せたもの（例えば、03.06項の甲殻類と03.02項から03.04項の魚とを組み合わせたもの）も、この類に属する。

他方、魚並びに甲殻類、軟体動物及びその他の水棲（せい）無脊椎動物を加熱による調理その他この類に記載しない方法により調製をし、若しくは保存に適する処理をしたものは、16類に属する（例えば、単に、ころも（batter）又はパン粉でおおった魚の切身、加熱による調理をした魚）。ただし、くん製の際に又はくん製の前に加熱による調理をしたくん製の魚、甲殻類、軟体動物、その他の水棲（せい）無脊椎動物及び単に蒸し又は水煮した殻付きの甲殻類は、それぞれ03.05項、03.06項、03.07項及び03.08項に属する。軟体動物で、開殻のためや輸送又は凍結に先立つ安定化のために必要な熱湯処理その他の熱衝撃（heat shock）のみを施したものは、調理したものとはみなされず、この類に属する。

第８類
食用の果実及びナット、かんきつ類の果皮並びにメロンの皮

総　説

この類は、果実及びナット並びにかんきつ類の果皮又はメロン（すいかを含む。）の皮で、通常（提示された状態で又は加工後）食用に供されるものを含む。これらは、生鮮（冷蔵を含む。）、冷凍（あらかじめ蒸気又は水煮による調理をしてあるかないか又は甘味料が添加されているかいないかを問わない。）又は乾燥（脱水、蒸発又は凍結乾燥を含む。）のものでもよい。（省略）

（省略）「冷凍したもの」とは、物品を当該物品の凍結点以下に冷却し、全体にわたって凍結させたものをいう。

第16類
肉、魚、甲殻類、軟体動物若しくは
その他の水棲（せい）無脊椎動物又は昆虫類の調製品

総　説

この類には、肉、くず肉（例えば、足、皮、心臓、舌、肝臓、腸、胃）、血、昆虫類、魚（皮を含む。）又は甲殻類、軟体動物若しくはその他の水棲（せい）無脊椎動物から製造された調製食料品を含む。この類の物品は、2類、3類、4類の注6又は05.04項に規定する以外の方法により調製し又は保存に適する処理をしたもので、例えば、次のような物品がある。

（1）（省略）

（2）煮、蒸し、焼き、油で揚げ、あぶり、その他の方法により加熱調理したもの（ただし、（省略）開殻のためや輸送又は凍結に先立つ安定化のために必要な熱湯処理その他の熱衝撃（heat shock）のみを施した軟体動物（03.07）及び加熱による調理をした魚並びに加熱による調理をした甲殻類、軟体動物又はその他の水棲（せい）無脊椎動物から得られる粉、ミール及びペレット（03.09）を除く。）

選択式 各問題2点

第3問 次の記述は、輸入通関に関するものであるが、その記述の正しいものはどれか。すべてを選び、その番号をマークしなさい。

1 本邦に住所及び居所（事務所及び事業所を除く。）を有しない個人が貨物を本邦に輸入しようとする場合には、税関関係手続及びこれに関する事項を処理させるための税関事務管理人を定めた上で、関税法の規定に基づく輸入の手続を行わなければならない。

2 原産地についての表示がされていない外国貨物については、輸入の許可を受けることができない。

3 関税法第73条第1項の規定による輸入の許可前における貨物の引取りの承認に係る申請があった場合に、輸入貨物である原料の在庫がなく工場の操業等に支障をきたすために、その申請者において特に輸入貨物の引取りを急ぐ理由があると認められるときは、税関長は当該承認をすることができることとされている。

4 輸入しようとする貨物について地域的な包括的経済連携協定（RCEP協定）における関税についての特別の規定による便益に係る税率の適用を受けようとする場合には、当該貨物がその種類又は形状によりその原産地が明らかであると税関長が認めたものであっても、当該協定の規定に基づく締約国原産地証明書又は締約国原産品申告書を税関長に提出しなければならない。

5 輸入しようとする貨物について予備審査制に基づく予備申告がされた場合には、当該貨物が保税地域に搬入された後でなければ、税関長は、輸入者に対し、当該貨物に係る税関検査の要否を通知することができないこととされている。

第４問　次の物品について、関税率表の適用上の所属を決定するにあたり、適用する関税率表の解釈に関する通則及び関税率表の類の注の正しいものはどれか。すべてを選び、その番号をマークしなさい。

乳児の皮膚及び頭髪を洗うためのシャンプージェルであって、水、有機界面活性剤、塩化ナトリウム、香料、くえん酸、ブチレングリコール、植物エキス及び賦形剤を含有する物品（小売用の500ミリリットルの瓶入りにしたもの。）。本品は、シャンプーとして第3305.10号に分類されるものである。

	通則及び関税率表の類の注	
1	通則１	部、類及び節の表題は、単に参照上の便宜のために設けたものである。この表の適用に当たっては、物品の所属は、項の規定及びこれに関係する部又は類の注の規定に従い、かつ、これらの項又は注に別段の定めがある場合を除くほか、次の原則に定めるところに従って決定する。
2	通則３（b）	混合物、異なる材料から成る物品、異なる構成要素で作られた物品及び小売用のセットにした物品であって、(a) の規定により所属を決定することができないものは、この (b) の規定を適用することができる限り、当該物品に重要な特性を与えている材料又は構成要素から成るものとしてその所属を決定する。
3	通則３（c）	(a) 及び (b) の規定により所属を決定することができない物品は、等しく考慮に値する項のうち数字上の配列において最後となる項に属する。
4	通則６	この表の適用に当たっては、項のうちのいずれの号に物品が属するかは、号の規定及びこれに関係する号の注の規定に従い、かつ、前記の原則を準用して決定するものとし、この場合において、同一の水準にある号のみを比較することができる。この６の原則の適用上、文脈により別に解釈される場合を除くほか、関係する部又は類の注も適用する。
5	第34類（せっけん、有機界面活性剤、洗剤、調製潤滑剤、人造ろう、調製ろう、磨き剤、ろうそくその他これに類する物品、モデリングペースト、歯科用ワックス及びプラスターをもととした歯科用の調製品）注１	この類には、次の物品を含まない。 (c) せっけんその他有機界面活性剤を含有するシャンプー、歯磨き、ひげそりクリーム、ひげそりフォーム及び浴用の調製品（第33.05項から第33.07項まで参照）

第5問　次に掲げる物品のうち、関税率表第25類（塩、硫黄、土石類、プラスター、石灰及びセメント）に属するものはどれか。すべてを選び、その番号をマークしなさい。

1　食卓塩
2　人造コランダム
3　図画用のチョーク
4　ダイヤモンド
5　天然黒鉛

第6問　日本国とX国とを締約国とする二国間の経済連携協定に、下表1の原産地規則が定められている場合において、下表2のAからEまでの原材料を使用して製品YがX国において生産されたものとする。製品YのFOB価格が4,000円であるとした場合に、次の1から5までのうち、製品Yが当該協定に基づくX国の原産品とされるものはどれか。X国の原産品とされるものすべてを選び、その番号をマークしなさい。なお、原材料A、B、C、D、E以外の原材料は、製品Yの生産に使用されないものとする。

1　X国の原産材料である原材料EとX国の原産材料でない原材料A、B、C、Dを使用して生産された製品Y
2　X国の原産材料である原材料B、CとX国の原産材料であるかないかが不明な原材料A、D、Eを使用して生産された製品Y
3　X国の原産材料である原材料AとX国の原産材料でない原材料B、C、D、Eを使用して生産された製品Y
4　X国の原産材料である原材料A、DとX国の原産材料でない原材料BとX国の原産材料であるかないかが不明な原材料C、Eを使用して生産された製品Y
5　X国の原産材料である原材料BとX国の原産材料でない原材料C、DとX国の原産材料であるかないかが不明な原材料A、Eを使用して生産された製品Y

下表1

（原産地規則）

≪原産品の要件≫

原産材料割合が50%以上のものは、当該締約国の原産品とする。

原産材料割合の算定については、次の数式を適用する。

$$原産材料割合（\%）= \frac{FOB価格 - VNM}{FOB価格} \times 100$$

この場合において、「VNM」とは、産品の生産において使用された非原産材料の価格を合計した価額をいう。

なお、非原産材料とは、原産材料とはされない原材料（原産材料であるかないかが不明な原材料を含む。）をいう。

下表2

原材料	原材料の価格（円）
A	300
B	200
C	700
D	600
E	1,000

第7問　次に掲げる物品のうち、関税暫定措置法第8条の2第1項の特恵関税に関し、関税暫定措置法施行令第26条第1項第1号の特恵受益国等（同法第8条の2第1項に規定する特恵受益国等をいう。）において完全に生産された物品に該当するものはどれか。以下の関税暫定措置法施行規則第8条の規定を参考にし、該当するものすべてを選び、その番号をマークしなさい。

なお、次に掲げる物品については、各選択肢に記載されている特恵受益国等から本邦へ輸出されるものとし、また、各選択肢に記載されている材料以外の使用されうる材料については考慮しないものとする。

1　特恵受益国等以外の国の船舶により公海で採捕され、特恵受益国等であるA国で水揚げされたサーモン

2　特恵受益国等であるA国の船舶により公海で採捕されたサーモンを、A国において冷凍保存したもの

3　特恵受益国等であるA国で製造された機械を用いて、特恵受益国等以外の国において採掘され、A国に輸出された鉄鉱石

4　特恵受益国等以外の国で生産された金属材料を用いて、特恵受益国等であるA国において金型を製造した際に生じた金属の削りくず

5　特恵受益国等以外の国において生まれ、かつ、成育した牛から、特恵受益国等であるA国において得られた牛乳

（参考）　関税暫定措置法施行規則

（完全に生産された物品の指定）

第八条　令第二十六条第一項第一号（原産地の意義）に規定する財務省令で定める物品は、次に掲げる物品とする。

一　一の国又は地域（法第八条の二第一項又は第三項に規定する国又は地域をいう。以下　同じ。）において採掘された鉱物性生産品

二　一の国又は地域において収穫された植物性生産品

三　一の国又は地域において生まれ、かつ、成育した動物（生きているものに限る。）

四　一の国又は地域において動物（生きているものに限る。）から得られた物品

五　一の国又は地域において狩猟又は漁ろうにより得られた物品

六　一の国又は地域の船舶により公海並びに本邦の排他的経済水域の海域及び外国の排他的経済水域の海域で採捕された水産物

七　一の国又は地域の船舶において前号に掲げる物品のみを原料又は材料として生産された物品

八　一の国又は地域において収集された使用済みの物品で原料又は材料の回収用のみに適するもの

九　一の国又は地域において行なわれた製造の際に生じたくず

十　一の国又は地域において前各号に掲げる物品のみを原料又は材料として生産された物品

計算式 各問題2点

第8問 外国貨物について輸入（納税）申告をしたが、納税後において、税関による関税についての調査に基づく指摘により、書面により備付け及び保存がされている関税関係帳簿に記載されている事項に関し、下表のとおり課税標準額及び適用税率に誤りがあることが判明し、修正申告をすることとなった。当該修正申告により納付すべき関税額には過少申告加算税が課されることとなった。その課されることとなった過少申告加算税の額を計算し、その額をマークしなさい。

	課税標準額	適用税率
修正申告前 （輸入（納税）申告時）	3,745,029円	7.3%
修正申告後	6,174,893円	8.1%

第9問 税関長の承認を受けて保税蔵置場に置かれた外国貨物であって、課税価格が6,944,911円のものを、下表の経緯で輸入する場合に、当該外国貨物について納付すべき関税の額を計算し、その額をマークしなさい。

なお、当該外国貨物に適用される関税率は、経済連携協定Aに規定するものとし、同協定の規定により令和5年4月1日に下表のとおり変更されるものとする。

輸入（納税）申告の日	輸入の許可前における貨物の引取りの承認の申請の日	輸入の許可前における貨物の引取りの承認の日	輸入の許可の日	令和5年3月31日以前の経済連携協定Aに規定する関税率	令和5年4月1日以後の経済連携協定Aに規定する関税率
令和5年 3月29日	令和5年 3月30日	令和5年 4月3日	令和5年 4月10日	7.5%	3.8%

第10問 次の情報に基づき、輸入者Mが輸入する机500台について、関税定率法第4条の2に規定する同種又は類似の貨物に係る取引価格による課税価格の決定方法により課税価格を計算し、その額をマークしなさい。

1　本邦の輸入者Mは、A国の生産者Xから無償で机500台を輸入する。

2　上記1の机と同種又は類似の輸入貨物に係る取引価格について、次に掲げるものが確認されている。これらはいずれも当該机の本邦への輸出の日に近接する日に貨物が本邦へ輸出されており、かつ、関税定率法第4条第1項の規定を適用して課税価格が計算された事例であり、単価については取引数量により変わらないものであり、いずれも運賃込み条件(CFR)の価格である。

イ　MがA国の生産者Yから類似の貨物700台を輸入した時の当該貨物の取引価格 ……………………………………………… 4,000円/台

ロ　MがA国の生産者Zから同種の貨物600台を輸入した時の当該貨物の取引価格 ……………………………………………… 4,500円/台

ハ　輸入者NがXから同種の貨物700台を輸入した時の当該貨物の取引価格 ……………………………………………… 5,000円/台

ニ　輸入者NがXから類似の貨物600台を輸入した時の当該貨物の取引価格 ……………………………………………… 5,500円/台

ホ　輸入者LがXから同種の貨物700台を輸入した時の当該貨物の取引価格 ……………………………………………… 6,000円/台

3　Mは、輸入貨物のA国から本邦までの運送に要する保険料70,000円を保険会社に支払う。ただし、当該机に損害がなかったため、保険会社からMに対し、保険契約に基づき支払った保険料のうち、30,000円が払い戻されることになっている。

4　当該机に係る輸入取引と当該同種又は類似の輸入貨物に係る輸入取引との間における差異は、これらの貨物の価格に影響を及ぼしていない。

第11問　次の取引内容に係る輸入貨物の課税価格を計算し、その額をマークしなさい。

1　本邦の輸入者M(買手)は、A国の輸出者X(売手)との間で、冷凍果実に係る売買契約を締結し、当該売買契約により当該冷凍果実を輸入する。

2　MとXとの間の当該売買契約には、次の事項が規定されている。

イ　単価(工場渡し価格) ……………………………………45円/kg

ロ　契約数量 ……………………………………………………55,000kg

ハ　品質不良等による変質の割合が契約数量の3%以内であれば、値引きやクレームの対象とはならない旨

3　Mは、当該売買契約に基づき、Xから冷凍果実55,000kgを輸入し、その代金をXに支払う。

4　Mは、当該売買契約に基づき本邦に到着した当該冷凍果実について、その輸入(納税)申告に先立ち検査機関Yに、自己のために検査を依頼したところ、品質不良により1,550kgが変質していることが判明した。

5　Mは、上記4の検査に要する費用としてYに80,000円を支払う。

6　Mは、上記の当該冷凍果実の代金及び検査に要する費用とは別に、当該冷凍果実の輸入に関し、次に掲げる費用を負担する。

イ　A国のXの工場からA国の輸出港までの運送に要する費用 ……20,000円

ロ　A国の輸出港から本邦の輸入港までの運送に要する費用…210,000円

ハ　輸入港における当該冷凍果実の船卸しに要する費用………50,000円

ニ　輸入港から本邦所在のMの倉庫までの運送に要する費用…30,000円

7　M、X及びYとの間には、それぞれ特殊関係はない。

第12問　次の情報に基づき、輸入者Mが輸出者Xから1回目に輸入する家庭用電気機器150個に係る課税価格を計算し、その額をマークしなさい。

1　本邦の輸入者M（買手）は、A国の輸出者X（売手）との間において、家庭用電気機器900個に係る売買契約を締結し、当該売買契約により当該家庭用電気機器900個を輸入する。

2　MとXとの間の当該売買契約における当該家庭用電気機器1個当たりの価格（CIF価格）は22,000円である。

3　当該売買契約において、当該家庭用電気機器900個の輸入は、1回の輸入当たりの輸入数量を150個として、6回の輸入に分けて行われることとされている。

4　Mは、当該売買契約に際して、当該家庭用電気機器の代金とは別に、Xが所有する当該家庭用電気機器に係る特許権の使用に伴う対価として、一時金900,000円をXに支払う。また、この一時金とは別に、当該売買契約における当該家庭用電気機器の価格には当該家庭用電気機器1個当たり150円の特許権使用料が含まれている。

5　Mは、当該家庭用電気機器に贈答用の特殊な包装を行うことをXに依頼しており、当該包装のために要する費用として、当該家庭用電気機器の代金とは別に、当該家庭用電気機器1個当たり2,000円をXに支払う。

6　課税価格に算入すべき費用は、当該家庭用電気機器900個に対して均等に配分するものとする。

7　MとXとの間には、特殊関係はない。

択一式　各問題1点

第13問　次の記述は、輸出通関に関するものであるが、その記述の正しいものはどれか。一つを選び、その番号をマークしなさい。なお、正しい記述がない場合には、「０」をマークしなさい。

1　航空機を輸出する場合において、外国における引渡しのため回航されるものについては、その回航のため初めて本邦を出発した後に、その旨を税関に届け出た時が輸出の具体的な時期となる。

2　通関業者が輸出申告の前にその輸出貨物の内容を点検して作成した「内容点検確認書」を輸出申告に際し添付したときは、税関長は、当該輸出貨物に係る現品検査を省略することとされている。

3　ふ中扱いに係る貨物についての関税法第67条に規定する検査及び輸出の許可は、当該貨物のはしけへの積載が完了する前に行うことができるものとされている。

4　輸出の許可後に貨物の価格を変更しようとする場合（数量の変更に伴い価格を変更しようとする場合を除く。）において、輸出申告書に記載した価格が20万円未満であり、かつ、本来輸出申告書に記載すべきであった価格が20万円未満であるときは、税関長は、輸出申告書に記載した貨物の価格の訂正を省略させることができることとされている。

5　関税定率法第17条第１項第１号の規定により再輸出免税の適用を受けて輸入された加工材料を輸入後に加工した貨物について、当該加工材料の輸入の許可の日から１年以内に輸出しようとする者は、税関長の承認を受けることにより、その輸出申告の際に、その輸入の許可書又はこれに代わる税関の証明書について税関長への提出を省略することができる。

第14問　次の記述は、関税率表における物品の所属の決定に関するものであるが、その記述の誤っているものはどれか。一つを選び、その番号をマークしなさい。なお、誤っている記述がない場合には、「０」をマークしなさい。

関連する関税率表の類の表題は、以下のとおり。

1　第５類の類注において、毛皮は、第５類には含まないこととされている。

2　第９類の類注において、第09.04項から第09.10項までの異なる項の二以上の物品の混合物は、関税率表の解釈に関する通則３を適用して所属を決定することとされている。

3　第44類の類注において、活性炭は、第44類には含まないこととされている。

4　第70類の類注において、義眼は、第70類には含まないこととされている。

5　第88類の類注において、同類の無人航空機には、専ら娯楽用に設計された飛行する玩具を含まないこととされている。

関税率表の類の表題

第5類	動物性生産品（他の類に該当するものを除く。）
第9類	コーヒー、茶、マテ及び香辛料
第44類	木材及びその製品並びに木炭
第70類	ガラス及びその製品
第88類	航空機及び宇宙飛行体並びにこれらの部分品

第15問　下表のＡからＥまでの各行の右欄（「物品」の欄）のａ．からｃ．までに掲げる物品のうち、左欄（「関税率表の類」の欄）に掲げる関税率表の類に属さないものはどれか。次の１から５までのうち、その属さないものの組合せが正しいもの一つを選び、その番号をマークしなさい。なお、正しい組合せがない場合には、「０」をマークしなさい。

	関税率表の類	物品
A	第12類（採油用の種及び果実、各種の種及び果実、工業用又は医薬用の植物並びにわら及び飼料用植物）	a．大豆 b．播種用の小麦 c．食用の海藻
B	第22類（飲料、アルコール及び食酢）	a．天然の鉱水 b．蒸留水 c．変性させてないエチルアルコール
C	第40類（ゴム及びその製品）	a．加硫したゴム製のコンベヤ用ベルト b．乗用自動車に使用するゴム製の空気タイヤ c．ゴム製の水泳帽
D	第65類（帽子及びその部分品）	a．安全帽子（ヘルメット） b．帽子用のあごひも c．中古の帽子
E	第93類（武器及び銃砲弾並びにこれらの部分品及び附属品）	a．スポーツ用の散弾銃 b．狩猟用のライフル c．爆薬

1　A－c　B－b　C－b　D－b　E－b

2　A－c　B－a　C－c　D－a　E－a

3　A－a　B－c　C－a　D－c　E－c

4　A－b　B－b　C－c　D－c　E－c

5　A－b　B－a　C－b　D－b　E－a

第16問　日本国とA国とを締約国とする二国間の経済連携協定に以下の原産地規則が定められている場合において、次に掲げる物品のうち、当該協定に基づく締約国の原産品とされるものはどれか。以下の原産地規則を参考にし、当該協定に基づく締約国の原産品とされるもの一つを選び、その番号をマークしなさい。なお、当該協定に基づく締約国の原産品とされるものがない場合には、「0」をマークしなさい。また、各選択肢に記載されている材料以外の使用されうる材料については考慮しないものとする。

1　B国（非締約国）から輸入したB国で収穫したトマト（第07.02項）を使用して、A国で生産されたトマトペースト（第20.02項）
2　C国（非締約国）から輸入したC国で収穫したパイナップル（第08.04項）を使用して、A国で生産されたパイナップルジュース（第20.09項）
3　D国（非締約国）から輸入したD国で収穫したトマト（第07.02項）を使用して、A国で生産されたトマトジュース（第20.09項）
4　E国（非締約国）から輸入したE国で生産したトマトペースト（第20.02項）を使用して、A国で生産されたトマトケチャップ（第2103.20号）
5　F国（非締約国）から輸入したF国で生産したマスタードの粉（第2103.30号）を使用して、A国で生産された調製したマスタード（第2103.30号）

（原産地規則）
≪原産品≫
この協定の適用上、次のいずれかの産品は、締約国の原産品とする。
(a)　当該締約国において完全に得られ、又は生産される産品
(b)　非原産材料を使用して当該締約国において生産される産品であって、≪品目別原産地規則≫を満たすもの

≪完全に得られる産品≫
次に掲げる産品は、締約国において完全に得られ、又は生産される産品とする。
(a)　当該締約国において収穫され、採取され、又は採集される植物及び植物生産品
(b)　当該締約国において(a)に規定する産品のみから得られ、又は生産される産品

≪品目別原産地規則≫

関税分類	品目別原産地規則
第20.02項	生産において使用される第7類の全ての材料が締約国において完全に得られるものであること。
第20.09項	第20.09項の産品への他の類の材料からの変更。ただし、パイナップル及びトマトが締約国において完全に得られるものであること。
第2103.20号	第2103.20号の産品への他の号の材料からの変更（第7類又は第20類からの変更を除く。）
第2103.30号	第2103.30号の産品への他の号の材料からの変更。ただし、非原産材料のマスタードの粉は使用できる。

第17問　次の記述は、関税法施行令第61条第1項第2号（輸出申告又は輸入申告の内容を確認するための書類等）に規定する締約国原産品申告書（輸入貨物が経済連携協定の規定に基づき当該経済連携協定の締約国の原産品とされるものであることを申告する書類）に関するものであるが、その記述の誤っているものはどれか。一つを選び、その番号をマークしなさい。なお、誤っている記述がない場合には、「0」をマークしなさい。

1　経済上の連携に関する日本国とオーストラリアとの間の協定に基づく締約国原産品申告書は、輸入貨物に係る輸入者が自ら作成することができる。

2　包括的な経済上の連携に関する日本国及び東南アジア諸国連合構成国の間の協定に基づく締約国原産品申告書は、輸入貨物に係る輸入者が自ら作成することができる。

3　経済上の連携に関する日本国と欧州連合との間の協定に基づく締約国原産品申告書は、輸入貨物に係る輸入者が自ら作成することができる。

4　日本国とアメリカ合衆国との間の貿易協定に基づく締約国原産品申告書は、輸入貨物に係る輸入者が自ら作成することができる。

5　包括的な経済上の連携に関する日本国とグレートブリテン及び北アイルランド連合王国との間の協定に基づく締約国原産品申告書は、輸入貨物に係る輸入者が自ら作成することができる。

2 解答・解説

輸出入申告書作成問題

第1問　正解：a－④、b－⑥、c－⑫、d－⑩、e－②

1. 外国通貨の換算レートの確認：９月30日の前々週のレートは、140円／１米ドル（９月10日～９月16日）である。

2. 少額合算基準額の確認：仕入書に記載されているそれぞれの品目価格はCFR価格であるので、少額合算基準額は以下の式により計算することになる。なお、CFR価格から控除すべき費用は、輸出港から輸入港に到着するまでの海上運送に要する運賃（８％）である。

   少額合算基準額＝20万円×仕入書の合計額÷FOBの合計額÷換算レート
   ＝20万円×US$20,940.00÷（US$20,940.00×92％）÷140円
   ＝US$1,552.795…

   したがって、仕入書の価格がUS$1,552.795…を超えていない貨物は少額貨物の可能性がある。

   なお、少額貨物の可能性があるものは、仕入書の上から２番目と４番目の貨物である。

3. それぞれの商品の統計品目番号を確認する：

   ①Unisex anorak (Polyester 100%)：男女兼用のアノラックは、問題文記７に「メリヤス編み又はクロセ編みのものに該当しないもの」とあるので第62類に分類　⇒　第62類注９の規定に「男子用の衣類であるか女子用の衣類であるかを判別することができないものは、女子用の衣類が属する項に属する」とあるので、「女子用のアノラック」（第62.02項）に分類　⇒　第54.07項の織物から製品にしたもの、つまり、人造繊維製のものであるから「6202.40.000.2」に分類

   ②Women's waterproof anorak(Polyester 100%)：女子用のアノラックは、問題文記７に「メリヤス編み又はクロセ編みのものに該当しないもの」とあるので第62類に分類　⇒　人造繊維製の女子用のアノラックは第62.02項に属する貨物であるが、問題文記９よりこの貨物は第59.03項の織物類から製品にしたものとあるので、第62類注６の規定及び第62.10項の規定より第62.10項に分類　⇒　第59.03項の織物類から製品にしたものであり、第62.02項のものと同一種類のものであるから「6210.30.000.3」に分類

   ③Women's shawl (Lambs Wool 25%, Cotton 30%, Nylon 30%, Alpaca 10%, Angora goats 5%)：ショールは、問題文記７に「メリヤス編み又はクロセ

編みのものに該当しないもの」とあるので第62類に分類　⇒　ショールは第62.14項に分類　⇒　子羊の毛25％、アルパカの毛10％、アンゴラやぎの毛５％を合計すると40％であり、羊毛製又は繊獣毛製のものが最大の重量を占めるので第11部注２（A）の規定より、「－羊毛製又は繊獣毛製のもの」（6214.20.000.5）に分類

④Men's shirt (Cotton 100%)：男子用のシャツは、問題文記７に「メリヤス編み又はクロセ編みのものに該当しないもの」とあるので第62類に分類　⇒　男子用のシャツは第62.05項に分類　⇒　綿製であるから「6205.20.000.2」に分類

⑤Men's plain T-shirt (Knitted, Cotton 100%)：メリヤス編みのＴシャツは第61類に分類　⇒　メリヤス編みのＴシャツは第61.09項に分類　⇒　綿製であり、異なる色の糸から成るもの又はなせんしたものではなく、平織り（plain）であるので「－－その他のもの」（6109.10.900.5）に分類

⑥Tie (Knitted, Silk 100%)：メリヤス編みのネクタイは、関税率表解説62.15の記述より第61類に分類　⇒　メリヤス編みのネクタイは、関税率表解説61.17の記述より第61.17項に分類　⇒　ネクタイであり、ショールなどの製品ではないので「－その他の附属品」（6117.80.000.6）に分類

4. 統計品目番号の確認より20万円以下のものを確定する：商品の分類の結果より、同一の統計品目番号となるものはないので、先ほど計算した少額合算基準額US$1,552.795…より仕入書の金額が小さいWomen's waterproof anorak(Polyester 100%)とMen's shirt (Cotton 100%)は少額貨物であることが分かる。

5. 解答番号を探す：

a－④：Tie (Knitted, Silk 100%)の仕入書価格がUS$5,600.00で最も大きいので、aの解答は④6117.80-0006となる。

b－⑥：Unisex anorak (Polyester 100%)の仕入書価格がUS$5,000.00と２番目に大きいので、bの解答は⑥6202.40-0002となる。

c－⑫：Women's shawl (Lambs Wool 25%, Cotton 30%, Nylon 30%, Alpaca 10%, Angora goats ５%)の仕入書価格がUS$4,800.00と３番目に大きいので、cの解答は⑫6214.20-0005となる。

d－⑩：Women's waterproof anorak(Polyester 100%)とMen's shirt (Cotton 100%)の仕入書価格は既に計算している少額合算基準額US$1,552.795…を下回っているので、どちらも少額貨物となる。したがって、問題文記２に従いこれらの貨物は合算することができるので、これらの仕入書価格を合算すると、US$1,540.00 + US$1,500.00 = US$3,040.00となり４番目に大きい金額となる。続いて、問題文記３により解答は最も申告価格の大きいWomen's waterproof anorak(Polyester 100%)の統計品目番号とし、10桁目は「X」とする必要があるため、Women's waterproof anorak(Polyester 100%)の統計品目番号「6210.30.000.3」のNACCS用番号をXとして解答するので、dの解答は⑩6210.30-000Xとなる。

e－②：Men's plain T-shirt (Knitted, Cotton 100%)の仕入書価格がUS$2,500.00と5番目に大きいので、eの解答は②6109.10-9005となる。

第2問　正解：a－⑩、b－⑤、c－④、d－⑥、e－⑭ f－2835000、g－1437800、h－1260000、i－0186200、j－0158900

1. 外国通貨の換算レートの確認：9月30日の前々週のレートは、140.00円／1米ドル（9月10日～9月16日）である。

2. 特に注意すべき問題文の確認：

①問題文記2：品目番号ごとの申告価格が20万円以下であるもの（上記1によりとりまとめたものを含む。）がある場合には、その品目番号が異なるものであっても、これらを関税が有税である品目と無税である品目に分けて、それぞれを一括して一欄にとりまとめる。

（※解説：少額貨物に該当する貨物のみ、適用する関税率を確認する必要がある。）

②問題文記3：上記2による場合に輸入申告事項登録画面に入力すべき品目番号は、次のとおりとする。

（1）有税である品目については、上記2によりとりまとめる前の品目のうち関税率が最も高いもの（同一の関税率が適用される場合は申告価格（上記1によりとりまとめたものについては、その合計額）が最も大きいもの）の品目番号とし、10桁目は「X」とする。

（2）無税である品目については、上記2によりとりまとめる前の品目のうち申告価格（上記1によりとりまとめたものについては、その合計額）が最も大きいものの品目番号とし、10桁目は「X」とする。

（※解説：少額貨物を合算する場合には有税品と無税品を分けて合算する必要がある。）

③問題文記4：一欄に一品目のみに係る品目番号を入力することとなる場合であって、当該一品目の申告価格が20万円以下であるときは、その品目番号の10桁目は「E」とする。

（※解説：10桁目が「E」となる場合の指示があるため、少額貨物について、有税品または無税品のいずれか一品目だけの少額貨物の解答が生じる可能性があることに注意する。一品目の少額貨物で他の少額貨物と合算されない場合には、最後の桁を「E」として解答することを忘れないようにする。)

④問題文記5：輸入申告事項登録画面に入力する品目番号((a)～(e))は、その品目番号ごとの申告価格(上記1及び2によりとりまとめたものについては、その合計額)が大きいものから順に入力するものとする。

(※解説：記1から記4に基づきまとめた後に単に金額の大きい順に並べる必要がある。つまり、10桁目が「X」となるものが最後になるとは限らない。)

⑤問題文記8：別紙1の仕入書に記載されている「Frozen foie gras (Fatty liver of goose)」について、輸入者(買手)は、本邦にあるA社とライセンス契約を締結し、「Frozen foie gras (Fatty liver of goose)」にA社が商標権を保有する商標を付して国内で販売を行う権利の許諾を得ており、当該商標権の使用に伴う対価としてA社に「Frozen foie gras (Fatty liver of goose)」に係る仕入書価格の10%を支払う。なお、輸入者(買手)と輸出者(売手)の間には、当該対価の支払いについての取決めはないものとする。

(※解説：仕入書の一番上の商品の品目番号の決定及び課税価格の決定の際に問題文記8を確認する必要がある。)

⑥問題文記9：別紙1の仕入書に記載されている「Frozen mussel (Mytilus galloprovincialis)」は、開殻のために必要な熱湯処理後に凍結したものであり、気密容器入りでないものとする。

(※解説：仕入書中の「Frozen mussel (Mytilus galloprovincialis)」の商品の品目番号の決定の際に問題文記9を確認する必要がある。)

⑦問題文記10：別紙1の仕入書に記載されている「Frozen mussel (Mytilus galloprovincialis)」に係る輸入取引に関連して、輸入者(買手)と輸出者(売手)の双方を代理して、その受注、発注、交渉等、当該輸入取引の成立のための業務を行うB社に対して、輸入者(買手)は、仕入書価格とは別に、当該業務の対価として520米ドルの手数料を支払う。

(※解説：輸入者(買手)が代理人B社に支払う手数料は仲介手数料に当たるため、仕入書中の「Frozen mussel (Mytilus galloprovincialis)」の課税価格の計算の際に、520米ドルを加算する。)

⑧問題文記11：別紙1の仕入書に記載されている「Frozen black truffle (Tuber melanosporum)」について、輸入者(買手)は、その梱包に使用する小売用の箱を輸出者(売手)に無償で提供する。輸入者(買手)は、仕入書価格とは別に、当該小売用の箱の提供に要する費用として250米ドルを負担する。

(※解説：輸入者(買手)が負担する輸出者(売手)に無償提供した小売用の箱の費用250米ドルは「Frozen black truffle (Tuber melanosporum)」の課税価格に加算する必要がある。)

⑨問題文記12：別紙1の仕入書に記載された食材については、日本国とアメリカ合衆国との間の貿易協定の規定に基づく税率の適用に必要な条件が具備されていないため、申告に当たっては当該税率を適用しないものとする。

(※解説：日本国とアメリカ合衆国との間の貿易協定に基づく税率の適用に必要な条件が具備されていないとあるので、実行関税率表の通常の関税率（基本税率やWTO協定税率等）により関税率を決定していく。)

3. それぞれの商品の品目番号を確認する：

①Frozen foie gras(Fatty liver of goose)：食用のがちょうのくず肉は第2類に分類 ⇒ 冷凍した家きんの食用のくず肉は第02.07項に分類 ⇒ がちょうのものであり、冷凍した肝臓であるから「その他のもの（冷凍したものに限る。)」のうちの「1肝臓」(0207.55.100.2) に分類

②Frozen sausage casing(Gut of pig(swine))：豚の腸は、第2類注1（c）より第5類に分類 ⇒ 冷凍した動物の胃は第05.04項に分類 ⇒ 動物の腸であり、ソーセージケーシング用のものであるから「−−ソーセージケーシング用のもの」(0504.00.011.4) に分類

③Frozen mussel(Mytilus galloprovincialis)：冷凍した軟体動物は第3類に分類 ⇒ 冷凍した軟体動物は第03.07項に分類 ⇒ 冷凍したい貝であるから「0307.32.000.5」に分類

④Freeze-dried raspberry(Whole), no added sugar：凍結乾燥は第1部注2の規定より乾燥した物品とされるので、乾燥果実として第8類に分類 ⇒ 乾燥果実は第08.13項に分類 ⇒ ラズベリーは「その他の果実」のうちの「1ベリー」(0813.40.010.3) に分類

⑤Frozen blueberry, no added sugar：冷凍果実は第8類に分類 ⇒ 冷凍果実は第08.11項に分類 ⇒ ブルーベリーは0811.10号と0811.20号に該当するものがないので第0811.90号（その他のもの）に分類 ⇒ 砂糖を加えていないブルーベリーであるから「2その他のもの」のうちの「(3) 桃、梨及びベリー」の「−ベリー」(0811.90.230.2) に分類

⑥Frozen black truffle(Tuber melanosporum)：冷凍野菜は第7類に分類 ⇒ 冷凍野菜は第07.10項に分類 ⇒ トリフは0710.10号から0710.40号までに該当するものがないので第0710.80号（その他の野菜）に分類 ⇒ トリフは、ごぼうではなく、ブロッコリーでもないので「2その他のもの」のうちの「−その他のもの」(0710.80.090.4) に分類

4. 解答番号を探す：

a－⑩、f－2835000：Frozen black truffle(Tuber melanosporum)の課税価格が最も大きいのでaの解答は⑩0710.80-0904となる。また課税価格は、(US$20,000.00 + US$250.00) × 140円／US$ = 2,835,000円となり、fの解答は

2835000となる。

b－⑤、g－1437800：Frozen mussel(Mytilus galloprovincialis)の課税価格が２番目に大きいのでbの解答は⑤0307.32-0005となる。また課税価格は、(US$9,750.00 ＋US$520.00) × 140円／ US$ = 1,437,800円となり、gの解答は1437800となる。

c－④、h－1260000：Frozen foie gras(Fatty liver of goose)の課税価格が３番目に大きいのでcの解答は④0207.55-1002となる。また課税価格は、US$9,000.00 × 140円／ US$ = 1,260,000円となり、hの解答は1260000となる。

残りの貨物は、仕入書にある金額がかなり小さいためすべて少額貨物となることが予想できる。そこでまずFrozen sausage casing(Gut of pig(swine))が、残りの３つの中ではドルベースの仕入書価格が最も大きいので円に換算した後の課税価格を計算するとUS$1,330.00 × 140円／ US$ = 186,200円であり、残りは３つとも少額貨物であることが分かる。次に残り３つの税率を確認していくと、Frozen sausage casing(Gut of pig(swine))の関税率は基本税率の無税（０％）である。続いてFreeze-dried raspberry(Whole), no added sugarの関税率は協定税率の９％、Frozen blueberry, no added sugarの関税率は協定税率の６％である。したがって、問題文記３（１）に従い有税である品目のFreeze-dried raspberry(Whole), no added sugarとFrozen blueberry, no added sugarについては、関税率が最も高いFreeze-dried raspberry(Whole), no added sugarの品目番号である「0813.40.010.3」の10桁目を「X」として解答する。残りの無税である品目のFrozen sausage casing(Gut of pig(swine))については、問題文記４に従い一品目のみの少額貨物となるからFrozen foie gras(Fatty liver of goose)の品目番号である「0504.00.011.4」の10桁目を「E」として解答する。

d－⑥、i－0186200：Frozen sausage casing(Gut of pig(swine))の課税価格が４番目に大きいのでdの解答は⑥0504.00-011Eとなる。また課税価格は、US$1,330.00 × 140円／ US$ = 186,200円となり、iの解答は0186200となる。

e－⑭、j－0158900：Freeze-dried raspberry(Whole), no added sugarとFrozen blueberry, no added sugarの価格を合算した後の課税価格が５番目に大きいので「0813.40.010.3」のNACCS用番号をXとしてeの解答は⑭0813.40-010Xとなる。また課税価格は、(US$435.00 + US$700.00) × 140円／ US$ = 158,900円となり、jの解答は0158900となる。

第3問　正解：1、3

1. **正しい**：(関税法第95条第1項)
2. **誤り**：このような規定はない。輸入の許可を受ける貨物について原産地の表示義務はない。
3. **正しい**：(関税法第73条第1項、関税法基本通達73－3－2（2）ホ)
4. **誤り**：種類又は形状によりその原産地が明らかであると税関長が認めたものであれば、RCEP協定の規定に基づく締約国原産地証明書又は締約国原産品申告書を税関長に提出する必要はない（関税法施行令第61条第1項第2号イ)。
5. **誤り**：予備申告された貨物に対する税関検査の要否の通知は、貨物の種類等を勘案し事前（保税地域に搬入される前）に通知することができる（蔵関第251号通達)。

第4問　正解：1、4、5

設問の乳児の皮膚及び頭髪を洗うためのシャンプージェルは、有機界面活性剤を含有しているので、第34類注1（c）の規定より、第34類に分類されず、シャンプーとして第33.05項に分類されている。そこで、第34類注1の規定が適用され、類の注の規定と項の規定に従って分類されていることから、同時に通則1も適用されていることになる。さらに、設問の物品が分類された項である第33.05項のうちいずれの号に物品が属するかは、第33.05項のうちの各号の規定より第3305.10号のシャンプーに分類されている。よって通則6が適用されている。これらより、物品の所属を決定するにあたり、適用した通則は選択肢1、4及び5ということになる。

第5問　正解：1、5

1. **属する**：(関税定率法別表第25.01項)
2. **属さない**：第28類に属する（関税定率法別表第28.18項)。
3. **属さない**：第96類に属する（関税定率法別表第96.09項)。
4. **属さない**：第71類に属する（関税定率法別表第71.02項)。
5. **属する**：(関税定率法別表第25.04項)

第6問　正解：1、2、4

1. **される**：VNM価格（A＋B＋C＋D）は1,800円、FOB価格は4,000円より、原産材料割合＝（4,000円－1,800円）÷4,000円×100＝55％。したがって、原産材料割合が50％以上となるためX国の原産品とされる。

2. **される**：VNM価格（A＋D＋E）は1,900円、FOB価格は4,000円より、原産材料割合＝（4,000円－1,900円）÷4,000円×100＝52.5％。したがって、原産材料割合が50％以上となるためX国の原産品とされる。

3. **されない**：VNM価格（B＋C＋D＋E）は2,500円、FOB価格は4,000円より、原産材料割合＝（4,000円－2,500円）÷4,000円×100＝37.5％。したがって、原産材料割合が50％未満となるためX国の原産品とされない。

4. **される**：VNM価格（B＋C＋E）は1,900円、FOB価格は4,000円より、原産材料割合＝（4,000円－1,900円）÷4,000円×100＝52.5％。したがって、原産材料割合が50％以上となるためX国の原産品とされる。

5. **されない**：VNM価格（A＋C＋D＋E）は2,600円、FOB価格は4,000円より、原産材料割合＝（4,000円－2,600円）÷4,000円×100＝35％。したがって、原産材料割合が50％未満となるためX国の原産品とされない。

第7問　正解：2、4、5

1. **該当しない**：A国以外の国の船舶により公海で採捕された水産物は、A国において完全に生産された物品に該当しない（関税暫定措置法施行規則第8条第6号）。

2. **該当する**：A国の船舶により公海で採捕されたサーモンを、A国において冷凍保存したものは、A国において完全に生産された物品に該当する（関税暫定措置法施行規則第8条第7号）。

3. **該当しない**：A国以外の国において採掘された鉄鉱石は、A国において完全に生産された物品に該当しない（関税暫定措置法施行規則第8条第1号）。

4. **該当する**：A国において金型を製造した際に生じた金属の削りくずは、A国において完全に生産された物品に該当する（関税暫定措置法施行規則第8条第9号）。

5. **該当する**：生きている牛からA国において得られた牛乳は、A国において完全に生産された物品に該当する（関税暫定措置法施行規則第8条第4号）。

第8問　正解：22,000円

①輸入（納税）申告時の関税額の計算：

3,745,000円（千円未満切捨て）×7.3％＝273,385円⇒273,300円（百円未満切捨て）

②修正申告後の関税額の計算：

6,174,000円（千円未満切捨て）×8.1％＝500,094円⇒500,000円（百円未満切捨て）

③修正申告税額の計算：

500,000円－273,300円＝226,700円

④過少申告加算税額の計算：

220,000円（一万円未満切捨て）×10％＝22,000円

※税関の調査に基づく指摘により修正申告をしているため、税関の調査があったことにより関税について更正があるべきことを予知してされた修正申告となり、過少申告加算税率は増差関税額の10％となる。また、修正申告による増差関税額が50万円を超えていないため、5％の加算は生じない。

第9問　正解：263,800円

関税額の計算：

6,944,000円（千円未満切捨て）×3.8％＝263,872円⇒263,800円（百円未満切捨て）

※保税蔵置場に置かれた貨物について、輸入（納税）申告の日（3月29日）後、輸入の許可前における貨物の引取りの承認の日（4月3日）までに関税率が変更（4月1日）されているため、輸入の許可前における貨物の引取りの承認の日の関税率で計算する。

第10問　正解：2,540,000円

①同種貨物の取引価格（CFR価格）：5,000円／台

5,000円×500台＝2,500,000円

※まず、同種の貨物の価格と類似の貨物の価格では、同種の貨物の価格が優先されるため、ロ、ハ、ホが優先し、続いてこれらのうち同一の生産者Xのものが優先するため、ハとホが優先する。最後に同一の条件の価格が複数あるので、価格が小さいハの5,000円／台で課税価格を計算する。

②輸入者Mが支払う保険料は取引価格がCFR価格であるため課税価格に加

算する。加算する保険料の額は70,000円を保険会社に支払っているが、後に30,000円が払い戻されているため、課税価格に加算する保険料の額は差額の40,000円となる。

③課税価格の計算：2,500,000円＋40,000円＝2,540,000円

第11問　正解：2,705,000円

①工場渡し価格：45円／kg × 55,000kg = 2,475,000円

※55,000kgの契約数量のうち1,550kgの品質不良があったが、品質不良による変質の割合は約2.8%であり、契約数量の３%以内であるため、値引きやクレームの対象とはならず、55,000kgの全量に対して代金の支払いが行われており、55,000kgで課税価格を計算する。

②輸入者Mが支払う検査費用は本邦に到着後の検査費用であるため課税価格には加算しない。

③本邦に到着するまでの費用であるA国のXの工場からA国の輸出港までの運送に要する費用20,000円、A国の輸出港から本邦の輸入港までの運送に要する費用210,000円は課税価格に加算する必要がある。これら以外の輸入港における当該冷凍果実の船卸しに要する費用、輸入港から本邦所在のMの倉庫までの運送に要する費用は本邦に到着後の費用であるため課税価格には加算しない。

④課税価格の計算：2,475,000円＋20,000円＋210,000円＝2,705,000円

第12問　正解：3,750,000円

①CIF価格：22,000円 × 150個 = 3,300,000円

②売買契約に際して、家庭用電気機器の代金とは別に支払う特許権の使用に伴う対価は課税価格に加算する。なお、一時金900,000円は契約の総数量900個に対して支払われるものであるため、契約総数量で按分する必要がある。したがって、一時金のうち150,000円（＝900,000円 × 150個 ÷ 900個）を課税価格に加算する。なお、この一時金とは別に発生する１個当たり150円の特許権使用料は上記①のCIF価格に含まれているため加算する必要はない。

③上記①のCIF価格とは別に支払う包装の費用（１個当たり2,000円）は、課税価格に加算する。したがって、2,000円 × 150個 = 300,000円を課税価格に加算する。

④課税価格の計算：3,300,000円＋150,000円＋300,000円＝3,750,000円

第13問　正解：4

1. **誤り**：「回航のため初めて本邦を出発した後に、その旨を税関に届け出た時」ではなく、「回航のため初めて本邦を出発する時」である（関税法基本通達２－５（１））。
2. **誤り**：通関業者が申告前に貨物の内容を点検して作成した「内容点検確認書」が輸出申告に際し添付されている場合は、審査・検査の参考とされるが、現品検査を省略するという規定はない（関税法基本通達67－１－６）。
3. **誤り**：「貨物のはしけへの積載が完了する前に行うこと」はできず、原則としてはしけの中で行われる（関税法基本通達67－１－７（３）ハ）。
4. **正しい**：（関税法基本通達67－１－14（３））
5. **誤り**：「税関長の承認を受けることにより、その輸出申告の際に、その輸入の許可書又はこれに代わる税関の証明書について税関長への提出を省略することができる」という規定はなく、輸出申告の際に、輸入の許可書又はこれに代わる税関の証明書に、その加工をした者が作成した加工証明書を添付して税関長に提出しなければならない（関税定率法施行令第39条第１項）。

第14問　正解：2

1. **正しい**：（関税定率法別表第５類注１（b））
2. **誤り**：「関税率表の解釈に関する通則３を適用して所属を決定する」ではなく、「第 09.10項に属する」である（関税定率法別表第９類注１（b））。
3. **正しい**：（関税定率法別表第44類注１（d））
4. **正しい**：（関税定率法別表第70類注１（f））
5. **正しい**：（関税定率法別表第88類注１）

第15問　正解：4

A. **b. 播種用の小麦**：播種用の小麦は穀物として第10類に属する。
B. **b. 蒸留水**：蒸留水は化学品として第28類に属する。
C. **c. ゴム製の水泳帽**：ゴム製の水泳帽は帽子として第65類に属する。
D. **c. 中古の帽子**：中古の帽子は中古の物品として第63類に属する。
E. **c. 爆薬**：爆薬は火薬類として第36類に属する。

したがって、解答は４（A－b、B－b、C－c、D－c、E－c）を選択することになる。

第16問　正解：5

1. **されない**：トマトペースト（第20.02項）は非原産材料（B国で収穫したトマト（第07.02項））を使用してA国において生産しているので、品目別原産地規則第20.02項に規定される生産において使用される第7類の全ての材料が締約国において完全に得られるものであることという基準を満たしていない。したがって、A国の原産品とされない。
2. **されない**：パイナップルジュース（第20.09項）は非原産材料（C国で収穫したパイナップル（第08.04項））を使用してA国において生産しているので、品目別原産地規則第20.09項に規定されるパイナップル及びトマトが締約国において完全に得られるものであることという基準を満たしていない。したがって、A国の原産品とされない。
3. **されない**：トマトジュース（第20.09項）は非原産材料（D国で収穫したトマト（第07.02項））を使用してA国において生産しているので、品目別原産地規則第20.09項に規定されるパイナップル及びトマトが締約国において完全に得られるものであることという基準を満たしていない。したがって、A国の原産品とされない。
4. **されない**：トマトケチャップ（第2103.20号）は非原産材料（E国で生産したトマトペースト（第20.02項））を使用してA国において生産しているので、品目別原産地規則第2103.20号に規定される第2103.20号の産品への他の号の材料からの変更（第7類又は第20類からの変更を除く。）という基準を満たしていない。したがって、A国の原産品とされない。
5. **される**：マスタード（第2103.30号）は非原産材料（F国で生産したマスタードの粉（第2103.30号））を使用してA国において生産しているので、品目別原産地規則第2103.30号に規定される第2103.30号の産品への他の号の材料からの変更。ただし、非原産材料のマスタードの粉は使用できるという基準を満たしている。したがって、A国の原産品とされる。

第17問　正解：2

1. **正しい**：（関税法基本通達68－5－11の3（2）イ）
2. **誤り**：包括的な経済上の連携に関する日本国及び東南アジア諸国連合構成国の間の協定については、締約国原産品申告書を提出することはできない（関税法基本通達68－5－11（1））。
3. **正しい**：（関税法基本通達68－5－11の3（2）ハ（ハ））
4. **正しい**：（関税法基本通達68－5－11の3（2）ニ）
5. **正しい**：（関税法基本通達68－5－11の3（2）ホ（ハ））

巻末付録

最後に力だめし！
最重要項目
一問一答80問

学習の最後に、通関士試験の最重要項目の一問一答にトライしてみましょう。姉妹編の『通関士 完全攻略ガイド』や本書で学んだ知識を思い出して、より確実なものにしてください。

1 関税法

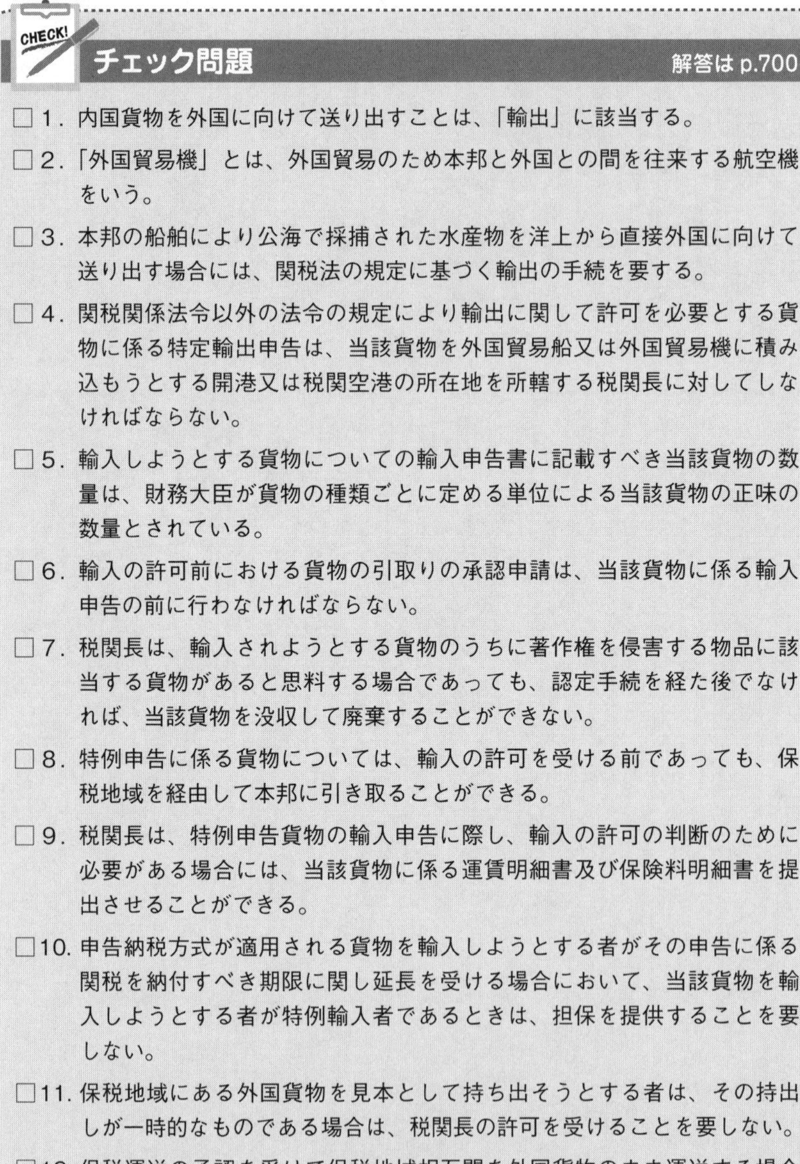

チェック問題

解答は p.700

□1．内国貨物を外国に向けて送り出すことは、「輸出」に該当する。

□2．「外国貿易機」とは、外国貿易のため本邦と外国との間を往来する航空機をいう。

□3．本邦の船舶により公海で採捕された水産物を洋上から直接外国に向けて送り出す場合には、関税法の規定に基づく輸出の手続を要する。

□4．関税関係法令以外の法令の規定により輸出に関して許可を必要とする貨物に係る特定輸出申告は、当該貨物を外国貿易船又は外国貿易機に積み込もうとする開港又は税関空港の所在地を所轄する税関長に対してしなければならない。

□5．輸入しようとする貨物についての輸入申告書に記載すべき当該貨物の数量は、財務大臣が貨物の種類ごとに定める単位による当該貨物の正味の数量とされている。

□6．輸入の許可前における貨物の引取りの承認申請は、当該貨物に係る輸入申告の前に行わなければならない。

□7．税関長は、輸入されようとする貨物のうちに著作権を侵害する物品に該当する貨物があると思料する場合であっても、認定手続を経た後でなければ、当該貨物を没収して廃棄することができない。

□8．特例申告に係る貨物については、輸入の許可を受ける前であっても、保税地域を経由して本邦に引き取ることができる。

□9．税関長は、特例申告貨物の輸入申告に際し、輸入の許可の判断のために必要がある場合には、当該貨物に係る運賃明細書及び保険料明細書を提出させることができる。

□10. 申告納税方式が適用される貨物を輸入しようとする者がその申告に係る関税を納付すべき期限に関し延長を受ける場合において、当該貨物を輸入しようとする者が特例輸入者であるときは、担保を提供することを要しない。

□11. 保税地域にある外国貨物を見本として持ち出そうとする者は、その持出しが一時的なものである場合は、税関長の許可を受けることを要しない。

□12. 保税運送の承認を受けて保税地域相互間を外国貨物のまま運送する場合における輸送手段については、海路又は空路に限ることとされている。

□13. 税関長は、保税運送の承認をする場合においては、相当と認められる運送の期間を指定しなければならないこととされており、その指定後災害が生じたため必要があると認めるときは、その指定した期間を延長することができる。

□14. 総合保税地域に置かれた外国貨物で、総合保税地域に3月を超えて置くことが承認されたものについて関税を課する場合には、当該承認の時の属する日の法令による。

□15. 同一品目について関税定率法別表に規定する税率（基本税率）と関税暫定措置法別表第1に規定する税率（暫定税率）とがある場合においては、基本税率は適用されない。

□16. 関税法第9条の2第1項の規定により納期限の延長の適用を受ける関税は、申告納税方式による関税に該当する。

□17. 納税申告をした者は、先にした納税申告により納付すべき税額が過大又は過少である場合には、当該税額について税関長の更正があるまでは、当該税額について修正申告をすることができる。

□18. 税関長は、納税申告が必要とされている貨物について、その輸入の時までに当該申告がない場合であって、その調査により、当該貨物に係る納付すべき税額を決定したときは、その決定した納付すべき税額が過大であることを知ったときに限り、当該決定に係る納付すべき税額を更正する。

□19. 過少申告加算税の額が10,000円未満である場合においては、これを徴収せず、当該過少申告加算税の額に100円未満の端数がある場合においては、これを切り捨てる。

□20. 本邦に入国する者がその入国の際に携帯して輸入する貨物で関税の課税標準の申告があったものについて、賦課決定により納付すべきこととなった関税の徴収権は、その輸入の許可の日から3年間行使しないことによって、時効により消滅する。

□21. 関税は、国税徴収法、地方税法その他の法令の規定にかかわらず、当該関税を徴収すべき外国貨物について、他の公課及び債権に先だって徴収する。

□22. 国税徴収の例により徴収する場合における関税及びその滞納処分費の徴収の順位は、それぞれ国税徴収法に規定する国税及びその滞納処分費と同順位とする。

□23. 税関長は、必要があると認めるときは、その徴収する関税について、他の税関長に徴収の引継ぎをすることができる。

□24. 関税法又は他の関税に関する法律の規定による税関職員の処分に不服がある者は、再調査の請求をすることができる。

□25. 関税法の規定による税関長の処分について審査請求があった場合には、財務大臣は、当該審査請求が不適法であり、却下するときであっても、関税等不服審査会に諮問しなければならない。

□26. 関税の更正の請求に対する更正をすべき理由がない旨の税関長の通知の取消しの訴えは、当該通知についての審査請求をすることなく、当該取消しの訴えを提起することができる。

□27. 貨物を業として輸入する者は、輸入申告を行って輸入の許可を受けた場合に、当該輸入申告に係る貨物の仕入書を税関長に提出したときは、当該仕入書の写しを関税関係書類として保存することを要しない。

□28. 電子取引で受領した輸入貨物に関する仕入書に係る電磁的記録は、関税関係書類とはみなされない。

□29. 輸入申告に際し偽った書類を提出して貨物を輸入しようと実行に着手して、これを遂げない者については、関税法の規定に基づき罰せられることはない。

□30. 他人の依頼によってその依頼をした者を代理して輸入申告を行った通関業者が、当該輸入申告に係る関税法第105条第１項（税関職員の権限）の規定による税関職員の質問に対して答弁をしなかった場合であっても、関税法の規定に基づき罰せられることはない。

2 関税定率法

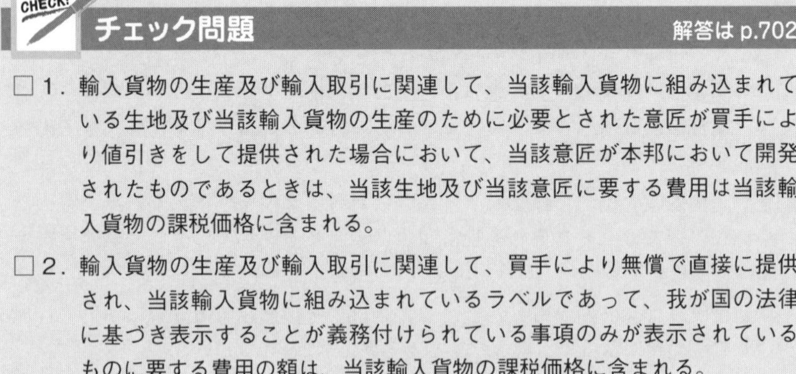

チェック問題

解答は p.702

□１. 輸入貨物の生産及び輸入取引に関連して、当該輸入貨物に組み込まれている生地及び当該輸入貨物の生産のために必要とされた意匠が買手により値引きをして提供された場合において、当該意匠が本邦において開発されたものであるときは、当該生地及び当該意匠に要する費用は当該輸入貨物の課税価格に含まれる。

□２. 輸入貨物の生産及び輸入取引に関連して、買手により無償で直接に提供され、当該輸入貨物に組み込まれているラベルであって、我が国の法律に基づき表示することが義務付けられている事項のみが表示されているものに要する費用の額は、当該輸入貨物の課税価格に含まれる。

□3. 相殺関税は、当該相殺関税を課されることとなる貨物の輸入者が納める義務がある。

□4. 輸入の許可を受けて保税地域から引き取られた貨物について、その引き取り直後の輸送途上において、災害その他やむを得ない理由により当該貨物が損傷した場合には、当該貨物を速やかに当該保税地域に戻し、当該損傷の内容について税関長の確認を受けたときは、関税定率法第10条第2項（変質、損傷等の場合の減税又は戻し税等）の規定による関税の払戻しを受けることができる。

□5. 加工のため本邦から輸出され、その輸出の許可の日から1年以内に輸入される貨物については、本邦においてその加工をすることが困難であると認められないものであっても、関税定率法第11条（加工又は修繕のため輸出された貨物の減税）の規定による関税の軽減を受けることができる。

□6. 関税定率法第13条第1項（製造用原料品の減税又は免税）の規定により製造用原料品に係る関税を免除する場合においては、税関長は、その免除に係る関税の額に相当する担保を提供させることができる。

□7. 本邦から輸出された貨物でその輸出の許可の日から2年を経過した後に輸入されるものについては、その輸出の許可の際の性質及び形状が変わっていないものであっても、関税定率法第14条第10号（無条件免税）の規定による関税の免除を受けることはできない。

□8. 本邦から出漁した本邦の船舶によって外国で採捕された水産物及び本邦から出漁した本邦の船舶内において当該水産物に加工して得た製品で、輸入されるものについては、関税定率法第14条の3第1項（外国で採捕された水産物等の減税又は免税）の規定による関税の免除を受けることができる。

□9. 博覧会への参加者が当該博覧会の会場において観覧者に無償で提供をする博覧会の記念品で輸入され、その輸入の許可の日から2年以内に当該記念品以外の用途に供されないものについては、関税定率法第15条第1項（特定用途免税）の規定による関税の免除を受けることができる。

□10. 関税を納付して輸入された貨物のうち品質が契約の内容と相違するため返送することがやむを得ないと認められるもので、その輸入の時の性質及び形状に変更を加えないものを本邦から輸出するときは、当該貨物がその輸入の許可の日から3月以内に保税地域に入れられたものである場合は、関税定率法第20条（違約品等の再輸出又は廃棄の場合の戻し税等）の規定による関税の払戻しを受けることができない。

CHECK!

チェック問題

解答は p.703

□1．税関長は、必要があると認めるときは、関税暫定措置法第４条（航空機部分品等の免税）の規定により関税の免除を受けた物品の使用者に対し、当該物品の使用の状況に関する報告書の提出を求めることができる。

□2．関税暫定措置法第８条（加工又は組立てのため輸出された貨物を原材料とした製品の減税）の規定により関税の軽減を受けようとする場合には、当該関税の軽減を受けようとする貨物の輸出の許可の日から２年（２年を超えることがやむを得ないと認められる理由がある場合において、税関長の承認を受けたときは、２年を超え税関長が指定する期間）以内に当該貨物を原材料とした製品を輸入しなければならない。

□3．関税暫定措置法第８条の２第１項に規定する特恵受益国等を原産地とする物品について、同項の特恵関税の適用を受けようとする場合であっても、当該物品の課税価格の総額が20万円以下であるときは、当該特恵関税に係る原産地証明書を税関長に提出することを要しない。

□4．特恵関税の適用を受けようとする貨物の輸出者に対し、当該貨物について質問を行った場合において、当該輸出者が、税関長が定めた期間内に当該質問に対する回答をしないときには、税関長は特恵関税を適用しないことができる。

□5．通関業法第４条第１項の規定による通関業の許可申請書の提出は、電子情報処理組織（NACCS）を使用して行うことができない。

□6．家畜伝染病予防法第38条の２第１項の規定による動物検疫所に対する動物の輸入に関する届出は、電子情報処理組織（NACCS）を使用して行うことができない。

□7．経済産業大臣の輸出の許可及び輸出の承認を受けなければならない貨物に該当するものを輸出しようとする場合において、経済産業大臣の輸出の許可を受けたときは、併せて経済産業大臣の輸出の承認を受けることを要しない。

□8．輸出貿易管理令別表第１の４の項の中欄に掲げる無人航空機に該当する貨物であって、総価額が100万円のものをアメリカ合衆国を仕向地として輸出しようとするときは、経済産業大臣の輸出の許可を受けることを要しない。

□9. 税関長は、無償の貨物であって、経済産業大臣の指示する範囲内のものに係る輸入の承認に条件を付することができない。

□10. 税関長は、特に必要があると認めるときは、1月以内において、経済産業大臣の輸入の承認の有効期間を延長することができる。

4 通関業法

チェック問題

解答は p.704

□1. 他人の依頼によってその依頼をした者を代理してする関税法第32条の規定による保税地域にある外国貨物の見本の一時持出しに係る許可の申請は、関連業務に含まれる。

□2. 関税法の規定によってされた処分につき行政不服審査法の規定に基づいて財務大臣に対してする不服申立てに係る、他人の依頼によってする不服申立書の作成は、通関業務に含まれない。

□3. 複数の税関の管轄区域内において通関業を営もうとする者は、その管轄区域ごとに通関業の許可を受けなければならない。

□4. 財務大臣は、通関業の許可をしようとするときは、許可申請に係る通関業の経営の基礎が確実であることに適合するかどうかを審査しなければならない。

□5. 財務大臣が通関業の許可をする場合に、当該許可に付することができる条件は、取り扱う貨物の種類の限定及び許可の期限に限ることとされている。

□6. 関税法第111条（許可を受けないで輸出入する等の罪）の規定に該当する違反行為をして罰金の刑に処せられた者は、その刑の執行が終わった日から5年を経過したものであっても、通関業の許可を受けることができない。

□7. 破産手続開始の決定を受けた者は、復権を得た場合であっても、通関業の許可を受けることができない。

□8. 財務大臣は、通関業務を行う営業所の新設の許可をしようとするときは、許可申請者が十分な社会的信用を有するかどうかを審査しなければならない。

□ 9．法人である通関業者が合併により消滅した場合において、現に進行中の通関手続があるときは、当該手続については、合併後存続する法人又は合併により設立された法人が引き続き通関業の許可を受けているものとみなすこととされている。

□10. 財務大臣は、通関業者が破産手続開始の決定を受けたときは、通関業法第11条の規定に基づき通関業の許可を取り消すことができる。

□11. 財務大臣は、通関業者について合併があった場合において、その合併後存続する法人が通関業法第５条各号（許可の基準）のいずれかに適合しないときは、通関業の許可に基づく地位の承継の承認をしないこととされている。

□12. 通関業者は、通関業務及び関連業務の料金の額を定め、その額を財務大臣に届け出なければならない。

□13. 通関業者は、通関業以外の事業を営もうとするときは、当該事業を営むことについて財務大臣の認可を受けなければならない。

□14. 法人である通関業者が財務大臣に提出する定期報告書（その取扱いに係る通関業務及び関連業務の件数、これらについて受けた料金の額その他通関業務及び関連業務に係る事項を記載した報告書）には、その報告期間に係る事業年度の貸借対照表及び損益計算書を添付しなければならない。

□15. 通関業者は、その取扱いに係る通関業務に関する書類をその作成の日後３年間保存しなければならない。

□16. 税関長は、通関士試験に合格した者が関税法第110条第１項（関税を免れる等の罪）の規定に該当する違反行為をして罰金の刑に処せられた場合には、その者の通関士試験合格の決定を取り消すことができる。

□17. 通関士が、通関業法第35条第１項の規定に基づく懲戒処分として戒告処分を受けた場合には、通関士でなくなる。

□18. 通関業者に監督処分の事由となるべき法令違反の事実があったものとして、財務大臣に対しその事実を申し出て適当な措置をとるべきことを求めることができるのは、当該通関業者に通関手続の代理を依頼した者に限られる。

□19. 財務大臣は、通関業者に対し、その業務の運営の改善に必要な措置をとるべきことを命ずるときは、審査委員の意見を聴かなければならない。

□20. 通関士に対する懲戒処分として戒告の処分を受けた日から２年を経過しない者は、通関士となることができない。

5 通関実務

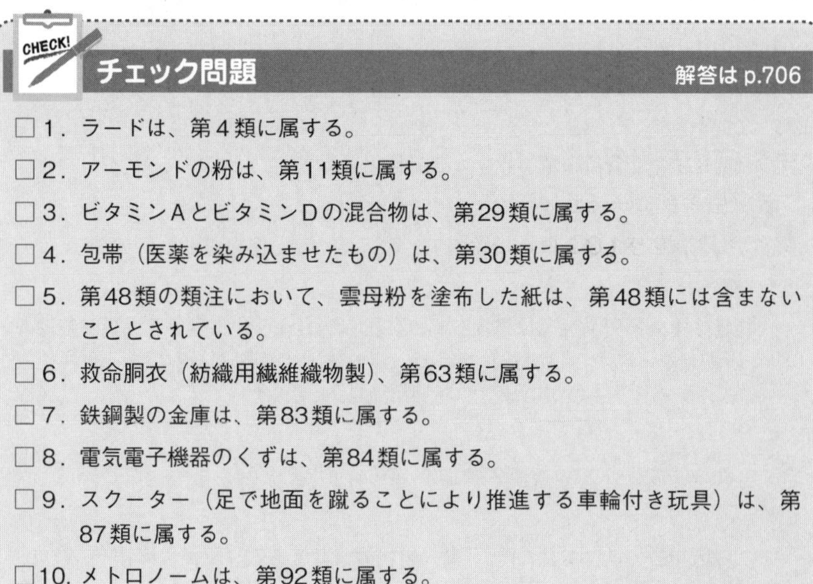

チェック問題

解答は p.706

□1．ラードは、第4類に属する。

□2．アーモンドの粉は、第11類に属する。

□3．ビタミンAとビタミンDの混合物は、第29類に属する。

□4．包帯（医薬を染み込ませたもの）は、第30類に属する。

□5．第48類の類注において、雲母粉を塗布した紙は、第48類には含まないこととされている。

□6．救命胴衣（紡織用繊維織物製)、第63類に属する。

□7．鉄鋼製の金庫は、第83類に属する。

□8．電気電子機器のくずは、第84類に属する。

□9．スクーター（足で地面を蹴ることにより推進する車輪付き玩具）は、第87類に属する。

□10. メトロノームは、第92類に属する。

1. 関税法　チェック問題解答・解説

1. ○

（関税法第２条第１項第２号：第54回出題）

2. ○

（関税法第２条第１項第６号：第54回出題）

3. ○

（関税法第２条第１項第４号、同法第67条：第56回出題）

4. ×

「貨物を外国貿易船又は外国貿易機に積み込もうとする開港又は税関空港の所在地を所轄する税関長」ではなく、「いずれかの税関長」である（関税法第67条の３第１項第１号：第56回出題）。

5. ○

（関税法施行令第59条の２第１項：第54回出題）

6. ×

「輸入申告の前」ではなく、「輸入申告の後」である（関税法第73条第１項：第56回出題）。

7. ○

（関税法第69条の11第１項第９号、第２項、同法第69条の12第５項：第56回出題）

8. ×

特例申告貨物であっても、輸入の許可の前であれば外国貨物であり、外国貨物のまま本邦に引き取ることはできない（関税法第67条：第56回出題）。

9. ○

（関税法第68条、関税法施行令第61条第１項：第56回出題）

10. ×

関税の納期限の延長を受ける場合には、特例輸入者であっても担保を提供しなければならない（関税法第９条の２第３項：第54回出題）。

11. ×

税関長の許可を受けなければならない（関税法第32条：第56回出題）。

12. ×

海路又は空路に限られることはなく、陸路でも運送することができる（関税法基本通達63−５（１）：第54回出題）。

13. ○

（関税法第63条第4項：第55回出題）

14. ×

「承認の時の属する日」ではなく、例えば輸入申告がされた場合で法令の改正がないときには「輸入申告の時の属する日」などである（関税法第5条：第55回出題）。

15. ○

（関税定率法基本通達3－1（1）：第55回出題）。

16. ○

（関税法第6条の2第1項第1号：第54回出題）

17. ×

「過大又は過少」ではなく、「過少」である（関税法第7条の14第1項第1号：第56回出題）。

18. ×

「納付すべき税額が過大であることを知ったときに」限られることはなく、過大又は過少のいずれの場合でも更正する（関税法第7条の16第3項：第55回出題）。

19. ×

「10,000円未満」ではなく、「5,000円未満」である（関税法第12条の2第6項で準用する第12条第4項：第54回出題）。

20. ×

「3年間」ではなく、「5年間」である（関税法第14条の2第1項：第56回出題）。

21. ○

（関税法第9条の10第1項：第53回出題）

22. ○

（関税法第9条の10第2項：第53回出題）

23. ○

（関税法第10条の2第1項：第53回出題）

24. ○

（関税法第89条第1項：第55回出題）

25. ×

審査請求が不適法であり、却下する場合には、関税等不服審査会に諮問する必要はない（関税法第91条第2号：第53回出題）。

26. ×

更正の請求に対する更正をすべき理由がない旨の税関長の通知は、関税の確定処分に該当するので、関税の確定に関する処分の取消しの訴えは、審査請求に対する裁決を経た後でなければ取消しの訴えを提起することができない（関税法第93条第1号：第53回出題）。

27. ○

（関税法第94条第1項：第56回出題）

28. ○

（関税法第94条の5、同法第94条の6第2項：第56回出題）

29. ×

実行に着手して、これを遂げない者についても、関税法の規定に基づき罰せられることがある（関税法第111条第3項：第53回出題）。

30. ×

税関職員の質問に対して答弁をしなかった場合には、関税法の規定に基づき罰せられることがある（関税法第114条の2第16号：第53回出題）。

2. 関税定率法　チェック問題解答・解説

1. ×

輸入貨物に組み込まれている生地及び輸入貨物の生産のために必要とされた意匠が買手により値引きをして提供された場合において、その意匠が本邦において開発されたものであるときは、生地に要する費用はその含まれていない限度において輸入貨物の課税価格に含まれることになるが、意匠に要する費用は本邦において開発されたものであるため、輸入貨物の課税価格に含まれない（関税定率法第4条第1項第3号ニ、関税定率法施行令第1条の5第3項：第56回出題）。

2. ×

無償提供されたラベルであって、我が国の法律に基づき表示することが義務付けられている事項のみが表示されているものに要する費用の額は、輸入貨物の課税価格に含まれない（関税定率法第4条第1項第3号イ、関税定率法基本通達4－12（1）：第55回出題）。

3. ○

（関税定率法第7条第4項：第56回出題）

4．×

貨物の引き取り後については関税の払戻しを受けることができない（関税定率法第10条第２項：第52回出題）。

5．×

本邦においてその加工をすることが困難であると認められないものであれば、関税定率法第11条の規定による関税の軽減を受けることができない（関税定率法第11条：第56回出題）。

6．○

（関税定率法第13条第３項：第52回出題）

7．×

２年を経過した後であっても、その期間にかかわらず関税の免除を受けることができる（関税定率法第14条第10号：第52回出題）。

8．○

（関税定率法第14条の３第１項：第56回出題）

9．○

（関税定率法第15条第１項第５号の２ロ：第55回出題）

10．×

輸入の許可の日から６月以内に保税地域に入れられたものであるから、関税定率法第20条の規定による関税の払戻しを受けることができる（関税定率法第20条第１項第１号：第56回出題）。

3．関税暫定措置法・その他法令・外国為替及び外国貿易法チェック問題解答・解説

1．○

（関税暫定措置法施行令第10条：第53回出題）

2．×

「２年」ではなく、「１年」である（関税暫定措置法第８条第１項:第54回出題）。

3．○

（関税暫定措置法第８条の２第１項、関税暫定措置法施行令第27条第１項第２号：第53回出題）

4．○

（関税暫定措置法第８条の４第５項第３号：第56回出題）

5. ×

通関業の許可申請書の提出は、電子情報処理組織を使用して行うことができる（NACCS法施行令別表第93の４号：第55回出題）。

6. ×

動物検疫所に対する動物の輸入に関する届出は、電子情報処理組織を使用して行うことができる（NACCS法施行令第１条第４項第５号：第55回出題）。

7. ×

経済産業大臣の輸出の許可及び輸出の承認を受けなければならない貨物に該当するものを輸出しようとする場合には、経済産業大臣の輸出の許可と輸出の承認の両方を受けなければならない（輸出貿易管理令第１条、同法第２条第１項：第56回出題）。

8. ×

輸出貿易管理令別表第１の４の項の中欄に掲げる無人航空機に該当する貨物であって、総価額が100万円のものを、アメリカ合衆国を仕向地として輸出しようとするときは、許可不要となる特例には該当しないため、経済産業大臣の輸出の許可を受けなければならない（輸出貿易管理令第１条、同令別表第１の４の項：第56回出題）。

9. ×

税関長は、無償の貨物であって、経済産業大臣の指示する範囲内のものに係る輸入の承認に条件を付することができる（輸入貿易管理令第18条第１号、輸入貿易管理規則第５条：第56回出題）。

10. ○

（輸入貿易管理令第18条第２号：第56回出題）

4. 通関業法　チェック問題解答・解説

1. ○

（通関業法第７条、通関業法基本通達７－１（１）ニ：第56回出題）

2. ×

不服申立書の作成は、通関業務に含まれる（通関業法第２条第１号ロ：第56回出題）。

3. ×

「管轄区域ごとに通関業の許可を受けなければならない」のではなく、「財務大臣の許可を受けなければならない」（通関業法第３条第１項：第55回出題）。

4. ○

（通関業法第５条第１号：第55回出題）

5. ○

（通関業法第３条第２項、通関業法基本通達３－１：第55回出題）

6. ×

３年を経過しないものは通関業の許可を受けることができないが、５年を経過したものであれば通関業の許可を受けることができる（通関業法第６条第４号イ：第56回出題）。

7. ×

復権を得た場合であれば、通関業の許可を受けることができる（通関業法第６条第２号：第56回出題）。

8. ○

（通関業法第８条第２項で準用する同法第５条第２号：第56回出題）

9. ○

（通関業法第10条第３項：第55回出題）

10. ×

「通関業の許可を取り消すことができる」ではなく、「通関業の許可は、消滅する」である（通関業法第10条第１項第４号：第55回出題）。

11. ○

（通関業法第11条の２第５項：第56回出題）

12. ×

料金の額を財務大臣に届け出なければならないという規定はない（通関業法基本通達18－１：第56回出題）。

13. ×

「財務大臣の認可を受けなければならない」ではなく、「財務大臣に届け出なければならない」である（通関業法第４条第１項第５号、同法第12条第１号：第56回出題）。

14. ○

（通関業法第22条第３項、通関業法施行令第10条第２項：第56回出題）

15. ○

（通関業法第22条第１項、通関業法施行令第８条第３項：第56回出題）

16. ×

「通関士試験合格の決定を取り消すことができる」ではなく、「通関士でなくなる」である（通関業法第32条第２号：第56回出題）。

17. ×

懲戒処分として戒告処分を受けた場合であっても、通関士でなくなることはない（通関業法第32条：第56回出題）。

18. ×

「通関業者に通関手続の代理を依頼した者に限られる」ことはなく、「何人も」求めることができる（通関業法第36条：第56回出題）。

19. ×

業務の運営の改善に必要な措置をとるべきことを命ずるとき（＝業務改善命令）に、審査委員の意見を聴かなければならないという規定はない（通関業法第33条の２：第56回出題）。

20. ×

懲戒処分として戒告の処分を受けた場合であっても通関士の資格は喪失することなく、新たに通関士の確認を受ける場合であっても制限なく通関士となることができる（通関業法第31条第２項第１号、第３号ロ、同法第35条第1項：第56回出題）。

5．通関実務　チェック問題解答・解説

1．×

第15類に属する（関税定率法別表第15.03項：第54回出題）。

2．○

（関税定率法別表第11.06項：第54回出題）

3．○

（関税定率法別表第29.36項：第56回出題）

4．○

（関税定率法別表第30.05項：第54回出題）

5. ×

雲母粉を塗布した紙は、第48類に属する（関税定率法別表第48類注1（m）：第56回出題）

6. ○

（関税定率法別表第63.07項：第54回出題）

7. ○

（関税定率法別表第83.03項：第56回出題）

8. ×

第85類に属する（関税定率法別表第85.49項：第56回出題）。

9. ×

第95類に属する（関税定率法別表第95.03項：第54回出題）。

10. ○

（関税定率法別表第92.09項：第55回出題）

プロフィール

ヒューマンアカデミー

学びの面白さを提供する“Edutainment Company”。児童教育から大人の学び直しまで800以上の講座と独自の学習支援プラットフォームで最高水準の教育を提供。

笠原純一（かさはら・じゅんいち）

大手物流会社にて輸出入の第一線で活躍後、経営コンサルタントとして独立。現在は大阪を中心に活動中。特に食品流通業務に強みを持つ。コンサルタントの傍ら通関士・貿易実務講座の講師を多数務める。FP・社労士の資格も有する人気講師。

校　閲　石原 真理子
協　力　リトルインレット

装　丁　坂井 正規
カバーイラスト　カワチ・レン
本文デザイン　株式会社トップスタジオ
DTP　株式会社トップスタジオ

通関士教科書
通関士 過去問題集 2024年版

2007年 3月20日 初　版 第1刷発行
2024年 2月15日 第18版 第1刷発行

著　者　ヒューマンアカデミー
監　修　笠原 純一（かさはら じゅんいち）
発行人　佐々木 幹夫
発行所　株式会社翔泳社（https://www.shoeisha.co.jp）
印　刷　昭和情報プロセス株式会社
製　本　株式会社国宝社

本書へのお問い合わせについては、iiページに記載の内容をお読みください。

造本には細心の注意を払っておりますが、万一、乱丁（ページの順序違い）や落丁（ページの抜け）がございましたら、お取り替えいたします。03-5362-3705までご連絡ください。

ISBN978-4-7981-8397-8　Printed in Japan